CB126984

Coca-Cola
CONTEUDO 290
YANKEES GO HOME!
Coca-Cola
CONTEUDO 290 ml
MOLOTOV
PAVIO
FITA ADESIVA
GASOLINA

O CAPITAL

ubu

KARL MARX

O CAPITAL

CRÍTICA DA ECONOMIA POLÍTICA

2

O PROCESSO DE CIRCULAÇÃO DO CAPITAL

EDIÇÃO
FRIEDRICH ENGELS

COORDENAÇÃO E REVISÃO
PAUL SINGER
TRADUÇÃO
REGIS BARBOSA
FLÁVIO R. KOTHE

LIVRO 2
O PROCESSO DE CIRCULAÇÃO DO CAPITAL

SEÇÃO I
AS METAMORFOSES DO CAPITAL E SEU CICLO

SEÇÃO II
A ROTAÇÃO DO CAPITAL

SEÇÃO III
A REPRODUÇÃO E A CIRCULAÇÃO DO CAPITAL SOCIAL TOTAL

NOTA BIBLIOGRÁFICA

Fernando Rugitsky

Um livro da estatura de *O capital* dispõe de uma vasta fortuna crítica, que continua a se acumular à medida que inúmeros aspectos dos argumentos do autor são objeto de debates acalorados. Não é possível, assim, oferecer uma visão de conjunto da literatura que levou adiante as ideias formuladas por Marx em sua obra principal. Em vez disso, esta nota indica algumas referências, em especial ligadas a questões econômicas, que podem ser úteis para refletir sobre a recepção do Livro 2 de *O capital* desde sua publicação original. Quiçá elas possam servir de guia para aquelas e aqueles que queiram se aprofundar em alguns temas de destaque deste volume. (Para indicações de livros introdutórios que podem auxiliar na leitura da obra, ver a nota bibliográfica disponível no Livro 1.)

O segundo volume de *O capital* certamente provocou menos debates do que os outros dois. No entanto, os chamados esquemas de reprodução do capital, apresentados por Marx na seção III deste volume, revelaram-se o ponto de partida de discussões muito frutíferas sobre a natureza do modo de produção capitalista. Tais esquemas assumiram papel de destaque no principal livro de Rosa Luxemburgo, *A acumulação do capital*.[1] A líder política e intelectual marxista ressaltou, a partir de um exame desses capítulos do volume 2, a necessidade de investigar a demanda pelos bens e serviços. O valor criado no processo produtivo só se realiza quando a mercadoria é trocada por dinheiro, isto é, no momento da sua venda. Em sua controversa interpretação dos esquemas de Marx, Luxemburgo argumentou que a reprodução ampliada do capital só seria possível com a venda de parte das mercadorias em "mercados externos", isto é, em sociedades caracterizadas por modos de produção não capitalistas. Ela derivou, assim, dos esquemas de reprodução uma explicação para a dinâmica imperialista do capital, o impulso deste para se expandir geograficamente, submetendo à sua lógica sociedades ao redor do mundo. Para uma análise detalhada do argumento de Luxemburgo, contextualizado no debate sobre o assunto entre marxistas russos e alemães do período, ver o capítulo 30 de *Gênese e estrutura de O Capital de Karl Marx*, de Roman Rosdolsky.[2]

---

1 R. Luxemburgo, *A acumulação do capital* [1913], trad. Luiz Alberto Moniz Bandeira. Rio de Janeiro: Civilização Brasileira, 2021.

2 R. Rosdolsky, *Gênese e estrutura de O Capital de Karl Marx* [1968], trad. César Benjamin. Rio de Janeiro: Contraponto/Ed. UERJ, 2001.

Ainda que tal argumento sobre os limites da reprodução ampliada não seja aceito por muitos intérpretes contemporâneos, o esforço de analisar a interação entre exploração capitalista e espoliação, isto é, apropriação econômica e política do excedente produzido, inaugurado em *A acumulação do capital*, segue dando frutos. O debate contemporâneo sobre o assunto foi estimulado pelo resgate de Luxemburgo por David Harvey e sua formulação do conceito de "acumulação por espoliação".[3] Mais recentemente, debates sobre a possível emergência de novas formas tecnofeudais de apropriação do excedente têm mantido viva a controvérsia sobre o tema. Evgeny Morozov ofereceu um resumo dessa discussão em "Critique of Techno-Feudal Reason".[4] No Brasil, o debate sobre a "acumulação por espoliação" serviu de estímulo para se elaborar uma instigante interpretação sobre a história do Rio de Janeiro, proposta por Guilherme Leite Gonçalves e Sérgio Costa: *Um porto no capitalismo global*.[5]

Os esquemas de reprodução também deixaram um legado influente no debate sobre demanda, crescimento econômico e distribuição de renda. Marx aborda, nos capítulos 18 a 21 deste volume, o papel da demanda efetiva, isto é, do total dos gastos planejados por empresas e indivíduos, em um dado período, na determinação do total a ser produzido e no nível de emprego. Esse tema tornar-se-ia um dos pontos centrais no debate econômico a partir da obra de John Maynard Keynes, que daria um estímulo adicional à longa tradição – dita subconsumista – daqueles que argumentam que é possível compreender parte das crises capitalistas como manifestações de insuficiência de demanda.

O trabalho de Michal Kalecki estabeleceu explicitamente esse vínculo entre os esquemas de reprodução e a dinâmica macroeconômica determinada pela demanda efetiva. Vale ler, por exemplo, seus artigos "As equações marxistas de reprodução e a economia moderna" e "O problema da demanda efetiva em Tugán-Baranóvski e Rosa Luxemburgo", publicados em português no livro *Crescimento e ciclo das economias capitalistas*.[6] Uma parte substancial da literatura macroeconômica crítica contemporânea toma como ponto de partida as formulações kaleckianas.

---

3 D. Harvey, *O novo imperialismo*, trad. Adail Sobral e Maria Stela Gonçalves. São Paulo: Loyola, 2004.

4 E. Morozov, "Critique of Techno-Feudal Reason". *New Left Review*, n. 133/34, 2022.

5 G. L. Gonçalves e S. Costa, *Um porto no capitalismo global: Desvendando a acumulação entrelaçada no rio de janeiro*. São Paulo: Boitempo, 2020.

6 M. Kalecki, *Crescimento e ciclo das economias capitalistas*, org. e trad. Jorge Miglioli. São Paulo: Hucitec, 1983.

No Brasil, os esquemas de reprodução também deixaram sua marca, via Kalecki. Nos anos 1970, quando o pensamento econômico crítico reavaliou a herança desenvolvimentista à luz do golpe de 1964, um dos principais desafios consistiu em reler a trajetória brasileira a partir das obras de Marx, Keynes e Kalecki. Dentre os resultados mais frutíferos desse esforço, pode-se mencionar *Ciclo e crise*, de Maria da Conceição Tavares,[7] que abre com uma discussão sobre os esquemas de reprodução, na versão sugerida por Kalecki, e o ensaio "Padrões de acumulação, oligopólios e Estado no Brasil (1950-1976)", escrito por Francisco de Oliveira e publicado em *A economia da dependência imperfeita*.[8]

7 M. C. Tavares, *Ciclo e crise: O movimento recente da industrialização brasileira* [1978]. Campinas: Unicamp, 1998.

8 F. Oliveira, *A economia da dependência imperfeita*. Rio de Janeiro: Graal, 1977.

NOTA DA EDIÇÃO

As notas dos autores seguem o original alemão, em que há números que se repetem e letras que passam a acompanhar alguns deles, e localizam-se entre as pp. 505–10 deste volume. As notas de rodapé estão identificadas por algarismos romanos e são de autoria da edição alemã [N. E. A.], dos tradutores [N. T.] ou da edição brasileira [N. E. B.].

Inserções e comentários sinalizados de Engels encontram-se entre chaves { }. O termo *revenue* é mantido em inglês quando usado assim por Marx no original, no sentido dado pelos representantes da Economia Política inglesa e francesa. O autor contextualiza seu significado no próprio texto quando acha necessário.

Por fim, cabe indicar que esta tradução se baseou no texto da edição da MEW (Marx-Engels-Werke). A referência completa encontra-se na p. 526.

PREFÁCIO DA PRIMEIRA EDIÇÃO

Friedrich Engels, 1885

Deixar o segundo livro de *O capital* pronto para ser impresso, e isso de modo tal que fosse, por um lado, obra coerente e o mais possível acabada, mas também, por outro lado, obra exclusiva do autor, e não do editor, não foi trabalho fácil. O grande número de elaborações existentes, na maioria fragmentárias, dificultou a tarefa. No máximo uma única (Manuscrito IV) estava, até onde se estendia, inteiramente redigida para ser impressa; em compensação, no entanto, a maior parte era obsoleta, devido a redações posteriores. A massa principal do material, embora completa no que tange ao conteúdo, não o estava quanto à forma; estava redigida na linguagem em que Marx costumava fazer seus resumos: estilo descuidado, expressões coloquiais, em geral de rude humor, termos técnicos ingleses e franceses, frequentemente frases inteiras e até mesmo páginas em inglês; é o registro gráfico dos pensamentos na forma em que se desenvolviam na cabeça do autor. Ao lado de certas partes isoladas, expostas pormenorizadamente, outras, igualmente importantes, apenas esboçadas; o material de fatos ilustrativos coletado estava, quando muito, agrupado, mas longe de ser elaborado; ao final dos capítulos, no afã de chegar ao seguinte, frequentemente apenas um par de frases soltas como marcos da exposição, deixada incompleta; por fim, a letra, reconhecidamente ilegível às vezes até para o próprio autor.

Contentei-me em reproduzir os manuscritos tão literalmente quanto possível, em modificar no estilo apenas aquilo que o próprio Marx teria modificado, em inserir apenas frases intermediárias explicativas e conectivas onde isso fosse absolutamente necessário e, além disso, onde o sentido fosse indubitável. Frases cuja interpretação deixasse a mínima dúvida foram preferencialmente impressas ao pé da letra. As reformulações e intercalações feitas por mim não atingem, ao todo, nem sequer dez páginas impressas e são de natureza apenas formal.

A mera enumeração do material manuscrito deixado por Marx para o Livro 2 prova com que inigualável consciência, com que autocrítica rigorosa ele se esforçava por desenvolver, até a máxima perfeição, suas grandes descobertas econômicas antes de publicá-las; uma autocrítica que só raramente lhe permitia ajustar forma e conteúdo de sua exposição a seu horizonte constantemente ampliado por novos estudos. Esse material consiste, pois, no seguinte.

Primeiro, um manuscrito, *Para a crítica da Economia Política*, de 1472 páginas in-quarto, em 23 cadernos, escritas de agosto de 1861 a junho de 1863. É a continuação do primeiro caderno,[I] com o mesmo título, publicado em 1859 em Berlim. Nas páginas 1-220 (cadernos I-V) e, depois, novamente nas páginas 1159-472 (cadernos XIX-XXIII), trata dos temas examinados no Livro 1 de *O capital*, desde a transformação do dinheiro em capital até o fim, sendo a primeira redação que se dispõe deles. As páginas 973-1158 (cadernos XVI-XVIII) tratam de capital e lucro, taxa de lucro, capital comercial e capital monetário, portanto de temas posteriormente desenvolvidos no manuscrito para o Livro 3. Os temas tratados no Livro 2, bem como muitos dos abordados mais tarde no Livro 3, ainda não estão, no entanto, agrupados de modo específico. São tratados de passagem, a saber, na seção que constitui o corpo principal do manuscrito: páginas 220-972 (cadernos VI-XV): *Teorias da mais*-valia. Essa seção contém uma história crítica detalhada do cerne da Economia Política, a teoria da mais-valia, e além disso desenvolve, em antítese polêmica aos antecessores, a maioria dos pontos investigados posteriormente, em particular e no contexto lógico do manuscrito, para os Livros 2 e 3. Tenciono publicar a parte crítica desse manuscrito, depois de suprimidas as numerosas passagens já liquidadas pelos Livros 2 e 3,[II] como Livro 4 de *O capital*. Por mais valioso que seja esse manuscrito, tampouco podia ser utilizado para a presente edição do Livro 2.

Pela ordem cronológica, o manuscrito seguinte é o do Livro 3. Foi redigido, ao menos em sua maior parte, em 1864 e 1865. Só depois de isso estar essencialmente pronto é que Marx passou à elaboração do Livro 1, o primeiro volume publicado em 1867. Estou agora preparando o manuscrito do Livro 3 para ser impresso.

Do período seguinte – depois de aparecer o Livro 1 – dispõe-se, para o Livro 2, de uma coletânea de quatro manuscritos in-fólio, numerados de I a IV pelo próprio Marx. Deles, o Manuscrito I (150 páginas), presumivelmente datado de 1865 ou 1867, é a primeira redação autônoma, ainda que mais ou menos fragmentária, do Livro 2 em sua divisão atual. Também

---

I Ver K. Marx, *Para a crítica da Economia Política. Salário, preço e lucro. O rendimento e suas fontes: A economia vulgar.* São Paulo: Abril Cultural, 1982. Os Economistas. [N. T.]

II Engels não pôde realizar seu propósito de editar as *Teorias da mais*-valia como quarto volume de *O capital*. As *Teorias da mais*-valia foram publicadas pela primeira vez de 1905 a 1910 por Karl Kautsky. Essa edição contém, no entanto, toda uma série de desvios arbitrários em relação ao manuscrito de Marx, um falso ordenamento do material, bem como frequentes omissões de seções importantes. Uma nova edição das *Teorias da mais*-valia em língua alemã foi providenciada pelo Instituto de Marxismo-Leninismo do Comitê Central do SED (Partido Socialista Unificado da Alemanha) e foi publicada entre 1956 e 1962. [N. E. A.]

nele nada havia de aproveitável. O Manuscrito III consiste, em parte, em um conjunto de citações e de referências aos cadernos de apontamentos de Marx – a maioria relativa à primeira Seção do Livro 2 – e, em parte, na elaboração de pontos isolados, a saber, a crítica das proposições de Adam Smith sobre capital fixo e capital circulante e sobre a fonte do lucro; mais adiante, uma exposição sobre a relação entre a taxa de mais-valia e a taxa de lucro, que pertence ao Livro 3. As referências forneceram poucos resultados novos; as elaborações, tanto para o Livro 2 quanto para o Livro 3, estavam superadas por redações posteriores e, na maior parte, também tiveram de ser deixadas de lado. – O Manuscrito IV é uma redação, pronta para ser impressa, da primeira Seção e dos primeiros capítulos da segunda Seção do Livro 2, tendo, portanto, sido utilizado nos lugares devidos. Embora evidenciasse ter sido redigido antes do Manuscrito II, pôde, no entanto, uma vez que era mais completo na forma, ser utilizado, com vantagem, para a parte correspondente do livro; bastou agregar-lhe alguns adendos do Manuscrito II. – Este último manuscrito é a única redação até certo ponto acabada do Livro 2 e data de 1870. As notas para a redação definitiva, que logo serão mencionadas, dizem expressamente: "A segunda redação deve ser tomada por base".

Depois de 1870 ocorreu nova pausa, determinada principalmente por enfermidade. Como de hábito, Marx preencheu esse tempo estudando: agronomia, condições rurais americanas e, notadamente, russas, mercado monetário, sistema bancário e, por fim, Ciências Naturais: Geologia, Fisiologia e, particularmente, trabalhos Matemáticos originais constituem o conteúdo dos numerosos cadernos de apontamentos dessa época. No início de 1877, sentiu-se suficientemente restabelecido para retomar seu verdadeiro trabalho. Do final de março de 1877 datam referências e anotações dos quatro manuscritos já referidos como base para uma nova elaboração do Livro 2, cujo início está contido no Manuscrito V (56 páginas in-fólio). Compreende os quatro primeiros capítulos e está ainda pouco elaborado; pontos essenciais são tratados em notas de rodapé; o material está mais coletado do que peneirado, mas é a última exposição completa que se tem dessa parte, a mais importante da Seção I. – Uma primeira tentativa de fazer disso um manuscrito pronto para ser impresso está no Manuscrito VI (*depois* de outubro de 1877 e antes de julho de 1878), apenas dezessete páginas in-quarto, abrangendo a maior parte do primeiro capítulo; uma segunda – a última –, no Manuscrito VII, de "2 de julho de 1878", com apenas sete páginas in-fólio.

Por essa época, parece ter ficado claro a Marx que, sem uma revolução completa em seu estado de saúde, nunca chegaria a completar uma redação que fosse satisfatória para ele mesmo dos Livros 2 e 3. De fato, os Manuscritos V-VIII apresentam, com demasiada frequência, os vestígios de violenta luta contra condições deprimentes de enfermidade. A parte mais difícil da primeira Seção foi reelaborada no Manuscrito v; o resto da Seção I e a Seção II inteira (excetuado o capítulo 17) não ofereciam dificuldades teóricas significativas; a Seção III, no entanto, a reprodução e circulação do capital social, parecia-lhe necessitar urgentemente de reformulação. No Manuscrito II, primeiro a reprodução era abordada sem considerar a circulação monetária que a intermediava e depois a levando em conta. Isso devia ser corrigido e, sobretudo, toda a seção devia ser reformulada de modo tal que viesse a corresponder ao horizonte mais amplo do autor. Assim surgiu o Manuscrito VIII, um caderno de somente setenta páginas in-quarto; mas, pelo confronto com a Seção III impressa, depreende-se o que Marx soube condensar nesse espaço, após eliminar os trechos do Manuscrito II ali intercalados.

Também nesse manuscrito dá-se apenas um tratamento provisório ao objeto; tratava-se, antes de mais nada, de registrar e desenvolver os novos pontos de vista alcançados em relação ao Manuscrito II, negligenciando os pontos sobre os quais nada havia a dizer de novo. Também uma parte essencial do capítulo 17 da Seção II, que, de todo modo, até certo ponto avança na Seção III, é novamente incluída e ampliada. A sequência lógica é interrompida com frequência, o tratamento em certos pontos apresenta lacunas e, notadamente no final, é bastante fragmentário. Mas o que Marx queria dizer está dito aí de um jeito ou de outro.

Esse é o material para o Livro 2, com o qual, segundo uma observação de Marx a sua filha Eleanor, pouco antes de sua morte, eu deveria "fazer alguma coisa". Assumi esse encargo em seus limites mais estreitos; onde quer que fosse possível, limitei minhas atividades à mera escolha entre as diversas redações. E de modo tal que sempre a última redação disponível, em comparação com as anteriores, fosse tomada como base. Dificuldades reais, isto é, outras que não meramente técnicas, apresentaram apenas as Seções I e III; porém, estas também não foram pequenas. Procurei resolvê-las exclusivamente de acordo com o espírito do autor.

Na maioria dos casos, traduzi as citações no texto para corroborar fatos ou quando, como em passagens de Adam Smith, o original está à disposição de qualquer um que queira ir ao fundo da questão. Só no capítulo 10 isso não foi possível, pois ali o texto em inglês é criticado diretamente. – As citações do Livro 1 apresentam a numeração das páginas da segunda edição, a última em vida de Marx.

No que diz respeito ao Livro 3, há, além da primeira elaboração no manuscrito *Zur Kritik* [Para a crítica], dois trechos referidos no Manuscrito III e algumas notas curtas ocasionalmente lançadas nos cadernos de apontamentos; o referido manuscrito in-fólio, de 1864–65, elaborado mais ou menos até o mesmo grau de acabamento que o Manuscrito II do Livro 2; e, finalmente, um caderno de 1875: a relação entre a taxa de mais-valia e a taxa de lucro, desenvolvida matematicamente (em equações). O preparo desse livro para a impressão marcha aceleradamente. Tanto quanto posso julgar até agora, trará apenas dificuldades técnicas, exceto, naturalmente, algumas seções muito importantes.

—

Aqui é o local para refutar uma acusação contra Marx que, primeiro sussurrada isoladamente, é agora, depois de sua morte, apregoada como fato consumado por socialistas de cátedra e do Estado,[I] bem como por seu séquito – a acusação de que Marx teria plagiado Rodbertus. Noutro lugar eu já disse[1] o mais urgente quanto a isso, mas somente aqui posso apresentar as provas decisivas.

Pelo que sei, essa acusação se encontra pela primeira vez em R[udolf Hermann] Meyer, *Emancipationskampf des vierten Standes* [Luta de emancipação do quarto poder], p. 43:

> "Dessas publicações" (de Rodbertus, datadas da segunda metade dos anos trinta [1830]) "Marx *comprovadamente* extraiu a maior parte de sua crítica".

Posso, até prova em contrário, supor que toda "comprovação" dessa assertiva consiste em que Rodbertus assegurou isso ao Sr. Meyer. – Em 1879 o próprio Rodbertus sobe ao palco e escreve a J. Zeller (*Zeitschrift für die gesammte Staatswissenschaft* [Revista para a Ciência Geral do Estado],[II] Tübingen, 1879, p. 219), em relação à sua obra *Zur Erkenntniss unsrer staatswirthschaftlichen*

I Corrente da Economia Política burguesa alemã que surgiu nos anos 1970 do século XIX. Os socialistas de cátedra (Gustav Schmoller, Lujo Brentano, Adolph Wagner, Karl Bücher, Werner Sombart etc.) eram ferozes inimigos do marxismo e representavam um reformismo burguês. Propagavam a paz de classe entre burguesia e proletariado, procuravam enfraquecer a luta de classes e propunham algumas reformas sociais para reduzir a influência da social-democracia revolucionária e reconciliar os trabalhadores com o reacionário Estado prussiano. Apresentavam a estatização das estradas de ferro, realizada pelo governo prussiano, e a introdução do monopólio estatal do tabaco e da aguardente, planejada por Bismarck, como "socialismo de Estado". Marx e Engels travaram uma luta consequente contra o socialismo de cátedra e desmascararam sua essência reacionária e anticientífica. [N. E. A.]

II Engels refere-se aqui a uma carta de Rodbertus a J. Zeller, de 14 de março de 1875, que foi publicada pela primeira vez na *Zeitschrift für die gesammte Staatswissenschaft*, de Tübingen. [N. E. A.]

Zustände [Para o conhecimento de nossas condições econômicas estatais] (1842), o seguinte:

> "Vais verificar que a mesma" {a linha de pensamentos ali desenvolvida} "já foi lindamente usada por Marx, sem, é óbvio, me citar".

O que também seu editor póstumo, Th. Kozak, sem mais repetiu (*Das Kapital*, de Rodbertus. Berlin, 1884. Introdução, p. xv). – Por fim, nas *Briefe und socialpolitische Aufsätze von Dr. Rodbertus-Jagetzow* [Cartas e artigos sociopolíticos do Dr. Rodbertus-Jagetzow], editadas por R. Meyer em 1881, Rodbertus afirma sem rodeios:

> hoje me vejo *espoliado* por Schäffle e Marx, sem que meu nome seja citado. (*Brief* n. 60, p. 134)

E, em outra passagem, a pretensão de Rodbertus assume uma figura mais precisa:

> De onde se *origina* a *mais*-valia do capitalista mostrei-o em minha 3ª carta social *essencialmente do mesmo modo* que Marx, só que mais concisa e claramente. (*Brief* n. 48, p. 111)

De todas essas acusações de plágio, Marx nunca soube nada. Em seu exemplar do *Emancipationskampf* só estavam cortadas as folhas da parte relativa à Internacional; o corte das restantes foi providenciado por mim só após sua morte. Ele nunca viu a revista de Tübingen. As *Briefe etc.* a R. Meyer permaneceram-lhe igualmente desconhecidas, e só em 1884, graças à bondade do próprio Sr. Dr. Meyer, fui levado a atentar para a passagem sobre a "espoliação". Marx conhecia, no entanto, a carta n. 48; o Sr. Meyer teve a gentileza de presentear a filha mais nova de Marx com o original. Marx, a cujos ouvidos tinha, no entanto, chegado algum misterioso falatório quanto a se encontrar em Rodbertus a fonte secreta de sua crítica, mostrou-a a mim com a observação: Aqui, finalmente, ele tinha informação autêntica sobre as pretensões do próprio Rodbertus; caso ele não reclamasse mais nada, para Marx estava tudo bem; e, se Rodbertus considerava sua exposição mais concisa e clara, tal prazer ele também poderia deixar-lhe. Na verdade, por essa carta de Rodbertus, ele considerou toda a questão resolvida.

Tanto mais podia ele assim proceder porque, como positivamente sei, toda a atividade literária de Rodbertus lhe era desconhecida até cerca de 1859, quando sua própria crítica da Economia Política estava pronta não apenas em seus traços básicos, mas também nos detalhes mais importantes. Ele iniciou seus estudos econômicos em 1843, em Paris, com os grandes mestres ingleses e franceses; dos alemães, só conhecia Rau e List, e isso já lhe era mais que suficiente. Nem Marx nem eu soubemos sequer uma palavra acerca da existência de Rodbertus até que, em 1848, na *Neue Rheinische Zeitung* [Nova Gazeta Renana], tivemos de criticar seus discursos como deputado por Berlim e seus atos como ministro. Era tal nossa ignorância que perguntamos aos deputados renanos quem era, afinal de contas, esse Rodbertus que, tão subitamente, se tornara ministro. Mas também estes nada souberam revelar sobre os escritos econômicos de Rodbertus. Que, no entanto, mesmo sem a ajuda de Rodbertus, Marx já sabia muito bem naquela época não só de onde, mas também *como* "se origina a mais-valia do capitalista" provam-no a *Misère de la Philosophie* [Miséria da Filosofia], 1847, e as conferências sobre trabalho assalariado e capital feitas em Bruxelas em 1847 e publicadas em 1849 na *Nova Gazeta Renana*, n. 264–69.[I] Só por intermédio de Lassalle, por volta de 1859, é que Marx soube que também existia um economista Rodbertus e, então, encontrou, no Museu Britânico, a "terceira carta social" dele.

Esses são os fatos. Mas e quanto ao conteúdo que Marx teria "espoliado" de Rodbertus?

> "De onde se origina a mais-valia do capitalista", diz Rodbertus, "mostrei-o em minha 3ª carta social essencialmente do mesmo modo que Marx, só que mais concisa e claramente."

Este é, portanto, o ponto crucial: a teoria da mais-valia; e, de fato, não se pode dizer o que mais Rodbertus poderia, em todo caso, reclamar como sendo de sua propriedade em Marx. Rodbertus se apresenta aí como o verdadeiro criador da teoria da mais-valia, que Marx teria roubado dele.

E o que diz a terceira carta social[II] sobre a origem da mais-valia? Simplesmente que a "renda", como ele concebe conjuntamente a renda fundiária e o lucro, não provém de "acréscimo de valor" ao valor da mercadoria, mas

> em decorrência de dedução do valor que o salário sofre ou, em outras palavras: porque o salário só representa parte do valor do produto

---

I K. Marx, "Lohnarbeit und Kapital" [Trabalho assalariado e capital]. MEW, v. 6. Berlin: Dietz, 1961, pp. 397–423. [N. E. A.]

II Johann Karl Rodbertus-Jagetzow, "Sociale Briefe an von Kirchmann. Dritter Brief: Widerlegung der Ricardo'schen Lehre von der Grundrente und Begründung einer neuen Rententheorie" [Cartas sociais a von Kirchmann. Terceira carta: Refutação à doutrina de Ricardo sobre a renda fundiária e justificação de uma nova teoria da renda]. Berlin, 1851, p. 87. [N. E. A.]

e, com suficiente produtividade do trabalho,

"não precisa ser igual ao valor de troca natural de seu produto, a fim de que algo sobre, deste, para reposição de capital (!) e renda".

Com o que não nos é dito que "valor de troca natural" do produto é esse, com o qual não resta nada para a "reposição de capital", portanto para a reposição da matéria-prima e o desgaste dos instrumentos de trabalho.

Felizmente nos é dado constatar qual a impressão que essa memorável descoberta causou em Marx. No manuscrito *Zur Kritik etc.* encontra-se, no caderno X, pp. 445 ss.,[I] uma "Digressão. Sr. Rodbertus. Nova teoria da renda fundiária". Somente sob esse ponto de vista é considerada aí a terceira carta social. A teoria geral da mais-valia de Rodbertus é liquidada com a irônica observação: "O Sr. Rodbertus investiga primeiro como as coisas se passam num país em que a posse do solo e a do capital não estão separadas e, então, chega ao *importante* resultado de que a renda (na qual ele compreende toda a mais-valia) é simplesmente igual ao trabalho não pago ou ao *quantum* de produtos em que se apresenta".

Ora, a humanidade capitalista já produziu por diversos séculos mais-valia e, aos poucos, também chegou a se preocupar com sua origem. A primeira visão foi a que surgiu da práxis comercial imediata: a mais-valia proviria de um acréscimo do valor do produto. Ela preponderou entre os mercantilistas, mas já James Steuart reconheceu que o que um ganha o outro necessariamente tem de perder. Apesar disso, esse ponto de vista continuou assombrando por muito tempo, notadamente entre os socialistas; mas da ciência clássica ele é eliminado por Adam Smith.

Diz ele, em *Wealth of Nations* [A riqueza das nações], Livro 1, cap. 6:

> Assim que o capital (*stock*) tenha se acumulado nas mãos de indivíduos, alguns deles naturalmente vão empregá-lo para pôr pessoas laboriosas a trabalhar, às quais proverão com matérias-primas e meios de subsistência, a fim de, com a venda do produto de seu trabalho ou com o que *seu trabalho agregou ao valor daquelas matérias-primas*, realizar um *lucro*. [...] O *valor* que os trabalhadores *agregam às matérias-primas* divide-se, por isso, em *duas partes*, das quais uma paga *seu salário*, a outra o *lucro do empregador* sobre toda importância por ele adiantada em matérias-primas e salários.

I K. Marx, "Herr Rodbertus. Abschweifung. Neue Theorie der Grundrente", in *Theorien über den Mehrwert*. MEW, v. 26, v. II. Berlin: Dietz, 1967 [ed. bras.: "Rodbertus. Digressão. Nova teoria da renda fundiária", in *Teorias da mais*-valia*: História crítica do pensamento econômico*, v. II, trad. Reginaldo Sant'Anna. São Paulo: Difel, 1980]. [N. E. A.]

E adiante:

> Assim que o solo de um país se torna inteiramente propriedade privada, os proprietários fundiários, como também as outras pessoas, adoram colher onde jamais semearam, e demandam uma renda fundiária até mesmo dos produtos naturais do solo. [...] O trabalhador [...] precisa *ceder* ao proprietário fundiário *uma parcela* do que seu *trabalho* coletou ou produziu. Essa parcela ou, o que dá no mesmo, o preço dessa parcela constitui a *renda fundiária*.

A respeito dessa passagem, Marx observa, no citado manuscrito *Zur Kritik etc.*, p. 253: "Adam Smith concebe, portanto, a mais-valia, ou seja, o trabalho excedente, o excesso de trabalho executado e objetivado na mercadoria *sobre* o trabalho pago, portanto, sobre o trabalho que recebeu seu equivalente no salário, como a *categoria geral*, da qual o lucro propriamente dito e a renda fundiária são apenas ramificações".

Mais adiante diz Adam Smith (Livro 1, cap. 8):

> Assim que a terra se torna propriedade privada, o proprietário fundiário exige uma participação em quase todos os produtos que o trabalhador possa criar sobre ela ou coletar. Sua renda fundiária constitui a *primeira dedução* do *produto do trabalho que é aplicado à terra*. Mas o cultivador do solo raramente tem os meios de se manter até a obtenção da colheita. Sua manutenção em geral lhe é adiantada do capital (*stock*) de um empregador, o arrendatário, que não teria interesse em empregá-lo se não *compartilhasse com ele o produto de seu trabalho* ou se seu capital não fosse reposto com lucro. Esse lucro constitui uma *segunda dedução* do produto do trabalho aplicado à terra. O produto de quase todo trabalho está sujeito à mesma dedução para o lucro. Em todas as indústrias, a maior parte dos trabalhadores precisa de um patrão para lhes adiantar, até o término do trabalho, matéria-prima, salário e meios de subsistência. Esse empregador *partilha* com eles o *produto do seu trabalho* ou o valor que este agrega às matérias-primas processadas, e nessa participação consiste seu lucro.

Diz sobre isso Marx (manuscrito, p. 256): "Aí, Adam Smith designa secamente renda fundiária e lucro do capital como meras *deduções* do produto do trabalhador ou do valor de seu produto, igual ao trabalho agregado à matéria-prima. Esse desconto só pode consistir, no entanto, como o próprio Adam Smith o discutiu anteriormente, na parte do trabalho que o trabalhador acrescenta às matérias e que transcende o *quantum* de trabalho que apenas paga seu salário ou que só fornece um equivalente para seu salário – portanto, no trabalho excedente, na parte não paga de seu trabalho".

"De onde se origina a mais-valia do capitalista" e, ademais, a do proprietário fundiário já o sabia Adam Smith; é o que Marx já em 1861 reconhece francamente, enquanto Rodbertus e o enxame de seus admiradores, que brotam como cogumelos sob as cálidas chuvas de verão do socialismo de Estado, parecem ter esquecido completamente.

"No entanto", continua Marx, "Smith não separou a mais-valia como tal, como categoria própria, das formas específicas que ela recebe no lucro e na renda fundiária. Daí haver nele e, mais ainda, em Ricardo muito erro e deficiência na investigação." – Essa assertiva se aplica literalmente a Rodbertus. Sua "renda" é simplesmente a soma de renda fundiária + lucro; da renda da terra ele elabora uma teoria totalmente falsa; o lucro ele aceita sem examinar, como o encontra em seus antecessores. – A mais-valia de Marx, pelo contrário, é a *forma geral* da soma de valor de que se apropriam, sem os donos dos meios de produção fornecerem equivalente, e que se divide, segundo leis muito peculiares, só descobertas por Marx, nas formas específicas, *metamorfoseadas*, de lucro e renda fundiária. Essas leis são desenvolvidas no Livro 3, onde primeiro há de se mostrar quantos membros intermediários são necessários para passar do entendimento da mais-valia em geral para o entendimento de sua transformação em lucro e renda fundiária, portanto para o entendimento das leis da repartição da mais-valia no interior da classe capitalista.

Ricardo vai significativamente mais longe do que Adam Smith. Baseia sua concepção da mais-valia em nova teoria do valor, que na verdade já se encontrava de modo embrionário em Adam Smith, mas na exposição era quase sempre esquecida, e que se tornou o ponto de partida de toda a ciência econômica posterior. Da determinação do valor mercantil pela quantidade de trabalho realizado nas mercadorias, ele deduz a repartição do *quantum* de valor agregado às matérias-primas pelo trabalho entre trabalhadores e capitalistas, sua divisão em salário e lucro (isto é, aqui, mais-valia). Ele demonstra que o valor das mercadorias permanece o mesmo, como quer que varie a proporção entre essas duas partes, lei para a qual só admite exceções isoladas. Ele estabelece até mesmo algumas leis básicas sobre a relação recíproca entre salário e mais-valia (concebida sob a forma de lucro), ainda que em forma demasiado genérica (Marx, *O capital* 1, cap. 15, [parte] I),[I] e demonstra que a renda fundiária é um excedente sobre o lucro, que se constitui sob determinadas circunstâncias. Em nenhum desses pontos Rodbertus ultrapassou Ricardo. As contradições internas da teoria ricardiana, que levaram sua escola à ruína, permaneceram-lhe totalmente desconhecidas ou apenas o induziram (*Zur Erkenntniss etc.*, p. 130) a exigências utópicas, e não a soluções econômicas.

I K. Marx, *O capital: Crítica da Economia Política*, Livro 1: *O processo de produção do capital*, coord. Paul Singer, trad. Regis Barbosa e Flávio R. Kothe. São Paulo: Ubu Editora, 2025, pp. 469–72. [N. E. B.]

A doutrina ricardiana do valor e da mais-valia não precisava, porém, esperar pelo *Zur Erkenntniss etc.* de Rodbertus para ser explorada pelos socialistas. À p. 609 do primeiro volume de *O capital* (segunda edição)[I] encontra-se citado: "*The possessors of surplus produce or capital*" [Os possuidores de mais-produto ou capital], extraído de um escrito: *The Source and Remedy of the National Difficulties. A Letter to Lord John Russell*. London, 1821. Nesse escrito, sobre cujo significado já a expressão *surplus produce or capital* deveria ter chamado a atenção, e que é um panfleto de quarenta páginas, arrancado por Marx do esquecimento, é dito:

> "O que quer que caiba ao capitalista" {da perspectiva do capitalista} "só do mais-trabalho (*surplus labour*) do trabalhador é que ele pode apropriar-se,[II] pois o trabalhador precisa viver". (p. 23)

Como, porém, o trabalhador vive e quão grande pode ser, portanto, o mais-trabalho apropriado pelo capitalista é muito relativo.

> "Se o capital não diminui em valor na proporção em que aumenta em massa, então o capitalista procurará extorquir do trabalhador o produto de cada hora de trabalho acima do mínimo com que o trabalhador possa viver. [...] o capitalista poderá dizer ao trabalhador: não deves comer pão, pois podes viver de beterrabas e batatas; é a isso que chegamos." (pp. 23-24) "Se o trabalhador pode ser levado a se alimentar de batatas em vez de pão, é incontestável que mais pode ser extraído de seu trabalho; isso quer dizer que, se a fim de viver de pão ele era obrigado, para sua própria manutenção e a de sua família, a *reter o trabalho de segunda-feira e terça-feira*, ele, à base de batatas, só precisa reter para si *a metade de segunda-feira*; e a metade restante de segunda-feira e toda a terça-feira *são liberadas* para o serviço ou do Estado ou *do capitalista*." (p. 26) "Admite-se (*it is admitted*) que os juros pagos ao capitalista, seja em forma de renda, juros sobre dinheiro ou lucros de negócios, são pagos com o trabalho de outros." (p. 23)

Aqui está, portanto, toda a "renda" de Rodbertus; só que, em vez de dizer "renda", se diz juros.

Quanto a isso, Marx nota (manuscrito *Zur Kritik*, p. 852): "Esse panfleto pouco conhecido – que apareceu à época em que o incrível remendão McCulloch[III] começou a fazer falar de si – contém um progresso

---

I Ibid., p. 528, nota 26 (p. 792). [N. E. B.]

II Em inglês: *receive* (receber); em alemão: *aneignen* (apropriar-se). [N. T.]

III "Esse remendão mais incrível" [*This most incredible cobbler*] – tal qualificação foi dada por John Wilson a McCulloch em sua brochura *Some Illustrations of Mr.*

essencial em relação a Ricardo. Designa diretamente a mais-valia – ou 'lucro', como Ricardo denomina (frequentemente também mais-produto, *surplus produce*), ou *interest* [juro], como o autor do panfleto a denomina – como *surplus labour*, mais-trabalho, trabalho que o trabalhador executa gratuitamente, que executa além do *quantum* de trabalho por meio do qual repõe o valor de sua força de trabalho, portanto produz um equivalente de seu salário. Como era importante resolver o *valor em trabalho*, assim era importante resolver em *mais-trabalho* (*surplus labour*) a mais-valia (*surplus value*), que se apresenta num *mais-produto* (*surplus produce*). A rigor, isso *já está dito em Adam Smith e constitui um elemento fundamental na exposição de Ricardo*. Mas eles em nenhum lugar o exprimem e fixam em forma absoluta". Mais adiante é dito, à p. 859 do manuscrito: "De resto, o autor está preso às categorias econômicas como ele as encontra. Assim como, em Ricardo, a confusão entre mais-valia e lucro leva a desagradáveis contradições, o mesmo ocorre nele, já que batiza a mais-valia de juros do capital. Certamente, nisso ele está acima de Ricardo, já que primeiro reduz toda mais-valia a mais-trabalho e, quando chama a mais-valia de juros do capital, sublinha, ao mesmo tempo, que entende por *interests of capital* a forma geral do mais-trabalho, em contraposição às formas específicas: renda, juros sobre dinheiro e lucros de negócios. Mas ele toma o nome de uma dessas formas específicas, *interest*, de novo, como da forma geral. E isso é suficiente para que recaia no jargão" (*slang*, diz o manuscrito) "econômico".

Essa última passagem serve a nosso Rodbertus como uma luva. Também ele está preso às categorias econômicas como as encontra. Também ele batiza a mais-valia com o nome de uma de suas subformas transmutadas, que, além do mais, torna totalmente indeterminada: renda. O resultado desses dois desacertos é que ele recai no jargão econômico, não prossegue criticamente seu progresso sobre Ricardo e, em vez disso, deixa-se induzir a fazer de sua teoria inconclusa, antes mesmo de ela ter saído da casca, o fundamento de uma utopia, com a qual, como sempre, chega demasiadamente tarde. O panfleto apareceu em 1821 e antecipa totalmente a "renda" rodbertusiana.

Nosso panfleto é apenas o posto mais avançado de toda uma literatura que, nos anos [18]20, volta a teoria ricardiana do valor e da mais-valia em favor dos interesses do proletariado e contra a produção capitalista, combatendo a burguesia com suas próprias armas. Todo o comunismo de Owen, à medida que se apresenta na polêmica econômica, apoia-se em Ricardo. A seu lado ainda há, porém, toda uma série de escritores,

---

M'Culloch's Principles of Political Economy, escrita sob o pseudônimo de Mordecai Mullion. Edinburgh, 1826. [N. E. A.]

dos quais, já em 1847, Marx cita apenas alguns contra Proudhon (*Misère de la Philosophie*, p. 49): Edmonds, Thompson, Hodgskin etc. etc. "e mais 4 páginas de *et cetera*". Desses inúmeros escritos, limito-me a citar um ao acaso: *An Inquiry into the Principles of the Distribution of Wealth, most Conducive to Human Happiness, by William Thompson; a new edition*, London, 1850. Esse escrito, redigido em 1822, apareceu pela primeira vez em 1824. Também aí a riqueza apropriada pelas classes não produtoras é designada por toda parte como dedução do produto do trabalhador, e isso em termos bastante fortes.

> "O esforço constante do que chamamos de sociedade tem consistido em induzir, por logro ou persuasão, por temor ou coação, o trabalhador produtivo a realizar o trabalho pela menor porção possível do produto de seu próprio trabalho." (p. 28) "Por que o trabalhador não deve receber todo o produto de seu trabalho?" (p. 32) "Essa compensação, que os capitalistas extraem dos trabalhadores produtivos sob o nome de renda fundiária ou lucro, é reivindicada pelo uso do solo ou de outros objetos. [...] Já que todos os materiais físicos, com os quais ou por meio dos quais o trabalhador produtivo, que nada possui a não ser sua capacidade de produzir, pode fazer valer essa sua capacidade de produção, estão na posse de outros, cujos interesses são opostos aos dele e cuja anuência é uma condição prévia para sua atividade – será que não depende e não tem de depender da mercê desses capitalistas qual *parte dos frutos de seu próprio trabalho eles desejam lhe proporcionar* como compensação por esse trabalho?" (p. 125) "[...] em proporção à grandeza do *produto retido*, quer esses desfalques [...] sejam chamados de impostos, lucro ou furto." (p. 126) etc.

Confesso que escrevo estas linhas não sem certa vergonha. Que a literatura anticapitalista inglesa dos anos [18]20 e [18]30 seja tão completamente desconhecida na Alemanha, apesar de Marx já ter, em *Misère de la Philosophie*, se referido diretamente a ela e de a ter citado várias vezes – o panfleto de 1821, Ravenstone, Hodgskin etc. – no primeiro volume de *O capital*, ainda é admissível. Que não só o *literatus vulgaris*,[I] o qual "realmente também não aprendeu nada", se agarre desesperadamente às saias de Rodbertus, mas também o professor catedrático em sua função e dignidade,[II] que "se pavoneia ufano de seu saber" e que esqueceu sua Economia clássica a ponto de acusar seriamente Marx de ter surripiado coisas de Rodbertus, que já podiam ser lidas em Adam Smith e Ricardo – isso comprova o quanto decaiu hoje a Economia oficial.

I Literato vulgar (R. Meyer). [N. E. A.]

II A. Wagner. [N. E. A.]

Mas então o que Marx disse de novo sobre a mais-valia? Como a teoria da mais-valia de Marx pode ter caído como um raio do céu limpo, e isso em todos os países civilizados, enquanto as teorias de todos os seus predecessores socialistas, inclusive Rodbertus, se desvaneceram sem surtir efeito?

A história da Química pode mostrar-nos isso com um exemplo.

Como se sabe, ainda no final do século passado, predominava a teoria flogística, segundo a qual a essência de toda combustão consistia em que do corpo em combustão se desprendia outro corpo hipotético, um combustível absoluto, designado com o nome de flogisto. Essa teoria bastava para explicar a maioria dos fenômenos químicos então conhecidos, ainda que, em alguns casos, de modo forçado. Ora, pois, em 1774, Priestley obteve um tipo de ar

> que considerou tão puro ou tão livre de flogisto que, comparado com ele, o ar comum parecia viciado.

Chamou-o de ar deflogistizado. Pouco depois, Scheele, na Suécia, conseguiu obter o mesmo tipo de ar e demonstrou sua existência na atmosfera. Descobriu também que desaparece quando se queima um corpo nele ou no ar comum e, por isso, chamou-o de ar ígneo.

> "Desses resultados ele então tirou a conclusão de que a combinação decorrente da união do flogisto com um dos componentes do ar" {portanto, na combustão} "nada mais seria que fogo ou calor, que escapa pelo vidro."[2]

Tanto Priestley quanto Scheele haviam isolado o oxigênio, mas não sabiam o que tinham nas mãos. Eles "continuaram presos às categorias" flogísticas "como as encontraram". O elemento que deveria derrubar toda a concepção flogística e revolucionar a Química permanecia estéril em suas mãos. Mas Priestley logo comunicou sua descoberta a Lavoisier, em Paris, e Lavoisier, tendo às mãos esse fato novo, reexaminou então toda a teoria flogística e descobriu que a nova espécie de ar era um novo elemento químico, que na combustão o misterioso flogisto não *sai* do corpo que queima, e sim que esse novo elemento *se combina* com o corpo; assim, ele pôs toda a Química, que em sua forma flogística estava de cabeça para baixo, pela primeira vez de pé. E, ainda que não tenha, como afirmou mais tarde, isolado o oxigênio à mesma época que os outros dois e independentemente deles, mesmo assim permanece como o autêntico *descobridor* do oxigênio em relação aos dois que apenas o isolaram, sem vislumbrar sequer *o que* haviam isolado.

Assim como Lavoisier está para Priestley e Scheele, Marx está para seus predecessores na teoria da mais-valia. A *existência* da parcela de valor-produto que agora chamamos de mais-valia havia sido detectada muito antes de Marx; igualmente havia sido expresso, com maior ou menor clareza, em que ela consiste, ou seja, no produto do trabalho pelo qual o apropriador não pagou um equivalente. Mas não se chegou mais longe do que isso. Uns – os economistas burgueses clássicos – no máximo investigaram a proporção em que o produto do trabalho é repartido entre o trabalhador e o possuidor dos meios de produção. Outros – os socialistas – consideraram injusta essa repartição e procuraram meios utópicos para eliminar a injustiça. Uns e outros ficaram presos às categorias econômicas que já haviam encontrado.

Marx surgiu então em cena. E isso em antítese direta com todos os seus predecessores. Onde estes haviam visto uma *solução*, ele viu apenas um *problema*. Viu que não havia ali nem ar deflogistizado nem ar ígneo, mas oxigênio – que não se tratava ali nem de mera constatação de um fato econômico nem de um conflito desse fato com a justiça eterna e a verdadeira moral, mas de um fato destinado a revolucionar toda a Economia e que oferecia a chave para o entendimento de toda a produção capitalista – para quem soubesse utilizá-lo. A partir desse fato, reexaminou todas as categorias preexistentes, como Lavoisier, a partir do oxigênio, tinha reexaminado as categorias preexistentes da química flogística. Para saber o que era a mais-valia, precisava saber o que era o valor. A própria teoria do valor de Ricardo precisava, antes de mais nada, ser submetida à crítica. Marx examinou, portanto, o trabalho em sua qualidade de gerador de valor e estabeleceu, pela primeira vez, *qual* trabalho, por que e como ele constitui valor e que valor, em geral, nada mais é que trabalho cristalizado *desse* modo – um ponto que, até o fim, Rodbertus não entendeu. Marx investigou, então, a relação entre mercadoria e dinheiro e demonstrou como e por que, por força da propriedade de valor que lhe é imanente, a mercadoria e o intercâmbio de mercadorias necessariamente têm de produzir a antítese entre mercadoria e dinheiro; sua teoria do dinheiro, assim fundamentada, é a primeira exaustiva e, agora, tacitamente aceita em geral. Investigou a transformação do dinheiro em capital e demonstrou que ela repousa na compra e venda da força de trabalho. Ao colocar ali a força de trabalho, a propriedade geradora de valor, no lugar do trabalho, resolveu de um só golpe uma das dificuldades em que havia soçobrado a escola ricardiana: a impossibilidade de conciliar o intercâmbio recíproco de capital e trabalho com a lei ricardiana da determinação do valor pelo trabalho. Só ao constatar a diferenciação do capital em constante e variável é que conseguiu expor o processo de formação da mais-valia em seu curso real até nos menores detalhes e, com isso, explicá-lo – o que nenhum de seus predecessores conseguira; constatou, portanto, uma diferença dentro do próprio capital, com a qual nem Rodbertus nem os economistas burgueses estavam em condição de fazer qualquer coisa, que fornece a chave para a solução dos problemas econômicos mais intrincados, do que, de novo, aqui o Livro 2 – e, ainda mais, como há de mostrar, o Livro 3 – fornece a mais contundente prova. Prosseguindo na investigação da própria mais-valia, descobriu suas duas formas: a mais-valia absoluta e a relativa, comprovando os papéis diferentes, porém, em ambos os casos, decisivos, que desempenharam no desenvolvimento histórico da produção capitalista. Com base na mais-valia, desenvolveu a primeira teoria racional que temos do salário e elaborou, pela primeira vez, os traços fundamentais de uma história da acumulação capitalista e um quadro de sua tendência histórica.

E Rodbertus? Depois de ler tudo isso, encontra aí – economista tendencioso como sempre! – um "ataque contra a sociedade",[I] acha que ele mesmo já disse, de modo muito mais conciso e claro, de onde provém a mais-valia e acha, finalmente, que tudo se ajusta à "forma hodierna do capital", isto é, ao capital conforme existe historicamente, mas não ao "conceito de capital", ou seja, a ideia utópica de capital do Sr. Rodbertus. Bem como o velho Priestley que, até a hora da morte, preservou sua fé no flogisto e não queria saber do oxigênio. Só que Priestley realmente foi o primeiro a isolar o oxigênio, enquanto Rodbertus, com sua mais-valia, ou melhor, com a sua "renda", apenas descobriu novamente um lugar-comum, e Marx desdenhou, ao contrário do procedimento de Lavoisier, afirmar ter sido ele o primeiro a descobrir o *fato* da existência da mais-valia.

O que Rodbertus realizou além disso, em Economia, está no mesmo nível. Sua conversão da mais-valia em uma utopia já foi criticada por Marx não intencionalmente em *Misère de la Philosophie*; o que ademais havia a dizer quanto a isso, eu já o fiz no prefácio da tradução alemã daquele escrito. Sua explicação das crises conjunturais pelo subconsumo da classe trabalhadora já se encontra em *Nouveaux Principes de l'Économie Politique*, Livro 4, cap. 4,[3] de Sismondi. Só que Sismondi sempre tem em vista o mercado mundial, enquanto o horizonte de Rodbertus não vai além da fronteira prussiana. Suas especulações sobre se o salário provém do capital ou da renda pertencem à escolástica e são definitivamente liquidadas pela Seção III deste segundo livro de *O capital*. Sua teoria da renda continua sendo de sua exclusiva propriedade e pode continuar dormitando até que apareça o manuscrito de Marx que a critica.[II] Por fim,

I J. K. Rodbertus-Jagetzow, *Briefe und Socialpolitische Aufsätze*, v. I, ed. Rudolph Meyer. Berlin, 1881, p. 111. [N. E. A.]

II Ver K. Marx, "Herr Rodbertus. Abschweifung. Neue Theorie der Grundrente", op. cit. [ed. bras.: "Rodbertus. Digressão. Nova teoria da renda fundiária", op. cit.]. [N. E. A.]

suas propostas para emancipar a velha propriedade fundiária prussiana da pressão do capital são, de novo, totalmente utópicas, pois evitam a única questão prática de que aí se trata – a questão: como pode o fidalgote da velha Prússia perceber, entra ano, sai ano, digamos, 20 000 marcos e gastar, digamos, 30 000 marcos e, mesmo assim, não contrair dívidas?

A escola ricardiana encalhou, por volta de 1830, na mais-valia. O que ela não soube resolver continuou, com mais razão, insolúvel para sua sucessora, a Economia vulgar. Os dois pontos em que ela soçobrou foram os seguintes:

Primeiro: o trabalho é a medida do valor. Mas, agora, o trabalho vivo tem, no intercâmbio com o capital, um valor menor que o trabalho objetivado pelo qual é trocado. O salário, o valor de determinado *quantum* de trabalho vivo, é sempre menor que o valor do produto elaborado por esse mesmo *quantum* de trabalho vivo ou daquilo em que este se apresenta. A questão é, nessa forma, efetivamente insolúvel. Ela foi adequadamente formulada por Marx e, assim, respondida. Não é o trabalho que tem um valor. Como atividade geradora de valor, ela tão pouco pode ter um valor específico quanto a gravidade um peso específico, o calor uma temperatura específica, a eletricidade uma voltagem específica. Não é o trabalho que é comprado e vendido como mercadoria, mas a *força* de trabalho. Assim que ela se transforma em mercadoria, seu valor se regula pelo trabalho nela corporificado, enquanto produto social, ou seja, seu valor é igual ao trabalho socialmente necessário para sua produção e reprodução. A compra e venda da força de trabalho com base nesse seu valor não contradiz, portanto, de modo algum, a lei econômica do valor.

Segundo: de acordo com a lei ricardiana do valor, dois capitais que empreguem trabalho vivo em igual quantidade e com igual remuneração, sendo equivalentes todas as demais circunstâncias, produzem em tempos iguais produtos de igual valor e mais-valia ou lucro de igual magnitude. Mas, se empregam quantidades desiguais de trabalho vivo, então não podem produzir mais-valia ou, como dizem os ricardianos, lucro do mesmo tamanho. Ora, o que acontece é o contrário. Efetivamente, capitais iguais, seja qual for a quantidade de trabalho vivo que empreguem, produzem em média, em tempos iguais, lucros em média iguais. Encontra-se aí, portanto, uma contradição à lei do valor já descoberta por Ricardo e que a escola dele também não foi capaz de resolver. Nem mesmo Rodbertus pôde deixar de perceber essa contradição; em vez de resolvê-la, fez dela um dos pontos de partida de sua utopia (*Zur Erk.*, p. 131). Essa contradição Marx já resolvera no manuscrito *Zur Kritik*;[1]

---

1 Ver ibid., pp. 19–24, 58–65, 170–234, 428–70 [pp. 459–64, 496–503, 605–66, 857–905]. [N. E. A.]

a solução se encontra, conforme o plano de *O capital*, no Livro 3.[I] Até que seja publicado, ainda hão de transcorrer meses. Portanto, os economistas que querem descobrir em Rodbertus a fonte secreta e um predecessor superior de Marx têm, aqui, oportunidade de mostrar o que a Economia rodbertusiana é capaz de fazer. Se demonstrarem como, não só sem ferir a lei do valor, mas, ao contrário, fundamentando-se nela, se pode e se deve formar uma taxa média igual de lucro, então estamos dispostos a continuar a conversa. Entrementes, queiram apressar-se, por favor. As brilhantes investigações deste Livro 2 e seus resultados totalmente novos em domínios até agora quase intocados são apenas preliminares ao conteúdo do Livro 3, que desenvolve as conclusões finais da apresentação marxista do processo de reprodução social em base capitalista. Quando tiver aparecido esse Livro 3, pouco restará a falar de um economista chamado Rodbertus.

Os Livros 2 e 3 de *O capital*, como Marx me disse várias vezes, devem ser dedicados a sua esposa.

Londres, no dia do aniversário de Marx,
5 de maio de 1885

I Seções I e II. [N. E. A.]

PREFÁCIO DA SEGUNDA EDIÇÃO

Friedrich Engels, 1893

A presente edição, a segunda, é no essencial uma reimpressão literal da primeira. Foram corrigidos os erros de impressão, eliminadas algumas negligências estilísticas, suprimidos alguns parágrafos curtos que só continham repetições.

O terceiro livro, que suscitou dificuldades inesperadas, está agora quase pronto no manuscrito. Não me faltando a saúde, então a impressão já poderá começar neste outono.

Londres,
15 de julho de 1893

2

O PROCESSO DE CIRCULAÇÃO DO CAPITAL

Para uma visão geral mais cômoda, aqui segue uma compilação sumária dos trechos extraídos dos Manuscritos II a VIII:

Seção I
p. 35, do M. II; pp. 35–45, M. VII; pp. 45–48, M. VI; pp. 48–116, M. V; pp. 116–19, nota encontrada entre extratos de livros; pp. 120–46, M. IV; no entanto: pp. 127–28, passagem do M. VIII; pp. 131 (nota 12) e 136 (nota 16), do M. II.

Seção II
O início, pp. 149–58, é o final do M. IV; desse ponto até o final da seção, na p. 337, M. II.

Seção III
Cap. 18: (pp. 341–48) do M. II.
Cap. 19: I e II (pp. 349–77) do M. VIII; III (pp. 377–79) do M. II.
Cap. 20: I (pp. 380–82) do M. II, só o parágrafo final extraído do M. VIII.
II (pp. 383–85) essencialmente do M. II.
III, IV, V (pp. 385–407) do M. VIII.
VI, VII, VIII, IX (pp. 407–21) do M. II.
X, XI, XII (pp. 421–61) do M. VIII.
XIII (pp. 461–70) do M. II.
Cap. 21: (pp. 471–502) inteiramente do M. VIII.[I]

I Paginação ajustada de acordo com esta edição. [N. E. B.]

SEÇÃO I

AS METAMORFOSES DO CAPITAL E SEU CICLO

CAPÍTULO 1

O CICLO DO CAPITAL MONETÁRIO

O processo de circulação[1] do capital ocorre em três estágios, que, segundo a exposição do primeiro volume, constituem a seguinte sequência:

Primeiro estágio: o capitalista aparece como comprador no mercado de mercadorias e no mercado de trabalho; seu dinheiro é convertido em mercadoria, ou passa pelo ato de circulação *D–M*.

Segundo estágio: consumo produtivo das mercadorias compradas pelo capitalista. Ele atua como produtor capitalista de mercadorias; seu capital percorre o processo de produção. O resultado é: mercadoria de maior valor do que seus elementos de produção.

Terceiro estágio: o capitalista retorna ao mercado como vendedor; sua mercadoria é convertida em dinheiro, ou passa pelo ato de circulação *M–D*.

Portanto, a fórmula para o ciclo do capital monetário é:

D–M ... P ... M'–D', na qual os pontos indicam que o processo de circulação está interrompido e tanto *M'* quanto *D'* designam uma *M* e um *D* acrescidos de mais-valia.

O primeiro e o terceiro estágios só foram aventados no primeiro livro à medida que isso era necessário para o entendimento do segundo estágio, o processo de produção do capital. As diferentes formas de que se reveste o capital em seus diferentes estágios e que, ao repetir-se o ciclo, ele ora adota, ora abandona, não foram, por isso, levadas em consideração. Elas constituem agora o próximo objeto da investigação.

Para compreender as formas em sua pureza é preciso começar por abstrair todos os momentos que nada têm a ver com a mudança e a constituição de formas enquanto tais. Por isso se supõe aqui não só que as mercadorias sejam vendidas por seus valores, mas também que isso ocorra em condições constantes. Portanto, também se abstraem as mudanças de valor que possam ocorrer durante o processo de circulação.

I. PRIMEIRO ESTÁGIO. *D–M*[2]

D–M representa a conversão de uma soma de dinheiro em soma de mercadorias; para o comprador, a transformação de seu dinheiro em mercadoria; para os vendedores, a transformação de suas mercadorias em dinheiro. O que faz desse ato da circulação geral de mercadorias ao mesmo tempo parte funcionalmente determinada do ciclo autônomo de um capital individual não é, em primeira instância, a forma do ato, mas seu conteúdo material, o caráter especificamente útil das mercadorias que trocam de lugar com o dinheiro. São, por um lado, meios de produção; por outro, força de trabalho, fatores materiais e pessoais da produção de mercadorias, cuja espécie particular deve, naturalmente, corresponder ao tipo de artigo a ser produzido. Se denominarmos *FT* a força de trabalho, *MP* os meios de produção, então a soma de mercadorias a ser comprada é $M = FT + MP$ ou, mais concisamente, $M<^{FT}_{MP}$. *D–M*, encarado por seu conteúdo, apresenta-se, portanto, como $D–M<^{FT}_{MP}$; isto é, *D–M* se decompõe em *D–FT* e *D–MP*; a soma de dinheiro *D* se decompõe em duas partes, das quais uma compra força de trabalho e a outra meios de produção. Essas duas séries de compras pertencem a mercados totalmente distintos: uma, ao mercado de mercadorias propriamente dito; a outra, ao mercado de trabalho.

Mas, além dessa divisão qualitativa da soma de mercadorias em que *D* é convertido, $D–M<^{FT}_{MP}$ representa também uma relação quantitativa altamente característica.

Sabemos que o valor, ou seja, o preço da força de trabalho, é pago a seu possuidor, que a oferece à venda como mercadoria, sob a forma de salário, isto é, como preço de uma soma de trabalho que contém mais-trabalho; de modo que, por exemplo, se o valor diário da força de trabalho é = 3 marcos, igual ao produto de cinco horas de trabalho, essa soma, no contrato entre comprador e vendedor, figura como o preço ou salário, digamos, do trabalho de dez horas. Caso tal contrato tenha sido firmado com, digamos, 50 trabalhadores, então eles têm de fornecer ao comprador, conjuntamente, durante um dia, 500 horas de trabalho, das quais metade, 250 horas de trabalho = 25 dias de trabalho de dez horas, é constituída tão somente de mais-trabalho. Tanto o *quantum* como o volume dos meios de produção a serem comprados devem bastar para o emprego dessa massa de trabalho.

$D–M<^{FT}_{MP}$ expressa, portanto, não só a relação qualitativa em que determinada soma de dinheiro, por exemplo 422 libras esterlinas, é convertida em meios de produção e força de trabalho mutuamente correspondentes, mas também uma relação quantitativa entre as partes do dinheiro despendidas em força de trabalho *FT* e em meios de produção *MP*, uma relação de antemão determinada pela soma de mais-trabalho excedente a ser despendido por determinado número de trabalhadores.

Se, por exemplo, numa fiação, o salário semanal dos 50 trabalhadores importa em 50 libras esterlinas, 372 libras esterlinas devem ser despendidas em meios de produção, caso esse seja o valor dos meios de produção que o trabalho semanal de 3000 horas, das quais 1500 horas são de mais-trabalho, transforma em fio.

Em que medida, em diferentes ramos da indústria, a utilização de trabalho suplementar requer um acréscimo de valor na forma de meios de produção é aqui totalmente indiferente. Trata-se apenas de que, em qualquer circunstância, a parte do dinheiro gasta em meios de produção – os meios de produção comprados em *D–MP* – seja suficiente, portanto calculada de antemão com essa finalidade, devendo ser conseguida na proporção adequada. Ou a massa dos meios de produção precisa ser suficiente para absorver a massa de trabalho, para ser transformada em produto por intermédio dela. Caso não houvesse meios de produção suficientes, então o trabalho excedente de que o comprador dispõe não seria utilizável; seu direito de dispor dele não levaria a nada. Caso houvesse mais meios de produção do que trabalho disponível, então não seriam saturados de trabalho, não seriam transformados em produto.

Assim que $D\text{–}M<^{FT}_{MP}$ tenha se completado, o comprador não só dispõe dos meios de produção e da força de trabalho necessários à produção de um artigo útil; dispõe de maior ativação da força de trabalho, ou de maior quantidade de trabalho do que a necessária para repor o valor da força de trabalho, e, ao mesmo tempo, dispõe de meios de produção requeridos para a realização ou objetivação dessa soma de trabalho: ele dispõe, portanto, dos fatores de produção de artigos de valor maior do que o de seus elementos de produção, ou uma massa de mercadorias que contém mais-valia. O valor adiantado por ele em forma-dinheiro encontra-se, pois, agora, sob uma forma natural, em que pode ser realizado como valor que gera mais-valia (na figura de mercadorias). Em outras palavras, encontra-se no estado ou na forma de *capital produtivo*, que tem a capacidade de atuar como criador de valor e de mais-valia. Chamemos de *P* o capital nessa forma.

Mas o valor de *P* é = valor de *FT* + *MP*, = *D* convertido em *FT* e *MP*. *D* é o mesmo valor-capital que *P*, só que num modo diferente de existência, ou seja, valor de capital em estado monetário ou em forma-dinheiro – *capital monetário*.

$D\text{–}M<^{FT}_{MP}$, ou, de acordo com sua forma geral *D–M*, soma de compras de mercadorias, esse ato da circulação geral de mercadorias, é, pois, ao mesmo tempo, como estágio do processo de circulação autônomo do capital, transformação do valor-capital de sua forma-dinheiro em sua forma produtiva ou, mais sucintamente, transformação de *capital monetário* em *capital produtivo*. Na figura do ciclo aqui examinada em primeiro lugar, o dinheiro aparece, pois, como o primeiro portador do valor-capital e, por conseguinte, o capital monetário como a forma em que o capital é adiantado.

Enquanto capital monetário, encontra-se num estado em que pode cumprir funções monetárias, as funções – como é o presente caso – de meio geral de compra e meio geral de pagamento. (Este último, na medida em que a força de trabalho se compra primeiro, porém só é paga depois de ter atuado. Uma vez que os meios de produção não estão prontos no mercado, mas têm de ser primeiro encomendados, o dinheiro funciona em *D–MP* também como meio de pagamento.) Essa capacidade não surge do fato de o capital monetário ser capital, mas do fato de ser dinheiro.

Por outro lado, o valor-capital, em estado monetário, só pode cumprir funções de dinheiro e nenhuma outra. O que faz delas funções de capital é seu papel determinado no movimento do capital e, daí, também a conexão do estágio em que aparecem com os outros estágios de seu ciclo. Por exemplo, no caso que no momento nos ocupa, dinheiro é convertido em mercadorias, cuja combinação constitui a forma natural do capital produtivo, forma que, portanto, já abriga em si, de maneira latente, potencial, o resultado do processo de produção capitalista.

Parte do dinheiro que em $D\text{–}M<^{FT}_{MP}$ cumpre a função de capital monetário passa, mediante a realização dessa mesma circulação, a uma função em que desaparece seu caráter de capital e se mantém seu caráter de dinheiro. A circulação do capital monetário *D* se decompõe em *D–MP* e *D–FT*, compra de meios de produção e compra de força de trabalho. Examinemos este último ato em si. *D–FT* é compra de força de trabalho por parte do capitalista; é venda de força de trabalho – podemos aqui dizer venda de trabalho, já que a forma de salário está pressuposta – por parte do trabalhador, do possuidor da força de trabalho. O que, para o comprador, é *D–M* (= *D–FT*), aqui é, como em toda compra para o vendedor (o trabalhador), *FT–D* (= *M–D*), venda de sua força de trabalho. Esse é o primeiro estágio da circulação ou a primeira metamorfose da mercadoria (Livro 1, cap. 3, [parte] 2, a); é, por parte do vendedor de trabalho, transformação da mercadoria em sua forma-dinheiro. O trabalhador gasta, pouco a pouco, o dinheiro assim obtido numa quantidade de mercadorias que satisfazem às suas necessidades, em artigos de consumo. A circulação completa de sua mercadoria se apresenta, portanto, como *FT–D–M*, isto é, em primeiro lugar, como *FT–D* (= *M–D*) e, em segundo lugar, *D–M*, ou seja, na forma geral da circulação mercantil simples *M–D–M*, na qual o dinheiro figura como mero meio passageiro de circulação, como mero mediador da troca de mercadoria por mercadoria.

D–FT é o momento característico na transformação do capital monetário em capital produtivo, porque é a condição essencial para que o valor adiantado em forma-dinheiro se transforme realmente em capital, em valor que produz mais-valia. *D–MP* só é necessário para realizar a massa de trabalho comprada por meio de *D–FT*. *D–FT* foi por isso apresentado sob esse ponto de vista no Livro 1, Seção II, "A transformação do dinheiro em capital". Aqui é preciso considerar o assunto ainda a partir de outro ponto de vista, com especial referência ao capital monetário como forma de manifestação do capital.

D–FT é geralmente considerado como traço característico do modo de produção capitalista. Mas de forma alguma pela razão indicada, ou seja, por ser a compra de força de trabalho um contrato de compra em que se estipula o fornecimento de uma quantidade maior de trabalho do que a necessária para repor o preço da força de trabalho, o salário; fornecimento, portanto, de mais-trabalho, condição fundamental para a capitalização do valor adiantado ou, o que é o mesmo, para a produção de mais-valia. Muito mais, porém, por sua forma, porque, na forma de salário, trabalho é comprado *com dinheiro*, e isso vale como marca característica da economia monetária.

Aqui, novamente, não é o irracional da forma o que se considera característico. A irracionalidade tende antes a ser ignorada. O irracional consiste em que o trabalho, como elemento criador de valor, não pode ter, ele mesmo, nenhum valor, portanto determinado *quantum* de trabalho não pode ter nenhum valor que se expresse em seu preço, em sua equivalência com determinado *quantum* de dinheiro. Sabemos, porém, que o salário é só uma forma disfarçada, uma forma sob a qual, por exemplo, o preço diário da força de trabalho se apresenta como o preço do trabalho realizado por essa força durante um dia, de modo que o valor produzido por essa força de trabalho em 6 horas de trabalho é expresso como valor de sua função ou seu trabalho de doze horas.

D–FT vale como o característico, como o traço distintivo da assim chamada economia monetária, porque o trabalho aparece aí como mercadoria de seu possuidor e o dinheiro como comprador – portanto, devido à relação monetária (isto é, compra e venda de atividade humana). Ora, já desde muito cedo o dinheiro aparece como comprador dos assim chamados serviços, sem que *D* se transforme em capital monetário ou que o caráter geral da Economia seja revolucionado.

Ao dinheiro é totalmente indiferente em que tipo de mercadoria é transformado. Ele é a forma-equivalente geral de todas as mercadorias, que já mostram em seus preços que representam idealmente determinada soma de dinheiro, que esperam sua transformação em dinheiro e que recebem a forma sob a qual podem converter-se em valores de uso para seus possuidores apenas mediante sua troca de lugar com o dinheiro. Portanto, uma vez que a força de trabalho se encontra no mercado como mercadoria de seu possuidor, cuja venda ocorre sob a forma de pagamento pelo trabalho, na figura de salário, então sua compra e venda não representam nada mais digno de atenção do que a compra e venda de qualquer outra mercadoria. Não que a mercadoria força de trabalho seja comprável, mas a força de trabalho aparecer como mercadoria é o característico.

Por meio de $D\text{–}M<^{FT}_{MP}$, transformação do capital monetário em capital produtivo, o capitalista provoca a combinação dos fatores objetivos e pessoais da produção, na medida em que esses fatores consistem em mercadorias. Se o dinheiro é transformado pela primeira vez em capital produtivo ou se funciona pela primeira vez para seu possuidor como capital monetário, então este tem de comprar primeiro os meios de produção, locais de trabalho, máquinas etc., antes de comprar a força de trabalho; pois, assim que esta última fica sob seu comando, os meios de produção precisam estar disponíveis para que ela possa ser utilizada como força de trabalho.

Assim se apresenta a coisa do lado do capitalista.

Do lado do trabalhador: a ativação produtiva de sua força de trabalho só se torna possível a partir do momento em que, em decorrência de sua venda, é posta em contato com os meios de produção. Ela existe, portanto, antes da venda, separada dos meios de produção, das condições objetivas para sua ativação. Nesse estado de separação, ela não pode ser utilizada diretamente para produzir valores de uso para seu possuidor, nem para a produção de mercadorias de cuja venda este pudesse viver. Mas, assim que, mediante sua venda, é posta em contato com os meios de produção, ela constitui parte integrante do capital produtivo de seu comprador, tanto quanto os meios de produção.

Embora, portanto, no ato *D–FT*, o possuidor do dinheiro e o possuidor da força de trabalho só se relacionem reciprocamente como comprador e vendedor, confrontando-se como possuidor de dinheiro e possuidor de mercadorias, por esse lado só se encontrando um com o outro, então, em mera relação monetária – ainda assim, o comprador aparece, de antemão, simultaneamente como possuidor dos meios de produção, que constituem as condições objetivas do dispêndio produtivo da força de trabalho por seu possuidor. Em outras palavras: esses meios de produção se contrapõem ao possuidor da força de trabalho como propriedade alheia. Por outro lado, o vendedor de trabalho se confronta com seu comprador como força de trabalho alheia, que tem de passar a seu domínio e ser incorporada a seu capital para que este funcione efetivamente como capital produtivo. A relação de classe entre capitalista e trabalhador assalariado já existe, já está pressuposta no momento em que ambos se defrontam no ato *D–FT* (*FT–D*, da perspectiva do trabalhador). É compra e venda, relação monetária, porém uma compra e uma venda em que se pressupõem o comprador como capitalista e o vendedor como trabalhador assalariado, e essa relação está dada pelo fato de que as condições para a realização da força de trabalho – meios de subsistência e meios de produção – estão separadas, como propriedade alheia, do possuidor da força de trabalho.

Como surge essa separação, não nos ocupa aqui. Ela existe assim que se completa *D–FT*. O que aqui nos interessa é que: se *D–FT* aparece como função do capital monetário ou o dinheiro aparece aqui como forma de existência do capital, isso de modo algum ocorre apenas porque o dinheiro surge aqui como meio de pagamento de uma atividade humana, que tem um efeito útil, por um serviço; portanto, de forma alguma pela função do dinheiro como meio de pagamento. O dinheiro só pode ser gasto dessa maneira porque a força de trabalho se encontra num estado de separação de seus meios de produção (inclusive os meios de subsistência como meios de produção da própria força de trabalho); porque essa separação só se supera pela venda da força de trabalho ao possuidor dos meios de produção; e porque, portanto, também a ativação da força de trabalho, cujos limites não coincidem de nenhum modo com os da massa de trabalho necessária à reprodução de seu próprio preço, pertence ao comprador. A relação de capital durante o processo de produção só aparece porque existe em si no ato de circulação, nas diferenciadas condições econômicas de base em que comprador e vendedor se defrontam, em sua relação de classe. A relação não é dada pela natureza do dinheiro; é antes a existência dessa relação que pode transformar a mera função monetária em função de capital.

Na concepção do capital monetário (no momento, só nos ocupamos com ele dentro da função determinada em que se nos defronta aqui) comumente dois erros correm lado a lado ou se entrecruzam. Primeiro: as funções que o valor-capital exerce como capital monetário e que ele só pode executar porque se encontra em forma-dinheiro são, erroneamente, deduzidas de seu caráter de capital, quando, de fato, só se devem à sua forma de manifestação como dinheiro. E, segundo, inversamente: o conteúdo específico da função monetária, que ao mesmo tempo torna-a função de capital, é deduzido da natureza do dinheiro (confundindo, assim, dinheiro com capital), enquanto ela pressupõe condições sociais – como aqui, na realização de *D–FT* – que não estão dadas de nenhum modo na mera circulação de mercadorias e na correspondente circulação de dinheiro.

Também a compra e venda de escravos é, formalmente, compra e venda de mercadorias. Sem a existência de escravidão, porém, o dinheiro não pode desempenhar essa função. Havendo escravidão, o dinheiro pode ser desembolsado na compra de escravos. Inversamente, dinheiro em mãos do comprador não basta, de maneira alguma, para tornar possível a escravidão.

Que a venda da própria força de trabalho (na forma de venda do próprio trabalho ou de salário) se apresente não como manifestação isolada, mas como o pressuposto socialmente decisivo da produção de mercadorias, que, portanto, o capital monetário cumpra em escala social a função $D\text{–}M<^{FT}_{MP}$ aqui examinada – isso implica processos históricos mediante os quais foi dissolvida a combinação original dos meios de produção com a força de trabalho; processos em decorrência dos quais a massa do povo, os trabalhadores, como não proprietários, defronta-se com os não trabalhadores, como proprietários desses meios de produção. Nisso, pouco importa a forma que a combinação, antes de sua dissolução, possuía, se o próprio trabalhador, como meio de produção, pertencia ao conjunto dos outros meios de produção ou se era proprietário destes.

O fato subjacente aqui ao ato $D\text{–}M<^{FT}_{MP}$ é a distribuição: não a distribuição no sentido habitual de distribuição dos meios de consumo, mas distribuição dos elementos da própria produção, dos quais os fatores objetivos estão concentrados de um lado, enquanto a força de trabalho está isolada do outro.

Os meios de produção, a parte objetiva do capital produtivo, devem, portanto, defrontar-se com o trabalhador enquanto tais, como capital, antes que o ato *D–FT* possa tornar-se um ato social genérico.

Vimos anteriormente[I] que a produção capitalista, uma vez estabelecida, não só reproduz em seu desenvolvimento essa separação, mas a amplia em âmbito sempre maior, até que se tenha tornado a condição social genericamente dominante. A questão apresenta, porém, ainda outro lado. Para que o capital possa constituir-se e apoderar-se da produção, pressupõe-se certo grau de desenvolvimento do comércio, portanto também da circulação de mercadorias, e com ela da produção de mercadorias, pois artigos não podem entrar na circulação como mercadorias enquanto não são produzidos para a venda, portanto como mercadorias. Como caráter dominante, normal, da produção, a produção de mercadorias só aparece com a produção capitalista.

Os proprietários fundiários russos que, em decorrência da assim chamada emancipação dos camponeses, fazem funcionar agora sua exploração agrícola com trabalhadores assalariados em vez de com trabalhadores forçados de condição servil queixam-se de duas coisas: primeiro, da falta de capital monetário. Assim, dizem, por exemplo: antes de vender a colheita, há que pagar trabalhadores assalariados em grande número, e aí falta a condição primeira, dinheiro sonante. Capital na forma de dinheiro precisa estar sempre disponível exatamente para o pagamento do salário, a fim de executar a produção de modo capitalista. Porém, quanto a isso, os proprietários rurais podem consolar-se. Com o tempo, colhem-se as rosas e o capitalista industrial dispõe não só de seu próprio dinheiro, mas também de *l'argent des autres* [o dinheiro dos outros].

I K. Marx, *O capital: Crítica da Economia Política*, Livro 1: *O processo de produção do capital*, coord. Paul Singer, trad. Regis Barbosa e Flávio R. Kothe. São Paulo: Ubu Editora, 2025, Seção VII, pp. 507–672. [N. E. B.]

Mais característica é, porém, a segunda queixa, ou seja: a de que, mesmo quando se tem dinheiro, não se encontra força de trabalho disponível para comprar em quantidade suficiente e na época desejada, já que o trabalhador agrícola russo, em decorrência da propriedade comum da comunidade aldeã sobre a base fundiária, não está ainda totalmente separado de seus meios de produção e, portanto, não é ainda um "trabalhador assalariado livre", no sentido pleno do termo. Mas a existência deste último em escala social é condição imprescindível para que *D–M*, a transformação de dinheiro em mercadoria, possa apresentar-se como transformação de capital monetário em capital produtivo.

Por isso, é evidente que a fórmula para o ciclo do capital monetário: *D–M ... P ... M'–D'* é a forma evidente da circulação do capital apenas na base da produção capitalista já desenvolvida, porque pressupõe a existência da classe dos trabalhadores assalariados em escala social. A produção capitalista, como vimos, não produz apenas mercadoria e mais-valia; reproduz, e em escala sempre ascendente, a classe dos trabalhadores assalariados e transforma a imensa maioria dos produtores diretos em trabalhadores assalariados. *D–M ... P ... M'–D'*, tendo como primeiro pressuposto de seu funcionamento a existência permanente da classe dos trabalhadores assalariados, pressupõe, portanto, o capital sob a forma de capital produtivo e, por isso, a forma do ciclo do capital produtivo.

II. SEGUNDO ESTÁGIO. FUNÇÃO DO CAPITAL PRODUTIVO

O ciclo do capital, aqui examinado, começa com o ato de circulação *D–M*, a transformação de dinheiro em mercadoria, compra. A circulação precisa, portanto, ser complementada com a metamorfose oposta, *M–D*, transformação de mercadoria em dinheiro, venda. Mas o resultado imediato de $D\text{–}M<^{FT}_{MP}$ é a interrupção da circulação do valor-capital adiantado sob a forma-dinheiro. Por meio da transformação do capital monetário em capital produtivo, o valor-capital recebeu uma forma natural, na qual não pode continuar circulando, mas tem de ingressar no consumo, isto é, no consumo produtivo. A utilização da força de trabalho, o trabalho, só pode ser realizada no processo de trabalho. O capitalista não pode vender novamente o trabalhador como mercadoria, pois este não é seu escravo e aquele nada comprou além da utilização de sua força de trabalho por determinado tempo. Por outro lado, só pode utilizar a força de trabalho deixando os meios de produção serem utilizados por ela como criadora de mercadorias. O resultado do primeiro estágio é, portanto, o ingresso no segundo, no estágio produtivo do capital.

O movimento se apresenta como $D\text{-}M{<}^{FT}_{MP} \ldots P$, onde os pontos indicam que a circulação do capital está interrompida, mas que seu processo de circulação continua ao passar da esfera da circulação das mercadorias para a esfera da produção. O primeiro estágio, a transformação de capital monetário em capital produtivo, aparece apenas como antecessor e fase introdutória do segundo estágio, da função do capital produtivo.

$D\text{-}M{<}^{FT}_{MP}$ pressupõe que o indivíduo que realiza esse ato não só dispõe de valores numa forma útil qualquer, mas que possui esses valores em forma-dinheiro, que é possuidor de dinheiro. Mas o ato consiste precisamente em se desfazer do dinheiro, e aquele só pode continuar a ser proprietário de dinheiro à medida que, implicitamente, o dinheiro, mediante o próprio ato de desfazer-se, flui de volta para ele. Dinheiro só lhe pode refluir, porém, mediante a venda de mercadorias. O ato o pressupõe, portanto, como produtor de mercadorias.

D–FT. O trabalhador assalariado vive somente da venda da força de trabalho. A manutenção desta – a automanutenção dele – exige consumo diário. Seu pagamento precisa, portanto, ser repetido constantemente em prazos mais curtos, para que ele possa repetir as compras necessárias à sua automanutenção, o ato *FT–D–M* ou *M–D–M*. O capitalista deve, pois, defrontar-se constantemente com ele como capitalista monetário, e seu capital como capital monetário. Por outro lado, porém, para que a massa dos produtores diretos, dos trabalhadores assalariados, possa realizar o ato *FT–D–M*, os meios de subsistência necessários devem defrontá-los sempre em forma comprável, isto é, em forma-mercadoria. Esse estado já requer, portanto, elevado grau de circulação dos produtos como mercadorias, portanto também de volume da produção de mercadorias. Assim que se generaliza a produção mediante trabalho assalariado, a produção de mercadorias tem de ser a forma geral da produção. Sendo esta pressuposta como genérica, condiciona por sua vez uma divisão sempre crescente do trabalho social, isto é, uma especialização cada vez maior do produto, que é produzido como mercadoria por determinado capitalista, separação sempre maior de processos de produção complementares que assim se autonomizam. No mesmo grau que *D–FT*, desenvolve-se portanto *D–MP*; isto é, na mesma extensão a produção dos meios de produção se separa da produção da mercadoria, da qual eles são os meios de produção, e se defronta com cada produtor de mercadorias como mercadorias que ele não produz, mas que compra, tendo em vista seu processo específico de produção. Surgem de ramos da produção completamente separados do seu, exercidos autonomamente, e entram em seu ramo de produção como mercadorias: por isso, precisam ser comprados. As condições materiais da produção de mercadorias se defrontam com ele em extensão sempre maior como produtos de outros produtores de mercadorias, como mercadorias. Na mesma extensão, o capitalista precisa aparecer como capitalista monetário, ou se amplia a escala em que seu capital deve funcionar como capital monetário.

Por outro lado: as mesmas circunstâncias que produzem a condição básica da produção capitalista – a existência de uma classe de trabalhadores assalariados – requerem a passagem de toda a produção de mercadorias para a produção capitalista de mercadorias. À medida que esta se desenvolve, tem o efeito de decompor e de dissolver cada forma antiga de produção, a qual, orientada preferencialmente para o autoconsumo direto, só transforma o excedente do produto em mercadoria. Ela faz da venda do produto o interesse principal, primeiro sem aparentemente atacar o próprio modo de produção, como foi, por exemplo, o primeiro efeito do comércio mundial capitalista sobre povos como os chineses, indianos, árabes etc. Mas, em segundo lugar, onde tenha fincado raízes, ela destrói todas as formas de produção mercantil que se baseiem seja no trabalho do próprio produtor, seja apenas na venda do produto excedente como mercadoria. Ela primeiro generaliza a produção de mercadorias e depois transforma gradualmente toda a produção de mercadorias em produção capitalista.[3]

Sejam quais forem as formas sociais da produção, trabalhadores e meios de produção continuam sempre seus fatores. Mas uns e outros só o são em potencial quando estão mutuamente separados. Para que haja produção ao todo, eles precisam combinar-se. O modo específico de levar a efeito essa combinação distingue as diferentes épocas econômicas da estrutura social. No presente caso, a separação do trabalhador livre de seus meios de produção é o ponto de partida dado, e vimos como e sob quais condições ambos são unidos nas mãos do capitalista – especialmente como modo de existência produtiva de seu capital. O verdadeiro processo em que criadores pessoais e materiais de mercadorias assim reunidos ingressam conjuntamente, o processo de produção, torna-se, pois, ele mesmo, uma função do capital – processo de produção capitalista, cuja natureza foi detalhadamente desenvolvida no primeiro livro desta obra. Toda empresa produtora de mercadorias torna-se, ao mesmo tempo, empresa de exploração da força de trabalho; mas só a produção capitalista de mercadorias é que se torna um modo de exploração que marca uma época, que, em seu desenvolvimento histórico mediante a organização do processo de trabalho e o gigantesco aperfeiçoamento da técnica, revoluciona toda a estrutura econômica da sociedade e supera de maneira incomparável todas as épocas anteriores.

Pelos diferentes papéis que desempenham na constituição do valor durante o processo de produção, portanto também na produção de mais-valia, meios de produção e força de trabalho, enquanto formas de existência do valor-capital adiantado, diferenciam-se em capital constante e capital variável. Como componentes distintos do capital produtivo, diferenciam-se, além disso, porque os primeiros continuam sendo, nas mãos do capitalista, seu capital também fora do processo de produção, enquanto só dentro dele é que a força de trabalho se torna uma forma de existência de um capital individual. Se a força de trabalho só é mercadoria nas mãos de seu vendedor, o trabalhador assalariado, ela só se torna, no entanto, capital nas mãos de seu comprador, o capitalista, a quem cabe sua utilização temporária. Os próprios meios de produção só se tornam configurações objetivas do capital produtivo, ou capital produtivo, a partir do momento em que a força de trabalho, como forma pessoal de existência do mesmo, se tornou incorporável. A força de trabalho humana é, pois, tão pouco capital por sua natureza quanto o são os meios de produção. Eles recebem esse caráter social específico somente sob determinadas condições, historicamente desenvolvidas, assim como apenas sob tais condições se imprime aos metais preciosos o caráter de dinheiro ou mesmo ao dinheiro o de capital monetário.

Ao funcionar, o capital produtivo consome seus próprios componentes para convertê-los em massa de produto de valor maior. Uma vez que a força de trabalho só opera como um de seus órgãos, também o excedente do valor do produto acima do valor de seus elementos constitutivos, gerado por seu mais-trabalho, é fruto do capital. O mais-trabalho da força de trabalho é o trabalho grátis do capital e constitui, por isso, para o capitalista, mais-valia, um valor que não lhe custa nenhum equivalente. O produto não é, portanto, apenas mercadoria, mas mercadoria prenhe de mais-valia. Seu valor é $= P + MV$, igual ao valor do capital produtivo *P*, que se consumiu em sua fabricação, mais a mais-valia *MV* produzida por ele. Suponhamos que essa mercadoria consista em 10 000 libras de fio, em cuja fabricação foram consumidos meios de produção no valor de 372 libras esterlinas e força de trabalho no valor de 50 libras esterlinas. Durante o processo de fiação, os fiandeiros transferiram ao fio o valor dos meios de produção consumidos por seu trabalho, no importe de 372 libras esterlinas, assim como, ao mesmo tempo, em proporção a seu dispêndio de trabalho, eles constituíram um valor novo de, digamos, 128 libras esterlinas. As 10 000 libras de fio são, portanto, portadoras de um valor de 500 libras esterlinas.

III. TERCEIRO ESTÁGIO. *M'–D'*

Mercadoria torna-se *capital-mercadoria* como forma de existência funcional, surgida diretamente do próprio processo de produção, do valor-capital já valorizado. Caso a produção de mercadorias fosse em toda a sua extensão social conduzida de modo capitalista, então toda mercadoria já seria, desde sua origem, elemento de um capital-mercadoria, consistisse ela em ferro fundido ou rendas de Bruxelas, ácido sulfúrico ou charutos. O problema de saber quais espécies do exército das mercadorias estão, por sua natureza, destinadas a serem promovidas ao grau de capital, quais outras a cumprir o serviço comum de mercadorias, é uma das belas torturas que a Economia escolástica se autoinflige.

Em forma-mercadoria, o capital tem de executar função de mercadoria. Os artigos de que é constituído, produzidos desde sua origem para o mercado, têm de ser vendidos, transformados em dinheiro, têm de, portanto, percorrer o movimento *M–D*.

Suponha-se que a mercadoria do capitalista consista em 10 000 libras de fio de algodão. Se, no processo de fiar, meios de produção no valor de 372 libras esterlinas foram consumidos e um valor novo de 128 libras esterlinas foi gerado, então o fio tem um valor de 500 libras esterlinas, que ele exprime em seu preço da mesma denominação. Suponhamos que esse preço seja realizado pela venda *M–D*. O que faz desse simples ato de toda circulação de mercadorias, ao mesmo tempo, uma função de capital? Nenhuma modificação que ocorra dentro dele, nem em relação a seu caráter útil, pois como objeto de uso a mercadoria se transfere ao comprador, nem em relação a seu valor, pois este não sofre nenhuma variação de grandeza, mas apenas uma variação de forma. Primeiro ele existia em fio, agora existe em dinheiro. Assim aparece uma diferença essencial entre o primeiro estágio *D–M* e o último, *M–D*. Lá o capital adiantado funciona como capital monetário, porque se converte, por meio da circulação, em mercadorias de valor de uso específico. Aqui a mercadoria só pode funcionar como capital, à medida que já traz pronto do processo de produção esse caráter, antes que comece sua circulação. Durante o processo de fiação, os fiandeiros geraram valor em fio num montante de 128 libras esterlinas. Deste, digamos, 50 libras esterlinas constituem para o capitalista apenas um equivalente para sua despesa em força de trabalho, e 78 libras esterlinas – com um grau de exploração da força de trabalho de 156% – constituem mais-valia. O valor das 10 000 libras de fio contém, portanto, primeiro o valor do capital produtivo *P* consumido, do qual a parte constante é = 372 libras esterlinas, a variável é = 50 libras esterlinas; sua soma é = 422 libras esterlinas, = 8 440 libras de fio. O valor do capital produtivo *P* é, porém, = *M*, o valor de seus elementos constitutivos, que no estágio *D–M* se defrontavam com o capitalista como mercadorias nas mãos de seus vendedores. Mas, em segundo lugar, o valor do fio contém uma mais-valia de 78 libras esterlinas = 1 560 libras de fio. Portanto, *M* como expressão do valor das 10 000 libras de fio é = *M* + *ΔM*, *M* mais um incremento de *M* (= 78 libras esterlinas), que resolvemos chamar de *m*, já que existe na mesma forma-mercadoria que assumiu agora o valor original M. Portanto, o valor das 10 000 libras de fio = 500 libras esterlinas é $= M + m = M'$. O que torna M, como expressão do valor das 10 000 libras de fio, M' não é sua grandeza absoluta de valor (500 libras esterlinas), pois ela é, como todas as outras M enquanto expressão de valor de qualquer outra soma de mercadorias, determinada pela grandeza do trabalho nela objetivado. É sua grandeza de valor relativa, sua grandeza de valor comparada com o valor do capital P consumido em sua produção. Esse valor está contido nela, somado à mais-valia fornecida pelo capital produtivo. Seu valor é maior, excede esse valor-capital por essa mais-valia m. As 10 000 libras de fio são portadoras do valor-capital valorizado, enriquecido por uma mais-valia, e o são enquanto produto do processo capitalista de produção. M' expressa uma relação de valor, a relação entre o valor do produto em mercadorias e o do capital gasto em sua produção, portanto a composição de seu valor por valor-capital e mais-valia. As 10 mil libras de fio são capital-mercadoria, M', apenas como forma transmutada do capital produtivo P, portanto num contexto que de início só existe no ciclo desse capital individual ou para o capitalista que, com seu capital, produziu fio. É, por assim dizer, uma relação interna, e não externa, que converte as 10 000 libras de fio, como portadoras de valor, em capital-mercadoria; ostentam sua marca de nascença capitalista não na grandeza absoluta de seu valor, mas em sua grandeza relativa, em sua grandeza de valor comparada com a que tinha o capital produtivo nelas contido antes de transformar-se em mercadoria. Por isso, caso se vendam as 10 000 libras de fio por seu preço de 500 libras esterlinas, então esse ato de circulação, considerado em si mesmo, é $= M\text{–}D$, mera transformação, de um valor constante, de forma-mercadoria em forma-dinheiro. Mas, como estágio específico no ciclo de um capital individual, o mesmo ato é realização do valor-capital incorporado na mercadoria de 422 libras esterlinas + mais-valia de 78 libras esterlinas incorporada nela, portanto $M'\text{–}D'$, transformação do capital-mercadoria de sua forma-mercadoria em forma-dinheiro.[4]

A função de M' é, pois, a de todo produto-mercadoria: transformar-se em dinheiro, ser vendido, percorrer a fase de circulação $M\text{–}D$. Enquanto o capital agora valorizado permanece fixado na forma de capital-mercadoria, imobilizado no mercado, o processo de produção fica parado. Não atua nem como formador de produto nem como formador de valor. De acordo com os diversos graus de velocidade com que o capital se desfaz de sua forma-mercadoria e assume sua forma-dinheiro, ou de acordo com a rapidez da venda, o mesmo valor-capital servirá em grau muito desigual como formador de produto e de valor e aumentará ou diminuirá a escala da produção. Foi mostrado no primeiro livro que o grau de eficácia de um dado capital é condicionado por potências do processo de produção que, até certo ponto, são independentes de sua própria grandeza de valor.[I] Aqui se mostra que o processo de circulação põe em movimento novas potências, independentes da grandeza do valor do capital, de seu grau de eficácia, de sua expansão e contração.

A massa de mercadorias *M'*, como portadora do capital valorizado, precisa, além disso, percorrer em toda a sua extensão a metamorfose *M'–D'*. A quantidade do vendido torna-se aqui determinação essencial. A mercadoria individual figura apenas como parte integrante da massa total. O valor de 500 libras esterlinas existe em 10 000 libras de fio. Caso o capitalista consiga vender apenas 7 440 libras por seu valor de 372 libras esterlinas, terá então reposto apenas o valor de seu capital constante, o valor dos meios de produção gastos; caso consiga vender 8 440 libras, só terá reposto a grandeza de valor do capital total adiantado. Ele precisa vender mais para realizar a mais-valia e precisa vender todas as 10 000 libras de fio para realizar toda a mais-valia de 78 libras esterlinas (= 1 560 libras de fio). Recebe, portanto, em 500 libras esterlinas, apenas um equivalente à mercadoria vendida; sua transação dentro da circulação é simples *M–D*. Tivesse ele pago 64 libras esterlinas a seus trabalhadores em vez de 50 libras esterlinas de salário, então sua mais-valia seria de apenas 64 libras esterlinas em vez de 78 libras esterlinas, e o grau de exploração seria de apenas 100% em vez de 156%; mas, tanto antes como depois, o valor de seu fio permaneceria constante; somente a relação entre as diferentes partes é que seria outra; o ato de circulação *M–D* seria, tanto antes quanto depois, a venda de 10 000 libras de fio por 500 libras esterlinas, seu valor.

$M' = M + m$ (= 422 libras esterlinas + 78 libras esterlinas). – *M* é igual ao valor de *P*, capital produtivo, e este é igual ao valor de *D*, que foi adiantado em *D–M*, na compra dos elementos de produção; em nosso exemplo = 422 libras esterlinas. Caso a massa de mercadorias seja vendida por seu valor, então $M = 422$ libras esterlinas e $m = 78$ libras esterlinas, igual ao valor do mais-produto de 1 560 libras de fio. Se denominamos *m*, expresso em dinheiro, *d*, então $M'–D' = (M+m)–(D+d)$, e o ciclo $D–M \ldots P \ldots M'–D'$, em sua forma explícita, é, portanto, $D–M<^{FT}_{MP} \ldots P \ldots (M+m)–(D+d)$.

No primeiro estágio, o capitalista retira artigos úteis do mercado de mercadorias propriamente dito e do mercado de trabalho; no terceiro estágio, lança mercadorias de volta, mas apenas em *um* mercado, o mercado de mercadorias propriamente dito. Mas, se ele, por meio de sua mercadoria, volta a retirar do mercado mais valor do que originalmente lançou nele, isso apenas porque lança nele maior valor de mercadorias do que originalmente dele retirou. Lançou nele o valor *D*

I K. Marx, *O capital*, Livro 1, op. cit., cap. 22, parte 4, pp. 537–44. [N. E. B.]

e retirou o equivalente M; lança $M+m$ nele e retira o equivalente $D+d$. – Em nosso exemplo, D era igual ao valor de 8440 libras de fio; mas ele lança 10000 libras no mercado, dá-lhe, portanto, um valor mais alto do que dele tomou. Por outro lado, só lançou esse valor acrescido porque, no processo de produção, produziu mais-valia (como parte alíquota do produto, expressa em mais-produto) mediante a exploração da força de trabalho. Só como produto desse processo é que a massa de mercadorias é capital-mercadoria, portadora do valor-capital valorizado. Pela efetivação de $M'-D'$, é realizado tanto o valor-capital adiantado quanto a mais-valia. A realização de ambos coincide com a série de vendas ou também com a venda, feita de uma só vez, da massa total de mercadorias que $M'-D'$ expressa. Mas o mesmo ato de circulação $M'-D'$ é diferente para o valor-capital e para a mais-valia à medida que expressa, para cada um deles, um estágio diferente de sua circulação, um episódio diferente da série de metamorfoses a ser percorrida por eles dentro da circulação. A mais-valia, m, só veio ao mundo dentro do processo de produção. Surge, pois, pela primeira vez no mercado de mercadorias e o faz precisamente em forma-mercadoria; ela é sua primeira forma de circulação, portanto também o ato $m-d$ é seu primeiro ato de circulação ou sua primeira metamorfose, que ainda precisa ser complementada mediante o ato de circulação oposto ou a metamorfose inversa, $d-m$.[5]

Outra coisa ocorre com a circulação que o valor-capital M executa no mesmo ato de circulação $M'-D'$, que é, para ele, o ato de circulação $M-D$, no qual $M=P$, igual ao D originalmente adiantado. Inaugurou seu primeiro ato de circulação como D, como capital monetário, e mediante o ato $M-D$ retorna à mesma forma; percorreu, portanto, ambas as fases opostas da circulação 1) $D-M$ e 2) $M-D$ e encontra-se de novo na forma em que pode recomeçar o mesmo processo de circulação. O que para a mais-valia é a primeira metamorfose de forma-mercadoria em forma-dinheiro é, para o valor-capital, retorno ou retransformação em sua forma-dinheiro original.

Mediante $D-M<^{FT}_{MP}$, o capital monetário foi convertido em soma equivalente de mercadorias, FT e MP. Essas mercadorias não funcionam novamente como mercadorias, como artigos vendáveis. Seu valor existe agora nas mãos de seu comprador, do capitalista, como valor de seu capital produtivo, P. E na função de P, do consumo produtivo, são transformadas num tipo de mercadoria materialmente distinto dos meios de produção, em fio, no qual seu valor não só é conservado, mas aumentado de 422 libras esterlinas para 500 libras esterlinas. Por meio dessa metamorfose real, as mercadorias retiradas do mercado no primeiro estágio $D-M$ são substituídas por mercadorias diferentes em substância e em valor, que agora funcionam como mercadoria, têm de ser transformadas em dinheiro e vendidas. Por isso, o processo de produção só aparece como interrupção do processo de circulação do valor-capital, do qual, até aqui, só foi percorrida a primeira fase, $D\text{–}M$. Este percorre a segunda fase, conclusiva, $M\text{–}D$, depois que M se modificou em substância e valor. Mas, na medida em que o valor-capital, tomado em si mesmo, entra em consideração, ele apenas sofreu uma alteração em sua forma útil no processo de produção. Ele existia como valor de 422 libras esterlinas em *FT* e *MP*, agora existe como valor de 422 libras esterlinas em 8 440 libras de fio. Se apenas consideramos, pois, as duas fases do processo de circulação do valor-capital, pensado separadamente de sua mais-valia, então ele percorre 1) $D\text{–}M$ e 2) $M\text{–}D$, em que o segundo M tem uma forma útil modificada, mas o mesmo valor que o primeiro M; portanto, $D\text{–}M\text{–}D$, uma forma de circulação que, mediante a dupla troca de lugar da mercadoria em direção oposta, transformação de dinheiro em mercadoria, transformação de mercadoria em dinheiro, determina necessariamente o retorno do valor, adiantado como dinheiro, à sua forma-dinheiro: sua retransformação em dinheiro.

O mesmo ato de circulação $M'\text{–}D'$, que para o valor-capital adiantado em dinheiro é a segunda e conclusiva metamorfose, o retorno à forma-dinheiro, é para a mais-valia, simultânea e conjuntamente portada pelo capital-mercadoria e realizada pela conversão em forma-dinheiro, a primeira metamorfose, transformação de forma-mercadoria em forma-dinheiro, $M\text{–}D$, primeira fase da circulação.

É preciso, portanto, observar duas coisas aqui. Primeiro: a retransformação final do valor-capital em sua forma-dinheiro inicial é uma função do capital-mercadoria. Segundo: essa função implica a primeira transformação de forma da mais-valia de sua forma-mercadoria original em forma-dinheiro. A forma-dinheiro desempenha aí, portanto, papel duplo: ela é, por um lado, forma a que retorna um valor originalmente adiantado em dinheiro, portanto retorna à forma-valor que inaugurou o processo; por outro lado, é a primeira forma transmutada de um valor, que entra originalmente na circulação em forma-mercadoria. Sendo as mercadorias de que se constitui o capital-mercadoria vendidas por seu valor, como aqui é pressuposto, então $M+m$ é transformado no equivalente $D+d$; nessa forma $D+d$ (422 libras esterlinas + 78 libras esterlinas = 500 libras esterlinas), o capital-mercadoria realizado existe agora nas mãos do capitalista. Valor-capital e mais-valia estão, agora, disponíveis como dinheiro, portanto na forma-equivalente geral.

Ao final do processo, o valor-capital encontra-se, portanto, novamente na mesma forma em que nele ingressou; pode, pois, inaugurá-lo e percorrê-lo como capital monetário. Exatamente porque a forma inicial e final do processo é a do capital monetário (D), essa forma do processo de circulação é designada por nós como ciclo do capital monetário. Não a forma, mas apenas a grandeza do valor adiantado é modificada no fim.

D + *d* nada mais é do que uma soma de dinheiro de determinada grandeza, em nosso caso de 500 libras esterlinas. Mas como resultado do ciclo do capital, como capital-mercadoria realizado, essa soma de dinheiro contém o valor-capital e a mais-valia; e agora estes já não estão confundidos, como no fio; encontram-se agora lado a lado. Sua realização deu a cada um deles forma-dinheiro autônoma. Dessa soma, $\frac{211}{250}$ são valor-capital, 422 libras esterlinas, e $\frac{39}{250}$ dela são mais-valia de 78 libras esterlinas. Essa separação suscitada pela realização do capital-mercadoria não tem apenas a configuração formal de que logo falaremos; ela se torna importante no processo de reprodução do capital, conforme *d* se reúna totalmente, em parte ou não se reúna a *D*, portanto conforme continue ou não funcionando como parte constitutiva do valor-capital adiantado. *d* e *D* podem também percorrer circulação completamente diferente.

Em *D'*, o capital voltou à sua forma original *D*, à sua forma-dinheiro; mas numa forma em que ele está realizado como capital.

Em primeiro lugar, há uma diferença quantitativa. Era *D*, 422 libras esterlinas; agora é *D'*, 500 libras esterlinas, e essa diferença é expressa em *D* ... *D'*, os extremos quantitativamente diversos do ciclo, cujo movimento próprio só é indicado por meio dos pontos ... $D' > D$, $D' - D = MV$, a mais-valia. – Mas, como resultado desse ciclo *D* ... *D'*, agora só existe *D'*; é o produto em que seu processo de formação se extinguiu. *D'* existe agora autonomamente para si, independente do movimento que o fez surgir. O movimento passou, *D'* está aqui em seu lugar.

Mas *D'* como *D* + *d*, 500 libras esterlinas como 422 libras esterlinas de capital adiantado, mais um incremento de 78 libras esterlinas deste, representa, ao mesmo tempo, uma relação qualitativa, embora essa relação qualitativa só exista como relação das partes de uma soma do mesmo nome, portanto como relação quantitativa. *D*, o capital adiantado, que agora está novamente à disposição em sua forma original (422 libras esterlinas), existe agora como capital realizado. Não só se conservou, mas se realizou também como capital, à medida que, enquanto tal, se diferencia de *d* (78 libras esterlinas), com ele se relaciona como *seu* acréscimo, *seu* fruto, um incremento gerado por ele mesmo. Está realizado como capital, porque se realizou como valor, que gerou um valor. *D'* existe como relação de capital; *D* já não aparece como mero dinheiro, mas está posto expressamente como capital monetário, expresso como valor que se valorizou, que tem, portanto, também a propriedade de se valorizar, de gerar mais valor do que ele mesmo tem. *D* está posto como capital por sua relação com outra parte de *D'*, com a qual se relaciona como com algo posto por ele, como efeito dele enquanto causa, como a consequência da qual ele é a razão. Assim, D' aparece como a soma de valor diferenciada em si, em si mesmo se diferenciando funcionalmente (conceitualmente) e expressando a relação de capital.

Isso, porém, só é expresso como resultado, sem a mediação do processo do qual é o resultado.

Partes do valor não se distinguem, enquanto tais, qualitativamente umas das outras, exceto na medida em que aparecem como valores de artigos diferentes, coisas concretas, portanto em diferentes formas úteis, portanto como valores de diferentes corpos mercantis – uma diferença que não se origina delas mesmas enquanto meras partes do valor. No dinheiro, toda a diversidade das mercadorias se apaga exatamente porque ele é a forma-equivalente comum a todas elas. Uma soma de dinheiro de 500 libras esterlinas é constituída exclusivamente por elementos da mesma denominação de 1 libra esterlina. Já que, na simples existência dessa soma de dinheiro, está apagada a mediação de sua origem e que todo traço da diferença específica que os distintos componentes do capital possuem no processo de produção desapareceu, a diferença só existe agora sob a forma conceitual de uma soma principal (em inglês, *principal*) = o capital adiantado de 422 libras esterlinas e uma soma de valor excedente de 78 libras esterlinas. Seja, por exemplo, $D' = 110$ libras esterlinas, das quais $100 = D$, soma principal, e $10 = MV$, mais-valia. Reina absoluta homogeneidade, portanto indiferenciação conceitual, entre as duas partes constitutivas da soma de 110 libras esterlinas. Quaisquer 10 libras esterlinas são sempre $\frac{1}{11}$ da soma total de 110 libras esterlinas, sejam elas $\frac{1}{10}$ da soma principal adiantada de 100 libras esterlinas ou o excedente de 10 libras acima dela. Soma principal e soma adicional, capital e mais-soma, podem, por isso, ser expressas como frações da soma total; em nosso exemplo, $\frac{10}{11}$ constituem a soma principal ou o capital, e $\frac{1}{11}$ a mais-soma. É, por conseguinte, numa expressão irracional da relação de capital que aqui, ao final do processo, o capital realizado aparece em sua expressão monetária.

Isso também vale, aliás, para M' $(= M + m)$. Mas com a diferença de que M', em que M e m também são apenas partes de valor proporcionais da mesma massa homogênea de mercadorias, faz referências à sua origem P, de que é produto direto, enquanto em D', uma forma diretamente derivada da circulação, desapareceu a referência direta a P.

A diferença irracional entre soma principal e soma adicional, que está contida em D', à medida que expressa o resultado do movimento $D \ldots D'$, desaparece logo, assim que funcione de novo ativamente como capital monetário, portanto não seja, pelo contrário, fixada como expressão monetária do capital industrial valorizado. O ciclo do capital monetário nunca pode começar com D' (embora D' funcione agora como D), mas só com *D*; isto é, nunca como expressão da relação de capital, mas só como forma de adiantamento do valor-capital. Assim que 500 libras esterlinas são adiantadas de novo como capital, para se valorizarem de novo, elas são ponto de partida ao invés de ponto de retorno. Em vez de um capital de 422 libras esterlinas, é adiantado agora um de 500 libras esterlinas, mais dinheiro do que antes, mais valor-capital, mas a relação entre as duas partes componentes desapareceu, exatamente como, no início, a soma de 500 libras esterlinas, em vez da soma de 422 libras esterlinas, poderia ter funcionado como capital.

Não é função ativa do capital monetário apresentar-se como *D'*; sua própria apresentação como *D'* é muito mais uma função de *M'*. Já na circulação simples de mercadorias, 1) M_1–*D*, 2) *D*–M_2, *D* só funciona ativamente no segundo ato *D*–M_2; sua apresentação como *D* é apenas resultado do primeiro ato, por força do qual aparece pela primeira vez como forma transmutada de M_1. A relação de capital contida em *D'*, a relação de uma de suas partes, enquanto valor-capital, com a outra, enquanto seu incremento de valor, adquire apesar de tudo significação funcional, à medida que, com constante repetição do ciclo *D* ... *D'*, *D'* divide-se em duas circulações, circulação de capital e circulação de mais-valia, portanto as duas partes, *D* e *d*, exercem funções não só quantitativa, mas também qualitativamente diferentes. Considerada em si mesma, porém, a forma *D* ... *D'* não implica o consumo do capitalista, mas expressamente apenas a autovalorização e a acumulação, à medida que esta última se expressa, antes de tudo, no incremento periódico do capital monetário, que sempre é adiantado de novo.

Embora forma irracional do capital, $D' = D + d$ é, ao mesmo tempo, pela primeira vez, o capital monetário em sua forma realizada, ou seja, como dinheiro que gerou dinheiro. Aqui é preciso, porém, distinguir quanto à função do capital monetário no primeiro estágio $D\text{–}M<^{FT}_{MP}$. Nesse primeiro estágio, *D* circula como dinheiro. Ele só funciona como capital monetário porque apenas em seu estado monetário pode executar uma função monetária, pode converter-se nos elementos de *P*, em *FT* e *MP*, que se defrontam com ele como mercadorias. Nesse ato de circulação ele só funciona como dinheiro; mas, porque esse ato é o primeiro estágio do valor-capital em processo, ele é, ao mesmo tempo, função do capital monetário, por força da forma útil específica das mercadorias *FT* e *MP* que são compradas. *D'*, pelo contrário, composto por *D*, o valor-capital, e *d*, a mais-valia produzida por este, expressa valor-capital valorizado, a finalidade e o resultado, a função do processo completo de circulação do capital. Que expresse esse resultado em forma-dinheiro, como capital monetário realizado, não decorre de que seja forma-dinheiro do capital, capital *monetário*, mas, inversamente, de ser *capital* monetário, capital em forma-dinheiro, que o capital, nessa forma, inaugurou o processo, foi adiantado em forma-dinheiro. A retransformação na forma-dinheiro é, como vimos, uma função do capital-mercadoria *M'*, não do capital monetário. No que tange, porém, à diferença de *D'* em relação a *D*, ela (*d*) é apenas a forma-dinheiro de *m*, o incremento de *M*; *D'* é só $= D + d$ porque *M'* era $= M + m$. Em *M'*, portanto, essa diferença e a relação do valor-capital com a mais-valia gerada por ele estão presentes e se expressam antes de ambos serem transformados em *D'*, numa soma de dinheiro em que ambas as partes do valor se defrontam autonomamente e são, portanto, também utilizáveis para funções autônomas e diferentes entre si.

D' é apenas resultado da realização de *M'*. Ambos, tanto *M'* quanto *D'*, são apenas formas distintas, forma-mercadoria e forma-dinheiro, do valor-capital valorizado, ambos têm em comum que são valor-capital valorizado. Ambos são capital realizado, porque aqui o valor-capital enquanto tal existe junto com a mais-valia, como fruto distinto dele e conseguido por meio dele, embora essa relação só seja expressa na forma irracional da relação entre duas partes de uma soma de dinheiro ou de um valor mercantil. Mas, como expressões do capital em relação à mais-valia gerada por meio dele e em contraste com esta, portanto como expressões de valor valorizado, *D'* e *M'* são o mesmo e expressam o mesmo, apenas em forma diferente; não se distinguem como capital monetário e capital-mercadoria, mas como dinheiro e mercadoria. À medida que representam valor valorizado, capital ativado como capital, só expressam o resultado da função do capital produtivo, a única função em que o valor-capital gera valor. O que eles têm em comum é que ambos, capital monetário e capital-mercadoria, são modos de existência do capital. Um é capital em forma-dinheiro; o outro, em forma-mercadoria. Por isso, as funções específicas que os distinguem são apenas diferenças entre função monetária e função mercantil. O capital-mercadoria, como produto direto do processo de produção capitalista, relembra essa origem e, por isso, é mais racional em sua forma, menos irracional do que o capital monetário, no qual todo vestígio desse processo está apagado, assim como, em geral, no dinheiro se apaga toda forma útil específica da mercadoria. Por isso, só onde o próprio *D'* funciona como capital-mercadoria, onde ele é produto direto de um processo de produção, e não forma transmutada desse produto, é que desaparece sua forma bizarra – portanto, na produção do próprio material monetário. Para a produção de ouro, por exemplo, a fórmula seria $D\text{–}M{<}^{FT}_{MP} \ldots P \ldots D' \, (D+d)$, onde *D'* figura como produto mercantil porque *P* fornece mais ouro do que havia sido adiantado para os elementos de produção do ouro no primeiro *D*, no capital monetário. Aqui desaparece, portanto, o irracional da expressão $D \ldots D' \, (D+d)$, em que parte de uma soma de dinheiro aparece como mãe de outra parte da mesma soma de dinheiro.

IV. O CICLO COMPLETO

Vimos que o processo de circulação, depois de concluída sua primeira fase, $D\text{–}M<^{FT}_{MP}$, é interrompido por *P*, onde as mercadorias *FT* e *MP* compradas no mercado, enquanto componentes materiais e de valor do capital produtivo, são consumidas; o produto desse consumo é uma nova mercadoria, *M'*, alterada na matéria e no valor. O processo de circulação interrompido, *D–M*, precisa ser complementado por *M–D*. Mas, como portador dessa segunda e conclusiva fase da circulação, aparece *M'*, uma mercadoria diferente, em matéria e valor, da primeira *M*. A sequência de circulação se apresenta, portanto, como 1) $D\text{–}M_1$; 2) $M'_2\text{–}D'$, em que, na segunda fase, a primeira mercadoria M_1 é substituída por outra mercadoria, M'_2, de maior valor e distinta forma útil, o que ocorre durante a interrupção causada pela função de *P*, durante a produção de *M'* a partir dos elementos de *M*, das formas de existência do capital produtivo *P*. A primeira forma de manifestação com que o capital (Livro 1, cap. 4, [parte] 1) nos defrontou, *D–M–D'* (decomposta: 1. $D\text{–}M_1$; 2. $M_1\text{–}D'$), mostra a mesma mercadoria duas vezes. É, em ambos os casos, a mesma mercadoria em que, na primeira fase, o dinheiro se transforma e, na segunda fase, ela se retransforma em mais dinheiro. Apesar dessa diferença essencial, ambas as circulações têm em comum que, em sua primeira fase, dinheiro é transformado em mercadoria e, na segunda, mercadoria em dinheiro, que o dinheiro gasto na primeira fase novamente reflui, pois, na segunda. Por um lado, têm em comum esse refluxo do dinheiro a seu ponto de partida, mas, por outro, também o excedente do dinheiro em refluxo acima do que foi adiantado. Nessa medida, também *D–M ... M'–D'* aparece contido na forma geral *D–M–D'*.

Daí resulta, além disso, que nas duas metamorfoses pertencentes à circulação, *D–M* e *M'–D'*, de cada vez se defrontam e se substituem reciprocamente existências de valor de igual magnitude e simultaneamente disponíveis. A mudança de valor pertence exclusivamente à metamorfose *P*, ao processo de produção, que aparece como metamorfose real do capital, em face das metamorfoses meramente formais da circulação.

Consideremos agora o movimento completo *D–M ... P ... M'–D'*, ou sua forma explícita $D\text{–}M<^{FT}_{MP} \ldots P \ldots M'(M+m)\text{–}D'(D+d)$. O capital aparece aqui como um valor que percorre uma sequência de transformações interligadas e reciprocamente condicionadas a uma série de metamorfoses, que constituem outras tantas fases ou estágios de um processo completo. Duas dessas fases pertencem à esfera da circulação, uma à esfera da produção. Em cada uma dessas fases, o valor-capital assume uma figura diferente, que corresponde a uma função diferente, especial. Dentro desse movimento, o valor adiantado não só se conserva, mas cresce, aumenta sua grandeza. Por fim, no estágio final, retorna à mesma forma em que apareceu no início do processo completo. Esse processo completo é, por isso, um processo de circulação.

As duas formas que o valor-capital adota dentro de suas fases de circulação são as de *capital monetário* e *capital-mercadoria*; sua forma correspondente à fase de produção é a de *capital produtivo*. O capital que no transcurso de seu ciclo completo adota e volta a abandonar essas formas, e em cada uma cumpre a função que lhe corresponde, é o *capital industrial* – industrial, aqui, no sentido de que abarca todo ramo da produção conduzido de modo capitalista.

Capital monetário, capital-mercadoria, capital produtivo não designam aqui tipos autônomos de capital cujas funções constituem o conteúdo de ramos de negócios igualmente autônomos e mutuamente separados. Designam aqui apenas formas funcionais específicas do capital industrial, que assume todas as três, uma após a outra.

O ciclo do capital só se efetua normalmente enquanto suas diferentes fases se desenvolvem sucessivamente sem paralisações. Se o capital se detém na primeira fase, *D–M*, então o capital monetário se fixa em tesouro; se na fase da produção, então os meios de produção jazem sem função, de um lado, enquanto, do outro, a força de trabalho permanece desocupada; se na última fase, *M'–D'*, então as mercadorias invendáveis acumuladas obstruem o fluxo da circulação.

Por outro lado, está na natureza das coisas que o próprio ciclo requeira a fixação do capital, durante determinados prazos, nas partes individuais do ciclo. Em cada uma de suas fases, o capital industrial está ligado a determinada forma, como capital monetário, capital produtivo, capital-mercadoria. Só depois de ter cumprido a função que, em cada caso, corresponde a cada uma de suas formas, recebe a forma com a qual pode ingressar em nova fase de transformação. Para deixar isso claro, supusemos, em nosso exemplo, que o valor-capital da massa de mercadorias produzida no estágio da produção seja igual à soma total do valor adiantado originalmente em dinheiro; em outras palavras, que todo o valor-capital adiantado como dinheiro passa, de uma só vez, de cada estágio para o seguinte. Mas já vimos (Livro 1, cap. 6) que parte do capital constante, os meios de trabalho propriamente ditos (por exemplo, máquinas), serve sempre de novo num número maior ou menor de repetições do mesmo processo de produção e que, por isso, transfere apenas pouco a pouco seu valor ao produto. Em que medida essa circunstância modifica o processo de circulação do capital há de se mostrar mais tarde. Aqui basta o seguinte: em nosso exemplo, o valor do capital produtivo = 422 libras esterlinas apenas continha a depreciação, calculada em média, dos prédios da fábrica, maquinaria etc., portanto apenas a parte do valor que eles, na transformação de 10 600 libras de algodão em 10 000 libras de fio, transferem a este último, ao produto de um processo semanal de fiação de 60 horas. Nos meios de produção, em que se transforma o capital constante adiantado de 372 libras esterlinas, figuravam, portanto, também os meios de trabalho, prédios, maquinaria etc., como se fossem apenas alugados no mercado contra pagamentos semanais. Porém isso não muda em absoluto a situação. Apenas precisamos multiplicar o *quantum* de fio de 10 000 libras produzido numa semana pelo número de semanas calculado para certa série de anos, para que seja transferido a esse *quantum* todo o valor dos meios de trabalho comprados e consumidos nesse período. Então é claro que o capital monetário adiantado tem de transformar-se primeiro nesses meios, isto é, ter saído da primeira fase *D–M*, antes de poder funcionar como capital produtivo *P*. Igualmente claro também é, em nosso exemplo, que a soma de valor-capital incorporada ao fio durante o processo de produção, de 422 libras esterlinas, não pode entrar na fase de circulação *M'–D'* como parte constitutiva do valor das 10 000 libras de fio antes de este estar pronto. O fio não pode ser vendido antes de ter sido fiado.

Na fórmula geral, o produto de *P* é considerado como uma coisa material diferente dos elementos do capital produtivo, como um objeto que possui existência separada do processo de produção, uma forma útil distinta dos elementos da produção. E quando o resultado do processo de produção aparece na forma de coisa, isso ocorre sempre, inclusive quando parte do produto volta a entrar, como elemento, na produção renovada. Assim, os cereais servem como semente para sua própria produção; mas o produto consiste em tão somente cereais e tem, portanto, uma figura diferente dos elementos que lhe são apresentados: a força de trabalho, os instrumentos, o adubo. Existem, porém, ramos autônomos da indústria, nos quais o produto do processo de produção não é um novo produto material, não é uma mercadoria. Entre eles, economicamente importante é apenas a indústria da comunicação, seja ela indústria de transportes de mercadorias e pessoas propriamente dita, seja ela apenas de transmissão de informações, envio de cartas, telegramas etc.

Quanto a isso, diz A. Tchuprov:[6]

> O fabricante pode primeiro produzir artigos e, depois, procurar consumidores para eles

{seu produto, depois de ser ejetado do processo de produção como acabado, passa à circulação como mercadoria separada do mesmo}.

> "Produção e consumo aparecem, assim, como dois atos separados no espaço e no tempo. Na indústria de transportes, que não cria novos produtos, apenas desloca pessoas e coisas, esses dois atos coincidem; os serviços" {a locomoção} "precisam ser consumidos no mesmo instante em que são produzidos. Por isso a área em que os trens podem procurar clientela se estende no máximo a 50 verstas" (53 km) "para cada lado."

O resultado – que pessoas ou mercadorias sejam transportadas – é sua existência espacial modificada; por exemplo, o fio agora se encontra na Índia, e não na Inglaterra, onde foi produzido.

O que, porém, a indústria de transportes vende é a própria locomoção. O efeito útil acarretado é indissoluvelmente ligado ao processo de transporte, isto é, ao processo de produção da indústria de transportes. Pessoas e mercadorias viajam com o meio de transporte, e sua viagem, seu movimento espacial, é precisamente o processo de produção efetivado por ele. O efeito útil só é consumível durante o processo de produção; ele não existe como uma coisa útil distinta desse processo, que só funcione como artigo de comércio depois de sua produção, que circule como mercadoria. Mas o valor de troca desse efeito útil é determinado, como o das demais mercadorias, pelo valor dos elementos de produção consumidos para obtê-lo (força de trabalho e meios de produção) somados à mais-valia, criada pelo mais-trabalho dos trabalhadores empregados na indústria de transportes. Também em relação a seu consumo, esse efeito útil se comporta exatamente como as outras mercadorias. Caso consumido individualmente, então seu valor desaparece com a consumação; caso consumido produtivamente, de modo que ele mesmo seja um estágio de produção da mercadoria que se encontra em transporte, então seu valor é transferido, como valor adicional, à própria mercadoria. A fórmula para a indústria de transportes seria, portanto, $D{-}M{<}^{FT}_{MP} \ldots P{-}D'$, já que é o próprio processo de produção, não um produto separável dele, que é pago e consumido. Ela tem, portanto, quase exatamente a mesma forma que a da produção dos metais nobres, só que, aqui, *D'* é forma metamorfoseada do efeito útil criado durante o processo de produção, e não forma natural do ouro ou da prata produzidos durante esse processo e expelidos por ele.

O capital industrial é o único modo de existência do capital em que não só a apropriação de mais-valia, ou de mais-produto, mas, ao mesmo tempo, também sua criação é função do capital. Condiciona, por isso, o caráter capitalista da produção; sua existência implica o antagonismo de classes entre capitalistas e trabalhadores assalariados. Na medida em que se apodera da produção social, a técnica e a organização social do processo de trabalho são revolucionadas e, com elas, o tipo econômico-histórico da sociedade. As outras espécies de capital, que apareceram antes dele em meio a condições sociais de produção pretéritas ou decadentes, não só lhe são subordinadas e modificadas, de acordo com ele, no mecanismo de suas funções, mas só se movimentam ainda com base nele e, por isso, vivem e morrem, sustentam-se e caem. Capital monetário e capital-mercadoria, na medida em que aparecem em suas funções de portadores de ramos próprios de negócios, ao lado do capital industrial, são somente modos de existência, autonomizados e desenvolvidos unilateralmente pela divisão social do trabalho, das diferentes formas de função que, dentro da esfera da circulação, o capital industrial ora adota, ora abandona.

O ciclo $D \ldots D'$ se entrelaça, por um lado, com a circulação geral de mercadorias, surge dela e nela ingressa, constituindo parte dela. Por outro lado, constitui um movimento autônomo do valor-capital para o capitalista individual, um movimento que ocorre em parte dentro da circulação geral de mercadorias, em parte fora dela, mas que sempre conserva seu caráter autônomo. Em primeiro lugar, porque suas duas fases, que ocorrem na esfera da circulação, $D–M$ e $M'–D'$, enquanto fases do movimento do capital, possuem caracteres determinados; em $D–M$, M é materialmente determinada como força de trabalho e meio de produção; em $M'–D'$, o valor-capital é realizado + a mais-valia. Em segundo lugar, P, o processo de produção, inclui o consumo produtivo. Em terceiro lugar, o retorno do dinheiro a seu ponto de partida faz do movimento $D \ldots D'$ um movimento de circulação que se encerra em si mesmo.

Por um lado, cada capital individual constitui, portanto, em suas duas metades de circulação, $D–M$ e $M'–D'$, um agente da circulação geral de mercadorias, na qual funciona ou à qual está acorrentado como dinheiro ou mercadoria, e constitui, assim, um membro da série geral de metamorfoses do mundo das mercadorias. Por outro lado, dentro da circulação geral, ele descreve seu próprio ciclo autônomo, em que a esfera da produção constitui um estágio de transição e no qual retorna a seu ponto de partida, na mesma forma com a qual ele o deixa. Dentro de seu próprio ciclo, que inclui sua metamorfose real no processo de produção, ele modifica, ao mesmo tempo, sua grandeza de valor. Retorna não só como valor monetário, mas como valor monetário aumentado, acrescido.

Se considerarmos, por fim, $D–M \ldots P \ldots M'–D'$ como forma especial do processo de circulação do capital, ao lado das outras formas a serem examinadas posteriormente, então ela se destaca pelo seguinte:

1) Aparece como *ciclo do capital monetário*, porque o capital industrial, em sua forma-dinheiro, como capital monetário, constitui o ponto de partida e o ponto de retorno de seu processo completo. A própria fórmula expressa que o dinheiro não é aqui despendido como dinheiro, mas só adiantado; é, portanto, apenas forma-dinheiro do capital, capital

monetário. Além disso, expressa que o valor de troca, não o valor de uso, é o fim último e determinante do movimento. Exatamente porque a figura monetária do valor é sua forma de manifestação autônoma, palpável, a forma de circulação $D \dots D'$, cujos ponto de partida e ponto de chegada são o dinheiro real, expressa de modo mais palpável o motivo condutor da produção capitalista – o fazer dinheiro. O processo de produção aparece apenas como elo inevitável, como mal necessário, tendo em vista fazer dinheiro. {Todas as nações de produção capitalista são, por isso, periodicamente assaltadas pela vertigem de querer fazer dinheiro sem a mediação do processo de produção.}

2) O estágio de produção, a função de P, constitui, nesse ciclo, a interrupção das duas fases da circulação $D\text{–}M \dots M'\text{–}D'$, que, por sua vez, são apenas mediações da circulação simples $D\text{–}M\text{–}D'$. O processo de produção aparece na forma do próprio processo de circulação formal e expressamente como aquilo que no modo de produção capitalista ele é, como simples meio de valorização do valor adiantado, portanto o enriquecimento enquanto tal é um fim em si mesmo da produção.

3) Como a sequência das fases é inaugurada por $D\text{–}M$, o segundo membro da circulação é $M'\text{–}D'$; portanto, o ponto de partida é D, o capital monetário a ser valorizado, e o ponto de chegada D', o capital monetário valorizado $D+d$, em que D, como capital realizado, figura ao lado de seu rebento d. Isso distingue o ciclo D dos dois outros ciclos P e M', e de duas maneiras. De um lado, pela forma-dinheiro de ambos os extremos; mas dinheiro é a forma palpável e autônoma de existência do valor, o valor do produto em sua forma-valor autônoma, em que todo e qualquer vestígio do valor de uso das mercadorias está apagado. De outro, a forma $P \dots P$ não se torna necessariamente $P \dots P'$ $(P+p)$, e na forma $M' \dots M'$ não se vê absolutamente nenhuma diferença de valor entre ambos os extremos. – É, portanto, característico da fórmula $D \dots D'$ que, por um lado, o valor-capital constitui o ponto de partida e o valor-capital valorizado o ponto de retorno, de modo que o adiantamento do valor-capital aparece como meio e o valor-capital valorizado como finalidade de toda a operação; por outro lado, que essa relação esteja expressa em forma-dinheiro, na forma-valor autônoma, logo o capital monetário como dinheiro que gera dinheiro. A produção de mais-valia por meio do valor não é apenas expressa como alfa e ômega do processo, mas expressamente na reluzente forma-dinheiro.

4) Como D', o capital monetário realizado como resultado de $M'\text{–}D'$, da fase complementar e final de $D\text{–}M$, encontra-se absolutamente na mesma forma com que inaugurou seu primeiro ciclo, ele pode, assim como surge dele mesmo, reinaugurar o mesmo ciclo como capital monetário aumentado (acumulado): $D' = D + d$; e, ao menos na forma $D \dots D'$,

não está expresso que, ao repetir-se o ciclo, a circulação de *d* se separe da de *D*. Considerado na figura que assume uma única vez, formalmente, o ciclo do capital monetário expressa, portanto, apenas o processo de valorização e acumulação. O consumo só se expressa nele como consumo produtivo mediante $D\text{–}M<^{FT}_{MP}$, e só este está incluído nesse ciclo do capital individual. Do lado do trabalhador, *D–FT* é *FT–D* ou *M–D*; é, portanto, a primeira fase da circulação, a que mediatiza seu consumo individual: *FT–D–M* (meios de subsistência). A segunda fase *D–M* já não cai no ciclo do capital individual; mas ela é introduzida por ele, pressuposta por ele, já que o trabalhador, para encontrar-se no mercado como matéria sempre explorável à disposição do capitalista, precisa antes de tudo viver, portanto sustentar-se mediante consumo individual. Mas esse consumo é aqui apenas pressuposto como condição do consumo produtivo da força de trabalho pelo capital, portanto também apenas à medida que o trabalhador, mediante seu consumo individual, se mantém e se reproduz como força de trabalho. Mas os *MP*, as mercadorias propriamente ditas, que entram no ciclo constituem apenas material que alimenta o consumo produtivo. O ato *FT–D* medeia o consumo individual do trabalhador, transformação dos meios de subsistência em sua carne e sangue. Além disso, também o capitalista precisa estar aí, portanto ele também tem de viver e consumir para funcionar como capitalista. Para isso, ele precisaria, de fato, apenas consumir como trabalhador e, portanto, mais do que isso não está pressuposto nessa forma do processo de circulação. Mesmo isso não está formalmente expresso, pois a fórmula conclui com *D'*, um resultado, por conseguinte, que logo pode funcionar de novo como capital monetário aumentado.

Em *M'–D'*, a venda de *M'* está contida diretamente; mas *M'–D'*, venda de um lado, é *D–M*, compra do outro, e a mercadoria é, definitivamente, comprada apenas devido a seu valor de uso para (abstraindo vendas intermediárias) entrar no processo de consumo, seja este agora individual ou produtivo, conforme a natureza do artigo comprado. Mas esse consumo não entra no ciclo do capital individual, cujo produto é *M'*; esse produto é expelido do ciclo precisamente como mercadoria a ser vendida. *M'* é expressamente destinada ao consumo alheio. Por isso encontramos em intérpretes do sistema mercantilista (ao qual subjaz a fórmula *D–M ... P ... M'–D'*) caudalosos sermões de que o capitalista individual só deve consumir como trabalhador, assim como a nação do capitalista tem de ceder às outras nações mais estúpidas o consumo de suas mercadorias e o processo de consumo em geral e, em troca, tem de fazer do consumo produtivo a tarefa de sua vida. Esses sermões lembram frequentemente, na forma e no conteúdo, análogas advertências ascéticas dos Padres da Igreja.

O processo de circulação do capital é, portanto, unidade de produção e de circulação, incluindo ambas. À medida que ambas as fases *D–M* e *M'–D'* são atos de circulação, a circulação do capital constitui parte da circulação geral de mercadorias. Mas como seções funcionalmente determinadas, estágios no ciclo do capital, que pertence não só à esfera da circulação, mas também à esfera da produção, o capital realiza seu próprio ciclo dentro da circulação geral de mercadorias. A circulação geral de mercadorias serve-lhe no primeiro estágio para assumir a configuração com que possa funcionar como capital produtivo; no segundo, para desfazer-se da função de mercadoria com a qual não pode renovar seu ciclo; e, ao mesmo tempo, para abrir-lhe a possibilidade de separar seu próprio ciclo do capital da circulação da mais-valia que lhe foi acrescida.

O ciclo do capital monetário é, portanto, a mais unilateral e, por isso, a mais contundente e característica forma de manifestação do ciclo do capital industrial, cuja meta e cujo motivo condutor – valorização do valor, fazer dinheiro e acumulação – são apresentados de um modo que salta aos olhos (comprar para vender mais caro). O fato de a primeira fase ser *D–M* também revela a origem das partes constitutivas do capital produtivo no mercado de mercadorias, assim como em geral o condicionamento do processo de produção capitalista pela circulação, pelo comércio. O ciclo do capital monetário não é apenas produção de mercadorias; ele mesmo só se torna possível pela circulação, ele a pressupõe. Isso já está implícito no fato de que a forma *D*, pertencente à circulação, aparece como a forma primeira e pura do valor-capital adiantado, o que não é o caso das outras duas formas do ciclo.

O ciclo do capital monetário continua sendo a expressão geral do capital industrial, ao implicar sempre a valorização do valor adiantado. Em *P ... P*, a expressão monetária do dinheiro só aparece como preço dos elementos da produção, portanto só como valor expresso em moeda de conta, e, nessa forma, é fixado na contabilidade.

Forma específica do ciclo do capital industrial torna-se *D ... D'* à medida que o capital, que aparece pela primeira vez, é adiantado primeiro como dinheiro e retirado sob a mesma forma, seja na transferência de um ramo de negócios para o outro, seja na saída do capital industrial do negócio. Isso implica a função de capital da mais-valia primeiro adiantada em forma-dinheiro e se destaca de maneira mais contundente quando esta funciona em outro negócio que não aquele do qual se origina. *D ... D'* pode ser o primeiro ciclo de um capital; pode ser o último; pode valer como forma do capital social total; é a forma de capital que é novamente investido, seja como capital acumulado em forma-dinheiro, seja como capital antigo, que é transformado inteiramente em dinheiro para ser transferido de um ramo da produção para outro.

Como forma sempre incluída em todos os ciclos, o capital monetário realiza esse ciclo exatamente para aquela parte do capital que cria a mais-valia, o capital variável. A forma normal do adiantamento de salário é o pagamento em dinheiro; esse processo precisa ser renovado sempre em prazos mais curtos, porque o trabalhador vive da mão para a boca. Por isso, com o trabalhador o capitalista precisa defrontar-se como capitalista monetário, e seu capital como capital monetário. Aqui não pode, como na compra dos meios de produção e na venda das mercadorias produtivas, ocorrer uma compensação direta ou indireta (de modo que a massa maior do capital monetário só figura na realidade em forma de mercadorias, o dinheiro apenas em forma de moeda de conta e, por fim, o sonante só entra para a compensação dos saldos). Por outro lado, uma parte da mais-valia originária do capital variável é despendida pelo capitalista para seu consumo privado, que pertence ao comércio a varejo e que, seja por quais meandros for, se gasta efetivamente à vista na forma-dinheiro da mais-valia. Quão grande ou quão pequena seja essa parte da mais-valia em nada altera a questão. O capital variável volta a aparecer continuamente como capital monetário investido em salários (*D–FT*) e *d* como mais-valia que é gasta para cobrir as necessidades privadas do capitalista. Portanto, *D* como valor-capital variável adiantado e *d* como seu acréscimo são necessariamente fixados em forma-dinheiro para serem gastos nessa forma.

A fórmula *D–M ... P ... M'–D'*, com o resultado *D'=D+d*, encerra em sua forma um engodo, guarda um caráter ilusório, que se origina da existência do valor adiantado e valorizado em sua forma-equivalente, o dinheiro. O acento não está na valorização do valor, mas na *forma-dinheiro* desse processo, em que, no fim, é retirado da circulação mais valor em forma-dinheiro do que originalmente lhe havia sido adiantado, portanto no aumento da massa de ouro e prata que pertence ao capitalista. O assim chamado sistema monetário é mera expressão da forma irracional *D–M–D'*, um movimento que transcorre exclusivamente na circulação e que, daí, só pode explicar ambos os atos: 1) *D–M*; 2) *M–D'*, pelo fato de que, no segundo ato, *M* é vendida acima de seu valor, subtraindo por isso mais dinheiro da circulação do que nela havia sido lançado mediante sua compra. Pelo contrário, *D–M ... P ... M'–D'*, fixada como forma exclusiva, está na base do sistema mercantilista mais desenvolvido, em que não só a circulação de mercadorias, mas também a produção de mercadorias aparece como elemento necessário.

O caráter ilusório de *D–M ... P ... M'–D'* e a interpretação ilusória que lhe corresponde surge assim que essa forma é fixada como ocorrendo uma única vez, e não como forma fluente, que se renova constantemente;

portanto, ela é considerada não uma das formas do ciclo, mas sua forma exclusiva. Ela mesma remete, porém, a outras formas.

Primeiro: todo esse ciclo pressupõe o caráter capitalista do próprio processo de produção e, como base, portanto, esse processo de produção junto com o estado social específico por ele condicionado. $D\text{–}M = D\text{–}M <^{FT}_{MP}$; mas *D–FT* pressupõe o trabalhador assalariado, portanto os meios de produção como parte do capital produtivo e, por conseguinte, o processo de trabalho e de valorização, o processo de produção já como função do capital.

Segundo: caso *D ... D'* se repita, então o retorno à forma-dinheiro aparece como tão evanescente quanto a forma-dinheiro no primeiro estágio. *D–M* desaparece para dar lugar a *P*. A constante reiteração do adiantamento em dinheiro, assim como seu constante retorno como dinheiro, aparecem, eles mesmos, apenas enquanto momentos evanescentes no ciclo.

Terceiro:

D–M ... P ... M'–D'. D–M ... P ... M'–D'. D–M ... P ... etc.

Já na segunda repetição do ciclo aparece o ciclo *P ... M'–D'. D–M ... P*, antes que esteja completado o segundo ciclo de *D*, e todos os ciclos posteriores podem assim ser considerados sob a forma *P ... M'–D–M ... P*, de maneira que *D–M*, como primeira fase do primeiro ciclo, só constitui a preparação evanescente do ciclo do capital produtivo, que se repete sem cessar, como ocorre, na realidade, com o capital industrial investido pela primeira vez sob a forma de capital monetário.

Por outro lado, antes que se complete o segundo ciclo de *P*, o primeiro ciclo é *M'–D'. D–M ... P ... M'* (abreviado: *M' ... M'*), o ciclo do capital-mercadoria, está terminado. Assim, a primeira forma já contém as duas outras e, com isso, a forma-dinheiro desaparece à medida que não é mera expressão de valor, mas expressão de valor na forma-equivalente, em dinheiro.

Por fim: tomemos um capital individual recém-surgido, que descreve, pela primeira vez, o ciclo *D–M ... P ... M'–D'*, então *D–M* é a fase preparatória, a antecessora do primeiro processo de produção que esse capital individual percorre. Essa fase *D–M* não é, por isso, pressuposta, mas, antes, posta ou condicionada pelo processo de produção. Isso vale, porém, apenas para esse capital individual. Forma geral do ciclo do capital industrial é o ciclo do capital monetário à medida que é pressuposto o modo de produção capitalista, portanto dentro de um estado social determinado pela produção capitalista. O processo de produção capitalista é, por isso, pressuposto como um *prius* [antecedente], se não no primeiro ciclo do

capital monetário de um capital industrial recém-investido, então fora 1
dele; a existência contínua desse processo de produção implica o ciclo constantemente renovado de *P ... P*. Dentro do primeiro estágio $D\text{–}M<^{FT}_{MP}$ já aparece esse mesmo pressuposto pelo fato de que isso, por um lado, pressupõe a existência da classe dos trabalhadores assalariados; por outro, o que para o comprador dos meios de produção é a primeira
fase *D–M*, é *M'–D'* para seu vendedor e, portanto, pressupõe em *M'* o 7
capital-mercadoria e, com ele, a própria mercadoria como resultado da produção capitalista e, assim, a função do capital produtivo.

CAPÍTULO 2

O CICLO DO CAPITAL PRODUTIVO

O ciclo do capital produtivo tem a fórmula geral: *P ... M'–D'–M ... P*. Significa a função periodicamente renovada do capital produtivo, portanto a reprodução, ou seu processo de produção como processo de reprodução com relação à valorização; não só produção, mas reprodução periódica de mais-valia; a função do capital industrial que se encontra em sua forma produtiva, não como função realizada uma única vez, mas como função periodicamente repetida, de modo tal que o reinício seja dado pelo próprio ponto de partida. Uma parte de *M'* pode reingressar diretamente (em certos casos, em ramos de investimento do capital industrial) como meio de produção no mesmo processo de trabalho do qual saiu como mercadoria: assim só se evita a metamorfose de seu valor em dinheiro real ou em signo monetário, ou então ela só recebe expressão autônoma enquanto moeda de conta. Essa parte do valor não entra na circulação. Assim, entram valores no processo de produção que não entram no processo de circulação. O mesmo vale para a parte de *M'* que o capitalista consome como parte do mais-produto *in natura*. Esta é, no entanto, para a produção capitalista, insignificante; precisa, no máximo, ser considerada na agricultura.

Duas coisas nessa forma saltam logo aos olhos:

Primeiro. Enquanto na primeira forma *D ... D'* o processo de produção, a função de *P*, interrompe a circulação do capital monetário e só aparece como mediador entre as fases *D–M* e *M'–D'*, aqui o processo completo de circulação do capital industrial, todo o seu movimento dentro da fase de circulação, constitui apenas uma interrupção e, portanto, apenas a mediação entre o capital produtivo, que inaugura o ciclo como primeiro extremo e que, como último, sob a mesma forma, isto é, sob a forma de seu reinício, o encerra. A circulação propriamente dita só aparece como mediação da reprodução periodicamente renovada e que é tornada contínua pela renovação.

Segundo. A circulação completa apresenta-se na forma oposta à que tem no ciclo do capital monetário. Ela era lá: *D–M–D* (*D–M. M–D*), abstraindo a determinação do valor; aqui, novamente abstraindo a determinação do valor, ela é *M–D–M* (*M–D. D–M*), portanto a forma da circulação simples de mercadorias.

I. REPRODUÇÃO SIMPLES

Consideremos, pois, inicialmente, o processo $M'-D'-M$ que transcorre entre os extremos $P \ldots P$ na esfera da circulação.

O ponto de partida dessa circulação é o capital-mercadoria: $M'=M+m=P+m$. A função do capital-mercadoria $M'-D'$ (a realização do valor-capital $=P$ nele contido, que existe agora como elemento mercantil M, assim como a mais-valia nele contida, que existe como elemento da mesma massa de mercadorias, com o valor m) foi examinada na primeira forma do ciclo. Mas lá ela constituía a segunda fase da circulação interrompida e a fase conclusiva de todo o ciclo. Aqui constitui a segunda fase do ciclo, mas a primeira fase da circulação. O primeiro ciclo conclui com D', e como D', do mesmo modo que o D original, pode reinaugurar como capital monetário o segundo ciclo, não era inicialmente necessário seguir verificando se D e d (a mais-valia) contidos em D' continuam juntos seu percurso ou se descrevem percursos diferentes. Isso só teria se tornado necessário caso tivéssemos continuado a seguir o primeiro ciclo em sua renovação. Esse ponto precisa, porém, ser decidido no ciclo do capital produtivo, porque a determinação de seu primeiro ciclo depende disso e porque $M'-D'$ aparece nele como primeira fase da circulação, que tem de ser complementada por $D-M$. Depende dessa decisão a fórmula representar reprodução simples ou reprodução em escala ampliada. Conforme sua decisão, portanto, modifica-se o caráter do ciclo.

Tomemos, pois, inicialmente, a reprodução simples do capital produtivo, em que, como no primeiro capítulo, são pressupostas condições constantes e compra e venda das mercadorias por seu valor. Toda a mais-valia entra sob esses pressupostos no consumo pessoal do capitalista. Assim que tenha ocorrido a transformação do capital-mercadoria M' em dinheiro, a parte da soma de dinheiro que representa o valor-capital segue circulando no ciclo do capital industrial; a outra, que é mais-valia em forma de ouro, entra na circulação geral de mercadorias, é circulação monetária que parte do capitalista, mas tem lugar fora da circulação de seu capital individual.

Em nosso exemplo, tínhamos um capital-mercadoria M' de 10 000 libras de fio no valor de 500 libras esterlinas; destas, 422 libras esterlinas são o valor do capital produtivo e continuam, como forma-dinheiro de 8 440 libras de fio, a circulação de capital iniciada por M', enquanto a mais-valia de 78 libras esterlinas, forma-dinheiro de 1 560 libras de fio, a parte excedente do produto-mercadoria, sai dessa circulação e descreve uma órbita própria dentro da circulação geral de mercadorias.

$$M' \begin{pmatrix} M \\ + \\ m \end{pmatrix} \begin{matrix} - - \\ -D' \\ - - \end{matrix} \begin{pmatrix} D \\ + \\ d \end{pmatrix} \begin{matrix} -M<^{FT}_{MP} \\ \\ -m \end{matrix}$$

d–m é uma série de compras por meio do dinheiro que o capitalista gasta, seja em mercadorias propriamente ditas, seja em serviços para sua digna pessoa ou família. Essas compras estão dispersas, ocorrem em prazos distintos. O dinheiro existe, portanto, temporariamente na forma de uma reserva monetária ou tesouro destinado ao consumo corrente, já que dinheiro interrompido em sua circulação se encontra em forma de tesouro. Sua função como meio de circulação, que também inclui sua forma provisória como tesouro, não ingressa na circulação do capital em sua forma-dinheiro *D*.[I] O dinheiro não é adiantado, mas gasto.

Pressupusemos que o capital total adiantado sempre passa por completo de uma de suas fases para a outra e, assim, também aqui, que o produto-mercadoria de *P* porta o valor total do capital produtivo *P* = 422 libras esterlinas + a mais-valia criada durante o processo de produção = 78 libras esterlinas. Em nosso exemplo, onde temos a ver com um produto-mercadoria discreto, a mais-valia existe na forma de 1 560 libras de fio; do mesmo modo que, calculada para 1 libra de fio, ela existe na forma de 2,496 onças de fio. Se, pelo contrário, o produto-mercadoria fosse, por exemplo, uma máquina de 500 libras esterlinas e que tivesse a mesma composição de valor, então parte do valor dessa máquina certamente seria = 78 libras esterlinas de mais-valia, mas essas 78 libras esterlinas só existem na máquina como um todo; ela não é divisível em valor-capital e mais-valia sem que seja rebentada em pedaços, aniquilando, assim, com seu valor de uso, seu valor. Os dois elementos de valor podem, portanto, apenas idealmente ser apresentados como elementos do corpo da mercadoria, não como elementos autônomos da mercadoria *M'*, como cada libra de fio enquanto elemento mercantil, separável, autônomo, das 10 000 libras. No primeiro caso, a mercadoria total, o capital-mercadoria, a máquina, tem de ser totalmente vendida antes que *d* possa ingressar em sua circulação específica. No entanto, quando o capitalista vende 8 440 libras, a venda das outras 1 560 libras representaria uma circulação de mais-valia totalmente separada na forma *m* (1 560 libras de fio) – *d* (78 libras esterlinas) = *m* (artigos de consumo). Mas os elementos de valor de cada cota individual do produto em fio de 10 000 libras podem ser

---

I Segundo a edição em espanhol de *O capital*, Marx acrescenta no manuscrito: "Essa função sai do ciclo do capital individual, mas não reingressa nele"; in K. Marx, *El capital: Crítica de la Economía Política*, t. II, v. 4, trad. Pedro Scaron. México: Siglo XXI, 1976, p. 76. [N. T.]

representados em partes do produto, da mesma maneira que no produto total. Como este, 10 000 libras de fio, se deixa dividir em valor-capital constante (c), 7 440 libras de fio no valor de 372 libras esterlinas, valor-capital variável (v), de 1 000 libras de fio a 50 libras esterlinas, e mais-valia (mv), de 1 560 libras de fio a 78 libras esterlinas, assim cada libra se deixa dividir em $c = 11{,}904$ onças no valor de 8,928 pence, $v = 1{,}600$ onça de fio no valor de 1,200 pêni e $mv = 2{,}496$ onças de fio no valor de 1,872 pêni. O capitalista também poderia, ao vender sucessivamente as 10 000 libras, consumir sucessivamente os elementos de mais-valia contidos nas porções sucessivas e, dessa maneira, realizar sucessivamente a soma de $c + v$. Mas essa operação pressupõe, em última instância, que se vendam todas as 10 000 libras, que, portanto, também mediante a venda de 8 440 libras o valor de c e v seja reposto (Livro 1, cap. 7, [parte] 2).

Seja como for, por meio de $M'–D'$ tanto o valor-capital quanto a mais-valia contidos em M' recebem uma existência separável, a existência de somas distintas de dinheiro; em ambos os casos, tanto D quanto d são realmente forma transmutada do valor que originalmente só em M' como preço da mercadoria possui expressão própria, ideal.

$m–d–m$ é circulação simples de mercadorias, cuja primeira fase $m–d$ está compreendida na circulação do capital-mercadoria $M'–D'$, portanto no ciclo do capital; sua fase complementar $d–m$, pelo contrário, cai fora desse ciclo, como processo separado dele, da circulação geral de mercadorias. A circulação de M e m, de valor-capital e mais-valia, cinde-se depois da conversão de M' em D'. Daí segue que:

Primeiro: ao realizar-se o capital-mercadoria por meio de $M'–D' = M'–(D + d)$, o movimento de valor-capital e mais-valia, que em $M'–D'$ ainda era, no entanto, comum e portado pela mesma massa de mercadorias, torna-se divisível, pois ambos possuem agora formas autônomas enquanto somas de dinheiro.

Segundo: ocorrida essa cisão, ao gastar-se d como *revenue* do capitalista, enquanto D, como forma funcional do valor-capital, continua seu percurso determinado pelo ciclo – então o primeiro ato $M'–D'$ é, em conexão com os atos subsequentes $D–M$ e $d–m$, representável como as duas circulações diversas: $M–D–M$ e $m–d–m$, ambas, segundo a forma geral, séries pertencentes à circulação ordinária de mercadorias.

Na prática, aliás, no caso de corpos contínuos de mercadorias que não se deixam dividir, os elementos do valor são isolados idealmente. Por exemplo, na construção civil em Londres, que em sua maior parte trabalha a crédito, o construtor recebe adiantamentos conforme os diferentes estágios em que se encontre a construção da casa. Nenhum desses estágios é uma casa, mas apenas parte constitutiva, de fato existente, de uma casa futura em formação; portanto, apesar de sua realidade, apenas uma fração ideal da casa inteira, mas, ainda assim, suficientemente real para servir de garantia para um adiantamento adicional. (Ver quanto a isso o cap. 12.)

Terceiro: se o movimento, ainda comum em *M* e *D*, do valor-capital e da mais-valia só se separa em parte (de modo que parte da mais-valia não seja gasta como *revenue*) ou não se separa nem um pouco, então no próprio valor-capital ocorre uma modificação, ainda dentro de seu ciclo, antes da conclusão do mesmo. Em nosso exemplo, o valor do capital produtivo era igual a 422 libras esterlinas. Se, portanto, continua *D–M*, por exemplo, como 480 libras esterlinas ou 500 libras esterlinas, então atravessa as últimas fases do ciclo como um valor acrescido de 58 libras esterlinas ou 78 libras esterlinas, em relação ao que era inicialmente. Isso pode estar ao mesmo tempo ligado à alteração de sua composição de valor.

M'–D', o segundo estágio da circulação e o estágio que conclui o ciclo I (*D* ... *D'*), é, em nosso ciclo, o segundo estágio do mesmo e o primeiro da circulação de mercadorias. À medida que a circulação é considerada, ele precisa ser, por conseguinte, complementado por *D'–M'*. Mas *M'–D'* não só já deixou para trás o processo de valorização (aqui a função de *P*, o primeiro estágio), mas seu resultado, o produto-mercadoria *M'*, já está realizado. O processo de valorização do capital, bem como a realização do produto-mercadoria, em que se apresenta o valor-capital valorizado, está, portanto, concluído com *M'–D'*.

Pressupusemos, portanto, reprodução simples, isto é, que *d–m* se separa totalmente de *D–M*. Já que ambas as circulações, *m–d–m* assim como *M–D–M*, pertencem, pela forma geral, à circulação de mercadorias (e portanto também não mostram diferenças de valor entre os extremos), então é fácil, como o faz a Economia vulgar, apreender o processo de produção capitalista como mera produção de mercadorias, valores de uso destinados ao consumo de alguma espécie, que o capitalista só produz para repô-los ou permutá-los por mercadorias de outro valor de uso, como se sustenta erroneamente na Economia vulgar.

M' surge de antemão como capital-mercadoria, e a finalidade de todo o processo, o enriquecimento (valorização), não exclui, de modo nenhum, um consumo do capitalista que cresça com a grandeza da mais-valia (portanto também do capital), mas antes, pelo contrário, o inclui.

Na circulação da *revenue* do capitalista, a mercadoria produzida *m* (ou a fração do produto-mercadoria *M'* que lhe corresponda idealmente) só serve, de fato, para convertê-la, primeiro, em dinheiro e, de dinheiro, em uma série de outras mercadorias que servem para o consumo privado. Mas não se deve deixar de ver o pequeno detalhe de que *m* é valor mercantil, que nada custou ao capitalista, corporificação de mais-trabalho e que, portanto, entra em cena originalmente como elemento do capital-mercadoria M'. Essa mesma m já é, pois, por sua existência, ligada ao ciclo do valor-capital em processo, e, se este entra em estagnação ou é perturbado de algum outro modo, então não só o consumo de m se restringe ou cessa completamente, mas com ele, ao mesmo tempo, a venda da série de mercadorias que constitui o substituto de m. O mesmo ocorre se $M'–D'$ malogra ou apenas uma parte de M' se mostra vendável.

Vimos que $m–d–m$, como circulação da *revenue* do capitalista, só entra na circulação de capital enquanto m é parte do valor de M', do capital em sua forma funcional de capital-mercadoria: mas, assim que se torna autônoma por meio de $d–m$, isto é, em toda a forma $m–d–m$, ela não entra no movimento do capital adiantado pelo capitalista, embora surja do mesmo. Está ligada a esse movimento na medida em que a existência do capital pressupõe a existência do capitalista e esta é determinada por seu consumo de mais-valia.

Dentro da circulação geral, M', por exemplo fio, só funciona como mercadoria; mas, como um momento da circulação do capital, funciona como *capital-mercadoria*, uma figura que o valor-capital alternativamente adota e abandona. Depois de sua venda ao comerciante, o fio se distancia do processo de circulação do capital, do qual é produto, encontrando-se, porém, continuamente como mercadoria na esfera da circulação geral. A circulação da mesma massa de mercadorias perdura, ainda que tenha deixado de constituir um momento no ciclo autônomo do capital do fiandeiro. A metamorfose realmente definitiva da massa de mercadorias lançada pelo capitalista na circulação, $M–D$, sua queda final no consumo, pode, por isso, ser completamente separada, no tempo e no espaço, da metamorfose em que essa massa de mercadorias funciona como seu capital-mercadoria. A mesma metamorfose, que é completada na circulação do capital, ainda fica por ser realizada na esfera da circulação geral.

Nada altera a coisa se o fio reingressa no ciclo de outro capital industrial. A circulação geral compreende tanto o entrelaçamento dos ciclos das diferentes frações autônomas do capital social, isto é, a totalidade dos capitais individuais, como a circulação dos valores não lançados no mercado como capital, ou seja, que entram no consumo individual.

A relação entre o ciclo do capital, à medida que constitui parte da circulação geral e à medida que constitui membros de um ciclo autônomo, mostra-se, além disso, quando examinamos a circulação de $D'=D+d$. D, como capital monetário, continua o ciclo do capital. d, como gasto de *revenue* ($d–m$), ingressa na circulação geral, mas sai do ciclo do capital. Só ingressa nesse último ciclo a parte que funciona como capital monetário adicional. Em $m–d–m$, dinheiro só funciona como moeda; a finalidade dessa circulação é o consumo individual do capitalista. É característico do cretinismo da Economia vulgar que ela procure fazer passar essa circulação que não ingressa no ciclo do capital – a circulação da parte do produto-valor consumida como *revenue* – como sendo o ciclo característico do capital.

Na segunda fase, *D–M*, o valor-capital $D = P$ (o valor do capital produtivo que inaugura aqui o ciclo do capital industrial) está novamente disponível, desembaraçado da mais-valia, portanto na mesma grandeza de valor que no primeiro estágio do ciclo do capital monetário *D–M*. Apesar do lugar diferente, a função do capital monetário, no qual o capital-mercadoria agora se transformou, é a mesma: sua transformação em *MP* e *FT*, meios de produção e força de trabalho.

Ao mesmo tempo que *m–d*, o valor-capital percorreu, pois, na função do capital-mercadoria *M'–D'*, a fase *M–D* e ingressa agora na fase complementar $D\text{–}M<^{FT}_{MP}$; sua circulação completa é, portanto, $M\text{–}D\text{–}M<^{FT}_{MP}$.

Primeiro: o capital monetário *D* aparecia na forma I (ciclo *D* ... *D'*) como forma original em que o valor-capital é adiantado; aparece aqui, de antemão, como parte da soma de dinheiro em que o capital-mercadoria se transformou na primeira fase de circulação *M'–D'*, portanto de antemão como conversão de *P*, o capital produtivo, mediada pela venda do produto-mercadoria, em forma-dinheiro. O capital monetário existe aqui de antemão como forma não original e não final do valor-capital, já que a fase *D–M*, que põe termo à fase *M–D*, só pode se completar mediante novo abandono da forma-dinheiro. A parte de *D–M*, que, ao mesmo tempo, é *D–FT*, já não aparece portanto apenas como mero adiantamento de dinheiro para a compra da força de trabalho, mas como adiantamento em que são adiantadas em forma-dinheiro as mesmas 1000 libras de fio no valor de 50 libras esterlinas, que constituem parte do valor mercantil criado pela força de trabalho. O dinheiro que aqui é adiantado ao trabalhador é apenas forma-equivalente transmutada de uma parte do valor mercantil por ele mesmo produzido. E, já por isso, o ato *D–M*, à medida que é *D–FT*, não é, de modo algum, apenas substituição de mercadoria em forma-dinheiro por mercadoria em forma útil, mas inclui outros elementos independentes da circulação geral de mercadorias enquanto tal.

D' aparece como forma transmutada de *M'*, que é, ela mesma, produto da função pretérita de *P*, do processo de produção; a soma total de dinheiro *D'*, portanto, é expressão monetária de trabalho pretérito. Em nosso exemplo: 10 000 libras de fio = 500 libras esterlinas, produto do processo de fiação; desse total, 7 440 libras de fio = o capital constante adiantado $c = 372$ libras esterlinas; 1000 libras de fio = o capital variável adiantado $v = 50$ libras esterlinas, e 1560 libras de fio = a mais-valia $mv = 78$ libras esterlinas. Se de *D'* só se volta a adiantar o capital original = 422 libras esterlinas, sob circunstâncias em tudo o mais constantes, então o trabalhador receberá em *D–FT* apenas parte das 10 000 libras de fio produzidas nessa semana (o valor monetário de 1 000 libras de fio) como adiantamento na semana seguinte. Como resultado de *M–D*, o dinheiro é sempre expressão de trabalho pretérito. À medida que o ato complementar *D–M* se cumpre imediatamente no mercado de mercadorias, portanto que *D* é permutado por mercadorias existentes e encontráveis no mercado, ele é novamente conversão de trabalho passado, de uma forma (dinheiro) em outra forma (mercadoria). Mas *D–M* é, no tempo, diferente de *M–D*. Pode ser, excepcionalmente, simultâneo se, por exemplo, o capitalista que realiza *D–M* e o capitalista para o qual esse ato é *M–D* remetem ao mesmo tempo suas mercadorias um ao outro e, então, *D* apenas compensa o saldo. A diferença temporal entre a execução de *M–D* e a de *D–M* pode ser mais ou menos considerável. Embora, como resultado do ato *M–D*, *D* represente trabalho passado, pode representar para o ato *D–M* a forma transmutada de mercadorias que nem sequer são encontráveis no mercado, mas que só no futuro hão de se encontrar nele, já que *D–M* só precisa ocorrer depois que *M* tiver sido novamente produzido. Da mesma maneira, *D* pode representar mercadorias que são produzidas ao mesmo tempo que *M*, do qual é expressão monetária. Por exemplo, na transação *D–M* (compra de meios de produção), o carvão pode ser comprado antes mesmo de ter sido extraído da mina. À medida que *d* figura como acumulação monetária, não sendo despendido como *revenue*, pode representar algodão que só será produzido no ano que vem. O mesmo no gasto de *revenue* do capitalista, *d–m*. O mesmo com o salário *FT*=50 libras esterlinas; esse dinheiro não é apenas forma-dinheiro do trabalho passado dos trabalhadores, mas simultaneamente consignação sobre trabalho simultâneo ou futuro, que está sendo realizado ou que será realizado no futuro. O trabalhador pode comprar com ele um casaco que só será feito na próxima semana. Esse é especialmente o caso em relação ao grande número de meios de subsistência necessários, que precisam ser consumidos quase imediatamente no momento de sua produção para que não se estraguem. Assim, o trabalhador recebe, no dinheiro em que recebe o pagamento de seu salário, a forma transmutada de seu próprio trabalho futuro ou do de outros trabalhadores. Com parte de seu trabalho passado, o capitalista lhe dá uma consignação sobre seu próprio trabalho futuro. E seu próprio trabalho presente ou futuro constitui a provisão ainda não disponível com que seu trabalho passado lhe é pago. Aqui desaparece completamente a ideia da constituição de reserva.

Segundo: na circulação $M{-}D{-}M<^{FT}_{MP}$, o mesmo dinheiro muda duas vezes de lugar; o capitalista recebe-o primeiro como vendedor e o gasta como comprador; a transmutação de mercadoria em forma-dinheiro serve tão somente para transmutá-la de forma-dinheiro novamente em forma-mercadoria; a forma-dinheiro do capital, sua presença como capital monetário, é, por isso, nesse movimento, apenas um momento evanescente; ou o capital monetário, à medida que o movimento flui, aparece apenas como meio de circulação, quando serve como meio de compra; aparece como meio de pagamento propriamente dito quando capitalistas compram uns dos outros, sendo portanto apenas necessário compensar o saldo dos pagamentos.

Terceiro: a função do capital monetário, sirva ele como mero meio de circulação ou como meio de pagamento, só mediatiza a substituição de *M* por *FT* e *MP*, isto é, a substituição do fio, do produto-mercadoria, em que o capital produtivo resulta (depois da dedução da mais-valia a ser usada como *revenue*) por meio de seus elementos de produção, portanto retransformação do valor-capital de sua forma de mercadoria nos elementos constitutivos dessa mercadoria; ele mediatiza, portanto, apenas a retransformação do capital-mercadoria em capital produtivo.

Para que o ciclo se realize normalmente, *M'* precisa ser vendido por seu valor e em sua totalidade. Além disso, *M–D–M* não só implica a substituição de uma mercadoria por outra, mas substituição nas mesmas relações de valor. É nossa suposição que isso ocorra aqui. Mas, de fato, os valores dos meios de produção variam; o específico da produção capitalista é exatamente mudança contínua das relações de valor, desde logo devido à constante mudança na produtividade do trabalho, que caracteriza a produção capitalista. Aqui só assinalamos essa mudança de valor dos fatores da produção, a qual deverá ser examinada posteriormente.[I] A transformação dos elementos da produção em produto-mercadoria, de *P* em *M'*, ocorre na esfera da produção; a retransformação de *M'* em *P*, na esfera da circulação. Ela é mediada pela simples metamorfose das mercadorias. Mas seu conteúdo é um momento do processo de reprodução visto como um todo. *M–D–M*, enquanto forma de circulação do capital, inclui um metabolismo funcionalmente determinado. A transação *M–D–M* requer, além disso, que *M* = os elementos da produção do *quantum* de mercadorias *M'* e que estes confirmem suas relações originais de valor reciprocamente; supõe-se, portanto, que não só as mercadorias sejam compradas por seu valor, mas também que durante o ciclo elas não sofram alteração de valor; onde isso não se dá, o processo não pode transcorrer normalmente.

Em *D* ... *D'*, *D* é a forma original do valor-capital, que é abandonada para ser novamente assumida. Em *P* ... *M'–D'–M* ... *P*, *D* é forma só assumida no processo, que ainda dentro do mesmo é novamente abandonada.

I Ver, neste volume, pp. 276–84. [N. E. B.]

A forma-dinheiro aparece aqui apenas como forma-valor autônoma e evanescente do capital; como *M'*, o capital está tão ansioso para assumi-la quanto para, como *D'*, abandoná-la, tão logo a tenha envergado, para reconverter-se à forma de capital produtivo. Enquanto permanece na configuração monetária, não funciona como capital e, portanto, não se valoriza; o capital permanece em alqueive. *D* atua aqui como meio de circulação, mas como meio de circulação de capital.[I] A aparência de autonomia que a forma-dinheiro do valor-capital possui, na primeira forma de seu ciclo (do capital monetário), desaparece nessa segunda forma, que, com isso, constitui a crítica da forma I e a reduz a uma forma apenas específica. Caso a segunda metamorfose *D–M* tropece em obstáculos (se faltam, por exemplo, meios de produção no mercado), então o ciclo, o fluxo do processo de reprodução, está interrompido, da mesma maneira que quando o capital está imobilizado na forma de capital-mercadoria. Mas a diferença é a seguinte: na forma-dinheiro, ele pode perdurar mais tempo do que na perecível forma-mercadoria. Não deixa de ser dinheiro quando não funciona como capital monetário; mas deixa de ser mercadoria e, ao todo, valor de uso quando é retido por demasiado tempo em sua função de capital-mercadoria. Em segundo lugar, na forma-dinheiro, é capaz de assumir outra forma, em vez de sua forma original de capital produtivo, enquanto como *M'* não sai do lugar.

M'–D'–M implica só para *M'*, por sua forma, atos de circulação que sejam momentos de sua reprodução; mas a verdadeira reprodução de *M*, em que *M'* se converte, é necessária para a execução de *M'–D'–M*; esta é, porém, condicionada por processos de reprodução fora do processo de reprodução do capital individual representado em *M'*. –

Na forma I, $D–M<^{FT}_{MP}$ apenas prepara a primeira transmutação do capital monetário em capital produtivo; na forma II, a retransformação do capital-mercadoria em capital produtivo; portanto, à medida que o investimento do capital industrial permanece o mesmo, ocorre a retransformação do capital-mercadoria nos mesmos elementos de produção dos quais proveio. Por isso, aqui, como na forma I, aparece como fase preparatória do processo de produção, mas além disso como retorno ao mesmo, renovação do mesmo, daí como antecessora do processo de reprodução, portanto também como repetição do processo de valorização.

É preciso, pois, observar novamente que *D–FT* não é simples intercâmbio de mercadorias, mas compra de uma mercadoria *FT*, que deve servir para a produção de mais-valia, assim como *D–MP* é apenas procedimento que, para a consecução desse objetivo, é materialmente imprescindível.

I Aqui, anotado no manuscrito de Marx: "Contra Tooke". [N. E. A.]

Com a realização de $D\text{–}M<^{FT}_{MP}$, D é retransformado em capital produtivo, em P, e reinicia o ciclo.

A forma explícita de $P \dots M'\text{–}D'\text{–}M \dots P$ é, portanto:

$$P \dots M' \begin{Bmatrix} M \\ + \\ m \end{Bmatrix} - \begin{Bmatrix} D \\ + \\ d \end{Bmatrix} \begin{matrix} - M <^{FT}_{MP} \dots P \\ \\ - m \end{matrix}$$

A transformação do capital monetário em capital produtivo é compra de mercadorias para produção de mercadorias. Só à medida que o consumo é esse consumo produtivo, cai ele dentro do ciclo do próprio capital; sua condição é que, mediante as mercadorias assim consumidas, seja gerada mais-valia. E isso é algo muito diferente de produção e mesmo de produção de mercadorias, cuja finalidade é a existência dos produtores; uma substituição de mercadoria por mercadoria, assim condicionada pela produção de mais-valia, é algo totalmente diferente do intercâmbio de produtos – apenas mediado por dinheiro. Mas a coisa é enfocada assim pelos economistas para provar que nenhuma superprodução é possível.

Fora o consumo produtivo de *D*, que se transforma em *FT* e *MP*, o ciclo contém o primeiro membro de *D–FT*, que é, para o trabalhador, *FT–D=M–D*. Da circulação do trabalhador, *FT–D–M*, que inclui o consumo dele, só o primeiro membro como resultado de *D–FT* cai no ciclo do capital. O segundo ato, ou seja, *D–M*, não cai na circulação do capital individual, embora provenha dela. Mas a existência contínua da classe trabalhadora é necessária para a classe dos capitalistas, daí também o consumo do trabalhador mediado por *D–M*.

O ato *M'–D'* pressupõe, para a continuação do ciclo do valor-capital, bem como para o consumo da mais-valia pelo capitalista, que *M'* tenha se transformado em dinheiro, tenha sido vendido. Naturalmente é apenas comprado porque o artigo é um valor de uso e, portanto, serve para alguma espécie de consumo, produtivo ou individual. Mas, se *M'* continua circulando, por exemplo, nas mãos do comerciante que comprou o fio, isso não atinge, inicialmente, de modo algum, a continuação do ciclo do capital individual que produziu o fio e o vendeu ao comerciante. O processo todo continua seu curso e, com ele, também o consumo individual do capitalista e do trabalhador, condicionado por ele. Um ponto importante ao se examinarem as crises.

Uma vez que *M'* tenha sido vendido, ou seja, transformado em dinheiro, pode ser retransformado nos fatores reais do processo de trabalho e, por isso, do processo de reprodução. Que *M'* tenha, então, sido comprado pelo consumidor definitivo ou pelo negociante que queira revendê-lo, nada altera de imediato na coisa. O tamanho da massa de mercadorias criadas pela produção capitalista é determinado pela escala dessa produção e pela necessidade da constante ampliação desta última, e não por um círculo predestinado de demanda e oferta, de necessidades a serem satisfeitas. A produção em massa pode ter como seu comprador imediato, além de outros capitalistas industriais, somente o atacadista. Dentro de determinados limites, o processo de reprodução pode transcorrer na mesma escala ou em escala ampliada, embora as mercadorias expelidas por ele não tenham realmente entrado no consumo individual ou produtivo. O consumo das mercadorias não está implicado no ciclo do capital do qual provieram. Uma vez que, por exemplo, o fio tenha sido vendido, o ciclo do valor-capital representado no fio pode recomeçar, independentemente do que venha a ocorrer com o fio vendido. Enquanto o produto continuar sendo vendido, da perspectiva do produtor capitalista tudo continua seu curso regular. O ciclo do valor-capital que ele representa não é interrompido. E, caso esse processo seja ampliado – o que implica consumo produtivo ampliado dos meios de produção –, então essa reprodução do capital pode ser acompanhada por um consumo individual ampliado (também demanda) dos trabalhadores, já que ele é introduzido e mediado por consumo produtivo. Assim, a produção de mais-valia, e com ela o consumo individual do capitalista, pode crescer, todo o processo de reprodução pode encontrar-se no estado mais florescente e, ainda assim, grande parte das mercadorias pode ter apenas aparentemente entrado no consumo, mas, na realidade, não ter sido vendida, estando armazenada nas mãos de revendedores e, portanto, de fato, ainda no mercado. Agora, fluxo de mercadorias segue fluxo de mercadorias e, por fim, verifica-se que o fluxo anterior só aparentemente havia sido engolido pelo consumo. Os capitais-mercadorias disputam entre si o lugar no mercado. Os que chegam depois para vender vendem abaixo do preço. Os fluxos anteriores ainda não foram liquidados enquanto vencem os prazos de seu pagamento. Seus proprietários têm de declarar-se insolventes ou vender a qualquer preço, para poderem pagar. Essa venda não tem absolutamente nada a ver com a verdadeira situação da demanda. Só tem a ver com a *demanda por pagamento*, com a necessidade absoluta de transformar mercadoria em dinheiro. Então eclode a crise. Ela se torna visível não na diminuição imediata da demanda de consumo, da demanda para consumo individual, mas na diminuição do intercâmbio de capital por capital, do processo de reprodução do capital.

Se as mercadorias *MP* e *FT*, em que *D* se converte para realizar sua função de capital monetário, como valor-capital destinado a retransformar-se em capital produtivo – se essas mercadorias devem ser compradas ou pagas em prazos diferentes e, portanto, *D–M* representa uma série de compras e pagamentos que ocorrem sucessivamente, então uma parte de *D* realiza o ato *D–M*, enquanto outra parte permanece em estado monetário, a fim de servir para atos *D–M*, simultâneos ou sucessivos, num prazo determinado pelas condições do próprio processo. Ele é subtraído à circulação apenas temporariamente, a fim de entrar em ação em determinado momento e desempenhar sua função. Essa estocagem do mesmo é, então, propriamente uma função determinada por sua circulação e para a circulação. Sua existência como fundo de compra e de pagamento, a suspensão de seu movimento, a situação de sua circulação interrompida, é, então, uma situação em que o dinheiro desempenha uma de suas funções como capital monetário. Como capital monetário, pois nesse caso o próprio dinheiro que temporariamente se mantém parado é uma parte do capital monetário *D* (de $D'-d=D$), parte do valor do capital-mercadoria, que é $=P$, o valor do capital produtivo, do qual o ciclo parte. Por outro lado, todo o dinheiro retirado da circulação encontra-se na forma de tesouro. A forma de tesouro do dinheiro torna-se, aqui, função do capital monetário, exatamente como em *D–M* a função do dinheiro como meio de compra ou de pagamento torna-se função do capital monetário, e isso porque o valor-capital existe aqui na forma-dinheiro, sendo o estado de dinheiro aqui um estado do capital industrial, prescrito pela conexão do ciclo num de seus estágios. Mas aqui novamente se confirma, ao mesmo tempo, que o capital monetário executa apenas, dentro do ciclo do capital industrial, funções monetárias e que essas funções monetárias só em conexão com outros estágios do ciclo é que têm, ao mesmo tempo, o significado de funções do capital.

A apresentação de *D'*, como relação entre *d* e *D*, como relação de capital, não é diretamente função do capital monetário, mas do capital-mercadoria *M'*, que, por sua vez, como relação entre *m* e *M*, tão somente expressa o resultado do processo de produção, a autovalorização do valor-capital nele ocorrida.

Se a continuidade do processo de circulação tropeça em obstáculos, de modo que *D*, por circunstâncias externas, situação do mercado etc., tenha de suspender sua função *D–M* e, por isso, permanece, durante um período maior ou menor, em seu estado monetário, este é novamente um estado de tesouro do dinheiro, que também ocorre na circulação simples de mercadorias, assim que a transição de *M–D* para *D–M* é interrompida por circunstâncias externas. É formação involuntária de tesouro. Em nosso caso, o dinheiro tem assim a forma de capital monetário em alqueive, latente. Por enquanto, não aprofundaremos mais essa questão.

Em ambos os casos, no entanto, a permanência do capital monetário em seu estado monetário aparece como resultado de um movimento interrompido, seja ele adequado ou contrário ao objetivo, voluntário ou involuntário, funcional ou antifuncional.

II. ACUMULAÇÃO E REPRODUÇÃO EM ESCALA AMPLIADA

Como as proporções em que o processo de produção pode ser ampliado são prescritas não arbitrária mas tecnicamente, então a mais-valia realizada, embora destinada à capitalização, frequentemente só mediante a repetição de vários ciclos pode crescer até alcançar o volume (tem, pois, de ser acumulada até esse ponto) em que realmente possa atuar como capital suplementar ou ingressar no ciclo do valor-capital em processo. A mais-valia se imobiliza, pois, tornando-se tesouro e, nessa forma, constitui capital monetário latente. Latente porque, enquanto permanece na forma-dinheiro, não pode atuar como capital.[6[a]] Assim, o entesouramento aparece aqui como um momento compreendido dentro do processo de acumulação capitalista que o acompanha, mas que é, ao mesmo tempo, essencialmente distinto dele. Pois, pela formação de capital monetário latente, o próprio processo de reprodução não é ampliado. Pelo contrário. Capital monetário latente é aqui constituído porque o produtor capitalista não pode ampliar de modo imediato a escala de sua produção. Caso ele venda seu mais-produto a um produtor de ouro ou de prata, que lança ouro ou prata novos na circulação ou, o que acaba dando na mesma, a um comerciante que importa, por parte do mais-produto nacional, ouro ou prata suplementares do exterior, então seu capital monetário latente constitui um incremento do tesouro nacional de ouro ou de prata. Em todos os outros casos, por exemplo as 78 libras esterlinas que, nas mãos do comprador, eram meios de circulação, nas mãos do capitalista só adotaram a forma de tesouro; só ocorreu, portanto, outra repartição do tesouro nacional de ouro ou de prata.

Caso o dinheiro funcione nas transações de nosso capitalista como meio de pagamento (de tal modo que a mercadoria só é paga pelo comprador em prazo maior ou menor), então o mais-produto destinado à capitalização não se converte em dinheiro, mas em obrigações, em títulos de propriedade sobre um equivalente que o comprador talvez já possua, ou apenas tenha em perspectiva. Não entra no processo de reprodução do ciclo, como tampouco o faz o dinheiro aplicado em títulos que rendem juros etc., embora possa entrar no ciclo de outros capitais industriais individuais.

Todo caráter da produção capitalista é determinado pela valorização do valor-capital adiantado, portanto, em primeira instância, pela produção do máximo possível de mais-valia; em segundo lugar, no entanto (ver Livro 1, cap. 22), pela produção de capital, portanto pela transformação de mais-valia em capital. A acumulação ou produção em escala ampliada, que aparece como meio de produção sempre mais extensa de mais-valia, portanto de enriquecimento do capitalista, como finalidade pessoal deste, estando incluída na tendência geral da produção capitalista, torna-se, porém, depois, como foi mostrado no primeiro livro, mediante seu desenvolvimento, uma necessidade para todo capitalista individual. O aumento constante de seu capital torna-se condição para a conservação do mesmo. Não temos, no entanto, necessidade de voltar ao que foi desenvolvido anteriormente.

Consideramos primeiro a reprodução simples, em que foi suposto que toda a mais-valia é gasta como *revenue*. Na realidade, em condições normais, parte da mais-valia sempre tem de ser gasta como *revenue* e parte tem de ser capitalizada, sendo inteiramente indiferente se, dentro de determinados períodos, a mais-valia é totalmente consumida ou totalmente capitalizada. Na média do movimento – e a fórmula geral só pode apresentar esta – ambos ocorrem. Para não complicar a fórmula, é melhor supor que toda a mais-valia seja acumulada. A fórmula $P \ldots M'\text{–}D'\text{–}M'\!<^{FT}_{MP} \ldots P'$ expressa: capital produtivo, que seja reproduzido em escala maior e com valor maior e que comece seu segundo ciclo como capital produtivo acrescido ou, o que é o mesmo, que renove seu primeiro ciclo. Assim que começa esse segundo ciclo, temos novamente *P* como ponto de partida; só que *P* é um capital produtivo maior do que era o primeiro *P*. Assim, quando na fórmula *D* ... *D'* o segundo ciclo começa com *D'*, *D'* funciona como *D*, como capital monetário adiantado de determinada grandeza; é capital monetário maior do que aquele com que foi aberto o primeiro ciclo, mas toda a relação com seu crescimento mediante a capitalização da mais-valia desaparece assim que se apresenta na função de capital monetário adiantado. Essa origem está apagada em sua forma de capital monetário, que inicia seu ciclo. Igualmente com *P'*, assim que funciona como ponto de partida de um novo ciclo.

Comparemos *P* ... *P'* com *D* ... *D'* ou com o primeiro ciclo, então eles não têm, de modo algum, o mesmo significado. *D* ... *D'* tomado em si como ciclo individualizado tão somente expressa que *D*, o capital monetário (ou o capital industrial em seu ciclo como capital monetário), é dinheiro que gera dinheiro, valor que gera valor, que põe mais-valia. No ciclo de *P*, ao contrário, o próprio processo de valorização, com o transcurso do primeiro estágio do processo de produção, já está consumado e, depois de atravessar o segundo estágio (o primeiro estágio da circulação), *M'*–*D'*, valor-capital + mais-valia já existem como capital monetário realizado, como D', que apareceu como último extremo no primeiro ciclo. Que se tenha produzido mais-valia está representado na forma de $P \dots P$ considerada inicialmente (ver fórmula explícita)[I] mediante $m–d–m$, que, em seu segundo estágio, cai fora da circulação de capital e representa a circulação da mais-valia como *revenue*. Nessa forma, em que todo o movimento se representa em $P \dots P$ e, portanto, não ocorre nenhuma diferença de valor entre ambos os pontos extremos, a valorização do valor adiantado, a produção de mais-valia, está, por conseguinte, representada como em $D \dots D'$; só que o ato $M'–D'$ aparece como último estágio em $D \dots D'$ e como segundo do ciclo, primeiro da circulação, em $P \dots P$.

Em $P \dots P'$, P' não expressa a produção de mais-valia, mas a capitalização da mais-valia produzida, portanto a acumulação de capital e, por isso, P' em face de P consiste no valor-capital original mais o valor do capital acumulado por meio do movimento do primeiro.

D', como mera conclusão de $D \dots D'$, e M', como aparece dentro de todos esses ciclos, não expressam, em si, o movimento, mas seu resultado: a valorização do valor-capital realizada em forma-mercadoria ou forma-dinheiro e, daí, do valor-capital como $D+d$ ou como $M+m$, enquanto relação entre valor-capital e sua mais-valia, como seu rebento. Eles exprimem esse resultado como diferentes formas de circulação do valor-capital valorizado. Mas nem na forma M' nem na forma D' a valorização ocorrida é propriamente uma função, seja do capital monetário, seja do capital-mercadoria. Enquanto formas, modos de existência específicos, distintos, que correspondem a funções específicas do capital industrial, o capital monetário só pode executar funções monetárias, o capital-mercadoria apenas funções mercantis; a diferença entre eles é somente a que existe entre dinheiro e mercadoria. Da mesma maneira, o capital industrial, em sua forma de capital produtivo, só pode ser constituído pelos mesmos elementos, como qualquer outro processo de trabalho formador de produtos: por um lado, condições objetivas de trabalho (meios de produção); por outro, força de trabalho que se ocupa produtivamente (tendo em vista um fim). Assim como o capital industrial dentro da esfera da produção só pode existir na composição correspondente ao processo de produção em geral, portanto também ao processo de produção não capitalista, assim na esfera da circulação ele só pode existir nas duas formas que lhe correspondem: mercadoria e dinheiro. Mas, assim como a soma dos elementos da produção se anuncia de antemão como capital produtivo, pelo fato de que a força de trabalho é força de trabalho alheia, que o capitalista comprou de seu próprio proprietário exatamente como comprou seus meios de produção de outros

---

I Ver, neste volume, p. 77. [N. E. B.]

proprietários de mercadorias; assim como, portanto, também o próprio processo de produção surge como função produtiva do capital industrial, também dinheiro e mercadoria surgem como formas de circulação do mesmo capital industrial, portanto também suas funções como suas funções de circulação, que introduzem as funções do capital produtivo ou delas surgem. Só mediante sua conexão como formas funcionais que o capital industrial tem de realizar nos diferentes estágios de seu processo de circulação, função monetária e função mercantil são aqui, ao mesmo tempo, função de capital monetário e de capital-mercadoria. É, portanto, um erro querer derivar as propriedades e funções específicas que caracterizam o dinheiro enquanto dinheiro e a mercadoria enquanto mercadoria de seu caráter de capital, e é igualmente errôneo derivar inversamente as propriedades do capital produtivo de seu modo de existência em meios de produção.

Assim que D' ou M' são fixados como $D+d$, $M+m$, ou seja, como relação do valor de capital para com a mais-valia como sua cria, essa relação é expressa em ambos, uma vez em forma-dinheiro, outra vez em forma-mercadoria, o que em nada altera a própria coisa. Essa relação não surge, por isso, nem de propriedades e funções que advenham do dinheiro enquanto tal, nem da mercadoria enquanto tal. Em ambos os casos, é a propriedade caracterizadora do capital, o ser valor que gera valor, expressa apenas como resultado. M' é sempre o produto da função de P, e D' é sempre apenas a forma de M' transformada no ciclo do capital industrial. Portanto, assim que o capital monetário realizado reassume sua forma específica enquanto capital monetário, deixa de expressar a relação de capital contida em $D'=D+d$. Quando $D \dots D'$ está percorrido e D' recomeça o ciclo, ele não figura como D', mas como D, mesmo quando toda a mais-valia contida em D' seja capitalizada. O segundo ciclo começa em nosso caso com um capital monetário de 500 libras esterlinas, em vez de, como o primeiro, com 422 libras esterlinas. O capital monetário que inaugura o ciclo é 78 libras esterlinas maior do que antes; essa diferença existe na comparação de um ciclo com o outro; mas essa comparação não existe dentro de cada ciclo individual. As 500 libras esterlinas adiantadas como capital monetário, do qual 78 libras esterlinas existiam antes como mais-valia, não desempenham nenhum outro papel senão o de 500 libras esterlinas com que outro capitalista inaugura seu ciclo. Assim também no ciclo do capital produtivo. O P' aumentado aparece no reinício como P, tão bem quanto P na reprodução simples $P \dots P$.

No estágio $D'\text{–}M'<^{FT}_{MP}$, a grandeza acrescida só é indicada por M', mas não por FT' e MP'. Como M é a soma de FT e MP, já se indica por M' que a soma de FT e MP nele contida é maior do que o P original. Mas, em segundo lugar, a designação *FT'* e *MP'* seria falsa, porque sabemos que ao crescimento do capital está ligada uma alteração em sua composição de valor; no progresso da mesma cresce o valor de *MP*, e o de *FT* sempre diminui relativamente, com frequência também absolutamente.

III. ACUMULAÇÃO MONETÁRIA

Que *d*, a mais-valia convertida em ouro, possa logo ser somado ao valor-capital em processo e, assim, junto com o capital *D*, na grandeza *D'*, possa ingressar no processo de circulação, depende de circunstâncias que são independentes da mera existência de *d*. Caso *d* deva servir como capital monetário num segundo negócio autônomo, a ser criado ao lado do primeiro, então é claro que ele só é utilizável para tanto se possuir a grandeza mínima exigida para tal negócio. Caso deva ser empregado para ampliar o negócio original, então as relações dos fatores materiais de *P* e suas relações de valor exigem igualmente certa grandeza mínima para *d*. Todos os meios de produção em uso nesse negócio têm uma relação não só qualitativa, mas determinada relação quantitativa entre si, um volume proporcional. Essas relações materiais e as relações de valor, de que as primeiras são portadoras, dos fatores que entram no capital produtivo determinam o volume mínimo que *d* deve possuir para poder ser convertido em meios de produção e força de trabalho adicionais, ou só nos primeiros, como acréscimo ao capital produtivo. Assim, o fiandeiro não pode aumentar o número de seus fusos sem encomendar, ao mesmo tempo, as correspondentes cardadoras e máquinas que preparam o fio, abstraindo-se o gasto aumentado em lã e salário que tal ampliação do negócio condiciona. Para levar esta a cabo, a mais-valia precisa, portanto, constituir certa soma (em regra, calcula-se 1 libra esterlina para cada novo fuso que se adquira). Enquanto *d* não alcança esse volume mínimo, o ciclo do capital precisa repetir-se várias vezes, até que a soma de *d* sucessivamente criado por ele, junto com *D*, possa, por conseguinte, funcionar em $D'\text{–}M'<^{FT}_{MP}$. Já simples mudanças de detalhe, por exemplo, na maquinaria de fiar, à medida que a tornam mais produtiva, exigem maior gasto em material de fiar, ampliação da maquinaria de pré-fiação etc. Nesse ínterim, pois, *d* é acumulado e sua acumulação não é sua própria função, mas o resultado de repetidos *P* ... *P*. Sua própria função consiste em manter-se no estado de dinheiro até que, dos repetidos ciclos de valorização, portanto de fora, tenha recebido suficiente acréscimo para alcançar a grandeza mínima requerida para sua função ativa, a grandeza com a qual apenas realmente possa, como capital monetário, no caso dado como parte acumulada do capital monetário funcionante *D*, entrar na função deste último. Entrementes, ele é acumulado e só existe na forma de um tesouro em processo de formação, em crescimento. Acumulação monetária, entesouramento aparece aqui, portanto, como um processo que transitoriamente acompanha a verdadeira acumulação, a ampliação da escala em que opera o capital industrial. Transitoriamente, pois, enquanto o tesouro permanece em seu estado de tesouro, não funciona como capital, não toma parte no processo de valorização, continua sendo uma soma de dinheiro que só cresce porque, sem sua colaboração, dinheiro existente é jogado no mesmo baú.

A forma de tesouro é apenas a forma de dinheiro que não se encontra em circulação, dinheiro que está interrompido em sua circulação e que, por isso, é guardado em sua forma-dinheiro. No que tange ao próprio processo de entesouramento, ele é comum a toda a produção de mercadorias e desempenha, como fim em si mesmo, um papel apenas nas formas pré-capitalistas não desenvolvidas dela. Aqui, porém, o tesouro aparece como forma do capital monetário, e o entesouramento como um processo que acompanha transitoriamente a acumulação do capital, porque e na medida em que o dinheiro figura aqui como *capital monetário latente*; porque o entesouramento, o estado de tesouro da mais-valia existente em forma-dinheiro, é um estágio preparatório, funcionalmente determinado, que ocorre fora do ciclo do capital, para a transformação da mais-valia em capital realmente funcionante. É, portanto, capital monetário latente por essa sua determinação, sendo também por isso o volume que tem de alcançar para entrar no processo determinado pela composição de valor apresentada de cada vez pelo capital produtivo. Mas, enquanto permanece em estado de tesouro, ainda não funciona como capital monetário, ainda é capital monetário em alqueive; não como antes, interrompido em sua função, mas ainda incapaz para sua função.

Tomamos aqui a acumulação de dinheiro em sua forma original real como tesouro real em dinheiro. Ela também pode existir na forma de mero crédito, títulos de crédito do capitalista que vendeu *M'*. No que se refere às outras formas em que, nesse ínterim, esse capital monetário latente existe na figura de dinheiro que gera dinheiro, por exemplo como depósito que rende juros num banco, como letras de câmbio ou títulos de qualquer espécie, não cabe estudá-las aqui. A mais-valia realizada em dinheiro executa, então, funções específicas de capital fora do ciclo do capital industrial de que surgiu; funções que, em primeiro lugar, nada têm a ver com esse ciclo enquanto tal, mas que, em segundo lugar, supõem funções de capital que diferem das funções do capital industrial e que aqui ainda não foram desenvolvidas.

IV. FUNDO DE RESERVA

Na forma recém-examinada, o tesouro, forma de existência da mais-valia, é um fundo de acumulação monetária, a forma-dinheiro que a acumulação de capital possui transitoriamente e, nessa medida, ela mesma é condição da última. Esse fundo de acumulação pode, no entanto, também prestar serviços acessórios específicos, isto é, ingressar no processo de circulação do capital, sem que este possua a forma *P ... P'*, portanto sem que a reprodução capitalista seja ampliada.

Se o processo *M'–D'* se prolonga além de sua medida normal, sendo, portanto, o capital-mercadoria anormalmente retido em sua transformação em forma-dinheiro; ou se, quando esta última se completou, o preço, por exemplo, dos meios de produção em que o capital monetário deve ser convertido tiver subido acima do nível que tinha no início do ciclo, então o tesouro, que funciona como fundo de acumulação, pode ser utilizado para tomar o lugar do capital monetário ou de parte do mesmo. O fundo de acumulação monetária serve, portanto, como fundo de reserva para fazer face a perturbações do ciclo.

Enquanto fundo de reserva, ele é diferente do fundo de meios de compra ou de pagamento considerados no ciclo *P ... P*. Estes últimos são parte do capital monetário em funcionamento (portanto, formas de existência em geral de parte do valor-capital que está em processo), cujas partes só entram em função sucessivamente, em prazos distintos. Na continuidade do processo de produção constitui-se constantemente capital monetário de reserva, pois hoje entraram pagamentos que só precisarão ser feitos em data posterior, hoje são vendidas grandes massas de mercadorias e só em dias posteriores há que comprar grandes massas de mercadorias; nesses intervalos, existe, portanto, constantemente parte do capital circulante em forma-dinheiro. O fundo de reserva, pelo contrário, não é elemento do capital em funcionamento, ou melhor, do capital monetário, mas do capital que se encontra em estágio preliminar de sua acumulação, da mais-valia ainda não transformada em capital ativo. É, aliás, evidente que o capitalista em apuros não pergunta, de nenhum modo, qual é a função específica do dinheiro que ele tem em mãos, mas aplica o que tem para manter em andamento o processo de circulação de seu capital. Seja, em nosso exemplo, *D*=422 libras esterlinas, *D'*=500 libras esterlinas. Se parte do capital de 422 libras esterlinas existe como fundo para meios de pagamento e de compra, como provisão de dinheiro, ele está calculado para, em circunstâncias constantes, entrar totalmente no ciclo, sendo também suficiente para isso. O fundo de reserva, porém, é uma parte das 78 libras esterlinas de mais-valia; ele só pode ingressar no processo de circulação do capital de 422 libras esterlinas à medida que esse ciclo é realizado em circunstâncias que não permaneçam constantes; pois ele é parte do fundo de acumulação e figura aqui sem ampliação da escala de reprodução.

O fundo de acumulação monetária já é existência do capital monetário latente; portanto, transformação de dinheiro em capital monetário.

A fórmula geral do ciclo do capital produtivo, que reúne reprodução simples e reprodução em escala ampliada, é:

$$P \ldots \overbrace{M'-D'}^{1} . \overbrace{D-M'}^{2} <^{FT}_{MP} \ldots P\,(P')$$

Se $P=P$, então D em 2) $=D'-d$; se $P=P'$, então D em 2) é maior do que $D'-d$; ou seja, d foi total ou parcialmente transformado em capital monetário.

O ciclo do capital produtivo é a forma na qual a Economia clássica examina o processo de circulação do capital industrial.

CAPÍTULO 3

O CICLO DO CAPITAL-MERCADORIA

A fórmula geral para o ciclo do capital-mercadoria é:

$$M'\text{–}D'\text{–}M \ldots P \ldots M'.$$

M' aparece não só como produto, mas como pressuposto dos dois ciclos anteriores, pois o que $D\text{–}M$ é para um capital já implica $M'\text{–}D'$ para o outro, à medida que ao menos parte dos próprios meios de produção é produto-mercadoria de outros capitais individuais que se encontram em seu ciclo. Em nosso caso, por exemplo, carvão, máquinas etc. são o capital-mercadoria do explorador da mina, do construtor capitalista de máquinas etc. Além disso, já foi mostrado, no capítulo 1, [parte] IV, que já na primeira repetição de $D \ldots D'$, antes mesmo de ter-se completado o segundo ciclo do capital monetário, é pressuposto não só o ciclo $P \ldots P$, mas também o ciclo $M' \ldots M'$.

Se ocorre reprodução em escala ampliada, então o M' final será maior que o M' inicial e, por isso, será designado aqui por M''.

A diferença entre a terceira forma e as duas primeiras aparece, primeiro, em que aqui a circulação completa, com suas duas fases opostas, inaugura o ciclo, enquanto na forma I a circulação é interrompida pelo processo de produção; na forma II, a circulação completa, com as duas fases complementares, só aparece como mediação do processo de reprodução e constitui, portanto, o movimento mediador entre $P \ldots P$. Em $D \ldots D'$, a forma de circulação é $D\text{–}M \ldots M'\text{–}D' = D\text{–}M\text{–}D$. Em $P \ldots P$ ela é a forma inversa $M'\text{–}D'.\ D\text{–}M = M\text{–}D\text{–}M$. Em $M' \ldots M'$ ela tem igualmente essa última forma.

Segundo: na repetição dos ciclos I e II, mesmo se os pontos finais D' e P' constituem os pontos iniciais do ciclo renovado, desaparece a forma em que foram produzidos. $D' = D + d$, $P' = P + p$ recomeçam o novo processo como D e P. Mas, na forma III, o ponto de partida M precisa ser designado como M', mesmo com a renovação do ciclo na mesma escala, e isso pela seguinte razão. Na forma I, assim que D', enquanto tal, inaugura novo ciclo, ele funciona como capital monetário D, adiantamento, em forma-dinheiro, do valor-capital a ser valorizado. A grandeza do capital monetário adiantado, acrescida pela acumulação executada no primeiro ciclo, aumentou. Mas, se 422 libras esterlinas ou 500 libras esterlinas forem a grandeza do capital monetário adiantado, não altera em nada que ele apareça como mero valor-capital. D' já não existe como capital valorizado ou prenhe de mais-valia, como relação de capital. Pois ele deve valorizar--se apenas no processo. O mesmo vale para *P* ... *P'*; *P'* tem de continuar funcionando e renovar o ciclo sempre como *P*, como valor-capital, que deve produzir mais-valia. – O ciclo do capital-mercadoria, no entanto, não se abre com valor-capital, mas com valor-capital aumentado em forma--mercadoria; implica, pois, de antemão, o ciclo não só do valor-capital existente em forma-mercadoria, mas também da mais-valia. Nessa forma, caso ocorra reprodução simples, então entra um *M'* de igual grandeza no ponto final como no inicial. Se parte da mais-valia entra no ciclo do capital, então aparece efetivamente no fim, em vez de *M'*, *M''*, um *M'* maior, mas o ciclo subsequente é reaberto com *M'*, que é apenas um *M'* maior do que o do ciclo anterior e que começa com um valor-capital acumulado maior, e por conseguinte também com mais-valia recém-produzida relativamente maior, seu novo ciclo. Em todos os casos, *M'* inaugura o ciclo sempre como um capital-mercadoria que é = valor-capital + mais-valia.

M' como *M* aparece no ciclo de um capital industrial individual não como forma desse capital, mas como forma de outro capital industrial, à medida que os meios de produção são produto deste. O ato *D–M* (isto é, *D–MP*) do primeiro capital é *M'–D'* para esse segundo capital.

No ato de circulação $D–M<^{FT}_{MP}$, *FT* e *MP* comportam-se de maneira idêntica à medida que são mercadorias em mãos de seus vendedores: aqui, o trabalhador que vende sua força de trabalho; lá, o possuidor dos meios de produção que os vende. Para o comprador, cujo dinheiro atua aqui como capital monetário, eles só funcionam como mercadorias enquanto ele ainda não os comprou, enquanto se defrontam com seu capital existente em forma-dinheiro como mercadorias de outros. *MP* e *FT* só se diferenciam aqui à medida que *MP*, nas mãos de seu vendedor, é = *M'*, portanto seu capital, forma-mercadoria de seu capital, enquanto *FT*, para o trabalhador, sempre é mercadoria e só se torna capital nas mãos do comprador, como elemento de *P*.

M' nunca pode, por isso, como mero *M*, como mera forma-mercadoria do valor-capital, inaugurar um ciclo. Como capital-mercadoria, é sempre algo duplo. Do ponto de vista do valor de uso, é o produto da função de *P*, aqui fio, cujos elementos, *FT* e *MP*, que como mercadorias provêm da circulação, só funcionaram como formadores desse produto. Do ponto de vista do valor, é o valor-capital *P* somado à mais-valia *mv* gerada na função de *P*.

Só no ciclo do próprio *M'* é que *M* = *P* = valor-capital pode e deve separar-se da parte de *M'* em que existe mais-valia, do mais-produto em que está contida a mais-valia, sejam ambos efetivamente separáveis, como no fio, ou não, como na máquina. São separáveis cada vez que *M'* é transformado em *D'*.

Se o produto-mercadoria total é divisível em produtos parciais, homogêneos e autônomos, como, por exemplo, nossas 10 000 libras de fio, e o ato $M'–D'$ pode se representar, portanto, em uma soma de vendas realizadas sucessivamente, então o valor-capital pode funcionar em forma-mercadoria como M, separar-se de M' antes de a mais-valia realizar-se, portanto antes que M' como um todo esteja realizado.

Das 10 000 libras de fio a 500 libras esterlinas, o valor de 8 440 libras é = 422 libras esterlinas = valor-capital, separado da mais-valia. Caso o capitalista venda apenas 8 440 libras de fio por 422 libras esterlinas, então essas 8 440 libras de fio representam M, o valor-capital em forma-mercadoria; o mais-produto de 1 560 libras de fio = mais-valia de 78 libras esterlinas contido em M' só circulou mais tarde; o capitalista poderia executar $M–D–M<^{FT}_{MP}$ antes da circulação do mais-produto $m–d–m$.

Ou, se ele primeiro vendesse 7 440 libras de fio no valor de 372 libras esterlinas e, depois, 1 000 libras de fio no valor de 50 libras esterlinas, com a primeira parte de M seria possível repor os meios de produção (a parte constante do capital c) e com a segunda parte de M, a parte variável do capital v, a força de trabalho e, então, prosseguir como antes.

Se tais vendas sucessivas ocorrem e as condições do ciclo o permitem, então o capitalista também pode, em vez de separar M' em $c+v+mv$, fazer essa separação em partes alíquotas de M'.

Por exemplo, 7 440 libras de fio = 372 libras esterlinas, que, como partes de M' (10 000 libras de fio = 500 libras esterlinas), representam a parte constante do capital, são por sua vez decomponíveis em 5 535,360 libras de fio no valor de 276,768 libras esterlinas, que apenas repõem a parte constante, o valor dos meios de produção consumidos em 7 440 libras de fio; 744 libras de fio no valor de 37,200 libras esterlinas que só repõem o capital variável; 1 160,640 libras de fio no valor de 58,032 libras esterlinas que, como mais-produto, são portadoras de mais-valia. Com as 7 440 libras vendidas, ele pode, portanto, repor o valor-capital nelas contido mediante a venda de 6 279,360 libras de fio ao preço de 313,968 libras esterlinas e gastar o valor do mais-produto de 1 160,640 libras = 58,032 libras esterlinas como *revenue*.

Do mesmo modo ele pode ainda decompor 1 000 libras de fio = 50 libras esterlinas = valor-capital variável e vendê-las de acordo com essa proporção; 744 libras de fio por 37,200 libras esterlinas, valor-capital constante de 1 000 libras de fio; 100 libras de fio a 5,000 libras esterlinas, valor do capital variável do mesmo; portanto, 844 libras de fio a 42,200 libras esterlinas, reposição do valor-capital contido em 1 000 libras de fio; finalmente, 156 libras de fio no valor de 7,800 libras esterlinas que representam o mais-produto nele contido e que, como tais, podem ser consumidas.

Finalmente, pode ainda decompor as restantes 1560 libras de fio no valor de 78 libras esterlinas, caso consiga vendê-las, de tal maneira que a venda de 1160,640 libras de fio por 58,032 libras esterlinas reponha o valor dos meios de produção contidos nas 1560 libras de fio e que a de 156 libras de fio no valor de 7,800 libras esterlinas reponha o valor-capital variável; tudo somado, 1316,640 libras de fio = 65,832 libras esterlinas, reposição do valor-capital total; por fim, o mais-produto de 243,360 libras = 12,168 libras esterlinas fica para ser gasto como *revenue*.

Assim como cada elemento c, v, mv existente no fio pode ser novamente dividido nos mesmos componentes, também cada libra isolada de fio no valor de 1 xelim = 12 pence.

c =	0,744	libra de fio	=	8,928 pence
v =	0,100	" " "	=	1,200 pêni
mv =	0,156	" " "	=	1,872 "
$c+v+mv$ =	1	libra de fio	=	12 pence

Se somamos as três vendas parciais acima, obtemos o mesmo resultado que na venda das 10 000 libras de fio de uma só vez.

Temos, no capital constante:

na 1ª venda:	5 535,360	libras de fio	= £ 276,768
" 2ª " :	744,000	" " "	= £ 37,200
" 3ª " :	1 160,640	" " "	= £ 58,032
TOTAL	7 440	libras de fio	= £ 372,000

Em capital variável:

na 1ª venda:	744,000	libras de fio	= £ 37,200
" 2ª " :	100,000	" " "	= £ 5,000
" 3ª " :	156,000	" " "	= £ 7,800
TOTAL	1 000	libras de fio	= £ 50

Em mais-valia:

na 1ª venda:	1 160,640	libras de fio	= £ 58,032
" 2ª " :	156,000	" " "	= £ 7,800
" 3ª " :	243,360	" " "	= £ 12,168
TOTAL	1 560	libras de fio	= £ 78

Summa summarum [soma das somas]:

capital constante:	7 440	libras de fio	= £ 372
" variável:	1 000	" " "	= £ 50
mais-valia:	1 560	" " "	= £ 78
TOTAL	10 000	" " "	= £ 500

M'–D' não é, em si, mais que uma venda de 10 000 libras de fio. As 10 000 libras de fio são mercadoria, como qualquer outro fio. Ao comprador interessa o preço de 1 xelim por libra ou de 500 libras esterlinas por 10 000 libras. Se na negociação ele entra na composição do valor, é só com a insidiosa intenção de provar que a libra poderia ser vendida abaixo de 1 xelim e que, ainda assim, o vendedor faria um bom negócio. Mas o *quantum* que ele compra depende de suas necessidades; se ele é, por exemplo, proprietário de uma tecelagem, então depende da composição de seu próprio capital que funciona na tecelagem, e não da do fiandeiro do qual ele compra. As proporções em que *M'*, por um lado, tem de repor o capital (ou seus distintos elementos) que se desgastou em sua produção e, por outro, tem de servir como mais-produto, seja para o gasto de mais-valia, seja para a acumulação de capital, existem apenas no ciclo do capital, cuja forma-mercadoria são as 10 000 libras de fio. Elas nada têm a ver com a venda enquanto tal. Além disso, aqui se supõe que *M'* seja vendido por seu valor, que, portanto, se trata apenas de sua transformação de forma-mercadoria em forma-dinheiro. Para *M'*, como forma funcional no ciclo desse capital individual, do qual o capital produtivo tem de ser reposto, é naturalmente decisivo se e em que proporção preço e valor divergem entre si na venda, mas com isso nada podemos fazer aqui, no exame de meras diferenças formais.

Na forma I, *D ... D'*, o processo de produção aparece no meio, entre as duas fases da circulação do capital mutuamente complementares e opostas uma à outra; aquele processo passou antes de se abrir a fase conclusiva *M'–D'*. Dinheiro é adiantado como capital, transformado primeiro nos elementos de produção, destes em produto-mercadoria, e esse produto-mercadoria é novamente convertido em dinheiro. É um ciclo de negócios plenamente concluído, cujo resultado é o dinheiro que se pode utilizar para toda e qualquer coisa. Assim, o reinício só é potencialmente dado. *D ... P ... D'* pode ser tanto o último ciclo que conclui a função de um capital individual, quando este se retira do negócio, como o primeiro ciclo de um capital que acaba de entrar em função. O movimento geral é aqui *D ... D'*, de dinheiro para mais dinheiro.

Na forma II, *P ... M'–D'–M ... P(P')*, o processo de circulação como um todo sucede ao primeiro *P* e precede o segundo; ele ocorre, porém, numa ordem oposta à da forma I. O primeiro P é o capital produtivo, e sua função é o processo de produção, como condição prévia do processo de circulação subsequente. O P final não é, no entanto, o processo de produção; é apenas a existência renovada do capital industrial em sua forma de capital produtivo. E precisamente o é como resultado da transformação realizada na última fase da circulação do valor-capital em $FT+MP$, nos fatores subjetivos e objetivos que, em sua reunião, constituem a forma de existência do capital produtivo. O capital, seja P ou P', está no fim novamente disponível na forma em que deve funcionar de novo como capital produtivo, para realizar o processo de produção. A forma geral do movimento, $P \ldots P$, é a forma de reprodução e não mostra, como o faz $D \ldots D'$, a valorização como finalidade do processo. Por isso, ela torna à Economia clássica tanto mais fácil abstrair a forma capitalista determinada do processo de produção e apresentar a produção enquanto tal como finalidade do processo, de modo a produzir tanto e tão barato quanto possível e trocar o produto pela maior variedade possível de outros produtos, em parte para a renovação da produção ($D–M$), em parte para o consumo ($d–m$). Assim, como D e d só aparecem aqui como meio evanescente de circulação, as peculiaridades tanto do dinheiro quanto do capital monetário podem ser ignoradas e o processo todo aparece como simples e natural, isto é, com a naturalidade do racionalismo superficial. O lucro também é ocasionalmente esquecido no capital-mercadoria, e este figura, assim que se fala do ciclo de produção como um todo, apenas como mercadoria; assim que se fala dos elementos do valor, figura como capital-mercadoria. A acumulação aparece naturalmente do mesmo modo que a produção.

Na forma III, $M'–D'–M \ldots P \ldots M'$, as duas fases do processo de circulação inauguram o ciclo, e isso na mesma ordem que na forma II, $P \ldots P$; segue então P, e isso como na forma I, com sua função, o processo de produção; com o resultado do último, M', fecha-se o ciclo. Como na forma II com P, como mera existência renovada do capital produtivo, conclui aqui com M', como existência renovada do capital-mercadoria; como na forma II o capital, em sua forma P, tem de recomeçar o processo enquanto processo de produção, assim aqui, com o ressurgimento do capital industrial na forma de capital-mercadoria, o ciclo precisa reiniciar-se com a fase de circulação $M'–D'$. As duas formas do ciclo são incompletas, porque não se encerram com D', com o valor-capital valorizado retransformado em *dinheiro*. Portanto, ambos precisam ser continuados e implicam, por isso, a reprodução. O ciclo completo na forma III é $M' \ldots M'$.

O que distingue a terceira forma das duas primeiras é que só nesse ciclo o valor-capital valorizado, não o valor-capital original ainda a ser valorizado, aparece como ponto de partida de sua valorização. M' como relação de capital é, aqui, o ponto de partida e funciona como tal de modo determinante sobre todo o ciclo ao implicar, já em sua primeira fase, tanto o ciclo do valor-capital quanto o da mais-valia, e a mais-valia deve – ainda que não em cada ciclo individual, mas em sua média – em parte ser gasta como *revenue*, percorrer a circulação *m–d–m*, em parte funcionar como elemento da acumulação do capital.

Na forma *M'* ... *M'*, o consumo do produto-mercadoria total é pressuposto como condição do próprio transcurso normal do ciclo do capital. O consumo individual do trabalhador e o consumo individual da parte não acumulada do mais-produto abarcam o consumo individual total. Portanto, o consumo em sua totalidade – como consumo individual e produtivo – entra como condição no ciclo *M'*. O consumo produtivo (que inclui, do ponto de vista do conteúdo, o consumo individual do trabalhador, já que a força de trabalho é produto permanente, dentro de certos limites, do consumo individual do trabalhador) ocorre por meio de cada capital individual mesmo. O consumo individual – salvo à medida que é necessário para a existência do capitalista individual – só se pressupõe como ato social, de modo algum como ato do capitalista individual.

Nas formas I e II, o movimento completo se apresenta como movimento do valor-capital adiantado. Na forma III, o capital valorizado constitui, na figura do produto-mercadoria total, o ponto de partida e possui a forma do capital que se move, do capital-mercadoria. Só depois de sua transformação em dinheiro esse movimento se ramifica em movimento de capital e movimento de *revenue*. A repartição do produto social total, assim como a repartição específica do produto para cada capital-mercadoria individual, por um lado em fundo de consumo individual, por outro em fundo de reprodução, está implicada, dessa forma, no ciclo do capital.

Em *D* ... *D'* está implicada uma possível ampliação do ciclo, de acordo com o volume de *d*, que entra no ciclo renovado.

Em *P* ... *P*, *P* pode começar o novo ciclo com o mesmo valor, talvez com um valor menor, e, ainda assim, representar reprodução em escala ampliada; por exemplo, devido à produtividade aumentada do trabalho, elementos de mercadorias barateiam. Inversamente, o capital produtivo, tendo crescido em valor, pode representar uma reprodução em escala materialmente mais estreita se, por exemplo, elementos da produção encarecem. O mesmo vale para *M'* ... *M'*.

Em *M'* ... *M'*, capital em forma-mercadoria é pressuposto da produção; ele reaparece como pressuposto dentro desse ciclo no segundo *M*. Se esse *M* ainda não está produzido ou reproduzido, então o ciclo está inibido; esse *M* precisa ser reproduzido, na maior parte como *M'* de outro capital industrial. Nesse ciclo, *M'* existe como ponto de partida, ponto de transição, ponto de encerramento do movimento, está, portanto, sempre aí. É condição constante do processo de reprodução.

M' ... *M'* se distingue das formas I e II por outro momento. Todos os três ciclos têm em comum que a forma com que o capital inaugura seu ciclo também é a forma com que o encerra e, com isso, encontra-se novamente na forma inicial em que reinaugura o mesmo ciclo. A forma inicial *D*, *P*, *M'* é sempre a forma em que o valor-capital (em III, com a mais-valia que lhe é acrescida) é adiantado, portanto sua forma original em relação ao ciclo; a forma final *D'*, *P*, *M'* é, toda vez, forma transmutada de uma forma funcional que transcorre no ciclo, que não é a forma original.

Assim, em I, *D'* é a forma transmutada de *M'*; o *P* final em II é a forma transmutada de *D* (e em I e II essa transformação é provocada por um simples ato da circulação de mercadorias, por troca formal de lugar entre mercadoria e dinheiro); em III, *M'* é a forma transmutada de *P*, do capital produtivo. Mas, aqui em III, a metamorfose não atinge, em primeiro lugar, apenas a forma funcional do capital, mas também sua grandeza de valor; em segundo lugar, a transformação é, porém, o resultado não de mera troca formal do lugar pertencente ao processo de circulação, mas uma verdadeira transformação que a forma útil e o valor dos elementos mercantis do capital produtivo sofreram no processo produtivo.

A forma do extremo inicial *D*, *P*, *M'* está pressuposta em cada um dos ciclos I, II e III; a forma que reaparece no extremo final está posta e, por isso, condicionada pela série de metamorfoses do próprio ciclo. *M'*, como ponto final de um ciclo de um capital industrial individual, apenas pressupõe a forma *P* (que não pertence à circulação) do mesmo capital industrial, do qual é produto. *D'*, como ponto final em I, como forma transmutada de *M'* (*M'*–*D'*) pressupõe *D* na mão do comprador, como existente fora do ciclo *D* ... *D'* e trazido para dentro dele pela venda de *M'*, tornando-se sua própria forma final. Assim, em II, o *P* final pressupõe *FT* e *MP* (*M*) como existentes externamente e incorporados a ele por *D*–*M* como forma final. Mas, abstraindo o último extremo, nem o ciclo do capital monetário individual pressupõe a existência do capital monetário em geral nem o ciclo do capital produtivo individual a do capital produtivo em seu ciclo. Em I, *D* pode ser o primeiro capital monetário, em II, *P* pode ser o primeiro capital produtivo que aparece no palco da história, mas em III

$$M'\left\{\begin{array}{l} M- \\ -D' \\ m- \end{array}\right.\left\{\begin{array}{l} D–M<^{FT}_{MP} \ldots P \ldots M' \\ \\ d–m \end{array}\right.$$

M é pressuposto duas vezes externamente ao ciclo. Uma vez no ciclo $M'–D'–M<^{FT}_{MP}$. Esse *M*, à medida que é composto de *MP*, é mercadoria em mãos do vendedor; ele mesmo é capital-mercadoria enquanto produto de um processo de produção capitalista; e, ainda que não o seja, aparece como capital-mercadoria nas mãos do comerciante. A outra vez, no segundo *m* em *m–d–m*, que igualmente deve existir como mercadoria para poder ser comprado. Em todo caso, se capital-mercadoria ou não, *FT* e *MP* são tão mercadorias como *M'* e se comportam como mercadorias um em relação ao outro. O mesmo vale para o segundo *m* em *m–d–m*. Por conseguinte, à medida que *M'* = *M* (*FT* + *MP*) tem mercadorias como seus elementos constitutivos e precisa ser substituído na circulação por mercadorias iguais; assim como em *m–d–m*, o segundo *m* precisa ser reposto na circulação por outras mercadorias iguais.

Além disso, na base do modo de produção capitalista como dominante, toda mercadoria nas mãos do vendedor precisa ser capital-mercadoria. Ela continua a sê-lo nas mãos do negociante ou se torna, se ainda não o era. Ou, então, precisa ser mercadoria – por exemplo, artigos importados – que repõe capital-mercadoria original, só lhe tendo dado, por isso, outra forma de existência.

Os elementos mercantis *FT* e *MP*, em que consiste o capital produtivo *P*, não possuem, enquanto formas de existência de *P*, a mesma configuração que nos diferentes mercados de mercadorias em que são buscados. Estão agora reunidos e, em sua ligação, podem funcionar como capital produtivo.

Que só nessa forma III, dentro do próprio ciclo, *M* apareça como pressuposto de *M* deve-se ao fato de que o ponto de partida é o capital em forma-mercadoria. O ciclo é iniciado com a conversão de *M'* (à medida que funciona como valor-capital, seja aumentado ou não por adição de mais-valia) nas mercadorias que constituem seus elementos de produção. Mas essa conversão compreende todo o processo de circulação *M–D–M* (= *FT* + *MP*) e é seu resultado. Aqui está, pois, *M* em ambos os extremos, mas o segundo extremo, que recebe a sua forma *M* por meio de *D–M* de fora, do mercado de mercadorias, não é o último extremo do ciclo, só de seus dois primeiros estágios, que abarcam o processo de circulação. Seu resultado é *P*, cuja função, o processo de produção, então começa. Só como resultado deste, portanto não como resultado do processo de circulação, aparece *M'* como conclusão do ciclo e na mesma forma que o extremo inicial *M'*. No entanto, em *D* ... *D'* e *P* ... *P*, os extremos finais *D'* e *P* são resultado direto do processo de circulação. Portanto, só no fim é que aqui são pressupostos uma vez *D'*, outra vez *P*, em outras mãos. À medida que o ciclo ocorre entre os extremos, nem *D* num caso, nem *P* no outro – a existência de *D* como dinheiro alheio, a de *P* como processo de produção alheio – aparecem como pressupostos desses ciclos. No entanto, *M'* ... *M'* pressupõe *M* (= *FT* + *MP*) como mercadorias alheias em mãos alheias e que, mediante o processo de circulação introdutório, são trazidas ao ciclo e transformadas em capital produtivo, de cuja função resulta que *M'* volta a tornar-se agora forma final do ciclo.

Mas, precisamente porque o ciclo *M'* ... *M'* pressupõe, dentro de seu curso, outro capital industrial em forma de *M* (= *FT*+*MP*) (e *MP* abarca outros capitais de diversos tipos, por exemplo, em nosso caso, máquinas, carvão, óleo etc.), ele mesmo incita que seja considerado só como forma *geral* do ciclo, isto é, como uma forma social sob a qual cada capital industrial isolado (exceto em seu primeiro investimento) pode ser considerado, por isso, não só como forma de movimento comum a todos os capitais industriais individuais, mas, ao mesmo tempo, como forma de movimento da soma dos capitais individuais, portanto do capital total da classe capitalista, um movimento em que cada capital industrial individual aparece apenas como um movimento parcial que se entrelaça com os outros e é condicionado por eles. Consideremos, por exemplo, o produto-mercadoria total anual de um país e analisemos o movimento pelo qual uma parte dele repõe o capital produtivo em todos os negócios individuais e outra parte entra no consumo individual das diferentes classes, então consideramos *M'* ... *M'* como forma de movimento tanto do capital social quanto da mais-valia ou do mais-produto produzidos por ele. Que o capital social seja = soma dos capitais individuais (inclusive dos capitais por ações, ou do capital do Estado, à medida que governos empregam trabalho assalariado produtivo em minas, estradas de ferro etc., funcionando como capitalistas individuais) e que o movimento completo do capital social seja = soma algébrica dos movimentos dos capitais individuais, isso não exclui de modo algum que esse movimento, enquanto movimento do capital individual isolado, apresente outros fenômenos que o mesmo movimento, quando é considerado da perspectiva de uma parte do movimento completo do capital social, portanto em sua conexão com os movimentos de suas outras partes, e que, ao mesmo tempo, resolva problemas cuja solução deve ser pressuposta na consideração do ciclo de um capital individual isolado, em vez de resultar dele.

M' ... *M'* é o único ciclo em que o valor do capital originalmente adiantado constitui apenas parte do extremo inaugural do movimento e em que o movimento se anuncia de antemão como movimento completo do capital industrial; tanto da parte do produto que repõe o capital produtivo quanto da parte do produto que constitui mais-produto e que, em média, em parte é gasto como *revenue*, em parte tem de servir como elemento da acumulação. À medida que o gasto de mais-valia como *revenue* está incluído nesse ciclo, também é consumo individual. Este último é, porém, também incluído pelo fato de que o ponto de partida *M*, mercadoria, existe como um artigo útil qualquer; todo artigo produzido de modo capitalista é, porém, capital-mercadoria, não importa se sua forma útil o destine ao consumo produtivo, ou individual, ou a ambos.

D ... *D'* apenas aponta para o lado do valor, da valorização do valor-capital adiantado como finalidade de todo o processo; *P* ... *P* (*P'*), do processo de produção do capital enquanto processo de reprodução com grandeza constante ou crescente do capital produtivo (acumulação); *M'* ... *M'*, ao anunciar-se já em seu extremo inicial como figura da produção capitalista de mercadorias, abrange de antemão o consumo produtivo e individual; o consumo produtivo, e a valorização nele implícita, só aparece como ramo de seu movimento. Por fim, como *M'* pode existir em forma útil, que não pode entrar novamente em qualquer processo de produção, então está indicado de antemão que os diferentes elementos de valor expressos em partes do produto de *M'* precisam ocupar outro lugar, conforme se considere *M'* ... *M'* como forma do movimento autônomo do capital social total ou como movimento autônomo de um capital industrial individual. Em todas essas suas peculiaridades, esse ciclo aponta para além de si mesmo como ciclo isolado de um capital meramente individual.

Na figura *M'* ... *M'*, o movimento do capital-mercadoria, isto é, do produto total produzido de modo capitalista, aparece tanto como pressuposto do ciclo autônomo do capital individual quanto, por sua vez, como condicionado por ele. Caso essa figura seja captada em sua peculiaridade, já não basta dar-se por satisfeito com o fato de que as metamorfoses *M'–D'* e *D–M* são, por um lado, seções funcionalmente determinadas na metamorfose do capital e, por outro, membros da circulação geral de mercadorias. Torna-se necessário trazer à luz os entrelaçamentos das metamorfoses de um capital individual com as de outros capitais individuais e com a parte do produto total destinada ao consumo individual. Ao analisar o ciclo do capital industrial individual, tomamos por isso preferencialmente as duas primeiras formas por base.

Como forma de um capital individual isolado, o ciclo *M'* ... *M'* aparece, por exemplo, na agricultura, onde se calcula de colheita para colheita. Na figura II parte-se da semeadura; na figura III, da colheita ou, como dizem os fisiocratas, na primeira parte dos *avances* [adiantamentos]; na segunda, das *reprises* [retornos]. O movimento do valor-capital aparece em III, de antemão, apenas como parte do movimento da massa geral de produtos, enquanto em I e II o movimento de *M'* constitui somente um momento no movimento de um capital isolado.

Na figura III, as mercadorias que se encontram no mercado constituem o pressuposto permanente do processo de produção e de reprodução. Portanto, caso se fixe essa figura, todos os elementos do processo de produção parecem provir da circulação de mercadorias e só consistir em mercadorias. Essa concepção unilateral ignora os elementos do processo de produção independentes dos elementos mercantis.

Como em *M'* ... *M'* o produto total (o valor total) é ponto de partida, então se mostra aqui que (abstraindo o comércio exterior) só pode ocorrer reprodução em escala ampliada com produtividade constante se na parte do mais-produto a ser capitalizado os elementos materiais do capital produtivo adicional já estão contidos; que, portanto, à medida que a produção de um ano serve de pressuposto para a do ano seguinte ou à medida que isso pode acontecer simultaneamente com o processo de reprodução simples dentro de um ano, logo é produzido mais-produto na forma que lhe possibilita funcionar como capital adicional. Produtividade incrementada só pode aumentar a matéria do capital, sem elevar seu valor; mas, com isso, constitui material adicional para a valorização.

M' ... *M'* está na base do *Tableau économique* de Quesnay, o qual mostra seu grande e certeiro tato ao ter escolhido, em antítese a *D* ... *D'* (a forma isoladamente fixada do sistema mercantilista), essa forma, e não *P* ... *P*.

CAPÍTULO 4

AS TRÊS FIGURAS DO PROCESSO CÍCLICO

As três figuras podem ser representadas como a seguir, *Pc* representando o processo de circulação como um todo:

I) *D–M ... P ... M'–D'*
II) *P ... Pc ... P*
III) *Pc ... P(M')*

Se captamos as três formas em conjunto, então todos os pressupostos do processo aparecem como seu resultado, como pressuposto produzido por ele mesmo. Cada momento se apresenta como ponto de partida, ponto de passagem e ponto de retorno. O processo completo se apresenta como unidade de processo de produção e processo de circulação; o processo de produção torna-se mediador do processo de circulação e vice-versa.

Aos três ciclos é comum: a valorização do valor como objetivo determinante, motivo impulsor. Em I isso se expressa na forma. A forma II começa com *P*, o próprio processo de valorização. Em III, o ciclo começa com o valor valorizado e conclui com valor novamente valorizado, mesmo quando o movimento é repetido em escala constante.

À medida que *M–D* é *D–M* para o comprador e *D–M* é *M–D* para o vendedor, a circulação do capital só representa a metamorfose ordinária de mercadorias, e as leis desenvolvidas em relação a ela (Livro 1, cap. 3, [parte] 2) vigem sobre a massa de dinheiro circulante. Caso, porém, não nos detenhamos nesse aspecto formal, mas consideremos a conexão real entre as metamorfoses dos diferentes capitais individuais, portanto de fato a conexão entre os ciclos dos capitais individuais como os movimentos parciais do processo de reprodução do capital social total, então ela não pode ser explicada pela mera mudança de forma do dinheiro e da mercadoria.

Num círculo em constante rotação, cada ponto é, ao mesmo tempo, ponto de partida e ponto de retorno. Caso interrompamos a rotação, então nem todo ponto de partida é ponto de retorno. Assim vimos que não só cada ciclo particular pressupõe (implicitamente) o outro, mas também que a repetição do ciclo numa forma compreende a descrição do ciclo em outras formas. Assim, a diferença toda se apresenta como sendo apenas formal ou, também, como sendo meramente subjetiva, como diferença que existe tão somente para o observador.

À medida que cada um desses ciclos é considerado como forma particular do movimento em que se encontram diferentes capitais industriais individuais, então existe também essa diversidade sempre apenas como diferença individual. Na realidade, porém, cada capital industrial individual encontra-se em todos os três ao mesmo tempo. Os três ciclos, as formas de reprodução das três configurações do capital, realizam-se continuamente em paralelo. Parte do valor-capital que, por exemplo, funciona agora como capital-mercadoria transforma-se em capital monetário, mas, ao mesmo tempo, outra parte sai do processo de produção e entra na circulação como capital-mercadoria novo. Assim, a forma circular *M'* ... *M'* é continuamente descrita, assim como as duas outras formas. A reprodução do capital em cada uma de suas formas e em cada um de seus estágios é tão contínua como as metamorfoses dessas formas e o percurso sucessivo dos três estágios. Aqui, portanto, o ciclo completo é a verdadeira unidade de suas três formas.

Em nosso exame foi pressuposto que o valor-capital, com sua grandeza de valor total, aparece integralmente como capital monetário, como capital produtivo ou como capital-mercadoria. Assim, tínhamos, por exemplo, as 422 libras esterlinas primeiro totalmente como capital monetário, depois as tínhamos também, em todo o seu volume, transformadas em capital produtivo, por fim, como capital-mercadoria: fio no valor de 500 libras esterlinas (das quais 78 libras esterlinas de mais-valia). Aqui os diferentes estágios constituem outras tantas interrupções. Enquanto, por exemplo, as 422 libras esterlinas permanecem em forma-dinheiro, isto é, até que tenham sido realizadas as compras *D–M* (*FT*+*MP*), o capital total existe e funciona apenas como capital monetário. Assim que é transformado em capital produtivo, não funciona nem como capital monetário nem como capital-mercadoria. Seu processo de circulação como um todo está interrompido, assim como, por outro lado, está interrompido seu processo de produção como um todo, quando funciona em um dos dois estágios de circulação, seja como *D* ou como *M'*. Assim, portanto, o ciclo *P* ... *P* não se apresentaria apenas como renovação periódica do capital produtivo, mas igualmente como interrupção de sua função, do processo de produção, até ter sido completado o processo de circulação; a produção não se efetuaria continuamente, mas aos empurrões, só se renovando depois de períodos de duração aleatória, conforme os dois estágios do processo de circulação fossem vencidos mais depressa ou mais devagar. Isso, por exemplo, no caso de um artesão chinês que trabalha apenas para clientes privados e cujo processo de produção cessa até que encomendas sejam novamente feitas.

De fato, isso vale para cada uma das partes do capital que se encontra em movimento, e todas as partes do capital, uma após outra, realizam esse movimento. As 10 000 libras de fio, por exemplo, são o produto semanal de um fiandeiro. Essas 10 000 libras de fio saem totalmente da esfera da produção para a esfera da circulação; o valor-capital nelas contido tem de ser inteiramente transformado em capital monetário e, enquanto permanece na forma de capital monetário, não pode reingressar no processo de produção; precisa entrar antes na circulação e ser retransformado nos elementos do capital produtivo *FT+MP*. O processo de circulação do capital é interrupção contínua, abandono de um estágio, ingresso no seguinte; abandono de uma forma, existência em outra; cada um desses estágios não só condiciona o seguinte, mas simultaneamente o exclui.

Continuidade é, porém, o traço característico da produção capitalista, condicionada por sua base técnica, ainda que ela nem sempre seja alcançável. Vejamos, pois, como isso ocorre na realidade. Enquanto, por exemplo, as 10 000 libras de fio se apresentam no mercado como capital-mercadoria e realizam sua transformação em dinheiro (seja este meio de pagamento, meio de compra ou tão somente moeda de conta), novo algodão, carvão etc. tomam seu lugar no processo de produção, por conseguinte já se retransformam da forma-dinheiro e da forma-mercadoria na forma de capital produtivo e iniciam sua função enquanto tal; ao mesmo tempo que as primeiras 10 000 libras de fio são convertidas em dinheiro, 10 000 libras de fio anteriores já descrevem o segundo estágio de sua circulação e se retransformam de dinheiro nos elementos do capital produtivo. Todas as partes do capital percorrem sucessivamente o processo de circulação, encontrando-se ao mesmo tempo em diferentes estágios deste. Assim, o capital industrial se encontra, na continuidade de seu ciclo, simultaneamente em todos os seus estágios e nas distintas formas funcionais que lhes correspondem. Para a parte que pela primeira vez se transforma de capital-mercadoria em dinheiro, o ciclo *M' ... M'* começa, enquanto, para o capital industrial como totalidade em movimento, o ciclo *M' ... M'* está percorrido. Com uma das mãos dinheiro é adiantado, com a outra é recebido; a inauguração do ciclo *D ... D'* num ponto é, ao mesmo tempo, seu retorno em outro. O mesmo vale para o capital produtivo.

Por isso, o verdadeiro ciclo do capital industrial é, em sua continuidade, não só unidade do processo de circulação e de produção, mas unidade de todos os seus três ciclos. Ele só pode ser tal unidade, no entanto, à medida que cada parte distinta do capital pode percorrer, sucessivamente, as fases consecutivas do ciclo, podendo passar de uma fase, de uma forma funcional, a outra, encontrando-se, portanto, o capital industrial, como totalidade dessas partes, ao mesmo tempo nas diversas fases e funções, descrevendo simultaneamente todos os três ciclos. A sucessão de cada parte está aqui condicionada pela justaposição das partes, isto é, pela partição do capital. Assim, no sistema fabril articulado, o produto se encontra continuamente tanto nas diversas etapas de seu processo de criação quanto na passagem de uma fase de produção a outra. Como o capital industrial individual representa determinada grandeza, que depende dos meios do capitalista e que tem determinada grandeza mínima para cada ramo industrial, sua partição tem de proceder segundo determinadas proporções. A grandeza do capital disponível condiciona o volume do processo de produção, este o volume do capital-mercadoria e o do capital monetário, à medida que funcionam ao lado do processo de produção. A justaposição, pela qual a continuidade da produção é condicionada, só existe, porém, pelo movimento das partes do capital em que elas descrevem sucessivamente os diferentes estágios. A justaposição é, ela mesma, apenas resultado da sucessão. Se, por exemplo, *M'–D'* se paralisa para uma parte, sendo a mercadoria invendável, então o ciclo dessa parte está interrompido e a reposição por seus meios de produção não se realiza; as partes seguintes, que surgem do processo de produção como *M'*, encontram sua mudança de função bloqueada por suas antecessoras. Caso isso perdure algum tempo, então a produção é reduzida e todo o processo é levado à imobilidade. Toda paralisação da sucessão leva a justaposição à desordem; toda paralisação num estágio provoca uma paralisação maior ou menor, no ciclo completo, não só da parte paralisada do capital, mas também do capital individual total.

A forma seguinte em que o processo se apresenta é a de uma sucessão de fases, de tal modo que a passagem do capital para uma nova fase esteja condicionada pelo abandono de outra. Todo ciclo específico tem, por isso, também uma das formas funcionais do capital como ponto de partida e como ponto de retorno. Por outro lado, o processo como um todo é, de fato, a unidade dos três ciclos, que são as diferentes formas em que se expressa a continuidade do processo. O ciclo completo apresenta-se para cada forma funcional do capital como seu ciclo específico, e cada um desses ciclos condiciona, na verdade, a continuidade do processo como um todo; o circuito de uma forma funcional determina o outro. É uma condição necessária para o processo completo de produção, especialmente para o capital social, que ele seja ao mesmo tempo processo de reprodução e, portanto, ciclo de cada um de seus momentos. Diferentes frações do capital percorrem sucessivamente os diferentes estágios e formas funcionais. Cada forma funcional, embora sempre outra parte do capital se apresente nela, percorre por causa disso, com as outras, seu próprio ciclo. Uma parte do capital, mas uma parte sempre em mutação, sempre reproduzida, existe como capital-mercadoria que se transforma em dinheiro; outra, como capital monetário que se transforma em capital produtivo; uma terceira, como capital produtivo que se transforma em capital-mercadoria. A presença permanente de todas as três formas é mediada pelo ciclo do capital total exatamente por essas três fases.

Como um todo, o capital se encontra, então, ao mesmo tempo, espacialmente justaposto em suas diferentes fases. Mas cada parte passa constantemente, pela ordem, de uma fase, de uma forma funcional, a outra, funcionando assim, sucessivamente, em todas. As formas são, portanto, formas fluidas, cuja simultaneidade é mediada por sua sucessão. Cada forma segue a outra e a precede, de modo que o retorno de uma parte do capital a uma forma é condicionado pelo retorno da outra a outra forma. Cada parte descreve continuamente seu próprio giro, mas é sempre outra parte do capital que se encontra nessa forma, e esses giros particulares constituem apenas momentos simultâneos e sucessivos do giro completo.

Só na unidade dos três ciclos é que se realiza a continuidade do processo como um todo, em vez da interrupção anteriormente descrita. O capital social total sempre possui essa continuidade, e seu processo possui sempre a unidade dos três ciclos.

Para capitais individuais, a continuidade da reprodução é mais ou menos interrompida. Primeiro, as massas de valor são distribuídas com frequência em épocas diferentes, em porções desiguais nos diferentes estágios e formas funcionais. Segundo, conforme o caráter da mercadoria a ser produzida, portanto de acordo com a esfera específica de produção em que o capital esteja investido, essas porções podem distribuir-se diferentemente. Terceiro, a continuidade pode ser menos ou mais interrompida em ramos da produção que dependam da estação do ano, seja em decorrência de condições naturais (agricultura, pesca do arenque etc.), seja em decorrência de circunstâncias convencionais, como, por exemplo, nos assim chamados trabalhos sazonais. O processo transcorre de modo mais regular e uniforme na fábrica e na mineração, mas essa diversidade dos ramos de produção não provoca uma diversidade nas formas gerais do processo de circulação.

O capital, enquanto valor que se valoriza, abrange não só relações de classe, mas determinado caráter social que repousa sobre a existência do trabalho como trabalho assalariado. É um movimento, um processo de circulação por diferentes estágios que, por sua vez, novamente abrange três formas diferentes do processo de circulação. Só pode, por isso, ser entendido como movimento, e não como coisa em repouso. Aqueles que consideram a autonomização do valor como mera abstração esquecem que o movimento do capital industrial é essa abstração *in actu*. O valor percorre aqui diferentes formas, diferentes movimentos, nos quais se mantém e, ao mesmo tempo, se valoriza, aumenta. Como estamos a tratar aqui, inicialmente, da mera forma de movimento, não são levadas em conta as revoluções que o valor-capital pode sofrer em seu processo de circulação; mas é claro que, apesar de todas as revoluções de valor, a produção capitalista só pode existir e continuar existindo enquanto o valor-capital for valorizado, ou seja, enquanto, como valor autonomizado, percorre seu processo de circulação, portanto enquanto as revoluções de valor são, de algum modo, superadas e compensadas. Os movimentos do capital aparecem como ações do capitalista industrial isolado, de modo que este funciona como comprador de mercadorias e de trabalho, vendedor de mercadorias e capitalista produtivo, mediando, por conseguinte, o ciclo por sua atividade. Caso o valor-capital sofra uma revolução de valor, então pode ocorrer que seu capital individual sucumba e submerja por não poder preencher as condições desse movimento de valor. Quanto mais agudas e frequentes se tornam as revoluções de valor, tanto mais se impõe, atuando com a violência de um processo natural elementar, o movimento automático do valor autonomizado em face da previsão e do cálculo do capitalista individual, tanto mais se torna o curso da produção normal vassalo da especulação anormal, tanto maior se torna o perigo para a existência dos capitais individuais. Essas periódicas revoluções de valor confirmam, portanto, o que pretensamente devem refutar: a autonomização que o valor enquanto capital experimenta e que, por meio de seu movimento, conserva e acentua.

Essa sequência das metamorfoses do capital em processo implica a contínua comparação das alterações na grandeza do valor do capital, ocorridas no ciclo, com o valor original. Se a autonomização do valor em relação à força constituinte do valor, a força de trabalho, é introduzida no ato *D–FT* (compra de força de trabalho) e realizada durante o processo de produção como exploração da força de trabalho, então essa autonomização do valor não aparece de novo nesse ciclo, no qual dinheiro, mercadoria e elementos de produção são apenas formas alternantes do valor-capital em processo, e a pretérita grandeza de valor se compara com a grandeza atual, modificada, do capital.

"*Value*", diz Bailey[I] contra a autonomização do valor que caracteriza o modo de produção capitalista e que ele trata como ilusão de certos economistas, "*is a relation between contemporary commodities, because such only admit of being exchanged with [for] each other*."[II]

I Samuel Bailey, *A critical dissertation on the nature, measures, and causes of value; chiefly in reference to the writings of Mr. Ricardo and his followers. By the author of essays on the formation and publication of opinions*. London, 1825. [N. E. A.]

II "Valor é uma relação entre mercadorias contemporâneas, pois somente estas são passíveis de serem trocadas umas pelas outras." [N. T.]

Ele diz isso contra a comparação de valores de mercadorias em diferentes épocas, uma comparação que, uma vez fixado o valor monetário para cada época, significa apenas uma comparação entre o gasto de trabalho exigido nas diferentes épocas para a produção do mesmo tipo de mercadoria. Isso se origina de seu equívoco geral, segundo o qual valor de troca = valor, como se a forma de valor fosse o próprio valor; valores de mercadorias não são, portanto, comparáveis quando já não funcionam ativamente como valores de troca e, por conseguinte, não podem ser *realiter* [realmente] intercambiados entre si. Ele não suspeita de que valor só funciona como valor-capital ou capital à medida que, nas diferentes fases de seu ciclo (que, de jeito nenhum, são *contemporary* [contemporâneas], mas se sucedem umas às outras), ele permanece idêntico a si mesmo e é comparado consigo mesmo.

Para considerar a fórmula do ciclo em sua pureza, não basta supor que as mercadorias sejam vendidas por seu valor, mas também que isso ocorre com as demais circunstâncias constantes. Tomemos, por exemplo, a forma $P \ldots P$, abstraindo todas as revoluções técnicas dentro do processo de produção que possam desvalorizar o capital produtivo de determinado capitalista; abstraindo igualmente toda repercussão de alguma alteração nos elementos de valor do capital produtivo sobre o valor do capital-mercadoria disponível, que pode ser aumentado ou diminuído, caso exista provisão dele. Seja M', as 10 000 libras de fio, vendido por seu valor de 500 libras esterlinas; 8 440 libras = 422 libras esterlinas repõem o valor-capital contido em M'. Caso, porém, o valor do algodão, do carvão etc. tenha subido (já que abstraímos meras oscilações de preços), então essas 422 libras esterlinas talvez não bastem para repor totalmente os elementos do capital produtivo; é necessário capital monetário adicional, capital monetário é imobilizado. Inversamente, se aqueles preços caíram; capital monetário é liberado. O processo só transcorre de modo inteiramente normal se as relações de valor permanecem constantes; ele transcorre, de fato, enquanto as perturbações na repetição do ciclo se compensarem; quanto maiores as perturbações, tanto mais capital monetário o capitalista industrial precisa possuir para poder aguardar a compensação; e, como no progresso da produção capitalista a escala de cada processo individual de produção se amplia e, com ele, a grandeza mínima do capital a ser adiantado, essa circunstância soma-se às outras que convertem a função do capitalista industrial mais e mais em monopólio de grandes capitalistas monetários, isolados ou associados.

Aqui é preciso assinalar, de passagem: caso ocorra mudança de valor nos elementos da produção, então se revela uma diferença entre a forma $D \ldots D'$ de um lado e $P \ldots P$ e $M' \ldots M'$ de outro.

Em *D* ... *D'*, como fórmula do capital recém-investido, que surge pela primeira vez como capital monetário, uma queda no valor dos meios de produção, por exemplo matérias-primas, materiais auxiliares etc., vai exigir um dispêndio de capital monetário menor do que antes da queda para abrir um negócio de determinado volume, porque o volume do processo de produção (com desenvolvimento constante da força de produção) depende da massa e do volume dos meios de produção que dada quantidade de força de trabalho pode dominar; mas não depende nem do valor desses meios de produção nem do da força de trabalho (esta última só tem influência sobre a grandeza da valorização). Pelo contrário. Caso ocorra uma elevação do valor nos elementos de produção das mercadorias, que constituem os elementos do capital produtivo, então é necessário mais capital monetário para fundar um negócio de dado tamanho. Em ambos os casos, apenas a quantidade do capital monetário novo a ser investido é afetada; no primeiro, capital monetário torna-se excedente; no segundo, capital monetário é imobilizado sempre que o acréscimo de novos capitais industriais individuais se dá pela maneira habitual em certo ramo da produção.

Os ciclos *P* ... *P* e *M'* ... *M'* só se apresentam, eles mesmos, como *D* ... *D'* na medida em que o movimento de *P* e *M'* é, ao mesmo tempo, acumulação, portanto, que *d* adicional, dinheiro, é transmutado em capital monetário. Abstraindo isso, eles são afetados de modo diferente de *D* ... *D'* pela mudança de valor dos elementos do capital produtivo; abstraímos aqui, novamente, a repercussão de tal alteração de valor sobre os elementos do capital engajados no processo de produção. Aqui não é o desembolso original que é afetado diretamente, mas um capital industrial engajado em seu processo de reprodução, não em seu primeiro ciclo; portanto, $M' \ldots M<^{FT}_{MP}$, a reconversão do capital-mercadoria em seus elementos de produção, à medida que estes são constituídos por mercadorias. Com queda de valor (ou seja, queda de preço), três casos são possíveis: o processo de reprodução é continuado na mesma escala; então, parte do capital monetário até o momento existente é liberada e ocorre acumulação de capital monetário sem que a acumulação real (produção em escala ampliada) ou a transformação – que a introduz e acompanha – de *d* (mais-valia) em fundo de acumulação tenha ocorrido; ou o processo de reprodução é ampliado, atingindo escala maior do que nas circunstâncias ordinárias, se as proporções técnicas o permitirem; ou, então, ocorre maior estocagem de matérias-primas etc.

Dá-se o contrário, com o aumento do valor dos elementos de reposição do capital-mercadoria. A reprodução, então, não ocorre mais em seu volume normal (por exemplo, trabalha-se em jornada reduzida); ou capital monetário adicional precisa ingressar para continuá-la em seu volume anterior (imobilização de capital monetário); ou o fundo monetário de acumulação, caso exista, serve, total ou parcialmente, não para a ampliação do processo de reprodução, mas sim para sua condução na escala antiga. Isso também é imobilização de capital monetário, só que aqui o capital monetário adicional não provém de fora, do mercado de dinheiro, mas dos recursos do próprio capitalista industrial.

Mas, em *P* ... *P*, *M'* ... *M'*, podem ocorrer circunstâncias modificadoras. Se nosso fiandeiro de algodão tem, por exemplo, grande estoque de algodão (por conseguinte, grande parte de seu capital produtivo em forma de estoque de algodão), então parte de seu capital produtivo é desvalorizada por uma queda dos preços do algodão; caso, porém, estes tenham subido, então ocorre uma elevação no valor dessa parte de seu capital produtivo. Por outro lado, caso tenha imobilizado grandes massas na forma de capital-mercadoria, por exemplo em fio de algodão, então, com uma queda do algodão, parte de seu capital-mercadoria, portanto genericamente seu capital que se encontra no ciclo, é desvalorizada; o contrário, no caso de elevação dos preços do algodão. Por fim, no processo $M'–D–M<^{FT}_{MP}$: se $M'–D$, realização do capital-mercadoria, ocorreu antes da alteração do valor nos elementos de *M*, então o capital só será afetado da maneira examinada no primeiro caso, ou seja, no segundo ato de circulação $D–M<^{FT}_{MP}$; se, porém, ocorre antes de $M'–D$, a queda do preço do algodão acarreta, com as demais circunstâncias constantes, uma queda correspondente do preço do fio, e a elevação do preço do algodão provoca, pelo contrário, elevação do preço do fio. O efeito sobre os diferentes capitais individuais, que se encontram investidos no mesmo ramo da produção, pode ser muito diferente conforme as diferentes circunstâncias em que eles podem encontrar-se. – Liberação e imobilização de capital monetário podem, igualmente, originar-se das diferenças na duração temporal do processo de circulação, portanto também da velocidade de circulação. Isso pertence, porém, ao exame da rotação. Aqui só nos interessa a diferença real que se mostra em relação à alteração de valor dos elementos do valor do capital produtivo entre *D* ... *D'* e as duas outras formas do processo de circulação.

Na seção de circulação $D–M<^{FT}_{MP}$ na época do modo capitalista já desenvolvido, portanto dominante, grande parte das mercadorias em que consistem *MP*, os meios de produção, será, ela mesma, capital-mercadoria alheio em funcionamento. Da perspectiva do vendedor, ocorre, pois, $M'–D'$, transformação de capital-mercadoria em capital monetário. Isso não é, porém, válido de modo absoluto. Pelo contrário. Dentro de seu processo de circulação, em que o capital industrial funciona ou como dinheiro ou como mercadoria, o ciclo do capital industrial se entrelaça, seja como capital monetário, seja como capital-mercadoria, com a circulação de mercadorias dos mais diversos modos sociais de produção, desde que estes sejam também produção de mercadorias. Seja a mercadoria o produto da produção baseada na escravidão, ou de camponeses (chineses, *ryots* indianos), ou de sistemas comunitários (Índias Orientais holandesas), ou da produção do Estado (como aquela, com base na servidão, que tem lugar em épocas anteriores da história russa), ou de povos caçadores semisselvagens etc.: como mercadorias e dinheiro, defrontam-se com o dinheiro e as mercadorias em que o capital industrial se apresenta e ingressam tanto em seu ciclo como no da mais-valia portada pelo capital-mercadoria, na medida em que esta é gasta como *revenue*; portanto, em ambos os ramos de circulação do capital-mercadoria. O caráter do processo de produção do qual provêm é indiferente; como mercadorias, funcionam no mercado; como mercadorias, ingressam no ciclo do capital industrial, bem como na circulação da mais-valia portada por ele. É, portanto, o caráter multilateral de sua origem, a existência do mercado como mercado mundial, que caracteriza o processo de circulação do capital industrial. O que vale para mercadorias alheias vale para o dinheiro alheio; assim como o capital-mercadoria só funciona em relação a ele como mercadoria, também esse dinheiro funciona em relação a ele só como dinheiro; o dinheiro funciona aqui como dinheiro mundial.

Aqui há, no entanto, duas coisas a observar.

Primeiro. Assim que o ato *D–MP* tenha se consumado, as mercadorias (*MP*) deixam de ser mercadorias e se tornam um dos modos de existência do capital industrial em sua forma funcional como *P*, capital produtivo. Com isso, porém, está extinta sua origem; elas tornam-se apenas formas de existência do capital industrial, estão incorporadas nele. Não obstante, continua sendo certo que, para sua reposição, é necessária sua reprodução, e nessa medida o modo de produção capitalista está condicionado por modos de produção que se encontram fora do nível de desenvolvimento do primeiro. A tendência dele é, porém, transformar o mais possível toda a produção em produção de mercadorias; seu principal meio para isso é essa atração das mesmas para seu processo de circulação; e a própria produção desenvolvida de mercadorias é produção capitalista de mercadorias. A intervenção do capital industrial promove, em todas as partes, essa transformação, mas com ela também a transformação de todos os produtores diretos em trabalhadores assalariados.

Segundo. As mercadorias que ingressam no processo de circulação do capital industrial (ao qual também pertencem os meios de subsistência necessários em que o capital variável, depois de seu pagamento aos trabalhadores, se converte em prol da reprodução da força de trabalho), qualquer que seja sua origem, a forma social do processo de produção do qual provenham, defrontam-se com o próprio capital industrial já na forma de capital-mercadoria, na forma de capital de comércio de mercadorias ou comercial; isso abarca, porém, por sua natureza, mercadorias de todos os modos de produção.

O modo de produção capitalista pressupõe produção em larga escala e, necessariamente, venda em larga escala; portanto, venda ao comerciante, não ao consumidor individual. Na medida em que esse mesmo consumidor é consumidor produtivo, portanto capitalista industrial, portanto na medida em que o capital industrial de um ramo da produção fornece meios de produção a outro ramo, ocorre (sob a forma de encomendas etc.) também venda direta de um capitalista industrial a muitos outros. Nessa medida, cada capitalista industrial é vendedor direto, seu próprio comerciante, o que ele, aliás, também é ao vender ao comerciante.

O comércio de mercadorias como função do capital comercial está pressuposto e se desenvolve cada vez mais com o desenvolvimento da produção capitalista. Por isso, o pressupomos ocasionalmente para ilustração de aspectos isolados do processo de circulação capitalista; se, porém, supomos, na análise geral deste, a venda direta, sem intermediação do comerciante, é porque esta última encobre diversos momentos do movimento.

Veja-se Sismondi, que expõe a coisa um tanto ingenuamente:

"*Le commerce emploie un capital considérable qui paraît, au premier coup d'œil, ne point faire partie de celui dont nous avons détaillé la marche. La valeur des draps accumulés dans les magasins du marchand-drapier semble d'abord tout-à-fait étrangère à cette partie de la production annuelle que le riche donne au pauvre comme salaire pour le faire travailler. Ce capital n'a fait cependant que remplacer celui dont nous avons parlé. Pour saisir avec clarté le progrès de la richesse, nous l'avons prise à sa création, et nous l'avons suivie jusqu'à sa consommation. Alors le capital employé dans la manufacture des draps, par exemple, nous a paru toujours le même; échangé contre le revenu du consommateur, il ne s'est partagé qu'en deux parties: l'une a servi de revenu au fabricant comme produit, l'autre a servi de revenu aux ouvriers comme salaire, tandis qu'ils fabriquent de nouveau drap.*

Mais on trouva bientôt que, pour l'avantage de tous, il valait mieux que les diverses parties de ce capital se remplaçassent l'une l'autre, et qui, si cent mille écus suffisaient à faire toute la circulation entre le fabricant et le consommateur, ces cent mille écus se partageassent également entre le fabricant, le marchand en gros, et le marchand en détail. Le premier, avec le tiers seulement, fit le même ouvrage qu'il avait fait avec la totalité, parcequ'au moment où sa fabrication était achevée, il trouvait le marchand acheteur beaucoup plus tôt qu'il n'aurait trouvé le consommateur. Le capital du marchand en gros se trouvait de son côté beaucoup plus tôt remplacé par celui du marchand en détail. [...] *La différence entre les sommes des salaires avancés et le prix d'achat du dernier consommateur devait faire le profit des capitaux. Elle se répartit entre le fabricant, le marchand et le détaillant, depuis qu'ils eurent divisé entre eux leurs fonctions, et l'ouvrage accompli fut le même, quoiqu'il eût employé trois personnes et trois fractions de capitaux, au lieu d'une.*" (*Nouveaux Principes*, I, pp. 139–40) – "*Tous*" (os comerciantes) "*concouraient indirectement à la production; car celle-ci, ayant pour objet la consommation, ne peut être considérée comme accomplie que quand elle a mis la chose produite à la portée du consommateur.*"[I] (Ibid., p. 137)

Tomamos, no exame das formas gerais do ciclo e, sobremaneira, em todo este Livro 2, dinheiro como sendo dinheiro metálico, com exclusão do dinheiro simbólico, mero signo de valor, que só constitui especialidade de certos Estados e do dinheiro de crédito, que ainda não está desenvolvido. Primeiro é esse o curso da história; o dinheiro de crédito não desempenha papel algum, ou só insignificante, na primeira época da produção capitalista. Segundo, a necessidade desse curso está demonstrada também teoricamente pelo fato de que tudo o que, até agora, foi

---

I "O comércio emprega um capital considerável que, à primeira vista, parece não fazer parte daquele cuja marcha detalhamos. O valor dos panos acumulados nas lojas do comerciante parece, ao primeiro exame, nada ter a ver com a parte da produção anual que o rico dá ao pobre como salário para fazê-lo trabalhar. Esse capital, no entanto, apenas substitui aquele do qual falamos. Para apreender com clareza o progresso da riqueza, a tomamos quando de sua criação e a seguimos até seu consumo. Então, o capital empregado na fabricação de tecidos, por exemplo, pareceu-nos ser sempre o mesmo; trocado pela renda do consumidor, só se dividiu em duas partes: uma serviu de renda ao fabricante como produto; a outra, de salário para os trabalhadores enquanto produziam novo pano.

Mas logo se verificou que, para vantagem de todos, era melhor que as diversas partes desse capital se repusessem umas às outras e que, se cem mil escudos chegassem para toda a circulação entre o fabricante e o consumidor, estes se repartissem igualmente entre o fabricante, o comerciante no atacado e o comerciante no varejo. O primeiro com um terço somente fazia a mesma obra que havia feito com a totalidade, pois, no momento em que sua produção estava acabada, ele encontrava o comerciante comprador muito mais rapidamente do que teria encontrado o consumidor. O capital do comerciante atacadista era, por sua vez, muito mais rapidamente reposto pelo capital do retalhista. [...] A diferença entre a soma dos salários adiantados e o preço de compra do último consumidor devia constituir o lucro dos capitais. Ela se reparte entre o fabricante, o atacadista e o varejista, a partir do momento em que dividiram entre si suas funções e de a tarefa cumprida ter sido a mesma, embora tenha empregado três pessoas e três frações do capital em vez de uma" (*Nouveaux Principes*, I, pp. 139–40). "Todos" (os comerciantes) "concorriam indiretamente para a produção; pois esta, tendo por objetivo o consumo, não pode ser considerada concluída a não ser quando tiver posto a coisa produzida ao alcance do consumidor" (Ibid., p. 137). [N. T.]

desenvolvido criticamente por Tooke e outros sobre a circulação do dinheiro de crédito obrigou-os sempre de novo a voltarem ao exame de como as coisas se apresentariam na base da mera circulação metálica. Não se deve, porém, esquecer de que o dinheiro metálico pode funcionar tanto como meio de compra quanto como meio de pagamento. Tendo em vista a simplificação, ele nos vale, em geral neste Livro 2, só na primeira forma funcional.

O processo de circulação do capital industrial, que só constitui uma parte de seu processo de circulação individual, está determinado, à medida que representa apenas uma série de atos dentro da circulação geral de mercadorias, pelas leis gerais que foram desenvolvidas anteriormente (Livro 1, cap. 3). A mesma massa de dinheiro, por exemplo 500 libras esterlinas, põe sucessivamente em circulação tanto mais capitais industriais (ou também capitais individuais em sua forma de capitais-mercadorias) quanto maior for a velocidade de circulação do dinheiro, portanto quanto mais rapidamente cada capital individual percorrer a série de suas metamorfoses mercantis ou monetárias. A mesma massa de valor de capital exige, de acordo com isso, tanto menos dinheiro para sua circulação quanto mais o dinheiro funcionar como meio de pagamento, quanto mais, por exemplo, na reposição de um capital-mercadoria por seus meios de produção, só precisem, pois, ser pagos meros saldos e quanto mais breves forem os prazos de pagamento, por exemplo no pagamento do salário. Por outro lado, pressupondo a velocidade de circulação e todas as demais circunstâncias constantes, a massa de dinheiro que precisa circular como capital monetário é determinada pela soma dos preços das mercadorias (preço multiplicado pela massa de mercadorias) ou, dados a massa e os valores das mercadorias, pelo valor do próprio dinheiro.

Mas as leis da circulação geral de mercadorias só são válidas à medida que o processo de circulação do capital constitui uma série de atos de circulação simples, não, porém, à medida que estes constituem seções funcionalmente determinadas do ciclo de capitais industriais individuais.

Para esclarecer isso, o melhor é examinar o processo de circulação em sua conexão ininterrupta, como ela aparece nas duas formas:

$$\text{II)}\ P \dots M' \left\{ \begin{array}{l} M- \\ -D' \\ m- \end{array} \right. \left\{ \begin{array}{l} D\text{–}M <^{FT}_{MP} \dots P\,(P') \\ \\ d\text{–}m \end{array} \right.$$

$$\text{III)}\quad M' \left\{ \begin{array}{l} M- \\ -D' \\ m- \end{array} \right. \left\{ \begin{array}{l} D\text{–}M <^{FT}_{MP} \dots P \dots M' \\ \\ d\text{–}m \end{array} \right.$$

Enquanto série de atos de circulação em geral, o processo de circulação (seja como *M–D–M* ou como *D–M–D*) só representa as duas séries contrapostas de metamorfoses de mercadorias, das quais cada uma implica, por sua vez, a metamorfose contraposta do lado da mercadoria alheia ou do dinheiro alheio que com ela se defronta.

M–D, do lado do possuidor de mercadorias, é *D–M*, do lado do comprador; a primeira metamorfose da mercadoria em *M–D* é a segunda metamorfose da mercadoria que se apresenta como *D*; inversamente, em *D–M*. Portanto, o que se mostrou sobre o entrelaçamento da metamorfose da mercadoria num estágio com a de outra mercadoria em outro estágio é válido para a circulação de capital, à medida que o capitalista opera como comprador e vendedor de mercadoria, funcionando seu capital, portanto, como dinheiro em face da mercadoria alheia ou como mercadoria em face do dinheiro alheio. Mas esse entrelaçamento não é, ao mesmo tempo, expressão do entrelaçamento das metamorfoses dos capitais.

Em primeiro lugar, como vimos, *D–M* (*MP*) pode representar um entrelaçamento das metamorfoses de diferentes capitais individuais. Por exemplo, o capital-mercadoria do fiandeiro de algodão, fio, é, em parte, reposto por carvão. Parte de seu capital se encontra em forma-dinheiro e é convertida em forma-mercadoria, enquanto o capital do produtor capitalista de carvão se encontra em forma-mercadoria e, por isso, é convertido em forma-dinheiro; o mesmo ato de circulação representa aqui metamorfoses contrapostas de dois capitais industriais (pertencentes a distintos ramos da produção), portanto entrelaçamento da série de metamorfoses desses capitais. No entanto, como vimos, os *MP* em que *D* se converte não precisam ser capital-mercadoria em sentido categórico, isto é, forma funcional de capital industrial, não precisam ser produzidos por um capitalista. É sempre *D–M* de um lado, *M–D* de outro, mas nem sempre entrelaçamento de metamorfoses de capital. Além disso, *D–FT*, a compra de força de trabalho, nunca é entrelaçamento de metamorfoses de capital, já que a força de trabalho efetivamente é mercadoria do trabalhador, mas só se torna capital assim que é vendida ao capitalista. Por outro lado, no processo *M'–D'*, *D'* não precisa ser capital-mercadoria transmutado; pode ser conversão em moeda corrente da mercadoria força de trabalho (salário) ou de um produto produzido por trabalhador autônomo, escravo, servo ou comunidade.

Em segundo lugar, para o papel funcionalmente determinado que, dentro do processo de circulação de um capital individual, desempenha toda metamorfose que nele ocorra, não é, de modo algum, válido que ela represente, no ciclo do outro capital, a metamorfose contraposta correspondente, se pressupomos que toda a produção do mercado mundial seja conduzida de modo capitalista. Por exemplo, no ciclo *P ... P*, o *D'* que converte *M'* em moeda corrente pode ser, da parte do comprador, apenas conversão de sua mais-valia (quando a mercadoria é artigo de consumo) em moeda corrente; ou, em $D'–M'<^{FT}_{MP}$ (onde, portanto, o capital já entra acumulado), pode entrar, para o vendedor de *MP*, apenas como reposição de seu adiantamento de capital ou nem sequer reingressar em sua circulação de capital, se se desvia para o gasto de *revenue*.

Portanto, o modo como os diferentes elementos do capital social total, do qual os capitais individuais são apenas elementos que funcionam autonomamente, repõem-se reciprocamente no processo de circulação – em relação tanto ao capital quanto à mais-valia – não se mostra nos simples entrelaçamentos de metamorfoses da circulação de mercadorias, que os atos de circulação do capital têm em comum com toda a circulação restante de mercadorias, mas exige outro modo de investigação. Até agora, todos têm-se contentado com frases que, analisadas mais de perto, contêm apenas concepções indefinidas, tomadas unicamente dos entrelaçamentos de metamorfoses pertencentes a toda circulação de mercadorias.

Uma das peculiaridades mais evidentes do processo de circulação do capital industrial, portanto também da produção capitalista, é a circunstância de que, por um lado, os elementos constitutivos do capital produtivo provêm do mercado de mercadorias e precisam ser constantemente renovados por sua compra nele como mercadorias; por outro, o produto do processo de trabalho surge deste como mercadoria e precisa ser constantemente vendido de novo como mercadoria. Compare-se, por exemplo, um moderno arrendatário das terras baixas da Escócia com um antiquado pequeno agricultor continental. O primeiro vende todo o seu produto e, por isso, tem de repor também todos os elementos do mesmo, inclusive a semente, no mercado; o outro consome a maior parte de seu produto diretamente, compra e vende o mínimo necessário, faz, na medida do possível, ele mesmo ferramentas, roupas etc.

Em decorrência disso, foram contrapostas entre si a economia natural, a economia monetária e a economia creditícia como as três formas de movimento econômico características da produção social.

Primeiro: essas três formas não representam fases de desenvolvimento equivalentes. A assim chamada economia creditícia é, ela mesma, apenas uma forma da economia monetária, à medida que ambas as denominações expressam funções ou modos de intercâmbio entre os próprios produtores. Na produção capitalista desenvolvida, a economia monetária aparece apenas como base da economia creditícia. Assim, a economia monetária e a economia creditícia só correspondem a estágios diferentes de desenvolvimento da produção capitalista, mas não são, de modo algum, formas de tráfico autônomas em face da economia natural. Com o mesmo direito poder-se-iam contrapor as formas muito diversas da economia natural como equivalentes àquelas duas.

Segundo: já que nas categorias economia monetária e economia creditícia não se enfatiza a economia, isto é, o próprio processo de produção, nem ele é sublinhado como traço distintivo, e sim o modo de intercâmbio, correspondente à economia, entre os diferentes agentes da produção ou produtores, então o mesmo teria de acontecer em relação à primeira categoria. Portanto, em vez de economia natural, economia de escambo. Uma economia natural completamente cerrada, por exemplo o Estado inca peruano,[I] não se enquadraria em nenhuma dessas categorias.

Terceiro: a economia monetária é comum a toda produção de mercadorias, e o produto aparece como mercadoria nos mais diversos organismos sociais de produção. O que caracterizaria a produção capitalista seria apenas a amplitude com que o produto é produzido como artigo comercial, como mercadoria, portanto também seus próprios elementos constitutivos deveriam reingressar como artigos de comércio, como mercadorias, na economia da qual provêm.

De fato, a produção capitalista é a produção de mercadorias como forma geral da produção, mas ela o é, e se torna cada vez mais em seu desenvolvimento, porque o próprio trabalho aparece aqui como mercadoria, porque o trabalhador vende o trabalho, isto é, a função de sua força de trabalho, e isso, conforme admitimos, pelo valor determinado por seus custos de reprodução. Na medida em que o trabalho se torna trabalho assalariado, o produtor torna-se capitalista industrial; por isso, a produção capitalista (portanto, também a produção de mercadorias) só aparece em toda a sua amplitude quando inclusive o produtor direto do campo é assalariado. Na relação entre capitalista e trabalhador assalariado, a relação monetária, a relação entre comprador e vendedor, torna-se uma relação imanente à própria produção. Essa relação repousa, porém, por sua base, no caráter social da produção, não no modo de intercâmbio; pelo contrário, este é que se origina daquele. Isso corresponde, além do mais, ao horizonte burguês, no qual o fazer negócios ocupa a cabeça

---

I Estado escravocrata com significativos restos da sociedade primitiva. A base da organização social e econômica era a tribo ou a comunidade camponesa (*ayllu*), que possuía comunitariamente o solo e o gado. O Estado inca gozou seu período de maior esplendor do final do século XV até a conquista espanhola e seu total aniquilamento nos anos 30 do século XVI; à época ele abrangia os territórios dos atuais Peru, Equador, Bolívia e norte do Chile. [N. E. A.]

inteira, sem ver no caráter do modo de produção o fundamento do modo de intercâmbio que lhe corresponde, mas o inverso.[7]

O capitalista lança menos valor, em forma de dinheiro, na circulação do que retira dela, porque lança mais valor na forma de mercadoria do que dela retirou em forma de mercadoria. À medida que ele funciona meramente como personificação do capital, como capitalista industrial, sua oferta de valor mercantil é sempre maior do que sua demanda de valor mercantil. A esse respeito, a cobertura de sua oferta e de sua demanda equivaleria à não-valorização de seu capital; não teria funcionado como capital produtivo; o capital produtivo se teria transformado em capital-mercadoria não-prenhe de mais-valia; ele não teria, durante o processo de produção, extraído mais-valia sob forma-mercadoria da força de trabalho, portanto não teria funcionado ao todo como capital; ele precisa, de fato, vender mais caro do que comprou, mas isso só lhe é possível porque, mediante o processo de produção capitalista, transformou a mercadoria mais barata, porque de menor valor, que comprou, em mercadoria de maior valor, portanto mais cara. Ele vende mais caro não porque vende acima do valor de sua mercadoria, mas porque vende uma mercadoria com um valor acima da soma de valor de seus elementos de produção.

A taxa pela qual o capitalista valoriza seu capital é tanto maior quanto maior for a diferença entre sua oferta e sua demanda, isto é, quanto maior for o excedente do valor mercantil que ele tenha ofertado acima do valor de mercadoria que tenha demandado. Ao invés da cobertura de ambos, seu objetivo é o mais possível a não-cobertura, a supercobertura de sua demanda por sua oferta.

O que vale para o capitalista individual vale para a classe dos capitalistas. À medida que o capitalista apenas personifica o capital industrial, sua própria demanda só consiste na demanda de meios de produção e de força de trabalho. Sua demanda de *MP*, considerada do ponto de vista de seu valor, é menor do que seu capital adiantado; ele compra meios de produção por um valor menor do que o valor de seu capital e, portanto, por um valor ainda muito menor do que o do capital-mercadoria que oferece.

No que se refere a sua demanda de força de trabalho, do ponto de vista de seu valor, é determinada pela relação entre seu capital variável e seu capital total, portanto $= v{:}C$ e, por isso, na produção capitalista, ela é crescentemente menor, do ponto de vista da proporção, do que sua demanda de meios de produção. Ele é, cada vez mais, maior comprador de *MP* do que de *FT*.

À medida que o trabalhador quase sempre converte seu salário em meios de subsistência, na maior parte em meios de subsistência necessários, a demanda do capitalista de força de trabalho é, indiretamente, ao mesmo tempo demanda de meios de consumo que entram no consumo de classe trabalhadora. Mas essa demanda é $= v$, e nenhum átomo maior (se o trabalhador poupa parte de seu salário – deixamos de considerar aqui, necessariamente, todas as relações de crédito –, isso significa que ele transforma parte de seu salário em tesouro e, *pro tanto* [nessa medida], não aparece como agente da demanda, como comprador). O limite máximo da demanda do capitalista é $= C = c + v$, mas sua oferta é $= c + v + mv$; portanto, se a constituição de seu capital-mercadoria é $80_c + 20_v + 20_{mv}$, então sua demanda é $= 80_c + 20_v$, portanto, considerada do ponto de vista de seu valor, ⅕ menos do que sua oferta. Quanto maior a porcentagem da massa *mv* produzida por ele (a taxa de lucro), tanto menor será sua demanda em relação à sua oferta. Embora a demanda de força de trabalho pelo capitalista, e, portanto, indiretamente, de meios de subsistência necessários, com o progresso da produção, se torne progressivamente menor do que a sua demanda de meios de produção, não se deve, por outro lado, esquecer que sua demanda de *MP* é sempre menor do que seu capital, calculado dia após dia. Sua demanda de meios de produção tem de ser, portanto, sempre de valor menor do que o produto-mercadoria do capitalista que, trabalhando com igual capital e sob demais circunstâncias idênticas, lhe fornece esses meios de produção. Que sejam muitos capitalistas, e não apenas um, não muda nada na coisa. Suponha-se que seu capital seja de 1000 libras esterlinas, a parte constante do mesmo = 800 libras esterlinas; então sua demanda dirigida à totalidade dos capitalistas = 800 libras esterlinas; juntos fornecem, para cada 1000 libras esterlinas (quanto quer que corresponda a cada um deles desse valor e seja qual for a parte de seu capital total constituída pelo *quantum* que lhe corresponde), com a mesma taxa de lucro, meios de produção no valor de 1200 libras esterlinas; portanto, sua demanda cobre apenas ⅔ de sua oferta, enquanto sua demanda total é apenas = ⅘ de sua própria oferta, considerada do ponto de vista de sua grandeza de valor.

Precisamos agora, de passagem, antecipar o exame da rotação. Suponhamos que seu capital total seja de 5000 libras esterlinas, das quais 4000 libras esterlinas fixas e 1000 libras esterlinas circulantes; essas $1000 = 800_c + 200_v$, de acordo com a suposição acima. Seu capital circulante precisa girar cinco vezes ao ano para que seu capital total gire uma vez ao ano; seu produto-mercadoria é então = 6000 libras esterlinas, portanto 1000 libras esterlinas mais elevado do que seu capital adiantado, o que resulta novamente na mesma relação de mais-valia que acima:

$5000\,C : 1000_{mv} = 100_{(c+v)} : 20_{mv}$. Essa rotação nada altera, portanto, na proporção entre sua demanda total e sua oferta total: a primeira permanece ⅕ menor do que a última.

Suponha-se que seu capital fixo deva renovar-se em 10 anos. Ele amortiza, portanto, anualmente, ⅒ = 400 libras esterlinas. Com isso, ele só tem ainda valor de 3600 libras esterlinas em capital fixo + 400 libras esterlinas em dinheiro. À medida que são necessários consertos e que estes não vão além da média, são apenas investimento de capital, que ele só faz posteriormente. Podemos considerar o assunto como se ele tivesse incluído os gastos de reparação logo na avaliação do valor de seu capital investido, à medida que este entra no produto-mercadoria anual, de modo que estão compreendidos no ⅒ de amortização. (Se sua necessidade de reparação está de fato abaixo da média, isso é um ganho para ele, assim como seria uma perda se estivesse acima da média. Mas isso se compensa para a classe inteira dos capitalistas ocupados no mesmo ramo industrial.) Em todo caso embora com uma rotação única de seu capital total por ano sua demanda anual permaneça = 5000 libras esterlinas, igual a seu valor-capital adiantado originalmente, ela cresce em relação à parte circulante do capital, enquanto, em relação à parte fixa deste, ela sempre decresce.

Passemos agora para a reprodução. Suponhamos que o capitalista consuma toda a mais-valia *d* e só converta a grandeza do capital original *C* novamente em capital produtivo. Agora a demanda do capitalista tem o mesmo valor que sua oferta. Mas não em relação ao movimento de seu capital; porém, como capitalista, ele só exerce uma demanda igual a ⅘ de sua oferta (segundo a grandeza do valor); ⅕ ele consome como não-capitalista, não em sua função de capitalista, mas para sua necessidade ou diversão privada.

Sua conta é, então, calculada em porcentagens:

como capitalista, demanda	= 100, oferta	= 120
como boa-vida, demanda	= 20, oferta	= –
Demanda total	= 120, oferta	= 120

Essa pressuposição equivale à pressuposição da inexistência da produção capitalista e, portanto, da inexistência do próprio capitalista industrial. Pois o capitalismo já está superado em seus fundamentos pelo pressuposto de que o gozo, e não o próprio enriquecimento, atua como motivo impulsionador.

Tal pressuposto também é, tecnicamente, impossível. O capitalista precisa não só constituir um capital de reserva contra oscilações de preços e para poder aguardar as conjunturas mais favoráveis à compra e

1 à venda; precisa também acumular capital para, com isso, ampliar a produção e incorporar os progressos técnicos a seu organismo produtivo.

A fim de acumular capital, ele precisa retirar inicialmente da circulação parte da mais-valia em forma-dinheiro, que lhe adveio da circulação, deixá-la crescer como tesouro até que este adquira as dimensões necessárias para ampliar o antigo negócio ou para abrir um negócio acessório.
7 Enquanto perdura o entesouramento, a demanda do capitalista não aumenta; o dinheiro está imobilizado, ele não retira do mercado de mercadorias nenhum equivalente em mercadoria pelo equivalente monetário que dele retirou em troca de mercadoria fornecida.

Aqui é totalmente abstraído o crédito; e é de crédito que se trata quando o capitalista, por exemplo, deposita o dinheiro, à medida que se acumula, num banco em conta-corrente que renda juros.

CAPÍTULO 5

O TEMPO DE CIRCULAÇÃO[8]

O movimento do capital pela esfera da produção e pelas duas fases da esfera da circulação se completa, como se viu, numa sequência temporal. A duração de sua permanência na esfera da produção constitui seu tempo de produção; a de sua estada na esfera da circulação, seu tempo de circulação ou de giro. O tempo total, em que descreve seu ciclo, é igual à soma do tempo de produção com o tempo de circulação.

O tempo de produção abarca naturalmente o período do processo de trabalho, mas não é abarcado por ele. Em primeiro lugar, é preciso lembrar que parte do capital constante existe em meios de trabalho, como máquinas, construções etc., que, até o fim de sua vida útil, servem no mesmo processo de trabalho sempre repetido. Interrupção periódica do processo de trabalho, à noite por exemplo, interrompe a função desses meios de trabalho, mas não sua permanência no local de produção. Pertencem a ele não só enquanto estão, mas também enquanto não estão funcionando. Por outro lado, o capitalista precisa ter disponível determinada provisão de matérias-primas e de materiais auxiliares para que o processo de produção prossiga na escala previamente determinada, durante períodos maiores ou menores, sem depender dos acasos do suprimento diário no mercado. Essa provisão de matérias-primas etc. só pouco a pouco é consumida produtivamente. Verifica-se, portanto, uma diferença entre seu tempo de produção[9] e seu tempo de função. Por conseguinte, o tempo de produção dos meios de produção em geral abarca: 1) o tempo durante o qual funcionam como meios de produção, servindo no processo de produção; 2) as pausas, durante as quais o processo de produção, assim como a função dos meios de produção nele incorporados, é interrompido; 3) o tempo durante o qual eles estão disponíveis como condições do processo, já representando, portanto, capital produtivo, mas ainda não entraram no processo de produção.

A diferença até agora considerada é a diferença entre o tempo de permanência do capital produtivo na esfera da produção e seu tempo de permanência no processo de produção. Mas o próprio processo de produção pode exigir interrupções no processo de trabalho e, portanto, no tempo de trabalho, intervalos durante os quais o objeto de trabalho é exposto ao efeito de processos físicos, sem colaboração adicional de trabalho humano. O processo de produção, e portanto a função dos meios de produção, continua, nesse caso, embora o processo de trabalho, e portanto a função dos meios de produção enquanto meios de trabalho, esteja interrompido. Assim, por exemplo, o grão que é semeado, o vinho que fermenta na adega, o material de trabalho de muitas manufaturas, como curtumes, sujeito a processos químicos. O tempo de produção é aqui maior que o tempo de trabalho. A diferença entre ambos consiste num excedente do tempo de produção sobre o tempo de trabalho. Esse excedente sempre se baseia no fato de que o capital produtivo se encontra *latente* na esfera da produção, sem funcionar no próprio processo de produção, ou de que funciona no processo de produção sem se encontrar no processo de trabalho.

A parte do capital produtivo latente, que só está disponível como condição para o processo de produção, como algodão, carvão etc. na fiação, não atua como geradora de valor nem de produto. É capital em alqueive, embora seu alqueive constitua uma condição para o fluxo ininterrupto do processo de produção. Os prédios, aparelhos etc., necessários para servirem como recipiente do estoque produtivo (do capital latente), são condições do processo de produção e constituem, portanto, elementos componentes do capital produtivo adiantado. Preenchem sua função conservando os elementos produtivos em estágio provisório. Na medida em que processos de trabalho são necessários nesse estágio, eles encarecem a matéria-prima etc., mas são trabalhos produtivos e constituem mais-valia, porque parte desse trabalho, como de qualquer outro trabalho assalariado, não é paga. As interrupções normais de todo processo de produção, portanto os intervalos em que o capital produtivo não funciona, não produzem valor nem mais-valia. Daí o anseio de fazer também trabalhar à noite (Livro 1, cap. 8, [parte] 4). – Os intervalos no tempo de trabalho, pelos quais o objeto de trabalho precisa passar por si durante o processo de produção, não constituem valor nem mais-valia; mas fazem progredir o produto, constituem parte de sua vida, um processo pelo qual ele tem de passar. O valor dos aparelhos etc. é transferido ao produto em proporção a todo o tempo em que atuam; o produto é posto nesse estágio pelo próprio trabalho, e o uso desses aparelhos é tanto condição da produção quanto a transformação em pó de parte do algodão que não entra no produto, mas ainda assim lhe transfere seu valor. A outra parte do capital latente, como rádios, máquinas etc., isto é, os meios de trabalho cuja função só é interrompida pelas pausas regulares do processo de produção – interrupções irregulares devidas à redução da produção, crises etc. são puras perdas –, agrega valor sem entrar na constituição do produto; o valor total que agrega ao produto é determinado por sua duração média; perde valor, por ser valor de uso, tanto durante o tempo em que funciona quanto durante o tempo em que não funciona.

Por fim, o valor da parte constante do capital que continua no processo de produção, embora o processo de trabalho esteja interrompido, aparece novamente no resultado do processo de produção. Mediante o próprio trabalho, os meios de produção estão aqui colocados sob condições em que percorrem por si certos processos naturais, cujo resultado é um determinado efeito útil ou uma forma alterada de seu valor de uso. O trabalho sempre transfere o valor dos meios de produção ao produto, à medida que de fato os consome de um modo adequado a seus fins como meios de produção. Nisso nada é alterado se o trabalho, para alcançar esse efeito, precisa atuar continuamente por intermédio dos meios de trabalho sobre o objeto de trabalho ou se só precisa dar o impulso pondo os meios de produção sob condições tais que, sem mais colaboração do trabalho, os meios de produção por si mesmos, devido a processos naturais, sofrem a modificação intencionada.

Qualquer que seja a razão do excedente do tempo de produção sobre o tempo de trabalho – seja porque os meios de produção constituam apenas capital produtivo latente, portanto se encontrem ainda numa fase anterior ao verdadeiro processo de produção, seja porque dentro do processo de produção as pausas deste interrompam sua própria função, seja porque finalmente o próprio processo de produção determina interrupções no processo de trabalho –, em nenhum desses casos os meios de produção funcionam como absorvedores de trabalho. Se não absorvem trabalho, então também não absorvem mais-trabalho. Não ocorre, portanto, nenhuma valorização do capital produtivo enquanto ele se encontra na parte de seu tempo de produção que excede o tempo de trabalho, por mais inseparável que seja a execução do processo de valorização dessas suas pausas. É claro que, quanto mais o tempo de produção e o tempo de trabalho coincidirem, tanto maior a produtividade e a valorização de dado capital produtivo em dado espaço de tempo. Daí a tendência da produção capitalista de encurtar o quanto possível o excedente do tempo de produção sobre o tempo de trabalho. Embora o tempo de produção do capital possa divergir de seu tempo de trabalho, aquele sempre abrange este e o próprio excedente é condição do processo de produção. O tempo de produção é, portanto, sempre o tempo durante o qual o capital produz valores de uso e valoriza a si mesmo, funcionando assim como capital produtivo, embora inclua o tempo em que é latente ou produz sem se valorizar.

Dentro da esfera da circulação, o capital se radica como capital-mercadoria e capital monetário. Seus dois processos de circulação consistem em se transformar da forma-mercadoria em forma-dinheiro e da forma-dinheiro em forma-mercadoria. A circunstância de que a transformação da mercadoria em dinheiro seja, ao mesmo tempo, realização da mais-valia incorporada à mercadoria e de que a transformação do dinheiro em mercadoria seja, ao mesmo tempo, transformação ou retransformação do valor-capital na figura de seus elementos de produção em nada altera que esses processos, enquanto processos de circulação, sejam processos da metamorfose simples de mercadorias.

Tempo de circulação e tempo de produção excluem-se mutuamente. Durante seu tempo de circulação, o capital não funciona como capital produtivo e, por isso, não produz mercadoria nem mais-valia. Consideremos o ciclo na forma mais simples, de modo que o valor-capital total passa de cada vez, de um só golpe, de uma fase para a outra, então é evidente que o processo de produção está interrompido, portanto também a autovalorização do capital, enquanto persistir seu tempo de circulação e que, conforme sua duração, a renovação do processo de produção será mais rápida ou mais lenta. Se, em troca, as diferentes partes do capital percorrem sucessivamente o ciclo, de modo que o ciclo do valor-capital total se realize sucessivamente no ciclo de suas diferentes porções, então é claro que, quanto mais prolongada for a permanência contínua de suas partes alíquotas na esfera da circulação, tanto menor tem de ser sua parte que funciona de modo contínuo na esfera da produção. A expansão e a contração do tempo de circulação atuam como limite negativo sobre a contração ou a expansão do tempo de produção ou da amplitude em que um capital de dada grandeza funciona como capital produtivo. Quanto mais as metamorfoses de circulação do capital forem apenas ideais, isto é, quanto mais o tempo de circulação for = 0 ou se aproximar de zero, tanto mais funciona o capital, tanto maior se torna sua produtividade e autovalorização. Se, por exemplo, um capitalista trabalha por encomenda, de modo a receber o pagamento ao entregar o produto e sendo o pagamento efetuado em seus próprios meios de produção, então o tempo de circulação se aproxima de zero.

O tempo de circulação do capital limita, portanto, em geral, seu tempo de produção e, por isso, seu processo de valorização. E o limita especificamente na proporção de sua duração. Esta pode, porém, aumentar ou diminuir de modo muito diferente de limitar, por conseguinte, o tempo de produção do capital em graus muito diferentes. Mas o que a Economia Política enxerga é aquilo que *aparece*, ou seja, o efeito do tempo de circulação sobre o processo de valorização do capital em geral. Ela entende essa influência negativa como sendo positiva, porque suas consequências são positivas. E mais se aferra a essa aparência porque ela parece fornecer a prova de que o capital possui uma fonte mística de autovalorização independente de seu processo de produção e, por isso, da exploração do trabalho, que lhe advém da esfera da circulação. Mais tarde veremos como até mesmo a Economia científica se deixa enganar por essa aparência. Como também há de se mostrar, ela é reforçada por diferentes fenômenos: 1) o modo capitalista de calcular o lucro, em que a razão negativa figura como positiva, em que tempo de circulação maior funciona para capitais em diferentes esferas de investimento, onde apenas difere o tempo de circulação como causa do aumento de preço, em suma, como uma das razões da equiparação dos lucros. 2) O tempo de circulação constitui apenas um momento do tempo de rotação; este último inclui, porém, o tempo de produção ou, então, de reprodução. O que se deve a este último parece ser devido ao tempo de circulação. 3) A conversão das mercadorias em capital variável (salário) é condicionada por sua transformação prévia em dinheiro. Na acumulação de capital, a conversão em capital variável suplementar se verifica na esfera da circulação ou durante o tempo de circulação. A acumulação assim dada parece dever-se a este último.

Dentro da esfera da circulação, o capital percorre – seja em uma sequência ou em outra – as duas fases contrapostas *M–D* e *D–M*. Seu tempo de circulação se divide, portanto, também em duas partes: o tempo de que precisa para se transformar de mercadoria em dinheiro e o tempo de que precisa para se transformar de dinheiro em mercadoria. Já se sabe, pela análise da circulação simples de mercadorias (Livro 1, cap. 3), que *M–D*, a venda, é a parte mais difícil de sua metamorfose, constituindo, por isso, sob circunstâncias ordinárias, a maior parte do tempo de circulação. Como dinheiro, o valor se encontra em sua forma sempre conversível. Como mercadoria, tem de obter, primeiro pela conversão em dinheiro, essa figura de conversibilidade direta e, portanto, essa constante capacidade de atuação imediata. No entanto, no processo de circulação do capital em sua fase *D–M*, trata-se de sua transformação em mercadorias que constituem elementos determinados do capital produtivo em dado investimento. Os meios de produção talvez não estejam disponíveis no mercado, tendo de ser primeiro produzidos ou trazidos de mercados distantes, ou então pode ser que ocorram falhas em sua oferta habitual, mudanças de preços etc., em suma, uma porção de circunstâncias que não são reconhecíveis na simples mudança de forma *D–M*, mas que também exigem, ora mais, ora menos tempo para essa parte da fase de circulação. Assim como no tempo, *M–D* e *D–M* também podem estar separados no espaço, mercado de compra e mercado de venda sendo mercados espacialmente distintos. Em fábricas, por exemplo, compradores e vendedores são até com frequência pessoas diferentes. A circulação é tão necessária na produção de mercadorias quanto a própria produção, portanto os agentes da circulação são tão necessários quanto os agentes de produção. O processo de reprodução implica as duas funções do capital, portanto também as necessidades de representação dessas funções, seja por meio do próprio capitalista, seja por meio de trabalhadores assalariados, agentes do mesmo. Essa razão, porém, não é suficiente para confundir os agentes da circulação com os agentes da produção, tampouco para confundir as funções do capital-mercadoria e do capital monetário com as do capital produtivo. Os agentes da circulação precisam ser pagos pelos agentes da produção. Mas, se os capitalistas, que compram e vendem entre si, não criam produtos nem valor, isso não se altera quando o volume de seu negócio os capacita e obriga a transferir essa função a outros. Em vários negócios, compradores e vendedores são pagos por meio de uma porcentagem do lucro. A frase de que são pagos pelos consumidores não ajuda em nada. Os consumidores só podem pagar na medida em que eles mesmos, como agentes da produção, produzem para si um equivalente em mercadorias ou se apropriam de tal equivalente dos agentes da produção, seja mediante direito legal (como seus *associés* [sócios] etc.), seja mediante serviços pessoais.

Existe uma diferença entre *M–D* e *D–M* que nada tem a ver com a diferença de forma entre mercadoria e dinheiro, mas que se origina do caráter capitalista da produção. Em si e para si, tanto *M–D* quanto *D–M* são meras transposições de um valor dado de uma forma para outra. Mas *M'–D'* é, ao mesmo tempo, realização da mais-valia contida em *M'*. Não em *D–M*. Por isso a venda é mais importante do que a compra. *D–M* é, sob condições normais, ato necessário para a valorização do valor expresso em *D*, mas não é realização de mais-valia; é introdução à sua produção, não adendo a ela.

Para a circulação do capital-mercadoria *M'–D'* há determinados limites traçados pela forma de existência das próprias mercadorias, sua existência como valores de uso. Elas são, por natureza, perecíveis. Por isso, se dentro de certo prazo não entram no consumo individual ou produtivo, de acordo com sua destinação, se, em outras palavras, não são vendidas em determinado prazo, então se estragam e perdem, junto com seu valor de uso, a propriedade de serem portadoras de valor de troca. O valor-capital contido nelas, ou a mais-valia acrescida nelas, se perde. Os valores de uso só permanecem como portadores do valor-capital, que se pereniza e valoriza, à medida que são constantemente renovados e reproduzidos, sendo repostos por novos valores de uso da mesma espécie ou de outra. Sua venda na forma-mercadoria acabada, portanto seu ingresso mediado pela mesma no consumo produtivo ou individual, é, porém, a condição sempre renovada de sua reprodução. Precisam mudar, dentro de determinado tempo, sua velha forma útil para continuarem a existir numa nova. O valor de troca só se mantém por meio dessa renovação constante de seu corpo. Os valores de uso de diferentes mercadorias deterioram mais depressa ou mais devagar; pode transcorrer, portanto, um intervalo de tempo maior ou menor entre sua produção e seu consumo; eles podem, portanto, sem perecer, permanecer um tempo maior ou menor na fase de circulação *M–D* como capital-mercadoria, suportar um tempo maior ou menor de circulação como mercadorias. O limite do tempo de circulação do capital-mercadoria pela deterioração do próprio corpo da mercadoria é o limite absoluto dessa parte do tempo de circulação ou do tempo de circulação que o capital-mercadoria enquanto capital-mercadoria pode descrever. Quanto mais perecível uma mercadoria, quanto mais imediatamente depois de sua produção for preciso consumi-la e, portanto, também vendê-la, tanto menos ela pode se distanciar de seu local de produção, tanto mais estreita, portanto, sua esfera de circulação espacial, tanto mais local a natureza de seu mercado de venda. Portanto, quanto mais perecível uma mercadoria, tanto maior, por sua condição física, o limite absoluto de seu tempo de circulação enquanto mercadoria, tanto menos ela se adéqua a ser objeto da produção capitalista. Só poderá ser objeto desta última em lugares densamente povoados ou na medida em que as distâncias locais se encurtarem pelo desenvolvimento dos meios de transporte. A concentração da produção de um artigo em poucas mãos e num lugar densamente povoado pode, porém, criar um mercado relativamente grande também para artigos tais como os de grandes cervejarias, laticínios etc.

CAPÍTULO 6

OS CUSTOS DE CIRCULAÇÃO

I. CUSTOS PUROS DE CIRCULAÇÃO

1. Tempo de compra e de venda

As transformações formais do capital, de mercadoria em dinheiro e de dinheiro em mercadoria, são ao mesmo tempo transações do capitalista, atos de compra e de venda. O tempo em que essas transformações formais do capital ocorrem é, subjetivamente, da perspectiva do capitalista, tempo de venda e tempo de compra, tempo durante o qual ele funciona no mercado como vendedor e como comprador. Assim como o tempo de circulação do capital constitui uma parte necessária de seu tempo de reprodução, também o tempo durante o qual o capitalista compra e vende, anda pelo mercado, é uma parte necessária de seu tempo funcional como capitalista, isto é, como capital personificado. Constitui uma parte do tempo que dedica aos negócios.

{Como se pressupôs que as mercadorias são compradas e vendidas por seus valores, só se trata nesses atos da transposição do mesmo valor de uma forma para outra, da forma-mercadoria para a forma-dinheiro e da forma-dinheiro para a forma-mercadoria – de uma mudança de estado. Sendo as mercadorias vendidas por seus valores, então a grandeza de valor, tanto nas mãos do comprador quanto nas do vendedor, permanece inalterada; só sua forma de existência se modificou. Se as mercadorias não são vendidas por seus valores, então a soma dos valores transpostos permanece inalterada; o que é mais de um lado é menos do outro.

As metamorfoses *M–D* e *D–M* são, porém, transações que ocorrem entre comprador e vendedor; eles precisam de tempo para se porem de acordo, tanto mais que aí ocorre uma luta em que cada lado procura tirar vantagens do outro, e são homens de negócios que se enfrentam: "*when Greek meets Greek then comes the tug of war*".[I] A mudança de estado custa tempo e força de trabalho não para criar valor, mas para realizar a conversão de uma forma em outra, e a tentativa mútua de, nessa

I "Quando grego encontra grego, é dura a guerra", citação modificada de Nathanael Lee, "Rival Queens", in *The Dramatic Works*, v. III. London, 1734, p. 266. [N. E. A.]

ocasião, apropriar-se de uma quantidade extra de valor nada altera. Esse trabalho, aumentado pelas más intenções de ambos os lados, cria tão pouco valor quanto o trabalho realizado num processo judicial aumenta a grandeza de valor do objeto em litígio. Ocorre com esse trabalho – que é um momento necessário do processo capitalista de produção em sua totalidade, que implica também a circulação ou é implicado por ela – algo similar ao que ocorre com o trabalho de combustão de uma substância utilizada para gerar calor. Esse trabalho de combustão não cria calor, embora constitua um momento necessário do processo de combustão. Para usar, por exemplo, carvão como material de aquecimento, tenho de combiná-lo com oxigênio e, para isso, fazê-lo passar do estado sólido para o gasoso (pois no gás ácido carbônico, resultado da combustão, o carvão está em estado gasoso), acarretando, portanto, uma alteração de forma de existência ou de estado físico. A separação das moléculas de carbono, que estão unidas num todo sólido, e o rompimento da própria molécula de carbono em seus átomos individuais devem anteceder a nova combinação, e isso custa certo gasto de energia que, portanto, não se transforma em calor, mas que se perde deste. Por isso, se os possuidores de mercadorias não são capitalistas, mas produtores diretos autônomos, então o tempo empregado para comprar e vender é uma dedução de seu tempo de trabalho, e eles sempre têm procurado (tanto na Antiguidade quanto na Idade Média) relegar tais operações para feriados.

As dimensões que a conversão de mercadorias assume nas mãos dos capitalistas não podem, naturalmente, transformar esse trabalho que não cria valor, mas que apenas intermedeia a troca de forma do valor, em trabalho que cria valor. Tampouco o milagre dessa transubstanciação pode ocorrer por meio de uma transposição, isto é, pelo fato de os capitalistas industriais, em vez de efetuarem eles mesmos aquele “trabalho de combustão”, o tornarem negócio exclusivo de terceiros, pessoas pagas por eles. Essas terceiras pessoas não lhes colocarão à disposição sua força de trabalho por amor a seus *beaux yeux* [belos olhos]. Ao coletor de rendas de um proprietário fundiário ou ao serviçal de um banco, é igualmente indiferente que seu trabalho não aumente em um tostão a grandeza de valor, seja da renda, seja das moedas de ouro levadas em sacos a outro banco.}[10]

Para o capitalista, que faz outros trabalharem para ele, compra e venda tornam-se uma função primordial. Como ele se apropria do produto de muitos numa escala social maior, também tem de vendê-lo nessa escala e, mais tarde, retransformá-lo de dinheiro em elementos de produção. Tanto depois quanto antes, o tempo de compra e venda não cria valor. Aí surge uma ilusão devida à função do capital comercial. Mas, sem entrar aqui em maiores detalhes a respeito, já está desde o início claro o seguinte: se, pela divisão do trabalho, uma função que em si e para si é improdutiva, mas é um momento necessário da reprodução, transforma-se de atividade acessória de muitos em atividade exclusiva de poucos, em negócio particular destes, não se transforma o caráter da própria função. *Um* comerciante (aqui como mero agente da transmutação formal das mercadorias, visto como mero comprador e vendedor) pode encurtar, mediante suas operações, o tempo de compra e de venda de *muitos* produtores. Ele deve ser considerado, então, como uma máquina que diminui o dispêndio inútil de energia ou que ajuda a liberar tempo de produção.[11]

Para simplificar a coisa (já que só mais tarde consideraremos o comerciante como capitalista, bem como o capital comercial), vamos admitir que esse agente de compra e venda seja um homem que vende seu trabalho. Ele despende sua força de trabalho e seu tempo de trabalho nessas operações *M–D* e *D–M*. Vive disso, como, por exemplo, outro vive de fiar ou de fazer pílulas. Executa uma função necessária, pois o próprio processo de reprodução implica funções improdutivas. Trabalha tão bem quanto outro, mas o conteúdo de seu trabalho não gera valor nem produto. Ele mesmo pertence aos *faux frais* [falsos custos] da produção. Sua utilidade não consiste em transformar uma função improdutiva em produtiva, ou trabalho improdutivo em produtivo. Seria um milagre se semelhante transformação pudesse ser efetuada mediante tal transferência de função. Sua utilidade consiste muito mais em que uma parte menor da força de trabalho e do tempo de trabalho da sociedade seja imobilizada nessa função improdutiva. Mais ainda. Suponhamos que ele seja um mero assalariado, por mim até mais bem pago. Seja qual for seu pagamento, como assalariado trabalha parte de seu tempo gratuitamente. Recebe, talvez, a cada dia, o produto-valor de oito horas de trabalho e funciona durante dez. As duas horas de mais-trabalho que executa produzem tão pouco valor quanto suas oito horas de trabalho necessário, embora por meio destas últimas seja transferida para ele parte do produto social. Primeiro, do ponto de vista social, uma força de trabalho continua a ser utilizada durante dez horas nessa mera função de circulação. Ela não é usável para nada mais, nem para trabalho produtivo. Segundo, a sociedade não paga essas duas horas de mais-trabalho, porém, embora sejam despendidas pelo indivíduo que o executa. A sociedade não se apropria, assim, de nenhum produto ou valor excedente. Mas os custos de circulação que ele representa diminuem em um quinto, de dez horas para oito. A sociedade não paga nenhum equivalente por um quinto desse tempo ativo de circulação de que ele é agente. Mas se é o capitalista quem emprega esse agente, então diminuem pelo não-pagamento das duas horas os custos de circulação de *seu* capital, que constituem uma redução de sua receita. Para ele, é um ganho positivo, pois se estreita mais o limite negativo da valorização de seu capital. Enquanto pequenos produtores autônomos de mercadorias gastam parte de seu próprio tempo em comprar e vender, isso só se apresenta para ele como tempo gasto nos intervalos de sua função produtiva ou como interrupção de seu tempo de produção.

Em qualquer circunstância, o tempo empregado nisso é um custo de circulação que nada agrega aos valores convertidos. É o custo necessário para transpô-los da forma-mercadoria para a forma-dinheiro. À medida que o produtor capitalista de mercadorias aparece como agente da circulação, ele só se diferencia do produtor direto de mercadorias pelo fato de vender e comprar em escala maior e, por isso, funciona num âmbito maior como agente da circulação. No entanto, assim que o volume de seu negócio o obriga ou habilita a comprar (contratar) agentes próprios da circulação como assalariados, então o fenômeno não se altera quanto a seu conteúdo. Força de trabalho e tempo de trabalho precisam, em certa medida, ser despendidos no processo de circulação (enquanto mera transformação de forma). Mas isso aparece agora como gasto adicional de capital; parte do capital variável precisa ser investida na compra dessas forças de trabalho que só funcionam na circulação. Esse adiantamento de capital não gera produto nem valor. Ele diminui *pro tanto* [proporcionalmente] o âmbito em que o capital adiantado funciona produtivamente. Seria o mesmo se parte do produto fosse transformada numa máquina que comprasse e vendesse a parte restante do produto. Essa máquina ocasionaria uma dedução do produto. Não participaria no processo de produção, embora pudesse reduzir a força de trabalho despendida na circulação etc. Constituiria tão somente parte dos custos de circulação.

2. Contabilidade

Além da compra e venda efetivas, gasta-se tempo de trabalho na contabilidade, em que, além disso, entra trabalho objetivado: caneta, tinta, papel, escrivaninha, custos de escritório. Nessa função gasta-se portanto, por um lado, força de trabalho e, por outro, meios de trabalho. Com isso ocorre exatamente o mesmo que com o tempo de compra e venda.

Como unidade dentro de seus ciclos, como valor em processo, seja dentro da esfera da produção, seja dentro das duas fases da esfera da circulação, o capital só existe idealmente na figura da moeda de conta, inicialmente na cabeça do produtor de mercadorias, especificamente do produtor capitalista de mercadorias. Por meio da contabilidade, que também compreende a determinação de preços ou o cálculo dos preços das mercadorias (cálculo de preço), esse movimento é fixado e controlado. O movimento da produção, e sobretudo o da valorização – em que as mercadorias só figuram como portadoras de valor, como nomes de coisas cuja existência ideal de valor está fixada em moeda de conta –, recebe assim uma imagem simbólica na representação. Enquanto o produtor individual de mercadorias apenas contabiliza em sua cabeça (como, por exemplo, o camponês; só a agricultura capitalista produz o arrendatário que contabiliza) ou só contabiliza de modo acessório, fora de seu tempo de produção, seus gastos, receitas, prazos de pagamento etc., é evidente que essa sua função e os meios de trabalho que ele por acaso gasta nela, como papel etc., representam um gasto adicional de tempo de trabalho e meios de trabalho, gasto que é necessário, mas que constitui uma dedução tanto do tempo que ele pode gastar produtivamente como dos meios de trabalho que funcionam no processo real de produção e que entram na formação do produto e do valor.[12] A natureza da própria função não se modifica, seja pelo volume que adquire ao ser concentrada nas mãos do produtor capitalista de mercadorias e, em vez de função de muitos pequenos produtores de mercadorias, aparece como função de *um* capitalista, seja como função dentro de um processo de produção em larga escala; também não por se emancipar das funções produtivas, das quais constituía um acessório; nem por sua autonomização como função de agentes encarregados exclusivamente dela.

A divisão do trabalho, a autonomização de uma função, não a torna geradora de produto e de valor se ela já não o é por si, antes, portanto, de sua autonomização. Se um capitalista investe seu capital pela primeira vez, então precisa investir parte na compra de um contador etc. e em meios para a contabilidade. Se seu capital já está em função, se já está empenhado em seu contínuo processo de reprodução, então ele precisa, mediante transformação em dinheiro, retransformar continuamente parte do produto-mercadoria em contador, auxiliares e semelhantes. Essa parte do capital está subtraída ao processo de produção e pertence aos custos de circulação, às deduções do rendimento total. (Inclusive a própria força de trabalho que é empregada exclusivamente nessa função.)

Há, no entanto, certa diferença entre os custos derivados da contabilidade, ou do gasto improdutivo de tempo de trabalho, e os custos derivados do mero tempo gasto em compra e venda. Os últimos se originam apenas da forma social determinada do processo de produção, do fato de ser processo de produção de mercadorias. A contabilidade como controle e síntese ideal do processo torna-se tanto mais necessária quanto mais o processo transcorre em escala social e perde seu caráter puramente individual; é, portanto, mais necessária na produção capitalista do que na produção dispersa do empreendimento artesão e camponês, mais necessária na produção comunitária do que na capitalista. Mas os custos da contabilidade se reduzem com a concentração da produção e quanto mais ela se transforma em contabilidade social.

Aqui só se trata do caráter geral dos custos de circulação que se originam na simples metamorfose formal. É supérfluo entrar aqui em todas as suas formas pormenorizadas. Como esses enormes custos de circulação, pertencentes à pura transformação formal do valor – portanto, formas que surgem da forma social determinada do processo de produção e que, no caso do produtor individual de mercadorias, são apenas momentos evanescentes e quase imperceptíveis –, correm ao lado de suas funções produtivas ou se entrelaçam com elas; como saltam à vista é algo que se nota no simples ato de cobrar e de pagar dinheiro, assim que se torna função exclusiva de bancos etc. ou de caixeiros em negócios individuais, sendo autonomizado e concentrado em larga escala. O que é preciso notar é que esses custos de circulação não alteram seu caráter pela modificação de sua figura.

3. Dinheiro

Se um produto é produzido ou não como mercadoria, ele é sempre configuração material de riqueza, valor de uso, destinado a ingressar no consumo individual ou produtivo. Como mercadoria, seu valor existe idealmente no preço, que em nada modifica sua real figura útil. Que, no entanto, determinadas mercadorias, como ouro e prata, funcionem como dinheiro e que, enquanto tais, habitem exclusivamente o processo de circulação (também como tesouro, reserva etc. elas permanecem ainda que de modo latente na esfera da circulação) é puro produto de determinada forma social do processo de produção, do processo de produção de mercadorias. Como, na base da produção capitalista, a mercadoria se torna a configuração geral do produto e a maior massa do produto é produzida como mercadoria e, por isso, tem de assumir a forma-dinheiro, como, portanto, a massa de mercadorias, a parte da riqueza social que funciona como mercadoria cresce continuamente – então também aqui cresce o volume de ouro e de prata que funcionam como meios de circulação, meios de pagamento, reserva etc. Essas mercadorias que funcionam como dinheiro não entram no consumo individual nem no produtivo. São trabalho social fixado numa forma em que serve como mera máquina de circulação. Além de parte da riqueza social estar confinada nessa forma improdutiva, o desgaste do dinheiro exige constante reposição do mesmo ou conversão de mais trabalho social – sob forma de produto – em mais ouro e prata. Esses custos de reposição em países capitalistas desenvolvidos são significativos, pois geralmente é volumosa a parte da riqueza confinada sob a forma de dinheiro. Ouro e prata, enquanto mercadorias monetárias, constituem, para a sociedade, custos de circulação que derivam tão somente da forma social de produção. São *faux frais* da produção de mercadorias em geral, que crescem com o desenvolvimento da produção de mercadorias e, sobretudo, da produção capitalista. É uma parte da riqueza social que precisa ser sacrificada ao processo de circulação.[13]

II. CUSTOS DE CONSERVAÇÃO

Custos de circulação que derivam da mera mudança de forma do valor, da circulação considerada idealmente, não entram no valor das mercadorias. As partes do capital neles gastas constituem meras deduções do capital gasto produtivamente, no que concerne ao capitalista.[I] De outra natureza são os custos de circulação que ora consideramos. Podem originar-se de processos de produção que só são levados avante na circulação, cujo caráter produtivo, portanto, é apenas ocultado pela forma de circulação. Por outro lado, considerados socialmente, podem ser meros custos, dispêndio improdutivo de trabalho, seja vivo, seja objetivado, mas exatamente por isso podem atuar como formadores de valor para o capitalista individual, constituindo um acréscimo ao preço de venda de sua mercadoria. Isso já segue do fato de que esses custos nas diferentes esferas da produção e, ocasionalmente, também para diferentes capitais individuais dentro da mesma esfera da produção são diferentes. Mediante seu acréscimo ao preço da mercadoria, são distribuídos à medida que recaem sobre os capitalistas individuais. Mas todo trabalho que agrega valor pode também agregar mais-valia e, na base capitalista, sempre há de agregar mais-valia, já que o valor que gera depende de sua própria grandeza, a mais-valia que constitui depende da quantia com que o capitalista o paga. Por conseguinte, custos que encareçam a mercadoria, sem lhe acrescentar valor de uso, que pertencem, portanto, do ponto de vista da sociedade, aos *faux frais* da produção, podem constituir para o capitalista individual fonte de enriquecimento. Por outro lado, na medida em que o acréscimo que adicionam ao preço da mercadoria apenas distribui esses custos de circulação de modo uniforme, nem por isso seu caráter improdutivo cessa. Por exemplo, companhias seguradoras

---

I Segundo a edição em espanhol de *O capital* publicada pela Siglo XXI, a frase prossegue assim no manuscrito: “e constituem um gasto improdutivo da força de trabalho no que concerne à sociedade em conjunto”. [N. T.]

distribuem as perdas de capitalistas individuais entre a classe dos capitalistas. Isso não impede, no entanto, que as perdas assim compensadas, considerando-se o capital social total, continuem sendo perdas.

1. Formação de estoque em geral

Durante sua existência como capital-mercadoria ou sua permanência no mercado, portanto enquanto se encontra no intervalo entre o processo de produção do qual egressa e o processo de consumo no qual ingressa, o produto constitui estoque de mercadorias. Como mercadoria no mercado e, portanto, na figura de estoque, o capital-mercadoria aparece duplamente em cada ciclo, uma vez como produto-mercadoria do próprio capital em processo, cujo ciclo se considera; outra vez, pelo contrário, como produto-mercadoria de outro capital que precisa se encontrar no mercado para ser comprado e transformado em capital produtivo. Em todo caso, é possível que esse último capital-mercadoria só venha a ser produzido por encomenda. Então ocorre uma interrupção até que ele esteja produzido. O fluxo do processo de produção e de reprodução exige, no entanto, que uma massa de mercadorias (meios de produção) se encontre constantemente no mercado, formando, portanto, estoque. Assim também o capital produtivo abrange a compra da força de trabalho, e a forma-dinheiro é aqui apenas a forma-valor dos meios de subsistência que, em grande parte, o trabalhador precisa encontrar no mercado. Na continuação deste parágrafo analisaremos isso mais de perto. Aqui já se esclareceu esse ponto. Coloquemo-nos da perspectiva do valor-capital em processo, que se transformou em produto-mercadoria e que agora precisa ser vendido ou retransformado em dinheiro, que portanto funciona agora como capital-mercadoria no mercado, então o estado em que constitui estoque é uma permanência involuntária e inconveniente no mercado. Quanto mais rapidamente se vende, tanto mais fluente o processo de reprodução. A permanência na transformação formal *M'–D'* perturba o metabolismo real que deve ocorrer no ciclo do capital, assim como sua função posterior como capital produtivo. Por outro lado, para *D–M*, a disponibilidade constante da mercadoria no mercado, o estoque de mercadorias, aparece como condição para o fluxo do processo de reprodução, assim como para o investimento de capital novo ou adicional.

A imobilização do capital-mercadoria como estoque de mercadorias no mercado exige prédios, armazéns, *reservoirs* [reservatórios] de mercadorias, depósitos de mercadorias, portanto desembolso de capital constante; também pagamento de forças de trabalho para o armazenamento das mercadorias em seus *reservoirs*. Além disso, as mercadorias se deterioram e estão sujeitas a influências prejudiciais dos elementos. Para protegê-las destas, é preciso desembolsar capital adicional, parte em meios de trabalho sob forma objetiva, parte em força de trabalho.[14]

A existência do capital em sua forma de capital-mercadoria, e portanto como estoque de mercadorias, ocasiona, pois, custos que, não pertencendo à esfera da produção, contam-se entre os custos de circulação. Esses custos de circulação se diferenciam dos expostos em I pelo fato de que, em certa medida, entram no valor das mercadorias, por conseguinte, as encarecem. Em qualquer circunstância, capital e força de trabalho que servem para a manutenção e conservação do estoque de mercadorias são subtraídos do processo direto de produção. Por outro lado, os capitais aqui aplicados, inclusive a força de trabalho como elemento do capital, precisam ser repostos por parte do produto social. Por isso, seu desembolso atua como diminuição da força de produção do trabalho, de modo que maior *quantum* de capital e de trabalho é exigido para alcançar determinado efeito útil. São *falsos custos*.[I]

À medida que, agora, os custos de circulação condicionados pela formação do estoque de mercadorias só se originam do tempo que dura a transformação dos valores existentes da forma-mercadoria em forma-dinheiro, portanto só se originam da forma social determinada do processo de produção (apenas do fato de o produto ser produzido como mercadoria e, por isso, ter de passar também pela transformação em dinheiro) – eles compartilham totalmente do caráter dos custos de circulação enumerados em I. Por outro lado, o valor das mercadorias aqui só é conservado ou mesmo aumentado porque o valor de uso, o próprio produto, é posto sob determinadas condições objetivas, que despendem capital, estando sujeito a operações que deixam trabalho adicional atuar sobre os valores de uso. O cálculo dos valores das mercadorias, a contabilização desse processo, as transações de compra e venda, ao contrário, não atuam sobre o valor de uso em que o valor-mercadoria existe. Só têm a ver com sua forma. Embora, no caso pressuposto, esses falsos custos da formação de estoque (que, aqui, é involuntária) somente derivem de uma demora na transformação formal e da necessidade da mesma, eles distinguem-se, não obstante, dos falsos custos examinados em I pelo fato de que seu próprio objeto não é a transformação formal do valor, mas a conservação do valor que existe na mercadoria como produto, valor de

---

I Marx usa a expressão *Unkosten*, isto é, algo como "sobrecustos", distinguindo-a de *Kosten*, que são simplesmente custos. Preferimos usar a versão em português da expressão francesa *faux frais*, que Marx também utiliza no mesmo sentido de *Unkosten*. [N. T.]

uso, e que, portanto, só pode conservar-se mediante a conservação do produto, do próprio valor de uso. O valor de uso aqui não é aumentado nem multiplicado, pelo contrário, diminui. Mas sua diminuição é limitada e ele é preservado. Também o valor adiantado existente na mercadoria aqui não é aumentado. Mas trabalho novo, objetivado e vivo, é acrescentado.

Agora é preciso continuar investigando até que ponto esses falsos custos derivam do caráter peculiar da produção de mercadorias em geral e da produção de mercadorias em sua forma geral, absoluta, isto é, da produção capitalista de mercadorias; até que ponto, por outro lado, eles são comuns a toda a produção social, assumindo aqui, apenas dentro da produção capitalista, uma configuração específica, uma forma específica da manifestação.

Adam Smith elaborou a fabulosa concepção de que a formação de estoques seria um fenômeno peculiar à produção capitalista.[15] Economistas mais recentes, por exemplo Lalor, afirmam, pelo contrário, que ela diminui com o desenvolvimento da produção capitalista. Sismondi considera isso, inclusive, como sendo um lado sóbrio dessa produção.[I]

De fato, o estoque existe sob três formas: sob a forma de capital produtivo, sob a forma de fundo de consumo individual e sob a forma de estoque de mercadorias ou capital-mercadoria. O estoque numa dessas formas diminui relativamente se aumenta na outra, embora em sua grandeza absoluta possa crescer ao mesmo tempo nas três formas.

Desde o início está claro que, onde a produção está diretamente orientada para a satisfação do autoconsumo e só se produz pequena parte para o intercâmbio ou venda, portanto o produto social não assume ao todo ou só em pequena parte a forma de mercadoria, o estoque na forma de mercadoria ou estoque de mercadorias constitui apenas parte ínfima e evanescente da riqueza. O fundo de consumo é, porém, aqui relativamente grande, em particular os meios de subsistência propriamente ditos. Só se precisa examinar a antiga economia camponesa. Parte preponderante do produto transforma-se aqui diretamente, sem constituir estoque de mercadorias – exatamente porque permanece nas mãos de seu dono –, em meios de produção ou de subsistência estocados. Ele não adota a forma de estoque de mercadorias e, exatamente por isso, não existiria em sociedades baseadas em tais modos de produção, segundo Adam Smith, nenhum estoque. Adam Smith confunde a forma do estoque com o próprio estoque e acredita que a sociedade viveu até agora da mão para a boca ou confiante no acaso do dia seguinte.[16] É um equívoco pueril.

I John Lalor, *Money and Morals: A Book for the Times*. London, 1852, pp. 43-44. J.-C.-L. Simonde de Sismondi, *Études sur l'économie politique*, v. I. Bruxelas, 1837, pp. 49 ss. [N. E. A.]

Estoque sob a forma de capital produtivo existe na forma de meios de produção que já se encontram no processo de produção ou, ao menos, nas mãos do produtor, portanto de modo latente no processo de produção. Viu-se anteriormente que, com o desenvolvimento da produtividade do trabalho, portanto também com o desenvolvimento do modo de produção capitalista – que desenvolve a força produtiva social do trabalho mais do que todos os modos anteriores de produção –, cresce constantemente a massa dos meios de produção (prédios, máquinas etc.) que, sob a forma de meios de trabalho, funcionam definitivamente incorporados ao processo e que sempre voltam a funcionar durante períodos mais longos ou mais curtos, sendo seu crescimento tanto pressuposto quanto efeito do desenvolvimento da força produtiva social do trabalho. O crescimento não só absoluto mas também relativo da riqueza nessa forma (conf. Livro 1, cap. 23, [parte] 2) caracteriza sobretudo o modo de produção capitalista. As formas materiais de existência do capital constante, os meios de produção, não consistem, no entanto, apenas em tais meios de trabalho, mas também em material de trabalho nos mais diversos graus de elaboração e em materiais auxiliares. Com a escala da produção e o aumento da força produtiva do trabalho por meio da cooperação, divisão, maquinaria etc., cresce a massa de matérias-primas, de materiais auxiliares etc. que entram no processo diário de reprodução. Esses elementos precisam estar prontos no local de produção. O volume desse estoque existente sob a forma de capital produtivo cresce, pois, de modo absoluto. Para que o processo flua – abstraindo totalmente a questão de esse estoque poder ser renovado a cada dia ou só dentro de determinados prazos –, precisa estar sempre pronta uma maior reserva de matéria-prima etc. no local de produção do que, por exemplo, é consumida diária ou semanalmente. A continuidade do processo exige que a existência de suas condições não dependa de uma possível interrupção na compra diária nem de que o produto-mercadoria seja vendido diária ou semanalmente e, em decorrência, seja retransformável apenas de modo irregular em seus elementos de produção. Não obstante, o capital produtivo, evidentemente, pode ser latente ou constituir estoque em proporções muito diferentes. Faz, por exemplo, grande diferença se o fiandeiro precisa ter algodão ou carvão para três meses ou apenas para um. Vê-se que esse estoque pode diminuir em termos relativos, embora cresça em termos absolutos.

Isso depende de diferentes condições, que, no essencial, se reduzem à maior velocidade, regularidade e segurança com que a massa necessária de matérias-primas sempre possa ser suprida, de tal modo que nunca haja interrupção. Quanto menos se cumprirem essas condições, quanto menores forem, pois, segurança, regularidade e velocidade da oferta, tanto maior precisa ser a parte latente do capital produtivo, isto é, o estoque ainda à espera de elaboração, de matérias-primas etc., nas mãos do produtor. Essas condições estão na razão inversa do grau de desenvolvimento da produção capitalista e, portanto, da força produtiva do trabalho social. Por conseguinte, também o estoque nessa forma.

No entanto, isso que aparece aqui como diminuição do estoque (por exemplo, em Lalor) é, em parte, apenas diminuição do estoque na forma de capital-mercadoria ou do estoque de mercadorias propriamente dito; portanto, mera mudança de forma do mesmo estoque. Se, por exemplo, é grande a massa de carvão que a cada dia é produzida no próprio país, portanto sendo o volume e a energia da produção de carvão grandes, então o fiandeiro não precisa de um grande depósito de carvão para assegurar a continuidade de sua produção. A renovação constantemente assegurada da oferta de carvão torna isso supérfluo. Em segundo lugar: a velocidade com que o produto de um processo pode passar, como meio de produção, a outro processo depende do desenvolvimento dos meios de transporte e de comunicação. O baixo custo do transporte desempenha nisso um grande papel. O transporte constantemente renovado, por exemplo de carvão, da mina até a fiação, seria mais caro do que o abastecimento com uma massa maior de carvão por um prazo maior com transporte relativamente mais barato. Essas duas circunstâncias até agora consideradas decorrem do próprio processo de produção. Em terceiro lugar, influi o desenvolvimento do sistema de crédito. Quanto menos o fiandeiro depender, para a renovação de seus estoques de algodão, carvão etc., da venda imediata de seu fio – e, quanto mais desenvolvido o sistema de crédito, tanto menor é essa dependência imediata –, tanto menor pode ser a grandeza relativa desses estoques para assegurar uma produção contínua de fio, em certa escala, independente dos acasos da venda do fio. Em quarto lugar, muitas matérias-primas, produtos semiacabados etc., precisam, no entanto, de períodos mais longos de tempo para sua produção, valendo isso especialmente para todas as matérias-primas fornecidas pela agricultura. Caso não deva ocorrer interrupção no processo de produção, então precisa haver determinado estoque das mesmas para todo o período em que o novo produto não pode tomar o lugar do antigo. Se esse estoque diminuir nas mãos do capitalista industrial, isso só prova que, sob a forma de estoque de mercadorias, ele aumenta nas mãos do comerciante. O desenvolvimento dos meios de transporte permite, por exemplo, trasladar rapidamente de Liverpool a Manchester o algodão que se encontra no porto de importação, de tal modo que o fabricante possa, conforme a necessidade, renovar seu estoque de algodão em parcelas relativamente pequenas. Mas, então, o mesmo algodão fica, em massas ainda maiores, como estoque de mercadorias nas mãos de comerciantes de Liverpool. É, portanto, mera mudança de forma do estoque, coisa que Lalor e outros deixaram de perceber. E, considerando-se o capital social, a mesma massa de produtos se encontra aí, tanto depois quanto antes, sob a forma de estoque. Para um país isolado, o volume em que tem de estar pronta, por exemplo, a massa necessária para um ano diminui com o desenvolvimento dos meios de transporte. Se entre Estados Unidos e Inglaterra navegam muitos barcos a vapor e a vela, então se multiplicam as oportunidades de a Inglaterra renovar seu estoque de algodão e diminuir, portanto, a massa de estoque de algodão que, em média, teria de armazenar. Do mesmo modo atua o desenvolvimento do mercado mundial e, portanto, a multiplicação das fontes fornecedoras do mesmo artigo. O artigo é oferecido em parcelas por diferentes países e em prazos diferentes.

2. Estoque de mercadorias propriamente dito

Já se viu: na base da produção capitalista, a mercadoria torna-se a forma geral do produto, e isso quanto mais essa produção se desenvolva em extensão e profundidade. Existe, portanto – mesmo com idêntica amplitude de produção –, uma parte desproporcionalmente maior do produto como mercadoria, seja em comparação com os modos anteriores de produção, seja com o modo capitalista de produção em grau menos desenvolvido. Mas toda mercadoria – portanto também todo capital-mercadoria, que é apenas mercadoria, mas mercadoria como forma de existência do valor-capital –, à medida que não passa de sua esfera de produção imediatamente para o consumo produtivo ou individual, encontrando-se portanto, durante o intervalo, no mercado, constitui elemento do estoque de mercadorias. Em si e para si – permanecendo idêntico o volume da produção –, o estoque de mercadorias (isto é, essa autonomização e imobilização da forma-mercadoria do produto) cresce com a produção capitalista. Já foi visto que isso é apenas uma mudança de forma do estoque, ou seja, que, por um lado, o estoque cresce na forma-mercadoria porque, por outro lado, decresce na forma de estoque direto de produção ou de consumo. É apenas uma forma social modificada do estoque. Se, ao mesmo tempo, cresce não apenas a grandeza relativa do estoque de mercadorias em proporção ao produto social total, mas também sua grandeza absoluta, isso ocorre porque, com a produção capitalista, cresce a massa do produto total.

Com o desenvolvimento da produção capitalista, a escala da produção é determinada em grau cada vez menor pela demanda direta do produto e em grau cada vez maior pelo volume do capital de que o capitalista individual dispõe, pelo impulso à valorização de seu capital e pela necessidade de continuidade e de ampliação de seu processo de produção. Com isso, necessariamente cresce a massa de produtos, em cada ramo específico da produção, que se encontra como mercadoria no mercado ou que procura escoamento. Cresce a massa de capital imobilizada durante mais ou menos tempo sob a forma de capital-mercadoria. Cresce, pois, o estoque de mercadorias.

Por fim, a maior parte da sociedade é transformada em assalariados, gente que vive da mão para a boca, que recebe seu salário semanalmente e o gasta diariamente, tendo, portanto, de encontrar seus meios de subsistência como estoque. Por mais que elementos individuais desse estoque possam fluir, parte deles precisa estar continuamente imobilizada para que o estoque possa estar sempre em fluxo.

Todos esses momentos surgem da forma de produção e da transmutação formal nela implícita pela qual o produto precisa passar no processo de circulação.

Seja qual for a forma social do estoque de produtos, sua conservação exige custos: prédios, recipientes etc., que constituem os depósitos do produto; assim como meios de produção e de trabalho, mais ou menos de acordo com a natureza do produto, que precisam ser gastos para protegê-lo de influências nocivas. Quanto mais se concentram socialmente os estoques, tanto menores são, relativamente, esses custos. Esses desembolsos sempre constituem uma parte do trabalho social, seja em forma objetivada ou viva – portanto, na forma capitalista, desembolsos de capital –, que não entram na própria formação do produto e que, por isso, são deduções do produto. São necessários, falsos custos da riqueza social. São os gastos de manutenção do produto social, quer sua existência como elementos do estoque de mercadorias derive apenas da forma social da produção, portanto da forma-mercadoria e de sua necessária transformação formal, quer consideremos o estoque de mercadorias apenas como forma especial do estoque de produtos comum a todas as sociedades, ainda que não sob a forma de estoque de *mercadorias*, essa forma do estoque de produtos pertencente ao processo de circulação.

Agora se pergunta até que ponto entram esses custos no valor das mercadorias.

Se o capitalista transformou seu capital adiantado, como meios de produção e força de trabalho, em produto, numa massa de mercadorias pronta e destinada à venda, e ela fica em depósito como invendável, então se paralisa não apenas o processo de valorização de seu capital durante esse tempo. Os gastos que a manutenção desse estoque exige, em prédios, trabalho adicional etc., constituem uma perda positiva. O comprador final riria do capitalista se este dissesse: Minha mercadoria ficou invendável durante seis meses, e sua conservação durante esses seis meses não só imobilizou um tanto de capital, mas, além disso, impôs *x* de falsos custos. *Tant pis pour vous* [Tanto pior para o senhor], diz o comprador. Aí, a seu lado, está outro vendedor, cuja mercadoria ficou pronta apenas anteontem. A mercadoria do senhor ficou muito tempo na prateleira e, provavelmente, está mais ou menos afetada pelo tempo. O senhor precisa, portanto, vender mais barato do que seu rival. – Se o produtor de mercadorias é o verdadeiro produtor de sua mercadoria ou se é seu produtor capitalista, portanto de fato apenas representante de seus verdadeiros produtores, não altera nada nas condições de vida da mercadoria. Ele tem de transformar sua coisa em mercadoria. Os falsos custos que sua imobilização em sua forma-mercadoria lhe impõe pertencem às suas desventuras pessoais, que em nada interessam ao comprador da mercadoria. Este não lhe paga o tempo de circulação de sua mercadoria. Mesmo quando o capitalista retém de propósito sua mercadoria fora do mercado, em épocas de real ou suposta revolução de valores, a realização dos falsos custos adicionais depende da ocorrência dessa revolução de valores, da exatidão ou inexatidão de sua especulação. Mas a revolução de valores não é consequência de seus falsos custos. Portanto, à medida que a formação de estoque provoca paralisação da circulação, os custos assim ocasionados não agregam valor à mercadoria. Por outro lado, não pode haver estoque sem permanência na esfera da circulação, sem que o capital permaneça, mais longa ou brevemente, em sua forma-mercadoria; portanto, não há estoque sem paralisação da circulação, assim como dinheiro não pode circular sem formação de reserva de dinheiro. Portanto, sem estoque de mercadorias, não há circulação de mercadorias. Se essa necessidade não se defronta com o capitalista em *M'–D'*, então o faz em *D–M*; não para seu capital-mercadoria, mas para o capital-mercadoria de outros capitalistas que produzem meios de produção para ele e meios de subsistência para seus trabalhadores.

Que a formação de estoque seja voluntária ou involuntária, isto é, que o produtor de mercadorias mantenha intencionalmente um estoque ou que suas mercadorias constituam estoque devido à resistência que as circunstâncias do próprio processo de circulação coloquem à sua venda, parece não poder alterar nada na essência da coisa. Ainda assim, para solucionar essa questão é útil saber o que distingue a formação voluntária de estoque da involuntária. A formação involuntária de estoque se origina de uma paralisação da circulação ou é idêntica a ela, sendo independente do conhecimento do produtor da mercadoria e contrária à sua vontade. O que caracteriza a formação voluntária de estoque? Tanto depois quanto antes, o vendedor procura se livrar de sua mercadoria tão rápido quanto possível. Sempre põe o produto à venda como mercadoria.

Se o subtraísse da venda, o produto somente constituiria um elemento potencial (δυνάμει) e não efetivo (ἐνεργείᾳ) do estoque de mercadorias. Para ele, a mercadoria como tal é, depois como antes, apenas portadora de seu valor de troca e, enquanto tal, só pode atuar mediante e após o abandono de sua forma-mercadoria e adoção da forma-dinheiro.

O estoque de mercadorias precisa ter certo volume, a fim de que, durante um dado período, seja suficiente para o volume da demanda. Conta-se com contínua ampliação do círculo dos compradores. Para bastar, por exemplo, durante um dia, parte das mercadorias que se encontram no mercado deve permanecer constantemente na forma-mercadoria, enquanto a outra flui, transforma-se em dinheiro. A parte que está imobilizada, enquanto a outra flui, na verdade, diminui constantemente, assim como diminui o volume do próprio estoque, até que finalmente esteja totalmente vendido. A imobilização de mercadorias é, pois, aqui calculada como condição necessária à venda da mercadoria. Além disso, o volume precisa ser maior do que o da média de venda ou da demanda média. Senão, os excedentes sobre a mesma não poderiam ser satisfeitos. Por outro lado, o estoque precisa ser constantemente renovado, porque se dissolve constantemente. Essa renovação só pode provir, em última instância, da produção, de uma oferta de mercadorias. Que esta venha do exterior ou não, em nada altera a substância da coisa. A renovação depende dos períodos de que as mercadorias precisam para sua reprodução. Durante esse tempo, o estoque de mercadorias precisa ser suficiente. Que ele não permaneça nas mãos do produtor original, mas percorra diferentes reservatórios, do grande negociante até o vendedor a varejo, modifica tão somente o fenômeno, não a própria coisa. Do ponto de vista da sociedade, tanto depois quanto antes, parte do capital se encontra em forma de estoque de mercadorias, enquanto a mercadoria não tenha entrado no consumo produtivo ou individual. O próprio produtor procura ter um nível de estoque que corresponda à média de sua demanda, para não depender imediatamente da produção e para se assegurar um círculo permanente de fregueses. De acordo com os períodos de produção, estipulam-se prazos de compra e a mercadoria constitui estoque por um tempo maior ou menor, até poder ser reposta por novos exemplares da mesma espécie. Somente por meio dessa formação de estoque é que se assegura a constância e continuidade do processo de circulação e, portanto, do processo de reprodução, o qual inclui o processo de circulação.

É preciso relembrar: *M'–D'* pode ter-se completado para o produtor de *M*, embora *M* ainda se encontre no mercado. Caso o próprio produtor quisesse manter em depósito sua própria mercadoria até ela ser vendida ao consumidor definitivo, então teria de colocar um capital duplo em movimento, uma vez como produtor da mercadoria, outra vez como comerciante. Para a própria mercadoria – seja ela considerada como mercadoria individual ou como elemento do capital social –, nada se altera na coisa se os custos da formação do estoque recaírem sobre os produtores ou sobre uma série de comerciantes, de A até Z.

Na medida em que o estoque de mercadorias é apenas a forma--mercadoria do estoque que, em dada escala da produção social, existiria como estoque produtivo (fundo de produção latente) ou como fundo de consumo (reserva de meios de consumo), caso não existisse como estoque de mercadorias, também os custos exigidos pela manutenção do estoque, portanto os custos de formação de estoque – ou seja, o trabalho, objetivado ou vivo empregado para tanto –, são custos de manutenção meramente transpostos, seja do fundo de produção social, seja do fundo de consumo social. A elevação do valor da mercadoria que eles ocasionam apenas reparte esses custos *pro rata* [por rateio] pelas diferentes mercadorias, já que os mesmos são diferentes para diferentes espécies de mercadorias. Tanto depois como antes, continuam os custos da formação de estoque sendo deduções da riqueza social, embora sejam uma condição de existência da mesma.

Só na medida em que o estoque de mercadorias é condição da circulação de mercadorias e ele mesmo constitui uma forma surgida necessariamente da circulação de mercadorias, só na medida em que essa estagnação aparente é, pois, forma do próprio fluxo – exatamente como a formação de reserva monetária é condição da circulação monetária –, só nessa medida ele é normal. Assim que, pelo contrário, as mercadorias que permanecerem em seu reservatório de circulação não abrirem espaço à onda subsequente da produção, saturando-se, por conseguinte, os reservatórios, o estoque de mercadorias se expande devido à paralisação da circulação, exatamente como os tesouros crescem quando se paralisa a circulação de dinheiro. Nisso, é indiferente que essa paralisação ocorra nos armazéns do capitalista industrial ou nos armazéns do comerciante. O estoque de mercadorias não é, então, condição da venda ininterrupta, mas consequência da invendabilidade das mercadorias. Os custos permanecem os mesmos, mas, como agora se originam exclusivamente da forma, particularmente da necessidade de transformar mercadorias em dinheiro e da dificuldade dessa metamorfose, então eles não entram no valor da mercadoria, mas constituem deduções, perda de valor na realização do valor. Como as formas normal e anormal do estoque não se diferenciam pela forma e ambas são paralisações da circulação, então os fenômenos podem ser confundidos e enganar tanto mais aos próprios agentes da produção pelo fato de que, para o produtor, o processo de circulação de seu capital pode fluir, embora o processo de circulação de suas mercadorias, que passaram às mãos dos comerciantes, tenha cessado.

Se aumenta o volume da produção e do consumo, o mesmo ocorre – sempre com as demais circunstâncias constantes – com o volume do estoque de mercadorias. Ele é renovado e absorvido de modo igualmente rápido, mas seu volume é maior. O volume do estoque de mercadorias que aumenta devido à estagnação da circulação pode, pois, ser tomado erroneamente como sintoma da ampliação do processo de reprodução, sobretudo quando, com o desenvolvimento do sistema de crédito, o movimento real pode ser mistificado.

Os custos de formação de estoque consistem em 1) diminuição quantitativa da massa do produto (por exemplo, na estocagem da farinha); 2) deterioração da qualidade; 3) trabalho objetivado e vivo exigido pela manutenção do estoque.

III. CUSTOS DE TRANSPORTE

Não é necessário entrar aqui em todos os detalhes dos custos de circulação, como, por exemplo, embalagem, classificação etc. A lei geral é que *todos os custos de circulação que só se originam da transformação formal da mercadoria não lhe agregam valor.* São apenas custos para a realização do valor ou para sua conversão de uma forma em outra. O capital despendido nesses custos (inclusive o trabalho por ele comandado) pertence aos *faux frais* da produção capitalista. A reposição dos mesmos tem de se dar a partir do mais-produto e, considerando-se a classe capitalista como um todo, constitui uma dedução da mais-valia ou do mais-produto, exatamente como, para um trabalhador, o tempo de que precisa para comprar seus meios de subsistência é tempo perdido. Os custos de transporte desempenham, no entanto, papel demasiado importante para deixar de considerá-los aqui, ainda que brevemente.

Dentro do ciclo do capital e da metamorfose da mercadoria, que constitui uma seção do mesmo, ocorre o metabolismo do trabalho social. Esse metabolismo pode exigir a mudança espacial dos produtos, seu efetivo movimento de um lugar para outro. Circulação de mercadorias pode, porém, ocorrer sem seu movimento físico, assim como transporte de produtos pode ocorrer sem circulação de mercadorias e mesmo sem troca direta de produtos. Uma casa que A venda para B circula como mercadoria, mas ela não vai passear. Valores mercantis móveis, como algodão ou ferro bruto, dormem no mesmo depósito, ao mesmo tempo que percorrem dúzias de processos de circulação, sendo comprados e revendidos pelos especuladores.[17] O que aí realmente se move é o título de propriedade sobre a coisa, não a própria coisa. Por outro lado, por exemplo, no Império dos Incas, a indústria de transportes desempenhava grande papel, embora o produto social não circulasse como mercadoria, tampouco fosse distribuído mediante escambo.

Se, portanto, a indústria de transportes, baseada na produção capitalista, aparece como causa de custos de circulação, essa forma específica de manifestação em nada altera a coisa.

Massas de produtos não se multiplicam por meio de seu transporte. Também a modificação de suas propriedades naturais acarretada por ele não é, com certas exceções, efeito útil intencional, mas um mal inevitável. Mas o valor de uso das coisas só se realiza em seu consumo, e esse consumo pode tornar sua mudança de lugar necessária e, portanto, também o processo de produção adicional da indústria de transportes. O capital produtivo nela investido agrega, pois, valor aos produtos transportados, em parte pela transferência de valor dos meios de transporte, em parte pelo acréscimo de valor pelo trabalho de transportar. Como ocorre com toda a produção capitalista, esse último acréscimo de valor se divide em reposição de salário e mais-valia.

Dentro de cada processo de produção, a mudança de lugar do objeto de trabalho e os meios de trabalho e as forças de trabalho necessários para tanto – por exemplo, algodão que é deslocado da sala de cardagem para a de fiar, carvão que é trazido do poço da mina para a superfície – desempenham papel importante. A passagem do produto acabado, como mercadoria acabada, de um local autônomo da produção para outro, especialmente dele distante, mostra o mesmo fenômeno, só que em escala maior. Ao transporte dos produtos de um local de produção para outro segue ainda o dos produtos acabados da esfera da produção para a esfera do consumo. O produto só estará pronto para o consumo assim que tiver completado esse movimento.

Como se mostrou anteriormente, é lei geral da produção de mercadorias: a produtividade do trabalho e sua criação de valor estão em razão inversa. Como para qualquer outra, isso vale para a indústria de transportes. Quanto menor a quantidade de trabalho morto e vivo que o transporte da mercadoria exija para determinada distância, tanto maior a força produtiva do trabalho e vice-versa.[18]

A grandeza absoluta de valor que o transporte agrega às mercadorias, com as demais circunstâncias constantes, está na razão inversa da força produtiva da indústria de transportes e na razão direta das distâncias a serem percorridas.

A parte relativa do valor que os custos de transporte, com as demais circunstâncias constantes, agregam ao preço da mercadoria está na razão direta do volume e do peso desta última. As circunstâncias modificadoras são, no entanto, numerosas. O transporte exige, por exemplo, maiores ou menores medidas de precaução, portanto maior ou menor dispêndio de trabalho e de meios de trabalho, de acordo com a relativa fragilidade, perecibilidade, explosibilidade do artigo. Aqui os magnatas das estradas de ferro desenvolvem maior gênio na criação de espécies fantásticas do que os botânicos ou zoólogos. A classificação dos bens nas ferrovias inglesas, por exemplo, ocupa volumes e repousa por princípio geral sobre a tendência de transmutar as diversificadas propriedades naturais dos bens em outras tantas dificuldades para transportá-los e pretextos rotineiros para fraude.

> "Vidro, que antes valia 11 libras esterlinas *per crate*" (uma caixa de determinada capacidade), "vale agora, devido aos progressos industriais e à revogação do imposto sobre o vidro, só 2 libras esterlinas, mas os custos do transporte continuam tão altos quanto antes e mais altos no transporte por canal. Antigamente, vidro e artigos de vidro eram transportados para os chumbadores num raio de 50 milhas de Birmingham por 10 xelins a tonelada. Agora o preço do transporte foi triplicado a pretexto do risco decorrente da fragilidade do artigo. Mas quem não paga o que realmente quebra é a direção da estrada de ferro."[19]

Que, além disso, a parte relativa do valor que os custos agregam a um artigo esteja na razão inversa de seu valor torna-se, para os magnatas das ferrovias, um motivo especial para tributar um artigo na razão direta de seu valor. As queixas dos industriais e comerciantes quanto a esse ponto reaparecem a cada página das declarações de testemunhas do citado relatório.

O modo de produção capitalista diminui os custos do transporte da mercadoria individual mediante o desenvolvimento dos meios de transporte e de comunicação, bem como pela concentração – a grandeza da escala – do transporte. Ele multiplica a parte do trabalho social, do vivo e do objetivado, que é despendida no transporte de mercadorias primeiro pela transformação da maioria de todos os produtos em mercadorias e, depois, pela substituição de mercados locais por outros distantes.

O ato de circular, isto é, o efetivo movimento das mercadorias no espaço, se dissolve no transporte da mercadoria. A indústria de transportes constitui, por um lado, um ramo autônomo da produção e, por isso, uma esfera especial de investimento do capital produtivo. Por outro, diferencia-se pelo fato de aparecer como continuação de um processo de produção *dentro* do processo de circulação e *para* o processo de circulação.

SEÇÃO II

A ROTAÇÃO DO CAPITAL

CAPÍTULO 7

TEMPO DE ROTAÇÃO E NÚMERO DE ROTAÇÕES

Viu-se: o tempo total de circulação[I] de dado capital é igual à soma de seu tempo de circulação e de seu tempo de produção.[II] É o período de tempo que se inicia no momento em que o valor-capital é adiantado sob determinada forma e termina com o retorno do valor-capital em processo sob a mesma forma.

O objetivo determinante da produção capitalista é sempre a valorização do valor adiantado, que esse valor tenha sido adiantado em sua forma autônoma, isto é, na forma-dinheiro, ou em mercadoria, de modo que sua forma-valor possua no preço das mercadorias adiantadas autonomia apenas ideal. Em ambos os casos, esse valor-capital percorre, durante seu ciclo, diversas formas de existência. Sua identidade consigo mesmo é constatada nos registros do capitalista ou sob a forma de moeda de conta.

Se tomarmos a forma *D* ... *D'* ou a forma *P* ... *P*, ambas implicam: 1) que o valor adiantado funcionou e valorizou-se como valor-capital; 2) que ele voltou à forma em que iniciou seu processo, depois de completado o mesmo. A valorização do valor adiantado *D* e, ao mesmo tempo, a volta do capital a essa forma (forma-dinheiro) aparecem palpavelmente na forma *D* ... *D'*. Mas o mesmo sucede na segunda forma. Pois o ponto de partida de *P* é a existência dos elementos de produção, mercadorias de determinado valor. A forma implica a valorização desse valor (*M'* e *D'*) e a volta à forma original, pois no segundo *P* o valor adiantado possui novamente a forma dos elementos de produção, na qual originalmente foi adaptado.

Viu-se anteriormente: "Se a produção tem a forma capitalista, a reprodução também a terá. Como no modo de produção capitalista o processo de trabalho aparece só como um meio para o processo de valorização, assim a

---

I Segundo a edição em espanhol de *O capital* publicada pela Siglo XXI, há aqui um engano aparente, pois deveria ser "tempo de rotação" (*Umschlagszeit*), e não "tempo de circulação" (*Zirkulationszeit*), como consta. Como o próprio texto seguinte indica, a soma de tempo de circulação e de tempo de produção dá o tempo de *rotação*. [N. T.]

II Para "circulação", Marx usa ora a palavra germânica *Umlauf*, ora a palavra latina *Zirkulation*. Adiante (p. 242) ele explicita que são sinônimas: "*und seiner Umlaufs- oder Zirkulationszeit*" [e seu tempo de circulação ou de circulação]. [N. T.]

reprodução aparece apenas como um meio de reproduzir o valor adiantado como capital, isto é, como valor que se valoriza" (Livro 1, cap. 21).[I]

As três formas I) $D \ldots D'$, II) $P \ldots P$ e III) $M' \ldots M'$ diferenciam-se pelo seguinte: na forma II ($P \ldots P$), a renovação do processo, o processo de reprodução, é expressa como realidade, na forma I, porém, apenas como possibilidade. Mas ambas se distinguem da forma III, em que o valor-capital adiantado – seja em dinheiro, seja na figura dos elementos de produção materiais – constitui o ponto de partida e, por isso, também o ponto de retorno. Em $D \ldots D'$, o retorno é $D' = D + d$. Se o processo é renovado na mesma escala, D constitui de novo o ponto de partida e d não ingressa nele, mas nos indica apenas que D se valorizou como capital, que gerou, portanto, uma mais-valia d, que no entanto repeliu. Na forma $P \ldots P$, o valor-capital adiantado na forma dos elementos de produção P constitui, do mesmo modo, o ponto de partida. A forma implica sua valorização. Se ocorre reprodução simples, o mesmo valor-capital recomeça sob a mesma forma P seu processo. Se houver acumulação, então P' (com grandeza de valor $= D' = M'$) inaugura agora, com valor-capital ampliado, o processo. Ele recomeça, no entanto, com o valor-capital adiantado na forma inicial, ainda que com valor-capital maior do que antes. Na forma III, ao contrário, o valor-capital não inicia com valor adiantado o processo, mas como valor já valorizado, como riqueza total existente na forma de mercadoria, da qual o valor-capital adiantado é apenas parte. A última forma é importante para a terceira parte, onde é considerado o movimento dos capitais individuais em conexão com o movimento do capital social total. Não se pode usá-la, porém, para a rotação do capital, que começa sempre com o adiantamento de valor-capital, seja na forma de dinheiro ou de mercadoria, e condiciona sempre a volta do valor-capital rotante na forma em que foi adiantado. Quanto aos ciclos I e II, devemos ater-nos ao primeiro na medida em que se visa principalmente a influência da rotação sobre a formação da mais-valia; ao segundo na medida em que se visa sua influência sobre a formação de produto.

Os economistas separaram as diferentes formas dos ciclos tão pouco quanto as examinaram separadamente com respeito à rotação do capital. Usualmente, toma-se a forma $D \ldots D'$, porque ela domina o capitalista individual e lhe serve em seus cálculos, mesmo quando o dinheiro constitui o ponto de partida na forma de moeda de conta. Outros partem do adiantamento em forma de elementos de produção, até que ocorra o

---

I K. Marx, *O capital: Crítica da Economia Política*, Livro 1: *O processo de produção do capital*, coord. Paul Singer, trad. Regis Barbosa e Flávio R. Kothe. São Paulo: Ubu Editora, 2025, pp. 511–20. [N. E. B.]

refluxo, mas quanto à forma do refluxo, se mercadoria ou dinheiro, nem é mencionada. Por exemplo:

> "O ciclo econômico, [...] isto é, o decurso completo da produção, a partir do momento em que se faz o dispêndio até o momento em que sucede o refluxo". (*Economic cycle, [...] the whole course of production, from the time that outlays are made till returns are received. In agriculture seedtime is its commencement, and harvesting its ending* [Na agricultura, a semeadura é seu começo, e a colheita seu fim]. S. P. Newman, *Elements of Pol. Econ.* Andover and New York, p. 81)

Outros começam com *M'* (forma III):

> O mundo da circulação produtiva pode ser visto como se movimentando num círculo, a que chamaremos de ciclo econômico, e no qual se conclui um giro toda vez que o negócio, após completar suas transações sucessivas, retorna ao ponto de onde partiu. O início pode ser fixado no ponto em que o capitalista obteve as receitas por meio das quais seu capital retorna a ele; a partir desse ponto, passa de novo a recrutar seus trabalhadores e a lhes distribuir seu sustento, ou melhor, o poder de adquiri-lo, sob a forma de salário; a obter os artigos elaborados por eles, com os quais comercia; a levar esses artigos ao mercado e lá encerrar o ciclo dessa série de movimentos, ao vender e receber com a receita da mercadoria um reembolso de todo o seu dispêndio de capital. (Th. Chalmers, *On Pol. Econ.*, 2ª ed., Glasgow, 1832, p. 85)

Tão logo o valor-capital total investido por um capitalista individual num ramo qualquer da produção tenha descrito o ciclo de seu movimento, encontra-se de novo em sua forma inicial e pode repetir agora o mesmo processo. Tem de repeti-lo, se o valor enquanto valor-capital deve se eternizar e valorizar. O ciclo isolado constitui na vida do capital apenas uma etapa que se repete constantemente, portanto um período. Ao final do período *D ... D'*, *o* capital volta a encontrar-se sob a forma de um capital monetário, que percorre de novo a série das transformações de forma, em que está implícito seu processo de reprodução ou de valorização. Ao final do período *P ... P*, o capital encontra-se de novo sob a forma dos elementos de produção, que constituem o pressuposto da renovação de seu ciclo. O ciclo do capital definido não como ato isolado, mas como processo periódico, chama-se rotação do capital. A duração dessa rotação é determinada pela soma de seu tempo de produção e de seu tempo de circulação. Essa soma de tempos constitui o tempo de rotação do capital. Ela mede, portanto, o intervalo entre um período de circulação do valor-capital total e o seguinte; a periodicidade no processo de vida do capital ou, se se quiser, o tempo da renovação, da repetição do processo de valorização ou de produção do mesmo valor-capital.

Abstraindo as aventuras individuais, que podem acelerar ou abreviar o tempo de rotação de um capital isolado, o tempo de rotação dos capitais é diferente segundo suas diferentes esferas de investimento.

Assim como a jornada de trabalho é a unidade natural de medida do funcionamento da força de trabalho, o ano constitui a unidade natural de medida das rotações do capital em processo. A base natural dessa unidade de medida está no fato de que as colheitas mais importantes da zona temperada, que é o berço da produção capitalista, são os produtos anuais.

Se chamamos o ano, como unidade de medida do tempo de rotação, de R, o tempo de rotação de determinado capital de r e o número de suas rotações de n, então $n = \frac{R}{r}$. Se, por exemplo, o tempo de rotação r é de 3 meses, então $n = 12/3 = 4$; o capital efetua 4 rotações por ano ou rota quatro vezes. Se $r = 18$ meses, então $n = 12/18 = 2/3$, isto é, o capital cumpre num ano apenas ⅔ de seu tempo de rotação. Se seu tempo de rotação se eleva a vários anos, será calculado por múltiplos de um ano.

Para o capitalista, o tempo de rotação de seu capital é o tempo durante o qual tem de adiantar seu capital para valorizá-lo e recuperá-lo em sua figura original.

Antes de examinar mais de perto a influência da rotação sobre o processo de produção e valorização, temos de observar duas novas formas que o capital obtém do processo de circulação e que influem sobre a forma de sua rotação.

CAPÍTULO 8

CAPITAL FIXO E CAPITAL CIRCULANTE

I. AS DIFERENÇAS DE FORMA

Viu-se no Livro 1, cap. 6: parte do capital constante conserva a forma útil determinada com que entra no processo de produção, em face dos produtos para cuja criação contribui.[I] Executa, portanto, durante um período mais curto ou mais longo, em processos de trabalho sempre repetidos, as mesmas funções. Assim, por exemplo, edifícios, máquinas etc., ou seja, tudo o que resumimos sob a denominação *meios de trabalho*. Essa parte do capital constante cede valor ao produto na proporção em que perde, com seu próprio valor de uso, seu valor de troca. Essa cessão de valor ou passagem do valor de tal meio de produção ao produto, em cuja formação colabora, é determinada por um cálculo de média; é medida pela duração média de seu funcionamento, a partir do momento em que esse meio de produção entra no processo de produção até o momento em que está totalmente desgastado, morto, e tem de ser reproduzido ou substituído por novo exemplar da mesma espécie.

A peculiaridade dessa parte do capital constante – os meios de trabalho propriamente ditos – é, portanto, a seguinte:

Parte do capital foi adiantada sob a forma de capital constante, isto é, de meios de produção que agora funcionam como fatores do processo de trabalho, enquanto perdura a forma útil autônoma com que entram no mesmo. O produto acabado, portanto também os formadores do produto, na medida em que foram transformados em produto, é expelido do processo de produção para passar, como mercadoria, da esfera da produção para a da circulação. Os meios de trabalho, ao contrário, nunca abandonam a esfera da produção depois de nela haverem entrado. Sua função os retém aí. Parte do valor-capital adiantado está *fixada* nessa forma determinada pela função dos meios de trabalho no processo. Com o funcionamento e, portanto, com o desgaste do meio de trabalho, transfere-se parte de seu valor ao produto, e parte fica fixada no meio de trabalho e, por conseguinte, no processo de produção. O valor assim

I K. Marx, *O capital: Crítica da Economia Política*, Livro 1: *O processo de produção do capital*, coord. Paul Singer, trad. Regis Barbosa e Flávio R. Kothe. São Paulo: Ubu Editora, 2025, pp. 224–32. [N. E. B.]

fixado diminui continuamente, até o meio de trabalho ter-se depreciado e, portanto, seu valor ter-se repartido também, em período mais curto ou mais longo, por uma massa de produtos provinda de uma série de processos de trabalho constantemente repetidos. Mas, enquanto é ainda efetivo como meio de trabalho, portanto não precisa ser substituído por novo exemplar da mesma espécie, resta sempre valor-capital constante fixado nele, enquanto outra parte do valor nele fixado originalmente passa ao produto e, por isso, circula como elemento do estoque de mercadorias. Quanto mais tempo dura o meio de trabalho, quanto mais lentamente ele se deprecia, tanto mais tempo o valor-capital constante permanece fixado nessa forma útil. Mas, qualquer que seja o grau de sua durabilidade, a proporção em que cede valor está sempre na razão inversa do tempo total de seu funcionamento. Se de duas máquinas de mesmo valor uma se deprecia em cinco anos e a outra em dez, a primeira cede, então, no mesmo espaço de tempo, duas vezes mais valor que a segunda.

Essa parte do valor-capital fixada no meio de trabalho circula como qualquer outra. Já vimos, de modo geral, que todo o valor-capital está em circulação contínua e, nesse sentido, todo capital é capital circulante. Mas a circulação da parte do capital aqui considerada é peculiar. Primeiro, ele não circula em sua forma útil, mas apenas seu valor circula, e de modo gradual, fracionário, na medida em que passa dele ao produto que circula como mercadoria. Durante todo o tempo em que funciona, parte de seu valor fica sempre fixada nele, independentemente das mercadorias que ajuda a produzir. Por tal peculiaridade, essa parte do capital constante obtém a forma de *capital fixo*. Os demais elementos do capital adiantado no processo de produção formam, em oposição, o *capital circulante* ou *fluido*.

Parte dos meios de produção – a saber, os materiais auxiliares que são consumidos pelos próprios meios de trabalho durante seu funcionamento, como o carvão pela máquina a vapor; ou que apenas apoiam o processo, como o gás de iluminação etc. – não entra materialmente no produto. Somente seu valor forma parte do valor-produto. Em sua própria circulação o produto circula seu valor. Isso eles têm em comum com o capital fixo. Mas em cada processo de trabalho em que entram são inteiramente consumidos e, portanto, têm de ser substituídos, em cada novo processo de trabalho, por novos exemplares da mesma espécie. Eles não conservam, durante seu funcionamento, sua forma útil autônoma. Portanto, nenhuma parte do valor-capital fica fixada, durante seu funcionamento, em sua antiga forma útil, em sua forma natural. A circunstância de que essa parte dos materiais auxiliares não entra materialmente no produto, mas apenas por seu valor, como parte do valor-produto, e o fato conexo de que a função dessas matérias se confina à esfera da produção levaram economistas como Ramsay (que confundiu, ao mesmo tempo, capital fixo e capital constante) a incluí-las na categoria de capital fixo.

A parte dos meios de produção que se incorpora materialmente ao produto, portanto matérias-primas etc., recebe desse modo, parcialmente, formas sob as quais pode entrar mais tarde, como meio de satisfação, no consumo individual. Os meios de trabalho propriamente ditos, os portadores materiais do capital fixo, são consumidos apenas produtivamente e não podem entrar no consumo individual, pois não se incorporam ao produto, ao valor de uso que ajudam a criar, mantendo perante este sua forma autônoma até a completa depreciação. Uma exceção são os meios de transporte. O efeito útil que provocam durante seu funcionamento produtivo, portanto enquanto permanecem na esfera da produção, a mudança de lugar, entra ao mesmo tempo no consumo individual, por exemplo no do viajante. Ele então paga a utilização, assim como paga a utilização de outros meios de consumo. Viu-se que na indústria química, por exemplo, matérias-primas e materiais auxiliares se confundem.[I] Assim também meios de trabalho, materiais auxiliares e matérias-primas. Assim, na agricultura, por exemplo, as substâncias usadas para melhorar o solo entram parcialmente, como formadoras do produto, no produto vegetal. Por outro lado, seu efeito se distribui por um período relativamente longo, de 4 a 5 anos, por exemplo. Parte delas se incorpora, por isso, materialmente ao produto e transfere assim, ao mesmo tempo, seu valor ao produto, enquanto outra parte, em sua antiga forma útil, fixa também seu valor. Continua a existir como meio de produção e adquire, por isso, a forma de capital fixo. Como animal de trabalho, um boi é capital fixo. Se é comido, ele não funciona mais como meio de trabalho e, portanto, tampouco como capital fixo.

O que determina que parte do valor-capital gasto em meios de produção tenha caráter de capital fixo é exclusivamente o modo peculiar pelo qual circula esse valor. Esse modo próprio de circulação decorre do modo próprio pelo qual o meio de trabalho cede seu valor ao produto ou se comporta como formador de valor durante o processo de produção. Esse modo, por sua vez, se origina da espécie particular da função dos meios de trabalho no processo de trabalho.

Sabe-se que o mesmo valor de uso que sai como produto de um processo de trabalho entra em outro como meio de produção. Só a função de um produto como meio de trabalho no processo de produção faz dele capital fixo. Em contrapartida, na medida em que sai apenas de um

---

I K. Marx, *O capital*, Livro 1, op. cit., p. 210. [N. E. B.]

processo, não é, de modo algum, capital fixo. Uma máquina, por exemplo, enquanto produto, ou seja, mercadoria feita por um fabricante de máquinas, pertence ao seu capital-mercadoria. Só se torna capital fixo nas mãos de seu comprador, do capitalista, que a utiliza produtivamente.

Sendo iguais as demais circunstâncias, o grau de fixidez cresce com a durabilidade do meio de trabalho. Dessa durabilidade depende precisamente a grandeza da diferença entre o valor-capital fixado em meios de trabalho e aquela parte dessa grandeza de valor que o meio de trabalho, em repetidos processos de trabalho, cede ao produto. Quanto mais lenta essa cessão – e o meio de trabalho cede valor a cada repetição do mesmo processo de trabalho –, tanto maior o capital fixado, tanto maior a diferença entre o capital aplicado no processo de produção e o capital nele consumido. Tão logo essa diferença tenha desaparecido, a vida do meio de trabalho se esgota e ele perde, com seu valor de uso, também seu valor. Deixa de ser portador de valor. Visto que o meio de trabalho, como qualquer outro portador material de capital constante, apenas cede valor ao produto na medida em que, junto com seu valor de uso, perde seu valor, então é claro que, quanto mais lentamente ele perca seu valor de uso, quanto mais tempo perdure no processo de produção, tanto mais longo será o período em que o valor-capital constante fica fixado nele.

Se um meio de produção que não é meio de trabalho em sentido estrito, por exemplo material auxiliar, matéria-prima, produto semiacabado etc., se comporta com respeito à cessão de valor, e, portanto, ao modo de circulação de seu valor, como os meios de trabalho, então ele é igualmente portador material, forma de existência de capital fixo. Esse é o caso dos melhoramentos do solo já mencionados, os quais acrescentam à terra elementos químicos cujos efeitos se estendem sobre vários períodos de produção ou anos. Aqui, parte do valor continua existindo, ao lado do produto, em sua figura autônoma ou na figura de capital fixo, enquanto outra parte do valor já foi cedida ao produto e, por isso, circula com ele. Nesse caso, não é apenas parte do valor do capital fixo. que entra no produto, mas também o valor de uso, a substância em que existe essa parte do valor.

Além do erro fundamental – a confusão entre as categorias de capital fixo e capital circulante e as categorias de capital constante e capital variável –, a atual confusão dos economistas na determinação dos conceitos baseia-se, para começar, nos seguintes pontos:

Faz-se de determinadas propriedades que pertencem materialmente aos meios de trabalho propriedades diretas do capital fixo, por exemplo, a imobilidade física, digamos, de uma casa. Fica, então, fácil de demonstrar que outros meios de trabalho, que como tais também são capital fixo, têm propriedade oposta, por exemplo a mobilidade física, digamos, de um navio.

Ou se confunde a determinação econômica da forma, que provém da circulação do valor, com uma propriedade de coisa; como se coisas que em si mesmas não são capital ao todo, mas apenas se tornam capital em determinadas condições sociais, já pudessem ser, *em si* e por natureza, capital em determinada forma, fixa ou circulante. Vimos no Livro 1, cap. 5, que os meios de produção em todo processo de trabalho, quaisquer que sejam as condições sociais em que se realiza, se dividem em meio de trabalho e objeto de trabalho. Mas só dentro do modo de produção capitalista ambos se tornam capital, e precisamente "capital produtivo", conforme determinado na seção anterior. Dessa maneira, a diferença entre meio de trabalho e objeto de trabalho, baseada na natureza do processo de trabalho, se reflete na nova forma da diferença entre capital fixo e capital circulante. Só por isso uma coisa que funciona como meio de trabalho se torna capital fixo. Se ela, por suas propriedades materiais, puder servir em outras funções que não sejam as de meio de trabalho, será capital fixo ou não, conforme a diversidade de sua função. Gado, como gado de trabalho, é capital fixo; como gado de engorda, é matéria-prima que finalmente entra na circulação como produto, portanto não é capital fixo, mas circulante.

A mera fixação mais prolongada de um meio de produção em processos de trabalho repetidos, mas que são conexos e contínuos, constituindo, por isso, um período de produção – isto é, o tempo total de produção que é necessário para aprontar o produto – exige, exatamente como o capital fixo, um adiantamento mais longo ou mais curto do capitalista, mas não torna seu capital capital fixo. A semente, por exemplo, não é capital fixo, mas apenas matéria-prima que durante um ano aproximadamente fica fixada no processo de produção. Todo capital, enquanto funciona como capital produtivo, está fixado no processo de produção e, portanto, também todos os elementos do capital produtivo, qualquer que seja sua figura material, sua função e o modo de circulação de seu valor. Se, conforme a espécie do processo de produção ou o efeito útil objetivado, essa fixação é mais longa ou mais curta, isso não produz a diferença entre capital fixo e capital circulante.[20]

Parte dos meios de trabalho, incluindo as condições gerais de trabalho, é imobilizada num local tão logo entra no processo de produção como meio de trabalho, ou é preparada para funcionar produtivamente, como por exemplo as máquinas. Ou é produzida, de antemão, nessa forma imóvel vinculada ao local, como por exemplo melhoramentos do solo, edifícios de fábricas, altos-fornos, canais, ferrovias etc. A vinculação contínua do meio de trabalho ao processo de produção em que deve funcionar é condicionada aqui, ao mesmo tempo, por seu modo material de existência. Por outro lado, um meio de trabalho pode mudar o tempo todo fisicamente de lugar, movimentar-se e, apesar disso, encontrar-se constantemente no processo de produção, como uma locomotiva, um navio, animais de trabalho etc. Nem a imobilidade lhe dá, num caso, o caráter de capital fixo, nem a mobilidade, no outro, lhe tira esse caráter. A circunstância, porém, de que meios de trabalho estão localmente fixados, com suas raízes fincadas na base fundiária, confere a essa parte do capital fixo um papel próprio na economia das nações. Não podem ser enviados para o exterior nem circular como mercadorias no mercado mundial. Os títulos de propriedade sobre esse capital fixo podem mudar de mão, ele pode ser comprado e vendido e, nessa medida, circular idealmente. Esses títulos de propriedade podem circular até em mercados estrangeiros, por exemplo, sob a forma de ações. Mas, com a mudança das pessoas que são proprietárias dessa espécie de capital fixo, não muda a proporção entre a parte imóvel, materialmente fixada da riqueza de um país, e a parte móvel do mesmo.[21]

A circulação peculiar de capital fixo resulta numa rotação peculiar. A parte de valor que perde em sua forma natural, por desgaste, circula como parte do valor do produto. O produto se transforma, por meio da circulação, de mercadoria em dinheiro; portanto, também a parte do valor do meio de trabalho colocada em circulação pelo produto; e seu valor cai, às gotas, como dinheiro do processo de circulação, na mesma proporção em que esse meio de trabalho deixa de ser portador de valor no processo de produção. Seu valor adquire então, portanto, existência dupla. Parte dele permanece vinculada à sua forma útil ou natural, que pertence ao processo de produção, outra parte se desprende dela como dinheiro. No decorrer de seu funcionamento, a parte de valor do meio do trabalho que existe em forma natural diminui constantemente, enquanto a parte de seu valor convertida em forma-dinheiro aumenta constantemente, até que finalmente sua vida se finda e seu valor total, separado de seu cadáver, se tenha transformado em dinheiro. Aí se revela a peculiaridade da rotação desse elemento do capital produtivo. A transformação de seu valor em dinheiro ocorre paralelamente com a metamorfose em dinheiro da mercadoria, que é seu portador de valor. Mas sua retransformação de forma-dinheiro em forma de uso se separa da retransformação da mercadoria em seus demais elementos de produção e se determina muito mais por seu próprio período de reprodução, isto é, pelo tempo de vida do meio de trabalho, ao cabo do qual tem de ser substituído por outro exemplar da mesma espécie. Se a duração funcional de uma máquina, digamos com um valor de 10000 libras esterlinas, é, por exemplo, de 10 anos, então o tempo de rotação do valor originalmente adiantado nela será de 10 anos. Antes de decorrer esse prazo, não é preciso renová-la, pois ela continua a funcionar em sua forma natural.

Entretanto, seu valor circula, em parcelas, como parte do valor das mercadorias a cuja produção contínua ela serve, e é assim convertida gradualmente em dinheiro, até que por último, ao final dos 10 anos, terá se transformado totalmente em dinheiro e se retransformado de dinheiro em máquina, portanto terá completado sua rotação. Até a chegada desse tempo de reprodução, seu valor se acumula gradualmente sob a forma de um fundo monetário de reserva.

Os demais elementos do capital produtivo compõem-se, em parte, dos elementos do capital constante existentes como materiais auxiliares e matérias-primas e, em parte, de capital variável, gasto em força de trabalho.

A análise do processo de trabalho e de valorização (Livro 1, cap. 5) mostrou que esses diversos elementos, como formadores de produto e como formadores de valor, se comportam de modo totalmente diferente. O valor da parte do capital constante que consiste em materiais auxiliares e em matérias-primas – exatamente como o valor de sua parte que consiste em meios de trabalho – reaparece no valor do produto como valor apenas transferido, enquanto a força de trabalho, por meio do processo de trabalho, agrega ao produto um equivalente de seu valor, isto é, realmente reproduz seu valor. Além disso: parte dos materiais auxiliares, carvão que serve de combustível, gás de iluminação etc., é consumida no processo de trabalho, sem entrar materialmente no produto, enquanto outra parte deles se incorpora fisicamente ao produto e forma o material de sua substância. Todas essas diferenças, porém, não interferem na circulação e, portanto, no modo de rotação. À medida que materiais auxiliares e matérias-primas são totalmente consumidos na formação de seu produto, transferem todo o seu valor a este. Ele é, portanto, totalmente circulado pelo produto, transforma-se em dinheiro e de dinheiro volta a transformar-se nos elementos de produção da mercadoria. Sua rotação não é interrompida, como a do capital fixo, mas percorre continuamente todo o ciclo de suas formas, de modo que esses elementos do capital produtivo se renovam constantemente *in natura*.

No que se refere ao componente variável do capital produtivo, gasto em força de trabalho: a força de trabalho é comprada por determinado prazo. Tão logo o capitalista a tenha comprado e incorporado ao processo de produção, ela constitui um elemento de seu capital, a saber, seu elemento variável. Opera diariamente durante determinado tempo, no qual agrega ao produto não apenas todo o seu valor diário, mas, além disso, uma mais-valia excedente, a qual abstraímos por agora. Depois que a força de trabalho foi comprada e operou por uma semana, por exemplo, a compra tem de ser constantemente renovada dentro dos prazos habituais. O equivalente de seu valor, que a força de trabalho agrega ao produto durante seu funcionamento e que, com a circulação do produto, se transforma em dinheiro, tem de ser permanentemente retransformado de dinheiro em força de trabalho ou descrever permanentemente o ciclo completo de suas formas, isto é, rotar para que o ciclo de produção contínua não seja interrompido.

A parte do valor do capital produtivo adiantado em força de trabalho se transfere, portanto, totalmente ao produto (continuamos aqui a abstrair a mais-valia), descreve com ele as duas metamorfoses pertencentes à esfera da circulação e, por meio dessa renovação contínua, fica sempre incorporada ao processo de produção. Por maior que seja, portanto, a diferença de comportamento, com respeito à formação de valor, entre a força de trabalho e os componentes do capital constante que *não* constituem capital *fixo*, estes têm em comum esse modo de rotação de seu valor, em oposição ao capital fixo. Esses elementos do capital produtivo – as partes do valor do mesmo gastas em força de trabalho e meios de produção que não constituem capital fixo –, em virtude desse caráter comum de sua rotação, contrapõem-se ao capital fixo como capital *circulante* ou *fluido*.

Conforme se viu anteriormente,[I] o dinheiro que o capitalista paga ao trabalhador para a utilização da força de trabalho é, na realidade, apenas a forma-equivalente geral dos meios de subsistência necessários ao trabalhador. Nesse sentido, o capital variável consiste materialmente em meios de subsistência. Mas aqui, no exame da rotação, trata-se da forma. O que o capitalista compra não são os meios de subsistência do trabalhador, mas a própria força de trabalho. O que constitui a parte variável de seu capital não são os meios de subsistência do trabalhador, mas sim sua força de trabalho em atividade. O que o capitalista consome produtivamente no processo de trabalho é a própria força de trabalho, e não os meios de subsistência do trabalhador. É o próprio trabalhador quem converte o dinheiro recebido por sua força de trabalho em meios de subsistência, para retransformá-los em força de trabalho, para se manter vivo, do mesmo modo que, por exemplo, o capitalista converte parte da mais-valia da mercadoria que vende por dinheiro em meios de subsistência para si mesmo, sem que se diga, por isso, que o comprador de sua mercadoria lhe paga em meios de subsistência. Mesmo quando se paga ao trabalhador parte de seu salário em meios de subsistência, *in natura*, isso constitui, hoje, uma segunda transação. Ele vende sua força de trabalho por determinado preço e estipula-se, na ocasião, que receberá parte desse preço em meios de subsistência. Isso modifica apenas a forma de pagamento, mas não o fato de que ele realmente vende sua força de trabalho. É uma segunda transação, que já não se passa entre

I K. Marx, *O capital*, Livro 1, op. cit., parte 3, pp. 197–204. [N. E. B.]

trabalhador e capitalista, mas entre o trabalhador como comprador de mercadoria e o capitalista como vendedor de mercadoria, enquanto na primeira transação o trabalhador é vendedor de mercadoria (sua força de trabalho) e o capitalista, comprador dela. Seria exatamente o mesmo se o capitalista aceitasse mercadoria em pagamento de mercadoria, por exemplo, se em pagamento da máquina que ele vendesse à usina siderúrgica aceitasse ferro. Não são, portanto, os meios de subsistência do trabalhador que adquirem o caráter de capital fluido em oposição ao capital fixo. Nem é também sua força de trabalho, mas é a parte do valor do capital produtivo gasta nela que adquire esse caráter, em virtude da forma de sua rotação, conjuntamente com alguns e em oposição a outros elementos do capital constante.

O valor do capital fluido – em força de trabalho e meios de produção – é adiantado apenas pelo tempo durante o qual é completado o produto, conforme a escala da produção, que é dada pelo volume do capital fixo. Esse valor entra inteiramente no produto, volta, portanto, com a venda do produto, da circulação em sua totalidade, e pode ser novamente adiantado. A força de trabalho e os meios de produção em que existe o elemento fluido do capital são retirados, na medida necessária para a formação e a venda do produto acabado, da circulação, mas têm de ser repostos e renovados continuamente por meio de novas compras, da retransformação da forma-dinheiro em elementos de produção. São retirados do mercado em quantidades menores do que os elementos do capital fixo o são de uma vez, mas têm de ser retirados com mais frequência, e o adiantamento do capital gasto neles se renova em períodos mais curtos. Essa constante renovação se efetua por meio da conversão contínua do produto, que faz circular seu valor total. Por fim, descrevem incessantemente todo o ciclo das metamorfoses, não apenas quanto a seu valor, mas também quanto a sua forma material: são constantemente retransformados de mercadoria em elementos de produção da mesma mercadoria.

Com seu próprio valor, a força de trabalho constantemente agrega mais-valia ao produto, encarnação de trabalho não pago. Esta é posta em circulação constantemente pelo produto acabado e transformado em dinheiro, como seus demais elementos de valor. Aqui, porém, se trata, de início, da rotação do valor-capital, e não da mais-valia que rota com ele ao mesmo tempo, por isso se abstrairá, por ora, esta última.

Do exposto até aqui resulta o seguinte:

1. As determinações formais de capital fixo e fluido derivam apenas da rotação diferente do valor-capital que funciona no processo de produção ou do *capital produtivo*. Essa diversidade da rotação deriva, por sua vez, do modo distinto como os diversos elementos do capital produtivo transferem seu valor ao produto, mas não de sua participação diferente

na produção do valor-produto ou de seu comportamento característico no processo de valorização. A diversidade quanto à cessão do valor ao produto – e, portanto, também ao modo distinto como esse valor circula através do produto e por cujas metamorfoses é renovado em sua forma natural original – deriva, finalmente, da diversidade das figuras materiais em que existe o capital produtivo, do qual uma parte, durante a formação de cada produto, é totalmente consumida e outra apenas se desgasta gradualmente. Somente o capital produtivo, portanto, pode dividir-se em capital fixo e capital fluido. Em contrapartida, essa oposição não existe para os outros dois modos de existência do capital industrial, portanto nem para o capital-mercadoria nem para o capital monetário, tampouco como oposição de ambos ao capital produtivo. Existe apenas *para o capital produtivo e dentro do mesmo*. O capital monetário e o capital-mercadoria, por mais que funcionem como capital e por mais que circulem fluidamente, só podem tornar-se capital fluido em oposição ao fixo tão logo se transformem em elementos fluidos do capital produtivo. Como essas duas formas do capital têm seu lugar na esfera da circulação, a Economia, desde Adam Smith, deixou-se induzir, como veremos ainda, a juntá-las como a parte fluida do capital produtivo sob a categoria: capital circulante. São, na realidade, capital de circulação em oposição ao produtivo, mas não são capital circulante em oposição ao fixo.

2. A rotação do elemento fixo do capital, e portanto o tempo necessário a essa rotação, compreende várias rotações dos elementos fluidos do capital. Durante o tempo em que o capital fixo rota uma vez, o fluido rota várias vezes. Um componente do valor do capital produtivo adquire o caráter formal de capital fixo apenas na medida em que o meio de produção, no qual existe, não se desgaste no espaço de tempo em que o produto é aprontado e expelido do processo de produção como mercadoria. Parte de seu valor tem de permanecer vinculada a sua antiga forma útil que perdura, enquanto outra é circulada através do produto acabado, cuja circulação, entretanto, movimenta ao mesmo tempo o valor total dos elementos fluidos do capital.

3. A parte de valor do capital produtivo gasta em capital fixo foi adiantada de uma vez, por toda a vida funcional daquela parte dos meios de produção em que consiste o capital fixo. Esse valor é lançado, portanto, de uma só vez pelo capitalista na circulação; mas é novamente retirado da circulação apenas em parcelas e gradualmente, pela realização das partes do valor, que o capital fixo agrega parceladamente às mercadorias. Por outro lado: os próprios meios de produção em que se fixa um elemento do capital produtivo são retirados da circulação de uma vez, a fim de serem incorporados ao processo de produção por toda a sua vida funcional, mas durante esse tempo não precisam ser substituídos por

novos exemplares da mesma espécie, nem ser reproduzidos. Por tempo mais longo ou mais curto, continuam a contribuir para a formação das mercadorias lançadas à circulação, sem retirar da circulação os elementos de sua própria renovação. Durante esse tempo não exigem, pois, de seu lado, renovação do adiantamento por parte do capitalista. Finalmente: o valor-capital gasto em capital fixo percorre o ciclo de suas formas, durante a vida funcional dos meios de produção, em que ele existe não materialmente, mas apenas quanto a seu valor, e também isso apenas de maneira parcelada e gradual. Em outras palavras, parte de seu valor é circulada continuamente como parte do valor da mercadoria e transformada em dinheiro, sem que se retransforme de dinheiro em sua forma natural original. Essa retransformação do dinheiro na forma natural do meio de produção só tem lugar ao fim de seu período funcional, quando o meio de produção está inteiramente consumido.

4. Os elementos do capital fluido estão fixados tão continuamente no processo de produção – se ele deve ser contínuo – como os elementos do capital fixo. Mas os elementos do primeiro, assim fixados, são continuamente renovados *in natura* (os meios de produção por novos exemplares da mesma espécie, a força de trabalho por compra sempre renovada); enquanto os elementos do capital fixo, durante sua vida, não são renovados nem é preciso renovar sua compra. Encontram-se constantemente matérias-primas e materiais auxiliares no processo de produção, mas sempre novos exemplares da mesma espécie, depois que os antigos foram consumidos na formação do produto acabado. Do mesmo modo, encontra-se constantemente força de trabalho no processo de produção, mas apenas em virtude da renovação contínua de sua compra, e frequentemente com mudança das pessoas. Em contrapartida, exatamente os mesmos edifícios, máquinas etc. continuam, durante repetidas rotações do capital fluido, a funcionar nos mesmos processos repetidos de produção.

II. COMPONENTES, REPOSIÇÃO, REPARAÇÃO, ACUMULAÇÃO DO CAPITAL FIXO

No mesmo investimento de capital, os elementos individuais do capital fixo têm tempo de vida diferente e, consequentemente, tempos diferentes de rotação. Numa ferrovia, por exemplo, trilhos, dormentes, obras de terraplenagem, edifícios das estações, pontes, túneis, locomotivas e vagões diferem quanto à vida funcional e ao tempo de reprodução, e o capital neles adiantado tem, portanto, tempos diferentes de rotação. Durante uma longa série de anos, edifícios, cais, reservatórios de água, viadutos, túneis, escavações e barragens, em uma palavra, tudo o que o sistema ferroviário inglês chama de *works of art* [obras de arte], não precisam ser renovados. Os principais objetos de depreciação são os trilhos e o material de transporte (*rolling stock*).

Originalmente, na época da construção das estradas de ferro modernas, a opinião dominante, corroborada pelos engenheiros práticos mais eminentes, era a de que a duração de uma estrada de ferro seria secular e o desgaste dos trilhos tão imperceptível que poderia ser posto de lado para todos os fins financeiros e práticos; estimava-se em 100–150 anos o tempo de vida de bons trilhos. Logo se verificou, entretanto, que o tempo de vida de um trilho, que depende naturalmente da velocidade das locomotivas, do peso e do número de trens, da espessura dos próprios trilhos e de uma série de outras circunstâncias complementares, não excedia, em média, 20 anos. Em certas estações, centros de grande tráfego, os trilhos se desgastam a cada ano. Por volta de 1867 começaram-se a introduzir trilhos de aço, que custavam aproximadamente o dobro dos trilhos de ferro, durando, em compensação, mais de duas vezes que estes. O tempo de vida dos dormentes de madeira era de 12–15 anos. Quanto ao material de transporte, verificou-se desgaste significativamente maior dos vagões de carga que o dos vagões de passageiros. O tempo de vida de uma locomotiva calculou-se, em 1867, em 10–12 anos.

O desgaste é causado, em primeiro lugar, pelo próprio uso. Em geral, os trilhos se desgastam proporcionalmente ao número de trens (R. C., n. 17645).[22] Ao aumentar a velocidade, o desgaste cresceu em proporção maior que o quadrado da velocidade; em outras palavras, ao duplicar-se a velocidade dos trens, o desgaste aumentou em mais do quádruplo (R. C., n. 17046).

Um desgaste adicional ocorre pela influência das forças naturais. Assim, os dormentes não só sofrem o desgaste real mas também apodrecem.

> Os custos de manutenção das ferrovias não dependem tanto do desgaste que o tráfego acarreta quanto da qualidade da madeira, do ferro e das amuradas, expostos à atmosfera. Um único mês de rigoroso inverno causa mais danos à via férrea do que o tráfego de um ano inteiro. (R. P. Williams, "On the Maintenance of Permanent Way". Conferência realizada no Institute of Civil Engineers, outono de 1867)[I]

Finalmente, como em toda grande indústria, o desgaste moral desempenha aqui também seu papel: ao cabo de dez anos, pode-se comprar,

---

I Marx cita aqui a conferência de Richard Price Williams, "On the Maintenance and Renewal of Permanent Way", publicada na *Money Market Review* de 2 dez. 1867. [N. E. A.]

geralmente, por 30 000 libras esterlinas o mesmo *quantum* de vagões e locomotivas que antes custava 40 000. Assim, tem-se de calcular para esse material uma depreciação de 25% sobre o preço do mercado, mesmo quando não haja nenhuma depreciação do valor de uso (Lardner, *Railway Economy* [p. 120]).

> Pontes tubulares não serão mais renovadas em sua forma atual.

(Pois hoje há melhores formas para tais pontes.)

> Reparações ordinárias, retirada e reposição de peças isoladas não são praticáveis. (W. B. Adams, *Roads and Rails*. London, 1862 [p. 136])

Os meios de trabalho em grande parte são constantemente revolucionados pelo progresso da indústria. Por isso, não são repostos em sua forma original, mas na forma revolucionada. Por um lado, a massa do capital fixo que é investida em determinada forma natural e destinada a perdurar na mesma por determinado tempo médio de vida constitui um motivo para a introdução apenas gradual de novas máquinas etc. e, por isso, um obstáculo à rápida introdução geral dos meios de trabalho aperfeiçoados. Por outro, a luta concorrencial, notadamente quando se trata de inovações decisivas, obriga a substituir os antigos meios de trabalho antes do fim natural de sua vida por novos. São sobretudo catástrofes, crises, que impõem tal renovação prematura do equipamento das empresas em grande escala social.

A depreciação (excetuada a moral) é a parte de valor que o capital fixo, em virtude de seu desgaste, cede gradualmente ao produto, na proporção média em que perde seu valor de uso.

Em parte, esse desgaste é tal que o capital fixo possui determinado tempo médio de vida; por esse tempo, ele é adiantado integralmente; ao cabo dele, tem de ser inteiramente reposto. Para os meios de trabalho vivos, cavalos por exemplo, o tempo de reprodução é prescrito pela própria Natureza. Seu tempo de vida médio como meio de trabalho é determinado por leis naturais. Esgotado esse prazo, os exemplares desgastados têm de ser substituídos por novos. Um cavalo não pode ser substituído por partes, apenas por outro cavalo.

Outros elementos do capital fixo admitem renovação periódica ou parcial. Aqui, é mister distinguir entre reposição parcial ou periódica e expansão gradual da empresa.

O capital fixo se compõe, em parte, de elementos da mesma espécie, mas que não duram por igual, sendo renovados, por partes, em intervalos diferentes. Assim como os trilhos nas estações, que têm de ser repostos com mais frequência que no resto da via férrea. Assim também como os dormentes, que, segundo Lardner, nas ferrovias belgas, na década de [18]50, foram repostos na base de 8% por ano, sendo portanto os dormentes renovados em sua totalidade no decorrer de 12 anos.[I] A situação é aqui, portanto, a seguinte: adianta-se uma soma por um prazo de dez anos, por exemplo, em determinada espécie de capital fixo. Esse dispêndio é feito de uma vez. Mas uma parte determinada desse capital fixo, cujo valor entrou no valor do produto e foi convertido, junto com este, em dinheiro, é reposta a cada ano *in natura*, enquanto a outra parte continua a existir em sua forma natural original. É o adiantamento feito de uma vez e a reprodução apenas parcelada em forma natural o que distingue esse capital, como fixo, do capital fluido.

Outras partes do capital fixo se compõem de elementos desiguais, que se desgastam e, portanto, têm de ser repostos em períodos diferentes. Isso acontece notadamente com as máquinas. O que acabamos de observar com respeito ao tempo de vida diferente dos diferentes elementos de um capital fixo aplica-se aqui ao tempo de vida dos diferentes componentes da mesma máquina, que figura como parte desse capital fixo.

Com referência à expansão gradual do negócio no curso da renovação parcial, observamos o seguinte. Embora, como vimos, o capital fixo continue a atuar *in natura* no processo de produção, parte de seu valor, conforme a depreciação média, circulou com o produto e foi transformada em dinheiro, constituindo elemento do fundo de reserva monetária para a reposição do capital no momento de sua reprodução *in natura*. Essa parte do valor do capital fixo, assim transformada em dinheiro, pode servir para ampliar o negócio ou aplicar melhoramentos às máquinas, que aumentam sua eficácia. Em intervalos mais longos ou mais curtos tem lugar, assim, uma reprodução que – do ponto de vista da sociedade – é reprodução em escala ampliada; extensiva, se o campo de produção é expandido; intensiva, se é aumentada a eficácia do meio de produção. Essa reprodução em escala ampliada não decorre da acumulação – transformação de mais-valia em capital –, mas da retransformação do valor, que se ramificou, se desprendeu em forma-dinheiro do corpo do capital fixo, em novo capital fixo da mesma espécie, adicional ou então mais eficaz. É claro que dependem em parte da natureza específica da empresa até que ponto e em que dimensões ela é capaz de realizar tal adição gradual, por conseguinte também em que dimensões um fundo de reserva tem de ser reunido a fim de ser reinvestido dessa maneira e em que intervalos isso pode acontecer. Até que ponto, por

---

I Em Dionysius Lardner, *Railway Economy: A Treatise on the New Art of Transport...*, lê-se: aproximadamente 8%. Se fossem exatamente 8%, o texto deveria falar de 12½ anos. [N. E. A.]

outro lado, aperfeiçoamentos de detalhes podem ser aplicados em maquinaria existente depende naturalmente da natureza do aperfeiçoamento e da construção da própria máquina. O quanto esse ponto é considerado de antemão, por exemplo nas instalações ferroviárias, demonstra Adams:

> Toda a construção deve orientar-se pelo princípio que domina a colmeia – capacidade de expansão ilimitada. Todas as estruturas demasiadamente sólidas e de antemão simétricas são prejudiciais e, em caso de expansão, têm de ser demolidas. (p. 123)

Isso depende, em grande parte, do espaço disponível. Em alguns edifícios é possível aumentar a altura com novos andares, outros têm de expandir-se na horizontal, portanto exigem mais terreno. Na produção capitalista desperdiçam-se, por um lado, muitos recursos e, por outro, há muita expansão horizontal dessa espécie, que é inadequada (prejudicando, em parte, a força de trabalho) na expansão gradual do negócio, pois nada se realiza segundo um plano social, tudo depende de circunstâncias, meios etc. infinitamente diversos com que opera o capitalista individual. Daí resulta grande desperdício das forças produtivas.

Esse reinvestimento parcelado do fundo de reserva monetário (isto é, da parte do capital fixo retransformada em dinheiro) é mais fácil na agricultura. Um campo de produção de determinada extensão é capaz de maior absorção gradual de capital. O mesmo ocorre onde há reprodução natural, como na pecuária.

O capital fixo ocasiona gastos especiais de manutenção. Parte da manutenção é efetuada pelo próprio processo de trabalho; o capital fixo se estraga quando não funciona no processo de trabalho. (Ver Livro 1, cap. 6 e cap. 13: desgaste da maquinaria causado pela falta de uso.)[I] Por isso, a legislação inglesa considera expressamente prejuízo (*waste*) quando terras arrendadas não são cultivadas segundo os costumes locais (W. A. Holdsworth, *barrister at law* [advogado]. *The Law of Landlord and Tenant.* London, 1857, p. 96). Essa manutenção, que resulta do uso no processo de trabalho, é um dom natural gratuito do trabalho vivo. E, na verdade, a força conservadora do trabalho é de dupla natureza. Por um lado, conserva o valor dos materiais do trabalho, transferindo-o ao produto; por outro, conserva o valor dos meios de trabalho, na medida em que não o transfere também ao produto, ao manter seu valor de uso por meio de sua ação no processo de produção.

Mas o capital fixo exige também dispêndio positivo de trabalho para sua manutenção. A maquinaria precisa ser limpa periodicamente. Trata-se

---

I K. Marx, *O capital*, Livro 1, op. cit., pp. 227–28 e 378–79. [N. E. B.]

aqui de trabalho adicional, sem o qual ela se torna inutilizável; de mera defesa contra influências prejudiciais dos elementos, que são inseparáveis do processo de produção, portanto de manutenção, no sentido literal, da capacidade de operar. O tempo de vida normal do capital fixo se calcula, naturalmente, admitindo-se que estejam preenchidas as condições em que pode funcionar normalmente durante esse tempo, assim como se supõe que, se um ser humano vive em média 30 anos, ele se lave. Não se trata aqui da reposição do trabalho contido na máquina, mas de trabalho adicional contínuo que seu uso torna necessário. Não se trata de trabalho feito pela máquina, mas feito sobre ela, no qual ela não é agente da produção, mas matéria-prima. O capital investido nesse trabalho, embora não entre no processo de trabalho propriamente dito, ao qual o produto deve sua origem, faz parte do capital fluido. Esse trabalho tem de ser continuamente despendido na produção, seu valor, portanto, continuamente reposto pelo valor do produto. O capital despendido nele pertence à parte do capital fluido que tem de cobrir os falsos custos gerais e que, mediante um cálculo da média anual, deve se repartir pelo produto-valor. Vimos[I] que, na indústria propriamente dita, esse trabalho de limpeza é executado gratuitamente pelos trabalhadores nos momentos de descanso, motivo pelo qual o realizam muitas vezes durante o próprio processo de produção, onde se torna a causa da maioria dos acidentes. Esse trabalho não conta no preço do produto. O consumidor o recebe, nessa medida, gratuitamente. Por outro lado, o capitalista obtém, desse modo, os custos de manutenção de sua máquina de graça. O trabalhador paga com sua própria pessoa, e isso constitui um dos mistérios da autoconservação do capital, os quais constituem de fato um direito do trabalhador sobre a maquinaria e o tornam, mesmo do ponto de vista jurídico burguês, coproprietário dela. Em diversos ramos da produção, porém, em que a maquinaria tem de ser retirada do processo de produção para sua limpeza e, por isso, esta não pode ser feita no meio-tempo, como, por exemplo, no caso das locomotivas, esse trabalho de manutenção figura entre os custos correntes, portanto como elemento do capital fluido. Depois de funcionar no máximo três dias, uma locomotiva tem de ser levada à oficina para limpeza; a caldeira tem de esfriar primeiro para não se estragar com a lavagem (R. C., n. 17823).

Os consertos ou remendos propriamente ditos exigem dispêndio de capital e de trabalho, que não estão contidos no capital originalmente adiantado, portanto, em todo caso nem sempre podem ser repostos e cobertos pela reposição gradual do valor do capital fixo. Se, por exemplo, o valor do capital fixo é = 10 000 libras esterlinas e seu tempo total de

---

I Ibid., p. 394, nota 190a (pp. 763-64). [N. E. B.]

vida = 10 anos, essas 10 000 libras esterlinas, transformadas inteiramente em dinheiro depois de dez anos, repõem apenas o valor do capital originalmente investido, mas não o novo capital, ou trabalho, que, nesse intervalo, foi agregado na forma de consertos. Esse é um elemento adicional de valor que não é adiantado de uma vez, mas de acordo com as necessidades, e cujos períodos de adiantamento são aleatórios pela própria natureza da coisa. Todo capital fixo exige tal dispêndio posterior, adicional, dosado, de capital em meios de trabalho e força de trabalho.

Os estragos a que estão sujeitas partes isoladas da maquinaria etc. são, pela própria natureza da coisa, aleatórios, e assim o são também, portanto, os consertos exigidos. Não obstante, distinguem-se dessa massa duas espécies de trabalhos de reparação, que têm caráter mais ou menos fixo e ocorrem em distintos períodos de vida do capital fixo – as doenças infantis e as doenças, muito mais numerosas, da idade avançada. Uma máquina, por exemplo, pode ingressar no processo de produção com a construção mais perfeita; ao ser usada efetivamente, revelam-se defeitos, que têm de ser corrigidos mediante trabalho posterior. Por outro lado, quanto mais ela tenha ultrapassado metade de seu tempo de vida, quanto mais, portanto, tenha se acumulado o desgaste normal e o material de que se compõe esteja gasto e decrépito, tanto mais numerosos e importantes tornam-se os trabalhos de reparação necessários para manter a máquina viva até o fim de seu período médio de vida; do mesmo modo que um velho, para não morrer antes do tempo, tem mais gastos médicos do que um jovem robusto. Apesar de seu caráter aleatório, os trabalhos de reparação distribuem-se, portanto, em massas desiguais nos diferentes períodos de vida do capital fixo.

Daí e também do caráter geralmente aleatório dos trabalhos de reparação na máquina segue:

Por um lado, o dispêndio efetivo de força de trabalho e meios de trabalho em trabalhos de reparação é aleatório, como as próprias circunstâncias que exigem esses consertos; o volume dos consertos necessários se distribui diversamente pelos diferentes períodos de vida do capital fixo. Por outro, supõe-se sempre, ao estimar o tempo médio de vida do capital fixo, que este é constantemente mantido em condições de operar, em parte, mediante limpeza (inclusive a limpeza do local), em parte, mediante consertos, sempre que exigidos. A transferência de valor pela depreciação do capital fixo é calculada sobre seu período médio de vida, mas esse período médio de vida é calculado pressupondo-se que o capital adicional exigido para a manutenção seja adiantado continuamente.

Por outro lado, é igualmente claro que o valor agregado por esse dispêndio adicional de capital e trabalho não pode entrar no preço das mercadorias simultaneamente com a despesa efetiva. Um fiandeiro, por exemplo, não pode vender seu fio mais caro nesta semana que na semana anterior porque nesta semana lhe quebrou uma roda ou lhe arrebentou uma correia. Os custos gerais de fiação não mudaram em nada devido a esse acidente numa fábrica isolada. Aqui, como em toda determinação de valor, o que determina é a média. A experiência mostra o volume médio de tais acidentes e dos trabalhos de manutenção e reparação necessários durante o período médio de vida de um capital fixo investido em determinado ramo de negócios. Essa despesa média é distribuída pelo período médio de vida, adicionada em porções alíquotas correspondentes ao preço do produto e, por conseguinte, reposta pela venda deste.

O capital adicional assim reposto pertence ao capital fluido, embora seja despendido de maneira irregular. Como é da maior importância curar imediatamente cada doença da maquinaria, em toda grande fábrica há um pessoal agregado aos trabalhadores de fábrica propriamente ditos, engenheiro, marceneiro, mecânico, serralheiro etc. Seu salário forma parte do capital variável, e o valor de seu trabalho se distribui pelo produto. Por outro lado, as despesas exigidas em meios de produção se definem de acordo com aquele cálculo de média e constituem, segundo esse cálculo, continuamente parte do valor do produto, embora sejam de fato adiantadas em períodos irregulares, portanto também entram no produto, ou seja, no capital fixo, em períodos irregulares. Esse capital aplicado em consertos propriamente ditos constitui, sob vários aspectos, um capital de espécie peculiar, que não pode ser classificado como capital fluido nem como capital fixo, mas, por fazer parte das despesas correntes, pertence mais ao primeiro.

O modo de contabilização naturalmente em nada altera a conexão real entre as coisas contabilizadas. Importa, porém, observar que em muitos ramos de negócios é costume somar os custos de reparação à real depreciação do capital fixo do seguinte modo: sejam 10 000 libras esterlinas o capital fixo adiantado e 15 anos seu período de vida; a depreciação anual será então de 666⅔ libras esterlinas. Calcula-se, porém, a depreciação com base em dez anos apenas, isto é, acrescentam-se ao preço das mercadorias produzidas 1 000 libras esterlinas por ano para o desgaste do capital fixo, em vez de 666⅔ libras esterlinas; em outras palavras, 333⅓ libras esterlinas são reservadas para trabalhos de reparação etc. (Os números 10 e 15 têm apenas caráter exemplificativo.) Essa soma é, portanto, despendida em média em consertos, a fim de que o capital fixo dure 15 anos. Esse cálculo não impede, naturalmente, que o capital fixo e o capital adicional aplicado em consertos constituam categorias diferentes. Com base nesse modo de calcular admitiu-se, por exemplo, que a estimativa mínima dos custos de conservação e reposição de navios a vapor é de 15% por ano, portanto tempo de reprodução = 6⅔ anos. Na década de [18]60, o governo inglês indenizou esses custos à Peninsular and Oriental Co. a 16% por ano, o que equivale a um tempo de reprodução de 6¼ anos. No setor ferroviário, o tempo médio de vida de uma locomotiva é de 10 anos, mas, incluindo os consertos, admite-se uma depreciação de 12½%, o que reduz o tempo de vida a 8 anos. Para vagões de passageiros e de carga calcula-se 9%, admitindo assim um tempo de vida de 11⅑ anos.

Em contratos de locação de casas e de outros objetos, que para seu proprietário são capital fixo e como tal são alugados, a legislação reconheceu a diferença entre a depreciação normal, provocada pelo tempo, pela influência dos elementos e pela própria utilização normal, e os consertos ocasionais, exigidos periodicamente para manter a casa durante seu tempo de vida normal e sua utilização normal. Em regra, as despesas da primeira espécie recaem sobre o proprietário, as da segunda sobre o locatário. Os consertos dividem-se, além disso, em ordinários e substanciais. Os últimos são, em parte, renovação do capital fixo em sua forma natural e recaem também sobre o proprietário, se o contrato não diz expressamente o contrário. Assim, por exemplo, segundo o direito inglês:

> Um locatário só é obrigado a manter de ano a ano as edificações impenetráveis ao vento e à água enquanto for possível fazê-lo sem consertos substanciais; só lhe incumbem em geral os consertos que podem ser qualificados de ordinários. E, mesmo a esse respeito, tem-se de considerar a idade e o estado geral do edifício em questão no momento que o locatário tomou posse dele, pois ele não é obrigado a substituir material velho e desgastado por novo nem a reparar a desvalorização inevitável resultante do decurso do tempo e da utilização regular. (Holdsworth, *Law of Landlord and Tenant*, pp. 90–91)

Inteiramente diferente da reposição do desgaste, assim como dos trabalhos de manutenção e reparação, é o *seguro*, que se refere à destruição por eventos naturais extraordinários, incêndio, inundações etc. Ele tem de ser coberto pela mais-valia e constitui uma dedução desta. Ou, considerado do ponto de vista da sociedade como um todo: tem de haver uma superprodução contínua, isto é, uma produção em escala maior que a necessária à simples reposição e reprodução da riqueza existente – abstraindo aqui o crescimento da população –, a fim de se ter os meios de produção à disposição, de modo a compensar a destruição extraordinária causada por acidentes e forças naturais.

Na realidade, apenas parte diminuta do capital necessário à reposição forma o fundo de reserva monetário. A parte mais importante se encontra na expansão da própria escala de produção, que em parte é expansão efetiva, em parte pertence ao volume normal dos ramos da produção que produzem capital fixo. Assim, por exemplo, uma fábrica de máquinas está preparada tanto para a ampliação anual das fábricas de seus clientes quanto para a reprodução parcial ou completa de suas máquinas.

Na determinação da depreciação, assim como dos custos de reparação, pela média social, resultam necessariamente grandes desigualdades, mesmo para investimentos de capital da mesma grandeza, que se encontram, estando tudo o mais nas mesmas condições, no mesmo ramo da produção. Na prática, a máquina etc., que para um capitalista dura mais que o período médio, para outro dura menos. Os custos de reparação para uns estão acima, para outros abaixo da média etc. Mas o acréscimo ao preço da mercadoria, determinado pela depreciação, assim como pelos custos de reparação, é sempre o mesmo e determina-se pela média. Um recebe com esse acréscimo, portanto, mais do que realmente agregou, e outro, menos. Isso, assim como as demais circunstâncias que fazem, sendo igual a exploração da força de trabalho, diferir o ganho de diferentes capitalistas, no mesmo ramo de negócios, contribui para dificultar a compreensão da verdadeira natureza da mais-valia.

O limite entre consertos propriamente ditos e reposição, entre custos de manutenção e custos de renovação, é mais ou menos fluido. Daí a disputa infindável, por exemplo nas ferrovias, sobre se certas despesas são de reparação ou de reposição e se têm de ser imputadas às despesas correntes ou ao capital básico. A transferência das despesas de conserto para a conta do capital, e não para a conta da *revenue*, é o método bem conhecido por meio do qual os diretores das ferrovias aumentam artificialmente seus dividendos. Mas a experiência já forneceu, também a esse respeito, os pontos de apoio mais essenciais. Os trabalhos posteriores durante o primeiro período de vida da ferrovia, por exemplo,

> não constituem consertos, mas devem ser considerados uma parte essencial da construção da ferrovia, a ser colocada na conta do capital, visto que eles não decorrem do desgaste ou da ação normal do tráfego, mas se devem à imperfeição original e inevitável da construção da ferrovia. (Lardner, [*Railway Economy*,] op. cit., p. 40)

> O único método correto consiste, ao contrário, em imputar à conta da *revenue* de cada ano a depreciação que necessariamente ocorre para ser possível a obtenção dessa *revenue*, sendo indiferente se essa soma foi realmente gasta ou não. (Captain Fitzmaurice, "Committee of Inquiry on Caledonian Railway", publicado em *Money Market Review*, 1868)

A separação entre reposição e manutenção do capital fixo se torna praticamente impossível e sem propósito na agricultura, pelo menos enquanto não se utiliza vapor.

> "Com um inventário de instrumentos completo, mas não exageradamente abundante" (instrumentos de lavoura e de outros trabalhos, ferramentas de toda espécie) "costuma-se estimar, em média geral, o desgaste *e* a manutenção anual do inventário de instrumentos, conforme a diversidade das circunstâncias dadas, em 15-25% do capital empregado em sua compra." (Kirchhof, *Handbuch der landwirthschaftlichen Betriebslehre*. Dessau, 1852, p. 137)

No material de transporte de uma ferrovia, consertos e reposição não são separáveis ao todo.

> "Mantemos nosso material de transporte quanto ao número. Qualquer que seja o número de nossas locomotivas, nós o mantemos. Se uma delas, no decorrer do tempo, se torna impossível de usar, de modo que é mais vantajoso construir uma nova, então fazemo-lo à custa da *revenue*, creditando na conta da *revenue*, naturalmente, o valor dos materiais que sobraram da velha máquina. [...] Sempre sobra bastante coisa. [...] As rodas, os eixos, as caldeiras etc., em uma palavra, sobra boa parte da velha locomotiva." (T. Gooch, *chairman of* [presidente da] Great Western Railway Co., R. C., n. 17327, 17329) – "Consertar significa renovar; para mim não existe a palavra 'reposição' [...]; se uma empresa ferroviária comprou uma vez um vagão ou uma locomotiva, deve consertá-los de modo que possam correr eternamente." (17784) "Calculamos como gastos de locomotiva 8½ pence por milha inglesa percorrida. Com esses 8½ pence, mantemos as locomotivas para sempre. Renovamos nossas máquinas. Se o senhor compra uma máquina nova, o senhor gasta mais dinheiro que o necessário. [...] Na velha máquina, encontram-se sempre um par de rodas, um eixo ou qualquer outra peça que é aproveitável e ajuda a tornar mais barata a construção de uma máquina, tão boa quanto uma inteiramente nova." (17790) "Toda semana produzo uma locomotiva nova, isto é, tão boa como nova, pois a caldeira, o cilindro e o chassi são novos." (17823. Archibald Sturrock, *locomotive superintendent of* [superintendente de locomotivas da] Great Northern Railway, R. C. 1867)

O mesmo ocorre com os vagões:

> No decorrer do tempo, o estoque de locomotivas e vagões é continuamente renovado; uma vez rodas novas são colocadas, outra vez se faz um novo chassi. As partes sobre as quais se apoia o movimento e que estão mais expostas ao desgaste são renovadas gradualmente; as máquinas e vagões podem ser submetidos a tal série de consertos que em alguns deles não resta nenhum vestígio do material antigo. [...] Mesmo quando eles já não podem ser reparados, peças de velhos vagões e de locomotivas são reaproveitadas e, desse modo, nunca desaparecem totalmente da ferrovia. O capital móvel se encontra,

assim, em reprodução contínua; o que nos trilhos tem de ser feito de uma vez, em determinado período, quando a estrada toda é refeita, tem lugar com o material de transporte gradualmente, ano a ano. Sua existência é perene, ele está em contínuo rejuvenescimento. (Lardner, pp. 115–16)

Esse processo, como Lardner o descreve aqui em relação às ferrovias, não se aplica a uma fábrica isolada, mas serve para ilustrar a reprodução contínua, parcial, do capital fixo, que se confunde com os consertos, dentro de todo um ramo industrial ou, de modo geral, dentro da produção total, considerada em escala social.

Aqui uma prova dos amplos limites, dentro dos quais diretorias hábeis podem manipular os conceitos de reparação e reposição a fim de obter dividendos. Segundo a conferência de R. P. Williams, acima citada, várias sociedades ferroviárias inglesas, numa série de anos, imputaram à conta da *revenue*, para consertos e custos de manutenção dos trilhos e dos edifícios, em média a soma seguinte (por milha inglesa de estrada por ano):

London & North Western	£ 370
Midland	£ 225
London & South Western	£ 257
Great Northern	£ 360
Lancashire & Yorkshire	£ 377
South Eastern	£ 263
Brighton	£ 266
Manchester & Sheffield	£ 200

Essas diferenças provêm apenas em parte mínima de diversidade das despesas reais; decorrem quase exclusivamente da maneira distinta de calcular, conforme itens de despesas são debitados da conta do capital ou da conta da *revenue*. Williams diz expressamente:

> Admite-se o encargo menor, por ser necessário a um bom dividendo, e faz-se o encargo maior, por haver uma *revenue* mais abundante, capaz de suportá-lo.[I]

Em certos casos, o desgaste, e portanto sua reposição, torna-se, na prática, uma grandeza evanescente, de modo que somente se levam em conta os custos de reparação. O que Lardner diz a seguir sobre as *works of art* nas ferrovias aplica-se, em geral, a todas as obras igualmente duráveis, canais, docas, pontes de ferro e de pedra etc.

I Ver p. 164, nota I. [N. E. A.]

> O desgaste que resulta da ação lenta do tempo sobre as obras mais sólidas atua quase imperceptivelmente em períodos mais curtos; mas, após o decurso de um período longo, de séculos por exemplo, ele acarreta necessariamente a renovação, total ou parcial, mesmo das construções mais sólidas. Esse desgaste imperceptível e aquele mais sensível nas outras partes da ferrovia podem ser comparados com as desigualdades seculares e periódicas no movimento dos astros. A ação do tempo sobre as construções mais sólidas de uma ferrovia, pontes, túneis, viadutos etc., fornece exemplos do que podemos chamar de desgaste secular. A depreciação mais rápida e mais visível, que, em períodos mais curtos, é remediada por consertos ou reposição, é análoga às desigualdades periódicas. Nos custos anuais de reparação inclui-se também a reposição de danos acidentais que experimenta de tempo em tempo a superfície, mesmo das construções mais duráveis; mas, independentemente desses consertos, a idade não deixa de atuar sobre elas e, por mais remoto que seja, chegará necessariamente o momento em que seu estado exigirá nova edificação. Do ponto de vista financeiro e econômico, esse momento pode estar, porém, demasiadamente afastado para ser incluído no cálculo prático. (Lardner, [*Railway Economy*,] op. cit., pp. 38-39)

Isso se aplica a todas as obras de duração secular, nas quais, portanto, o capital adiantado não tem de ser reposto gradualmente, de acordo com seu desgaste, mas se transferem ao preço do produto apenas os custos médios anuais de manutenção e conserto.

Embora, como vimos, grande parte do dinheiro que reflui para repor o desgaste do capital fixo anualmente ou em períodos ainda mais curtos seja retransformada em sua forma natural, ainda assim, cada capitalista precisa de um fundo de amortização para a parte do capital fixo que só após o decurso de anos chega de uma vez a seu momento de reprodução e, então, tem de ser reposta por inteiro. Parte considerável do capital fixo exclui, por sua natureza, a reprodução parcelada. Além disso, ali onde a reprodução se realiza parceladamente, de modo que, em intervalos curtos, se agrega ao estoque depreciado outro novo, torna-se necessária, conforme o caráter específico do ramo da produção, uma acumulação monetária prévia de maior ou menor volume antes de poder efetuar-se essa reposição. Para isso não basta qualquer soma de dinheiro, mas se requer uma soma de dinheiro de certo volume.

Se observamos isso pressupondo apenas circulação monetária simples, sem considerar o sistema de crédito a ser desenvolvido mais tarde, o mecanismo do movimento é o seguinte: no Livro 1 (cap. 3, [parte] 3, a), mostrou-se que, quando parte do dinheiro existente numa sociedade sempre fica em alqueive como tesouro, enquanto outra funciona como meio de circulação, ou como fundo de reserva direto do dinheiro que circula diretamente, muda de forma contínua a proporção em que a massa total do dinheiro se reparte em tesouro e meio de circulação. Em nosso caso, o dinheiro que tem de estar acumulado em grande quantidade como tesouro nas mãos de um grande capitalista é lançado de uma vez na circulação quando da compra do capital fixo. Ele se reparte, por sua vez, na sociedade em meio de circulação e em tesouro. Mediante o fundo de amortização, em que, na medida do desgaste do capital fixo, o valor deste reflui a seu ponto de partida, parte do dinheiro circulante forma de novo tesouro – por tempo mais longo ou mais curto – nas mãos do mesmo capitalista, cujo tesouro, quando da compra do capital fixo, se transformara em meio de circulação e se afastara dele. É uma distribuição sempre mutante do tesouro existente na sociedade, que funciona alternadamente como meio de circulação e depois novamente é excluído da massa do dinheiro circulante como tesouro. Com o desenvolvimento do sistema de crédito, que marcha necessária e paralelamente ao desenvolvimento da grande indústria e da produção capitalista, esse dinheiro não funciona como tesouro, mas como capital, não nas mãos de seu proprietário, mas nas de outros capitalistas, à disposição dos quais é colocado.

CAPÍTULO 9

A ROTAÇÃO COMPLETA DO CAPITAL ADIANTADO. CICLOS DE ROTAÇÃO

Vimos que os elementos fixos e fluidos do capital produtivo rotam de maneira diferente e em distintos períodos e que os diversos elementos do capital fixo no mesmo negócio têm, conforme sua duração de vida e, portanto, de reprodução, períodos de rotação diferentes. (Quanto à diferença real ou aparente na rotação de diversos elementos do capital fluido no mesmo negócio, veja no final deste capítulo o item 6.)

1. A rotação completa do capital adiantado é a rotação média de seus diversos elementos; modo de calcular mais adiante. À medida que se trata apenas de períodos de tempo diferentes, nada mais fácil que tirar sua média; mas:

2. existe aqui uma diferença não apenas quantitativa, mas também qualitativa.

O capital fluido, que entra no processo de produção, transfere todo o seu valor ao produto e, por isso, tem de ser constantemente reposto pela venda do produto *in natura*, a fim de que o processo de produção prossiga sem interrupção. O capital fixo que entra no processo de produção transfere apenas parte de seu valor (a depreciação) ao produto e continua, apesar da depreciação, a funcionar no processo de produção; por isso, só precisa ser reposto *in natura* em intervalos mais longos ou mais curtos, em todo caso com menor frequência que o capital fluido. Essa necessidade de reposição, o prazo de reprodução, difere não apenas quantitativamente para os diversos elementos do capital fixo, mas, como vimos, parte do capital fixo mais durável, de muitos anos de vida, pode ser reposta anualmente ou em intervalos mais curtos e agregada *in natura* ao antigo capital fixo; capital fixo de outra natureza só pode ser reposto de uma vez, ao fim de sua vida.

É necessário, portanto, reduzir as rotações particulares das diversas partes do capital fixo a uma mesma forma de rotação, de modo que elas difiram apenas quantitativamente, pela duração da rotação.

Essa identidade qualitativa não existe, se tomamos *P* ... *P* – a forma do processo de produção contínuo – por ponto de partida. Pois determinados elementos de *P* têm de ser repostos constantemente *in natura* e outros não. A forma *D* ... *D'*, ao contrário, proporciona essa identidade de rotação. Tomemos, por exemplo, uma máquina no valor de 10 000 libras esterlinas, que dure 10 anos, da qual, portanto, $\frac{1}{10}$ = 1000 libras esterlinas se retransforma anualmente em dinheiro. Essas 1000 libras esterlinas se retransformaram, no decorrer de um ano, de capital monetário em capital produtivo e capital-mercadoria e, deste, em capital monetário. Retornaram a sua forma-dinheiro original, do mesmo modo que o capital fluido, se o consideramos sob essa forma, e não importa, nesse caso, se o capital monetário de 1000 libras esterlinas, ao fim do ano, seja retransformado ou não na forma natural de uma máquina. No cálculo da rotação completa do capital produtivo adiantado fixamos, portanto, todos os seus elementos na forma-dinheiro, de modo que o retorno à forma-dinheiro encerra a rotação. Consideramos sempre o valor como adiantado em dinheiro, mesmo no processo de produção contínuo, em que essa forma-dinheiro do valor é apenas a de moeda de conta. Desse modo, podemos então tirar a média.

3. Segue daí que, mesmo se parte bem maior do capital produtivo adiantado consiste em capital fixo cujo tempo de reprodução, e portanto de rotação, compreende um ciclo de muitos anos, o valor-capital rotado durante o ano, em consequência das repetidas rotações do capital fluido nesse ano, pode ser maior que o valor total do capital adiantado.

Seja o capital fixo = 80 000 libras esterlinas, seu tempo de reprodução = 10 anos, de modo que todo ano 8 000 libras esterlinas dele retornem a sua forma-dinheiro, efetuando $\frac{1}{10}$ de sua rotação. Seja o capital fluido = 20 000 libras esterlinas e rote cinco vezes por ano. O capital total será então de 100 000 libras esterlinas. O capital fixo rotado = 8 000 libras esterlinas; o capital fluido rotado = 5 × 20 000 = 100 000 libras esterlinas. Assim, o capital rotado durante o ano = 108 000 libras esterlinas, ultrapassando em 8 000 libras esterlinas o capital adiantado. 1 + $\frac{2}{25}$ do capital rotou.

4. A *rotação do valor* do capital adiantado separa-se, portanto, de seu tempo real de reprodução ou do tempo real de rotação de seus componentes. Um capital de 4 000 libras esterlinas realiza, por exemplo, cinco rotações por ano. O capital rotado será então de 5 × 4 000 = 20 000 libras esterlinas. O que volta, porém, ao fim de cada rotação para ser novamente adiantado é o capital adiantado originalmente de 4 000 libras esterlinas. Sua grandeza não muda pelo número dos períodos de rotação durante os quais volta a funcionar como capital. (Abstraída a mais-valia.)

No exemplo de 3, retornou, segundo o suposto, às mãos do capitalista, ao fim do ano: a) uma soma de valor de 20 000 libras esterlinas que ele despende novamente nos componentes fluidos do capital, e b) uma soma de 8 000 libras esterlinas que, em virtude da depreciação, se desprendeu do valor do capital fixo adiantado; além disso, continua a existir no processo de produção o mesmo capital fixo, mas com um valor diminuído de 72 000 libras esterlinas, em vez de 80 000 libras esterlinas.

Seria necessário, portanto, ainda um prosseguimento, por mais nove anos, do processo produtivo até que o capital fixo adiantado esgote sua vida e deixe de funcionar tanto como formador de produto quanto como formador de valor, tendo de ser reposto. O valor-capital adiantado tem de descrever, portanto, um ciclo de rotações, nesse caso, por exemplo, um ciclo de dez rotações anuais, sendo esse ciclo determinado pelo tempo de vida e, por conseguinte, pelo tempo de reprodução ou tempo de rotação do capital fixo aplicado.

Na mesma medida, portanto, em que, com o desenvolvimento do modo de produção capitalista, se desenvolve o volume de valor e a duração de vida do capital fixo aplicado, se desenvolve a vida da indústria e do capital industrial em cada investimento particular, tornando-se plurianual, digamos que, em média, decenal. Se, por um lado, o desenvolvimento do capital fixo prolonga essa vida, por outro, ela é encurtada pela revolução contínua dos meios de produção, que, com o desenvolvimento do modo de produção capitalista, aumenta constantemente. E com ela, portanto, a mudança dos meios de produção e a necessidade de sua constante reposição, em virtude da depreciação moral, bem antes de se esgotar sua vida física. Pode-se admitir que, para os ramos decisivos da grande indústria, esse ciclo de vida é atualmente de dez anos em média. Mas não importa aqui o número exato. Chegamos ao resultado seguinte: em virtude desse ciclo de rotações conexas, que compreende uma série de anos, no qual o capital está retido por seu componente fixo, resulta uma base material das crises periódicas, nas quais o negócio passa por períodos sucessivos de depressão, atividade média, precipitação, crise. Sem dúvida, os períodos em que se investe capital são bem diferentes e não coincidentes. Entretanto, a crise constitui sempre o ponto de partida de um grande investimento novo. Assim – do ponto de vista de toda a sociedade – forma também, com maior ou menor amplitude, nova base material para o próximo ciclo de rotação.[22][a]

5. Quanto ao modo de calcular a rotação, deixemos falar um economista americano:

> Em alguns ramos de negócios, todo o capital adiantado rota ou circula várias vezes durante um ano; em outros, uma parte rota mais de uma vez por ano, outra parte menos frequentemente. É pelo período médio de que todo o seu capital precisa para passar por suas mãos ou rotar uma vez que um capitalista tem de calcular seu lucro. Supondo-se que alguém, num negócio determinado, tenha aplicado metade de seu capital em edifícios e maquinaria, que se renovam uma vez a cada dez anos; um quarto em ferramentas etc. que se renovam a cada dois anos; o outro quarto, empregado em salários e

matérias-primas, rotaria duas vezes por ano. Seja seu capital total de 50 000 dólares. Seu dispêndio anual será então de:

$$\frac{50\,000}{2} = \$\ 25\,000 \text{ em 10 anos} = \$\ \ 2\,500 \text{ em 1 ano}$$

$$\frac{50\,000}{4} = \$\ 12\,500 \text{ em 2 anos} = \$\ \ 6\,250 \text{ em 1 ano}$$

$$\frac{50\,000}{4} = \$\ 12\,500 \text{ em } \tfrac{1}{2} \text{ ano} = \$\ 25\,000 \text{ em 1 ano}$$

$$\text{em 1 ano} = \$\ 33\,750$$

O tempo médio, portanto, em que todo o seu capital fará uma rotação é de 16 meses.[I] [...] Tomemos outro caso: um quarto do capital total de 50 000 dólares circula em 10 anos; outro quarto, em 1 ano; a metade restante, duas vezes em 1 ano. O dispêndio anual será então de:

$$\frac{12\,500}{10} = \$\ 1\,250$$

$$12\,500 = \$\ 12\,500$$

$$25\,000 \times 2 = \$\ 50\,000$$

$$\text{rotação em 1 ano} = \$\ 63\,750$$

(Scrope, *Pol. Econ.*, ed. Alonzo Potter. New York, 1841, pp. 142–43)[II]

6. Diferenças reais e aparentes na rotação das diversas partes do capital. – Scrope diz na mesma passagem [p. 141]:

O capital que um fabricante, agricultor ou comerciante desembolsa no pagamento de salários circula mais rapidamente, pois realiza talvez uma rotação por semana, se seu pessoal é pago semanalmente, a partir das receitas semanais de suas vendas ou faturas cobradas. O capital empregado em matérias-primas ou em estoques de artigos acabados circula menos rapidamente; pode talvez rotar duas ou quatro vezes por ano, conforme o tempo gasto entre a compra de uns e a venda de outros, suposto que ele compre e venda com base nos mesmos prazos de crédito. O capital colocado em ferramentas e

---

I Em seu manuscrito, Marx observa que esse modo de calcular o tempo de rotação do capital está errado. O tempo médio para uma rotação dado na citação (16 meses) foi calculado pressupondo uma taxa de lucro de 7½% sobre o capital total de 50 000 dólares. Sem consideração do lucro, o tempo de rotação desse capital é de 18 meses. [N. E. A.]

II Aqui é citado o livro de Alonzo Potter, *Political Economy: Its Objects, Uses, and Principles* (New York, 1841). Conforme se depreende do prefácio, grande parte do livro é, em essência, uma reprodução dos primeiros dez capítulos do escrito de Scrope, *Principles of Political Economy*, publicado na Inglaterra em 1833. Potter efetuou nele algumas modificações. [N. E. A.]

> máquinas circula ainda mais lentamente, provavelmente porque em média talvez rote, isto é, seja consumido e renovado só uma vez, em cinco ou dez anos, ainda que algumas ferramentas já se desgastem numa única série de operações. O capital aplicado em construções, por exemplo fábricas, lojas, depósitos, celeiros, em estradas, obras de irrigação etc., em geral parece quase não circular. Mas, na realidade, também essas instalações são inteiramente consumidas do mesmo modo que as mencionadas antes, enquanto contribuem para a produção, e têm de ser reproduzidas para que o produtor possa prosseguir em suas operações. Só com a diferença de que se consomem e se reproduzem mais lentamente que as outras. [...] O capital nelas investido rota talvez em 20 ou 50 anos.

Scrope confunde aqui a diferença no fluxo de determinadas partes do capital fluido, causada, para o capitalista individual, pelos prazos de pagamento e condições de crédito, com as rotações decorrentes da natureza do capital. Diz que o salário tem de ser pago semanalmente com as receitas semanais das vendas ou faturas pagas. Primeiro, cabe observar aqui que, em relação ao próprio salário, surgem diferenças conforme a extensão do prazo de pagamento, isto é, a extensão de tempo pelo qual o trabalhador tem que dar crédito ao capitalista; portanto, conforme esse prazo de pagamento do salário seja semanal, mensal, trimestral, semestral etc. Vigora aqui a lei anteriormente formulada: "O volume de meios de pagamento necessário" (e consequentemente do capital monetário a adiantar de uma vez) "está em proporção direta à duração dos prazos de pagamento" (Livro 1, cap. 3, [parte] 3, b).[I]

Segundo: no produto de uma semana entra a totalidade não só do novo valor agregado no processo de produção pelo trabalho semanal, mas também o valor das matérias-primas e dos materiais auxiliares consumidos no produto semanal. Com o produto circula esse valor nele contido. Pela venda desse produto, tal valor obtém a forma-dinheiro e tem de ser novamente convertido nos mesmos elementos de produção. Isso se aplica tanto à força de trabalho como às matérias-primas e aos materiais auxiliares. Mas já vimos (cap. 6, [parte] II, 1 [pp. 134–39]) que a continuidade da produção exige um estoque de meios de produção que difere para diferentes ramos de negócios e, dentro do mesmo ramo de negócios, para diferentes componentes desse elemento do capital fluido, por exemplo para carvão e algodão. Por isso, ainda que essas matérias sempre tenham de ser substituídas *in natura*, não precisam

I K. Marx, *O capital: Crítica da Economia Política*, Livro 1: *O processo de produção do capital*, coord. Paul Singer, trad. Regis Barbosa e Flávio R. Kothe. São Paulo: Ubu Editora, 2025, p. 179. [N. E. B.]

ser continuamente compradas. A frequência com que as compras têm de ser renovadas depende do tamanho do estoque formado, do tempo que leva para esgotar-se. Quanto à força de trabalho, não ocorre essa formação de estoques. A retransformação em dinheiro da parte do capital gasta em trabalho efetua-se paralelamente com a do capital gasta em matérias-primas e materiais auxiliares. Mas a retransformação do dinheiro em força de trabalho, por um lado, e em matérias-primas, por outro, opera-se separadamente por causa dos prazos específicos de compra e de pagamento desses dois elementos, dos quais um é comprado, como estoque produtivo, em prazos mais longos, e o outro, a força de trabalho, em prazos mais curtos, por exemplo semanalmente. Por outro lado, o capitalista tem de manter ainda, além do estoque produtivo, um estoque de mercadorias acabadas. Abstraindo as dificuldades de venda etc., há, por exemplo, determinada quantidade de mercadorias a produzir por encomenda. Enquanto a última parte destas está sendo produzida, os produtos acabados esperam no depósito até que a encomenda possa ser completamente efetivada. Outras diferenças na rotação do capital fluido surgem quando certos elementos dele têm de permanecer mais tempo do que outros num estágio preliminar do processo de produção (secagem de madeira etc.).

O sistema de crédito, a que se refere Scrope, assim como o capital comercial, modifica a rotação para o capitalista individual. Em escala social, modifica-a somente na medida em que acelera não só a produção mas também o consumo.

CAPÍTULO 10

TEORIAS SOBRE CAPITAL FIXO E CIRCULANTE. OS FISIOCRATAS E ADAM SMITH

Em Quesnay, a diferença entre capital fixo e capital circulante aparece como *avances primitives* [adiantamentos originais] e *avances annuelles* [adiantamentos anuais]. Ele apresenta essa diferença corretamente como diferença dentro do capital produtivo incorporado diretamente ao processo de produção. E como para ele o único capital que conta como realmente produtivo é o que se emprega na agricultura, portanto o capital do arrendatário, essa diferença se aplica apenas ao capital do arrendatário. Daí resulta também o tempo anual de rotação de parte do capital e o tempo mais que anual (decenal) de outra. Acessoriamente, os fisiocratas transferem, no transcorrer do desenvolvimento, essa diferença também para outros tipos de capital, para o capital industrial em geral. Para a sociedade, a diferença entre adiantamento anual e adiantamento plurianual permanece tão importante que muitos economistas, mesmo após Adam Smith, retornam a essa determinação.

A diferença entre ambos os tipos de adiantamento surge somente no momento em que o dinheiro adiantado é transformado nos elementos do capital produtivo. É uma diferença que existe única e exclusivamente dentro do capital produtivo. Não ocorre, portanto, a Quesnay incluir o dinheiro, seja nos adiantamentos originais, seja nos adiantamentos anuais. Como adiantamento da produção – isto é, como capital produtivo –, ambos se confrontam tanto com o dinheiro como com as mercadorias que se encontram no mercado. Além disso, a diferença entre esses dois elementos do capital produtivo reduz-se em Quesnay corretamente ao modo distinto em que entram no valor do produto acabado, portanto ao modo distinto em que seu valor circula com o valor-produto e, por conseguinte, ao modo distinto de sua reposição ou de sua reprodução em que o valor de um elemento é reposto totalmente a cada ano e o do outro, parceladamente em períodos mais longos.[23]

O único progresso que faz Adam Smith é a generalização das categorias. Já não se refere mais ele a uma forma especial do capital, o capital do arrendatário, mas a toda e qualquer forma do capital produtivo. Segue, portanto, por si mesmo, que no lugar da distinção entre as rotações anuais e plurianuais, tiradas da agricultura, aparece a distinção geral dos diversos tempos de rotação, de modo que uma rotação do capital fixo abranja sempre mais do que uma rotação do capital circulante, qualquer que seja a duração dessas rotações do capital circulante, anual, de mais de um ano ou de menos de um ano. Assim, para Smith, os *avances annuelles* transformam-se em capital circulante e os *avances primitives*, em fixo. Seu progresso, porém, limita-se a essa generalização das categorias. A elaboração cai muito abaixo de Quesnay.

Logo, a maneira toscamente empírica com que Smith abre a investigação introduz a falta de clareza:

> *There are two different ways in which a capital may be employed so as to yield a revenue or profit to its employer.*[I] (*Wealth of Nations*, Livro 2. Aberdeen, 1848, cap. 1, p. 185)

Os modos com que o valor pode ser aplicado para funcionar como capital, a fim de proporcionar mais-valia a seu possuidor, são tão diferentes como são múltiplas as esferas de investimento do capital. É uma questão que se refere aos diferentes ramos da produção nos quais capital pode ser investido. Assim formulada, a questão segue ainda mais além. Ela inclui a pergunta: como o valor, mesmo que não seja investido como capital produtivo, pode funcionar como capital para seu possuidor, por exemplo como capital posto a juros, capital comercial etc. Aqui, portanto, já estamos a uma distância sideral do objeto real da análise, a saber, a questão de como a divisão do capital *produtivo* em seus diferentes elementos, abstraindo suas diversas esferas de investimento, atua sobre sua rotação.

Adam Smith então prossegue, imediatamente:

> *First, it may be employed in raising, manufacturing, or purchasing goods, and selling them again with a profit.*[II]

Adam Smith nos diz aqui apenas que o capital pode ser aplicado na agricultura, na manufatura e no comércio. Fala, pois, apenas das diferentes esferas de investimento do capital e também daquelas em que, como no comércio, o capital não está incorporado diretamente ao processo de produção, portanto não funciona como capital produtivo. Com isso ele já abandona a base sobre a qual os fisiocratas apresentam as diferenças do capital produtivo e sua influência sobre a rotação. Pois ele imediatamente toma o capital comercial como exemplo numa questão onde

---

I “Existem dois modos diferentes de aplicar um capital para que este traga a seu aplicador rendimento ou lucro.” [N. T.]

II “Primeiramente, pode ser aplicado para criar, fabricar ou comprar bens e revendê-los com lucro.” [N. T.]

se trata exclusivamente das diferenças do capital *produtivo* no processo formador de produto e de valor, que, por sua vez, criam outras diferenças em sua rotação e em sua reprodução.

Ele prossegue:

> *The capital employed in this manner yields no revenue or profit to its employer while it either remains in his possession or continues in the same shape.*[I]

The capital employed in this manner! Mas Smith fala de capital que é investido na agricultura e na indústria, dizendo mais tarde que tal capital assim investido divide-se em fixo e circulante! O investimento de capital dessa maneira não pode, portanto, converter o capital em fixo nem em circulante.

Ou o que ele quis dizer é que o capital, empregado para produzir mercadorias e vender essas mercadorias com lucro, depois de transformar-se em mercadorias, deve ser vendido e, mediante a venda, primeiro, transferir-se da posse do vendedor à do comprador e, segundo, converter-se de sua forma natural de mercadoria para sua forma-dinheiro, sendo, portanto, inútil a seu proprietário enquanto permanecer em sua posse ou – para ele – continuar na mesma forma? Mas então a coisa se coloca assim: o mesmo valor-capital que anteriormente funcionou na forma de capital produtivo, numa forma pertencente ao processo de produção, funciona agora como capital-mercadoria e capital monetário, em suas formas pertencentes ao processo de circulação, e não é mais, portanto, capital fixo nem capital circulante. E isso se aplica tanto aos elementos de valor que são agregados pelas matérias-primas e pelos materiais auxiliares, portanto por capital fluido, como àqueles que o são pelo consumo dos meios de trabalho, por conseguinte por capital fixo. Assim também não nos aproximamos nem um passo da diferença entre capital fixo e capital fluido.

E prosseguindo:

> *The goods of the merchant yield him no revenue or profit till he sells them for money, and the money yields him as little till it is again exchanged for goods. His capital is continually going from him in one shape, and returning to him in another, and it is only by means of such circulation, or successive exchanges, that it can yield him any profit. Such capitals; therefore, may very properly be called circulating capitals.*[II]

I “O capital aplicado dessa maneira não traz a seu proprietário rendimento nem lucro enquanto permanece em sua posse ou continua na mesma forma.” [N. T.]

II “Os bens do comerciante não lhe trazem rendimento nem lucro até que ele os venda por dinheiro, e o dinheiro tampouco os traz até que seja trocado de novo por bens. Seu capital está constantemente o deixando numa forma e retornando

O que Adam Smith conceitua aqui como capital circulante é o que quero chamar de *capital de circulação*, capital na forma pertencente ao processo de circulação, à mudança de forma mediante o intercâmbio (mudança de matéria e mudança de mãos), portanto capital-mercadoria e capital monetário, em oposição a sua forma pertencente ao processo de produção, a do capital produtivo. Essas não são espécies particulares em que o capitalista industrial divide seu capital, mas são formas diferentes que o mesmo valor-capital adiantado, em seu *curriculum vitae*, sucessivamente e sempre de novo, assume e abandona. Adam Smith – e isso é um grande retrocesso em relação aos fisiocratas – confunde isso com as diferenças de forma que surgem dentro da circulação do valor-capital, na circulação por suas formas sucessivas, enquanto o valor-capital se encontra na forma de capital *produtivo*; diferenças que surgem precisamente dos diferentes modos em que os diversos elementos do capital produtivo participam no processo de formação de valor e transferem seu valor ao produto. As consequências dessa confusão fundamental entre o capital produtivo e o capital que se encontra na esfera da circulação (capital-mercadoria e capital monetário), por um lado, e o capital fixo e o capital fluido, por outro, serão vistas mais abaixo. O valor-capital adiantado em capital fixo é circulado através do produto, do mesmo modo que o adiantado em capital fluido, e se transforma em capital monetário pela circulação de capital-mercadoria tanto quanto o outro. A diferença decorre apenas do fato de que seu valor circula fracionariamente e, portanto, em períodos mais curtos ou mais longos, tem de ser reposto, reproduzido em forma natural também fracionariamente.

Que Adam Smith entenda aqui por capital circulante nada mais que capital de circulação, isto é, o valor-capital em suas formas pertencentes ao processo de circulação (capital-mercadoria e capital monetário), demonstra o exemplo escolhido por ele com particular falta de jeito. Toma como exemplo um tipo de capital que de modo algum pertence ao processo de produção, pois reside apenas na esfera da circulação, consiste apenas em capital de circulação, a saber, capital comercial.

Quão absurdo é começar com um exemplo no qual o capital não figura, de modo algum, como capital produtivo diz ele mesmo, imediatamente depois:

> *The capital of a merchant is altogether a circulating capital.*[I]

---

a ele em outra, e somente mediante tal circulação ou trocas sucessivas é que pode trazer-lhe algum lucro. Tais capitais, por isso, podem muito apropriadamente ser denominados capitais circulantes." [N. T.]

I "O capital de um comerciante é inteiramente capital circulante." [N. T.]

Mas a diferença entre capital circulante e capital fixo, como nos é dito mais tarde, deve surgir de diferenças essenciais dentro do próprio capital produtivo. Por um lado, Adam Smith tem em mente a diferenciação fisiocrata, por outro, as diferenças de forma pelas quais o valor-capital passa em seu ciclo. E esses dois conceitos confundem-se por inteiro.

Mas não é possível ver de modo algum como pode surgir um lucro pela mudança da forma do dinheiro e da mercadoria, pela mera transformação do valor de uma dessas formas na outra. A explicação torna-se aqui também absolutamente impossível, porque ele começa com o capital comercial que se movimenta apenas na esfera da circulação. Retornaremos a isso; mas primeiramente ouçamos o que ele diz sobre o capital fixo:

> "*Secondly, it*" (capital) "*may be employed in the improvement of land, in the purchase of useful machines and instruments of trade, or in such like things as yield a revenue or profit without changing masters, or circulating any further. Such capitals, therefore, may very properly be called fixed capitals. Different occupations require very different proportions between the fixed and circulating capitals employed in them.* [...] *Some part of the capital of every master artificer or manufacturer must be fixed in the instruments of his trade. This part, however, is very small in some, and very great in others.* [...] *The far greater part of the capital of all such master artificers*" (como alfaiates, sapateiros, tecelões) "*however is circulated, either in the wages of their workmen, or in the price of their materials, and to be repaid with a profit by the price of the work*".[I]

Abstraindo a conceituação infantil sobre a fonte do lucro, evidencia-se imediatamente a debilidade e a confusão: para um fabricante de máquinas, por exemplo, a máquina é produto que circula como capital-mercadoria e, nas palavras de Adam Smith:

I "Segundo, pode-se empregá-lo" (o capital) "no melhoramento da terra, na compra de máquinas úteis e instrumentos de trabalho ou outras coisas semelhantes, que trazem um rendimento ou lucro sem mudar de dono ou continuar a circular. Capitais dessa espécie podem, por isso, ser chamados muito apropriadamente de capitais fixos. Ocupações diferentes exigem proporções bem diferentes entre os capitais fixos e circulantes nelas empregados. [...] Alguma parte do capital de todo mestre artesão ou manufatureiro tem de ser fixada em seus instrumentos de trabalho. Essa parte, porém, é muito pequena em uns e muito grande em outros. [...] A parte bem maior do capital de todos esses mestres artesãos" (como alfaiates, sapateiros, tecelões) "é circulada, entretanto, ou nos salários de seus trabalhadores ou no preço de seus materiais, para ser de novo paga com lucro pelo preço da obra." [N. T.]

is parted with, changes masters, circulates further.[I]

A máquina não seria, assim, segundo sua própria conceituação, capital fixo, mas circulante. Essa confusão surge novamente do fato de Smith não distinguir entre a diferença entre capital fixo e fluido, surgida das variadas espécies de circulação dos diferentes elementos do capital produtivo, e as diferenças de forma pelas quais o mesmo capital passa enquanto funciona como capital *produtivo* dentro do processo de produção ou, ao contrário, dentro da esfera da circulação como capital de circulação, isto é, como capital-mercadoria ou como capital monetário. Conforme o lugar que ocupam no processo de vida do capital, as mesmas coisas podem, portanto, para Adam Smith, funcionar como capital fixo (como meios de trabalho, elementos do capital produtivo) e como capital "circulante", capital-mercadoria (como produto que é expelido da esfera da produção para a esfera da circulação).

Mas Adam Smith muda de repente toda a base da classificação e contradiz aquilo com que poucas linhas antes iniciou toda a investigação. E isso ocorre com a frase:

> "*There are two different ways in which a capital may be employed so as to yield a revenue or a profit to its employer*",[II]

a saber, como capital circulante ou como capital fixo. De acordo com isso, essas eram, portanto, maneiras diferentes de empregar capitais diferentes, independentes entre si, como também capitais podem ser empregados alternativamente, por exemplo, na indústria ou na agricultura. Agora, porém, diz que:

> *Different occupations require very different proportions between the fixed and circulating capitals employed in them.*[III]

Capital fixo e capital circulante não são mais, agora, investimentos diferentes, independentes, de capital, mas porções diferentes do mesmo capital produtivo que constituem, nas diversas esferas de investimento, parcelas diferentes do valor total desse capital. São, portanto, diferenças surgidas da própria divisão adequada do capital *produtivo*, as quais, por

I "é alienada, muda de dono, continua circulando." [N. T.]

II "Existem dois modos de empregar um capital de maneira que proporcione a seu investidor rendimento ou lucro." [N. T.]

III "Ocupações diferentes exigem proporções bem diferentes entre os capitais fixos e circulantes nelas empregados." [N. T.]

isso, só valem em relação a este. Mas isso contradiz, por sua vez, o fato de o capital comercial ser contraposto, como capital meramente circulante, ao capital fixo, pois o próprio Smith diz:

> O capital de um comerciante é inteiramente capital circulante.

Na realidade, é um capital funcionando apenas dentro da esfera da circulação e, como tal, contrapõe-se, em geral, ao capital produtivo, ao capital incorporado ao processo de produção, e por isso mesmo não pode contrapor-se, como elemento fluido (circulante), ao elemento fixo do capital produtivo.

Nos exemplos dados por Smith, ele define como capital fixo os *instruments of trade* [instrumentos de trabalho], como capital circulante a parcela de capital desembolsada em salários e matérias-primas, incluídos os materiais auxiliares (*repaid with a profit by the price of the work* [reembolsado com lucro pelo preço da obra]).

Assim, tomaram-se como ponto de partida os diversos componentes do processo de trabalho, força de trabalho (trabalho) e matérias-primas, por um lado, e instrumentos de trabalho, por outro. Estes, porém, são componentes do capital, porque neles foi gasta uma soma de valor que deve funcionar como capital. Nesse sentido são elementos materiais, modos de existência do capital *produtivo*, isto é, do capital funcionando no processo de produção. Por que então se chama parte dele de fixo? Porque

> *some parts of the capital must be fixed in the instruments of trade.*[I]

Mas outra parte também está fixada em salários e matérias-primas. Entretanto, as máquinas e

> *instruments of trade* [...] *such like things* [...] *yield a revenue or profit without changing masters, or circulating any further. Such capitals, therefore, may very properly be called fixed capitals.*[II]

Tomemos, por exemplo, a mineração. Aqui não é empregada nenhuma matéria-prima, pois o objeto de trabalho, por exemplo o cobre, é um

---

I "algumas partes do capital têm de ser fixadas nos instrumentos de trabalho." [N. T.]

II "Instrumentos de trabalho [...] coisas semelhantes [...] proporcionam rendimento ou lucro sem mudar de dono ou continuar a circular. Capitais dessa espécie podem, por isso, ser chamados apropriadamente de capitais fixos." [N. T.]

produto natural que primeiramente deve ser apropriado pelo trabalho. O cobre ainda a ser apropriado, o produto do processo, que posteriormente circula como mercadoria, ou capital-mercadoria, não constitui elemento do capital produtivo. Nenhuma parte de seu valor é gasta nele. Por outro lado, os outros elementos do processo de produção, força de trabalho e materiais auxiliares, como carvão, água etc., tampouco entram materialmente no produto. O carvão é consumido totalmente e apenas seu valor entra no produto, do mesmo modo que parte do valor da máquina etc. Finalmente, o trabalhador permanece igualmente independente em face do produto, do cobre, como a máquina. Apenas o valor que produz por seu trabalho é agora elemento do valor do cobre. Nesse exemplo, portanto, nenhum elemento do capital produtivo muda de mãos (*masters* [donos]), ou não é circulado, porque nenhum deles entra materialmente no produto. Onde fica, portanto, o capital circulante? Segundo a própria definição de Adam Smith todo o capital que vem a ser utilizado numa mina de cobre consistiria apenas em capital fixo.

Tomemos, ao contrário outra indústria que utiliza matérias-primas, as quais constituem a substância do produto e, além disso, materiais auxiliares que entram fisicamente, e não apenas pelo valor, como o carvão combustível, no produto. Como produto, o fio por exemplo, muda também de mão a matéria-prima em que consiste, o algodão, e passa do processo de produção ao processo de consumo. Enquanto, porém, o algodão funciona como elemento do capital produtivo, o possuidor não o vende, mas o elabora, deixa que dele se façam fios. Não o aliena. Ou, para utilizar a expressão trivial, grosseiramente falsa, de Smith, ele não obtém lucro *by parting with it, by its changing masters, or by circulating it.*[1] Elc deixa seus materiais circularem tão pouco quanto suas máquinas. Eles estão fixados no processo de produção, do mesmo modo que as máquinas de fiar e os edifícios fabris. Na verdade, é preciso que parte do capital produtivo esteja fixada constantemente em forma de carvão, algodão etc., como na de meios de trabalho. A única diferença está em que o algodão, o carvão etc. necessários à produção semanal de fio, por exemplo, são sempre consumidos inteiramente na produção do produto semanal e, portanto, precisam ser repostos por novos exemplares de algodão, carvão etc.; portanto, esses elementos do capital produtivo, apesar de permanecerem idênticos quanto à espécie, consistem continuamente em novos exemplares da mesma espécie, enquanto a mesma máquina individual de fiar, o mesmo edifício fabril individual, prossegue participando de toda uma série de produções semanais sem ser reposto por novo exemplar de sua espécie. Como elementos do capital produtivo,

---

1 "alienando-o, por sua mudança de dono ou ao circulá-lo." [N. T.]

todos os seus elementos estão constantemente fixados no processo de produção, pois este não pode prosseguir sem eles. E todos os elementos do capital produtivo, tanto os fixos como os fluidos, estão igualmente contrapostos como capital produtivo ao capital de circulação, isto é, ao capital-mercadoria e ao capital monetário.

O mesmo ocorre com a força de trabalho. Parte do capital produtivo precisa continuamente estar fixada nela, e são as mesmas forças de trabalho, assim como as mesmas máquinas, que por toda parte e por bastante tempo serão empregadas pelo mesmo capitalista. A diferença entre a força de trabalho e a máquina não consiste, nesse caso, em que a máquina foi comprada de uma vez por todas (o que também não é o caso quando ela é paga, por exemplo, a prazo) e o trabalhador não – mas em que o trabalho despendido por este entra totalmente no valor do produto, ao passo que o valor da máquina entra somente de modo fragmentário.

Smith confunde diversos conceitos quando fala de capital circulante em oposição ao fixo:

> *The capital employed in this manner yields no revenue or profit to its employer, while it either remains in his possession or continues in the same shape.*[I]

Ele coloca a metamorfose apenas formal da mercadoria, que o produto, o capital-mercadoria, sofre na esfera da circulação e que medeia a mudança de mãos das mercadorias, no mesmo nível da metamorfose física, pela qual passam os diversos elementos do capital produtivo durante o processo de produção. Transformação de mercadoria em dinheiro, e de dinheiro em mercadoria, compra e venda, ele mistura aqui, sem mais nem menos, com transformação dos elementos da produção em produto. Seu exemplo para o capital circulante é o capital comercial, que se transforma de mercadoria em dinheiro, de dinheiro em mercadoria – a mudança de forma pertencente à circulação de mercadorias *M–D–M*. Essa mudança de forma dentro da circulação tem, entretanto, para o capital industrial em funcionamento, o significado de que as mercadorias nas quais o dinheiro é reconvertido são elementos da produção (meios de trabalho e força de trabalho), de que ela medeia, pois, a continuidade de sua função, a do processo de produção como contínuo, ou processo de reprodução. Toda essa mudança de forma se passa na *circulação*; ela é, pois, quem medeia realmente a passagem das mercadorias para outras mãos. Ao contrário, as metamorfoses que o capital produtivo experimenta dentro de seu processo de produção são metamorfoses

---

I "O capital empregado desse modo não traz a seu possuidor rendimento nem lucro enquanto permanecer em sua posse ou mantiver a mesma forma." [N. T.]

pertencentes ao *processo de trabalho*, necessárias para transformar os elementos da produção no produto almejado. Adam Smith se atém ao fato de que parte dos meios de produção (os meios de trabalho propriamente ditos) serve ao processo de trabalho (o que ele expressa falsamente: *yield a profit to their master* [proporciona lucro a seu dono]) sem que mude sua forma natural, desgastando-se apenas gradualmente; enquanto outra parte, os materiais, modifica-se e, justamente por essa modificação, cumpre sua determinação como meio de produção. Esse comportamento diferente dos elementos do capital produtivo no processo de trabalho constitui, porém, apenas o ponto de partida da diferença entre capital fixo e não fixo, mas não a própria diferença, o que já se demonstra pelo fato de que ele ocorre igualmente em todos os modos de produção, entre capitalistas e não-capitalistas. A esse diferente comportamento material corresponde porém, a *cessão de valor* ao produto, à qual, por sua vez, corresponde, porém, a reposição do valor pela venda do produto; e somente isso constitui aquela diferença. O capital não é, portanto, fixo por estar fixado nos meios de trabalho, mas porque parte de seu valor despendido em meios de trabalho permanece fixada nos mesmos, enquanto outra parte circula como componente do valor do produto.

> "*If it*" (*the stock*) "*is employed in procuring future profit, it must procure this profit by staying with him*" (*the employer*), "*or by going from him. In the one case it is a fixed, in the other it is a circulating capital.*"[I] (p. 189)

O que sobressai aqui, primeiramente, é a ideia grosseiramente empírica sobre o lucro, tirada da perspectiva do capitalista ordinário, a qual contradiz ao todo a melhor compreensão esotérica de Adam Smith. No preço do produto, tanto o preço dos materiais quanto o da força de trabalho são repostos, e igualmente o dos instrumentos de trabalho, pela parte do valor transferida ao produto pela depreciação. Dessa reposição em nenhum caso advém lucro. Se um valor adiantado para a produção do produto é reposto no todo ou em parcelas, de uma vez ou gradativamente, pela venda do mesmo, isso só pode alterar a maneira e o tempo de reposição; em nenhum caso transformaria o que é comum a ambos – a reposição de valor – em criação de mais-valia. Encontra-se aqui como fundamento a ideia usual de que, como a mais-valia somente se realiza pela venda do produto, por sua circulação, ela surgiria apenas da venda, da circulação. Na realidade, o modo diferente de surgimento do lucro

---

I "Se ele" (o capital) "é empregado para obter um lucro futuro, tem de obter esse lucro permanecendo com ele" (o empregador) "ou deixando-o. Em um dos casos, é um capital fixo, no outro, circulante." [N. T.]

é aqui apenas uma frase falsa para expressar o fato de que os diversos elementos do capital produtivo servem diferentemente, atuam diversamente no processo de trabalho como elementos produtivos. Finalmente, a diferença não é derivada do processo de trabalho, ou da valorização, da função do próprio capital produtivo, mas deve valer apenas subjetivamente para o capitalista individual, para quem parte do capital seria útil desse modo e outra parte daquele modo.

Quesnay, ao contrário, tinha derivado as diferenças do próprio processo de reprodução e de suas necessidades. Para que esse processo seja contínuo, é preciso que o valor dos adiantamentos anuais seja totalmente reposto a cada ano pelo valor do produto anual, o valor do capital de investimento, porém apenas parceladamente, de modo que somente numa série de anos, dez anos, por exemplo, ele tem de ser inteiramente reposto e, portanto, reproduzido por inteiro (reposto por novos exemplares da mesma espécie). Adam Smith cai, assim, muito abaixo de Quesnay.

Assim, nada resta em Adam Smith para a determinação do capital fixo, a não ser que este é constituído por meios de trabalho que não alteram sua forma no processo de produção e continuam a servir na produção até completar seu desgaste, em face dos produtos que contribuem para criar. Esquece-se de que todos os elementos do capital produtivo em sua forma natural (como meios de trabalho, materiais e força de trabalho) se defrontam continuamente com o produto e com o produto que circula como mercadoria e de que a diferença entre a parte constituída por materiais e força de trabalho e a parte constituída por meios de trabalho consiste apenas no seguinte, quanto à força de trabalho: ela é comprada sempre de novo (e não por sua duração, como os meios de trabalho); quanto aos materiais: não são sempre os mesmos que funcionam no processo de trabalho, mas cada vez novos exemplares da mesma espécie. Ao mesmo tempo, cria-se uma falsa impressão, como se o valor do capital fixo não circulasse também, embora Adam Smith tenha desenvolvido antes, naturalmente, a depreciação do capital fixo como parte do preço do produto.

No capital circulante como oposição ao fixo, não se ressalta que ele tem essa oposição apenas como aquele elemento do capital produtivo que deve ser reposto *integralmente* pelo valor do produto e, por isso, precisa participar inteiramente nas metamorfoses deste, não sendo esse o caso do capital fixo. Ele é muito mais fundido com as formas que o capital assume ao passar da esfera da produção para a esfera da circulação, de capital-mercadoria e de capital monetário. Mas ambas as formas, capital-mercadoria e capital monetário, são portadoras do valor tanto dos componentes fixos como dos fluidos do capital produtivo. Ambas são capital de circulação em oposição ao produtivo, mas não capital circulante (fluido) em oposição ao fixo.

Enfim, devido ao desenvolvimento inteiramente distorcido da feitura do lucro pelo capital fixo, ao permanecer no processo de produção, e pelo capital circulante, ao deixá-lo e ser circulado – a identidade de forma que o capital variável e o elemento fluido do capital constante assumem na *rotação*, a diferença essencial entre os mesmos no *processo de valorização* e na formação da mais-valia é ocultada, portanto todo o segredo da produção capitalista é ainda mais obscurecido; em virtude da denominação comum de capital circulante, essa diferença essencial é suprimida, o que levou a Economia posterior ainda mais longe, ao ser retirada a oposição não entre capital variável e constante, mas entre capital fixo e circulante como única e essencial diferenciação.

Depois de Adam Smith ter designado os capitais fixo e circulante como duas maneiras particulares de investir capital, cada uma proporcionando lucro por si, ele diz:

> *No fixed capital can yield any revenue but by means of a circulating capital. The most useful machines and instruments of trade will produce nothing without the circulating capital which affords the materials they are employed upon, and the maintenance of the workmen who employ them.*[I] (p. 188)

Aí se evidencia o que as expressões precedentes *yield a revenue*, *make a profit* [proporcionar um rendimento, fazer um lucro] etc. significam, a saber, que ambas as partes do capital servem como formadoras do produto.

Adam Smith dá agora o exemplo seguinte:

> *That part of the capital of the farmer which is employed in the implements of agriculture is a fixed, that which is employed in the wages and maintenance of his labouring servants is a circulating capital.*[II]

(Aqui a diferença entre capital fixo e capital circulante se refere acertadamente apenas à circulação diferente, à rotação de diversos componentes do capital produtivo.)

I "Nenhum capital fixo pode proporcionar rendimento senão por meio de um capital circulante. As máquinas e instrumentos de trabalho mais úteis nada produzirão sem o capital circulante que fornece os materiais sobre os quais são empregados e sem a manutenção dos trabalhadores que os empregam." [N. T.]

II "Aquela parte do capital do arrendatário que é empregada nos instrumentos agrícolas é fixa, aquela que é empregada nos salários e na manutenção dos servidores que trabalham é capital circulante." [N. T.]

> *He makes a profit of the one by keeping it in his own possession, and of the other by parting with it. The price or value of his labouring cattle is a fixed capital*[I]

(aqui de novo o correto, de que é ao valor que se refere a diferença, e não ao elemento material)

> "*in the same manner as that of the instruments of husbandry; their maintenance*" (dos animais de trabalho) "*is a circulating capital, in the same way as that of the labouring servants. The farmer makes his profit by keeping the labouring cattle, and by parting with their maintenance*".[II]

(O arrendatário guarda a forragem do gado, não a vende. Ele a consome como forragem, enquanto consome o próprio gado como instrumento de trabalho. A diferença consiste apenas em que a forragem que entra na manutenção dos animais de trabalho é consumida por inteiro e tem constantemente de ser reposta por nova forragem, obtida do produto da lavoura ou de sua venda; o próprio gado somente é reposto à medida que cada animal se torna sucessivamente incapaz de trabalhar.)

> *Both the price and the maintenance of the cattle which are bought in and fattened, not for labour but for sale, are circulating capital. The farmer makes his profit by parting with them.*[III]

(Cada produtor de mercadoria, portanto também o produtor capitalista, vende seu produto, o resultado de seu processo de produção, mas não é por isso que esse produto constitui elemento fixo ou fluido de seu capital *produtivo*. Ele existe agora muito mais numa forma em que foi expelido do processo de produção e tem de funcionar como capital-mercadoria. O gado de engorda funciona no processo de produção como matéria-prima, e não como instrumento, como os animais de trabalho. Entra, portanto, como substância no produto, e todo o seu valor entra no mesmo, bem como o dos materiais auxiliares {sua forragem}. Por isso é parte

---

I "Ele obtém lucro de um, mantendo-o em sua posse, e do outro, alienando-o. O preço ou valor de seus animais de trabalho é um capital fixo." [N. T.]

II "Do mesmo modo que os instrumentos de lavoura; sua manutenção" (dos animais de trabalho) "é capital circulante, do mesmo modo que a dos servidores que trabalham. O arrendatário faz seu lucro guardando o gado de trabalho e alienando sua manutenção." [N. T.]

III "Tanto o preço como o sustento do gado comprado para engorda, não para trabalho, mas para venda, são capital circulante. O arrendatário faz seu lucro ao aliená-los." [N. T.]

fluida do capital produtivo, não porque o produto vendido – o gado de engorda – tenha a mesma forma natural da matéria-prima, o gado ainda não cevado. Isso é coincidência. Mas, ao mesmo tempo, Adam Smith poderia ter percebido desse exemplo que não é a forma material do elemento de produção que dá ao valor nele contido a determinação de fixo e fluido, mas sua função dentro do processo de produção.)

> *The whole value of the seed too is a fixed capital. Though it goes backwards and forwards between the ground and the granary, it never changes masters, and therefore it does not properly circulate. The farmer makes his profit not by its sale, but by its increase.*[I]

Aqui toda a vacuidade da distinção de Smith irrompe à luz. Segundo ele, as sementes são capital fixo, quando não há *change of masters* [mudança de dono], isto é, se as sementes são diretamente repostas a partir do produto anual, deduzidas dele. São, ao contrário, capital circulante quando se vende todo o produto e, com parte de seu valor, compram-se sementes alheias. Num caso, há *change of masters*, no outro não. Smith confunde aqui, de novo, capital fluido e capital-mercadoria. O produto é portador material do capital-mercadoria. Mas, naturalmente, apenas a parte dele que realmente entra na circulação e não volta a incorporar-se diretamente ao processo de produção do qual saiu como produto.

Se a semente foi deduzida diretamente do produto como parte dele ou se todo o produto foi vendido e parte de seu valor se converteu pela compra de semente alheia, em ambos os casos só ocorre reposição e, por meio dessa reposição, não se obtém lucro. Num caso a semente entra na circulação com o resto do produto como mercadoria, no outro figura somente na contabilidade como componente do valor do capital adiantado. Mas, em ambos os casos, continua sendo componente fluido do capital produtivo. Ela é consumida por inteiro, para completar o produto, e tem de ser reposta integralmente a partir deste, para que seja possível a reprodução.

"A matéria-prima constitui a substância do produto, mas mudou sua forma. Matéria-prima e materiais auxiliares perdem, portanto, a figura independente com que entram no processo de trabalho como valores de uso. Isso é diferente com os meios de trabalho propriamente ditos. Um instrumento, uma máquina, um edifício de fábrica, um recipiente etc. prestam serviço no processo de trabalho apenas enquanto conservam sua figura originária, entrando amanhã no processo de trabalho com a

---

I "Todo o valor das sementes também é capital fixo. Embora transitem entre o campo e o celeiro, nunca mudam de dono e, por isso, não circulam propriamente. O arrendatário obtém seu lucro não por sua venda, mas por seu aumento." [N. T.]

mesma forma com que entraram ontem. Como durante sua vida, durante o processo de trabalho, conservam sua figura independente em face do produto, assim também o fazem após sua morte. Os cadáveres de máquinas, instrumentos, edifícios industriais etc. continuam a existir separados dos produtos que ajudaram a formar" (Livro 1, cap. 6).[I]

Essas maneiras diferentes em que os meios de produção são consumidos para formar o produto, em que uns conservam sua forma autônoma em face do produto e outros a modificam ou a perdem completamente – essa diferença pertencente ao processo de trabalho como tal e que, por isso, se aplica também a processos de trabalho destinados ao mero autoconsumo, por exemplo da família patriarcal, sem qualquer intercâmbio, sem produção de mercadorias – é falsificada por Adam Smith ao 1) introduzir a determinação do lucro, aqui totalmente impertinente, afirmando que uns trazem lucro ao proprietário ao manterem sua forma, outros ao perdê-la; 2) ao misturar as modificações que parte dos elementos da produção sofre no processo de trabalho e a mudança de forma (compra e venda) que pertence ao intercâmbio dos produtos, à circulação de mercadorias, e que inclui, ao mesmo tempo, a mudança de propriedade das mercadorias circulantes.

A rotação pressupõe a reprodução sendo mediada pela circulação, portanto pela venda do produto, por sua transformação em dinheiro e retransformação de dinheiro em seus elementos de produção. Mas, na medida em que ao produtor capitalista parte de seu próprio produto serve de novo diretamente como meio de produção, o produtor aparece como vendedor do mesmo produto a si próprio, e assim figura a coisa em sua contabilidade. Essa parte da reprodução não é então mediada pela circulação, mas é imediata. A parte do produto que volta, desse modo, a servir de meio de produção repõe, porém, capital fluido, e não fixo, na medida em que: 1) seu valor entra por inteiro no produto e 2) ela mesma é integralmente reposta *in natura* por novo exemplar do novo produto.

Adam Smith diz-nos agora em que consistem capital circulante e fixo. Ele enumera as coisas, os elementos materiais que constituem o capital fixo e os que constituem o capital circulante, como se essa determinação coubesse materialmente a esses objetos por natureza e não derivasse muito mais de sua função determinada no processo de produção capitalista. E ainda assim, no mesmo capítulo (Livro 2, cap. 1), ele observa que, embora determinada coisa, como por exemplo uma casa de moradia, reservada para o consumo direto,

---

I K. Marx, *O capital: Crítica da Economia Política*, Livro 1: *O processo de produção do capital*, coord. Paul Singer, trad. Regis Barbosa e Flávio R. Kothe. São Paulo: Ubu Editora, 2025, p. 227. [N. E. B.]

may yield a revenue to its proprietor, and thereby serve in the function of a capital *to him, it cannot yield any to the public, nor serve in the function of a capital to it, and the revenue of the whole body of the people can never be in the smallest degree increased by it.*[I] (p. 186)

Aqui Smith explicita, pois, claramente, que a qualidade de capital não cabe às coisas como tais e sob todas as condições, mas é uma função de que estão ou não revestidas, conforme as circunstâncias. Mas o que vale para o capital em geral vale também para suas subdivisões.

As mesmas coisas constituem componentes do capital fluido ou do capital fixo, conforme desempenhem outra função no processo de trabalho. Gado, por exemplo, como gado de trabalho (meio de trabalho), constitui modo material de existência do capital fixo; como gado de engorda (matéria-prima), ao contrário, componente do capital circulante do arrendatário. Por outro lado, a mesma coisa pode ora funcionar como componente do capital produtivo, ora formar parte do fundo de consumo direto. Uma casa, por exemplo, quando funciona como local de trabalho, é elemento fixo do capital produtivo; quando serve de habitação, não constitui qualquer forma de capital *qua* [como] casa de moradia. Em muitos casos, os mesmos meios de trabalho podem ora funcionar como meios de produção, ora como meios de consumo.

Este é um dos erros que seguem da concepção de Smith: considerar os caracteres de capital fixo e circulante como caracteres inerentes às coisas. A análise do processo de trabalho (Livro 1, cap. 5)[II] já mostra como mudam as determinações de meio de trabalho, material de trabalho, produto, conforme o papel distinto que uma mesma coisa desempenhe no processo. As determinações de capital fixo e não fixo são, por sua vez, erguidas sobre os papéis determinados que esses elementos desempenham no processo de trabalho e, portanto, também no processo formador de valor.

Em segundo lugar, porém, na enumeração das coisas em que consistem capital fixo e circulante, revela-se claramente que Smith confunde a diferença entre os componentes fixos e circulantes do capital produtivo (o capital em sua forma produtiva), que apenas vale e tem sentido com respeito a este, com a diferença entre o capital produtivo e as formas pertencentes ao capital em seu processo de circulação: capital-mercadoria e capital monetário. Ele diz, na mesma passagem (p. 188):

I “possa proporcionar um rendimento a seu proprietário e servir-lhe assim *na função de capital*, não pode proporcionar rendimento ao público nem lhe servir na função de capital, e o rendimento do povo como um todo não pode ser aumentado na menor proporção por ele.” [N. T.]

II K. Marx, *O capital*, Livro 1, op. cit., parte 1, pp. 207–13. [N. E. B.]

The circulating capital consists [...] of the provisions, materials, and finished work of all kinds that are in the hands of their respective dealers, and of the money that is necessary for circulating and distributing them etc.[I]

Na realidade, se olharmos mais de perto, vemos que aqui, em oposição ao que foi dito anteriormente, o capital circulante é equiparado novamente ao capital-mercadoria e ao capital monetário, portanto a duas formas do capital que não pertencem, de modo algum, ao processo de produção, que não constituem capital circulante (fluido) em oposição ao fixo, mas capital de circulação em oposição ao capital produtivo. É só *ao lado* destas que figuram, outra vez, os componentes do capital produtivo adiantados em materiais (matérias-primas e produtos semiacabados) e efetivamente incorporados ao processo de produção. Ele diz:

[...] *The third and last of the three portions into which the general stock of the society naturally divides itself, is the circulating capital, of which the characteristic is, that it affords a revenue only by circulating or changing masters. This is composed likewise of four parts: first, of the money* [...][II]

(Mas o dinheiro nunca é uma forma do capital produtivo, do capital que funciona no processo de produção. É apenas uma das formas que o capital assume dentro de seu processo de circulação.) –

"*secondly, of the stock of provisions which are in the possession of the butcher, the grazier, the farmer* [...] *and from the sale of which they expect to derive a profit.* [...] *Fourthly and lastly, of the work which is made up and completed, but which is still in the hands of the merchant and manufacturer*". E: "*thirdly, of the materials, whether altogether rude or more or less manufactured, of clothes, furniture, and building, which are not yet made up into any of those three shapes but which remain in the hands of the growers, the manufacturers, the mercers and drapers, the timber-merchants, the carpenters and joiners, the brickmakers etc.*"[III]

I "O capital circulante consiste [...] em víveres, materiais e produtos acabados de toda espécie que se encontram nas mãos dos respectivos negociantes e no dinheiro necessário para que os circulem e distribuam etc." [N. T.]

II "[...] A terceira e última das três porções em que se divide naturalmente o estoque total da sociedade é o capital circulante, cuja característica consiste em só proporcionar rendimento ao circular ou mudar de dono. Ele se compõe, analogamente, de quatro partes: primeiro, do dinheiro [...]." [N. T.]

III "segundo, do estoque de víveres que estão em posse do açougueiro, do criador de gado, do arrendatário [...] e de cuja venda esperam obter lucro. [...] Quarto e último, das obras que ficaram acabadas e completas, mas se encontram ainda nas

Os n. 2 e 4 só contêm produtos, que como tais são expelidos do processo de produção e têm de ser vendidos; em suma, que agora funcionam como mercadorias, portanto, como capital-mercadoria, possuindo assim uma forma e ocupando um lugar no processo, em que não constituem elemento do capital produtivo, qualquer que fosse sua determinação final, isto é, se por fim seriam consumidos individual ou produtivamente, conforme sua finalidade (valor de uso). Esses produtos são, em 2, alimentos, em 4, todos os produtos acabados que, por sua vez, consistem somente em meios de trabalho acabados ou meios de consumo acabados (distintos dos alimentos em 2).

O fato de Smith falar aqui também do comerciante revela sua confusão. Tão logo o produtor vende seu produto ao comerciante, o mesmo deixa de constituir uma forma de seu capital. Do ponto de vista social, continua sendo, na verdade, capital-mercadoria, embora em outras mãos que não as de seu produtor; mas, justamente por ser capital-mercadoria, não é capital fixo nem fluido.

Em toda produção que não se destina ao autoconsumo direto, o produto tem de circular como mercadoria, isto é, ser vendido, não para se obter disso lucro, mas para que o produtor possa viver. Na produção capitalista acrescenta-se a circunstância de que com a venda da mercadoria realiza-se também a mais-valia nela contida. O produto sai do processo de produção como mercadoria, não é, portanto, elemento fixo nem fluido do mesmo.

Aliás, Smith aqui refuta a si mesmo. Os produtos acabados, qualquer que seja sua forma material ou seu valor de uso, seu efeito útil, são todos aqui capital-mercadoria, portanto capital numa forma pertencente ao processo de circulação. Enquanto se encontram nessa forma, não constituem componentes do eventual capital produtivo de seu proprietário; o que não impede, de modo algum, que, tão logo estejam vendidos, *se tornem*, nas mãos de seu comprador, componentes do capital produtivo, sejam fluidos ou fixos. Revela-se aqui que as mesmas coisas que em um momento surgem como capital-mercadoria, em oposição ao capital produtivo, no mercado – tão logo são retiradas do mercado podem funcionar ou não como componentes fluidos ou fixos do capital produtivo.

O produto do fiandeiro de algodão – o fio – é a forma-mercadoria de seu capital, é para ele capital-mercadoria. Não pode funcionar novamente

---

mãos do comerciante e do fabricante." E: "terceiro, dos materiais inteiramente brutos ou mais ou menos elaborados, para a confecção de roupas, móveis e construção, que não foram ainda elaborados em qualquer uma dessas três formas, mas permanecem nas mãos dos agricultores, dos manufatores, comerciantes de seda e pano, dos negociantes de madeira, dos carpinteiros e marceneiros, dos fabricantes de tijolos etc." [N. T.]

como elemento de seu capital produtivo, nem como material de trabalho, nem como meio de trabalho. Mas, nas mãos do tecelão que o compra, é incorporado ao capital produtivo do mesmo como um de seus componentes fluidos. Para o fiandeiro, o fio é portador do valor tanto de parte de seu capital fixo como de parte de seu capital circulante (abstraindo a mais-valia). Assim, uma máquina, como produto do fabricante de máquinas, é forma-mercadoria de seu capital, capital-mercadoria para ele; e, enquanto permanece nessa forma, não é capital fluido nem fixo. Uma vez vendida a um capitalista que a utiliza, torna-se componente fixo de um capital produtivo. Mesmo quando o produto, em virtude de sua forma útil, pode voltar a entrar parcialmente como meio de produção no processo de onde se originou, como por exemplo o carvão na produção carbonífera, aquela parte do produto destinada precisamente à venda não representa capital fluido nem fixo, mas capital-mercadoria.

Por outro lado, o produto, por sua forma útil, pode ser absolutamente incapaz de constituir elemento do capital produtivo, seja como material de trabalho, seja como meio de trabalho. Por exemplo, qualquer alimento. Não obstante, é capital-mercadoria para seu produtor, portador de valor tanto do capital fixo como do fluido; e de um ou de outro, conforme o capital empregado em sua produção tenha de ser reposto integral ou parcialmente, lhe transfere seu valor integral ou parcialmente.

Em Smith, no n. 3, o material bruto (matérias-primas, produtos semiacabados, materiais auxiliares) figura, por um lado, não como elemento já incorporado ao capital produtivo, mas, na realidade, apenas como espécie particular dos valores de uso em que consiste, em geral, o produto social, da massa de mercadorias, ao lado dos demais componentes materiais, víveres etc., enumerados em 2 e 4. Por outro, esses produtos são apresentados, em todo caso, como incorporados ao capital produtivo e, portanto, também como elementos do mesmo nas mãos do produtor. A confusão se mostra no fato de que são concebidos, em parte, funcionando nas mãos do produtor (*in the hands of the growers*, *the manufacturers* [nas mãos dos agricultores, manufatores] etc.), em parte, nas mãos de comerciantes (*mercers, drapers*, *timber-merchants* [comerciantes de seda e pano, negociantes de madeira]), em que constituem simplesmente capital-mercadoria, não componentes do capital produtivo.

Na realidade, Adam Smith esquece totalmente aqui, na enumeração dos elementos do capital circulante, a distinção entre capital fixo e capital circulante, válida apenas com respeito ao capital produtivo. Antes, pelo contrário, opõe capital-mercadoria e capital monetário, isto é, as duas formas do capital pertencentes ao processo de circulação, ao capital produtivo, mas isso também apenas inconscientemente.

Por fim, é notável que Smith, na enumeração dos componentes do capital circulante, esqueça a força de trabalho. E isso ocorre por um motivo duplo.

Acabamos de ver que, abstraindo-se o capital monetário, o capital circulante é apenas outro nome do capital-mercadoria. Mas, na medida em que a força de trabalho circula no mercado, ela não é capital, não é forma do capital-mercadoria. Ela não é capital ao todo; o trabalhador não é capitalista, embora traga ao mercado uma mercadoria, ou seja, sua própria pele. Só depois de vendida, de incorporada ao processo de produção, portanto depois de deixar de circular como mercadoria, a força de trabalho torna-se componente do capital produtivo: capital variável como fonte de mais-valia, componente fluido do capital produtivo com respeito à rotação do valor-capital nela desembolsado. Como Smith confunde aqui capital fluido com capital-mercadoria, não pode colocar a força de trabalho sob sua rubrica de capital circulante. O capital variável se apresenta aqui, por isso, sob a forma de mercadoria que o trabalhador compra com seu salário, os meios de subsistência. É nessa forma que o valor-capital desembolsado em salários deve pertencer ao capital circulante. Mas o que se incorpora ao processo de produção é a força de trabalho, o próprio trabalhador, e não os meios de subsistência com que o trabalhador se mantém. Vimos, no entanto (Livro 1, cap. 21), que, do ponto de vista social, a reprodução do próprio trabalhador por meio de seu consumo individual pertence também ao processo de reprodução do capital social. Mas isso não vale para o processo de produção isolado, encerrado em si, que consideramos aqui. As *acquired and useful abilities* [habilidades adquiridas e úteis] (p. 187), que Smith apresenta sob a rubrica do capital fixo, constituem, ao contrário, componentes do capital fluido, desde que sejam *abilities* do trabalhador assalariado e que este tenha vendido seu trabalho juntamente com suas *abilities*.

É um grande erro de Smith dividir toda a riqueza social em 1) fundo de consumo direto, 2) capital fixo e 3) capital circulante. De acordo com isso, dever-se-ia dividir a riqueza em 1) fundo de consumo, que não constitui parte do capital social em funcionamento, embora partes do mesmo *possam* funcionar constantemente como capital, e 2) capital. Parte da riqueza funciona, consequentemente, como capital, e outra parte, como não-capital ou fundo de consumo. E aparece aqui como necessidade inevitável para todo capital ser fixo ou circulante, do mesmo modo que um mamífero, por necessidade da Natureza, tem de ser masculino ou feminino. Vimos, porém, que a oposição entre fixo e circulante é apenas aplicável aos elementos do capital *produtivo*, existindo, portanto, ao lado deste uma quantidade considerável de capital – capital-mercadoria e capital monetário – que se encontra numa forma em que *não pode ser* fixo nem fluido.

Como, excetuada a parte dos produtos que o produtor capitalista individual volta a consumir diretamente, em sua forma natural, como meios de produção, sem vendê-los nem comprá-los, toda a massa da produção social – em base capitalista – circula no mercado como capital-mercadoria, então é claro que tanto os elementos fixos e fluidos do capital produtivo como todos os elementos do fundo de consumo são retirados do capital-mercadoria; o que, de fato, significa apenas que tanto os meios de produção como os meios de consumo, na base da produção capitalista, começam por aparecer como capital-mercadoria, ainda que possuam a determinação de servir, mais tarde, como meios de consumo ou meios de produção; como a própria força de trabalho que é encontrada como mercadoria, embora não como capital-mercadoria no mercado.

Daí a seguinte nova confusão em Adam Smith. Ele diz:

> *Of these four parts*[I]

(do *circulating capital*, isto é, do capital em suas formas de capital-mercadoria e de capital monetário, pertencentes ao processo de circulação – duas partes que se transformam em quatro, porque Smith distingue os componentes do capital-mercadoria mais uma vez pelo material)

> *three – provisions, materials, and finished work, are either annually or in a* longer or *shorter period, regularly withdrawn from it, and placed either in the fixed capital, or in the stock reserved for immediate consumption. Every fixed capital is both originally derived from, and requires to be continually supported by, a circulating capital. All useful machines and instruments of trade are originally derived from a circulating capital, which furnishes the materials of which they are made and the maintenance of the workmen who make them. They require, too, a capital of the same kind to keep them in constant repair.*[II] (p. 188)

Com exceção da parte do produto que seu produtor volta a consumir diretamente como meio de produção, vale para a produção capitalista a

---

I "Dessas quatro partes". [N. T.]

II "três – víveres, materiais e obras acabadas – são, anualmente, ou num período mais curto ou menos longo, com regularidade retiradas dele e colocadas no capital fixo, ou no estoque reservado para o consumo direto. Todo capital fixo é tanto originalmente derivado de um capital circulante quanto tem de ser continuamente sustentado por este. Todas as máquinas e instrumentos de trabalho úteis originam-se de um capital circulante que fornece os materiais de que são feitos e o sustento dos trabalhadores que os fazem. Eles requerem também um capital da mesma espécie para mantê-los constantemente em bom estado." [N. T.]

proposição geral: todos os produtos aparecem no mercado como mercadorias e circulam, por isso, para o capitalista como forma-mercadoria de seu capital, como capital-mercadoria, quer esses produtos tenham ou possam funcionar, conforme sua forma natural, seu valor de uso, como elementos do capital produtivo (do processo de produção), como meios de produção e, portanto, como elementos fixos ou fluidos do capital produtivo; quer apenas possam servir como meios de consumo individual, e não do produtivo. Todos os produtos são lançados ao mercado como mercadorias; todos os meios de produção e de consumo, todos os elementos do consumo produtivo e individual têm, por isso, de ser retirados, por compra, do mercado como mercadorias. Essa trivialidade (*truism*) é naturalmente correta. Ela vale, por isso, tanto para os elementos fixos como para os fluidos do capital produtivo, para os meios de trabalho como para o material de trabalho em todas as formas. (Esquece-se aí ainda que há elementos do capital produtivo que, por existirem na Natureza, não são produtos.) A máquina é comprada no mercado, do mesmo modo que o algodão. Mas não segue daí, de modo algum – isto segue apenas do fato de que Smith confunde capital de circulação com capital circulante ou fluido, isto é, com capital não fixo –, que todo capital fixo se origina de um capital fluido. E, além disso, Smith refuta a si mesmo. As máquinas, como mercadorias, formam, segundo ele mesmo, parte do n. 4 do capital circulante. Que elas se originam do capital circulante apenas significa, pois, que funcionaram como capital-mercadoria antes de funcionarem como máquinas, mas que materialmente provêm de si mesmas; do mesmo modo que o algodão, como elemento fluido do capital do fiandeiro, provém do algodão que se encontra no mercado. Mas se Smith, continuando em sua exposição, deriva o capital fixo do fluido pelo fato de trabalho e matéria-prima serem necessários para fazer máquinas, então se precisa ainda, primeiro, de meios de trabalho, portanto do capital fixo, para fabricar máquinas e, segundo, também de capital fixo, maquinaria etc. para produzir matérias-primas, pois o capital produtivo inclui sempre meios de trabalho, mas nem sempre material de trabalho. Ele mesmo diz logo em seguida:

> *Lands, mines, and fisheries, require all both a fixed and circulating capital to cultivate them;*[I]

(admite, portanto, que é necessário não apenas capital fluido, mas também capital fixo para produzir matérias-primas)

I “Terras, minas e pesca requerem tanto capital fixo como circulante para explorá-las; [...].” [N. T.]

"*and*" (aqui novo erro) "*their produce replaces with a profit, not only those capitals, but* all the others in society".[I] (p. 188)

Isso é totalmente errado. Seu produto fornece a matéria-prima, os materiais auxiliares etc. para os demais ramos industriais. Mas seu valor não repõe o valor de todos os outros capitais sociais; repõe apenas seu próprio valor-capital (+ mais-valia). Aqui se impõe novamente a Adam Smith a reminiscência dos fisiocratas.

Do ponto de vista social é correto que aquela parte do capital-mercadoria que consiste em produtos, os quais apenas podem servir como meios de trabalho, mais cedo ou mais tarde tenha de funcionar – desde que não tenham sido produzidos inutilmente, não sejam invendáveis – também como meios de trabalho, isto é, na base da produção capitalista, tão logo deixem de ser mercadorias, têm de constituir elementos reais, como antes tinham sido potenciais, da parte fixa do capital produtivo social.

Aqui há uma diferença que decorre da forma natural do produto.

Uma máquina de fiar, por exemplo, não tem valor de uso se não é utilizada para fiar, se não funciona, portanto, como elemento de produção ou, do ponto de vista capitalista, como componente fixo de um capital produtivo. Mas a máquina de fiar é móvel. Ela pode ser exportada do país onde foi produzida e vendida num país estrangeiro, direta ou indiretamente, seja em troca de matérias-primas etc., seja em troca de champanha. No país onde foi produzida, ela então funcionou apenas como capital-mercadoria, mas nunca, tampouco após sua venda, como capital fixo.

Produtos, porém, que, por sua incorporação ao solo, estão localizados e que, por isso, só podem ser utilizados localmente, por exemplo edifícios de fábrica, ferrovias, pontes, túneis, docas, melhoramentos do solo etc., não podem ser exportados fisicamente, em carne e osso. Eles não são móveis. São inúteis ou têm de funcionar, tão logo estejam vendidos, como capital fixo no país onde foram produzidos. Para seu produtor capitalista, que constrói fábricas ou melhora terras especulativamente para vender, essas coisas são forma de seu capital-mercadoria, portanto, segundo Adam Smith, forma do capital circulante. Mas, do ponto de vista social, essas coisas – para não serem inúteis – têm de funcionar afinal no próprio país, como capital fixo, num processo de produção fixado por sua própria localização; mas não segue daí, de modo algum, que coisas imóveis como tais são, sem mais, capital fixo; como casas de moradia etc. podem pertencer ao fundo de consumo e, portanto, não formar nenhuma parte do capital social, embora constituam elemento da riqueza social, de que

---

I "e o produto delas repõe com lucro não apenas esses capitais, mas também *todos os da sociedade*." [N. T.]

o capital é apenas parte. O produto dessas coisas, para nos exprimirmos à moda de Smith, obtém lucro mediante sua venda. Portanto, capital circulante! Quem as utiliza, seu comprador definitivo, pode apenas usá-las empregando-as no processo de produção. Portanto, capital fixo!

Títulos de propriedade, por exemplo sobre uma ferrovia, podem mudar de mãos diariamente, e seus possuidores podem até obter lucro no exterior, mediante a venda desses títulos – de modo que os títulos de propriedade são exportáveis, embora não a própria ferrovia. Não obstante, essas coisas têm de ficar, no país onde estão localizadas, em alqueive ou funcionando como componente fixo de um capital produtivo. Do mesmo modo, o fabricante A pode obter lucro pela venda de sua fábrica ao fabricante B, o que não impede de a fábrica funcionar, depois como antes, como capital fixo.

Se, portanto, os meios de trabalho localmente fixados, inseparáveis do solo, embora possam funcionar para seu produtor como capital-mercadoria e não formem elementos de *seu* capital fixo (este consiste, para ele, nos meios de trabalho que utiliza na construção de edifícios, ferrovias etc.), têm de funcionar previsivelmente como capital fixo, no próprio país, não segue daí, ao contrário, que o capital fixo se constitua necessariamente de coisas imóveis. Um navio e uma locomotiva apenas são efetivos por seu movimento; e apesar disso funcionam, não para seu produtor, mas sim para quem os utiliza, como capital fixo. Por outro lado, coisas que estão fixadas de maneira mais real no processo de produção, que vivem e morrem nele e nunca o deixam depois de nele terem entrado, são componentes fluidos do capital produtivo. Assim, por exemplo, com o carvão consumido para acionar a máquina no processo de produção, o gás consumido na iluminação do edifício da fábrica etc. São fluidos não porque saem do processo de produção, incorporados ao produto e circulam como mercadoria, mas porque seu valor entra por inteiro no valor da mercadoria que ajudam a produzir, tendo, portanto, de ser reposto integralmente pela venda da mercadoria.

Na última passagem citada de Adam Smith, temos de observar ainda a frase:

> "*A circulating capital which furnishes* [...] *the maintenance of the workmen who make them*"[I] (as máquinas etc.).

Entre os fisiocratas, a parte do capital adiantada em salários figura acertadamente entre os *avances annuelles*, em oposição aos *avances primitives*.

I "Um capital circulante que fornece [...] o sustento dos trabalhadores que as fazem." [N. T.]

Por outro lado, aparece neles como componente do capital produtivo empregado pelo arrendatário não a própria força de trabalho, mas os meios de subsistência dados aos trabalhadores agrícolas (*the maintenance of the workmen* [a manutenção dos trabalhadores], conforme diz Smith). Isso decorre exatamente de sua doutrina específica. A parte do valor que o trabalho agrega ao produto (do mesmo modo que a parte do valor que a matéria-prima, os instrumentos de trabalho etc., em suma, os elementos materiais do capital constante, agregam ao produto) é para eles apenas igual ao valor dos meios de subsistência pagos aos trabalhadores e que precisam ser consumidos para conservar sua função como forças de trabalho. Descobrir a diferença entre capital constante e capital variável lhes é proibido por sua própria doutrina. Se é o trabalho que produz a mais-valia (além de reproduzir seu próprio preço), então ele a produz na indústria do mesmo modo que na agricultura. Mas como, segundo o sistema, ele só a produz em um ramo da produção, na agricultura, ela não pode surgir dele, e sim da atividade (do concurso) particular da Natureza nesse ramo. E apenas por essa razão eles chamam o trabalho agrícola de trabalho produtivo, em contraste com as demais espécies de trabalho.

Adam Smith classifica os meios de subsistência dos trabalhadores como capital circulante, em oposição ao fixo,

1) porque confunde o capital fluido, em oposição ao fixo, com as formas do capital pertencentes à esfera da circulação, com o capital de circulação; confusão que, depois dele, foi legada, sem crítica, a seus sucessores. Confunde, portanto, o capital-mercadoria com o componente fluido do capital produtivo, e daí, evidentemente, se entende que, onde o produto social assume a forma de mercadoria, os meios de subsistência dos trabalhadores, assim como os dos não-trabalhadores, os materiais, bem como os próprios meios de trabalho, têm de ser fornecidos pelo capital-mercadoria.

2) Mas a concepção fisiocrática também se faz sentir em Smith, ainda que contradiga a parte esotérica – verdadeiramente científica – de sua própria exposição.

O capital adiantado é convertido, em geral, em capital produtivo, isto é, assume a forma de elementos de produção que, por sua vez, são produtos de trabalho anterior. (Entre eles, a força de trabalho.) É apenas nessa forma que pode funcionar dentro do processo de produção. Se colocamos no lugar da própria força de trabalho, em que se converteu a parte variável do capital, os meios de subsistência do trabalhador, é claro que esses meios de subsistência como tais não se distinguem, quanto à formação de valor, dos outros elementos do capital produtivo, as matérias-primas e os meios de subsistência dos animais de trabalho; razão por que Smith, de acordo com o procedimento dos fisiocratas, os coloca, numa passagem anteriormente citada, no mesmo nível. Os meios de subsistência não podem, eles mesmos, valorizar seu valor ou lhe agregar mais-valia. Seu valor, como o dos outros elementos do capital produtivo, só pode reaparecer no valor do produto. Eles não podem agregar-lhe mais valor que eles mesmos possuem. Como matéria-prima, produto semiacabado etc. distinguem-se do capital fixo, constituído por meios de trabalho, apenas pelo fato de que (pelo menos para o capitalista que os paga) são totalmente consumidos no produto em cuja formação entram, e seu valor, por isso, tem de ser reposto por inteiro, o que com o capital fixo ocorre apenas gradualmente, por parcelas. A parte do capital produtivo adiantada em força de trabalho (ou em meios de subsistência do trabalhador) distingue-se agora, portanto, apenas materialmente e não com respeito ao processo de trabalho e de valorização, dos demais elementos materiais do capital produtivo. Distingue-se apenas pelo fato de que, junto com uma parte dos formadores objetivos do produto (que Smith denomina de materiais em geral), cai na categoria de capital circulante, em oposição a outra parte dos formadores objetivos do produto que cai na categoria de capital fixo.

O fato de que a parte do capital adiantada em salários pertence à parte fluida do capital produtivo, que tem a fluidez em comum, em oposição ao componente fixo do capital produtivo, com uma parte dos formadores objetivos do produto, as matérias-primas etc., não tem absolutamente nada a ver com o papel que essa parte variável do capital, em oposição à parte constante, desempenha no processo de valorização. Refere-se apenas ao modo como essa parte do valor-capital adiantado tem de ser – a partir do valor do produto, mediante a circulação – reposta, renovada, portanto reproduzida. A compra e a recompra da força de trabalho pertencem ao processo de circulação. Mas é só dentro do processo de produção que o valor gasto em força de trabalho se transforma (não para o trabalhador, mas sim para o capitalista) de grandeza determinada, constante, em grandeza variável, e só por meio disso o valor adiantado transforma-se em valor-capital, em capital, em valor que se valoriza. Mas, ao determinar, como Smith o faz, não o valor gasto em força de trabalho como componente fluido do capital produtivo, mas sim o valor gasto em meios de subsistência do trabalhador, a compreensão da diferença entre capital variável e capital constante, portanto do processo de produção capitalista em geral, torna-se impossível. A determinação dessa parte do capital como capital variável, em oposição ao capital constante gasto em formadores objetivos do produto, é enterrada sob a determinação de que a parte do capital gasta em força de trabalho, quanto à rotação, pertence à parte fluida do capital produtivo. O enterro se torna completo ao se enumerarem, em vez da força de trabalho, como elemento do capital produtivo, os meios de subsistência do trabalhador. Se o valor da força de trabalho é adiantado em dinheiro ou diretamente em meios de subsistência é indiferente. Embora o último caso, naturalmente na base da produção capitalista, só possa ser exceção.[24]

Ao fixar, assim, a determinação do capital circulante como o decisivo para o valor-capital gasto em força de trabalho – essa determinação fisiocrática sem o pressuposto dos fisiocratas –, Smith conseguiu com êxito tornar impossível a seus sucessores o reconhecimento da parte do capital gasta em força de trabalho como variável. As análises mais profundas e corretas que ele mesmo deu em outras passagens não prevaleceram, mas sim esse seu equívoco. Autores posteriores foram mais além: não apenas estabeleceram como determinação decisiva da parte do capital gasta em força de trabalho ser capital circulante – em oposição ao fixo –, mas também estabeleceram como determinação essencial do capital circulante ser despendido em meios de subsistência para os trabalhadores. A isso se associou, naturalmente, a doutrina do fundo de trabalho,[I] composto de meios de subsistência necessários, como uma grandeza dada que, por um lado, limita fisicamente a participação dos trabalhadores no produto social, mas, por outro, tem de ser totalmente despendida na compra de força de trabalho.

I K. Marx, *O capital*, Livro 1, op. cit., parte 5, pp. 544–46. [N. E. B.]

CAPÍTULO 11

TEORIAS SOBRE CAPITAL FIXO E CIRCULANTE. RICARDO

Ricardo menciona a diferença entre capital fixo e circulante apenas para apresentar as exceções à regra do valor, a saber, aqueles casos em que a taxa de salários afeta os preços. Sobre isso falaremos somente no Livro 3.[I]

A falta original de clareza, porém, mostra-se já desde o princípio na equiparação não rigorosa:

> Essa diferença no grau de durabilidade do capital fixo e essa variedade nas proporções, nas quais ambas as espécies de capital podem ser combinadas.[25]

Se perguntarmos quais são essas duas espécies de capital, ouviremos:

> Também as proporções em que o capital deve sustentar o trabalho e o capital que é gasto em ferramentas, maquinaria e edifícios podem ser diversamente combinadas.[26]

Portanto capital fixo = meios de trabalho, e capital circulante = capital que é gasto em trabalho. Capital que deve sustentar o trabalho já é uma expressão absurda herdada de Adam Smith. O capital circulante é aqui, por um lado, confundido com o capital variável, isto é, com a parte do capital produtivo gasto em trabalho. Por outro, porém, como a oposição não é derivada do processo de valorização – capital constante e variável –, mas do processo de circulação (a velha confusão smithiana), surgem daí determinações duplamente falsas.

Primeiro: as diferenças no grau de durabilidade do capital fixo e as diferenças na composição do capital em capital constante e variável são concebidas como equivalentes. A última diferença, porém, determina a diferença na produção de mais-valia; a primeira, ao contrário, na medida em que se toma o processo de valorização em consideração, refere-se apenas ao modo como dado valor é transferido do meio de produção ao produto; na medida em que se leva em conta o processo de circulação,

I K. Marx, *O capital: Crítica da Economia Política*, Livro 3: *O processo da produção capitalista como um todo*, ed. Friedrich Engels; coord. Paul Singer, trad. Regis Barbosa e Flávio R. Kothe. São Paulo: Ubu Editora, 2025, cap. 11, pp. 202–05. [N. E. B.]

refere-se apenas ao período de renovação do capital gasto ou, de outro ponto de vista, ao tempo durante o qual ele é adiantado. Se, porém, em vez de penetrar no mecanismo íntimo do processo de produção capitalista, colocamo-nos no ponto de vista dos fenômenos acabados, então essas diferenças de fato coincidem. Na distribuição da mais-valia social entre os capitais investidos nos diversos ramos de atividade, as diferenças nos prazos durante os quais se adianta o capital (assim, por exemplo, as diferentes durações de vida do capital fixo) e as diferentes composições orgânicas do capital (e também, portanto, a circulação diversa do capital constante e variável) afetam igualmente a equalização da taxa geral de lucro e a transformação dos valores em preços de produção.

Segundo: do ponto de vista do processo de circulação aparecem, de um lado, os meios de trabalho: capital fixo; de outro, material de trabalho e salário: capital fluido. Ao contrário, do ponto de vista do processo de trabalho e valorização, aparecem, de um lado, meios de produção (meios de trabalho e material de trabalho), capital constante; de outro, força de trabalho, capital variável. Para a composição orgânica (Livro 1, cap. 23)[I] do capital é inteiramente indiferente se o mesmo *quantum* de valor do capital constante consiste em muitos meios de trabalho e pouco material de trabalho ou em muito material de trabalho e poucos meios de trabalho, enquanto tudo depende da proporção entre o capital gasto em meios de produção e o capital gasto em força de trabalho. Inversamente: do ponto de vista do processo de circulação, da diferença entre capital fixo e capital circulante, é igualmente indiferente em que proporção um *quantum* de valor do capital circulante se divide em material de trabalho e salário. De um ponto de vista, o material de trabalho ordena-se na mesma categoria dos meios de trabalho, em oposição ao valor-capital gasto em força de trabalho. De outro, ordena-se a parte do capital gasta em força de trabalho conjuntamente com a parte gasta em material de trabalho, em oposição à parte do capital gasta em meios de trabalho.

Portanto, em Ricardo, a parte do valor do capital gasta em material de trabalho (matérias-primas e materiais auxiliares) não aparece em lado algum. Ela desaparece totalmente. Porque não se ajusta ao lado do capital fixo, porque em seu modo de circulação coincide totalmente com a parte do capital gasta em força de trabalho. E, por outro lado, não pode ser colocada ao lado do capital circulante, pois com isso a equiparação legada por Adam Smith, e tacitamente mantida, da oposição entre capital fixo e circulante com a oposição entre capital constante e variável, eliminaria

I K. Marx, *O capital: Crítica da Economia Politica*, Livro 1: *O processo de produção do capital*, coord. Paul Singer, trad. Regis Barbosa e Flávio R. Kothe. São Paulo: Ubu Editora, 2025, p. 547. [N. E. B.]

a si mesma. Ricardo tem instinto lógico demais para não sentir isso, e portanto desaparece totalmente para ele essa parte do capital.

Deve-se observar aqui que o capitalista, no modo de falar da Economia Política, adianta o capital gasto em salários em diferentes prazos, conforme pague salário semanal, mensal ou trimestralmente. Na realidade, a coisa se dá ao contrário. O trabalhador adianta ao capitalista seu trabalho por uma semana, um mês, três meses, conforme ele seja pago semanal, mensal ou trimestralmente. Se o capitalista *comprasse* a força de trabalho em vez de pagá-la, se pagasse ao trabalhador antecipadamente o salário por dia, semana, mês ou trimestre poder-se-ia falar de um adiantamento por esses prazos. Mas, como ele paga após o trabalho *haver* durado dias, semanas, meses, em vez de comprá-lo e pagá-lo pelo prazo que *deve* durar, tudo isso é um quiproquó capitalista, e o adiantamento que é dado em trabalho pelo trabalhador ao capitalista é transformado em adiantamento que o capitalista dá ao trabalhador em dinheiro. Não altera em nada a coisa que o capitalista recupere o próprio produto ou seu valor conforme os diferentes períodos que sua produção requeira ou também conforme os diferentes períodos requeridos para sua circulação – apenas em prazos mais ou menos longos (junto com a mais-valia nele incorporada) da circulação. O que o comprador de uma mercadoria fará com ela é inteiramente indiferente ao vendedor. O capitalista não obtém uma máquina mais barata porque tem de adiantar todo o valor dela de uma vez, enquanto esse valor reflui para ele da circulação apenas gradativa e parceladamente; nem paga o algodão mais caro porque seu valor entra integralmente no valor do produto fabricado com ele e, portanto, é reposto por inteiro e de uma vez pela venda do produto.

Retornemos a Ricardo.

1. O que caracteriza o capital variável é que determinada parte dada (sendo portanto, como tal, constante) do capital, uma dada soma de valor (tomada como igual ao valor da força de trabalho, apesar de ser aqui indiferente se o salário é igual, maior ou menor que o valor da força de trabalho), é trocada por uma força que se autovaloriza, cria valor – a força de trabalho, a qual reproduz não só seu próprio valor pago pelo capitalista, mas produz, ao mesmo tempo, mais-valia, um valor que não existia anteriormente e que não foi comprado por nenhum equivalente. Essa propriedade característica da parte do capital gasta em salários, a qual o distingue *toto coelo* [em todos os sentidos] do capital constante, desaparece tão logo a parte do capital gasta em salários é considerada meramente do ponto de vista do processo de circulação e assim aparece como capital circulante, em oposição ao capital fixo gasto em meios de trabalho. Isso já se evidencia pelo fato de que é então colocada sob uma rubrica – a do capital circulante – junto com um componente do capital constante, o gasto em

material de trabalho, e junto com este é contraposta a outro componente do capital constante, o gasto em meios de trabalho. A mais-valia, portanto justamente a circunstância que transforma a soma de valor desembolsada em capital nesse procedimento, é totalmente abstraída. Do mesmo modo, abstrai-se o fato de que a parte do valor agregada ao produto pelo capital gasto em salários é produzida pela primeira vez (portanto, é realmente reproduzida), enquanto a parte do valor que a matéria-prima agrega ao produto não é produzida pela primeira vez, não é realmente reproduzida, mas apenas mantida e conservada no valor do produto e, portanto, apenas reaparece como elemento do valor do produto. A diferença, como ela agora se apresenta do ponto de vista da oposição entre capital fluido e fixo, consiste apenas no seguinte: o valor dos meios de trabalho empregados na produção de uma mercadoria entra apenas parcialmente no valor da mercadoria e, por isso, é reposto apenas parcialmente pela venda da mercadoria, é reposto em geral, portanto, apenas fracionária e gradualmente. Por outro lado, o valor da força de trabalho e dos objetos de trabalho (matérias-primas etc.) utilizados para a produção de uma mercadoria entra totalmente na mercadoria e é, portanto, totalmente reposto por sua venda. Nessa medida, com referência ao processo de circulação, parte do capital se apresenta como fixa, outra como fluida ou circulante. Trata-se, em ambos os casos, de uma transferência ao produto de valores dados adiantados e de sua reposição por meio da venda do produto. A diferença consiste agora apenas no fato de a transferência do valor, e, portanto, da reposição do valor, ocorrer fracionária e gradualmente ou de uma vez. Com isso, a diferença totalmente decisiva entre capital variável e constante está apagada; portanto, todo o segredo da formação da mais-valia e da produção capitalista, as condições que transformam em capital certos valores e as coisas em que estes se representam se apagam. Todos os componentes do capital diferenciam-se agora apenas pelo modo de circulação (e a circulação da mercadoria relaciona-se, naturalmente, somente com valores dados, preexistentes); um modo específico de circulação é comum ao capital gasto em salários e à parte do capital gasta em matérias-primas, produtos semiacabados, materiais auxiliares, em oposição à parte do capital gasta em meios de trabalho.

Compreende-se, portanto, por que a Economia Política burguesa se aferrou instintivamente à confusão de Adam Smith entre as categorias de "capital constante e variável" e as categorias de "capital fixo e circulante", e a papagueou sem nenhuma crítica, de geração em geração, por um século. A parte do capital gasta em salários já não se diferencia, para ela, da parte do capital gasta em matéria-prima e se distingue apenas formalmente – conforme seja circulada fracionária ou inteiramente através do produto – do capital constante. Com isso a base para a compreensão do movimento real da produção capitalista e, portanto, da exploração capitalista é enterrada de um só golpe. Trata-se apenas do reaparecimento de valores adiantados.

Em Ricardo, a adoção sem crítica da confusão smithiana é mais desconcertante, não apenas nos apologetas posteriores, nos quais, pelo contrário, a confusão dos conceitos é o que menos desconcerta, que no próprio Adam Smith, pois Ricardo, em oposição a este, desenvolve de modo mais consequente e incisivo os conceitos de valor e mais-valia e, de fato, sustenta o Adam Smith esotérico contra o Adam Smith exotérico.

Nos fisiocratas não se encontra nada dessa confusão. A diferença entre *avances annuelles* e *avances primitives* refere-se apenas aos diferentes períodos de reprodução dos diversos componentes do capital, especialmente do capital agrícola, enquanto suas opiniões sobre a produção da mais-valia formam parte independente dessas distinções de sua teoria e precisamente aquilo que eles ressaltam como *pointe* [ponto forte] da teoria. A formação da mais-valia não é explicada a partir do capital como tal, mas reivindicada como sendo apenas de determinada esfera da produção do capital, a agricultura.

2. O essencial na determinação do capital variável – e, portanto, para a transformação de uma soma qualquer de valor em capital – é que o capitalista troca determinada grandeza de valor dada (e, nesse sentido, constante) por uma força criadora de valor; uma grandeza de valor por produção de valor, autovalorização. Se o capitalista paga ao trabalhador em dinheiro ou em meios de subsistência, nada muda nessa definição. Muda apenas o modo de existência do valor adiantado por ele, que existe, uma vez, na forma de dinheiro com que o trabalhador compra no mercado seus meios de subsistência e, outra vez, na forma de meios de subsistência que ele consome diretamente. A produção capitalista desenvolvida pressupõe, na realidade, que o trabalhador seja pago em dinheiro, do mesmo modo que o pressupõe, em geral, o processo de produção mediado pelo processo de circulação, portanto a economia monetária. Mas a criação da mais-valia – portanto a capitalização da soma de valor adiantada – não surge nem da forma-dinheiro nem da forma natural do salário ou do capital gasto na compra da força de trabalho. Ela decorre da troca de valor por força criadora de valor, da conversão de uma grandeza constante em uma grandeza variável. –

A maior ou menor fixidez dos meios de trabalho depende do grau de sua durabilidade, portanto de uma propriedade física. Conforme o grau de sua durabilidade, com as demais circunstâncias constantes, eles se depreciarão mais rápida ou vagarosamente, funcionando, assim, por um tempo maior ou menor como capital fixo. Mas não é apenas em virtude dessa propriedade física da durabilidade que eles funcionam como capital fixo. A matéria-prima em metalúrgicas é tão durável quanto as máquinas que fabricam e mais durável que algumas partes componentes dessas máquinas, como couro, madeira etc. Não obstante, o metal que serve de matéria-prima constitui parte do capital circulante, e o meio de trabalho em funcionamento, feito talvez do mesmo metal, parte do capital fixo. Não é, portanto, pela natureza física, material, por sua maior ou menor transitoriedade, que o mesmo metal ora figura sob a rubrica do capital fixo, ora sob a do capital circulante. Essa diferença surge, pelo contrário, do papel que desempenha no processo de produção, uma vez como objeto de trabalho, outra vez como meio de trabalho.

A função do meio de trabalho no processo de produção exige em média que ele, durante um período mais longo ou mais curto, sirva sempre de novo em repetidos processos de trabalho. Por sua função é, portanto, prescrita uma durabilidade maior ou menor de sua matéria. Mas não é a durabilidade da matéria da qual é feito que o torna, em si e para si, capital fixo. A mesma matéria, se matéria-prima, torna-se capital circulante e, para os economistas, que confundem a diferença entre capital-mercadoria e capital produtivo com a diferença entre capital circulante e fixo, a mesma matéria, a mesma máquina, é capital circulante como produto e capital fixo como meio de trabalho.

Embora não seja a matéria durável de que o meio de trabalho é feito que o torna capital fixo, ainda assim seu papel como meio de trabalho exige que esta consista em um material relativamente durável. A durabilidade de sua matéria é, assim, condição de sua função como meio de trabalho e constitui, portanto, também a base material do modo de circulação que o torna capital fixo. Com as demais circunstâncias constantes, a maior ou menor transitoriedade de sua matéria imprime-lhe, em grau menor ou maior, a marca da fixidez; está, portanto, essencialmente ligada a sua qualidade de capital fixo.

Se a parte do capital gasta em força de trabalho é considerada exclusivamente do ponto de vista do capital circulante, portanto em oposição ao capital fixo; se consequentemente as diferenças entre capital constante e variável são misturadas com as diferenças entre capital fixo e circulante, então é natural – como a realidade material dos meios de trabalho constitui uma base essencial de seu caráter enquanto capital fixo – derivar em oposição ao mesmo, da realidade material do capital gasto em força de trabalho, seu caráter enquanto capital circulante e depois determinar novamente o capital circulante por meio da realidade material do capital variável.

A subsistência real do capital gasto em salários é o próprio trabalho, a força de trabalho em ação, criadora de valor, trabalho vivo, que o capitalista troca por trabalho objetivado, morto, e que ele tinha incorporado a seu capital, e somente assim o valor que se encontra em suas mãos transforma-se em valor que valoriza a si mesmo. Mas essa força de autovalorização o capitalista não vende. Ela constitui sempre apenas elemento de seu capital produtivo, tal como seus meios de trabalho, jamais de seu capital-mercadoria, como, por exemplo, o produto acabado que ele vende. Dentro do processo de produção, como elementos do capital produtivo, os meios de trabalho não se contrapõem à força de trabalho como capital fixo, tampouco como o material de trabalho e os materiais auxiliares se confundem com ela enquanto capital circulante; a força de trabalho opõe-se a ambos como fator pessoal, enquanto aqueles são os fatores reificados – isso do ponto de vista do processo de trabalho. Ambos contrapõem-se à força de trabalho, ao capital variável, como capital constante – isso do ponto de vista do processo de valorização. Ou, se é o caso aqui de falar de uma diferença material, na medida em que ela afeta o processo de circulação, ela é apenas esta: da natureza do valor, que nada mais é que trabalho objetivado, e da natureza da força de trabalho em ação, a qual nada mais é que trabalho em objetivação, segue que a força de trabalho, na duração de seu funcionamento, cria constantemente valor e mais-valia; que aquilo que pelo lado dela se apresenta como movimento, como criação de valor, pelo lado de seu produto se apresenta em repouso, como valor criado. Se a força de trabalho atuou, o capital não consiste mais em força de trabalho, por um lado, e em meios de produção, por outro. O valor-capital, que foi gasto em força de trabalho, é agora valor que (+ mais-valia) foi agregado ao produto. Para repetir o processo, é necessário vender o produto e, com o dinheiro assim obtido, comprar sempre de novo a força de trabalho e incorporá-la ao capital produtivo. Isso dá, então, à parte do capital gasta em força de trabalho, bem como àquela gasta em material de trabalho etc., o caráter de capital circulante, em oposição ao capital que permanece fixado nos meios de trabalho.

Mas se, ao contrário, a determinação secundária de capital circulante, que ela tem em comum com parte do capital constante (as matérias-primas e materiais auxiliares), é tornada a determinação essencial da parte do capital gasta em força de trabalho – a saber, que o valor gasto nela se transfere integralmente ao produto, em cuja produção é consumida, e não gradual e parceladamente, como no capital fixo, e que ele, portanto, tem de ser reposto totalmente pela venda do produto – então a parte do capital gasta em salários deve consistir, materialmente, não em força de trabalho atuante, mas nos elementos materiais que o trabalhador compra com seu salário, portanto naquela parte do capital-mercadoria social que entra no consumo do trabalhador – dos meios de subsistência. O capital fixo se compõe, então, dos meios de trabalho, que perecem mais lentamente e, por isso, têm de ser repostos mais lentamente, e o capital gasto em força de trabalho, dos meios de subsistência, que têm de ser repostos mais rapidamente.

Os limites da transitoriedade mais ou menos prolongada, entretanto, se apagam.

> Os alimentos e a roupa que o trabalhador consome, os edifícios em que trabalha, as ferramentas que colaboram em seu trabalho são todos de natureza perecível. Existe, porém, enorme diferença no tempo que duram esses diferentes capitais; uma máquina a vapor dura mais que um navio, um navio mais que a roupa do trabalhador, a roupa do trabalhador, por sua vez, mais que os alimentos que consome.[27]

Ricardo esquece aí a casa em que o trabalhador mora, seus móveis, suas ferramentas de consumo, como facas, garfos, recipientes etc., que possuem todos o mesmo caráter de durabilidade, como os meios de trabalho. As mesmas coisas, as mesmas classes de coisas, aparecem aqui como meios de consumo e lá como meios de trabalho.

A diferença, conforme expressa Ricardo, é esta:

> Conforme o capital seja rapidamente perecível e precise ser reproduzido frequentemente, ou conforme seja consumido lentamente, é classificado como capital circulante ou fixo.[28]

E faz ainda a observação:

> Uma diferenciação não essencial, na qual a linha divisória não pode ser traçada exatamente.[29]

Assim, felizmente, retornamos aos fisiocratas, para os quais a diferença entre *avances annuelles* e *avances primitives* era uma diferença no tempo de consumo e, portanto, também no tempo diverso de reprodução do capital aplicado. Só que o que para eles expressa um fenômeno importante para a produção social, e é representado no *Tableau économique* em conexão com o processo de circulação, torna-se aqui uma diferenciação subjetiva e, como o próprio Ricardo diz, supérflua.

Tão logo a parte do capital gasta em trabalho se diferencia apenas pelo período de reprodução, e portanto por seu prazo de circulação, da parte do capital gasta em meios de trabalho, tão logo uma parte consiste em meios de subsistência e a outra em meios de trabalho, de modo que os primeiros diferenciam-se dos últimos apenas por um grau maior de transitoriedade, como os primeiros possuem em si graus diferentes de transitoriedade, é natural que toda *differentia specifica* [diferença específica] entre o capital gasto em força de trabalho e o gasto em meios de produção se apague.

Isso contradiz por inteiro a doutrina do valor de Ricardo, assim como sua teoria do lucro, que é realmente uma teoria da mais-valia. Ele considera, em geral, a diferença entre capital fixo e circulante apenas na medida em que proporções diversas de ambos, nos diferentes ramos de negócios, influenciam a lei do valor e, mais precisamente, na medida em que uma elevação ou uma queda do salário, em consequência dessas circunstâncias, afeta os preços. Entretanto, mesmo dentro dessa investigação limitada, ele comete os maiores erros em virtude de confundir capital fixo e circulante com capital constante e variável e, em sua investigação, parte na realidade de uma base inteiramente falsa. Portanto, 1: na medida em que a parte do valor do capital gasta em força de trabalho deve ser subsumida sob a rubrica do capital circulante, as determinações do próprio capital circulante são desenvolvidas de modo falso, especialmente as circunstâncias que subsomem a parte do capital gasta em trabalho sob essa rubrica. 2: ocorre uma confusão entre a determinação pela qual a parte do capital gasta em trabalho é variável e aquela pela qual ela é circulante, em oposição ao capital fixo.

É evidente, desde o princípio, que a determinação do capital gasto em força de trabalho como circulante ou fluido é uma determinação secundária, em que sua *differentia specifica* no processo de produção é apagada; pois nessa determinação, por um lado, os capitais gastos em trabalho e os gastos em matérias-primas etc. são equivalentes; uma rubrica que identifica uma parte do capital constante com o capital variável não tem a ver com a *differentia specifica* do capital variável em oposição ao constante. Por outro, as partes do capital gastas em trabalho e em meios de trabalho são certamente contrapostas uma à outra, mas de modo algum com referência ao fato de que entram na produção do valor de maneira inteiramente diferente, e sim com relação ao fato de que ambas transferem seus valores dados ao produto apenas em diferentes períodos de tempo.

Em todos esses casos trata-se de *como* um dado valor que é gasto no processo de produção da mercadoria, seja ele salário, preço da matéria-prima ou preço dos meios de trabalho, é transferido ao produto, portanto circula através do produto e, mediante sua venda, é levado a seu ponto de partida ou é reposto. A única diferença consiste aqui no "*como*", no modo específico da transferência e, portanto, também da circulação desse valor.

Se o preço da força de trabalho, previamente determinado por contrato, em cada caso, é pago em dinheiro ou em meios de subsistência, em nada altera seu caráter de ser um preço determinado, dado. Entretanto, no salário pago em dinheiro, é evidente que não é o próprio dinheiro que entra no processo de produção, do mesmo modo que não só o valor, mas também a matéria dos meios de produção, entra no processo de produção. Se, ao contrário, os meios de subsistência que o trabalhador compra com seu salário são postos diretamente como forma material do capital circulante com as matérias-primas etc. sob uma rubrica e contrapostos aos meios de trabalho, isso dá à coisa outro aspecto. Se o valor dessas coisas, os meios de produção, é transferido ao produto no processo de trabalho, o valor daquelas outras coisas, os meios de subsistência, ressurge na força de trabalho que os consome e, pela atuação da mesma, é igualmente transferido ao produto pelo funcionamento dessa força. Trata-se, em todos esses casos, sempre do mero reaparecimento no produto dos valores adiantados durante a produção. (Os fisiocratas tomaram isso a sério e, portanto, negaram que o trabalho industrial criasse mais-valia.) Lê-se, na passagem já citada de Wayland:[I]

> Não importa a forma sob a qual o capital reaparece [...] as diferentes espécies de alimentos, roupa e habitação, necessárias à existência e ao conforto humanos, são igualmente transformadas. São consumidas no decorrer do tempo e seu valor reaparece etc. (*Elements of Pol. Econ.*, pp. 31–32)

Os valores-capital adiantados para a produção na forma de meios de produção e meios de subsistência reaparecem aqui igualmente no valor do produto. Com isso a transformação do processo de produção capitalista num completo mistério é realizada com êxito, e a origem da mais-valia existente no produto é totalmente afastada da vista.

Além disso, completa-se assim o fetichismo peculiar à Economia burguesa, que transforma o caráter social, econômico, que se imprime às coisas no processo social de produção, num caráter natural, oriundo da natureza material dessas coisas. Meios de trabalho, por exemplo, são capital fixo – uma determinação escolástica que leva a contradições e confusão. Assim como se demonstrou, com respeito ao processo de trabalho (Livro 1, cap. 5), que depende inteiramente do papel que os elementos objetivos desempenham de cada vez em determinado processo de trabalho, de sua função, se eles funcionam como meio de trabalho, material de trabalho ou produto – do mesmo modo, os meios de trabalho só são capital fixo se o processo de produção é capitalista ao todo e os meios de produção são, por isso, capital ao todo, possuem a determinação econômica, o caráter social de capital; e, segundo, apenas são capital fixo se transferem seu valor ao produto de maneira específica. Se não, continuam a ser meios de trabalho sem serem capital fixo. Do mesmo modo, materiais auxiliares, como adubo, se cedem valor da mesma maneira específica que a maioria dos meios de trabalho, tornam-se capital fixo, embora não sejam meios de

---

I K. Marx, *O capital*, Livro 1, op. cit., p. 230, nota 25 (p. 711). [N. E. B.]

trabalho. Não se trata aqui de definições sob as quais as coisas são subsumidas. Trata-se de funções determinadas que são expressas em categorias determinadas.

Se vale como propriedade inerente aos meios de subsistência em si, que lhes cabe em quaisquer circunstâncias, a de ser capital despendido em salários, então se torna também caráter desse capital "circulante" o "sustentar o trabalho", *to support labour* {Ricardo, p. 25}. Se os meios de subsistência não fossem "capital", não sustentariam então a força de trabalho, ao passo que é precisamente seu caráter de capital que lhes proporciona a qualidade de sustentar o *capital* por meio do trabalho alheio.

Se os meios de subsistência são capital circulante em si – depois de este converter-se em salário –, resulta ainda que a grandeza do salário depende da produção entre o número dos trabalhadores e a massa dada do capital circulante – uma proposição econômica muito querida – enquanto, na realidade, a massa dos meios de subsistência que o trabalhador retira do mercado e a massa dos meios de subsistência de que o capitalista dispõe para seu consumo dependem da proporção entre a mais-valia e o preço do trabalho.

Ricardo, como Barton,[29][a] confunde em todo lugar a relação do capital variável com o constante com a relação do capital circulante com o fixo. Veremos mais tarde como isso falseia sua investigação sobre a taxa de lucro.[I]

Além disso, Ricardo coloca as diferenças que surgem na rotação, de outras causas que não da diferença entre capital fixo e circulante, em igualdade com essa diferença:

> Deve-se observar ainda que o capital circulante pode circular ou retornar a seu empregador em períodos bem desiguais. O trigo comprado por um arrendatário para semear é capital fixo se comparado com o trigo comprado por um padeiro para ser transformado em pão. O primeiro deixa-o na terra e só depois de um ano pode obter um refluxo; o outro pode mandar moê-lo para ter farinha e vendê-lo como pão a seus fregueses, de modo a ter numa semana seu capital livre para renovar a mesma operação ou iniciar qualquer outra.[30]

É característico aqui que o trigo, embora enquanto semente sirva não como meio de subsistência mas como matéria-prima, em primeiro lugar, é capital circulante, por ser em si meio de subsistência, e, em segundo, é capital fixo, porque seu refluxo leva um ano. Não é, porém, somente o refluxo mais lento ou mais rápido que faz de um meio de produção capital fixo, mas a maneira determinada da cessão de valor ao produto.

I K. Marx, *O capital*, Livro 3, op. cit., capítulos 1–3. [N. E. A.]

A confusão criada por Adam Smith levou aos seguintes resultados:

1) A diferença entre capital fixo e fluido é confundida com a diferença entre capital produtivo e capital-mercadoria. Assim, por exemplo, a mesma máquina é capital circulante quando se encontra no mercado como mercadoria e capital fixo quando está incorporada ao processo de produção. Nisso é absolutamente impossível compreender por que determinada espécie de capital deva ser mais fixa ou mais circulante que outra.

2) Todo capital circulante é identificado com capital despendido ou a se despender em salários. Assim em J. St. Mill,[I] entre outros.

3) A diferença entre capital variável e constante, que Barton e Ricardo, entre outros, confundiram com a diferença entre capital circulante e fixo, acaba reduzindo-se por inteiro a esta última, como, por exemplo, em Ramsay,[II] para quem todos os meios de produção, matérias-primas etc., assim como os meios de trabalho, são capital fixo, e apenas o capital despendido em salários é capital circulante. Mas como a redução ocorre dessa forma, a verdadeira diferença entre capital constante e variável não é compreendida.

4) Com os economistas ingleses mais recentes, especialmente os escoceses, que consideram tudo do ponto de vista incrivelmente estreito de um caixa de banco, como Macleod,[III] Patterson,[IV] entre outros, a diferença entre capital fixo e circulante transforma-se na diferença entre *money at call* e *money not at call* (dinheiro em depósito que pode ser retirado sem aviso prévio ou apenas mediante aviso prévio).

I John Stuart Mill, *Essays on Some Unsettled Questions of Political Economy.* London, 1844, p. 164. [N. E. A.]

II George Ramsay, *An Essay on the Distribution of Wealth.* Edinburgh, 1836, pp. 21–24. [N. E. A.]

III Henry Dunning Macleod, *The Elements of Political Economy.* London, 1858, pp. 76–80. [N. E. A.]

IV Robert Hogarth Patterson, *The Science of Finance: A Practical Treatise.* Edinburgh / London, 1868, pp. 129–44. [N. E. A.]

CAPÍTULO 12

O PERÍODO DE TRABALHO

Tomemos dois ramos de negócios em que a jornada de trabalho tenha a mesma extensão, digamos um processo de trabalho de dez horas, por exemplo a fiação de algodão e a fabricação de locomotivas. Num desses ramos, é fornecido a cada dia, a cada semana, determinado *quantum* de produto acabado, fio de algodão; no outro, o processo de trabalho precisa ser repetido por talvez três meses para fabricar um produto acabado, uma locomotiva. Num caso, o produto é de natureza discreta e todo dia ou toda semana o mesmo trabalho começa de novo. No outro, o processo de trabalho é contínuo, estende-se por um número mais longo de processos diários de trabalho que, em sua interligação, na continuidade de sua operação, somente depois de um prazo mais longo fornecem um produto acabado. Embora a duração do processo de trabalho diário seja aí a mesma, ocorre uma diferença muito significativa na duração do ato de produção, isto é, na duração dos processos de trabalho repetidos que são exigidos para fornecer o produto acabado, para enviá-lo como mercadoria ao mercado, portanto para transformá-lo de capital produtivo em capital-mercadoria. A diferença entre capital fixo e circulante não tem nada a ver com isso. A referida diferença continuaria existindo, mesmo se nos dois ramos de negócios fossem aplicadas exatamente as mesmas proporções dc capital fixo e circulante.

Essas diferenças na duração do ato de produção ocorrem não só entre diferentes esferas da produção, mas dentro da mesma esfera da produção, conforme o volume do produto a ser fornecido. Uma casa comum de moradia é construída num tempo mais curto do que uma fábrica grande e, por isso, exige menor número de processos de trabalho contínuos. Se a construção de uma locomotiva demora três meses, a construção de um encouraçado demora um ano ou até mais. A produção de cereais exige quase um ano, a criação de gado vários anos, a cultura florestal pode abranger de 12 a 100 anos; uma pequena estrada rural pode ser, talvez, construída em alguns meses, enquanto uma via férrea exige anos; um tapete comum talvez uma semana, Gobelins anos etc. As diferenças na duração do ato de produção são, portanto, infinitamente variáveis.

A diferença na duração do ato de produção tem de produzir, evidentemente, uma diferença na velocidade da rotação entre dispêndios de capital de igual grandeza, portanto nos períodos de tempo pelos quais determinado capital é adiantado. Supondo-se que a fiação mecânica e a fábrica de locomotivas apliquem capital de igual grandeza, que a divisão entre capital constante e variável seja a mesma, assim como a divisão entre os elementos fixos e fluidos do capital, finalmente que a jornada de trabalho seja da mesma extensão e sua divisão entre trabalho necessário e mais-trabalho seja a mesma. Além disso, para eliminar todas as circunstâncias oriundas do processo de circulação e que, nesse caso, são externas, suponhamos que ambos, fio e locomotiva, sejam fabricados por encomenda e pagos quando da entrega do produto acabado. Ao término da semana, na entrega do fio pronto, o fabricante de fio recupera (aqui não levamos em conta a mais-valia) o capital circulante desembolsado e também a depreciação do capital fixo, incorporado ao valor do fio. Ele pode, portanto, com o mesmo capital, repetir o mesmo ciclo. Este completou sua rotação. O fabricante de locomotivas, ao contrário, tem de desembolsar, durante os três meses, semana após semana, sempre novo capital em salários e matéria-prima, e só depois de três meses, só após a entrega da locomotiva, é que o capital circulante, desembolsado pouco a pouco durante esse tempo num único e mesmo ato de produção para a fabricação de uma única e mesma mercadoria, volta a se encontrar numa forma em que pode reiniciar seu ciclo; do mesmo modo, só agora a depreciação da maquinaria durante esses três meses lhe é reposta. O desembolso de um é por uma semana, o do outro é o desembolso semanal multiplicado por 12. Pressupondo-se iguais as demais circunstâncias, um precisa dispor de doze vezes mais capital circulante do que o outro.

Que os capitais semanalmente adiantados sejam iguais é, nesse caso, no entanto, uma circunstância sem importância. Qualquer que seja a grandeza do capital adiantado, num caso é adiantado apenas por uma semana, no outro por doze semanas, antes de se poder operar novamente com ele, antes que a mesma operação possa ser repetida com ele ou antes que uma de outra espécie possa ser com ele começada.

A diferença na velocidade da rotação ou na extensão de tempo em que o capital individual tem de ser adiantado, antes que o mesmo valor-capital possa voltar a servir para novo processo de trabalho ou de valorização, decorre do seguinte:

Suponhamos que a construção da locomotiva ou de uma máquina qualquer custe 100 dias de trabalho. Quanto aos trabalhadores ocupados na fabricação e na construção de máquinas, as 100 jornadas de trabalho constituem igualmente uma grandeza descontínua (discreta) que, segundo foi pressuposto, consiste em 100 processos de dez horas de trabalho sucessivos e separados. Mas em relação ao produto – a máquina – as 100 jornadas de trabalho constituem uma grandeza contínua, uma jornada de trabalho de 1000 horas, um único ato conexo de produção. Tal jornada de trabalho, que é constituída por uma sucessão mais ou menos numerosa de jornadas de trabalho conexas, denomino *período de trabalho*. Quando falamos de jornada de trabalho, referimo-nos à extensão do tempo de trabalho durante a qual o trabalhador tem de despender diariamente sua força de trabalho, tem de trabalhar diariamente. Se, pelo contrário, falamos de período de trabalho, isso significa o número de jornadas de trabalho conexas que, em determinado ramo de negócios, é exigido para fornecer um produto acabado. O produto de cada jornada de trabalho é, aqui, apenas um produto parcial que, dia após dia, continua a ser executado e que só ao final do período mais longo ou mais curto de tempo de trabalho é um valor de uso acabado.

Interrupções, perturbações no processo de produção social, em decorrência, por exemplo, de crises, têm efeitos muito diferentes sobre produtos de trabalho que são de natureza discreta e sobre aqueles que exigem um período mais longo e conexo para sua produção. A produção de hoje de determinada massa de fio, carvão etc. não é seguida amanhã por nenhuma nova produção de fio, carvão etc. Mas é outro o caso com navios, edifícios, ferrovias etc. Não só o trabalho é interrompido, um ato conexo de produção é interrompido. Caso a obra não seja continuada, então os meios de produção e o trabalho já consumidos em sua produção foram gastos inutilmente. Mesmo quando ela é retomada, no meio-tempo sempre ocorreu deterioração.

Durante todo o período de trabalho, vai-se acumulando em camadas a parte do valor que o capital fixo cede diariamente ao produto até que esteja pronto. E aqui se mostra ao mesmo tempo a diferença entre capital fixo e circulante em sua importância prática. O capital fixo é adiantado ao processo de produção por um prazo mais longo, ele não precisa ser renovado antes de transcorrer esse prazo de, talvez, vários anos. A circunstância de que a máquina a vapor ceda seu valor parceladamente todo o dia ao fio, produto de um processo discreto de trabalho, ou ao longo de três meses a uma locomotiva, produto de um ato conexo de produção, em nada altera o desembolso de capital necessário para a aquisição da máquina a vapor. Num caso seu valor reflui em pequenas doses, por exemplo semanalmente, no outro, em massas maiores, por exemplo trimestralmente. Mas, em ambos os casos, a renovação da máquina a vapor talvez só ocorra depois de 20 anos. Enquanto cada período individual, dentro do qual seu valor reflui parceladamente mediante a venda do produto, for mais curto do que seu próprio período de existência, a mesma máquina a vapor continua a funcionar durante vários períodos de trabalho no processo de produção.

Outro é o comportamento em relação aos componentes circulantes do capital adiantado. A força de trabalho comprada para esta semana foi despendida durante esta semana e se objetivou no produto. Ao final desta semana, precisa ser paga. E esse desembolso de capital em força de trabalho repete-se a cada semana durante os três meses, sem que o gasto dessa parte do capital numa semana coloque o capitalista em condições de pagar a compra de trabalho na semana seguinte. Semanalmente novo capital adicional em pagamentos de força de trabalho tem de ser gasto e, se abstrairmos todas as relações de crédito, o capitalista tem de ser capaz de desembolsar salários durante o período de três meses, embora ele só os pague em doses semanais. O mesmo ocorre com a outra parte do capital circulante, as matérias-primas e os materiais auxiliares. Uma camada de trabalho após a outra se deposita no produto. Não só o valor da força de trabalho despendida, mas também a mais-valia é constantemente transferida durante o processo de trabalho ao produto, porém a um produto não acabado, que ainda não tem a configuração de mercadoria acabada e que, portanto, ainda não é capaz de circular. O mesmo se aplica ao valor-capital em matérias-primas e materiais auxiliares transferido em camadas ao produto.

Conforme a maior ou menor duração do período de trabalho que a natureza específica do produto ou do efeito útil a ser alcançado requeira, faz-se necessário constante desembolso adicional de capital circulante (salários, matérias-primas e materiais auxiliares), do qual nenhuma parte se encontra em uma forma apta para a circulação nem poderia, portanto, servir para a renovação da mesma operação; cada parte está muito mais fixada sucessivamente dentro da esfera da produção, como elemento do produto em elaboração, imobilizada em forma de capital produtivo. O tempo de rotação é, porém, igual à soma do tempo de produção e do tempo de circulação do capital. Um prolongamento do tempo de produção diminui, pois, tanto a velocidade de rotação quanto um prolongamento do tempo de circulação. No caso em pauta é preciso, porém, observar duas coisas:

Primeiro: a permanência mais prolongada na esfera da produção. O capital adiantado, por exemplo, durante a primeira semana, em trabalho, matéria-prima etc., assim como as partes de valor cedidas ao produto pelo capital fixo, permanece por todo o prazo de três meses preso na esfera de produção e, por estar incorporado a um produto que só está em elaboração, ainda inacabado, não pode como mercadoria entrar na circulação.

Segundo: como o período de trabalho necessário para o ato de produção dura três meses, constituindo de fato apenas um processo de trabalho conexo, então é preciso agregar constantemente, a cada semana, nova dose de capital circulante às precedentes. A massa de capital adicional sucessivamente adiantada cresce, pois, com a extensão do período de trabalho.

Supusemos que na fiação e na fabricação de máquinas são investidos capitais de igual magnitude, que esses capitais estão divididos em proporções iguais de capital constante e variável, idem quanto aos capitais fixo e circulante, que as jornadas de trabalho são de igual extensão: em suma, que todas as circunstâncias são as mesmas, exceto a duração do período de trabalho. Na primeira semana, o desembolso é igual para ambos, mas o produto do fiandeiro pode ser vendido e, com o resultado, podem ser compradas nova força de trabalho e novas matérias-primas etc., ou seja, a produção pode ser continuada na mesma escala. O fabricante de máquinas, pelo contrário, só pode retransformar em dinheiro o capital circulante despendido na primeira semana depois de três meses, depois de seu produto ficar pronto e assim operar de novo. Há, portanto, primeiro, diferença no refluxo do mesmo *quantum* de capital despendido. Mas, segundo, durante os três meses, emprega-se capital produtivo de igual grandeza na fiação e na construção de máquinas, mas a grandeza do desembolso de capital é muito diferente para o fiandeiro e para o construtor de máquinas, porque, num caso, o mesmo capital se renova rapidamente e pode repetir, por isso, a mesma operação; no outro, o capital só se renova de modo relativamente lento e, por isso, até findar o prazo de sua renovação, novas quantidades de capital precisam ser constantemente acrescentadas às antigas. Diferem tanto os períodos de tempo em que determinadas porções de capital se renovam, ou a extensão do período de adiantamento, como a massa de capital (embora o capital empregado diária ou semanalmente seja o mesmo) que precisa ser adiantada conforme a duração do processo de trabalho. É preciso registrar essa circunstância, porque a extensão do adiantamento pode crescer, como nos casos a serem considerados no próximo capítulo, sem que, por isso, a massa de capital a ser adiantada cresça proporcionalmente a essa extensão de tempo. O capital precisa ser adiantado por mais tempo e uma quantidade maior de capital fica imobilizada na forma de capital produtivo.

Nos estágios menos desenvolvidos da produção capitalista, empreendimentos que requerem longo período de trabalho, portanto grande gasto de capital por tempo mais longo, particularmente só podem ser executados em larga escala, ou não são realizados ao todo em base capitalista, como por exemplo estradas, canais etc., construídos à custa da comunidade ou do Estado (em tempos antigos feitos mormente por meio de trabalhos forçados no que tange à força de trabalho). Ou, então, aqueles produtos cuja feitura exige período mais longo de trabalho somente são fabricados com proporção mínima da fortuna do próprio capitalista. Por exemplo, na construção de casas, a pessoa para a qual a casa é construída paga parceladamente adiantamentos ao empreiteiro.

De fato paga, portanto, a casa em parcelas, à medida que o processo de produção dela avança. No entanto, na era capitalista desenvolvida, em que, por um lado, imensos capitais estão concentrados nas mãos de alguns indivíduos e, por outro, aparece, ao lado do capitalista individual, o capitalista associado (sociedades por ações) e em que, ao mesmo tempo, o sistema de crédito está desenvolvido, só excepcionalmente um empreiteiro capitalista constrói por encomenda para algumas pessoas privadas. Seu negócio é construir séries de casas e bairros para o mercado, assim como o negócio de capitalistas individuais é construir estradas de ferro por contrato.

Como a produção capitalista revolucionou a construção de casas em Londres dão-nos conta as declarações de um empreiteiro de obras perante a Comissão Bancária de 1857. Em sua juventude, disse ele, casas eram geralmente construídas por encomenda, sendo o montante pago em prestações ao empreiteiro durante a construção, ao se completarem determinados estágios. Para especular só se construía pouco; os empreiteiros só entravam nisso principalmente para manter seus trabalhadores regularmente ocupados e, assim, reunidos. Nos últimos 40 anos tudo isso mudou. Por encomenda só se constrói muito pouco. Quem precisa de uma nova casa escolhe entre as construídas por especulação ou ainda em construção. O empreiteiro já não trabalha para o cliente, mas para o mercado; exatamente como qualquer outro industrial, é obrigado a ter mercadoria pronta no mercado. Enquanto antigamente um empreiteiro tinha, talvez, ao mesmo tempo, para especulação, três ou quatro casas em construção, agora ele precisa comprar um terreno extenso (isto é, em termos do continente, arrendá-lo geralmente por 99 anos), edificar sobre ele 100 ou até 200 casas e, assim, meter-se num empreendimento que supera vinte a cinquenta vezes sua fortuna. Os fundos são arranjados mediante a tomada de hipotecas, e o dinheiro é posto à disposição do empreiteiro à medida que a construção das casas individuais progride. Se vem, então, uma crise que paralisa o pagamento das prestações do adiantamento, todo o empreendimento normalmente fracassa; no melhor dos casos, as casas ficam inacabadas até os tempos melhorarem; no pior, são postas em leilão e alienadas pela metade do preço. Sem construção especulativa, e isso em larga escala, nenhum empreiteiro pode ir em frente. O lucro obtido da própria construção é extremamente pequeno; seu ganho principal consiste na elevação da renda fundiária, na hábil escolha e exploração do terreno da construção. Por esse caminho da especulação, que antecipa a demanda de casas, foram construídas quase toda a Belgravia e Tyburnia e os inúmeros milhares de vilas ao redor de Londres. (Resumido do *Report from the Select Committee on Bank Acts*, Parte I, 1857, "Evidence", perguntas 5413–18, 5435–36.)

A execução de obras que exigem um período de trabalho significativamente longo e em larga escala só passa completamente à produção capitalista quando a concentração de capital já é muito significativa e, por outro lado, quando o desenvolvimento do sistema de crédito oferece ao capitalista o cômodo recurso de adiantar e, portanto, arriscar capital alheio em vez de capital próprio. É, no entanto, evidente que a circunstância de o capital adiantado à produção pertencer ou não pertencer a seu aplicador não tem nenhuma influência sobre a velocidade de rotação e o tempo de rotação.

As circunstâncias que aumentam o produto da jornada individual de trabalho, como cooperação, divisão do trabalho, utilização de maquinaria, abreviam ao mesmo tempo o período de trabalho em atos conexos de produção. Assim, a maquinaria encurta o tempo de construção de casas, pontes etc.; as máquinas de ceifar e de debulhar etc. encurtam o período de trabalho exigido para transformar o grão maduro em mercadoria acabada. A construção naval melhorada abrevia, com o aumento da velocidade dos navios, o tempo de rotação do capital investido em navegação. Esses aperfeiçoamentos que reduzem o período de trabalho e, portanto, o tempo durante o qual precisa ser adiantado capital circulante são, no entanto, geralmente ligados a maior desembolso de capital fixo. Por outro lado, o período de trabalho pode ser encurtado em determinados ramos mediante a mera aplicação da cooperação; a construção de uma ferrovia é acelerada pela organização de grandes exércitos de trabalhadores que atacam assim a obra em diversos pontos do espaço. O tempo de rotação é reduzido pelo crescimento do capital adiantado. Mais meios de produção e mais força de trabalho têm de estar reunidos sob o comando do capitalista.

Se a redução do período de trabalho está ligada geralmente à ampliação do capital adiantado por um tempo mais curto, de modo que, à medida que o tempo de adiantamento se abrevia, a massa em que o capital é adiantado aumenta, é preciso recordar aqui que, abstraindo a massa existente do capital social, o decisivo é o grau em que os meios de produção e de subsistência, ou a disposição sobre eles, estão dispersos ou reunidos nas mãos de capitalistas individuais, portanto o volume que a concentração dos capitais já alcançou. À medida que o crédito medeia, acelera e eleva a concentração de capital em uma mão, ele contribui para abreviar o período de trabalho e, com isso, o tempo de rotação.

Nos ramos da produção em que o período de trabalho, seja ele contínuo ou interrompido, está prescrito por determinadas condições naturais, não pode ocorrer nenhuma abreviação pelos meios acima citados.

> A expressão “rotação mais rápida” não pode ser aplicada a colheitas de cereais, pois só uma rotação por ano é possível. Quanto ao gado, queremos

simplesmente perguntar: como é possível acelerar a rotação de ovelhas de dois e três anos e a de bois de quatro e cinco anos? (W. Walter Good, *Political, Agricultural, and Commercial Fallacies*. London, 1866, p. 325)

A necessidade de ter dinheiro disponível mais cedo (por exemplo, para pagar obrigações fixas, como impostos, renda fundiária etc.) resolve essa questão, por exemplo vendendo e abatendo o gado antes de ter alcançado a idade economicamente normal, com grande prejuízo para a agricultura; isso provoca também, finalmente, um aumento nos preços da carne.

> Aqueles que antes criavam gado principalmente para, com ele, suprir as pastagens dos *Midland Counties*[I] no verão e os estábulos dos condados do leste no inverno [...] foram tão prejudicados pelas oscilações e quedas dos preços dos grãos que estão contentes por poder tirar vantagem dos preços altos da manteiga e do queijo; eles levam a manteiga semanalmente ao mercado, a fim de cobrir os gastos correntes; pelo queijo tomam adiantamentos de um agente, que vem buscá-lo assim que esteja em condições de ser transportado e que, naturalmente, impõe seu próprio preço. Por essa razão, e como a agricultura é regida pelos princípios da Economia Política, os terneiros que antes eram enviados das regiões leiteiras para o sul a fim de serem criados agora são sacrificados em massa quando têm apenas oito a dez dias de idade, nos matadouros de Birmingham, Manchester, Liverpool e outras grandes cidades vizinhas. Se, no entanto, a cevada estivesse isenta de impostos, não só os arrendatários teriam mais lucros e, assim, poderiam manter seu gado jovem até ficar mais velho e pesado, mas também a cevada teria servido em lugar do leite para a criação dos bezerros da gente que não tem vacas; assim, a assustadora atual carência de gado novo teria sido em grande parte evitada. Se se recomenda agora a esses pequenos criadores que criem os bezerros, eles dizem: "Sabemos muito bem que a criação com leite seria rentável, mas, primeiro, teríamos de desembolsar dinheiro, o que não podemos fazer e, segundo, teríamos de esperar muito tempo até reavermos nosso dinheiro, enquanto na produção de leite o recuperamos logo". (Ibid., pp. 11–12)

Se o prolongamento da rotação tem tais consequências para pequenos arrendatários ingleses, é fácil de entender quais perturbações deve provocar para os pequenos camponeses do continente.

Em correspondência à duração do período de trabalho, portanto também ao período de tempo decorrido até se aprontar a mercadoria em condições de circular, acumula-se a parte do valor que o capital fixo cede pouco a pouco ao produto e se atrasa o refluxo dessa parte do valor.

I Condados no interior do país. [N. E. A.]

Essa demora não ocasiona, porém, desembolso renovado de capital fixo. A máquina continua a atuar no processo de produção, quer a reposição de sua depreciação reflua mais devagar ou mais depressa em forma-dinheiro. Outra coisa ocorre com o capital circulante. Em proporção à duração do período de trabalho, não só é preciso imobilizar capital por mais tempo, mas também novo capital tem de ser constantemente adiantado em salários, matérias-primas e materiais auxiliares. O refluxo adiado afeta, por isso, de modo diferente a ambos. O refluxo pode ser mais lento ou mais rápido, o capital fixo continua atuando. O capital circulante, pelo contrário, torna-se incapaz de funcionar quando se atrasa o refluxo, quando está imobilizado na forma de produto não vendido ou inacabado, de produto ainda não vendável, e não se dispõe de capital adicional para renová-lo *in natura*. –

> Enquanto o camponês morre de fome, seu gado prospera. Tinha chovido bastante e os pastos eram abundantes. O camponês indiano vai morrer de fome ao lado de um boi gordo. Os preceitos da superstição parecem cruéis para o indivíduo, mas favorecem a manutenção da sociedade; a preservação dos animais de trabalho assegura a continuidade da lavoura e, com ela, as fontes de subsistência e da riqueza no futuro. Pode soar duro e triste, mas é assim: na Índia é mais fácil repor um ser humano que um boi. (*Return, East India. Madras and Orissa Famine*, n. 4, p. 44)

Compare-se isso com a sentença do *Manava-Dharma-Sastra*,[I] cap. 10, § 62:

> Ofertar a própria vida sem recompensa, para preservar um sacerdote ou uma vaca [...], pode assegurar a bem-aventurança dessas castas baixas por nascença.

É, naturalmente, impossível fornecer um animal de cinco anos antes do término de cinco anos. Mas o que é possível fazer, dentro de certos limites, é, por métodos diferentes de tratamento, terminar de criar animais em menos tempo para sua destinação. Isso foi conseguido, a saber, por Bakewell. Antigamente, as ovelhas inglesas, assim como as francesas

---

I As Leis de Manu, código da Índia antiga, cujas prescrições religiosas, rituais e jurídicas foram elevadas pelos brâmanes a normas de vida e de comportamento obrigatórias para todas as castas. A tradição imputa a Manu, a quem vê como patriarca dos seres humanos, a redação desse famoso código hindu. Marx cita conforme *Manava Dharma Sastra, or the Institutes of Manu According to the Gloss of Kulluka, Comprising the Indian System of Duties, Religious and Civil*, 3ª ed. Madras, 1863. [N. E. A.]

ainda em 1855, não estavam prontas para serem abatidas antes do quarto ou quinto ano. Com o sistema de Bakewell, uma ovelha de um ano já pode ir para a engorda e, em todo caso, já está completamente crescida antes do fim do segundo ano. Mediante cuidadosa seleção de matrizes, Bakewell, arrendatário de Dishley Grange, reduziu o esqueleto das ovelhas ao mínimo necessário à existência. Suas ovelhas eram chamadas de New Leicester.

> O criador pode agora mandar três ovelhas ao mercado no mesmo tempo em que antigamente preparava uma; elas são mais largas, mais arredondadas e têm desenvolvimento maior naquelas partes que dão mais carne. Quase todo o seu peso é pura carne. (Lavergne, *The Rural Economy of England etc.* 1855, p. 20)

Os métodos que abreviam o período de trabalho só são aplicáveis nos diversos ramos industriais em graus muito diferentes e não nivelam as diferenças de duração dos distintos períodos de trabalho. Para ficar com nosso exemplo: mediante a utilização de novas máquinas-ferramentas poder-se-ia reduzir, em termos absolutos, o período de trabalho necessário para produzir uma locomotiva. Se, no entanto, em virtude de processos aperfeiçoados na fiação, for aumentado, de modo proporcionalmente mais rápido, o produto acabado que se fornece diária ou semanalmente, a duração do período de trabalho para a fabricação de máquinas terá, apesar de tudo, aumentado em termos relativos, se comparada com a da fiação.

CAPÍTULO 13

O TEMPO DE PRODUÇÃO

O tempo de trabalho é sempre tempo de produção, isto é, tempo durante o qual o capital está confinado à esfera da produção. Mas, inversamente, nem por isso todo o tempo durante o qual o capital se encontra no processo de produção é necessariamente tempo de trabalho.

Não se trata, aqui, de interrupções no processo de trabalho condicionadas pelos limites naturais da própria força de trabalho, embora se tenha mostrado o quanto a mera circunstância de o capital fixo – prédios da fábrica, maquinaria etc. – ficar em alqueive durante as pausas no processo de trabalho se tornou um dos motivos para o prolongamento antinatural do processo de trabalho e do trabalho diurno e noturno.[I] Aqui se trata de uma interrupção independente da duração do processo de trabalho, condicionada pela natureza do produto e por sua própria fabricação, durante a qual o objeto do trabalho está sujeito a processos naturais de duração mais curta ou mais longa, tendo de passar por alterações físicas, químicas, fisiológicas, nas quais o processo de trabalho está total ou parcialmente suspenso.

Assim, o vinho que sai do lagar tem de fermentar durante certo período e, depois, ficar descansando durante algum tempo para alcançar determinado grau de perfeição. Em muitos ramos industriais, o produto precisa ser secado, como na cerâmica, ou precisa ser submetido a certas condições para modificar sua composição química, como na branquearia. Os cereais de inverno precisam talvez de nove meses para amadurecer. Entre a época da semeadura e a da colheita, o processo de trabalho está quase totalmente interrompido. Na silvicultura, depois de concluídos a semeadura e os necessários trabalhos de preparação, a semente precisa talvez de 100 anos para ser transformada em produto acabado; durante todo esse tempo, precisa de uma ação bastante insignificante de trabalho.

Em todos esses casos, durante grande parte do tempo de produção, só esporadicamente se agrega trabalho adicional. A situação descrita no capítulo anterior, na qual é preciso agregar capital e trabalho adicionais ao capital já fixo no processo de produção, aqui só ocorre com interrupções mais longas ou mais curtas.

I K. Marx, *O capital: Crítica da Economia Política*, Livro 1: *O processo de produção do capital*, coord. Paul Singer, trad. Regis Barbosa e Flávio R. Kothe. São Paulo: Ubu Editora, 2025, pp. 267–72. [N. E. B.]

Em todos esses casos, o tempo de produção do capital adiantado constitui-se de dois períodos: um período em que o capital se encontra no processo de trabalho; um segundo período em que sua forma de existência – a de produto inacabado – é entregue à ação de processos naturais, sem se encontrar no processo de trabalho. Que esses dois períodos se entrecruzem esporadicamente e se imbriquem não altera nada na coisa. Período de trabalho e período de produção aqui não coincidem. O período de produção é maior que o período de trabalho. Mas só depois de ultrapassado o período de produção é que o produto está pronto, maduro, para passar, pois, da forma de capital produtivo à de capital-mercadoria. De acordo com a duração do tempo de produção não constituído por tempo de trabalho, prolonga-se, portanto, também seu período de rotação. Quando o tempo de produção que excede o tempo de trabalho não é determinado por leis da Natureza dadas de uma vez por todas, como o amadurecimento do grão, o crescimento do carvalho etc., o tempo de rotação pode ser mais ou menos abreviado mediante a redução artificial do tempo de produção. Assim, por meio da introdução do branqueamento químico em vez de usar a luz solar, mediante aparelhos mais eficientes de secagem em processos de secamento. Assim, no curtimento, em que, pelos métodos antigos, a penetração do tanino nas peles tomava de 6 até 18 meses, pelos novos, em que é usada a bomba de ar, só toma de um mês e meio a dois meses (J. G. Courcelle-Seneuil, *Traité théorique et pratique des entreprises industrielles etc.*, 2ª ed. Paris, 1857 [p. 49]). O exemplo mais grandioso de redução artificial do tempo de produção meramente preenchido por processos naturais é fornecido pela história da produção do feno, particularmente a transformação do feno bruto em aço nos últimos 100 anos, desde o *puddling* descoberto por volta de 1780 até o moderno processo de Bessemer e os modos mais recentes de produzir introduzidos desde então. O tempo de produção foi enormemente abreviado, mas aumentou na mesma medida o investimento de capital fixo.

Um exemplo peculiar do afastamento entre o tempo de produção e o tempo de trabalho é proporcionado pela fabricação americana de formas de calçados. Aí, parte considerável dos falsos custos decorre do fato de a madeira ser armazenada até 18 meses para secar, a fim de que depois a forma pronta não empene, não modifique sua forma. Durante esse tempo, a madeira não sofre nenhum outro processo de trabalho. O período de rotação do capital investido não é, por isso, determinado apenas pelo tempo exigido para a própria fabricação das formas, mas também pelo tempo durante o qual fica em alqueive na madeira a secar. Por 18 meses encontra-se no processo de produção antes de poder entrar no processo de trabalho propriamente dito. Esse exemplo mostra também como os tempos de rotação de várias partes do capital total circulante podem ser diferentes devido a circunstâncias que não são oriundas da esfera da circulação, mas do processo de produção.

Especialmente nítida aparece a diferença entre tempo de produção e tempo de trabalho na agricultura. Em nossos climas temperados, a terra dá grãos uma vez por ano. A redução ou o prolongamento do período de produção (para a semeadura de inverno, em média nove meses) depende, por sua vez, da alternância de anos bons e anos ruins, não podendo ser, por isso, exatamente determinável e controlável de antemão como na indústria propriamente dita. Apenas produtos secundários, como leite, queijo etc., podem ser produzidos e vendidos continuamente em períodos mais curtos. Em contraposição, o tempo de trabalho coloca-se da seguinte maneira:

> O número de jornadas de trabalho, nas diferentes regiões da Alemanha, levando em consideração tanto as condições climáticas como as demais que o afetam, deve-se admitir que seja, nos três principais períodos de trabalho: para o período da primavera, da metade de março ou início de abril até a metade de maio, 50 a 60; para o período do verão, do início de junho até o final de agosto, 65 a 80; e para o período do outono, do início de setembro até o final de outubro ou até a metade ou final de novembro, 55 a 75 jornadas de trabalho. No inverno, só precisam ser registrados os trabalhos a serem executados, como carregamentos de adubo, madeira para o mercado, para construções etc. (F. Kirchhof, *Handbuch der landwirthschaftlichen Betriebslehre*. Dessau, 1852, p. 160)

Por isso, quanto mais desfavorável o clima, tanto mais se concentra o período de trabalho na agricultura e, portanto, o dispêndio de capital e trabalho num período mais curto. Por exemplo, a Rússia. Lá, em algumas regiões ao norte, o trabalho do campo só é possível por 130 a 150 dias do ano. Pode-se entender que perda a Rússia sofreria se 50 dos 65 milhões de sua população europeia ficassem desocupados durante os seis ou oito meses de inverno em que todo o trabalho do campo tem de cessar. Além dos 200 000 camponeses que trabalham nas 10 500 fábricas da Rússia, desenvolveram-se por toda parte, nas aldeias, indústrias caseiras próprias. Assim, existem aldeias em que há gerações todos os camponeses são tecelões, curtidores, sapateiros, serralheiros, cuteleiros etc.; esse é especialmente o caso dos *gouvernements* de Moscou, Vladimir, Kaluga, Kostroma e Petersburgo. Essa indústria caseira é cada vez mais pressionada a se pôr a serviço da produção capitalista; aos tecelões, por exemplo, urdidura e trama são fornecidas por comerciantes, diretamente ou por meio de agentes. (Resumido de *Reports by H. M. Secretaries of Embassy and Legation, on the Manufactures, Commerce etc.*, n. 8, 1865, pp. 86–87.) Aqui se vê como a divergência entre período de produção e período de trabalho, sendo o último apenas parte do primeiro, constitui o fundamento natural da união da agricultura com a indústria acessória rural, e como esta, por outro lado, novamente se torna ponto de apoio para o capitalista que começa por se meter entre elas como comerciante. Quando a produção capitalista completa mais tarde a separação entre manufatura e agricultura, o trabalhador rural se torna cada vez mais dependente de ocupações meramente acessórias e, em consequência, piora sua situação. Para o capital, como se verá mais tarde, todas as diferenças na rotação se compensam. Para o trabalhador não.

Enquanto na maioria dos ramos da indústria propriamente dita, mineração, transporte etc., a operação é uniforme, trabalhando-se, entra ano, sai ano, em tempo uniforme de trabalho e abstraindo-se oscilações de preço, perturbações nos negócios etc., assim como interrupções anormais, os gastos correspondentes ao capital que ingressa no processo diário de circulação distribuem-se de modo uniforme; enquanto, do mesmo modo, com as demais condições de mercado constantes, também o refluxo do capital circulante ou sua renovação ao longo do ano se distribui por períodos uniformes; nos desembolsos de capital em que o tempo de trabalho constitui apenas parte do tempo de produção verifica-se, ao longo dos diversos períodos do ano, a maior desigualdade no desembolso de capital circulante, enquanto o refluxo ocorre apenas uma vez, no momento fixado pelas condições naturais. Com igual escala de produção, isto é, com igual grandeza de capital circulante adiantado, é preciso adiantá-lo em massas maiores de uma vez e por um período mais longo do que nos negócios com períodos de trabalho contínuos. O tempo de vida do capital fixo diferencia-se também aqui mais significativamente do tempo em que ele funciona realmente de modo produtivo. Com a diferença entre tempo de trabalho e tempo de produção, é natural que também se interrompa continuamente o tempo de uso do capital fixo aplicado por um período mais longo ou mais curto, como, por exemplo, na agricultura com os animais de trabalho, aparelhos e máquinas. À medida que esse capital fixo é constituído por animais de trabalho, exige continuamente os mesmos ou quase os mesmos gastos em forragem etc., feitos durante o tempo de trabalho. Nos meios de trabalho mortos, a falta de uso também provoca certa desvalorização. Ocorre, portanto, encarecimento geral do produto, já que a cessão de valor ao produto se calcula não conforme o tempo em que o capital fixo está em funcionamento, mas conforme o tempo em que perde valor. Nesses ramos da produção, a manutenção em alqueive do capital fixo, esteja ela ligada ou não a gastos correntes, constitui igualmente uma condição de seu emprego normal, como, por exemplo, a perda de certo *quantum* de lã na fiação; e, do mesmo modo, em cada processo de trabalho sob condições técnicas normais, conta a força de trabalho improdutiva gasta inevitavelmente tanto quanto a produtiva. Cada aperfeiçoamento que diminui o gasto improdutivo de meios de trabalho, matéria-prima e força de trabalho diminui também o valor do produto.

Na agricultura, ambas se unem: a maior duração do período de trabalho e a grande diferença entre tempo de trabalho e tempo de produção. Hodgskin acertadamente observa a esse respeito:

> "A diferença de tempo" {embora ele aí não diferencie tempo de trabalho de tempo de produção} "que é exigida para completar os produtos na agricultura e em outras espécies de trabalho é a causa principal da grande dependência dos agricultores. Estes não podem trazer suas mercadorias ao mercado em menos de um ano. Por todo esse período, são obrigados a emprestar do sapateiro, do alfaiate, do ferreiro, do fabricante de carretas e dos diversos outros produtores, de cujos produtos não podem prescindir e que ficam prontos em poucos dias ou semanas. Devido a essa circunstância natural e ao crescimento mais rápido da riqueza nos outros ramos de atividade, os proprietários fundiários, que monopolizaram o solo de todo o país, apesar de também terem se apropriado da legislação, não foram capazes de salvar a si mesmos e a seus servidores, os arrendatários, da sina de serem as pessoas mais dependentes no país".[I] (Thomas Hodgskin, *Popular Political Economy*. London, 1827, p. 147, nota)

Todos os métodos, por meio dos quais, em parte, os gastos em salário e meios de trabalho na agricultura são distribuídos de modo mais uniforme ao longo de todo o ano e, em parte, o tempo de rotação é encurtado, cultivando produtos mais diversificados e assim tornando possíveis diversas colheitas durante o ano, exigem aumento do capital circulante adiantado na produção e despendido em salários, adubos, sementes etc. Assim ocorreu na transição da agricultura dos três afolhamentos com alqueive para a agricultura de rotação de culturas sem alqueive. É assim nas *cultures dérobées* [culturas intermediárias] em Flandres.

> Tomem-se as plantas de raízes em *culture dérobée*; o mesmo campo produz, primeiro, cereais, linho, colza para as necessidades humanas e, depois da colheita, são semeadas plantas de raízes para a manutenção do gado. Esse sistema, pelo qual o gado de chifre pode ficar continuamente no estábulo,

---

I Em inglês: "*the most dependent class of men in the community*" [a classe de homens mais dependente na comunidade]. Em Marx traduzido por: "*die abhängigsten Leute im Land*" [as pessoas mais dependentes no país]. [N. T.]

> proporciona considerável acúmulo de adubo e se torna, assim, o pivô da rotação das culturas. Mais de um terço da superfície plantada nas regiões arenosas é empregado em *cultures dérobées*; é como se a extensão de terra cultivada tivesse aumentado em um terço.

Além de plantas de raízes, empregam-se também trevo e outras forragens:

> A agricultura levada a um ponto em que passa a ser jardinagem exige, compreensivelmente, investimento de capital relativamente grande. Na Inglaterra, calcula-se em 250 francos o capital investido por hectare. Em Flandres, nossos camponeses provavelmente acharão um capital de investimento de 500 francos por hectare baixo demais. (Émile de Laveleye, *Essais sur l'Économie Rurale de la Belgique*. Bruxelas, 1863, pp. 59, 60, 63)

Consideremos, por fim, a silvicultura:

> A produção de madeira diferencia-se da maioria das demais produções essencialmente por, nela, a força da Natureza agir autonomamente e não precisar, havendo renovação natural, da força do ser humano e do capital. Mesmo quando as florestas são renovadas artificialmente, o emprego da força do ser humano e do capital, ao lado da ação das forças naturais, é diminuto. Além disso, a floresta consegue ainda desenvolver-se em tipos de solo e em áreas em que o trigo já não se desenvolve ou em que sua produção já não vale a pena. Mas a silvicultura também exige, para uma exploração regular, superfície maior do que a triticultura, pois pequenas áreas não permitem a execução dos cortes de acordo com as normas da economia florestal, a maior parte das explorações secundárias se perde, ficando mais difícil a proteção da floresta etc. O processo de produção depende, porém, de períodos de tempo tão longos que transcende os planos de uma economia privada, às vezes até o tempo de uma vida humana. O capital investido na aquisição do solo florestal

{na produção comunitária esse capital inexiste e a questão consiste apenas em saber quanto de solo a comunidade pode subtrair para a produção florestal ao cultivo e às pastagens}

> só depois de muito tempo oferece frutos compensadores e efetua uma rotação apenas parcial, sendo que a completa, para algumas espécies de madeira, tem lugar apenas em prazos que vão até 150 anos. Além disso, a própria produção continuada de madeira exige uma provisão do bosque vivo que corresponda de dez a até quarenta vezes seu aproveitamento anual. Por isso, quem não tem outras receitas nem possui bosques extensos não pode operar uma economia florestal regular. (Kirchhof, p. 58)

O longo tempo de produção (que inclui uma duração relativamente pequena de tempo de trabalho), em consequência a extensão de seus períodos de rotação, torna a silvicultura um ramo pouco propício à exploração privada e, portanto, capitalista, pois esta é essencialmente exploração privada, mesmo se em vez do capitalista individual aparece o capitalista associado. O desenvolvimento da agricultura e da indústria em geral mostrou-se desde tempos imemoriais tão ativo na destruição das florestas que, em face disso, tudo o que inversamente se fez para sua conservação e produção é uma grandeza completamente evanescente.

No citado trecho de Kirchhof, é especialmente digna de nota a seguinte passagem:

> Além disso, a própria produção continuada de madeira exige uma provisão de bosque vivo que corresponda de dez a até quarenta vezes seu aproveitamento anual.

Portanto, apenas uma única rotação em dez a quarenta ou mais anos.

Assim também na pecuária. Parte do rebanho (reserva de gado) permanece no processo de produção, enquanto outra parte é vendida como produto anual. Só parte do capital completa aqui uma rotação anual, exatamente como o capital fixo, a maquinaria, os animais de trabalho etc. Embora esse capital seja capital fixado no processo de produção por um tempo mais extenso, prolongando assim a rotação do capital total, não constitui capital fixo no sentido categórico.

O que aqui se chama de reserva – determinado *quantum* de bosque vivo ou de gado – encontra-se relativamente no processo de produção (simultaneamente como meio de trabalho e como material de trabalho); de acordo com as condições naturais de sua reprodução numa economia regulada, parte significativa precisa encontrar-se permanentemente sob essa forma.

Outro tipo de reserva atua analogamente sobre a rotação, constituindo capital produtivo potencial, mas que, devido à natureza da economia, precisa ser acumulado em massas maiores ou menores e, portanto, tem de ser adiantado à produção por um período mais extenso, embora só pouco a pouco ingresse no processo ativo de produção. Estão nesse caso, por exemplo, o adubo antes de ser levado ao campo, assim como os grãos, o feno etc. e aquelas reservas de forragem que entram na criação do gado.

> "Parte considerável do capital de exploração está contida nos estoques de economia. Mas estes podem perder parte maior ou menor de seu valor tão logo não sejam aplicadas as medidas cautelares necessárias a sua boa manutenção; sim, por falta de vigilância, até mesmo parte dos estoques de

produtos pode ser completamente perdida para a economia. Torna-se, portanto, a esse respeito, especialmente necessária uma cuidadosa vigilância dos celeiros, dos silos de forragens e de cereais e dos porões, assim como se devem manter devidamente fechados os locais de armazenamento, além de serem deixados sempre limpos, ventilados etc.; os cereais e demais produtos armazenados devem ser de vez em quando convenientemente revirados; batatas e nabos têm de ser protegidos da geada, bem como da água e do apodrecimento." (Kirchhof, p. 292) "Ao calcular as próprias necessidades, especialmente para a criação de gado, em que a distribuição deve ser feita na medida do produto e da finalidade, é preciso pensar não só em cobrir as necessidades, mas também considerar que haja um estoque adequado para casos imprevistos. Se daí resulta que a necessidade não pode ser coberta completamente pela produção própria, é preciso então ponderar se não se poderia cobrir essa carência por meio de outros produtos (substitutivos) ou conseguir mais barato outros produtos em lugar dos faltantes. Caso, por exemplo, ocorra uma carência de feno, ela pode ser coberta por raízes acrescidas de palha. Em geral, é preciso ter sempre em vista o valor efetivo e o preço de mercado dos diversos produtos e tomar, de acordo com isso, as decisões para o consumo; se, por exemplo, a aveia está mais cara, enquanto a ervilha e o centeio estão com a cotação relativamente baixa, então se substituirá com vantagem parte da aveia na alimentação dos cavalos por ervilha e centeio, vendendo-se a aveia dessa maneira tornada sobrante." (Ibid., p. 300)

Anteriormente, ao considerar a formação do estoque,[I] já foi observado que determinado *quantum*, maior ou menor, de capital produtivo potencial é exigido, isto é, de meios de produção destinados à produção, que precisam estar em reserva em maiores ou menores massas, para pouco a pouco entrarem no processo de produção. Observou-se a esse respeito que, em dado empreendimento de negócios ou numa exploração de capital de certo porte, a grandeza desse estoque de produção depende da maior ou menor dificuldade de sua renovação, da proximidade relativa dos mercados de suprimento, do desenvolvimento dos meios de transporte e de comunicação etc. Todas essas circunstâncias afetam o mínimo de capital que precisa estar disponível sob a forma de estoque produtivo, isto é, o período em que têm de ser feitos adiantamentos de capital e o volume da massa de capital que precisa ser adiantado de uma vez. Esse volume, que, portanto, também afeta a rotação, é condicionado pelo tempo maior ou menor durante o qual o capital circulante fica imobilizado sob a forma de estoque produtivo, como capital produtivo meramente potencial. Por outro lado, à medida que essa paralisação depende

I Ver, neste volume, "Formação de estoque em geral", pp. 134–39. [N. E. B.]

da maior ou menor possibilidade de reposição rápida, das condições de mercado etc., ela mesma se origina, por sua vez, do tempo de circulação, de circunstâncias que pertencem à esfera da circulação.

> Além disso, todas essas peças de inventário ou acessórios, como instrumentos de trabalho manual, peneiras, cestos, cordas, graxa para carroça, pregos etc., têm de estar tanto mais em estoque para a imediata reposição quanto menos se tem nas proximidades a oportunidade de conseguir arranjá-los rapidamente. Por fim, a cada ano, no inverno, todo o inventário de instrumentos tem de ser cuidadosamente reexaminado, tomando-se logo medidas para completá-lo e mantê-lo em ordem. Se, porém, se devem manter em geral estoques maiores ou menores para as necessidades do inventário, é algo decidido principalmente pelas condições locais. Onde não houver artesãos nem casas comerciais nas proximidades, é preciso manter maiores estoques do que onde eles podem ser encontrados no local ou muito por perto. Mas, quando se encomendam de uma vez, nas mesmas condições, os estoques necessários em quantidades maiores, ganha-se em regra a vantagem de comprar barato, sempre que, além disso, se tenha escolhido para tanto um momento apropriado; é claro que também se subtrai assim ao capital circulante de exploração uma soma maior de uma vez, da qual a operação da empresa nem sempre pode prescindir sem problemas. (Kirchhof, p. 301)

A diferença entre tempo de produção e tempo de trabalho admite, como vimos, casos muito diversos. O capital circulante pode encontrar-se no tempo de produção antes de entrar no processo de trabalho propriamente dito (fabricação de formas); ou se encontrar no tempo de produção depois de ter passado pelo processo de trabalho propriamente dito (vinho, semente); ou o tempo de produção é esporadicamente interrompido pelo tempo de trabalho (lavoura, silvicultura); grande parte do produto em condições de circular permanece incorporada ao processo ativo de produção, enquanto uma parte muito menor entra na circulação anual (silvicultura e criação de gado); o maior ou menor espaço de tempo durante o qual o capital circulante está sob a forma de capital produtivo potencial, portanto também a massa maior ou menor em que esse capital tem de ser desembolsado de uma vez, em parte se origina da espécie do processo de produção (agricultura) e em parte depende da proximidade dos mercados etc.; em suma, depende de circunstâncias que pertencem à esfera da circulação.

Mais tarde se verá (Livro 3) que teorias absurdas provocaram em McCulloch, James Mill etc. a tentativa de identificar o tempo de produção com o tempo de trabalho, do qual se desvia, tentativa decorrente de uma aplicação errônea da teoria do valor.

O ciclo de rotação que anteriormente consideramos é dado pela duração do capital fixo adiantado no processo de produção. Como este abrange uma série maior ou menor de anos, abrange também uma série de rotações anuais do capital fixo repetidas durante o ano.

Na agricultura, tal ciclo de rotação decorre do sistema de rotação de culturas:

> "A duração do tempo de arrendamento não é admissível, em todo caso, como sendo menor que o tempo de circulação predito pela sequência de culturas adotada; por isso, no sistema dos três afolhamentos, sempre se calcula como 3, 6, 9. Com a adoção do sistema dos três afolhamentos com alqueive puro, a terra só é cultivada quatro vezes em seis anos e, nos anos em que é cultivada, semeiam-se cereais de inverno e de verão e, se a natureza do solo o exige ou permite, também se alternam trigo e centeio, cevada e aveia. Cada tipo de cereal se multiplica no mesmo solo mais ou menos do que outro, cada um tem seu valor e também se vende por um ou outro preço. Por isso, o rendimento do campo difere em cada ano de cultivo e também difere na primeira metade da circulação" (nos três primeiros anos) "da segunda. Mesmo o rendimento médio do tempo de circulação não é igual de uma metade para a outra, já que a fecundidade não depende apenas da qualidade do solo, mas também das condições do tempo a cada ano, assim como os preços dependem de diversas condições. Se, então, se calcula o rendimento do campo de acordo com os anos de fecundidade média de todo o tempo de circulação, de seis anos, e de acordo com os preços médios dos mesmos, então se terá encontrado o rendimento total por ano tanto para um quanto para o outro tempo de circulação. Esse não é, porém, o caso se o rendimento for calculado só para a metade do tempo de circulação, portanto para três anos, pois o rendimento total resultaria desigual. Daí decorre que a duração do tempo de arrendamento, no caso do sistema dos três afolhamentos, deve ser determinada em pelo menos seis anos. Mas muito mais desejável para o arrendatário e o arrendador continua sendo sempre, no entanto, que o tempo de arrendamento constitua um múltiplo do tempo de arrendamento" {sic!} "e, assim, no caso do sistema dos três afolhamentos, se estabelece, em vez de em 6, em 12, 18 e até mais anos, e no sistema de sete afolhamentos, em vez de em 7, em 14, 28 anos". (Kirchhof, pp. 117-18)

{No manuscrito lê-se aqui: "O sistema inglês de rotação de culturas. Fazer nota aqui". F. E.}

CAPÍTULO 14

O TEMPO DE CIRCULAÇÃO

Todas as circunstâncias até aqui consideradas e que diferenciam os períodos de circulação de diferentes capitais investidos em diferentes ramos de negócios, por conseguinte também os prazos durante os quais capital precisa ser adiantado, originam-se dentro do próprio processo de produção, como a diferença entre capital fixo e fluido, a diferença entre os períodos de trabalho etc. O tempo de rotação do capital é, no entanto, igual à soma de seu tempo de produção e seu tempo de circulação.[I] Por isso, é evidente que durações diversas do tempo de circulação tornam diferente o tempo de rotação e, daí, a extensão do período de rotação. Isso se torna mais evidente quando se comparam dois investimentos de capitais distintos, em que as demais circunstâncias que modificam a rotação são iguais, só diferindo os tempos de circulação, ou quando se considera um dado capital com determinada composição de capital fixo e fluido, um dado período de trabalho etc. e somente se deixa variar hipoteticamente os tempos de circulação.

Uma das seções do tempo de circulação – e relativamente a mais decisiva – consiste no tempo de venda, época em que o capital se encontra no estado de capital-mercadoria. Conforme a grandeza relativa desse prazo, alonga-se ou abrevia-se o tempo de circulação e, portanto, o período de rotação em geral. Pode ocorrer que, por causa de custos de armazenamento etc., se torne necessário um desembolso adicional de capital. De antemão está claro que o tempo exigido para a venda de suas mercadorias acabadas pode ser muito diferente para os capitalistas individuais num mesmo ramo de negócios; portanto, não só para as massas de capital que são investidas nos diferentes ramos da produção, mas também para os diferentes capitais autônomos que constituem, de fato, apenas frações autonomizadas do capital total investido na mesma esfera da produção. Com as demais circunstâncias constantes, o período de venda para o mesmo capital individual há de variar com as oscilações gerais das condições de mercado ou com as oscilações no ramo específico de negócios. Não nos deteremos por ora mais longamente nisso. Constatamos apenas o simples fato: todas as circunstâncias que acarretam em geral diferenciação nos períodos de rotação dos capitais investidos em diferentes ramos de negócios têm, quando operam individualmente

---

I Ver, neste volume, p. 149, nota II. [N. E. B.]

(se, por exemplo, um capitalista tem a chance de vender mais rápido que seu concorrente, quando um aplica mais métodos que reduzem os períodos de trabalho do que o outro etc.), por consequência igualmente a diversidade da rotação dos diferentes capitais individuais aplicados no mesmo ramo de negócios.

Uma causa sempre atuante na diferenciação do tempo de venda, portanto do tempo de rotação em geral, é a distância do mercado onde a mercadoria é vendida a seu local de produção. Durante todo o tempo de sua viagem para o mercado, o capital se encontra confinado no estado de capital-mercadoria; se se produz por encomenda, até o momento da entrega; se não se produz por encomenda, ao tempo de viagem para o mercado ainda se acrescenta o tempo durante o qual a mercadoria se encontra à venda no mercado. Aperfeiçoamentos nos meios de comunicação e de transporte reduzem o período de locomoção das mercadorias em termos absolutos, mas não suprimem a diferença relativa, originária da locomoção, do tempo de circulação de diferentes capitais-mercadorias ou também de diferentes parcelas do mesmo capital-mercadoria que se transladam para diferentes mercados. Os veleiros mais aperfeiçoados e vapores, por exemplo, que abreviam a viagem, abreviam-na tanto para portos mais próximos quanto para portos mais distantes. A diferença relativa se mantém, embora muitas vezes diminuída. As diferenças relativas podem, devido ao desenvolvimento dos meios de transporte e de comunicação, ser deslocadas de modo tal que não correspondam às distâncias naturais. Por exemplo, uma estrada de ferro que vá do local de produção a um importante centro populacional no interior pode fazer com que a distância até um ponto mais próximo, para onde não vai nenhuma estrada de ferro, aumente em termos absolutos ou relativos, se comparada ao naturalmente mais distante; do mesmo modo, em virtude da mesma circunstância, a própria distância relativa entre os centros de produção e os grandes mercados de escoamento pode ser deslocada, o que explica a decadência de velhos centros de produção e a ascensão de novos, com a alteração nos meios de transporte e de comunicação. (A isso se acrescenta ainda o custo relativamente menor do transporte para as distâncias maiores do que para as menores.) Ao mesmo tempo, com o desenvolvimento dos meios de transporte, é acelerada a velocidade do movimento no espaço e, com isso, abreviada temporalmente a distância espacial. Desenvolve-se não só a massa dos meios de comunicação, de modo que, por exemplo, muitos navios partem simultaneamente para o mesmo porto, diversos trens correm simultaneamente sobre diferentes linhas entre os dois pontos, mas, por exemplo, ao longo da semana, em diferentes dias sucessivos, navios de carga vão de Liverpool a Nova York ou, em diversas horas do dia, trens de carga vão de Manchester a Londres.

A velocidade absoluta – portanto essa parte do tempo de circulação – não é alterada com dado rendimento dos meios de transporte por essa última circunstância. Mas sucessivos *quanta* de mercadorias podem, em períodos consecutivos mais breves, começar a viagem e, assim, chegar sucessivamente ao mercado, sem que se acumulem, até o despacho efetivo em grandes massas como capital-mercadoria potencial. Por isso, o refluxo também se distribui em períodos sucessivos mais breves, de modo que parte está constantemente transformada em capital monetário, enquanto outra parte circula como capital-mercadoria. Por meio dessa distribuição do refluxo por vários períodos sucessivos, reduz-se o tempo total de circulação e, portanto, também a rotação. Inicialmente se desenvolve, por um lado, a maior ou menor frequência com que os meios de transporte funcionam, por exemplo o número de trens de uma estrada de ferro conforme um local de produção produza mais – torne-se um centro de produção maior – e na direção do mercado de escoamento já existente, portanto dos grandes centros de produção e de população, dos portos de exportação etc. Por outro, porém, essa particular facilidade de tráfego e a rotação de capital assim acelerada (à medida que é condicionada pelo tempo de circulação) provoca, inversamente, uma concentração acelerada, por um lado, do centro de produção, por outro, de seu mercado. Com a concentração assim acelerada de massas humanas e de capital em dados pontos, progride a concentração dessas massas de capital em poucas mãos. Ao mesmo tempo ocorrem novamente remoção e *déplacement* em decorrência da mudança da situação relativa de locais de produção e de mercado devido à modificação dos meios de comunicação. Um local de produção quc, por sua posição junto a uma estrada ou canal, tinha uma vantagem especial de localização encontra-se agora ao lado de um único ramal ferroviário, que só funciona em intervalos relativamente grandes, enquanto outro local, que estava totalmente afastado das principais vias de tráfego, agora se encontra no ponto de cruzamento de várias vias férreas. O segundo local ascende, o primeiro decai. Portanto, mediante a modificação nos meios de transporte, produz-se uma diferenciação local no tempo de circulação das mercadorias, nas oportunidades de comprar, de vender etc., ou a diversidade local já existente se distribui de outro modo. A importância dessa circunstância para a rotação do capital mostra-se nas brigas dos representantes do comércio e da indústria de diversas localidades com as direções das ferrovias. (Ver, por exemplo, o Livro Azul da *Railway Committee*, citado acima.)[I]

Todos os ramos da produção que, pela natureza de seus produtos, dependem principalmente de escoamento local, como as cervejarias,

---

I Ver, neste volume, p. 146, nota 19 (p. 507). [N. E. B.]

alcançam por isso suas dimensões máximas nos grandes centros populacionais. A rotação mais rápida do capital compensa aí, em parte, o encarecimento de diversas condições de produção, do terreno de construção etc.

Se, por um lado, com o progresso da produção capitalista, o desenvolvimento dos meios de transporte e de comunicação abrevia o tempo de circulação de dado *quantum* de mercadorias, então o mesmo progresso e a possibilidade proporcionada pelo desenvolvimento dos meios de transporte e de comunicação acarretam, pelo contrário, a necessidade de trabalhar para mercados cada vez mais distantes, em suma, para o mercado mundial. A massa de mercadorias que se encontra em viagem e que viaja para pontos distantes cresce enormemente e, portanto, também em termos absolutos e relativos, a parte do capital social que se encontra constantemente e por prazos mais longos no estágio de capital-mercadoria dentro do tempo de circulação. Com isso, cresce simultaneamente também a parte da riqueza social que, em vez de servir como meio de produção direto, é investida em meios de transporte e de comunicação e no capital fixo e circulante exigido para sua operação.

A mera duração relativa da viagem da mercadoria para o local da entrega ocasiona uma diferença não só na primeira parte do tempo de circulação, no tempo de venda, mas também na segunda parte, na retransformação do dinheiro nos elementos do capital produtivo, no tempo de compra. A mercadoria é, por exemplo, enviada para a Índia. Isso demora, por exemplo, quatro meses. Queremos fixar o tempo de venda = 0, ou seja, a mercadoria é enviada por encomenda e será paga aos agentes do produtor no ato da entrega. O envio do dinheiro de volta (a forma pela qual ele é enviado de volta é indiferente aqui) demora novamente quatro meses. Assim, demora ao todo oito meses até que o mesmo capital possa funcionar novamente como capital produtivo e que a mesma operação possa ser renovada com ele. As diferenças assim originadas na rotação constituem um dos fundamentos materiais dos diferentes prazos de crédito, assim como o comércio de ultramar, por exemplo em Veneza e Gênova, constitui em geral uma das fontes do sistema de crédito propriamente dito.

> "A crise de 1847 possibilitou à comunidade bancária e mercantil daquela época reduzir a *usance* indiana e chinesa" (tempo de vencimento de letras de câmbio entre esses países e a Europa) "de dez meses após a data[I] para 6 meses à vista; e, com o transcurso de 20 anos, a aceleração da viagem e a introdução de telégrafos torna necessária agora uma redução adicional de seis meses à vista para quatro meses após a data, como primeiro passo para quatro meses

---

I De emissão. [N. T.]

> à vista. A viagem de um veleiro, via Cabo, de Calcutá a Londres dura em média menos de 90 dias. Uma *usance* de quatro meses à vista equivaleria, digamos, a um prazo de vencimento de 150 dias. A *usance* atual de seis meses à vista equivale a um vencimento de cerca de 210 dias." (*London Economist*, 16 jun. 1866)

Por outro lado:

> "A *usance* brasileira continua sendo ainda de dois a três meses à vista; letras de câmbio da Antuérpia" (sobre Londres) "são sacadas três meses após a data e mesmo Manchester e Bradford sacam sobre Londres em três meses e até em prazos maiores. Por um consentimento tácito, é dada ao comerciante, assim, uma oportunidade suficiente para realizar sua mercadoria não antes, mas até a época do vencimento dos títulos sacados. Por isso, a *usance* das letras de câmbio indianas não é excessiva. Produtos indianos que, na maioria dos casos, são vendidos em Londres com prazo de três meses, se se conta algum tempo para a venda, não podem ser realizados em prazo muito menor do que cinco meses, enquanto outros cinco meses transcorrem em média entre a compra na Índia e a entrega no armazém inglês. Temos aqui um período de dez meses, enquanto o prazo das letras sacadas contra as mercadorias vencem em não mais que sete meses". (Ibid., 30 jun. 1866) "Em 2 de julho de 1866, cinco grandes bancos londrinos, que transacionam principalmente com a Índia e a China, bem como o *Comptoir d'Escompte* de Paris, noticiavam que a partir de 1º de janeiro de 1867 suas sucursais e agências no Oriente só comprariam e venderiam letras de câmbio que não fossem sacadas a mais de quatro meses à vista." (Ibid., 7 jul. 1866)

Essa redução, no entanto, fracassou e teve de ser abandonada. (Desde então, o Canal de Suez revolucionou tudo isso.)

É compreensível que, ao prolongar-se o tempo de circulação das mercadorias, aumente o risco de uma alteração de preços no mercado de venda, já que cresce o período dentro do qual podem ocorrer alterações nos preços.

Uma diferenciação no tempo de circulação, em parte individual, entre diferentes capitais individuais no mesmo ramo de negócios, em parte entre diferentes ramos de negócios de acordo com diferentes *usances* lá onde não é logo pago em dinheiro, decorre dos diferentes prazos de pagamento na compra e na venda. Não nos deteremos mais longamente nesse importante ponto para o sistema de crédito.

Do volume dos contratos de fornecimento, e este cresce com o volume e a escala de produção capitalista, originam-se igualmente diferenças no tempo de rotação. O contrato de fornecimento como transação entre comprador e vendedor é uma operação que pertence ao mercado, à esfera da circulação. As diferenças que se originam dele no tempo de rotação originam-se, pois, da esfera da circulação, mas repercutem diretamente na esfera da produção, e o fazem ainda que se abstraiam todos os prazos de pagamento e as condições de crédito, portanto também o pagamento em dinheiro. Carvão, algodão, fio etc., por exemplo, são produtos discretos. Cada jornada fornece seu *quantum* de produto acabado. Se, porém, o fiandeiro ou o proprietário de mina assume o fornecimento de massas de produto que exijam, digamos, um período de quatro ou seis semanas de jornadas de trabalho consecutivas, isso é exatamente o mesmo, no que se refere ao tempo em que é preciso adiantar capital, que introduzir um período de trabalho contínuo de quatro ou seis semanas nesse processo de trabalho. Aqui se pressupõe, naturalmente, que toda a massa de produto encomendada deva ser entregue de uma vez ou que ela só seja paga depois de ter sido inteiramente fornecida. Assim, então, considerada individualmente, cada jornada fornece seu determinado *quantum* de produto acabado. Mas essa massa acabada é sempre apenas parte da massa a ser fornecida por contrato. Se, nesse caso, a parte pronta das mercadorias encomendadas já não se encontra no processo de produção, encontra-se, no entanto, como capital meramente potencial, no depósito.

Passemos agora para a segunda época do tempo de circulação: o tempo de compra ou a época durante a qual o capital se retransforma de forma-dinheiro nos elementos do capital produtivo. Durante essa época, ele precisa permanecer por um tempo maior ou menor em seu estado de capital monetário, isto é, certa parte do capital total adiantado deve encontrar-se continuamente no estado de capital monetário, embora essa parte se componha de elementos em constante mudança. Por exemplo, em determinado negócio, do capital total adiantado precisam estar disponíveis $n \times 100$ libras esterlinas em forma de capital monetário, de modo que, enquanto todos os elementos dessas $n \times 100$ libras esterlinas se transformam incessantemente em capital produtivo, essa soma com o fluxo vindo da circulação, do capital-mercadoria realizado, também continuamente se completa. Determinada parte do valor do capital adiantado encontra-se, portanto, continuamente em estado de capital monetário, portanto numa forma que não pertence a sua esfera da produção, mas a sua esfera da circulação.

Já se viu que o prolongamento – ocasionado pelo distanciamento do mercado – do tempo em que o capital está confinado à forma de capital-mercadoria provoca um refluxo diretamente retardado do dinheiro, retardando, portanto, também a transformação do capital monetário em produtivo.

Além disso, viu-se (cap. 6) como, no que tange à compra das mercadorias, o tempo de compra, o maior ou menor distanciamento das principais fontes de suprimento da matéria-prima, torna necessário adquirir por períodos mais longos matérias-primas e mantê-las em condições de uso em forma de estoque produtivo, capital latente ou potencialmente produtivo; como ele, portanto, aumenta a massa do capital que precisa ser adiantado de uma vez e o tempo pelo qual ele precisa ser adiantado com a escala de produção igual em tudo o mais.

Têm efeitos semelhantes, em diferentes ramos de negócios, os períodos – maiores ou menores – em que são lançadas no mercado massas maiores de matéria-prima. Assim, por exemplo, em Londres, a cada três meses, ocorrem grandes leilões de lã que dominam o mercado de lã; enquanto o mercado algodoeiro, de colheita em colheita, é renovado no todo continuamente, ainda que nem sempre de maneira uniforme. Tais períodos determinam os principais prazos de compra dessas matérias-primas e influem, particularmente, também nas compras especulativas que condicionam adiantamentos mais longos ou mais curtos nesses elementos da produção, assim como a natureza das mercadorias produzidas influi sobre a retenção especulativa proposital, mais longa ou mais curta, do produto em forma de capital-mercadoria potencial.

> O agricultor precisa, pois, ser, até certo ponto, especulador e, por isso, conforme as condições do momento, postergar a venda de seus produtos [...].

Seguem algumas regras gerais.

> "No entanto, na colocação dos produtos, o mais importante depende da pessoa, do próprio produto e da localidade. Quem por habilidade e sorte (!) está provido de suficiente capital de exploração não poderá ser censurado se, com preços extraordinariamente baixos, mantiver, uma vez, sua colheita estocada por um ano; aquele a quem, no entanto, faltar capital de exploração ou espírito especulativo em geral (!), procurará obter os preços médios correntes e terá, portanto, de vender assim que, e sempre que, tiver oportunidade de fazê-lo. Estocar lã por mais de um ano acarreta quase sempre apenas prejuízos; enquanto cereais e oleaginosas podem ser guardados por um par de anos sem desvantagem de suas propriedades e qualidade. Produtos que habitualmente estão sujeitos a grande elevação ou queda, como, por exemplo, oleaginosas, lúpulo, cardo e similares, são, com razão, estocados nos anos em que o preço está muito abaixo dos preços de produção. O que menos se deve adiar é a venda de coisas que ocasionem custos diários de manutenção, como gado engordado, ou que estejam sujeitas a estragar, como frutas, batatas etc. Em algumas regiões, um produto tem, em certas estações, em média, seu preço mais baixo e, em outras, pelo contrário, seu preço mais elevado; assim, por exemplo, o trigo tem, por volta do Dia de São Martinho, em vários lugares,

> em média, preço mais baixo que entre o Natal e a Páscoa. Além disso, vários produtos, em várias regiões, só se vendem bem em certas épocas, como é o caso da lã nos mercados de lã em regiões onde o comércio da lã no resto do tempo costuma parar etc." (Kirchhof, p. 302)

Ao se examinar a segunda parte do tempo de circulação, durante a qual o dinheiro é retransformado nos elementos do capital produtivo, não se considera apenas essa conversão tomada em si mesma, não só o tempo em que o dinheiro reflui, conforme o distanciamento do mercado em que o produto é vendido; antes de tudo, entra em consideração o volume em que parte do capital adiantado tem de encontrar-se constantemente em forma-dinheiro, no estado de capital monetário.

Abstraindo toda especulação, o volume das compras daquelas mercadorias, que devem estar constantemente disponíveis como estoque produtivo, depende das épocas de renovação desse estoque, portanto de circunstâncias por sua vez dependentes das condições de mercado e que, por isso, são diferentes para diferentes matérias-primas; aqui precisa, portanto, ser adiantado de uma vez, de tempos em tempos, dinheiro em quantidades maiores. Conforme a rotação do capital, o dinheiro reflui com maior rapidez ou maior lentidão, mas sempre fracionadamente. Parte dele é de novo gasta, com igual continuidade, em períodos mais curtos de tempo, a saber, a parte retransformada em salários. Mas outra parte, aquela a ser retransformada em matéria-prima etc., precisa ser acumulada por períodos mais longos de tempo, como fundo de reserva, seja para compras, seja para pagamentos. Ele existe, portanto, em forma de capital monetário, embora se altere o volume em que existe como tal.

Veremos, no próximo capítulo, como outras circunstâncias, surjam elas do processo de produção ou do processo de circulação, exigem essa disponibilidade de determinada parcela do capital adiantado em forma-dinheiro. De modo geral é preciso, porém, observar que os economistas estão muito inclinados a esquecer que, continuamente, parte do capital necessário ao negócio percorre não só alternadamente as três formas de capital monetário, capital produtivo e capital-mercadoria, mas que diferentes parcelas dele possuem continuamente essas formas uma ao lado da outra, ainda que a grandeza relativa dessas parcelas se altere continuamente. É principalmente a parte disponível de modo contínuo como capital monetário que os economistas esquecem, embora exatamente essa circunstância seja muito necessária para o entendimento da Economia burguesa e que, por isso, também se faz valer na práxis enquanto tal.

CAPÍTULO 15

EFEITO DO TEMPO DE ROTAÇÃO SOBRE A GRANDEZA DO ADIANTAMENTO DE CAPITAL

Neste e no próximo capítulo, tratamos da influência do tempo de rotação sobre a valorização do capital.

Tomemos o capital-mercadoria que seja produto de certo período de trabalho, por exemplo de nove semanas. Abstraiamos, por enquanto, tanto a parte do valor do produto que lhe é agregada pela depreciação média do capital fixo quanto a mais-valia que lhe é agregada durante o processo de produção: o valor desse produto é, então, igual ao valor do capital fluido adiantado para sua produção, isto é, do salário e das matérias-primas e materiais auxiliares consumidos em sua produção. Suponhamos que esse valor seja=900 libras esterlinas, de modo que o desembolso semanal atinja 100 libras esterlinas. O tempo de produção periódico, que aqui coincide com o período de trabalho, é, portanto, de 9 semanas. É indiferente, neste caso, que se suponha aqui se tratar de um período de trabalho para um produto contínuo, ou de um período de trabalho contínuo para um produto discreto, na medida em que o *quantum* de produto discreto que é levado de uma vez para o mercado custa 9 semanas de trabalho. Suponhamos que o tempo de circulação dure 3 semanas. Que, portanto, todo o período de rotação dure 12 semanas. Depois de transcorridas 9 semanas, o capital produtivo adiantado está transformado em capital-mercadoria, mas permanece três semanas no período de circulação. O novo prazo de produção só pode, portanto, recomeçar no início da semana 13, e a produção estaria paralisada por três semanas ou por um quarto de todo o período de rotação. De novo, é indiferente que se pressuponha que tal demora seja, em média, para que a mercadoria possa ser vendida ou que esteja condicionada pelo distanciamento do mercado ou pelos prazos de pagamento da mercadoria vendida. A cada 3 meses, a produção estaria parada por 3 semanas, portanto, durante o ano, 4×3=12 semanas=3 meses=¼ do período de rotação anual. Caso a produção deva ser contínua e, semana após semana, mantida na mesma escala, só são possíveis duas coisas.

Ou a escala da produção precisa ser reduzida, de modo que as 900 libras esterlinas bastem para manter o trabalho em andamento tanto durante o período de trabalho quanto durante o tempo de circulação da primeira rotação. Com a semana 10, um segundo período de trabalho, portanto também período de rotação, é aberto antes de estar concluído o primeiro período de rotação, pois o período de rotação é de doze semanas e o período de trabalho é de nove semanas. 900 libras esterlinas distribuídas por 12 semanas dão 75 libras esterlinas por semana. De início está claro que tal escala de atividades reduzida pressupõe dimensões alteradas de capital fixo, portanto, em geral, investimento menor no negócio. Em segundo lugar, é questionável se essa redução pode efetivamente ocorrer, já que o desenvolvimento da produção nos diferentes negócios obedece a um mínimo normal de investimento de capital, abaixo do qual o negócio individual torna-se incapaz de concorrer. Esse mesmo mínimo normal cresce constantemente com o desenvolvimento capitalista da produção, não é, portanto, fixo. Entre o mínimo normal, dado de cada vez, e o máximo normal, sempre em expansão, ocorrem, no entanto, numerosos níveis intermediários – uma faixa intermediária que permite níveis muito diferentes de investimento de capital. Dentro dos limites dessa faixa intermediária pode ocorrer também uma redução, cujo limite é o mínimo normal dado de cada vez. Quando há entraves à produção, saturação dos mercados, encarecimento da matéria-prima etc., tem lugar uma compressão do desembolso normal de capital circulante, em dada base do capital fixo, mediante compressão do tempo de trabalho, ao se trabalhar, por exemplo, só meio expediente; assim como em tempos de prosperidade, em dada base do capital fixo, tem lugar expansão anormal do capital circulante, em parte por meio do prolongamento do tempo de trabalho, em parte mediante intensificação do mesmo. Em negócios que, de antemão, contam com tais oscilações, elas são enfrentadas em parte com os meios acima mencionados, em parte mediante a utilização simultânea de maior número de trabalhadores, combinada com a aplicação do capital fixo de reserva, por exemplo locomotivas de reserva nas estradas de ferro etc. Tais oscilações anormais permanecem aqui, contudo, onde pressupomos condições normais, fora de cogitação.

Para tornar contínua a produção, o dispêndio do mesmo capital circulante está, portanto, distribuído por uma extensão maior de tempo, por 12 semanas em vez de 9. Em cada seção de tempo dada funciona, portanto, um capital produtivo reduzido; a parte circulante do capital produtivo está reduzida de 100 para 75, ou um quarto. A soma total, pela qual se reduz o capital produtivo, que funciona durante o período de trabalho de 9 semanas, é $= 9 \times 25$ libras esterlinas, ou $1/4$ de 900 libras esterlinas. Mas a relação entre tempo de circulação e tempo de rotação é igualmente de $3/12 = 1/4$. Segue, portanto: caso a produção não deva ser interrompida durante o tempo de circulação do capital produtivo transformado em capital-mercadoria, caso ela deva antes ter prosseguimento de modo simultâneo e contínuo, semana após semana, e não estando dado para isso nenhum capital circulante específico, então só se pode consegui-lo mediante a restrição da marcha de produção, pela redução do elemento fluido do capital produtivo em funcionamento. A parte do capital fluido assim liberada para a produção durante o tempo de circulação está para o capital total circulante adiantado assim como o tempo de circulação para o período de rotação. Como já se observou, isso só é válido para ramos da produção em que o processo de trabalho, semana após semana, é efetuado na mesma escala, onde, portanto, em diferentes períodos de trabalho, não se tem de despender somas variáveis de capital, como na agricultura.

Suponhamos, no entanto, que, pelo contrário, a natureza do negócio exclua uma redução na escala da produção e, portanto, também no capital fluido a ser adiantado semanalmente: a continuidade da produção só pode ser, então, alcançada mediante um capital fluido adicional, no caso anterior, de 300 libras esterlinas. Durante o período de rotação de 12 semanas são adiantadas sucessivamente 1200 libras esterlinas, das quais 300 são a quarta parte, como 3 semanas o são de 12. Após o período de trabalho de 9 semanas, o valor-capital de 900 libras esterlinas foi transmutado da forma de capital produtivo para a forma de capital-mercadoria. Seu período de trabalho está concluído, mas não pode ser renovado com o mesmo capital. Durante as três semanas em que ele reside na esfera da circulação, funcionando como capital-mercadoria, encontra-se, em relação ao processo de produção, num estado tal que é como se não existisse ao todo. Aqui se faz abstração de todas as relações de crédito e, portanto, pressupõe-se que o capitalista só opera com seu próprio capital. Mas, enquanto o capital adiantado para o primeiro período de trabalho, uma vez completado o processo de produção, se mantém durante 3 semanas no processo de circulação, funciona um capital de 300 libras esterlinas desembolsado adicionalmente, de modo que a continuidade da produção não é interrompida.

Quanto a isso é preciso, agora, observar o seguinte:

Primeiro: o período de trabalho do primeiro capital adiantado de 900 libras esterlinas está terminado depois de 9 semanas e não reflui antes de 3 semanas, portanto no início da semana 13. Mas novo período de trabalho é logo aberto com o capital adicional de 300 libras esterlinas. Exatamente por meio disso se estabelece a continuidade da produção.

Segundo: as funções do capital original de 900 libras esterlinas e do novo capital de 300 libras esterlinas, adicionado ao término do primeiro período de trabalho de 9 semanas, que inaugura o segundo período de trabalho sem interrupção depois de concluído o primeiro, estão precisamente separadas no primeiro período de rotação ou, ao menos, podem sê-lo, enquanto, pelo contrário, elas se entrecruzam no transcurso do segundo período de rotação.

Representemos o caso concretamente:

Primeiro período de rotação de 12 semanas. Primeiro período de trabalho de 9 semanas; a rotação do capital aqui adiantado é concluída no começo da semana 13. Durante as 3 últimas semanas, funciona o capital adicional de 300 libras esterlinas e inaugura o segundo período de trabalho de 9 semanas.

Segundo período de rotação. No início da semana 13, 900 libras esterlinas fluíram de volta e estão em condições de começar nova rotação. Mas o segundo período de trabalho já foi inaugurado pelas 300 libras esterlinas adicionais na semana 10; no início da semana 13, graças àquele capital, já foi completado um terço do período de trabalho, 300 libras se transformaram de capital produtivo em produto. Já que são necessárias apenas 6 semanas para completar o segundo período de trabalho, somente dois terços das 900 libras esterlinas de capital refluído, ou seja, apenas 600 libras esterlinas, podem entrar no processo de produção do segundo período de trabalho. 300 libras esterlinas, das 900 libras esterlinas originais, estão liberadas para desempenhar o mesmo papel que, no primeiro período de trabalho, desempenhou o capital adicional de 300 libras esterlinas. Ao final da semana 6 do segundo período de rotação, o segundo período de trabalho está cumprido. O capital nele desembolsado de 900 libras esterlinas reflui depois de 3 semanas, portanto ao final da semana 9 do segundo período de rotação de doze semanas. Durante as 3 semanas de seu tempo de circulação, entra o capital liberado de 300 libras esterlinas. Com isso começa o terceiro período de trabalho de um capital de 900 libras esterlinas na semana 7 do segundo período de rotação, ou na semana 19 do ano.

Terceiro período de rotação. Ao final da 9ª semana do segundo período de rotação, novo refluxo de 900 libras esterlinas. Mas o terceiro período de trabalho já começou na semana 7 do período anterior de rotação, e 6 semanas já transcorreram. Portanto, ele só dura 3 semanas. Das 900 libras esterlinas refluídas, apenas 300 libras esterlinas entram, portanto, no processo de produção. O quarto período de trabalho preenche as 9 semanas restantes desse período de rotação e, assim, com a semana 37 do ano, começa ao mesmo tempo o quarto período de rotação e o quinto período de trabalho.

A fim de simplificar o caso para o cálculo, suponhamos: período de trabalho de 5 semanas, tempo de circulação de 5 semanas, portanto período de rotação de 10 semanas; calculando-se o ano à base de 50 semanas, dispêndio de capital por semana: 100 libras esterlinas. O período de trabalho requer, pois, um capital fluido de 500 libras esterlinas, e o tempo de circulação um capital adicional de mais 500 libras esterlinas. Períodos de trabalho e tempos de rotação colocam-se, então, do seguinte modo:

Período de trabalho	*Semanas*	*Mercadorias (£)*	*Retorno*
1º	1-5	500	Ao final da semana 10
2º	6-10	500	Ao final da semana 15
3º	11-15	500	Ao final da semana 20
4º	16-20	500	Ao final da semana 25
5º	21-25	500	Ao final da semana 30
			e assim por diante

Se o tempo de circulação = 0, o período de rotação, portanto, é igual ao período de trabalho, então o número de rotações é igual ao número de períodos de trabalho no ano. Com período de trabalho de cinco semanas, portanto $^{50}/_{5}$ semanas = 10, o valor do capital rotado seria = 500 × 10 = 5 000. Na tabela, em que se supôs um tempo de circulação de 5 semanas, são igualmente produzidas, a cada ano, mercadorias no valor de 5 000 libras esterlinas, das quais, no entanto, $^{1}/_{10}$ = 500 libras esterlinas sempre se encontra em forma de capital-mercadoria e só reflui após 5 semanas. Ao final do ano, o produto do décimo período de trabalho (semanas 46-50 de trabalho) só completou a metade de seu tempo de rotação, pelo fato de que seu tempo de circulação cai nas 5 primeiras semanas do ano seguinte.

Queremos dar ainda um terceiro exemplo: período de trabalho, 6 semanas; tempo de circulação, 3 semanas; adiantamento semanal no processo de trabalho, 100 libras esterlinas.

1º período de trabalho: semanas 1-6. Ao final da semana 6, um capital-mercadoria de 600 libras esterlinas; retorna ao final da semana 9.

2º período de trabalho: semanaa 7-12. Da semana 7-9, 300 libras esterlinas de capital adicional adiantado. Ao final da semana 9, refluxo de 600 libras esterlinas, das quais 300 libras esterlinas adiantadas nas semanas 10-12; ao final da semana 12, portanto, se dispõe de 300 libras esterlinas líquidas e de 600 libras esterlinas em capital-mercadoria que retornam ao final da semana 15.

3º período de trabalho: semanas 13-18. Da semana 13-15, adiantamento das referidas 300 libras esterlinas, depois refluxo de 600 libras esterlinas, das quais 300 libras esterlinas adiantadas para as semanas 16-18. Ao término da semana 18, 300 libras esterlinas líquidas em moeda; 600 libras esterlinas disponíveis em capital-mercadoria que reflui ao final da semana 21. (Ver exposição mais detalhada sobre esse caso mais adiante, em II.)

Portanto, em 9 períodos de trabalho (= 54 semanas), são produzidas 600 × 9 = 5 400 libras esterlinas em mercadoria. Ao término do nono período de trabalho, o capitalista possui 300 libras esterlinas em dinheiro e 600 libras esterlinas em mercadorias que ainda não venceram todo o seu tempo de circulação.

Comparando esses três exemplos, verificamos, primeiro, que só no segundo exemplo é que ocorre alternância sucessiva do capital I, de 500 libras esterlinas, e do capital adicional II, também de 500 libras esterlinas, de modo que essas duas partes do capital se movimentam separadamente uma da outra e isso só porque se fez aqui o pressuposto completamente excepcional de que período de trabalho e tempo de circulação constituem duas metades iguais do período de rotação. Nos outros casos, qualquer que seja a desigualdade entre as duas partes do período de rotação, os movimentos de ambos os capitais se entrecruzam, como nos exemplos I e III, já a partir do segundo período de rotação. O capital adicional II constitui, então, junto com uma parte do capital I, o capital que funciona no segundo período de rotação, enquanto o resto do capital I é liberado para a função original do capital II. O capital ativo durante o tempo de circulação do capital-mercadoria não é aqui idêntico ao capital II originalmente adiantado para essa finalidade, mas é de valor igual e constitui a mesma alíquota de capital total adiantado.

Segundo: o capital que funcionou durante o período de trabalho fica em alqueive durante o tempo de circulação. No segundo exemplo, o capital funciona durante 5 semanas do período de trabalho e fica em alqueive durante 5 semanas do tempo de circulação. O tempo total, portanto, durante o qual, no decorrer do ano, o capital I fica em alqueive, é de meio ano. Para esse tempo, entra o capital adicional II, que permanece, no caso em pauta, também em alqueive por meio ano. Mas o capital adicional exigido para garantir a continuidade da produção durante o tempo de circulação não é determinado pelo volume total, ou pela soma dos tempos de circulação dentro do ano, mas só pela proporção entre o tempo de circulação e o período de rotação. (Aqui se pressupõe, naturalmente, que todas as rotações ocorram sob as mesmas condições.) Por conseguinte, no exemplo II são necessárias 500 libras esterlinas de capital adicional, e não 2 500 libras esterlinas. Isso se deve simplesmente ao fato de que o capital adicional ingressa na rotação tanto quanto o originalmente adiantado e, assim como este, substitui sua massa pelo número de suas rotações.

Terceiro: que o tempo de produção seja mais longo do que o tempo de trabalho nada altera nas circunstâncias aqui consideradas. É verdade que por causa disso os períodos totais de rotação são prolongados, mas por causa dessa rotação mais prolongada não se exige nenhum capital adicional para o processo de trabalho. O capital adicional tem apenas o fim de preencher as brechas do processo de trabalho surgidas devido ao tempo de circulação; deve, portanto, proteger a produção apenas das perturbações que se originam do tempo de circulação; perturbações que surjam das próprias condições da produção precisam ser compensadas de outro modo, não considerado aqui. Há, em contrapartida, negócios em que só se trabalha de modo intermitente, por encomenda, onde, portanto, podem surgir interrupções entre os períodos de trabalho. Neles desaparece, *pro tanto* [proporcionalmente], a necessidade de capital adicional. Por outro lado, na maioria dos casos de trabalho sazonal, também é dado certo limite para o tempo de refluxo. O mesmo trabalho não pode ser renovado com o mesmo capital no próximo ano se, entrementes, não tiver transcorrido o tempo de circulação desse capital. Em contrapartida, o tempo de circulação também pode ser mais curto do que o intervalo entre um período de produção e outro. Nesse caso, o capital permanece em alqueive se, nesse ínterim, não for aplicado de outro modo.

Quarto: o capital adiantado para um período de trabalho, por exemplo as 600 libras esterlinas do exemplo III, é gasto parcialmente em matérias-primas e materiais auxiliares, em estoque produtivo para o período de trabalho, em capital circulante constante, parcialmente em capital circulante variável, em pagamento do próprio trabalho. A parte gasta em capital circulante constante pode não existir para o mesmo período de tempo na forma de estoque produtivo, por exemplo a matéria-prima pode não estar estocada para todo o período de trabalho, o carvão pode ser obtido só a cada duas semanas. Contudo – já que o crédito ainda está aqui excluído –, essa parte do capital, à medida que não está disponível em forma de estoque produtivo, tem de ficar disponível em forma de dinheiro para, conforme a necessidade, ser transformada em estoque produtivo. Isso nada altera na grandeza do valor-capital circulante constante adiantado por 6 semanas. Pelo contrário – fazendo-se abstração da reserva de dinheiro para gastos imprevistos, o fundo de reserva propriamente dito para compensar perturbações –, o salário é pago em períodos mais curtos, geralmente por semana. Portanto, caso o capitalista não obrigue o trabalhador a lhe fazer adiantamentos mais longos de seu trabalho, o capital necessário para salários precisa estar disponível em forma-dinheiro. No refluxo do capital parte precisa, pois, ser mantida em forma-dinheiro para o pagamento do trabalho, enquanto outra parte pode ser transformada em estoque produtivo.

O capital adicional divide-se exatamente como o capital original. Mas o que o distingue do capital I é que ele (abstraindo relações de crédito), a fim de estar disponível para seu próprio período de trabalho, já tem de estar adiantado durante toda a duração do primeiro período de trabalho do capital I, no qual ele não ingressa. Durante esse tempo, ele já pode, ao menos em parte, ser transformado em capital circulante constante, que é adiantado para todo o período de rotação. Em que medida assume essa forma ou em que medida permanece na forma de capital monetário adicional, até o momento em que essa transformação torna-se necessária, dependerá em parte das condições específicas de produção de determinados ramos de negócios, em parte de circunstâncias locais, em parte de oscilações de preço das matérias-primas etc. Considerando o capital social total, parte mais ou menos significativa desse capital adicional há de se encontrar sempre em estado de capital monetário. Pelo contrário, no que tange à parte do capital II a ser adiantada em salários, ela sempre é transformada apenas paulatinamente em força de trabalho, à medida que períodos menores de trabalho transcorrerem e forem pagos. Essa parte do capital II está, portanto, disponível por toda duração do período de trabalho na forma de capital monetário, até que, mediante transformação em força de trabalho, entra na função de capital produtivo.

Esse ingresso do capital adicional, exigido para a transformação do tempo de circulação do capital I em tempo de produção, aumenta, por conseguinte, não só a grandeza do capital adiantado e a extensão de tempo durante o qual o capital total é necessariamente adiantado, mas também especificamente a parte do capital adiantado que existe como reserva monetária, portanto se encontra no estado de capital monetário e possui a forma de capital monetário potencial.

Isso ocorre igualmente – no que concerne tanto ao adiantamento na forma de estoque produtivo quanto na forma de reserva monetária – quando a separação do capital, exigida pelo tempo de circulação, em duas partes, capital para o primeiro período de trabalho e capital suplementar para o tempo de circulação, é realizada não pela ampliação do capital desembolsado, mas pela diminuição da escala da produção. Em relação à escala da produção, cresce ainda aqui o acréscimo do capital confinado em forma-dinheiro.

O que, em geral, se alcança mediante essa divisão do capital em capital produtivo original e em capital adicional é a sequência ininterrupta dos períodos de trabalho, o funcionamento constante de parte de igual grandeza do capital adiantado como capital produtivo.

Observemos o exemplo II. O capital que se encontra constantemente no processo de produção é de 500 libras esterlinas. Como o período de trabalho é = 5 semanas, ele trabalha dez vezes durante 50 semanas (consideradas um ano). O produto importa, portanto, abstraindo-se a mais-valia, também em 10 × 500 = 5 000 libras esterlinas. Da perspectiva do capital que trabalha direta e ininterruptamente no processo de produção – um valor-capital de 500 libras esterlinas –, o tempo de circulação aparece como totalmente apagado. O período de rotação coincide com o período de trabalho; o tempo de circulação é = 0.

Se, pelo contrário, o capital de 500 libras esterlinas fosse regularmente paralisado em sua atividade produtiva pelo tempo de circulação de 5 semanas, de modo que só voltasse a estar apto para produzir uma vez terminado o período de rotação de 10 semanas, nas 50 semanas anuais teríamos 5 rotações de dez semanas cada uma; nestas, 5 períodos de produção de 5 semanas, portanto ao todo 25 semanas de produção com um produto total de 5×500=2500 libras esterlinas; 5 períodos de circulação de cinco semanas, portanto um período de circulação total também de 25 semanas. Se aqui dizemos: o capital de 500 libras esterlinas rotou cinco vezes ao ano, então é evidente e claro que, durante a metade de cada período de rotação, esse capital de 500 libras esterlinas não funcionou ao todo como capital produtivo e que, no final das contas, só funcionou durante meio ano, não o fazendo ao todo durante o outro meio ano.

Em nosso exemplo, no transcurso desses cinco períodos de circulação, entra em função o capital suplementar de 500 libras esterlinas e, assim, a rotação é elevada de 2500 para 5000 libras esterlinas. Mas o capital adiantado agora também é de 1000 libras esterlinas em vez de 500 libras esterlinas. 5000 dividido por 1000 é igual a 5. Portanto, em vez de dez rotações, cinco. Assim também se calcula, efetivamente. Mas, à medida que, então, é dito que o capital de 1000 libras esterlinas rotou cinco vezes ao ano, desaparece dos crânios ocos dos capitalistas a lembrança do tempo de circulação e se forma uma concepção confusa, como se esse capital, durante as cinco rotações sucessivas, tivesse funcionado constantemente no processo de produção. Digamos, porém, que esse capital de 1000 libras esterlinas rotou cinco vezes, então estão incluídos tanto o tempo de circulação quanto o tempo de produção. De fato, se realmente 1000 libras esterlinas tivessem estado continuamente ativas no processo de produção, então, de acordo com nossos pressupostos, o produto teria de ser de 10000 libras esterlinas em vez de 5000. Mas, para ter 1000 libras esterlinas continuamente no processo de produção, então 2000 libras esterlinas também teriam de ser adiantadas. Os economistas, nos quais, aliás, não se encontra nenhuma explicação clara do mecanismo da rotação, ignoram o tempo todo esse momento principal, de que apenas parte do capital industrial pode estar efetivamente engajada no processo de produção, e isso se a produção avançar de modo ininterrupto. Enquanto parte se encontra no período de produção, outra parte precisa estar sempre no período de circulação. Ou, em outras palavras, parte só pode funcionar como capital produtivo com a condição de que outra parte – em forma de capital-mercadoria ou de capital monetário – fique subtraída da produção propriamente dita. Ao se negligenciar isso, negligenciam-se, em geral, o significado e o papel do capital monetário.

Temos de investigar que diferenciação resulta na rotação, conforme as duas seções do período de rotação – período de trabalho e período de circulação – sejam iguais entre si, ou o período de trabalho seja maior ou menor que o período de circulação e, além disso, como afeta a fixação de capital na forma de capital monetário.

Supomos que, em todos os casos, o capital a ser semanalmente adiantado seja de 100 libras esterlinas e o período de rotação de 9 semanas e que, portanto, o capital a ser adiantado para cada período de rotação seja = 900 libras esterlinas.

I. PERÍODO DE TRABALHO IGUAL AO PERÍODO DE CIRCULAÇÃO

Embora seja, na realidade, apenas exceção ocasional, este caso tem de servir como ponto de partida para o exame, porque aqui as relações se apresentam com o máximo de simplicidade e nitidez.

Os dois capitais (o capital I, adiantado para o primeiro período de trabalho, e o capital adicional II, que funciona durante o período de circulação do capital I) alternam-se em seus movimentos sem se entrecruzarem. Excetuado o primeiro período, cada um dos dois capitais só é, por isso, adiantado para seu próprio período de rotação. Seja o período de rotação, como nos exemplos seguintes, de 9 semanas, portanto o período de trabalho e o período de circulação cada um de 4½ semanas. Então, temos o seguinte esquema anual:

TABELA I

Capital I

	Períodos de rotação (semanas)	Períodos de trabalho (semanas)	Adiantamento (£)	Períodos de circulação (semanas)
I.	1–9	1–4½	450	4½–9
II.	10–18	10–13½	450	13½–18
III.	19–27	19–22½	450	22½–27
IV.	28–36	28–31½	450	31½–36
V.	37–45	37–40½	450	40½–45
VI.	46–(54)	46–49½	450	49½–(54)[31]

Capital II

	Períodos de rotação (semanas)	Períodos de trabalho (semanas)	Adiantamento (£)	Períodos de circulação (semanas)
I.	4½–13½	4½–9	450	10–13½
II.	13½–22½	13½–18	450	19–22½
III.	22½–31½	22½–27	450	28–31½
IV.	31½–40½	31½–36	450	37–40½
V.	40½–49½	40½–45	450	46–49½
VI.	49½–(58½)	49½–(54)	450	(55–58½)

Dentro das 51 semanas que aqui tomamos como ano, o capital I cumpriu seis períodos completos de trabalho, produzindo, portanto, 6 × 450 = 2 700 libras esterlinas de mercadoria, e o capital II, em cinco períodos completos de trabalho, produziu 5 × 450 = 2 250 libras esterlinas de mercadoria. O capital II, na 1½ última semana do ano (da metade da semana 50 até o final da semana 51), produziu ainda 150 libras esterlinas. Produto total de 51 semanas: 5 100 libras esterlinas. No que concerne à produção direta de mais-valia, que só é produzida durante o período de trabalho, o capital total de 900 libras esterlinas rotou, portanto, 5⅔ vezes (5⅔ × 900 = 5 100 libras esterlinas). Mas, se considerarmos a rotação real, então o capital I rotou 5⅔ vezes, já que, ao final da semana 51, ele ainda tem de cumprir 3 semanas de seu sexto período de rotação; 5⅔ × 450 = 2 550 libras esterlinas; e o capital II, 5⅙ vezes, já que ele completou 1½ semana de seu sexto período de rotação, portanto 7½ semanas dele ainda caem no ano seguinte; 5⅙ × 450 = 2 325 libras esterlinas; rotação total efetiva = 4 875 libras esterlinas.

Consideremos o capital I e o capital II como dois capitais autônomos entre si. Em seus movimentos, são completamente autônomos; esses movimentos só se complementam porque seus períodos de trabalho e de circulação se alternam diretamente. Podem ser considerados como dois capitais totalmente independentes, pertencentes a diferentes capitalistas.

O capital I realizou cinco períodos completos e dois terços de seu sexto período de rotação. Encontra-se, ao final do ano, na forma de capital-mercadoria, para cuja realização normal são ainda necessárias 3 semanas. Durante esse tempo ele não pode entrar no processo de produção. Funciona como capital-mercadoria: ele circula. De seu último período de rotação ele só realizou ⅔. Isso é expresso assim: só rotou ⅔ de vez, só ⅔ de seu valor total realizaram uma rotação completa. Dizemos: 450 libras esterlinas completam sua rotação em 9 semanas, portanto 300 libras esterlinas fazem-no em 6 semanas. Nesse modo de expressar, as relações orgânicas entre os dois componentes especificamente diversos do tempo de rotação são negligenciadas. O sentido exato disso, de que o capital adiantado de 450 libras esterlinas tenha feito 5⅔ rotações, é de que ele realizou apenas cinco rotações completas e apenas ⅔ da sexta. Em contrapartida, a expressão de que o capital que rotou é = 5⅔ vezes o capital adiantado, portanto no caso acima = 5⅔ × 450 libras esterlinas = 2 550 libras esterlinas, é correta nisso, ou seja, se esse capital de 450 libras esterlinas não fosse complementado por outro capital de 450 libras esterlinas, de fato parte dele precisaria encontrar-se no processo de produção e outra parte no processo de circulação. Caso o tempo de rotação deva ser expresso na massa do capital que rotou, então ele só pode ser expresso numa massa de valor disponível (de fato, de produto acabado). A circunstância de que o capital adiantado não se encontra em condições a partir das quais possa reinaugurar o processo de produção se expressa no fato de que só uma parte dele se encontra em condições de produzir ou no de que, para se encontrar na situação de produção contínua, o capital precisaria ser dividido em uma parte que se encontrasse constantemente no período de produção e em outra parte que se encontrasse constantemente no período de circulação, conforme a relação desses períodos entre si. É a mesma lei que determina a massa do capital produtivo constantemente em funcionamento pela relação entre o tempo de circulação e o tempo de rotação.

Ao término da semana 51 do ano, que aqui supusemos ser o fim do ano, 150 libras esterlinas do capital II são adiantadas na produção de produto não acabado. Outra parte se encontra na forma de capital fluido constante – matérias-primas etc. –, isto é, numa forma em que pode funcionar como capital produtivo no processo de produção. Mas uma terceira parte se encontra em forma-dinheiro, ou seja, ao menos no volume dos salários para o resto do período de trabalho (3 semanas), mas que só são pagos ao final de cada semana. Embora essa parte do capital não se encontre agora, no início do novo ano, portanto de um novo ciclo de rotação, sob a forma de capital produtivo, mas na de capital monetário, na qual não pode entrar no processo de produção, ainda assim, na inauguração da nova rotação, encontra-se capital fluido variável, ou seja, força de trabalho viva, atuando no processo de produção. Esse fenômeno decorre do fato de que a força de trabalho, no começo do período de trabalho, é efetivamente comprada e consumida, digamos, por semana, mas só é paga ao término da semana. O dinheiro atua aqui como meio de pagamento. Por isso, encontra-se, por um lado, como dinheiro, ainda na mão do capitalista, enquanto, por outro, a força de trabalho, a mercadoria em que é convertido, já se encontra atuando no processo de produção: portanto o mesmo valor-capital aparece aqui duplamente.

Consideremos apenas os períodos de trabalho, então:

capital I produziu:	6 × 450 = £ 2 700
capital II produziu:	5⅓ × 450 = £ 2 400
portanto, no total,	5⅔ × 900 = £ 5 100

O capital total adiantado de 900 libras esterlinas funcionou, portanto, 5⅔ vezes ao ano como capital produtivo. Se 450 libras esterlinas funcionam sempre no processo de produção e 450 libras esterlinas funcionam sempre no processo de circulação, alternadamente, ou se 900 libras esterlinas funcionam durante 4½ semanas no processo de produção e durante as 4½ semanas seguintes no processo de circulação, para o processo de produção de mais-valia dá no mesmo.

Se, em contrapartida, consideramos os períodos de rotação, então

capital I:	$5\frac{2}{3} \times 450 = £\,2\,550$
capital II:	$5\frac{1}{6} \times 450 = £\,2\,325$
portanto, o capital total rotou	$5\frac{5}{12} \times 900 = £\,4\,875$

Pois a rotação do capital total é igual à soma das quantias rotadas por I e II dividida pela soma de I e II.

Cabe observar que os capitais I e II, caso fossem autônomos entre si, só constituiriam diferentes partes autônomas do capital social adiantado na mesma esfera da produção. Caso o capital social dentro dessa esfera da produção fosse constituído *apenas* por I e II, então para a rotação do capital social nessa esfera valeria o mesmo cálculo que aqui vale para ambos os componentes I e II do mesmo capital privado. Indo mais além, qualquer parte do capital social total investida numa esfera específica da produção pode ser assim calculada. Por fim, o número de rotações do capital social total é igual à soma do capital rotado nas diferentes esferas da produção, dividida pela soma do capital adiantado nessas esferas da produção.

Além disso, é preciso observar que, assim como aqui, na mesma indústria privada os capitais I e II, bem se considerando, têm anos diferentes de rotação (na medida em que o ciclo de rotação do capital II começa 4½ semanas mais tarde que o do capital I, vencendo, portanto, o ano de I 4½ semanas mais cedo do que o de II), assim também os diferentes capitais privados, na mesma esfera da produção, começam seus negócios em períodos bem diferentes do ano e, por isso, concluem sua rotação anual também em épocas distintas do ano. O mesmo cálculo médio que aplicamos acima para I e II basta aqui para reduzir os anos de rotação das diferentes partes autônomas do capital social a um ano uniforme de rotação.

II. PERÍODO DE TRABALHO MAIOR DO QUE O PERÍODO DE CIRCULAÇÃO

Os períodos de trabalho e de rotação dos capitais I e II se entrecruzam em vez de se alternarem. Ao mesmo tempo, aqui ocorre liberação de capital, o que não ocorria no caso até então considerado.

Isso nada altera, porém, no fato de que, tanto depois quanto antes, 1) o número dos períodos de trabalho do capital total adiantado é igual à soma do valor do produto anual de ambas as partes adiantadas do capital, dividida pelo capital total adiantado, e 2) o número de rotações do capital total é igual à soma das duas quantias rotadas, dividida pela soma dos dois capitais adiantados. Precisamos considerar aqui ambas as partes do capital como se elas realizassem movimentos de rotação completamente independentes entre si.

Supomos aqui novamente que a cada semana precisam ser adiantadas 100 libras esterlinas no processo de trabalho. Que o período de trabalho dure 6 semanas e requeira, portanto, de cada vez, 600 libras esterlinas de adiantamento (capital I). O período de circulação: 3 semanas; portanto, período de rotação, como acima, de 9 semanas. Que um capital II, de 300 libras esterlinas, entre em função durante o período de circulação de 3 semanas do capital I. Se considerarmos os dois como capitais independentes entre si, então o esquema da rotação anual se coloca do seguinte modo:

TABELA II

Capital I, £ 600

	Períodos de rotação (semanas)	Períodos de trabalho (semanas)	Adiantamento (£)	Períodos de circulação (semanas)
I.	1–9	1–6	600	7–9
II.	10–18	10–15	600	16–18
III.	19–27	19–24	600	25–27
IV.	28–36	28–33	600	34–36
V.	37–45	37–42	600	43–45
VI.	46–(54)	46–51	600	(52–54)

Capital II, £ 300

	Períodos de rotação (semanas)	Períodos de trabalho (semanas)	Adiantamento (£)	Períodos de circulação (semanas)
I.	7–15	7–9	300	10–15
II.	16–24	16–18	300	19–24
III.	25–33	25–27	300	28–33
IV.	34–42	34–36	300	37–42
V.	43–51	43–45	300	46–51

O processo de produção prossegue ininterruptamente, ao longo de todo o ano, na mesma escala. Ambos os capitais, I e II, permanecem completamente separados. Mas, para representá-los assim separados, tivemos de romper seus verdadeiros entrecruzamentos e imbricações e, em consequência, também modificar o número de rotações. Pois, segundo a tabela acima, teríamos as rotações a seguir:

capital I:	$5\frac{2}{3} \times 600 = £\,3\,400$ e
capital II:	$5 \quad \times 300 = £\,1\,500$
portanto, o capital total	$5\frac{4}{9} \times 900 = £\,4\,900$

Isso não é, porém, correto, pois, como veremos, os verdadeiros períodos de produção e de circulação não coincidem de modo absoluto com os do esquema acima, no qual importava principalmente fazer com que ambos os capitais, I e II, aparecessem como independentes entre si.

Na realidade, o capital II não tem nenhum período de trabalho e de circulação específico separado do capital I. O período de trabalho é de 6 semanas, o período de circulação é de 3 semanas. Como o capital II só é = 300 libras esterlinas, só pode preencher parte de um período de trabalho. Esse é o caso. Ao final da semana 6, entra em circulação um valor-produto de 600 libras esterlinas que refluem em dinheiro ao final da semana 9. Com isso, no começo da semana 7, o capital II entra em ação e cobre as necessidades do próximo período de trabalho, das semanas 7–9. Mas, agora, de acordo com nosso pressuposto, ao término da semana 9, o período de trabalho só está semiconcluído. Portanto, no início da semana 10, o capital I, recém-refluído, de 600 libras esterlinas, entra novamente em ação e preenche, com 300 libras esterlinas, os adiantamentos necessários das semanas 10–12. Com isso, o segundo período de trabalho está liquidado. Encontra-se em circulação um valor-produto de 600 libras esterlinas, que refluirá ao término da semana 15; mas, paralelamente, estão liberadas 300 libras esterlinas, a importância do capital II original, que podem funcionar na primeira metade do período de trabalho subsequente, portanto das semanas 13–15. Depois de seu transcurso, as 600 libras esterlinas fluem então novamente; destas, 300 libras esterlinas bastam até o final do período de trabalho e 300 libras esterlinas ficam liberadas para o período subsequente.

A coisa transcorre, portanto, do seguinte modo:

período de rotação I: semanas 1–9.

1º período de trabalho: semanas 1–6. Funciona o capital I, de 600 libras esterlinas.

1º período de circulação: semanas 7–9. Ao término da semana 9, fluem de volta 600 libras esterlinas.

período de rotação II: semanas 7–15.

2º período de trabalho: semanas 7–12.

Primeira metade: semanas 7–9. Funcionam 300 libras esterlinas do capital II. Ao término da semana 9, refluem 600 libras esterlinas em dinheiro (capital I).

Segunda metade: semanas 10-12. Funcionam 300 libras esterlinas do capital I. As outras 300 libras esterlinas do capital I ficam liberadas.

2º período de circulação: semanas 13-15. Ao final da semana 15, refluem 600 libras esterlinas em dinheiro (metade constituída pelo capital I, metade pelo capital II).

período de rotação III: semanas 13-21.

3º período de trabalho: semanas 13-18.

Primeira metade: semanas 13-15. As 300 libras esterlinas entram em função. Ao final da semana 15, 600 libras esterlinas refluem em dinheiro.

Segunda metade: semanas 16-18. Das 600 libras esterlinas refluídas, 300 libras esterlinas funcionam, as outras 300 libras esterlinas ficam novamente liberadas.

3º período de circulação: semanas 19-21, ao final das quais novamente refluem 600 libras esterlinas em dinheiro; nessas 600 libras esterlinas estão agora fundidos de modo indiscernível o capital I e o capital II.

Desse modo, resultam oito períodos completos de rotação de um capital de 600 libras esterlinas (I: semanas 1-9; II: 7-15; III: 13-21; IV: 19-27; V: 25-33; VI: 31-39; VII: 37-45; VIII: 43-51) até o final da semana 51. Como, porém, as semanas 49-51 caem no oitavo período de circulação, nele as 300 libras esterlinas de capital liberado precisam entrar em ação e manter a produção em andamento. Com isso, a rotação se coloca, ao final do ano, do seguinte modo: 600 libras esterlinas completaram seu ciclo oito vezes, perfazendo 4800 libras esterlinas. A isso se acrescenta o produto das 3 últimas semanas (49-51) que, porém, apenas completou um terço de seu ciclo de 9 semanas, contando, por conseguinte, na soma das rotações tão somente com um terço de sua importância de 100 libras esterlinas. Portanto, se o produto anual de 51 semanas = 5100 libras esterlinas, então o capital rotado é apenas 4800 + 100 = 4900 libras esterlinas; o capital total adiantado de 900 libras esterlinas rotou, portanto, $5\frac{4}{9}$ vezes, ou seja, uma insignificância a mais do que no caso I.

No presente exemplo, foi pressuposto um caso em que o tempo de trabalho = $\frac{2}{3}$, o tempo de circulação = $\frac{1}{3}$ do período de rotação, sendo, portanto, o tempo de trabalho simples múltiplo do tempo de circulação. É de se perguntar se a liberação de capital acima constatada também ocorre quando o caso não é esse.

Tomemos o período de trabalho = 5 semanas, tempo de circulação = 4 semanas, adiantamento de capital por semana = 100 libras esterlinas.

período de rotação I: semanas 1-9.

1º período de trabalho: semana 1-5. Funciona o capital I = 500 libras esterlinas.

1º período de circulação: semanas 6–9. Ao término da semana 9, refluem 500 libras esterlinas em dinheiro.

período de rotação II: semanas 6–14.

2º período de trabalho: semanas 6–10.

Primeira seção: semanas 6–9. Funciona o capital II = 400 libras esterlinas. No fim da 9ª semana o capital I = 500 libras esterlinas reflui em dinheiro.

Segunda seção: semana 10. Das 500 libras esterlinas refluídas, funcionam 100 libras esterlinas. As 400 libras esterlinas restantes ficam liberadas para o período de trabalho seguinte.

2º período de circulação: semanas 11–14. Ao final da semana 14, refluem 500 libras esterlinas em dinheiro.

Até o final da semana 14 (11–14), funcionam as 400 libras esterlinas acima liberadas; 100 das 500 libras esterlinas até então refluídas completam o necessário para o terceiro período de trabalho (semanas 11–15), de modo que são novamente liberadas 400 libras esterlinas para o quarto período de trabalho. O mesmo fenômeno repete-se em cada período de trabalho; em seu começo encontram-se 400 libras esterlinas, que bastam para as primeiras 4 semanas. Ao término da semana 4 fluem de volta 500 libras esterlinas em dinheiro, das quais apenas 100 libras esterlinas são necessárias para a última semana, ficando as 400 libras esterlinas restantes liberadas para o próximo período de trabalho.

Tomemos, além disso, um período de trabalho de 7 semanas, com o capital I de 700 libras esterlinas; um tempo de circulação de 2 semanas com o capital II de 200 libras esterlinas.

Então o primeiro período de rotação dura das semanas 1–9, do qual o primeiro período de trabalho das semanas 1–7, com adiantamento de 700 libras esterlinas, e o primeiro período de circulação das semanas 8–9. Ao final da semana 9, as 700 libras esterlinas refluem em dinheiro.

O segundo período de rotação, semanas 8–16, abrange o segundo período de trabalho, semanas 8–14. Deste, as necessidades para as semanas 8–9 são cobertas pelo capital II. Ao final da semana 9, refluem as 700 libras esterlinas acima; destas, até o final do período de trabalho (semanas 10–14), são consumidas 500 libras esterlinas. Restam 200 libras esterlinas liberadas para o período de trabalho seguinte. O segundo período de circulação dura das semanas 15–16; ao término da semana 16, refluem novamente 700 libras esterlinas. Daí por diante se repete em cada período de trabalho o mesmo fenômeno. A necessidade de capital das duas primeiras semanas é coberta pelas 200 libras esterlinas liberadas ao término do período de trabalho anterior; ao final da semana 2, 700 fluem de volta; do período de trabalho só restam ainda 5 semanas, de modo que ele somente pode consumir ainda 500 libras esterlinas; restam, portanto, sempre 200 libras esterlinas liberadas para o próximo período de trabalho.

Verifica-se então, em nosso caso, em que se pressupôs o período de trabalho maior que o período de circulação, que, sob qualquer circunstância, ao final de cada período de trabalho há um capital monetário liberado, que é da mesma grandeza que o capital II adiantado para o período de circulação. Em nossos três exemplos, o capital II era, no primeiro = 300 libras esterlinas, no segundo = 400 libras esterlinas, no terceiro = 200 libras esterlinas; correspondendo a isso, o capital liberado ao final do período de trabalho era, respectivamente, de 300, 400 e 200 libras esterlinas.

III. PERÍODO DE TRABALHO MENOR DO QUE O PERÍODO DE CIRCULAÇÃO

Supomos primeiro novamente um período de rotação de 9 semanas; destas, um período de trabalho de 3 semanas, para as quais o capital I disponível = 300 libras esterlinas. Que o período de circulação seja de 6 semanas. Para essas 6 semanas é necessário um capital adicional de 600 libras esterlinas, que podemos, porém, novamente dividir em dois capitais de 300 libras esterlinas cada, dos quais cada um preenche um período de trabalho. Temos, então, três capitais, cada um de 300 libras esterlinas, dos quais 300 libras esterlinas estão sempre ocupadas na produção, enquanto 600 libras esterlinas circulam.

TABELA III

Capital I

	Períodos de rotação (semanas)	Períodos de trabalho (semanas)	Períodos de circulação (semanas)
I.	1–9	1–3	4–9
II.	10–18	10–12	13–18
III.	19–27	19–21	22–27
IV.	28–36	28–30	31–36
V.	37–45	37–39	40–45
VI.	46–(54)	46–48	49–(54)

Capital II

	Períodos de rotação (semanas)	Períodos de trabalho (semanas)	Períodos de circulação (semanas)
I.	4–12	4–6	7–12
II.	13–21	13–15	16–21
III.	22–30	22–24	25–30
IV.	31–39	31–33	34–39
V.	40–48	40–42	43–48
VI.	49–(57)	49–51	(52–57)

Capital III

	Períodos de rotação (semanas)	Períodos de trabalho (semanas)	Períodos de circulação (semanas)
I.	7–15	7–9	10–15
II.	16–24	16–18	19–24
III.	25–33	25–27	28–33
IV.	34–42	34–36	37–42
V.	43–51	43–45	46–51

Temos aqui a contrapartida exata do caso I, com a única diferença de que agora três capitais se alternam em vez de dois. Um entrecruzamento ou entrelaçamento dos capitais não ocorre; cada um deles pode ser acompanhado separadamente até o final do ano. Assim como no caso I, ocorre, pois, uma liberação de capital ao término de um período de trabalho. O capital I está completamente desembolsado ao final da semana 3, reflui totalmente ao final da 9 e entra de novo em funcionamento no início da semana 10. Algo semelhante ocorre com os capitais II e III. A alternância regular e completa exclui qualquer liberação.

A rotação total é calculada do seguinte modo:

capital I	£ 300 × 5⅔	=	£ 1 700
capital II	£ 300 × 5⅓	=	£ 1 600
capital III	£ 300 × 5	=	£ 1 500
capital total	£ 900 × 5⅓	=	£ 4 800

Tomemos agora um exemplo em que o período de circulação não constitui um múltiplo exato do período de trabalho; por exemplo, período de trabalho de 4 semanas, período de circulação de 5 semanas; as importâncias correspondentes de capital seriam, portanto, capital I = 400 libras esterlinas, capital II = 400 libras esterlinas, capital III = 100 libras esterlinas. Damos somente as primeiras três rotações.

TABELA IV

	Capital I		
	Períodos de rotação (semanas)	Períodos de trabalho (semanas)	Períodos de circulação (semanas)
I.	1–9	1–4	5–9
II.	9–17	9, 10–12	13–17
III.	17–25	17, 18–20	21–25
	Capital II		
	Períodos de rotação (semanas)	Períodos de trabalho (semanas)	Períodos de circulação (semanas)
I.	5–13	5–8	9–13
II.	13–21	13, 14–16	17–21
III.	21–29	21, 22–24	25–29
	Capital III		
	Períodos de rotação (semanas)	Períodos de trabalho (semanas)	Períodos de circulação (semanas)
I.	9–17	9	10–17
II.	17–25	17	18–25
III.	25–33	25	26–33

Aqui ocorre um entrelaçamento dos capitais à medida que o período de trabalho do capital III, que não tem nenhum período autônomo de trabalho, pois basta apenas para uma semana, coincide com a primeira semana de trabalho do capital I. No entanto, ao final do período de trabalho, tanto do capital I quanto do capital II, encontra-se liberado um montante de 100 libras esterlinas equivalente ao capital III. Se, em verdade, o capital III preenche a primeira semana do segundo e de todos os períodos seguintes de trabalho do capital I, e se no fim da primeira semana reflui todo o capital I, 400 libras esterlinas, então para o resto do período de trabalho do capital I só restará um prazo de 3 semanas e um correspondente dispêndio de capital de 300 libras esterlinas. As 100 libras esterlinas assim liberadas bastam, então, para a primeira semana do período de trabalho imediatamente seguinte, do capital II; ao término dessa semana, reflui todo o capital II com 400 libras esterlinas; como, porém, o período de trabalho já começado só pode absorver ainda 300 libras esterlinas, ao final dele ficam liberadas novamente 100 libras esterlinas e assim por diante. Ocorre, portanto, liberação de capital ao término do período de trabalho, desde que o tempo de circulação não constitua simples múltiplo do período de trabalho; e precisamente esse capital liberado é igual à parte do capital que tem de preencher o excedente do período de circulação em relação a um período de trabalho ou a um múltiplo de períodos de trabalho.

Em todos os casos investigados foi pressuposto que tanto o período de trabalho quanto o tempo de circulação permanecem iguais ao longo de todo o ano num negócio qualquer aqui considerado. Esse pressuposto era necessário, pois queríamos estabelecer a influência do tempo de circulação sobre a rotação e o adiantamento de capital. Que, na realidade, isso não seja válido tão incondicionalmente, e que frequentemente não o seja ao todo, nada altera na coisa.

Em toda esta seção examinamos tão somente as rotações do capital circulante, não as do capital fixo. Pela simples razão de que a questão em pauta nada tem a ver com o capital fixo. Os meios de trabalho aplicados no processo de produção apenas constituem capital fixo na medida em que seu tempo de uso se prolonga mais do que o período de rotação do capital fluido; na medida em que o tempo, durante o qual esses meios de trabalho continuam a servir em processos de trabalho constantemente repetidos, seja maior do que o período de rotação do capital fluido, portanto = *n* períodos de rotação do capital fluido. Não importa que seja mais longo ou mais curto o tempo total constituído por esses *n* períodos de rotação do capital fluido, a parte do capital produtivo, que para esse tempo foi adiantada em capital fixo, não será em seu transcurso adiantada de novo. Ela continua a funcionar em sua forma útil antiga. A diferença é apenas esta: conforme as distintas extensões do *período de trabalho* individual de cada período de rotação do capital fluido, o capital fixo cede parte maior ou menor de seu valor original ao produto desse período de trabalho e, conforme a duração do tempo de circulação de cada período de rotação, essa parte do valor do capital fixo cedida ao produto flui de volta com maior ou menor rapidez em forma-dinheiro. A natureza do objeto, de que tratamos nesta seção – a rotação da parte circulante do capital produtivo –, deriva da natureza dessa mesma parte do capital. O capital fluido, aplicado em um período de trabalho, não pode ser aplicado em um novo período de trabalho antes de ter completado sua rotação, antes de ter se transformado em capital-mercadoria, deste em capital monetário e deste novamente em capital produtivo. Para que, portanto, o primeiro período de trabalho seja continuado logo por um segundo, capital precisa ser adiantado de novo e transformado nos elementos fluidos do capital produtivo, e isso em quantidade suficiente para preencher a lacuna aberta pelo período de circulação do capital fluido adiantado para o primeiro período de trabalho. Daí a influência que a duração do período de trabalho do capital fluido exerce sobre a escala em que se executa o processo de trabalho e sobre a distribuição do capital adiantado, ou sobre o acréscimo de novas porções de capital. É isso, porém, exatamente o que tínhamos a considerar nesta seção.

IV. RESULTADOS

Da investigação feita até aqui se depreende:

A) As diferentes porções em que o capital precisa ser dividido, para que parte dele possa encontrar-se constantemente no período de trabalho, enquanto outras partes se encontram no período de circulação, se alternam, como se fossem diferentes capitais privados autônomos, em dois casos: 1) quando o período de trabalho é igual ao período de circulação, sendo, portanto, o período de rotação dividido em duas etapas iguais. 2) Quando o período de circulação é mais longo que o período de trabalho, mas ao mesmo tempo constitui um múltiplo simples do período de trabalho, de modo que um período de circulação = n períodos de trabalho, em que n tem de ser um número inteiro. Nesses casos, não é liberada nenhuma parte do capital sucessivamente adiantado.

B) Por outro lado, em todos os casos em que: 1) o período de circulação é maior do que o período de trabalho, sem constituir um múltiplo simples do mesmo, e 2) o período de trabalho é maior do que o período de circulação, parte do capital total fluido é, a partir da segunda rotação, liberada de modo constante e periódico ao final de cada período de trabalho. E precisamente esse capital liberado é igual à parte do capital total adiantada para o período de circulação, quando o período de trabalho é maior do que o período de circulação; e igual à parte do capital que tem de preencher o excedente do período de circulação em relação ao período de trabalho ou a um múltiplo de períodos de trabalho, quando o período de circulação é maior do que o período de trabalho.

C) Daí segue que, para o capital total da sociedade, considerando-se a parte fluida, a liberação de capital tem de constituir a regra, e a mera alternância das partes do capital que funcionam sucessivamente no processo de produção tem de constituir a exceção. Pois a igualdade entre período de trabalho e período de circulação, ou a igualdade entre período de circulação e um múltiplo simples do período de trabalho, essa proporcionalidade regular dos dois componentes do período de rotação, nada tem a ver com a natureza da coisa e, por isso, em geral, só pode ocorrer excepcionalmente.

Parte muito significativa do capital social circulante, que anualmente rota várias vezes, há de se encontrar, portanto, durante o ciclo anual de rotação, periodicamente na forma de capital liberado.

Além disso, é claro que, supondo-se as demais circunstâncias constantes, a grandeza desse capital liberado cresce com o volume do processo de trabalho ou com a escala da produção, portanto em geral com o desenvolvimento da produção capitalista. No caso B2, porque cresce o capital total adiantado; em B1, porque, com o desenvolvimento da produção capitalista, cresce a extensão do período de circulação, portanto também a do período de rotação, nos casos em que o período de trabalho cresce sem que haja proporcionalidade regular entre ambos os períodos.[I]

No primeiro caso, tínhamos de desembolsar, por exemplo, 100 libras esterlinas por semana. Para um período de trabalho de seis semanas, 600 libras esterlinas; para um período de circulação de três semanas, 300 libras esterlinas: ao todo, 900 libras esterlinas. Aqui são constantemente liberadas 300 libras esterlinas. Se, por outro lado, são despendidas 300 libras esterlinas por semana, então temos 1800 libras esterlinas para o período de trabalho e 900 libras esterlinas para o período de circulação; portanto também 900 libras esterlinas liberadas periodicamente em vez de 300 libras esterlinas.

D) O capital total de, por exemplo, 900 libras esterlinas precisa ser dividido em duas partes, como acima: 600 libras esterlinas para o período de trabalho e 300 libras esterlinas para o período de circulação. A parte realmente desembolsada no processo de trabalho é, consequentemente, diminuída em um terço, de 900 libras esterlinas para 600 libras esterlinas, e, portanto, a escala de produção se reduz em um terço. Por outro lado, as 300 libras esterlinas só funcionam para tornar contínuo o período de trabalho, de modo que a cada semana do ano podem ser desembolsadas 100 libras esterlinas no processo de trabalho.

Em termos abstratos, tanto faz que 600 libras esterlinas trabalhem durante $6 \times 8 = 48$ semanas (o produto = 4800 libras esterlinas) ou que todo o capital de 900 libras esterlinas seja desembolsado durante 6 semanas no processo de trabalho e depois fique em alqueive durante o período de circulação de 3 semanas; no último caso, trabalharia durante as 48 semanas $5\frac{1}{3} \times 6 = 32$ semanas (produto = $5\frac{1}{3} \times 900 = 4800$ libras esterlinas) e ficaria em alqueive durante 16 semanas. Mas, abstraindo a maior deterioração do capital fixo durante o alqueive de 16 semanas e o encarecimento do trabalho que precisa ser pago ao longo de todo o ano, embora só atue durante parte do mesmo, tal interrupção regular do processo de produção é totalmente incompatível com a operação da grande indústria moderna. Essa continuidade é, ela mesma, uma força produtiva do trabalho.

I No original alemão aparentemente faltam uma ou mais palavras, pois consta: "*in den Fällen, wo die Arbeitsperiode ohne regelmässiges Verhältnis der beiden Perioden*" [nos casos em que o período de trabalho sem proporcionalidade regular entre ambos os períodos]. Como no conjunto da frase o verbo é duas vezes "crescer", é possível que ele esteja subentendido após "período de trabalho". Mas convém notar que essa suposição não se coaduna com a lógica econômica do texto: o efeito do crescimento do período de trabalho, com tudo o mais constante, seria antes reduzir que aumentar a grandeza do capital liberado. [N. T.]

Agora, se olharmos mais de perto o capital liberado, de fato suspenso, então se mostra que parte significativa do mesmo tem sempre de ter a forma de capital monetário. Fiquemos com o exemplo: período de trabalho, 6 semanas; período de circulação, 3 semanas; desembolso semanal, 100 libras esterlinas. Na metade do segundo período de trabalho, ao final da semana 9, fluem de volta 600 libras esterlinas, das quais apenas 300 libras esterlinas precisam, durante o resto do período de trabalho, ser investidas. Ao final do segundo período de trabalho, 300 libras esterlinas são, portanto, liberadas. Em que estado se encontram essas 300 libras esterlinas? Queremos supor que precisem ser despendidos ⅓ para salários, ⅔ para matérias-primas e materiais auxiliares. Das 600 libras esterlinas refluídas encontram-se, portanto, 200 libras esterlinas para salários em forma-dinheiro e 400 libras esterlinas na forma de estoque produtivo, na forma de elementos do capital produtivo fluido constante. Como, porém, para a segunda metade do período de trabalho II só se requer a metade desse estoque produtivo, a outra metade encontra-se durante 3 semanas em forma de estoque excedente, isto é, de estoque produtivo que excede um período de trabalho. O capitalista sabe, porém, que dessa parte (= 400 libras esterlinas) do capital em refluxo ele só precisa da metade = 200 libras esterlinas para o período de trabalho em curso. Dependerá, portanto, das condições de mercado se ele transformará logo essas 200 libras esterlinas, de modo total ou só em parte, em estoque produtivo excedente ou se irá fixá-lo, no todo ou em parte, como capital monetário, na expectativa de condições mais favoráveis de mercado. Por outro lado, é evidente que a parte a ser despendida em salários = 200 libras esterlinas é fixada em forma-dinheiro. O capitalista não pode depositar a força de trabalho, como a matéria-prima, em depósitos de mercadorias depois de tê-la comprado. Ele precisa incorporá-la ao processo de trabalho e pagá-la ao término da semana. Do capital liberado de 300 libras esterlinas, essas 100 libras esterlinas terão, portanto, em todo caso, a forma de capital monetário liberado, isto é, não necessário para o período de trabalho. O capital liberado em forma de capital monetário precisa ser, portanto, ao menos igual à parte variável do capital despendida em salários; no máximo, pode abranger a totalidade do capital liberado. Na realidade, oscila constantemente entre esse mínimo e esse máximo.

O capital monetário assim liberado mediante o mero mecanismo do movimento de rotação (ao lado do capital monetário liberado pelo refluxo sucessivo do capital fixo e o necessário para o capital variável em cada processo de trabalho) tem de desempenhar papel significativo, assim que o sistema de crédito se desenvolve, e, ao mesmo tempo, tem de constituir um dos fundamentos do mesmo.

Suponhamos, em nosso exemplo, que o tempo de circulação se reduza de 3 semanas para 2 e que isso não seja normal, mas, eventualmente, consequência de uma alta dos negócios, prazos mais curtos de pagamento etc. O capital de 600 libras esterlinas que foi desembolsado durante o período de trabalho flui de volta uma semana antes de ser necessário, estando, portanto, liberado para essa semana. Além disso, são liberadas 300 libras esterlinas na metade do período de trabalho como antes (parte daquelas 600 libras esterlinas), mas por 4 semanas, e não por 3. Durante uma semana encontram-se, portanto, no mercado de dinheiro, 600 libras esterlinas e, durante 4, em vez de 3 semanas, 300 libras esterlinas. Como isso não atinge apenas um capitalista, mas muitos, acontecendo em diferentes períodos e em diferentes ramos de negócios, aparece, assim, mais capital monetário disponível no mercado. Perdurando essa situação por mais tempo, a produção será ampliada onde isso for possível; capitalistas, que trabalham com capital emprestado, vão exercer menos demanda no mercado de dinheiro, o que o alivia tanto quanto uma oferta mais ampla; ou, por fim, as somas que se tornaram excedentes para o mecanismo são definitivamente lançadas no mercado de dinheiro.

Devido à contração do tempo de circulação de 3 para 2 semanas e, portanto, do período de rotação de 9 para 8 semanas, 1/9 do capital total adiantado torna-se supérfluo; o período de trabalho de seis semanas pode ser agora mantido constantemente em marcha com 800 libras esterlinas tão bem quanto anteriormente com 900 libras esterlinas. Parte do valor do capital-mercadoria = 100 libras esterlinas, uma vez retransformada em dinheiro, permanece, por isso, nesse estado como capital monetário, sem mais funcionar como parte do capital adiantado para o processo de produção. Enquanto a produção é continuada na mesma escala e as demais condições, como preços etc., permanecem as mesmas, a soma de valor do capital adiantado diminui de 900 libras esterlinas para 800 libras esterlinas; o resto de 100 libras esterlinas do valor originalmente adiantado é excluído sob a forma de capital monetário. Como tal, entra no mercado de dinheiro e constitui parte adicional dos capitais aí em funcionamento.

Daí se percebe como pode ocorrer uma pletora de capital monetário – e especificamente não só no sentido de que a oferta de capital monetário é maior que a demanda; esta é sempre apenas uma pletora relativa, que ocorre, por exemplo, no "período melancólico" que, depois da crise, inaugura o novo ciclo. Mas no sentido de que determinada parte do valor-capital adiantado tornou-se supérflua para a operação do processo de reprodução social como um todo (que inclui o processo de circulação) e que, por isso, na forma de capital monetário foi excluída; uma pletora nascida, com escala constante da produção e preços constantes, mediante a mera contração do período de rotação. A massa – maior ou menor – de dinheiro que se encontra na circulação não teve influência alguma sobre isso.

Suponhamos que, pelo contrário, o período de circulação se prolongue, digamos, de 3 para 5 semanas. Então, já na próxima rotação, o refluxo do capital adiantado tem lugar 2 semanas mais tarde. A última parte do processo de produção desse período de trabalho não pode ser levada avante pelo mecanismo de rotação do próprio capital adiantado. Mantendo-se por mais tempo esse estado, como no caso anterior ocorreu ampliação, aqui poderia ocorrer contração do processo de produção – no volume em que ele é operado. Mas, para levar avante o processo na mesma escala, o capital adiantado precisaria ser aumentado por toda a extensão dessa prorrogação do período de circulação em $2/9 = 200$ libras esterlinas. Esse capital adicional só pode ser retirado do mercado de dinheiro. Se o prolongamento do período de circulação vale para um ou mais grandes ramos de negócios, ele pode provocar uma pressão sobre o mercado de dinheiro se esse efeito não for compensado por um contraefeito de outro lado. Também nesse caso é visível e evidente que essa pressão, como antes aquela pletora, não tinha nada a ver com uma alteração, seja nos preços das mercadorias, seja ainda na massa dos meios de circulação disponíveis.

{Aprontar este capítulo para a impressão acarretou não pequenas dificuldades. Embora Marx tenha sido muito seguro como algebrista, nunca chegou a se familiarizar com o cálculo numérico, especialmente o comercial, embora exista um grosso volume de cadernos em que ele mesmo tenha efetuado todos os tipos de cálculos comerciais em muitos exemplos. Mas conhecimento das espécies individuais de cálculo e experiência no cálculo prático diário do comerciante não são, de modo algum, o mesmo e, assim, ele se enredou nos cálculos da rotação de tal modo que, ao lado de partes incompletas, acabaram aparecendo outras incorretas e contraditórias. Nas tabelas impressas acima, apenas deixei o mais simples e aritmeticamente correto, e isso sobretudo pela seguinte razão:

Os resultados incertos desses cálculos cansativos levaram Marx a atribuir – segundo me parece – a essa circunstância, de fato pouco importante, uma imerecida importância. Refiro-me ao que ele chama de "liberação" de capital monetário. O verdadeiro estado das coisas, de acordo com os pressupostos acima estabelecidos, é o seguinte:

Pouco importa qual seja a relação de grandeza entre período de trabalho e tempo de circulação, portanto entre capital I e capital II – uma vez transcorrida a primeira notação, retorna ao capitalista, a intervalos regulares com a duração do período de trabalho, o capital necessário para um período de trabalho – portanto uma soma igual ao capital I em forma-dinheiro.

Sendo o período de trabalho = 5 semanas, o tempo de circulação = 4 semanas, o capital I = 500 libras esterlinas, então flui toda vez de volta uma soma de dinheiro de 500 libras esterlinas: ao final da semana 9, da 14, da 19, da 24, da 29 etc.

Sendo o período de trabalho = 6 semanas, o tempo de circulação = 3 semanas, o capital I = 600 libras esterlinas, então cada vez fluem de volta 600 libras esterlinas: ao final da semana 9, da 15, da 21, da 27, da 33 etc.

Sendo, por fim, o período de trabalho = 4 semanas, o tempo de circulação = 5 semanas, o capital I = 400 libras esterlinas, então ocorre um refluxo de 400 libras esterlinas de cada vez: ao final da semana 9, da 13, da 17, da 21, da 25 etc.

Se e em quanto esse dinheiro que fluiu de volta é excedente para o período de trabalho, portanto liberado, não faz diferença. Pressupõe-se que a produção continua ininterruptamente na escala corrente e, para que isso suceda, o dinheiro precisa estar disponível, portanto tem de refluir, "liberado" ou não. Caso a produção seja interrompida, então a liberação também cessa.

Em outras palavras: sucede, em todo caso, liberação de dinheiro, portanto formação de capital latente, apenas potencial, em forma-dinheiro; mas em todas as circunstâncias, e não apenas nas condições especiais mais minuciosamente precisadas no texto; e ela sucede em escala maior do que a pressuposta no texto. No que se refere ao capital circulante I, o capitalista industrial encontra-se, ao final de cada rotação, exatamente na mesma situação em que se encontrava ao iniciar o negócio: volta a tê-lo nas mãos inteiro e de uma vez, embora só gradualmente possa transformá-lo de novo em capital produtivo.

No texto, o que importa é a demonstração de que, por um lado, parte considerável do capital industrial precisa estar sempre disponível em forma-dinheiro e, por outro, parte ainda mais considerável precisa assumir temporariamente a forma-dinheiro. Essa demonstração é, no máximo, reforçada por estas minhas observações adicionais. – F. E.}

V. EFEITO DA VARIAÇÃO DE PREÇOS

Supusemos, há pouco, preços constantes e escala constante de produção, de um lado, e contração ou expansão do tempo de circulação, de outro. Suponhamos agora, pelo contrário, grandeza constante do período de rotação, escala constante da produção, mas, por outro lado, variação de preços, ou seja, queda ou elevação no preço de matérias-primas, materiais auxiliares e trabalho ou dos dois primeiros elementos. Suponha-se que o preço de matérias-primas e materiais auxiliares, assim como o salário, caia pela metade. Seriam, então, em nosso exemplo, semanalmente necessárias 50 libras esterlinas em vez de 100 libras esterlinas de capital adiantado e, para o período de rotação de nove semanas, 450 libras esterlinas em vez de 900 libras esterlinas. 450 libras esterlinas do valor de capital adiantado são excluídas de início como capital monetário, mas o processo de produção seria continuado na mesma escala, com o mesmo período de rotação e sua divisão anterior. Também a massa anual do produto continua a mesma, mas seu valor caiu pela metade. Nem uma aceleração na circulação nem uma alteração na massa do dinheiro circulante provocaram essa variação, que é acompanhada por uma variação na oferta e na demanda de capital monetário. Pelo contrário. A queda do valor, ou do preço, dos elementos do capital produtivo à metade teria de início o efeito de que um capital-valor reduzido à metade seria adiantado para o negócio x, continuado na mesma escala anterior, portanto o negócio x somente teria de lançar a metade do dinheiro no mercado, já que o negócio x de início adianta esse valor-capital em forma de dinheiro, isto é, como capital monetário. A massa de dinheiro lançada na circulação teria diminuído, porque os preços dos elementos de produção caíram. Seria esse o primeiro efeito.

Em segundo lugar, no entanto: a metade do valor-capital originalmente adiantado de 900 libras esterlinas = 450 libras esterlinas, que a) percorria alternadamente as formas de capital monetário, capital produtivo e capital-mercadoria; b) encontrava-se, ao mesmo tempo, de modo constante e paralelo, em parte na forma de capital monetário, em parte na de capital produtivo e em parte na de capital-mercadoria, seria excluída do ciclo do negócio x, portanto como capital monetário adicional entraria no mercado de dinheiro e como elemento adicional agiria sobre ele. Essas 450 libras esterlinas liberadas em dinheiro atuam como capital monetário não porque sejam dinheiro que se tornou redundante para a operação do negócio x, mas porque são elementos do valor-capital original, portanto continuam a atuar como capital e não devem ser despendidas como mero meio de circulação. A próxima forma de fazê-las atuar como capital é lançá-las como capital monetário no mercado de dinheiro. Por outro lado, a escala da produção (abstraindo o capital fixo) também poderia ser duplicada. Com o mesmo capital adiantado de 900 libras esterlinas poder-se-ia, então, operar um processo de produção com o dobro do volume.

Por outro lado, caso os preços dos elementos fluidos do capital produtivo subissem pela metade, seriam então necessárias 150 libras esterlinas por semana em vez de 100 libras esterlinas, portanto, em vez de 900 libras esterlinas, antes 1350 libras esterlinas. Seriam necessárias 450 libras esterlinas de capital adicional para operar o negócio na mesma escala e, *pro tanto*, conforme o estado do mercado de dinheiro, isso exerceria uma pressão maior ou menor sobre ele. Se todo o capital nele disponível já estivesse demandado, então surgiria uma concorrência mais intensa pelo capital disponível. Caso parte dele estivesse em alqueive, ele seria chamado, *pro tanto*, à atividade.

Mas pode também, em terceiro lugar, com dada escala de produção, velocidade de rotação constante e preços constantes dos elementos do capital produtivo fluido, ocorrer que suba ou baixe o preço dos produtos do negócio x. Caindo o preço das mercadorias fornecidas pelo negócio x, cai então o preço de seu capital-mercadoria de 600 libras esterlinas que ele constantemente lançava na circulação para, por exemplo, 500 libras esterlinas. Um sexto do valor do capital adiantado não reflui do processo de circulação (a mais-valia existente no capital-mercadoria não é aqui considerada), perde-se no mesmo. Mas, como o valor, ou seja, o preço, dos elementos de produção permanece o mesmo, esse refluxo de 500 libras esterlinas basta apenas para repor $\frac{5}{6}$ do capital de 600 libras esterlinas constantemente empregado no processo de produção. Portanto, 100 libras esterlinas de capital monetário adicional precisam ser despendidas para que a produção continue na mesma escala.

Inversamente: caso se elevasse o preço dos produtos do negócio x, então o preço do capital-mercadoria elevar-se-ia de 600 libras esterlinas para, por exemplo, 700 libras esterlinas. Um sétimo de seu preço = 100 libras esterlinas não provém do processo de produção, não foi adiantado nele, mas flui do processo de circulação. No entanto, só são necessárias 600 libras esterlinas para repor os elementos produtivos: por conseguinte, liberação de 100 libras esterlinas.

A investigação das causas por que, no primeiro caso, o período de rotação se reduz ou se amplia, por que, no segundo caso, variam os preços da matéria-prima e do trabalho, por que, no terceiro caso, os preços dos produtos fornecidos sobem ou descem não cabe no âmbito da presente investigação.

Mas o que aqui cabe é o seguinte:

Caso I
Escala constante de produção, preços constantes dos elementos da produção e dos produtos, variação no período de circulação e, portanto, de rotação

Segundo o pressuposto de nosso exemplo, pela diminuição do período de circulação será necessário $\frac{1}{9}$ do capital total adiantado a menos, reduzindo-se, portanto, de 900 libras esterlinas para 800 libras esterlinas e sendo excluídas 100 libras esterlinas de capital monetário.

O negócio x fornece, tanto antes quanto depois, o mesmo produto de seis semanas com o mesmo valor de 600 libras esterlinas e, como se trabalha ininterruptamente durante todo o ano, ele fornece em 51 semanas a mesma massa de produto no valor de 5 100 libras esterlinas. Portanto, em relação às massas e ao preço do produto que o negócio lança na circulação, não há alteração, também não em relação aos prazos em que ele lança o produto no mercado. Mas 100 libras esterlinas foram excluídas porque, mediante a redução do período de circulação, o processo se completa com apenas 800 libras esterlinas de capital adiantado, em vez das 900 libras esterlinas anteriores. As 100 libras esterlinas de capital excluído existem sob a forma de capital monetário. Elas não representam, de modo algum, a parte do capital adiantado que teria de funcionar na forma de capital monetário. Suponhamos que, do capital fluido I adiantado = 600 libras esterlinas ⅘ fossem constantemente despendidos em materiais de produção = 480 libras esterlinas e ⅕ = 120 libras esterlinas em salários. Portanto, semanalmente, 80 libras esterlinas em materiais de produção e 20 libras esterlinas em salários. O capital II = 300 libras esterlinas tem, portanto, de ser igualmente dividido em ⅘ = 240 libras esterlinas para materiais de produção e ⅕ = 60 libras esterlinas para salários. O capital gasto em salários tem de ser sempre adiantado em forma-dinheiro. Assim que o produto-mercadoria no montante de valor de 600 libras esterlinas voltar a se converter na forma-dinheiro, estiver vendido, 480 libras esterlinas dele podem ser transformadas em materiais de produção (em estoque produtivo), mas 120 libras esterlinas mantêm sua forma-dinheiro a fim de servir para o pagamento do salário por 6 semanas. Essas 120 libras esterlinas são o mínimo do capital em refluxo de 600 libras esterlinas, que precisa ser sempre renovado e substituído na forma de capital monetário e, portanto, tem de estar sempre disponível como a parte do capital adiantado funcionando em forma-dinheiro.

Ora, se das 300 libras esterlinas liberadas periodicamente para três semanas – e igualmente divisíveis em 240 libras esterlinas de estoque produtivo e 60 libras esterlinas em salários –, devido à redução do tempo de circulação, 100 libras esterlinas, em forma de capital monetário, são excluídas inteiramente do mecanismo da rotação – de onde provém o dinheiro para essas 100 libras esterlinas de capital monetário? Só ⅕ delas se constitui em capital monetário periodicamente liberado dentro das rotações. Mas ⅘ = 80 libras esterlinas já estão repostos por um estoque adicional de produção do mesmo valor. De que modo esse estoque adicional de produção é transformado em dinheiro e de onde provém o dinheiro para essa transformação?

Uma vez ocorrida a redução do tempo de circulação das 600 libras esterlinas acima, em vez de 480 libras esterlinas tão somente 400 libras esterlinas são retransformadas em estoque de produção. As 80 libras esterlinas restantes são mantidas em sua forma-dinheiro e, com as 20 libras esterlinas acima para salários, constituem as 100 libras esterlinas de capital excluído. Ainda que essas 100 libras esterlinas provenham, mediante a compra das 600 libras esterlinas de capital-mercadoria, da circulação e, agora, sejam retiradas dela, ao não serem mais gastas de novo em salários e elementos de produção, não se deve esquecer que, em forma-dinheiro, elas novamente estão na mesma forma em que originalmente foram lançadas na circulação. De início foram despendidas 900 libras esterlinas, em moeda, em estoque de produção e salários. Para realizar o mesmo processo de produção, agora somente 800 libras esterlinas são ainda necessárias. As 100 libras esterlinas excluídas em forma-dinheiro constituem agora novo capital monetário em busca de investimento, um novo elemento do mercado de dinheiro. É certo que já antes elas se encontravam periodicamente na forma de capital monetário liberado e de capital produtivo adicional, mas esses estados latentes eram condição para a execução, por sê-lo da continuidade do processo de produção. Agora elas já não são necessárias e constituem por isso novo capital monetário e um elemento do mercado de dinheiro, embora não constituam de modo algum um elemento adicional do estoque de dinheiro socialmente disponível (pois já existiam no início do negócio e foram por ele lançadas na circulação) nem um tesouro recém-acumulado.

Essas 100 libras esterlinas estão agora de fato retiradas da circulação à medida que são parte do capital monetário adiantado, que não é mais aplicado no mesmo negócio. Mas essa retirada só é possível porque a transformação do capital-mercadoria em dinheiro e desse dinheiro em capital produtivo, *M'–D–M*, foi acelerada em uma semana, portanto também a circulação do dinheiro ativo nesse processo. Foram retiradas dela porque já não são necessárias para a rotação do capital X.

Aqui se pressupõe que o capital adiantado pertence a seu aplicador. Caso ele fosse emprestado, isso nada alteraria. Com a redução do tempo de circulação, em vez de 900 libras esterlinas ele só teria necessidade de 800 libras esterlinas de capital emprestado. 100 libras esterlinas devolvidas ao prestamista constituem, depois como antes, 100 libras esterlinas de um novo capital monetário, só que na mão de Y em vez de na mão de X. Se, por outro lado, o capitalista X obtém a crédito seus materiais de produção no valor de 480 libras esterlinas, de modo que ele mesmo só tem de adiantar 120 libras esterlinas em dinheiro para salários, então ele agora teria de tomar 80 libras esterlinas a menos de materiais de produção a crédito, que formariam capital-mercadoria excedente para o capitalista que concede crédito, enquanto o capitalista X teria agora excluído 20 libras esterlinas em dinheiro.

O estoque produtivo adicional está agora reduzido em ⅓. Ele era, como ⅘ de 300 libras esterlinas do capital adicional II = 240 libras esterlinas, agora ele é apenas = 160 libras esterlinas, isto é, estoque adicional para 2 semanas, e não para 3. Agora ele é renovado a cada 2 semanas, e não a cada 3, mas também só por 2 semanas, e não por 3. As compras, por exemplo no mercado do algodão, repetem-se então com maior frequência e em menores porções. A mesma porção de algodão é retirada do mercado, pois a massa de produto permanece igual. Mas a retirada se distribui de modo diverso no tempo e por mais tempo. Admitamos, por exemplo, que se trate de 3 meses e de 2; e que o consumo anual seja de 1200 fardos. No primeiro caso, são vendidos:

1º de janeiro	300 fardos,	ficam	em	depósito	900	fardos
1º de abril	300	"	"	"	600	"
1º de julho	300	"	"	"	300	"
1º de outubro	300	"	"	"	0	"

No segundo caso, pelo contrário:

1º de janeiro	vendidos	200,	em	depósito	1 000 fardos
1º de março	"	200,	"	"	800 "
1º de maio	"	200,	"	"	600 "
1º de julho	"	200,	"	"	400 "
1º de setembro	"	200,	"	"	200 "
1º de novembro	"	200,	"	"	0 "

Portanto, o dinheiro investido em algodão só retorna integralmente um mês mais tarde, em novembro em vez de outubro. Se, portanto, mediante a redução do tempo de circulação e, com isso, da rotação, ⅑ do capital adiantado = 100 libras esterlinas é excluído em forma de capital monetário e se essas 100 libras esterlinas se compunham de 20 libras esterlinas de capital monetário, periodicamente excedente para pagamento do salário semanal, e de 80 libras esterlinas que, como estoque de produção periodicamente excedente, existiam para uma semana – então corresponde, em relação a essas 80 libras esterlinas, à redução do estoque produtivo excedente do lado do fabricante o aumento do estoque de mercadoria por parte do comerciante de algodão. O mesmo algodão fica tanto mais tempo em seu depósito como mercadoria quanto menos estiver no depósito do fabricante como estoque de produção.

Até agora supusemos que a redução do tempo de circulação no negócio X proviesse de que X vende sua mercadoria ou recebe seu pagamento mais rapidamente ou, no caso da venda a crédito, o prazo de pagamento é reduzido. Essa redução é, portanto, derivada de uma abreviação do tempo de venda da mercadoria, da transformação do capital-mercadoria em capital monetário, *M'–D*, a primeira fase do processo de circulação. Ela também poderia originar-se da segunda fase, *D–M* e, portanto, de uma modificação simultânea, seja no período de trabalho, seja no tempo de circulação dos capitais Y, Z etc. que fornecem ao capitalista X os elementos de produção de seu capital fluido.

Por exemplo, se, com o antigo sistema de transportes, o algodão, o carvão etc. ficavam 3 semanas em viagem de seu local de produção ou de armazenamento até a sede das oficinas de produção do capitalista X, então o mínimo de estoque de produção de X tem de bastar ao menos por 3 semanas, até a chegada de novos suprimentos. Enquanto algodão e carvão estão em viagem, não podem servir como meios de produção. Constituem agora muito mais objeto de trabalho da indústria do transporte e do capital nela ocupado, enquanto são apenas capital-mercadoria que se encontra em sua circulação para o produtor de carvão ou para o vendedor de algodão. Aperfeiçoando-se o transporte, admitamos que a viagem se reduza para 2 semanas. Então, o estoque de produção pode passar de um de 3 semanas para um de 2 semanas. Com isso, é liberado o capital adicional de 80 libras esterlinas adiantado para tanto, bem como as 20 libras esterlinas para salários, pois o capital rotado de 600 libras esterlinas reflui uma semana antes.

Se, por outro lado, por exemplo, o período de trabalho do capital que fornece a matéria-prima se abrevia (do que foram dados exemplos nos capítulos anteriores) e, portanto, também a possibilidade de renovar a matéria-prima, o estoque produtivo pode se reduzir e o intervalo de um período de renovação até o outro pode se encurtar.

Se, inversamente, o tempo de circulação, e portanto o período de rotação, se prolonga, então é necessário adiantamento de capital adicional. Do bolso do próprio capitalista, caso ele possua capital adicional. Este estará, porém, de alguma forma investido, como parte do mercado de dinheiro; para tornar-se disponível, precisa ser despojado da antiga forma, por exemplo vendendo-se ações, retirando-se depósitos, de modo que também aqui se exerça um efeito indireto no mercado de dinheiro. Ou o capitalista tem de tomá-lo emprestado. No que concerne à parte do capital adicional necessário para os salários, em condições normais tem de ser adiantada sempre como capital monetário e, assim, o capitalista X também exercerá sua cota de pressão direta sobre o mercado monetário. Para a parte a ser investida em materiais de produção, isso só é indispensável quando o capitalista se vê na necessidade de pagá-los em moeda. Se pode obtê-los a crédito, isso não exerce influência direta no mercado monetário, já que o capital adicional é, então, adiantado diretamente como estoque de produção, e não, em primeira instância, como capital monetário. À medida que o fornecedor de crédito lança diretamente no mercado de dinheiro a letra de câmbio recebida de x, fazendo descontá-la etc., isso surtiria um efeito indireto, de segunda mão, no mercado de dinheiro. Mas se ele usa essa letra de câmbio para, com ela, por exemplo, cobrir uma dívida a ser saldada posteriormente, então esse capital adicionalmente adiantado não afeta direta nem indiretamente o mercado de dinheiro.

Caso II
Alteração no preço dos materiais de produção, permanecendo inalteradas as demais circunstâncias

Há pouco supusemos que, do capital total de 900 libras esterlinas, são desembolsados $\frac{4}{5}=720$ libras esterlinas em materiais de produção e $\frac{1}{5}=180$ libras esterlinas em salários.

Caso os materiais de produção caiam para a metade, então exigem para o período de trabalho de seis semanas somente 240 libras esterlinas em vez de 480 libras esterlinas e, para o capital adicional n. II, somente 120 libras esterlinas em vez de 240 libras esterlinas. Portanto, o capital I será reduzido de 600 libras esterlinas para 240+120=360 libras esterlinas, enquanto o capital II, de 300 libras esterlinas para 120+60=180 libras esterlinas. O capital total de 900 libras esterlinas será reduzido para 360+180=540 libras esterlinas. Portanto, são excluídas 360 libras esterlinas.

Esse capital monetário excluído e agora desocupado, portanto um capital em busca de investimento no mercado de dinheiro, é apenas uma parcela do capital de 900 libras esterlinas originalmente adiantado como capital monetário e que, em virtude da queda do preço dos elementos de produção em que ele periodicamente se retransforma, torna-se redundante, caso o negócio não deva ser ampliado, mas continuado na antiga escala. Caso essa queda de preço não fosse devida a circunstâncias aleatórias (colheita particularmente abundante, excesso de oferta etc.), mas a um incremento da força produtiva no ramo que fornece a matéria-prima, então esse capital monetário seria uma adição absoluta ao mercado de dinheiro, em geral ao capital disponível em forma de capital monetário, porque não constituiria mais parte integrante do capital já aplicado.

Caso III
Variação de preços que afeta o preço de mercado do próprio produto

Aqui, com a queda do preço, parte do capital é perdida e, então, precisa ser reposta por novo adiantamento de capital monetário. Essa perda do vendedor pode ser um ganho do comprador. Diretamente, se o produto só sofreu queda de seu preço de mercado devido a uma conjuntura fortuita e depois volta a subir para seu preço normal. Indiretamente, se a variação de preços foi provocada por variação de valor que reage sobre o velho produto e se esse produto reingressa como elemento de produção em outra esfera da produção e libera nela capital *pro tanto*. Em ambos os casos, o capital perdido para x, por cuja reposição ele pressiona o mercado de dinheiro, pode ser fornecido por seus companheiros de negócios como novo capital adicional. Então só ocorre transferência.

Se, inversamente, o preço do produto sobe, então parte do capital, que não havia sido adiantada, é apropriada pela circulação. Não é parte orgânica do capital adiantado no processo de produção e constitui, portanto, se a produção não for ampliada, capital monetário excluído. Como aqui se supôs que os preços dos elementos do produto estavam dados antes de entrar ele no mercado como capital-mercadoria, uma verdadeira variação de valor poderia aqui ter causado a elevação de preço, à medida que ela tivesse efeitos retroativos, por exemplo que as matérias-primas tivessem subido posteriormente. Nesse caso, o capitalista x ganharia em seu produto que circula como capital-mercadoria e em seu estoque de produção disponível. Esse ganho lhe forneceria um capital adicional que, ante os novos preços aumentados dos elementos da produção, torna-se agora necessário para o prosseguimento de seu negócio.

Ou, então, a elevação do preço é apenas transitória. O que se torna, daí, necessário como capital adicional por parte do capitalista x é excluído, do outro lado, como capital liberado à medida que seu produto constitui um elemento de produção para outros ramos de negócios. O que um perdeu, o outro ganhou.

CAPÍTULO 16

A ROTAÇÃO DO CAPITAL VARIÁVEL

I. A TAXA ANUAL DE MAIS-VALIA

Suponhamos um capital circulante de 2 500 libras esterlinas, composto de $\frac{4}{5}$ = 2 000 libras esterlinas de capital constante (materiais de produção) e $\frac{1}{5}$ = 500 libras esterlinas de capital variável, desembolsado em salários.

Que o período de rotação seja = 5 semanas; o período de trabalho = 4 semanas, o período de circulação = 1 semana. Então o capital I = 2 000 libras esterlinas, composto de 1 600 libras esterlinas de capital constante e 400 libras esterlinas de capital variável; capital II = 500 libras esterlinas, das quais 400 libras esterlinas de capital constante e 100 libras esterlinas de capital variável. Em cada semana de trabalho é desembolsado um capital de 500 libras esterlinas. Num ano de 50 semanas, é elaborado um produto anual de 50 × 500 = 25 000 libras esterlinas. O capital I de 2 000 libras esterlinas, aplicado constantemente num período de trabalho, rota, pois, $12\frac{1}{2}$ vezes. $12\frac{1}{2}$ × 2 000 = 25 000 libras esterlinas. Dessas 25 000 libras esterlinas, $\frac{4}{5}$ = 20 000 libras esterlinas são capital constante, gasto em meios de produção, e $\frac{1}{5}$ = 5 000 libras esterlinas são capital variável, gasto em salários. Por outro lado, o capital total de 2 500 libras esterlinas rota $\frac{25\,000}{2\,500} = 10$ vezes.

O capital circulante variável, gasto durante a produção, só pode servir novamente no processo de circulação à medida que o produto em que seu valor está reproduzido é vendido, é transformado de capital-mercadoria em capital monetário, para ser novamente gasto em pagamento de força de trabalho. Mas o mesmo ocorre com o capital constante circulante gasto na produção (os materiais de produção), cujo valor reaparece no produto como parcela do valor. O que essas duas partes – a parte variável e a parte constante do capital circulante – têm em comum, e o que as diferencia do capital fixo, não é que seu valor, transferido ao produto, seja circulado através do capital-mercadoria, isto é, que ele circule mediante a circulação do produto enquanto mercadoria. Parte do valor do produto, portanto do produto circulante como mercadoria, do capital-mercadoria, sempre se constitui da depreciação do capital fixo ou da parte do valor do capital fixo que, durante a produção, ele transferiu ao produto. Mas a diferença é que: o capital fixo continua a funcionar em sua velha forma útil no processo de produção, durante um ciclo mais longo ou mais curto de períodos de rotação do capital circulante (= capital circulante constante + capital circulante variável); enquanto cada rotação individual tem por condição a reposição de todo o capital circulante, que passa da esfera da produção – na configuração de capital-mercadoria – à esfera da circulação. A primeira fase da circulação, *M'–D'*, o capital fluido constante e o capital fluido variável têm em comum. Na segunda fase eles se separam. O dinheiro em que a mercadoria é retransformada é em parte convertido em estoque de produção (capital circulante constante). Conforme os diferentes prazos de compra de seus componentes, parte pode ser convertida mais cedo, outra mais tarde, de dinheiro em materiais de produção, mas, por fim, todo ele é gasto nisso. Outra parte do dinheiro, obtido mediante a venda da mercadoria, fica depositada como reserva monetária, para ser gasta pouco a pouco em pagamentos da força de trabalho incorporada ao processo de produção. Ela constitui o capital circulante variável. Não obstante, toda a reposição de uma ou de outra parte provém sempre da rotação do capital, de sua transformação em produto, de produto em mercadoria, de mercadoria em dinheiro. Essa é a razão por que, no capítulo anterior, sem considerar o capital fixo, a rotação do capital circulante – constante e variável – foi abordada de modo específico e conjunto.

Para a questão da qual agora temos de tratar precisamos ir um passo além e tratar a parte variável do capital circulante como se ela constituísse exclusivamente o capital circulante. Isto é, abstraímos o capital circulante constante que rota juntamente com ela.

São adiantadas 2 500 libras esterlinas, e o valor do produto anual é = 25 000 libras esterlinas. Mas a parte variável do capital circulante é de 500 libras esterlinas; portanto, o capital variável contido em 25 000 libras esterlinas é $\frac{25\,000}{5} = 5\,000$ libras esterlinas. Dividamos as 5 000 libras esterlinas por 500, então obtemos o número de rotações, 10, idêntico ao do capital total de 2 500 libras esterlinas.

Esse cálculo por média, pelo qual o valor do produto anual é dividido pelo valor do capital adiantado, e não pelo valor da parte desse capital constantemente aplicada num período de trabalho (portanto, aqui, não por 400, mas por 500, não pelo capital I, mas pelo capital I + capital II), é aqui, onde só se trata da produção de mais-valia, absolutamente exato. Mais tarde ver-se-á que, sob outro ponto de vista, ele não é completamente exato, assim como em geral esse cálculo por média não é completamente exato. Ou seja, ele basta para as finalidades práticas do capitalista, mas não expressa todas as circunstâncias reais da rotação de modo exato ou adequado.

Até aqui abstraímos totalmente uma parte do valor do capital-mercadoria, ou seja, a mais-valia nele retida, que foi produzida durante o processo de produção e incorporada ao produto. É para isso que temos agora de voltar nossos olhos.

Supondo que o capital variável de 100 libras esterlinas gasto a cada semana produza uma mais-valia de 100% = 100 libras esterlinas, então o capital variável de 500 libras esterlinas gasto no período de rotação de 5 semanas produz uma mais-valia de 500 libras esterlinas, ou seja, metade da jornada de trabalho consiste em mais-trabalho.

Mas se 500 libras esterlinas de capital variável produzem 500 libras esterlinas, então 5 000 produzem uma mais-valia de 10 × 500 = 5 000 libras esterlinas. O capital variável adiantado, porém, é = 500 libras esterlinas. À razão da massa total de mais-valia produzida durante o ano para a soma do valor do capital variável adiantado chamamos taxa anual de mais-valia. Esta é, portanto, no caso presente = $\frac{5\,000}{500}$ = 1 000%. Analisando essa taxa mais de perto, verifica-se que ela é igual à taxa de mais-valia que o capital variável adiantado produz durante um período de rotação, multiplicado pelo número das rotações do capital variável (que coincide com o número das rotações de todo o capital circulante).

O capital variável adiantado durante um período de rotação é, no caso precedente, = 500 libras esterlinas; a mais-valia criada nele é também = 500 libras esterlinas. A taxa de mais-valia durante um período de rotação, portanto, é = $\frac{500\,mv}{500\,v}$ = 100%. Esses 100% multiplicados por 10, número de rotações no ano, dá $\frac{5\,000\,mv}{500\,v}$ = 1 000%.

Isso é válido para a taxa anual de mais-valia. Mas, no que concerne à massa de mais-valia que é produzida durante determinado período de rotações, essa massa é, então, igual ao valor do capital variável adiantado durante esse período, aqui = 500 libras esterlinas, multiplicado pela taxa de mais-valia, aqui, portanto, 500 × $\frac{100}{100}$ = 500 × 1 = 500 libras esterlinas. Caso o capital adiantado fosse = 1 500 libras esterlinas com uma taxa igual de mais-valia, então a massa de mais-valia seria = 1 500 × $\frac{100}{100}$ = 1 500 libras esterlinas.

Ao capital variável de 500 libras esterlinas, que rota dez vezes ao ano, produzindo durante o ano uma mais-valia de 5 000 libras esterlinas, para a qual, portanto, a taxa anual de mais-valia = 1 000%, vamos chamar capital A.

Suponhamos agora que outro capital variável, B, de 5 000 libras esterlinas, seja adiantado por todo um ano (ou seja, aqui, por 50 semanas) e que, portanto, rote apenas uma vez por ano. Suponhamos, além disso, que ao término do ano o produto seja pago no mesmo dia em que fica pronto, que, portanto, o capital monetário em que se transforma flua de volta no mesmo dia. O período de circulação aqui, portanto, é = 0, o período de rotação = período de trabalho, a saber = 1 ano. Como no caso anterior, encontra-se no processo de trabalho, a cada semana, um capital variável de 100 libras esterlinas, portanto, em 50 semanas, de 5 000 libras esterlinas. Que a taxa de mais-valia, além disso, seja a mesma = 100%, isto é, que com igual extensão da jornada de trabalho a metade consista em mais-trabalho. Consideremos 5 semanas, de modo que o capital variável seja = 500 libras esterlinas, a taxa de mais-valia = 100%, sendo, portanto, a massa de mais-valia produzida durante as 5 semanas = 500 libras esterlinas. A massa de força de trabalho, que é aqui explorada, e o próprio grau de exploração da mesma são, aqui, de acordo com o pressuposto, exatamente iguais aos do capital A.

Em cada uma das semanas, o capital variável investido de 100 libras esterlinas produz uma mais-valia de 100 libras esterlinas e, em 50 semanas, portanto, o capital investido de 50 × 100 = 5 000 libras esterlinas produz uma mais-valia de 5 000 libras esterlinas. A massa de mais-valia produzida a cada ano é a mesma que no caso anterior, = 5 000 libras esterlinas, mas a taxa anual de mais-valia é completamente diversa. Ela é igual à mais-valia produzida durante o ano, dividida pelo capital variável adiantado: $\frac{5\,000\,mv}{5\,000\,v}$ = 100%, enquanto antes era = 1 000% para o capital A.

Tanto no capital A quanto no capital B temos o dispêndio semanal de 100 libras esterlinas de capital variável; o grau de valorização ou a taxa de mais-valia é igualmente a mesma = 100%; a grandeza do capital variável também é a mesma = 100 libras esterlinas. A mesma massa de força de trabalho é explorada, a grandeza e o grau da exploração são os mesmos em ambos os casos, as jornadas de trabalho são iguais e igualmente divididas em trabalho necessário e mais-trabalho. A soma de capital variável aplicada durante o ano é de igual grandeza = 5 000 libras esterlinas, mobiliza a mesma massa de trabalho e extrai da força de trabalho mobilizada por ambos os capitais iguais a mesma massa de mais-valia, 5 000 libras esterlinas. Ainda assim há, entre a taxa anual de mais-valia de A e a de B, uma diferença de 900%.

Esse fenômeno, em todo caso, tem aparência tal como se a taxa de mais-valia não dependesse apenas da massa e do grau de exploração da força de trabalho posta em movimento pelo capital variável, mas, além disso, de inexplicáveis influências originadas do processo de circulação; e, de fato, esse fenômeno tem sido interpretado de tal maneira, ainda que não nessa sua forma pura, mas em sua forma mais complicada e recôndita (a da taxa anual de lucro), que provocou uma *déroute* [confusão] total na escola ricardiana desde o começo dos anos [18]20.

O que é estranhável nesse fenômeno logo se desvanece quando colocamos não só aparentemente, mas de fato, o capital A e o capital B exatamente sob as mesmas circunstâncias. As mesmas circunstâncias somente ocorrem quando o capital variável B é despendido no mesmo período, em todo o seu volume, para pagamento da força de trabalho, assim como o capital A.

As 5 000 libras esterlinas do capital B são, então, desembolsadas em 5 semanas, 1 000 libras esterlinas por semana dão um desembolso anual de 50 000 libras esterlinas. A mais-valia, então, de acordo com nossos pressupostos, também é = 50 000 libras esterlinas. O capital rotado = 50 000 libras esterlinas dividido pelo capital adiantado = 5 000 libras esterlinas dá o número das rotações = 10. A taxa de mais-valia = $\frac{5\,000\,mv}{5\,000\,v}$ = 100% multiplicada pelo número de rotações = 10 dá a taxa anual de mais-valia = $\frac{50\,000\,mv}{5\,000\,v} = \frac{10}{1}$ = 1 000%. Agora as taxas anuais de mais-valia são, portanto, iguais para A e B, a saber, 1 000%, mas as massas de mais-valia são: para B, 50 000 libras esterlinas; para A, 5 000 libras esterlinas; as massas de mais-valia produzida comportam-se agora como os valores de capital adiantados A e B, a saber, como 5 000 : 500 = 10 : 1. Mas, em compensação, também o capital B colocou, no mesmo tempo, 10 vezes mais força de trabalho em movimento do que o capital A.

Só o capital realmente aplicado no processo de trabalho cria a mais-valia e, para ele, valem todas as leis dadas sobre a mais-valia, portanto também a lei de que, dada a taxa, a massa de mais-valia é determinada pela grandeza relativa do capital variável.[I]

O próprio processo de trabalho mede-se pelo tempo. Dada a extensão da jornada de trabalho (como aqui, onde igualamos todas as circunstâncias entre capital A e capital B, para que fique bem clara a diferença na taxa anual de mais-valia), a semana de trabalho consiste em determinado número de jornadas de trabalho. Ou podemos considerar qualquer período de trabalho, aqui, por exemplo, de 5 semanas, como uma única jornada de trabalho de, por exemplo, 300 horas, sendo a jornada de trabalho = 10 horas e a semana = 6 jornadas de trabalho. Mas, além disso, temos de multiplicar esse número pelo número de trabalhadores que são empregados a cada dia e ao mesmo tempo conjuntamente no mesmo processo de trabalho. Caso esse número fosse, por exemplo, 10, então se teria um total semanal = 60 × 10 = 600 horas e um período de trabalho de 5 semanas = 600 × 5 = 3 000 horas. Capitais variáveis de igual grandeza são, portanto, aplicados a uma taxa de mais-valia de grandeza igual e com igual extensão da jornada de trabalho se massas de forças de trabalho de igual grandeza (uma força de trabalho do mesmo preço multiplicada pelo mesmo número) são postas em movimento no mesmo espaço de tempo.

Voltemos agora a nossos exemplos iniciais. Em ambos os casos, A e B, capitais variáveis de grandeza igual, 100 libras esterlinas por semana,

---

I K. Marx, *O capital: Crítica da Economia Política*, Livro 1: *O processo de produção do capital*, coord. Paul Singer, trad. Regis Barbosa e Flávio R. Kothe. São Paulo: Ubu Editora, 2025, cap. 9, pp. 301–08. [N. E. B.]

são aplicados durante todas as semanas do ano. Os capitais variáveis aplicados, funcionando realmente no processo de trabalho, são, portanto, iguais, mas os capitais variáveis adiantados são completamente desiguais. Em A são adiantadas, para cada 5 semanas, 500 libras esterlinas, das quais a cada semana são aplicadas 100 libras esterlinas. Em B precisam ser adiantadas 5 000 libras esterlinas para o primeiro período de 5 semanas, das quais, porém, só 100 libras esterlinas por semana, portanto, nas 5 semanas, apenas 500 libras esterlinas = 1/10 do capital adiantado são aplicadas. No segundo período de 5 semanas, 4 500 libras esterlinas têm de ser adiantadas, mas só 500 libras esterlinas têm de ser aplicadas etc. O capital variável adiantado para determinado período de tempo só se transforma em capital variável aplicado, portanto realmente em funcionamento e efetivo, à medida que de fato ingressa nas etapas preenchidas pelo processo de trabalho daquele período de tempo e realmente funciona no processo de trabalho. No ínterim em que parte dele é adiantada, para somente ser aplicada numa etapa posterior, essa parte é praticamente inexistente para o processo de trabalho, não tendo, por isso, nenhuma influência sobre a formação de valor ou de mais-valia. Por exemplo, no capital A de 500 libras esterlinas. É adiantado para 5 semanas, mas a cada semana apenas 100 libras esterlinas dele ingressam sucessivamente no processo de trabalho. Na primeira semana, 1/5 dele é aplicado; 4/5 são adiantados sem serem aplicados, embora tenham de estar, para os processos de trabalho das 4 semanas seguintes, em reserva e, portanto, adiantados.

As circunstâncias que diferenciam a relação entre o capital variável adiantado c o aplicado afetam a produção de mais-valia – com dada taxa de mais-valia – só na medida em que e só por meio do fato de que diferenciam o *quantum* de capital variável que, em determinado período de tempo, por exemplo em 1 semana, 5 semanas etc., realmente pode ser aplicado. O capital variável adiantado só funciona como capital variável à medida que e durante o tempo em que realmente é aplicado; não durante o tempo em que permanece adiantado como estoque, sem ser aplicado. Todas as circunstâncias, porém, que diferenciam a relação entre capital variável adiantado e aplicado reúnem-se na diferença dos períodos de rotação (determinada pela diferença seja dos períodos de trabalho, seja dos períodos de circulação, seja de ambos). A lei da produção de mais-valia é que, com taxa igual de mais-valia, massas iguais de capital variável em funcionamento produzem massas iguais de mais-valia. Portanto, sendo aplicadas, pelos capitais A e B, em períodos iguais e com taxa igual de mais-valia, massas iguais de capital variável, então elas têm de produzir em períodos iguais massas iguais de mais-valia, por mais diversificada que seja a relação desse capital variável, aplicado em determinado período, com o capital variável adiantado no mesmo período, por mais diversificada, portanto, que seja também a relação da massa de mais-valia produzida não com o capital variável aplicado, mas com o adiantado em geral. A diversidade dessa relação, ao invés de contradizer as leis desenvolvidas sobre a produção da mais-valia, antes as confirma e é uma consequência inevitável delas.

Consideremos a primeira etapa de produção, de 5 semanas, do capital B. Ao término da 5ª semana, 500 libras esterlinas foram aplicadas e consumidas. O produto-valor é = 1 000 libras esterlinas, portanto = $\frac{500\ mv}{500\ v}$ = 100%. Exatamente como com o capital A. Que no caso do capital A a mais-valia seja realizada juntamente com o capital adiantado e no de B não, ainda não nos interessa aqui, onde só se trata por enquanto da produção de mais-valia e de sua relação com o capital variável adiantado durante sua produção. Se calculamos, pelo contrário, a relação da mais-valia em B não com a parte aplicada durante sua produção e, portanto, consumida do capital de 5 000 libras esterlinas adiantado, mas com esse mesmo capital total adiantado, obtemos então $\frac{500\ mv}{5\,000\ v} = \frac{1}{10}$ = 10%. Portanto, 10% para o capital B e 100% para o capital A, ou seja, dez vezes mais. Se aqui fosse dito: essa diferença na taxa de mais-valia para capitais de mesma grandeza, que mobilizaram um mesmo *quantum* de trabalho, e precisamente trabalho que se cinde em partes iguais de trabalho pago e não pago, contradiz as leis sobre a produção da mais-valia – a resposta então seria simples e dada pela mera visão das relações de fato: em A, ela expressa a verdadeira taxa de mais-valia, ou seja, a relação entre a mais-valia produzida durante 5 semanas por um capital variável de 500 libras esterlinas e esse capital variável de 500 libras esterlinas; em B, pelo contrário, calcula-se de um modo que nada tem a ver seja com a produção de mais-valia, seja com a determinação da taxa de mais-valia que lhe corresponde. As 500 libras esterlinas de mais-valia, que foram produzidas com um capital variável de 500 libras esterlinas, não são calculadas em relação às 500 libras esterlinas de capital variável, que é adiantado durante sua produção, mas em relação a um capital de 5 000 libras esterlinas, do qual 9/10, 4 500 libras esterlinas, nada têm a ver com a produção dessa mais-valia de 500 libras esterlinas, mas que, antes, só devem funcionar gradualmente no transcurso das 45 semanas seguintes, portanto nem sequer existem para a produção das primeiras 5 semanas, das quais tão somente se trata aqui. Nesse caso, portanto, a diferença na taxa de mais-valia de A e B não constitui nenhum problema.

Comparemos agora as taxas anuais de mais-valia para os capitais B e A. Para o capital B temos $\frac{5\,000\ mv}{5\,000\ v}$ = 100%; para o capital A, $\frac{5\,000\ mv}{500\ v}$ = 1 000%. Mas a relação entre as taxas de mais-valia é a mesma que anteriormente. Lá tínhamos:

$$\frac{\text{Taxa de mais-valia do capital B}}{\text{taxa de mais-valia do capital A}} = \frac{10\%}{100\%},$$

e agora temos:

$$\frac{\text{taxa anual de mais-valia do capital B}}{\text{taxa anual de mais-valia do capital A}} = \frac{100\%}{1\,000\%},$$

mas

$\frac{10\%}{100\%} = \frac{100\%}{1\,000\%}$, portanto a mesma proporção que acima.

No entanto, agora o problema se inverteu. A taxa anual do capital B: $\frac{5\,000\ mv}{5\,000\ v} = 100\%$ não constitui de modo algum nenhuma divergência – nem sequer a aparência de uma divergência – das leis que conhecemos sobre a produção e sua correspondente taxa de mais-valia. 5000 *v* foram adiantadas e produtivamente consumidas durante o ano; elas produziram 5000 *mv*. A taxa de mais-valia é, portanto, a fração acima, $\frac{5\,000\ mv}{5\,000\ v} = 100\%$. A taxa anual coincide com a taxa real de mais-valia. Dessa vez não é, portanto, como antes, o capital B, mas o capital A que constitui a anomalia a ser esclarecida.

Temos aqui a taxa de mais-valia de $\frac{5\,000\ mv}{500\ v} = 1000\%$. Mas se, no primeiro caso, 500 *mv*, o produto de 5 semanas foi calculado em relação a um capital adiantado de 5000 libras esterlinas, das quais 9/10 não foram empregadas em sua produção, do mesmo modo, agora, 5000 *mv* são calculadas em relação a 500 *v*, ou seja, só sobre 1/10 do capital variável que realmente foi empregado na produção de 5000 *mv*; pois as 5000 *mv* são o produto de um capital variável de 5000 produtivamente consumido durante 50 semanas, não de um capital de 500 libras esterlinas consumido durante um único período de 5 semanas. No primeiro caso, a mais-valia produzida durante 5 semanas foi calculada em relação a um capital que está adiantado para 50 semanas, portanto dez vezes maior do que o consumido durante as 5 semanas. Agora a mais-valia produzida durante 50 semanas é calculada sobre um capital que é adiantado para 5 semanas, sendo, portanto, dez vezes menor do que o consumido durante as 50 semanas.

O capital A, de 500 libras esterlinas, não é nunca adiantado por mais de 5 semanas. Ao final destas, ele flui de volta e pode renovar o mesmo processo, no transcurso do ano, mediante dez rotações, 10 vezes. Duas coisas daí decorrem:

Primeira: o capital adiantado em A só é cinco vezes maior do que a parte do capital aplicada constantemente no processo de produção de uma semana. O capital B, em contrapartida, que só rota uma vez em 50 semanas, que, portanto, também precisa ser adiantado por 50 semanas, é 50 vezes maior do que a parte do mesmo que numa semana pode ser constantemente aplicada. A rotação modifica, portanto, a proporção entre o capital adiantado para o processo de produção durante o ano e o capital constantemente aplicável para determinado período de tempo, por exemplo, uma semana. E isso nos dá o primeiro caso em que a mais-valia de 5 semanas não é calculada em relação ao capital aplicado durante essas 5 semanas, mas em relação ao aplicado durante 50 semanas, dez vezes maior.

Segunda: o período de rotação de 5 semanas do capital A constitui somente 1/10 do ano, o ano compreende, portanto, 10 períodos de rotação semelhantes, em que o capital A, de 500 libras esterlinas, é sempre de novo aplicado. O capital aplicado é aqui igual ao capital adiantado para 5 semanas, multiplicado pelo número dos períodos de rotação no ano. O capital aplicado durante o ano é = 500 × 10 = 5 000 libras esterlinas. O capital adiantado durante o ano é $\frac{5000}{10}$ = 500 libras esterlinas. De fato, embora as 500 libras esterlinas sejam de novo aplicadas, nunca são adiantadas mais do que as mesmas 500 libras esterlinas a cada 5 semanas. Por outro lado, com o capital B, durante 5 semanas, somente são aplicadas, é certo, 500 libras esterlinas, adiantadas para essas 5 semanas. Mas, como o período de rotação é aqui = 50 semanas, então o capital adiantado durante o ano é igual ao capital adiantado não para cada 5 semanas, mas para 50 semanas. A massa de mais-valia anualmente produzida se rege, porém, com dada taxa de mais-valia, de acordo com o capital aplicado durante o ano, e não de acordo com o capital adiantado durante o ano. Ela não é, portanto, maior para esse capital de 5 000 libras esterlinas, que rota uma vez, do que para o capital de 500 libras esterlinas que rota dez vezes, e ela só é tão grande porque o capital que rota uma vez ao ano é, ele mesmo, dez vezes maior do que o que rota dez vezes ao ano.

O capital variável rotado durante o ano – portanto a parte do produto anual ou também do dispêndio anual que é igual a essa parte – é o capital variável realmente aplicado, produtivamente consumido no transcurso do ano. Daí segue que, se o capital variável A anualmente rotado e o capital variável B anualmente rotado são de igual grandeza e são aplicados sob condições de valorização iguais, sendo pois a taxa de mais-valia a mesma para ambos, também a massa de mais-valia anualmente produzida tem de ser igual para ambos; portanto, também – pois as massas de capital aplicadas são as mesmas – a taxa de mais-valia calculada por ano, na medida em que ela é expressa por:

$$\frac{\text{massa de mais-valia produzida anualmente}}{\text{capital variável rotado anualmente}}$$

Ou, expresso de modo geral: qualquer que seja a grandeza relativa do capital variável rotado, a taxa de sua mais-valia produzida ao longo do ano é determinada pela taxa de mais-valia com a qual os respectivos capitais trabalharam em períodos médios (por exemplo, em média semanal ou também diária).

Essa é a única consequência que decorre das leis sobre a produção de mais-valia e sobre a determinação da taxa de mais-valia.

Vejamos agora o que expressa a relação:

$$\frac{\text{capital rotado anualmente}}{\text{capital adiantado}}$$

(em que, como já foi dito, somente consideramos o capital variável). A divisão dá o número das rotações do capital adiantado em um ano.

Para o capital A temos:

$$\frac{\text{5 000 libras esterlinas de capital rotado anualmente}}{\text{500 libras esterlinas de capital adiantado}}$$

para o capital B:

$$\frac{\text{5 000 libras esterlinas de capital rotado anualmente}}{\text{5 000 libras esterlinas de capital adiantado}}$$

Em ambas as relações, o numerador expressa o capital adiantado multiplicado pelo *número* de rotações; para A, 500 × 10; para B, 5 000 × 1. Ou, então, multiplicado pelo inverso do *tempo* de rotação calculado por um ano. O tempo de rotação para A é de 1/10 do ano; o inverso do tempo de rotação é $\frac{10}{1}$ ao ano, portanto $500 \times \frac{10}{1} = 5000$; para B, $5000 \times \frac{1}{1} = 5000$. O denominador expressa o capital rotado multiplicado pelo inverso do *número* de rotações; para A, $5000 \times \frac{1}{10}$; para B, $5000 \times \frac{1}{1}$.

As massas de trabalho respectivas (soma do trabalho pago e não pago), que são postas em movimento por ambos os capitais variáveis anualmente rotados, são aqui iguais porque os próprios capitais rotados são iguais e sua taxa de valorização é também igual.

A relação do capital anualmente rotado com o capital variável adiantado mostra 1) a relação em que se encontra o capital a ser adiantado em relação ao capital variável aplicado em determinado período de trabalho. Caso o número de rotações seja = 10, como em A, e supondo-se um ano de 50 semanas, então o tempo de rotação é = 5 semanas. Para essas 5 semanas precisa ser adiantado capital variável, e o capital variável adiantado para 5 semanas tem de ser 5 vezes maior do que o capital variável aplicado durante uma semana. Ou seja, só 1/5 do capital adiantado (aqui, 500 libras esterlinas) pode ser aplicado no decorrer de uma semana. Com o capital B, por outro lado, cujo número de rotações é $\frac{1}{1}$, o tempo de rotação = 1 ano = 50 semanas. A relação do capital adiantado com o semanalmente aplicado é, portanto, 50 : 1. Caso fosse para B o mesmo que para A, então B teria de investir semanalmente 1 000 em vez de 100 libras esterlinas. 2) Segue que foi aplicado um capital dez vezes maior (5 000 libras esterlinas) de B do que de A para colocar em movimento a mesma massa de capital variável, portanto, também, com dada taxa da massa de mais-valia, a mesma massa de trabalho (pago e não pago), e também para produzir a mesma massa de mais-valia durante o ano. A verdadeira taxa de mais-valia expressa apenas a relação do capital variável aplicado em determinado período com a mais-valia produzida no mesmo período; ou a massa de trabalho não pago que o capital variável mobiliza durante esse período. Ela não tem absolutamente nada a ver com a parte do capital variável, que é adiantada durante o tempo em que ela não é aplicada e, por isso, tampouco tem a ver com a relação, modificada e diferenciada pelos períodos de rotação para diferentes capitais, entre sua parte adiantada durante determinado período e sua parte aplicada durante o mesmo período.

Do já exposto segue, antes, que a taxa anual de mais-valia só em um único caso coincide com a verdadeira taxa de mais-valia, que expressa o grau de exploração do trabalho; quando, a saber, o capital adiantado rota só uma vez ao ano, sendo o capital adiantado igual ao capital rotado durante o ano e, portanto, a relação da massa de mais-valia, produzida durante o ano, com o capital aplicado durante o ano para essa produção coincide e é idêntica à relação da massa de mais-valia produzida durante o ano com o capital adiantado durante o ano.

A) A taxa anual de mais-valia é igual a

$$\frac{\text{massa de mais-valia produzida durante o ano}}{\text{capital variável adiantado}}$$

Mas a massa de mais-valia produzida durante o ano é igual à verdadeira taxa de mais-valia multiplicada pelo capital variável aplicado para sua produção. O capital aplicado para a produção da massa anual de mais-valia é igual ao capital adiantado multiplicado pelo número de suas rotações, que queremos chamar de *n*. A fórmula A transforma-se, por isso, em:

B) A taxa anual de mais-valia é igual a

$$\frac{\text{taxa real de mais-valia} \times \text{capital variável adiantado} \times n}{\text{capital variável adiantado}}$$

Por exemplo, para o capital B $= \frac{100\% \times 5\,000 \times 1}{5\,000}$ ou 100%. Só quando $n = 1$, ou seja, quando o capital variável adiantado rota somente uma vez ao ano, sendo, portanto, igual ao capital aplicado ou rotado, a taxa anual de mais-valia é igual à verdadeira taxa de mais-valia.

Chamamos de *MV'* a taxa anual de mais-valia, de *mv'* a verdadeira taxa de mais-valia, de *v* o capital variável adiantado, de *n* o número de rotações, então: $MV' = \frac{mv'vn}{v} = mv'n$; portanto, $MV' = mv'n$, e somente $= mv'$ se $n = 1$, portanto $MV' = mv' \times 1 = mv'$.

Além disso, segue: a taxa anual de mais-valia é sempre $= mv'n$, ou seja, igual à verdadeira taxa de mais-valia produzida num período de rotação mediante o capital variável consumido durante o período, multiplicado pelo número de rotações desse capital variável durante o ano, ou multiplicado (o que dá no mesmo) pelo inverso de seu *tempo* de rotação calculado ao ano como unidade. (Caso o capital variável rote 10 vezes ao ano, então seu tempo de rotação é $= \frac{1}{10}$ do ano; portanto, o inverso de seu tempo de rotação é $= \frac{10}{1} = 10$.)

Segue ainda: $MV' = mv'$, se $n = 1$. MV' é maior do que mv' se n é maior do que 1, ou seja, se o capital adiantado rota mais de uma vez ao ano ou se o capital rotado é maior do que o adiantado.

Por fim, MV' é menor do que mv' se *n é* menor do que 1, ou seja, se o capital rotado durante o ano é somente uma parte do capital adiantado, portanto se o período de rotação dura mais de um ano.

Demoremo-nos um instante nesse último caso.

Mantemos todos os pressupostos de nosso exemplo anterior, só prolongando o período de rotação para 55 semanas. O processo de trabalho exige semanalmente 100 libras esterlinas de capital variável, portanto 5 500 libras esterlinas para o período de rotação, produzindo semanalmente 100_{mv}; portanto, mv' é, como até agora, 100%. O número de rotações n é aqui $= \frac{50}{55} = \frac{10}{11}$, porque o tempo de rotação é $1 + \frac{1}{10}$ de ano (o ano de 50 semanas) $= \frac{11}{10}$ ano.

$$MV' = \frac{100\% \times 5\,500 \times \frac{10}{11}}{5\,500} = 100 \times \frac{10}{11} = \frac{1\,000}{11} = 90\,\frac{10}{11}\,\%\,,$$

portanto menor que 100%. De fato, caso a taxa anual de mais-valia fosse de 100%, então $5\,500_v$ teriam de produzir num ano $5\,500_{mv}$, quando necessita de $\frac{11}{10}$ de ano para isso. As $5\,500_v$ produzem durante o ano só $5\,000_{mv}$, portanto a taxa anual de mais-valia é $= \frac{5\,000mv}{5\,500v} = \frac{10}{11} = 90\,\frac{10}{11}\,\%$.

A taxa anual de mais-valia, ou a comparação entre a mais-valia produzida durante o ano e o capital variável *adiantado* em geral (em contraste com o capital variável *rotado* durante o ano) não é meramente subjetiva, mas o verdadeiro movimento do capital provoca por si essa contraposição. Para o proprietário do capital A, ao final do ano seu capital variável adiantado que refluiu é = 500 libras esterlinas e, além disso, 5 000 libras esterlinas de mais-valia. Não é a massa de capital que ele aplicou durante o ano, mas a que periodicamente reflui para ele que expressa a grandeza de seu capital adiantado. Se o capital, ao término do ano, existe em parte como estoque de produção, em parte como capital-mercadoria ou capital monetário, e em que proporção ele está repartido nessas diferentes porções, não afeta em nada a questão em pauta. Para o proprietário do capital B refluíram 5 000 libras esterlinas, seu capital adiantado, e mais

5 000 libras esterlinas de mais-valia. Para o proprietário do capital C (por último examinado, de 5 500 libras esterlinas) são produzidas 5 000 libras esterlinas de mais-valia durante o ano (5 000 libras esterlinas desembolsadas e taxa de mais-valia de 100%), mas seu capital adiantado ainda não refluiu e tampouco sua mais-valia produzida.

$MV' = mv'n$ expressa que a taxa de mais-valia válida para o capital variável aplicado durante um período de rotação:

$$\frac{\text{massa de mais-valia produzida durante um período de rotação}}{\text{capital variável aplicado durante um período de rotação}},$$

deve ser multiplicada pelo número de períodos de rotação ou pelos períodos de reprodução do capital variável adiantado, pelo número dos períodos em que ele renova seu ciclo.

Já se viu, no Livro 1, cap. 4 ("Transformação do dinheiro em capital"), e depois no Livro 1, cap. 21 ("Reprodução simples"), que o valor-capital é, sobretudo, adiantado, não despendido, à medida que esse valor, depois de ter percorrido as diferentes fases de seu ciclo, volta novamente a seu ponto de partida e precisamente enriquecido pela mais-valia. Isso o caracteriza como adiantado. O tempo que transcorre de seu ponto de partida até seu ponto de retorno é o tempo pelo qual é adiantado. Todo o ciclo que o valor-capital percorre, medido pelo tempo de seu adiantamento até seu refluxo, constitui sua rotação, e a duração dessa rotação constitui um período de rotação. Uma vez transcorrido esse período, o ciclo concluído, então esse mesmo valor-capital pode recomeçar o mesmo ciclo, portanto também valorizar-se de novo, produzir mais-valia. Caso o capital variável, como em A, rote 10 vezes ao ano, então, no transcurso do ano, com o mesmo adiantamento de capital, a massa de mais-valia correspondente a um período de rotação é produzida dez vezes.

É preciso deixar clara a natureza do adiantamento sob a perspectiva da sociedade capitalista.

O capital A, que rota dez vezes durante o ano, é adiantado dez vezes durante o ano. Para todo novo período de rotação é novamente adiantado. Mas, ao mesmo tempo, A, durante o ano, nunca adianta mais que o mesmo valor-capital de 500 libras esterlinas e nunca dispõe, de fato, para o processo de produção por nós examinado, de mais de 500 libras esterlinas. Assim que essas 500 libras esterlinas completam um ciclo, A faz com que elas comecem de novo o mesmo ciclo; como o capital, de acordo com sua natureza, só consegue preservar seu caráter de capital exatamente por funcionar, em processos de produção sempre repetidos, como capital. Também nunca é adiantado por mais de 5 semanas. Caso a rotação demore mais, ele não basta. Se ela se abrevia, parte se torna excedente. Não são dez capitais de 500 libras esterlinas que são adiantados, mas *um* capital de 500 libras esterlinas é adiantado dez vezes em etapas sucessivas. A taxa anual de mais-valia não é calculada, por isso, em relação a um capital de 500 libras esterlinas adiantado dez vezes, ou de 5 000 libras esterlinas, mas em relação a um capital de 500 libras esterlinas adiantado uma vez; exatamente como quando 1 táler circula dez vezes, ele representa apenas um único táler que se encontra em circulação, embora execute a função de 10 táleres. Mas, nas mãos em que ele se encontra, a cada mudança de mãos, ele continua a ter sempre o mesmo valor de 1 táler.

Do mesmo modo o capital A mostra, por ocasião de cada um de seus refluxos e também de seu refluxo ao término do ano, que seu dono sempre opera apenas com o mesmo valor-capital de 500 libras esterlinas. Por isso, também refluem de cada vez apenas 500 libras esterlinas para sua mão. Seu capital adiantado nunca é, por isso, maior do que 500 libras esterlinas. O capital adiantado de 500 libras esterlinas constitui, por isso, o denominador da fração que expressa a taxa anual de mais-valia. Para isso tínhamos, acima, a fórmula: $MV' = \frac{mv'vn}{v} = mv'n$. Como a verdadeira taxa de mais-valia é $mv' = \frac{mv}{v}$, igual à massa de mais-valia dividida pelo capital variável que a produziu, em $mv'n$ podemos substituir mv' por seu valor, ou seja, por $\frac{mv}{v}$, e obtemos então a fórmula: $MV' = \frac{mvn}{v}$.

Mas devido à sua rotação décupla e, portanto, à renovação décupla de seu adiantamento, o capital de 500 libras esterlinas executa a função de um capital dez vezes maior, de um capital de 5 000 libras esterlinas, exatamente como 500 peças de 1 táler, que circulam dez vezes ao ano, desempenham a função de 5 000 que só circulam uma vez.

II. A ROTAÇÃO DO CAPITAL VARIÁVEL INDIVIDUAL

> Qualquer que seja a forma social do processo de produção, este tem de ser contínuo ou percorrer periodicamente, sempre de novo, as mesmas fases. [...] Considerado em sua permanente conexão e constante fluxo de sua renovação, todo processo social de produção é, portanto, ao mesmo tempo, processo de reprodução. [...] Como incremento periódico do valor do capital, ou fruto periódico do capital em processamento, a mais-valia recebe a forma de uma *revenue* que provém do capital. (Livro 1, cap. 21)[I]

Temos 10 períodos de rotação de cinco semanas do capital A; no primeiro período de rotação são adiantadas 500 libras esterlinas de capital

I K. Marx, *O capital*, Livro 1, op. cit., p. 511. [N. E. B.]

variável; isto é, a cada semana, 100 libras esterlinas são convertidas em força de trabalho, de modo que, ao final do primeiro período de rotação, 500 libras esterlinas tenham sido despendidas em força de trabalho. Essas 500 libras esterlinas, originalmente parte do capital total adiantado, cessaram de ser capital. Desapareceram em pagamentos de salários. Os trabalhadores, por sua vez, gastam-nas ao pagar a compra de seus meios de subsistência, consumindo, portanto, meios de subsistência no valor de 500 libras esterlinas. Uma massa de mercadorias nesse montante é, portanto, aniquilada (o que o trabalhador eventualmente poupa em dinheiro etc. também não é capital). Essa massa de mercadorias é consumida improdutivamente para o trabalhador, exceto à medida que mantém sua força de trabalho, um instrumento indispensável do capitalista, em condições de atuar. – Mas, em segundo lugar, essas 500 libras esterlinas são convertidas para o capitalista em força de trabalho do mesmo valor (ou preço). A força de trabalho é consumida produtivamente por ele no processo do trabalho. Ao término das 5 semanas existe um produto-valor de 1000 libras esterlinas. A metade dele, 500 libras esterlinas, é o valor reproduzido do capital variável despendido em pagamento da força de trabalho. A outra metade, 500 libras esterlinas, é mais-valia recém-produzida. Mas a força de trabalho de cinco semanas – ao converter-se nela, parte do capital se transformou em capital variável – também é despendida, consumida, ainda que produtivamente. O trabalho ativo ontem não é o mesmo trabalho que está ativo hoje. Seu valor, somado à mais-valia por ele criada, existe agora como valor de uma coisa diferenciada da própria força de trabalho, ou seja, o produto. No entanto, pelo fato de ser o produto transformado em dinheiro, a parte do valor do mesmo, que é igual ao valor do capital variável adiantado, pode ser novamente convertida em força de trabalho e, portanto, funcionar novamente como capital variável. A circunstância de, com o valor-capital não só reproduzido, mas também retransformado em forma-dinheiro, serem ocupados os mesmos trabalhadores, ou seja, os mesmos portadores da força de trabalho, é indiferente. É possível que o capitalista empregue no segundo período de rotação novos trabalhadores em vez dos antigos.

É despendido, portanto, de fato, sucessivamente nos 10 períodos de rotação de cinco semanas, um capital de 5000 libras esterlinas, e não de 500 libras esterlinas, em salários, os quais, por sua vez, são despendidos pelos trabalhadores em meios de subsistência. O capital de 5000 libras esterlinas assim adiantado foi consumido. Não existe mais. Por outro lado, força de trabalho no valor não de 500, mas de 5000 libras esterlinas é sucessivamente incorporada ao processo de produção e reproduz não só seu próprio valor = 5000 libras esterlinas, mas produz em excesso uma mais-valia de 5000 libras esterlinas. O capital variável de 500 libras esterlinas, que é adiantado no segundo período de rotação, não é idêntico ao capital de 500 libras esterlinas que foi adiantado no primeiro período de rotação. Este foi consumido, despendido em salários. Mas foi *reposto* por novo capital variável de 500 libras esterlinas, que no primeiro período de rotação foi produzido em forma-mercadoria e retransformado em forma-dinheiro. Esse novo capital monetário de 500 libras esterlinas é, portanto, a forma-dinheiro da massa de mercadorias recém-produzida no primeiro período de rotação. A circunstância de que novamente se encontra em mãos do capitalista uma idêntica soma de dinheiro de 500 libras esterlinas, ou seja, abstraindo a mais-valia, exatamente tanto capital monetário quanto ele originalmente adiantou, encobre a circunstância de que ele opera com um capital recém-produzido. (No que tange aos outros elementos de valor do capital-mercadoria, que repõem as partes constantes de capital, seu valor não é produzido de novo, é tão somente modificada a forma em que esse valor existe.) – Tomemos o terceiro período de rotação. Aqui é evidente que o capital de 500 libras esterlinas, adiantado pela terceira vez, não é um capital antigo, mas recém-produzido, pois é a forma-dinheiro da massa de mercadorias produzida no segundo período de rotação, e não no primeiro período de rotação, ou seja, da parte dessa massa de mercadorias, cujo valor é igual ao valor do capital variável adiantado. A massa de mercadorias produzida no primeiro período de rotação está vendida. Sua parte de valor, que é igual à parte variável de valor do capital adiantado, foi convertida na nova força de trabalho do segundo período de rotação e produziu nova massa de mercadorias, que foi novamente vendida e da qual uma parte de valor constitui o capital, adiantado no terceiro período de rotação, de 500 libras esterlinas.

E assim durante os dez períodos de rotação. Durante estes, a cada cinco semanas, massas de mercadorias recém-produzidas (cujo valor, à medida que repõe capital variável, também é produzido de novo, e não como na parte do capital circulante constante que só aparece de novo) são lançadas no mercado, para incorporar força de trabalho sempre nova ao processo de produção.

O que é, portanto, alcançado mediante a rotação décupla do capital variável adiantado de 500 libras esterlinas não é que esse capital de 500 libras esterlinas possa ser consumido produtivamente dez vezes ou que um capital variável suficiente para 5 semanas possa ser aplicado durante 50 semanas. Antes, são aplicadas 10 × 500 libras esterlinas de capital variável durante 50 semanas, e o capital de 500 libras esterlinas sempre basta para apenas 5 semanas e, ao final das 5 semanas, precisa ser reposto por um capital recém-produzido de 500 libras esterlinas. Isso ocorre tanto para o capital A quanto para o capital B. Mas aqui começa a diferença.

Ao término do primeiro período de 5 semanas foi adiantado e gasto, tanto por B quanto por A, um capital variável de 500 libras esterlinas. Tanto por B quanto por A seu valor foi convertido em força de trabalho e reposto pela parte do valor do produto, recém-produzido por essa força de trabalho, que é igual ao valor do capital variável adiantado de 500 libras esterlinas. Tanto para B quanto para A, a força de trabalho não apenas repôs o valor do capital variável desembolsado de 500 libras esterlinas por novo valor do mesmo montante, mas agregou uma mais-valia – de acordo com o pressuposto – de mesma grandeza.

Mas, no caso de B, o produto-valor que substitui o capital variável adiantado e agrega uma mais-valia a seu valor não se encontra na forma em que pode voltar a funcionar como capital produtivo ou eventualmente variável. Para A, ele se encontra nessa forma. E, até o final do ano, B possui o capital variável despendido nas primeiras 5 semanas e depois sucessivamente a cada 5 semanas, embora reposto por valor recém-produzido somado à mais-valia, não, porém, na forma em que pode voltar a funcionar como capital produtivo, ou variável. Seu *valor* certamente está reposto por novo valor, portanto renovado, mas sua *forma-valor* (aqui a forma-valor absoluta, sua forma-dinheiro) não está renovada.

Para o segundo período de 5 semanas (e, assim, sucessivamente para cada 5 semanas durante o ano) há a necessidade, pois, de haver em reserva outras 500 libras esterlinas, como para o primeiro período. Abstraindo, portanto, de relações de crédito, no início do ano, são necessárias reservas de 5000 libras esterlinas, como capital monetário adiantado latente, embora só durante o ano sejam pouco a pouco gastas de fato, convertidas em força de trabalho.

No caso de A, pelo contrário, como o ciclo, a rotação do capital adiantado, está completo, a reposição do valor se encontra, já depois do transcurso das 5 primeiras semanas, na forma em que ele pode colocar nova força de trabalho por 5 semanas em movimento: em sua forma-dinheiro original.

Tanto em A quanto em B, no segundo período de 5 semanas nova força de trabalho é consumida e um novo capital de 500 libras esterlinas é despendido no pagamento dessa força de trabalho. Os meios de subsistência dos trabalhadores, pagos com as primeiras 500 libras esterlinas, já se foram, em todos os casos o valor correspondente desapareceu da mão do capitalista. Com as 500 libras esterlinas seguintes, é comprada nova força de trabalho, novos meios de subsistência são retirados do mercado. Em suma, novo capital de 500 libras esterlinas é despendido, não o antigo. Mas, em A, esse novo capital de 500 libras esterlinas é a forma-dinheiro do valor recém-produzido que deve repor as 500 libras esterlinas gastas anteriormente. Em B, esse valor de reposição se encontra numa forma em que ele não pode funcionar como capital variável.

Ele está aí, mas não na forma de capital variável. Para a continuidade do processo de produção pelas próximas 5 semanas, precisa estar disponível e ser adiantado um capital adicional de 500 libras esterlinas em forma-dinheiro aqui indispensável. Assim, tanto A quanto B, durante 50 semanas, gastam a mesma quantidade de capital variável, pagam e consomem a mesma quantidade de força de trabalho. Mas B precisa pagá-la com um capital adiantado igual a seu valor total = 5 000 libras esterlinas. A paga-a sucessivamente por meio da forma-dinheiro sempre renovada do valor de reposição produzido a cada 5 semanas, do capital adiantado para cada período de 5 semanas, de 500 libras esterlinas. Portanto, aqui nunca é adiantado um capital monetário maior do que para 5 semanas, isto é, nunca um maior do que o adiantado para as primeiras 5 semanas, de 500 libras esterlinas. Essas 500 libras esterlinas bastam para o ano todo. Por isso é claro que, com grau igual de exploração do trabalho, igual taxa real de mais-valia, as taxas anuais de A e B têm de estar em proporção inversa às grandezas dos capitais monetários variáveis, que tiveram de ser adiantados, para pôr durante o ano a mesma massa de força de trabalho em movimento.

$$\text{A: } \frac{5\,000\,mv}{500\,v} = 1000\%, \text{ e B: } \frac{5\,000\,mv}{5\,000\,v} = 100\%. \text{ Mas } 500_v : 5\,000_v = 1:10 = 100\% : 1\,000\%.$$

A diferença se origina da diversidade dos períodos de rotação, isto é, dos períodos em que o valor de reposição do capital variável, aplicado em determinado período, pode funcionar novamente como capital, portanto como novo capital. Tanto em B quanto em A ocorre a mesma reposição de valor para o capital variável aplicado durante os mesmos períodos. Também ocorre o mesmo acréscimo de mais-valia durante os mesmos períodos. Mas em B há, a cada 5 semanas, uma reposição de valor de 500 libras esterlinas, mais 500 libras esterlinas de mais-valia, mas essa reposição de valor ainda não constitui capital novo, porque não se encontra em forma-dinheiro. Em A, não só o antigo valor-capital foi reposto por um novo, mas ele foi reproduzido em sua forma-dinheiro, tendo sido, portanto, reposto como novo capital em condições de funcionar.

A transformação que ocorre mais cedo ou mais tarde, da reposição do valor em dinheiro, e, portanto, na forma em que o capital variável é adiantado, é evidentemente, para a própria produção de mais-valia, uma circunstância completamente indiferente. Esta depende da grandeza do capital variável aplicado e do grau de exploração do trabalho. Aquela circunstância modifica, porém, a grandeza do capital monetário, que tem de ser adiantado para pôr, durante o ano, determinado *quantum* de força de trabalho em movimento, determinando assim a taxa anual de mais-valia.

III. A ROTAÇÃO DO CAPITAL VARIÁVEL, CONSIDERADA SOCIALMENTE

Examinemos por um momento a questão do ponto de vista social. Suponhamos que um trabalhador custe 1 libra esterlina por semana, sendo a jornada de trabalho = 10 horas. Tanto em A quanto em B, 100 trabalhadores estão ocupados durante o ano (100 libras esterlinas por semana para 100 trabalhadores equivalem a 500 libras esterlinas para 5 semanas e a 5 000 libras esterlinas para 50 semanas), e estes trabalham, cada um, 6 dias por semana, portanto 60 horas de trabalho. Portanto, 100 trabalhadores fazem por semana 6 000 horas de trabalho e, em 50 semanas, 300 000 horas de trabalho. Essa força de trabalho está sob embargo tanto de A como de B e não pode, pois, ser gasta pela sociedade para nenhuma outra coisa. Nessa medida, a coisa é, portanto, a mesma, tanto no caso de A quanto no de B. Além disso, tanto no caso de A quanto no de B, os 100 trabalhadores de cada um recebem um salário anual de 5 000 libras esterlinas (os 200 juntos, portanto, 10 000 libras esterlinas) e, por essa soma, retiram da sociedade meios de subsistência. Nessa medida, a coisa volta a ser socialmente a mesma, tanto em A quanto em B. Como, em ambos os casos, os trabalhadores são pagos por semana, eles retiram também semanalmente da sociedade meios de subsistência, pelo que também lançam, em ambos os casos, o equivalente em dinheiro a cada semana em circulação. Mas aqui começa a diferença.

Primeiro. O dinheiro que o trabalhador, em A, lança em circulação não é apenas, como para o trabalhador em B, a forma-dinheiro dada pelo valor de sua força de trabalho (de fato, meio de pagamento por trabalho já executado); calculando já a partir do segundo período de rotação, depois de aberto o negócio, ele é a forma-dinheiro de *seu próprio produto-valor* (= preço da força de trabalho somada à mais-valia) do primeiro período de rotação, com que seu trabalho é pago durante o segundo período de rotação. Em B, não é esse o caso. Em relação ao trabalhador, o dinheiro é aqui, por certo, um meio de pagamento por trabalho já realizado por ele, mas esse trabalho realizado não é pago com seu próprio produto-valor convertido em ouro (a forma-dinheiro do valor produzido por ele mesmo). Isso só pode ocorrer a partir do segundo ano, no qual o trabalhador, em B, passa a ser pago com o produto-valor, do ano anterior, convertido em ouro.

Quanto mais curto o período de rotação do capital – portanto quanto mais curtos forem os períodos em que se renovam seus prazos de reprodução durante o ano –, tanto mais rapidamente se transforma a parte variável de seu capital, originalmente adiantada pelo capitalista em forma-dinheiro, em forma-dinheiro do produto-valor criado pelo trabalhador para repor esse capital variável (que, além disso, inclui mais-valia);

quanto mais curto, portanto, o tempo pelo qual o capitalista precisa adiantar dinheiro de seu próprio fundo, tanto menor, em proporção ao volume dado da escala de produção, o capital que ele adianta em geral; e tanto maior é relativamente a massa de mais-valia que, com dada taxa de mais-valia, ele extrai durante o ano, porque ele pode comprar tanto mais frequentemente o trabalhador, sempre de novo com a forma-dinheiro de seu próprio produto-valor, e colocar seu trabalho em movimento.

Com dada escala da produção, em proporção à brevidade do período de rotação, reduz-se a grandeza absoluta do capital monetário variável adiantado (assim como do capital circulante em geral) e cresce a taxa anual de mais-valia. Com dada grandeza do capital adiantado, cresce a escala de produção, portanto, com dada taxa de mais-valia, a massa absoluta de mais-valia produzida num período de rotação, simultaneamente com a elevação na taxa anual de mais-valia, provocada pela redução dos períodos de reprodução. Um dos resultados gerais da investigação até aqui é que, conforme as diferentes grandezas dos períodos de rotação, capital monetário de volume muito diversificado precisa ser adiantado para colocar a mesma massa de capital circulante produtivo e a mesma massa de trabalho, com o mesmo grau de exploração do trabalho, em movimento.

Segundo – e isto está ligado à primeira diferença –, o trabalhador, tanto em B quanto em A, paga os meios de subsistência que ele compra com o capital variável que, em sua mão, se transformou em meio de circulação. Não só retira, por exemplo, trigo do mercado, mas também o repõe mediante um equivalente em dinheiro. Mas, como o dinheiro com que o trabalhador em B paga seus meios de subsistência e os retira do mercado não é a forma-dinheiro de um produto-valor por ele lançado no mercado durante o ano, como é o caso do trabalhador em A, então é verdade que ele entrega dinheiro ao vendedor de seus meios de subsistência, mas nenhuma mercadoria – seja ela meio de produção ou meio de subsistência – que o vendedor pudesse comprar com o dinheiro obtido, o que, no entanto, é o caso em A. Do mercado, por conseguinte, são retirados força de trabalho, meios de subsistência para essa força de trabalho, capital fixo em forma de meios de trabalho e materiais de produção aplicados em B e, para sua reposição, é lançado no mercado um equivalente em dinheiro; mas, durante o ano, nenhum produto é lançado no mercado para repor os elementos materiais do capital produtivo que lhe foram retirados. Pensemos a sociedade como não sendo capitalista, mas comunista: então o capital monetário desaparece completamente, portanto também os disfarces das transações que dele decorrem. A coisa se reduz simplesmente ao fato de que a sociedade precisa calcular de antemão quanto trabalho, meios de produção e meios de subsistência ela pode, sem nenhuma quebra, aplicar em ramos de atividade que, como a construção de ferrovias, não fornecem por um tempo mais longo, um ano ou até mais, meios de produção nem meios de subsistência, nem efeito-útil, mas retiram trabalho, meios de produção e meios de subsistência do produto total anual. Na sociedade capitalista, pelo contrário, onde a racionalidade social só se faz valer sempre *post festum* [depois da festa], podem e têm de ocorrer constantemente grandes perturbações. Por um lado, pressão sobre o mercado de dinheiro, enquanto, inversamente, a folga no mercado de dinheiro provoca, por sua vez, o surgimento em massa de tais empreendimentos, portanto exatamente as circunstâncias que mais tarde provocam a pressão sobre o mercado de dinheiro. O mercado de dinheiro é pressionado porque o adiantamento de capital monetário em grande escala aqui se torna constantemente necessário por longos períodos. Abstraindo completamente que industriais e comerciantes jogam em especulações com ferrovias etc. o capital monetário necessário para a operação de seu negócio e o repõem por empréstimos tomados no mercado de dinheiro. Por outro lado, pressão sobre o capital produtivo disponível da sociedade. Como elementos do capital produtivo são retirados constantemente do mercado e só um equivalente monetário é lançado no mercado pelos mesmos, sobe a demanda solvável, sem fornecer por si mesma nenhum elemento de oferta. Portanto, sobem os preços, tanto dos meios de subsistência quanto dos materiais de produção. A isso se soma o fato de que nesses tempos se trapaceia regularmente, havendo grande transferência de capital. Um bando de especuladores, contratistas, engenheiros, advogados etc. enriquece. Ocasionam forte demanda de consumo no mercado, ao mesmo tempo sobem os salários. No que se refere aos alimentos, em todo caso isso também estimula a agricultura. Como, no entanto, esses alimentos não podem ser multiplicados de repente, no meio do ano, cresce sua importação, como de modo geral a importação dos gêneros alimentícios exóticos (café, açúcar, vinho etc.) e dos objetos de luxo. Daí a entrada excessiva de mercadorias estrangeiras e a especulação nessa parte do negócio da importação. Por outro lado, nos ramos industriais em que a produção pode ser aumentada rapidamente (manufatura propriamente dita, mineração etc.), o aumento dos preços provoca súbita expansão, à qual logo se segue o colapso. O mesmo efeito ocorre no mercado de trabalho, a fim de atrair grandes massas da superpopulação relativa latente e até mesmo dos trabalhadores ocupados nos novos ramos de negócio. Tais empreendimentos em larga escala, como ferrovias, retiram em geral do mercado de trabalho determinado *quantum* de forças, que só pode provir de certos ramos, como a agricultura etc., onde sejam empregados exclusivamente rapazes fortes. Isso ainda ocorre mesmo depois de os novos empreendimentos já se terem tornado ramos de atividades estáveis e, portanto, já ter sido formada a classe trabalhadora migrante de que eles necessitam. É assim, por exemplo, que a construção de ferrovias é empreendida momentaneamente em escala maior do que a média. É absorvida parte do exército industrial de reserva, cuja pressão mantinha o salário mais baixo. Os salários sobem de modo geral, mesmo nas partes até então bem empregadas do mercado de trabalho. Isso dura até que o colapso inevitável novamente libera o exército industrial de reserva e os salários são novamente reduzidos a seu mínimo e até abaixo dele.[32]

Na medida em que a maior ou menor extensão do período de rotação depende do período de trabalho, no sentido próprio, ou seja, do período necessário para aprontar o produto para o mercado, ela se baseia nas condições materiais de produção dadas em cada um dos diferentes modos de investimento de capital, que, na agricultura, têm mais o caráter de condições naturais da produção e, na manufatura e na maior parte da indústria extrativa, variam com o desenvolvimento social do próprio processo de produção.

Na medida em que a duração do período de trabalho repousa sobre a grandeza dos fornecimentos (do volume quantitativo em que o produto é lançado em regra como mercadoria no mercado), isso tem caráter convencional. Mas a própria convenção tem por base material a escala da produção e, por isso, só é fortuita se considerada isoladamente.

Por fim, na medida em que a extensão do período de rotação depende da extensão do período de circulação, esta é, certamente, em parte condicionada pela constante variação nas conjunturas de mercado, pela maior ou menor facilidade de vender e pela necessidade decorrente de lançar, em parte, o produto em mercados mais próximos ou mais distantes. Abstraindo a amplitude da demanda em geral, o movimento dos preços desempenha aqui papel principal, pelo fato de que a venda com preços em queda é propositadamente limitada, enquanto a produção continua; inversamente, com os preços em ascensão, a produção e a venda mantêm o mesmo ritmo ou pode haver venda antecipada. Não obstante, deve ser considerada como a verdadeira base material a distância real entre local de produção e mercado de escoamento.

Por exemplo, tecidos de algodão ou fios ingleses são vendidos na Índia. O exportador pagaria ao fabricante inglês de algodão (o exportador só faz isso de bom grado quando a situação no mercado de dinheiro é boa. Quando o próprio fabricante substitui seu capital monetário por operações de crédito, as coisas já vão mal). O exportador vende mais tarde sua mercadoria no mercado indiano, de onde seu capital adiantado lhe é remetido. Até esse refluxo, a coisa toda transcorre como no caso em que a extensão do período de trabalho torna necessário um adiantamento de novo capital monetário para manter o processo de produção em andamento na escala dada. O capital monetário, com que o fabricante paga seus trabalhadores e também renova os demais elementos de seu capital circulante, não é a forma-dinheiro dos fios por ele produzidos. Isso só pode ser o caso assim que o valor desse fio reflui em dinheiro ou produto para a Inglaterra. Ele é capital monetário adicional como antes. A única diferença é que, em vez de o fabricante adiantá-lo, é o comerciante que o faz, e este talvez também o tenha obtido por meio de operações de crédito. Assim também, antes de esse dinheiro ser lançado no mercado ou simultaneamente, não foi lançado no mercado inglês um produto adicional, que possa ser comprado com esse dinheiro e que possa entrar no consumo produtivo ou individual. Caso essa situação ocorra por tempo mais longo e em escala mais ampla, então ela tem de acarretar as mesmas consequências que, anteriormente, o período de trabalho mais prolongado.

Agora é possível que na própria Índia o fio seja novamente vendido a crédito. Com esse crédito, produtos são comprados na Índia e enviados para a Inglaterra como retorno, ou uma letra de câmbio é remetida nesse montante. Caso essa situação se prolongue, surge uma pressão sobre o mercado de dinheiro indiano, cuja repercussão sobre a Inglaterra pode provocar aqui uma crise. A crise, por sua vez, mesmo quando ligada à exportação de metais nobres para a Índia, provoca nesse país nova crise por causa da bancarrota de casas comerciais inglesas e de suas filiais indianas, às quais havia sido dado crédito pelos bancos indianos. Surge assim uma crise simultânea tanto no mercado para o qual a balança comercial é *desfavorável* quanto naquele para o qual ela é *favorável*. Esse fenômeno pode ser ainda mais complicado. A Inglaterra, por exemplo, enviou barras de prata para a Índia, mas os credores ingleses da Índia cobram agora suas dívidas lá, e a Índia terá em seguida de mandar de volta suas barras de prata para a Inglaterra.

É possível que o comércio de exportação para a Índia e o de importação da Índia se compensem aproximadamente, embora o último (excetuadas circunstâncias especiais, como encarecimento do algodão etc.), no que tange a seu volume, seja determinado e estimulado pelo primeiro. A balança comercial entre Inglaterra e Índia pode parecer compensada ou revelar apenas oscilações fracas para um ou para outro lado. Mas, assim que a crise surge na Inglaterra, observa-se que os artigos de algodão não vendidos estão armazenados na Índia (portanto não se transformaram de capital-mercadoria em capital monetário – superprodução por esse lado) e que, por outro lado, na Inglaterra não só existem estoques não vendidos de produtos indianos, mas grande parte dos estoques vendidos e consumidos nem sequer ainda foi paga. O que, portanto, aparece como crise no mercado de dinheiro expressa, de fato, anomalias no próprio processo de produção e de reprodução.

Terceiro. Em relação ao próprio capital circulante aplicado (tanto variá- 1
vel quanto constante), a duração do período de rotação, na medida em
que ela deriva da duração do período de trabalho, faz essa diferença:
havendo várias rotações ao longo do ano, um elemento do capital circu-
lante variável ou constante pode ser fornecido por seu próprio produto,
como ocorre na produção de carvão, na confecção de roupas etc. Em
outro caso não, ao menos não durante o ano. 7

CAPÍTULO 17

A CIRCULAÇÃO DA MAIS-VALIA

Vimos até agora que a diversidade nos períodos de rotação produz uma diversidade na taxa anual de mais-valia, mesmo com massa constante de mais-valia produzida anualmente.

Mas, além disso, há necessariamente diversidade na capitalização da mais-valia, na *acumulação*, e, nessa medida, também, com taxa constante de mais-valia, na massa de mais-valia produzida durante o ano.

Começamos por observar agora que o capital A (no exemplo do capítulo anterior) tem uma *revenue* periódica corrente, portanto cobre, exceto no período de rotação inicial do negócio, seu próprio consumo durante o ano com sua produção de mais-valia e não precisa fazer adiantamentos de seu próprio fundo. É isso, no entanto, o que ocorre com B. Ele produz, é verdade, durante os mesmos períodos tanta mais-valia quanto A, mas a mais-valia não está realizada e, por isso, não pode ser consumida nem produtivamente. À medida que o consumo individual é considerado, a mais-valia é antecipada. É preciso adiantar fundos para isso.

Parte do capital produtivo, que é difícil de catalogar, ou seja, o capital adicional necessário para o reparo e a manutenção do capital fixo, apresenta-se agora também sob nova luz.

No caso de A, essa parte do capital – no todo ou em sua maior parte – não é adiantada no começo da produção. Não precisa estar disponível nem mesmo existir. Origina-se do próprio negócio mediante a transformação imediata de mais-valia em capital, ou seja, de sua aplicação direta como capital. Parte da mais-valia não só periodicamente produzida durante o ano, mas também realizada, pode cobrir as despesas necessárias para as reparações etc. Parte do capital necessário para a operação do negócio em sua escala original é, assim, durante o negócio, produzida pelo próprio negócio mediante capitalização de parte da mais-valia. Isso é impossível para o capitalista B. A parte do capital em questão tem de constituir para ele parte do capital originalmente adiantado. Em ambos os casos, essa parte do capital há de figurar nos livros do capitalista como capital adiantado, o que também é, já que, de acordo com nossa suposição, constitui parte do capital produtivo necessário à operação do negócio na escala dada. Mas faz grande diferença de que fundo ele é adiantado. No caso de B, ele realmente é parte do capital a ser originalmente adiantado ou mantido disponível. No caso de A, pelo contrário, ele é, como capital, parte aplicada da mais-valia. Este último caso nos mostra como não só o capital acumulado, mas também parte do capital originalmente adiantado, pode ser mera mais-valia capitalizada.

Assim que o desenvolvimento do crédito intervém, complica-se ainda mais a relação entre capital originalmente adiantado e mais-valia capitalizada. Por exemplo: A toma emprestado junto ao banqueiro C parte do capital produtivo com que começa o negócio ou o leva adiante durante o ano. Ele não tem, de antemão, capital próprio suficiente para a operação do negócio. O banqueiro C lhe empresta uma soma que consiste meramente em mais-valia depositada junto a ele pelos industriais D, E, F etc. Da perspectiva de A, não se trata ainda de capital acumulado. Mas, para D, E, F etc., de fato A é apenas um agente que capitaliza a mais-valia por eles apropriada.

Vimos, no Livro 1, cap. 22, que a acumulação, a transformação de mais-valia em capital, é, de acordo com seu conteúdo real, processo de reprodução em escala ampliada, quer essa ampliação se expresse extensivamente na figura do acréscimo de novas fábricas às antigas, quer na expansão intensiva da escala até então existente na empresa.

A ampliação da escala de produção pode ser efetuada em pequenas doses, uma vez que parte da mais-valia é aplicada em melhorias que apenas elevam a força produtiva do trabalho empregado ou permitem, ao mesmo tempo, explorá-la de modo mais intensivo. Ou também, onde a jornada de trabalho não é limitada por lei, basta um dispêndio adicional de capital circulante (em materiais de produção ou em salários) para ampliar a escala de produção, sem expandir o capital fixo, cujo tempo de uso diário só é prolongado, enquanto seu período de rotação é correspondentemente reduzido. Ou a mais-valia capitalizada pode, em conjunturas favoráveis de mercado, permitir especulações com matéria-prima, operações para as quais o capital originalmente adiantado não teria bastado etc.

Nisso é claro que lá, onde o maior número de períodos de rotação traz consigo uma realização mais frequente de mais-valia durante o ano, hão de surgir períodos em que nem a jornada de trabalho poderá ser prolongada nem poderão ser feitas melhorias em detalhes; enquanto, por outro lado, a expansão de todo o negócio em escala proporcional – em parte no que tange a toda a estrutura do negócio, as edificações, por exemplo etc., em parte pela expansão do fundo de trabalho, como na agricultura – só é possível dentro de certos limites, mais amplos ou mais estreitos, e, além disso, requer um volume de capital adicional que só uma acumulação de mais-valia por vários anos pode proporcionar.

Ao lado da acumulação real ou transformação da mais-valia em capital produtivo (e correspondente reprodução em escala ampliada) ocorre, portanto, acumulação monetária, acúmulo de parte da mais-valia como capital monetário latente que só mais tarde, assim que alcança certo volume, deve funcionar como capital ativo adicional.

Assim a coisa se coloca da perspectiva do capitalista individual. Com o desenvolvimento da produção capitalista, desenvolve-se, porém, ao mesmo tempo o sistema de crédito. O capital monetário que o capitalista ainda não pode aplicar em seu próprio negócio é aplicado por outros, dos quais ele recebe juros por isso. Funciona para ele como capital monetário em sentido específico, como uma espécie de capital distinta do capital produtivo. Mas opera como capital em outra mão. É claro que com a realização mais frequente da mais-valia e com a escala crescente em que é produzida, cresce a proporção em que novo capital monetário ou dinheiro como capital é lançado no mercado de dinheiro e, a partir daí, ao menos em grande parte, é novamente absorvido para uma produção ampliada.

A forma mais simples em que esse capital monetário latente adicional pode apresentar-se é a de tesouro. É possível que esse tesouro seja ouro ou prata adicionais, obtido direta ou indiretamente no intercâmbio com os países que produzem metais nobres. E só desse modo cresce de maneira absoluta o tesouro monetário dentro de um país. Por outro lado, é possível – e esta é a maioria dos casos – que esse tesouro seja apenas dinheiro retirado da circulação interna que, na mão de capitalistas individuais, assumiu a forma de tesouro. Além disso, é possível que esse capital monetário latente consista apenas em signos de valor – aqui ainda fazemos abstração do dinheiro creditício – ou também em meros direitos constatados por documentos legais (títulos jurídicos) do capitalista contra terceiros. Em todos esses casos, qualquer que seja a forma de existência desse capital monetário adicional, ele representa, à medida que é capital *in spe* [em expectativa], apenas títulos jurídicos adicionais, mantidos em reserva por capitalista, sobre a produção anual adicional, futura, da sociedade.

> A massa de riqueza realmente acumulada, do ponto de vista de sua grandeza, [...] é tão insignificante se comparada com as forças produtivas da sociedade a que ela pertence, qualquer que seja seu nível de civilização; ou também apenas comparada com o consumo real dessa mesma sociedade durante uns poucos anos; tão insignificante que a atenção maior dos legisladores e economistas políticos deveria dirigir-se para as forças produtivas e seu desenvolvimento livre futuro, não porém, como até agora, para a mera riqueza acumulada que salta à vista. Daquilo que é chamado de riqueza acumulada, de longe a maior parte é apenas nominal, não consistindo em quaisquer objetos reais, como navios, casas, mercadorias de algodão, melhorias na terra, mas de meros títulos jurídicos, diretos sobre as futuras forças produtivas anuais da sociedade, títulos jurídicos engendrados e perpetuados pelos expedientes

ou instituições da insegurança. [...] O uso de tais artigos (acumulação de coisas físicas ou riqueza real) como mero meio de apropriação para seus possuidores da riqueza que as futuras forças produtivas da sociedade ainda terão de criar, esse uso ser-lhes-ia tirado pouco a pouco pelas leis naturais da distribuição, sem recurso à violência; apoiadas por trabalho cooperativo (*co-operative labour*), ele ser-lhe-ia tirado em poucos anos. (William Thompson, *An Inquiry into the Principles of the Distribution of Wealth*. London, 1850, p. 453. – Esse livro apareceu pela primeira vez em 1824)

"Pouco se pensa, a maioria das pessoas nem sequer suspeita, em que proporção ínfima, seja por massa ou eficácia, as acumulações efetivas da sociedade estão para as forças produtivas humanas, até mesmo para o consumo costumeiro de uma única geração durante alguns poucos anos. A razão é óbvia, mas o efeito é muito pernicioso. A riqueza que anualmente é consumida desaparece com seu consumo; ela é vista apenas por um momento e só produz impressão enquanto está sendo usufruída ou usada. Mas a parte da riqueza que é de consumo lento, como móveis, máquinas, prédios, está diante de nossos olhos, da infância até a velhice, em monumentos perenes do esforço humano. Por força da posse dessa parte fixa, durável, só lentamente consumida, da riqueza pública do solo e das matérias-primas em que se trabalha, as ferramentas com que se trabalha, as casas que dão abrigo enquanto se trabalha – por força dessa posse os proprietários desses objetos dominam para sua própria vantagem as forças produtivas anuais de todos os trabalhadores realmente produtivos da sociedade, por mais insignificantes que sejam aqueles objetos em relação aos produtos sempre renovados desse trabalho. A população da Inglaterra e da Irlanda é de 20 milhões; o consumo médio de cada indivíduo, homem, mulher e criança, é provavelmente de cerca de 20 libras esterlinas, ao todo uma riqueza de cerca de 400 milhões de libras esterlinas, o produto de trabalho anualmente consumido. O montante do capital acumulado desses países não excede, de acordo com estimativas, 1,2 bilhão, ou seja, três vezes o produto do trabalho anual; ou, dividido igualmente, 60 libras esterlinas por cabeça. Temos mais a ver aqui com a proporção do que com os montantes absolutos mais ou menos exatos dessas somas estimativas. Os juros desse capital total bastariam para sustentar toda a população, no nível de vida atual, por cerca de dois meses num ano, e o próprio capital total acumulado (caso fossem encontrados compradores) a manteria sem trabalhar por três anos completos! Ao final desse tempo, sem casa, roupa ou comida, eles teriam de morrer de fome ou tornar-se escravos daqueles que os sustentaram durante os três anos. Assim como três anos estão para a vida de uma geração saudável, digamos de 40 anos, a magnitude e o significado da riqueza real, o capital acumulado até mesmo do país mais rico, estão para sua força produtiva, para as forças produtivas de uma única geração humana; não para o que ela poderia produzir sob ordenamentos racionais de igual segurança, particularmente com trabalho cooperativo, mas para o que ela realmente produz de modo absoluto sob os expedientes defeituosos e deprimentes da insegurança! [...] E para manter e perpetuar essa massa aparentemente poderosa do capital existente em seu estado atual de repartição forçada, ou melhor, o comando ou monopólio adquirido por meio dela sobre os produtos do trabalho anual, [...] deve toda esta horrível maquinaria, os vícios, crimes e sofrimentos da insegurança, ser perpetuada. Nada pode ser acumulado sem que primeiro as necessidades básicas estejam atendidas, e a grande corrente das inclinações humanas flui para a satisfação; daí o montante relativamente insignificante da verdadeira riqueza da sociedade em cada momento dado. É um eterno ciclo de produção e consumo. Nessa imensa massa de consumo e produção anuais, a falta da mancheia da acumulação real quase não seria sentida; e, mesmo assim, a atenção se dirigiu não para a massa de forças produtivas mas para essa mancheia da acumulação. Mas essa mancheia foi embargada por alguns poucos e transformada em ferramenta para a apropriação dos produtos anualmente sempre recorrentes do trabalho da grande massa.[I] Daí a importância decisiva de tal ferramenta para esses poucos. [...] Cerca de um terço do produto nacional anual é agora, em nome dos encargos públicos, retirado dos produtores e consumido improdutivamente por pessoas que não dão um equivalente por ele, isto é, nada que valha como tal para os produtores. [...] Os olhos da multidão contemplam espantados as massas acumuladas, especialmente se elas estão concentradas nas mãos de alguns poucos. Mas as massas anualmente produzidas, como as eternas e incalculáveis ondas de um poderoso rio, passam rolando e se perdem no olvidado oceano do consumo. E ainda assim esse eterno consumo condiciona não só todos os prazeres, mas a existência de toda a espécie humana. A quantidade e a distribuição desse produto anual deveria, antes de mais nada, ser objeto de consideração. A acumulação real é de significação totalmente secundária e adquire essa significação também quase exclusivamente por sua influência sobre a distribuição do produto anual. [...] A acumulação real e a distribuição foram aqui" (no escrito de Thompson) "sempre consideradas em relação à força produtiva e subordinadas a ela. Em quase todos os outros sistemas, a força produtiva foi considerada em relação e subordinação à acumulação e à perpetuação do modo vigente de distribuição. Comparada com a preservação do atual modo de distribuição, a sempre recorrente miséria ou bem-estar de toda a espécie humana não tem sido considerada como digna de atenção. Perpetuar os resultados da força, da fraude e do acaso, a isso chamou-se de segurança; e, para a preservação dessa segurança mentirosa,

I No original em inglês de W. Thompson: *the great majority of their Fellow-creatures*. [N. T.]

todas as forças produtivas da espécie humana foram sacrificadas sem piedade." (Ibid., pp. 440–43)

Para a reprodução, só são possíveis dois casos normais, com abstração de perturbações que impedem a própria reprodução na escala dada.

Ou ocorre reprodução em escala simples.

Ou ocorre capitulação de mais-valia, acumulação.

I. REPRODUÇÃO SIMPLES

No caso da reprodução simples, a mais-valia produzida e realizada periodicamente, ou em várias rotações dentro de um ano, é consumida individualmente, ou seja, improdutivamente, por seu dono, o capitalista.

A circunstância de que o valor-produto consiste, em parte, em mais-valia, em parte, na porção de valor formada pelo capital variável reproduzido nela, mais o capital constante consumido nela, não modifica absolutamente nada, seja no *quantum*, seja no valor do produto total que, como capital-mercadoria, entra constantemente na circulação e constantemente é retirado dela para recair no consumo produtivo ou individual, ou seja, para servir como meio de produção ou como meio de consumo. Abstraindo o capital constante, só a distribuição do produto anual entre trabalhadores e capitalistas é afetada por isso.

Mesmo supondo a reprodução simples, parte da mais-valia precisa, portanto, existir constantemente em dinheiro, e não em produto, pois senão não poderia transformar-se, tendo em vista o consumo, de dinheiro em produto. Essa transformação da mais-valia, de sua forma-mercadoria original em dinheiro, deve continuar sendo examinada aqui. Para simplificar a coisa, pressupõe-se a forma mais simples do problema, ou seja, a circulação exclusiva de dinheiro metálico, de dinheiro que é equivalente real.

Segundo as leis desenvolvidas para a circulação simples de mercadorias (Livro 1, cap. 3),[I] a massa do dinheiro metálico existente no país não deve ser suficiente apenas para circular as mercadorias. Deve ser suficiente para as oscilações da circulação monetária, que se originam, em

---

I K. Marx, *O capital: Crítica da Economia Política*, Livro 1: *O processo de produção do capital*, coord. Paul Singer, trad. Regis Barbosa e Flávio R. Kothe. São Paulo: Ubu Editora, 2025, pp. 177–79. [N. E. B.]

parte, de flutuações na velocidade de circulação, em parte, da variação de preços das mercadorias, em parte, das proporções diferentes e variáveis em que o dinheiro funciona como meio de pagamento ou como meio de circulação propriamente dito. A proporção em que a massa monetária existente se divide em tesouro e em dinheiro circulante varia constantemente, mas a massa do dinheiro é sempre igual à soma do dinheiro existente como tesouro e como dinheiro circulante. Essa massa de dinheiro (massa de metal nobre) é um tesouro da sociedade pouco a pouco acumulado. À medida que parte desse tesouro se consome por desgaste, precisa ser reposta anualmente como qualquer outro produto. Isso acontece, na realidade, mediante intercâmbio direto ou indireto de parte do produto anual do país pelo produto dos países produtores de ouro e prata. Esse caráter internacional da transação vela, contudo, a simplicidade de seu transcurso. Para reduzir, portanto, o problema a sua expressão mais simples e transparente, deve-se pressupor que haja produção de ouro e de prata no próprio país, que, portanto, produção de ouro e de prata constitua parte da produção social total dentro de cada país.

Abstraindo o ouro e a prata produzidos para artigos de luxo, o mínimo de sua produção anual tem de ser igual ao desgaste provocado pela circulação monetária anual do dinheiro metálico. Além disso: caso cresça a soma do valor da massa de mercadorias anualmente produzida e circulada, então também precisa crescer a produção anual de ouro e prata, à medida que a soma acrescida de valor das mercadorias em circulação e a massa monetária exigida para sua circulação (e a correspondente formação de tesouro) não é compensada por maior velocidade de circulação do dinheiro e por uma função mais ampla do dinheiro como meio de pagamento, ou seja, por maior compensação recíproca das compras e vendas sem intervenção de dinheiro real.

Parte da força de trabalho social e parte dos meios de produção sociais precisam ser, portanto, despendidas anualmente na produção de ouro e prata.

Os capitalistas que se dedicam à produção de ouro e prata – e partimos aqui do pressuposto da reprodução simples –, e que só a exercem dentro dos limites do desgaste médio anual e do consumo médio anual de ouro e prata causado por ele, lançam sua mais-valia, que, conforme nosso pressuposto, consomem anualmente sem capitalizar nada, diretamente na circulação em forma-dinheiro que, para eles, é a forma natural, e não, como nos demais ramos da produção, a forma transmutada do produto.

Além disso, no que tange ao salário – a forma-dinheiro em que o capital variável é adiantado –, aqui também é igualmente reposto, não pela venda do produto, por sua transformação em dinheiro, mas por um produto cuja forma natural é de antemão a forma-dinheiro.

Por fim, isso também ocorre com a parte do produto de metais nobres, que é igual à parte do capital constante periodicamente consumida, tanto do capital constante circulante quanto do capital constante fixo consumido durante o ano.

Consideremos o ciclo ou, no caso específico, a rotação do capital investido na produção de metais nobres, primeiro sob a forma $D–M \dots P \dots D'$. À medida que, em $D–M$, o M não consiste apenas em força de trabalho e meios de produção, mas também em capital fixo, do qual apenas parte é gasta em P, é claro que D' – o produto – é uma soma de dinheiro igual ao capital variável despendido em salários, mais o capital constante circulante despendido em meios de produção, mais a parte do valor do capital fixo desgastado, mais a mais-valia. Caso a soma fosse menor, com o valor geral do ouro constante, o investimento em mineração seria improdutivo ou – se este fosse em geral o caso – no futuro o valor do ouro, comparado com as mercadorias cujo valor não se modifica, subiria; ou seja, os preços das mercadorias cairiam, portanto, no futuro, a soma de dinheiro desembolsada em $D–M$ seria menor.

Consideremos inicialmente apenas a parte circulante do capital adiantado em D, o ponto de partida de $D–M \dots P \dots D'$: determinada soma de dinheiro é adiantada, lançada na circulação para pagamento de força de trabalho e para compra de matérias de produção. Mas, mediante o ciclo *desse* capital, ela não volta a ser retirada da circulação para ser, de novo, nela lançada. O produto em sua forma natural já é dinheiro, não precisando, portanto, mediante o intercâmbio, mediante um processo de circulação, ser transformado em dinheiro. Ele sai do processo de produção para a esfera da circulação não na forma de capital-mercadoria que se retransforma em capital monetário, mas como capital monetário que se retransforma em capital produtivo, isto é, que deve comprar de novo força de trabalho e materiais de produção. A forma-dinheiro do capital circulante, consumido em força de trabalho e meios de produção, não é reposta pela venda do produto, mas pela forma natural do próprio produto, portanto não por nova retirada de seu valor da circulação em forma-dinheiro, mas por dinheiro adicional, recém-produzido.

Suponhamos que esse capital seja = 500 libras esterlinas, o período de rotação = 5 semanas, o período de trabalho = 4 semanas, o período de circulação apenas = 1 semana. De antemão precisa ser adiantado dinheiro para 5 semanas, em parte como estoque da produção, em parte como reserva, para ser pouco a pouco pago em salários. No início da 6ª semana refluíram 400 libras esterlinas e 100 libras esterlinas estão liberadas. Isso se repete constantemente. Aqui, como anteriormente, durante certo tempo de rotação, 100 libras esterlinas estarão constantemente na forma liberada. Mas elas se constituem em dinheiro adicional recém-produzido, exatamente como as outras 400 libras esterlinas. Aqui tínhamos 10 rotações ao ano e o produto anual produzido é = 5 000 libras esterlinas em ouro. (O período de circulação não surge aqui do tempo necessário para a transformação da mercadoria em dinheiro, mas do necessário para a transformação de dinheiro nos elementos de produção.)

No caso de qualquer outro capital de 500 libras esterlinas, que rota sob as mesmas condições, a forma-dinheiro constantemente renovada é a forma transmutada do capital-mercadoria produzido, que a cada 4 semanas é lançado na circulação e que por sua venda – portanto por meio da retirada periódica do *quantum* de dinheiro, sob cuja forma ingressou originalmente no processo – recupera sempre de novo essa forma-dinheiro. Aqui, pelo contrário, em cada período de rotação nova massa de dinheiro adicional de 500 libras esterlinas é lançada do próprio processo de produção na circulação, para retirar constantemente dela materiais de produção e força de trabalho. Esse dinheiro lançado na circulação não lhe é novamente retirado pelo ciclo desse capital, mas ainda multiplicado mediante massas de ouro produzidas constantemente de novo.

Consideremos a parte variável desse capital circulante e admitamos, como acima, que ele seja = 100 libras esterlinas, então, na produção habitual de mercadorias, essas 100 libras esterlinas seriam suficientes em rotação décupla para pagar constantemente a força de trabalho. Aqui, na produção de dinheiro, a mesma soma é suficiente; mas o refluxo de 100 libras esterlinas, com que a força de trabalho é paga a cada 5 semanas, não é aqui a forma transmutada de seu produto, mas uma parte de seu próprio produto sempre renovado. O produtor de ouro paga a seus trabalhadores diretamente com uma parte do ouro por eles mesmos produzido. As 1 000 libras esterlinas assim desembolsadas a cada ano em força de trabalho e lançadas na circulação pelos trabalhadores não voltam por isso, pela circulação, a seu ponto de partida.

No que tange, além disso, ao capital fixo, este exige, no primeiro investimento no negócio, o dispêndio de um capital monetário maior, que, portanto, é lançado na circulação. Como todo capital fixo, ele só flui de volta parceladamente, no transcorrer de anos. Mas ele reflui como parcela direta do produto, do ouro, e não pela venda do produto e de sua conversão em ouro assim efetivada. Ele recebe, portanto, paulatinamente, sua forma-dinheiro não pela retirada de dinheiro da circulação, mas pela acumulação de parte correspondente do produto. O capital monetário assim reconstituído não é uma soma de dinheiro, retirada paulatinamente da circulação para compensar a soma de dinheiro originalmente lançada nela em troca de capital fixo. É uma massa adicional de dinheiro.

Por fim, no que tange à mais-valia, ela também é igual a uma parte do novo produto-ouro que, a cada novo período de rotação, é lançado na circulação para, segundo nosso pressuposto, ser gasto improdutivamente, alienado em pagamento de meios de subsistência e objetos de luxo.

Mas, de acordo com o pressuposto, toda essa produção anual de ouro – por meio da qual são retirados constantemente do mercado força de trabalho e materiais de produção, mas não dinheiro, e lhe é constantemente fornecido dinheiro adicional – apenas repõe o dinheiro desgastado durante o ano, portanto somente mantendo completa a massa social de dinheiro que existe de maneira constante, ainda que em porções variáveis, nas duas formas de tesouro e de dinheiro que se encontram na circulação.

De acordo com a lei da circulação de mercadorias, a massa monetária tem de ser igual à massa monetária exigida para a circulação mais um *quantum* de dinheiro que se encontra em forma de tesouro e que, conforme a contração ou expansão da circulação, aumenta ou diminui, mas que também serve para a formação do fundo necessário de reserva de meios de pagamento. O que precisa ser pago em dinheiro – na medida em que não ocorra compensação dos pagamentos – é o valor das mercadorias. Que parte desse valor consista em mais-valia, ou seja, que não tenha custado nada ao vendedor das mercadorias, não altera absolutamente nada na coisa. Supondo que os produtores sejam todos proprietários autônomos de seus meios de produção, ocorre, portanto, circulação entre os próprios produtores diretos. Abstraindo a parte constante de seu capital, poder-se-ia dividir seu mais-produto anual, em analogia com o regime capitalista, em duas partes: uma (*a*) que repõe meramente seus meios de subsistência necessários; a outra (*b*) que eles consomem parcialmente em produtos de luxo, parcialmente aplicam para ampliar a produção. (*a*) representa, então, o capital variável, (*b*) a mais-valia. Mas essa divisão ficaria sem nenhuma influência sobre a grandeza da massa monetária exigida para a circulação de seu produto total. Com as demais circunstâncias constantes, o valor da massa circulante de mercadorias seria o mesmo, portanto também a massa monetária requerida para ele. Havendo igual distribuição dos períodos de rotação, também teriam de ter as mesmas reservas de dinheiro, ou seja, a mesma parte de seu capital constantemente em forma-dinheiro, já que, tanto depois quanto antes, conforme o pressuposto, sua produção seria produção de mercadoria. Portanto, a circunstância de que parte do valor-mercadoria consista em mais-valia não muda absolutamente nada na massa monetária necessária para a operação do negócio.

Um adversário de Tooke, que se atém à forma *D–M–D'*, pergunta-lhe como o capitalista faz para retirar constantemente da circulação mais dinheiro do que lança nela. Entenda-se bem. Não se trata aqui da

1 *formação* da mais-valia. Esta, que constitui o único mistério, é evidente da perspectiva capitalista. A soma de valor aplicada não seria capital se não se enriquecesse com uma mais-valia. Já que ela, de acordo com o pressuposto, é capital, a mais-valia é evidente por si mesma.

Portanto, a pergunta não é: de onde vem a mais-valia? Mas: de onde vem o dinheiro para que ela se converta em moeda corrente?

7 Mas, na Economia burguesa, a existência da mais-valia é evidente por si mesma. Portanto, ela não só é suposta, mas, com ela, pressupõe-se, além disso, que parte da massa de mercadorias lançada na circulação consiste em mais-produto, portanto representa um valor que o capitalista não lançou com seu capital na circulação; que o capitalista lança, por conseguinte, com seu produto na circulação, um excedente sobre seu capital e também retira novamente dela esse excedente.

4 O capital-mercadoria que o capitalista lança na circulação tem maior valor (de onde isso vem não é explicado ou entendido, mas *c'est un fait* [é um fato] da perspectiva dele mesmo) do que o capital produtivo que, em força de trabalho mais meios de produção, ele retirou da circulação. Com esse pressuposto, portanto, é claro por que não só o capitalista A, mas também B, C, D etc. podem, mediante o intercâmbio de sua mercadoria, retirar constantemente da circulação mais valor do que o valor
1 de seu capital originalmente e sempre de novo adiantado. A, B, C, D etc. lançam constantemente na circulação um valor-mercadoria maior – essa operação é tão multilateral quanto os capitais que funcionam automaticamente –, em forma de capital-mercadoria, do que retiram dela em forma de capital produtivo. Eles têm, portanto, de dividir constantemente uma soma de valor (ou seja, cada um precisa retirar, por sua vez, da circulação um capital produtivo) igual à soma de valor de seus respectivos capitais
8 produtivos adiantados; ou têm de dividir, também de modo constante, uma soma de valor, que eles lançam de modo igualmente multilateral em forma-mercadoria, com excedente respectivo do valor da mercadoria sobre o valor de seus elementos de produção, na circulação.

Mas o capital-mercadoria, antes de sua retransformação em capital produtivo e antes do desembolso da mais-valia nele contida, precisa ser convertido em moeda corrente. De onde vem o dinheiro para isso? Essa
5 pergunta, à primeira vista, parece difícil, e nem Tooke nem qualquer outro a respondeu até agora.

Suponhamos que o capital circulante adiantado em forma do capital monetário de 500 libras esterlinas, qualquer que seja seu período de rotação, seja o capital total circulante da sociedade, isto é, da classe capitalista. Que a mais-valia seja de 100 libras esterlinas. Ora, como pode toda a classe capitalista retirar constantemente 600 libras esterlinas da
2 circulação, se ela constantemente lança nela apenas 500 libras esterlinas?

Depois que o capital monetário de 500 libras esterlinas tiver se transformado em capital produtivo, dentro do processo de produção, ele se transforma em valor-mercadoria de 600 libras esterlinas e, na circulação, encontra-se não só um valor-mercadoria de 500 libras esterlinas, igual ao capital monetário originalmente adiantado, mas uma mais-valia recém-produzida de 100 libras esterlinas.

Essa mais-valia adicional de 100 libras esterlinas foi lançada na circulação em forma-mercadoria. Sobre isso não existe nenhuma dúvida. Mas, mediante a mesma operação, não é fornecido o dinheiro adicional para a circulação desse valor-mercadoria adicional.

É preciso, agora, não procurar escapar à dificuldade por meio de subterfúgios plausíveis.

Por exemplo: no que tange ao capital circulante constante, é então claro que nem todos o desembolsam ao mesmo tempo. Enquanto o capitalista A vende sua mercadoria, portanto, para ele, capital adiantado assume forma-dinheiro, para o comprador B, inversamente, seu capital disponível em forma-dinheiro assume a forma de seus meios de produção, que justamente A produz. Mediante o mesmo ato, pelo qual A volta a dar a seu capital-mercadoria produzido a forma-dinheiro, B volta a dar ao seu a forma produtiva, transmutando-o da forma-dinheiro em meios de produção e força de trabalho; a mesma soma de dinheiro funciona no processo bilateral como em qualquer compra simples *M–D*. Por outro lado, se A transforma o dinheiro de novo em meios de produção, ele compra de C e este paga B com isso etc. Assim o processo ficaria, então, explicado. Mas:

Todas as leis enunciadas em relação ao *quantum* de dinheiro circulante na circulação de mercadorias (Livro 1, cap. 3) não são, de modo algum, modificadas pelo caráter capitalista do processo de produção.

Se, portanto, é dito que o capital circulante da sociedade, a ser adiantado em forma-dinheiro, importa em 500 libras esterlinas, já se levou em conta que, por um lado, essa é a soma que havia sido simultaneamente adiantada, mas que, por outro, essa soma põe mais capital produtivo em movimento do que 500 libras esterlinas, porque ela serve alternadamente como fundo monetário de diferentes capitais produtivos. Esse modo de explicação já pressupõe, portanto, como existente o dinheiro cuja existência ele deve explicar.

Além disso, poderia ser dito: o capitalista A produz artigos que o capitalista B consome individual e improdutivamente. O dinheiro de B converte em moeda corrente, portanto, o capital-mercadoria de A, servindo a mesma soma de dinheiro, assim, para a conversão em moeda corrente da mais-valia de B e do capital constante circulante de A. Aqui, a solução da pergunta que deve ser respondida está, porém, suposta ainda mais diretamente. Ou seja: de onde obtém B esse dinheiro que forma sua *revenue*? Como converteu ele mesmo em moeda corrente essa parte da mais-valia de seu produto? –

Além disso, poderia ser dito que a parte do capital variável circulante, que A constantemente adianta a seus trabalhadores, reflui para ele constantemente da circulação; e só uma parte variável dela permanece constantemente com ele mesmo para pagamento dos salários. Entre o desembolso e o refluxo transcorre, no entanto, um certo tempo, durante o qual o dinheiro pago em salários também pode, entre outras coisas, servir para a conversão de mais-valia em moeda corrente. – Mas sabemos, primeiro, que, quanto maior esse tempo, tanto maior deve ser também a massa do estoque monetário que o capitalista A constantemente precisa manter *in petto* [de reserva]. Segundo, o trabalhador gasta o dinheiro, compra mercadorias com ele, converte, portanto, em moeda corrente a mais-valia contida nessas mercadorias *pro tanto*. Portanto, o mesmo dinheiro que é adiantado em forma de capital variável serve *pro tanto* também para converter mais-valia em moeda corrente. Sem entrar ainda mais nessa questão, aqui só o seguinte: que o consumo de toda a classe capitalista e das pessoas improdutivas dela dependentes ande passo a passo, simultaneamente, com o da classe trabalhadora; portanto, com o dinheiro lançado pelos trabalhadores na circulação, precisa ao mesmo tempo ser lançado dinheiro na circulação pelos capitalistas para gastarem sua mais-valia como *revenue*; portanto, dinheiro precisa ser para isso retirado da circulação. A explicação há pouco dada só iria diminuir o *quantum* assim necessário, não o eliminaria.

Por fim, poderia ser dito: constantemente é lançado na circulação um grande *quantum* de dinheiro com o primeiro investimento do capital fixo, o qual só paulatina e parceladamente, no transcorrer de anos, é novamente retirado por aquele que o lançou. Será que essa soma não pode ser suficiente para converter a mais-valia em moeda corrente? – A resposta a isso é que talvez, na soma de 500 libras esterlinas (que também inclui entesouramento para fundos de reserva necessários), já esteja compreendida a aplicação dessa soma como capital fixo, se não por aquele que a lançou, então por outrem. Além disso, na soma que é despendida para a aquisição dos produtos que servem como capital fixo, já está pressuposto que também a mais-valia contida nessas mercadorias foi paga, e a pergunta que se faz é de onde vem esse dinheiro.

A resposta geral já está dada: se uma massa de mercadorias de $x \times 1000$ libras esterlinas deve circular, então não altera nada no *quantum* da soma de dinheiro necessário para essa circulação se o valor dessa massa de mercadorias contém mais-valia ou não, se a massa de mercadorias é produzida de modo capitalista ou não. *O próprio problema, portanto, não existe*. Sendo dadas as demais condições, velocidade de circulação do dinheiro etc., determinada soma de dinheiro é exigida para circular o valor-mercadoria de $x \times 1000$ libras esterlinas, de forma totalmente independente da circunstância de se muito ou pouco desse valor cabe ao produtor imediato dessas mercadorias. Na medida em que aqui existe um problema, ele coincide com o problema geral: de onde provém a soma de dinheiro necessária à circulação das mercadorias num país.

No entanto, do ponto de vista da produção capitalista, existe a *aparência* de um problema especial. Aqui o capitalista é, na verdade, quem aparece como o ponto de partida, por quem o dinheiro é lançado na circulação. O dinheiro de que o trabalhador despende para o pagamento de seus meios de subsistência existe antes como forma-dinheiro do capital variável e, por isso, é lançado originalmente pelo capitalista na circulação como meio de compra ou de pagamento da força de trabalho. Além disso, o capitalista lança na circulação o dinheiro que, originalmente, constitui para ele a forma-dinheiro de seu capital constante fixo e fluido; ele o gasta como meio de compra ou de pagamento por meios de trabalho e materiais de produção. Mas, para além disso, o capitalista já não aparece como ponto de partida da massa monetária que se encontra na circulação. Agora existem apenas dois pontos de partida: o capitalista e o trabalhador. Todas as terceiras categorias de pessoas, necessariamente, recebem dinheiro dessas duas classes por serviços prestados ou, à medida que o recebem sem contrapartida, são coproprietários da mais-valia em forma de renda, juros etc. Que a mais-valia não permaneça inteiramente no bolso do capitalista industrial, mas que este tenha de reparti-la com outras pessoas, não tem nada a ver com a questão em pauta. Pergunta-se como ele converte sua mais-valia em moeda corrente, não como o dinheiro obtido se reparte posteriormente. Portanto, em nosso caso, o capitalista precisa ser ainda considerado como o único dono da mais-valia. No que tange ao trabalhador, já foi dito que ele é apenas um ponto de partida secundário, mas o capitalista é o ponto de partida primário do dinheiro lançado na circulação pelo trabalhador. O dinheiro de início adiantado como capital variável já percorre sua segunda circulação quando o trabalhador o despende para o pagamento de meios de subsistência.

A classe dos capitalistas continua a ser, portanto, o único ponto de partida da circulação monetária. Se ela precisa de 400 libras esterlinas para o pagamento de meios de produção e 100 libras esterlinas para o pagamento da força de trabalho, então ela lança 500 libras esterlinas na circulação. Mas a mais-valia contida no produto, com uma taxa de mais-valia de 100%, é igual a um valor de 100 libras esterlinas. Como pode ela retirar 600 libras esterlinas constantemente da circulação se lança constantemente só 500 libras esterlinas nela? Nada vem de nada.

O conjunto da classe dos capitalistas não pode retirar nada da circulação que não tenha sido antes lançada nela.

Aqui se abstrai o fato de que a soma de dinheiro de 400 libras esterlinas talvez baste, com rotação décupla, para circular meios de produção no valor de 4000 libras esterlinas e trabalho no valor de 1000 libras esterlinas, e que as restantes 100 libras esterlinas possam também bastar para a circulação da mais-valia de 1000 libras esterlinas. Essa proporção da soma de dinheiro para o valor-mercadoria circulado por ela nada tem a ver com a coisa. O problema permanece o mesmo. Caso não ocorressem diversas circulações da mesma peça monetária, então teriam de ser lançadas 5000 libras esterlinas na circulação como capital e 1000 libras esterlinas seriam necessárias para converter a mais-valia em moeda corrente. Pergunta-se de onde vem esse último dinheiro, se agora são 1000 ou 100 libras esterlinas. De qualquer modo é um excedente sobre o capital monetário lançado na circulação.

De fato, por mais paradoxal que isso possa parecer à primeira vista, a própria classe capitalista lança o dinheiro na circulação que serve para a realização da mais-valia contida nas mercadorias. Mas, *nota bene* [note-se bem], ela não o lança como dinheiro adiantado, portanto não como capital. Ela o gasta como meio de compra para seu consumo individual. Não é, portanto, adiantado por ela, embora ela seja o ponto de partida de sua circulação.

Tomemos um capitalista individual que inaugura seu negócio, por exemplo um arrendatário. Durante o primeiro ano, ele adianta, digamos, um capital monetário de 5000 libras esterlinas, em pagamento de meios de produção (4000 libras esterlinas) e da força de trabalho (1000 libras esterlinas). Que a taxa de mais-valia seja de 100%, a mais-valia por ele apropriada = 1000 libras esterlinas. As 5000 libras esterlinas acima incluem todo o dinheiro que ele adianta como capital monetário. Mas o homem também precisa viver e não recebe dinheiro antes do fim do ano. Que seu consumo monte a 1000 libras esterlinas, estas ele tem de possuir. Diz, por certo, que precisa adiantar essas 1000 libras esterlinas durante o primeiro ano. Esse adiantamento – que aqui só tem sentido subjetivo – quer dizer apenas que ele tem de cobrir seu consumo individual, no primeiro ano, de seu próprio bolso, em vez de fazê-lo com a produção grátis de seus trabalhadores. Ele não adianta esse dinheiro como capital. Ele o desembolsa, paga-o com um equivalente em meios de subsistência que consome. Esse valor é desembolsado por ele em dinheiro, lançado na circulação e dela retirado em valores-mercadorias. Esses valores-mercadorias ele consumiu. Deixou, portanto, de estar em qualquer relação com seu valor. O dinheiro com que ele o pagou existe como elemento do dinheiro circulante. Mas ele retirou o valor desse dinheiro da circulação em produtos e, com os produtos nos quais ele existia, também está aniquilado seu valor. Ele se acabou. Agora, ao final do ano, lança na circulação um valor-mercadoria de 6 000 libras esterlinas e o vende. Com isso fluem de volta para ele: 1) seu capital monetário adiantado de 5 000 libras esterlinas; 2) a mais-valia, convertida em moeda corrente, de 1 000 libras esterlinas. Ele adiantou 5 000 libras esterlinas como capital, lançou-as na circulação e dela retira 6 000 libras esterlinas: 5 000 libras esterlinas pelo capital de 1 000 libras esterlinas pela mais-valia. Essas últimas 1 000 libras esterlinas foram convertidas em moeda corrente com o dinheiro que ele mesmo lançou na circulação não como capitalista, mas como consumidor, dinheiro que não adiantou, mas gastou. Elas voltam agora para ele como forma-dinheiro da mais-valia por ele produzida. E, de agora em diante, essa operação se repete anualmente. Mas, a partir do segundo ano, as 1 000 libras esterlinas que ele gastou são constantemente a forma transmutada, a forma-dinheiro da mais-valia por ele produzida. Ele as gasta anualmente, e elas fluem de volta igualmente a cada ano.

Caso seu capital rotasse com mais frequência durante o ano, isso nada alteraria na coisa, mas sim na extensão do tempo e, por isso, na grandeza da soma que ele teria de lançar, além de seu capital monetário adiantado, na circulação para seu consumo individual.

Esse dinheiro não é lançado pelo capitalista na circulação como capital. Mas pertence ao caráter do capitalista que ele seja capaz de viver, até o refluxo da mais-valia, dos meios que se encontram em sua posse.

Nesse caso foi suposto que a soma de dinheiro que o capitalista, até o primeiro refluxo de seu capital, lança na circulação para cobrir seu consumo individual é exatamente igual à mais-valia por ele produzida e precisa, então, ser convertida em moeda corrente. Isso é, evidentemente, em relação ao capitalista individual, uma suposição arbitrária. Mas ela deve ser correta para o conjunto da classe capitalista, no pressuposto da reprodução simples. Ela só expressa o mesmo que essa suposição denota, ou seja, que toda a mais-valia, mas só ela, portanto nenhuma fração do estoque original de capital, é consumida improdutivamente.

Supôs-se, acima, que a produção total de metais preciosos (supostamente = 500 libras esterlinas) só basta para repor o desgaste do dinheiro.

Os capitalistas produtores de ouro possuem todo o seu produto em ouro, tanto a parte dele que repõe o capital constante quanto a que repõe o capital variável, como também a que consiste em mais-valia. Parte da mais-valia social consiste, portanto, em ouro, não em produto que só dentro da circulação se converte em ouro. Ele consiste desde o início em ouro e é lançado na circulação para retirar produtos dela. O mesmo vale aqui para o salário, o capital variável e a reposição do capital constante adiantado. Se, portanto, parte da classe capitalista lança um valor-mercadoria na circulação maior (no montante da mais-valia) do que o capital monetário adiantado por ela, então outra parte dos capitalistas lança na circulação um valor monetário maior (no montante da mais-valia) do que o valor-mercadoria que eles constantemente retiram da circulação para a produção do ouro. Se parte dos capitalistas bombeia constantemente mais dinheiro para fora da circulação do que nela injeta, então a parte produtora de ouro bombeia constantemente mais dinheiro para dentro do que retira dela em meios de produção.

Embora, desse produto de 500 libras esterlinas de ouro, parte seja mais-valia dos produtores de ouro, é a soma toda, no entanto, que está destinada a somente repor o dinheiro necessário à circulação das mercadorias; quanto dela converte a mais-valia das mercadorias em moeda corrente, quanto converte seus demais componentes de valor, é nesse caso indiferente.

Se se desloca a produção de ouro do país para outros países, isso não muda absolutamente nada na coisa. Parte da força de trabalho social e dos meios de produção sociais no país A está transformada em produto, por exemplo em linho no valor de 500 libras esterlinas, que é levado para o país B a fim de comprar ouro lá. O capital produtivo, assim empregado no país A, lança pouca mercadoria, distinta de dinheiro, no mercado do país A, como se tivesse sido aplicado diretamente na produção de ouro. Esse produto de A se apresenta em 500 libras esterlinas de ouro e só entra como dinheiro na circulação do país A. A parte da mais-valia social que esse produto contém existe diretamente em dinheiro e, para o país A, nunca de outro modo que não na forma de dinheiro. Embora para os capitalistas que produzem ouro só parte do produto represente mais-valia e outra parte represente a reposição de capital, pelo contrário, a questão de saber quanto desse ouro, afora o capital constante circulante, repõe capital variável e quanto representa mais-valia depende exclusivamente das proporções respectivas que salário e mais-valia constituem do valor das mercadorias em circulação. A parte que constitui mais-valia distribui-se entre os diversos membros da classe capitalista. Embora ela seja despendida constantemente por eles para o consumo individual e seja novamente embolsada pela venda de novos produtos – exatamente essa compra e venda é que faz com que em geral só circule entre eles mesmos o dinheiro necessário à conversão da mais-valia em ouro –, ainda assim parte da mais-valia social se encontra, embora em porções variáveis, na forma de dinheiro no bolso dos capitalistas, exatamente como parte do salário, ao menos durante uma parte da semana, mantém-se na forma de dinheiro no bolso dos trabalhadores. E essa parte não é limitada por aquela parte do produto de ouro que originalmente constitui a mais-valia dos capitalistas produtores de ouro, mas, como já foi dito, pela proporção em que o produto acima, de 500 libras esterlinas, se reparte em geral entre capitalistas e trabalhadores e em que proporção o valor-mercadoria a circular consiste em mais-valia e nos outros componentes do valor.

Contudo, a parte da mais-valia que não existe em outras mercadorias, mas ao lado dessas outras mercadorias, em dinheiro, só consiste em uma parte do ouro produzido anualmente à medida que parte da produção anual de ouro circula para a realização da mais-valia. A outra parte do dinheiro que continuamente se encontra, em porções variáveis, como forma-dinheiro de sua mais-valia nas mãos da classe capitalista não é elemento do ouro anualmente produzido, mas das massas de dinheiro anteriormente acumuladas no país.

Conforme nossa suposição, a produção anual de ouro, 500 libras esterlinas, apenas basta exatamente para repor o dinheiro anualmente desgastado. Se, portanto, nos fixarmos apenas nessas 500 libras esterlinas e abstrairmos a parte da massa de mercadorias anualmente produzida, para cuja circulação serve o dinheiro anteriormente acumulado, então a mais-valia produzida em forma-mercadoria encontra dinheiro disponível na circulação para sua conversão em ouro já porque, de outro lado, anualmente é produzida mais-valia em forma de ouro. O mesmo vale para as outras partes do produto de ouro de 500 libras esterlinas que repõem o capital monetário adiantado.

Agora é preciso notar aqui duas coisas.

Segue, primeiro: a mais-valia despendida em dinheiro pelos capitalistas, bem como o capital variável e o resto do capital produtivo por eles adiantado em dinheiro, é, de fato, produto dos trabalhadores, na verdade dos trabalhadores ocupados na produção de ouro. Eles produzem, como nova, tanto a parte do produto de ouro que lhes é "adiantada" como salário quanto a parte do produto de ouro em que a mais-valia dos produtores de ouro capitalistas se apresenta diretamente. No que tange, por fim, à parte do produto de ouro que repõe o valor-capital constante adiantado para sua produção, ela só reaparece em forma de ouro (de modo geral, num produto) mediante o trabalho anual dos trabalhadores. No começo do negócio, foi originalmente despendida pelos capitalistas em dinheiro, o qual não era recém-produzido, mas constituía parte da massa de dinheiro social circulante. À medida que, pelo contrário, é reposta por novo produto, ouro adicional, ela é o produto anual do trabalhador. O adiantamento por parte do capitalista aparece também apenas como uma forma que surge do fato de que o trabalhador não é dono de seus próprios meios de produção nem dispõe, durante a produção, dos meios de subsistência produzidos por outros trabalhadores.

Segundo: no que concerne à massa de dinheiro que existe independentemente dessa reposição anual de 500 libras esterlinas e que se encontra, em parte, em forma de tesouro, em parte, em forma de dinheiro circulante, as coisas devem ocorrer com ela, ou melhor, devem ter ocorrido originalmente como continuam a ocorrer a cada ano com essas 500 libras esterlinas. Voltaremos a esse ponto ao término desta subseção. Antes ainda algumas outras observações.

Quando se examinou a rotação viu-se que, com as demais circunstâncias constantes, a variação na grandeza dos períodos de rotação torna necessárias massas variáveis de capital monetário para efetivar a produção na mesma escala. A elasticidade da circulação monetária precisa ser, portanto, suficientemente grande para se ajustar a essa variação entre expansão e contração.

Se supomos, além disso, as demais circunstâncias constantes – também constantes a extensão, a intensidade e a produtividade da jornada de trabalho –, mas *divisão alterada do produto-valor* entre salário e mais-valia, de modo que o primeiro sobe e a segunda cai ou vice-versa, a massa do dinheiro circulante não é afetada por isso. Essa variação pode ocorrer sem nenhuma expansão ou contração da massa monetária que se encontra em circulação. Consideremos particularmente o caso em que o salário de modo geral suba e, portanto – sob as condições pressupostas –, a taxa de mais-valia caia de modo geral e, além disso, também de acordo com os pressupostos, não ocorra nenhuma variação no valor da massa de mercadorias em circulação. Nesse caso, cresce o capital monetário que precisa ser adiantado como capital variável, portanto a massa monetária que serve nessa função. Mas exatamente na quantia em que cresce a massa monetária requerida para a função do capital variável, exatamente nessa quantia decresce a mais-valia, portanto também a massa de dinheiro necessária para sua realização. A soma da massa monetária necessária à realização do valor-mercadoria é tão pouco afetada quanto o próprio valor-mercadoria. O preço de custo da mercadoria sobe para o capitalista individual, mas seu preço de produção social permanece inalterado. O que se modifica é a proporção em que, abstraindo a parte constante do valor, o preço de produção das mercadorias se reparte em salário e lucro.

Mas, diz-se, um maior desembolso de capital monetário variável (o valor do dinheiro é naturalmente pressuposto constante) significa que há uma massa maior de recursos monetários nas mãos dos trabalhadores. Daí decorre maior demanda de mercadorias por parte dos trabalhadores.

Consequência ulterior é a elevação do preço das mercadorias. – Ou se diz: sobe o salário, então os capitalistas elevam os preços de suas mercadorias. – Em ambos os casos, a elevação geral do salário ocasiona a elevação dos preços das mercadorias. Daí ser necessária maior massa de dinheiro para circular as mercadorias, quer se explique de um ou de outro modo a elevação dos preços.

Resposta à primeira versão: devido aos salários em elevação, com efeito crescerá a demanda dos trabalhadores de meios de subsistência necessários. Em grau menor, sua demanda de artigos de luxo aumentará ou surgirá uma demanda de artigos que antes não estavam no âmbito de seu consumo. A demanda súbita e elevada a uma escala mais ampla de meios de subsistência necessários não poderá deixar de elevar, momentaneamente, seu preço. Consequência disso: uma parte maior do capital social será empregada na produção de meios de subsistência necessários, uma parte menor na produção de artigos de luxo, já que os últimos caem em preço por causa da mais-valia diminuída e, portanto, da demanda diminuída dos capitalistas. Na medida em que, por outro lado, os próprios trabalhadores compram artigos de luxo, a elevação de seu salário – dentro dessa medida – não afeta a elevação do preço dos meios de subsistência necessários, apenas desloca os compradores de mercadorias de luxo. Mais mercadorias de luxo do que até então entram no consumo dos trabalhadores e, proporcionalmente, menos no consumo dos capitalistas. *Voilà tout* [Isso é tudo]. Após algumas oscilações, circula uma massa de mercadorias do mesmo valor que antes. – No que tange às oscilações momentâneas, terão como resultado apenas lançar na circulação interna capital monetário desocupado e que, até então, buscava ocupação em empreendimentos especulativos na Bolsa ou no exterior.

Resposta à segunda versão: caso estivesse nas mãos dos produtores capitalistas elevar a seu bel-prazer os preços de suas mercadorias, então eles poderiam e iriam fazê-lo também sem a elevação dos salários. O salário nunca iria subir com os preços das mercadorias em queda. A classe capitalista nunca se oporia aos *trade unions* [sindicatos], pois sempre e em todas as circunstâncias ela poderia fazer o que agora, excepcionalmente, sob determinadas circunstâncias especiais, por assim dizer locais, ela realmente faz – ou seja, aproveitar cada elevação do salário para elevar os preços das mercadorias em grau muito mais alto e, portanto, embolsar um lucro maior.

A afirmação de que os capitalistas podem aumentar os preços dos artigos de luxo porque a demanda decresce (devido à demanda reduzida dos capitalistas, cujos meios de compra desses artigos diminuíram) seria uma aplicação bem original da lei da oferta e da demanda. Na medida em que não ocorre mero deslocamento dos compradores de tais artigos, trabalhadores em vez de capitalistas – e, na medida em que esse deslocamento ocorre, a demanda dos trabalhadores não afeta a elevação do preço dos meios de subsistência necessários, pois a parte do salário adicional que os trabalhadores gastam em artigos de luxo eles não podem despender em meios de subsistência necessários –, caem os preços dos artigos de luxo devido à demanda reduzida. Em decorrência disso, capital é retirado de sua produção até que sua oferta seja reduzida à medida que corresponda a seu papel modificado no processo social de produção. Com essa produção mais reduzida, esses artigos sobem – com seu valor, de resto, inalterado – novamente até seus preços normais. Enquanto ocorre essa contração ou esse processo de compensação, com os preços dos meios de subsistência em elevação, a mesma quantia de capital é adicionada com a mesma constância à produção destes últimos e retirada de outros ramos da produção, até que a demanda esteja satisfeita. Então volta o equilíbrio, e o fim de todo o processo é que o capital social, e, portanto, também o capital monetário, é repartido entre a produção de meios de subsistência necessários e a de artigos de luxo em proporção alterada.

Toda essa objeção é um rebate falso dos capitalistas e de seus economistas sicofantas.

Os fatos que dão pretexto a esse rebate falso são de três espécies:

1) É uma lei geral da circulação monetária que, quando sobe a soma do preço das mercadorias em circulação – quer esse aumento da soma dos preços ocorra para a mesma massa de mercadorias, quer para uma massa maior –, mantendo-se as demais circunstâncias constantes, cresce a massa do dinheiro em circulação. Confunde-se agora o efeito com a causa. O salário sobe (ainda que rara e só excepcionalmente de modo proporcional) com o preço crescente dos meios de subsistência necessários. Sua subida é consequência, e não causa, da elevação dos preços das mercadorias.

2) Com uma elevação parcial ou local do salário – ou seja, elevação apenas em ramos isolados da produção –, pode ocorrer, em consequência, uma elevação local dos preços dos produtos desses ramos. Mas mesmo isso depende de muitas circunstâncias. Por exemplo, de que o salário não estava aqui anormalmente comprimido e, portanto, a taxa de lucro não era anormalmente elevada, de que o mercado para essas mercadorias não se estreita devido à elevação dos preços (portanto, para sua elevação de preço não é necessária uma contração prévia de sua oferta) etc.

3) Com elevação geral do salário, sobe o preço das mercadorias produzidas em ramos industriais em que o capital variável prepondera, mas, em compensação, cai naqueles em que prepondera o capital constante, ou seja, o fixo.

Na circulação simples de mercadorias (Livro 1, cap. 3, [parte] 2) mostrou-se que – ainda que, dentro da circulação de cada *quantum* determinado de mercadorias, sua forma-dinheiro seja apenas evanescente –, na metamorfose de uma mercadoria, o dinheiro que desaparece das mãos de um ocupa necessariamente seu lugar nas mãos de outro; portanto, que não só em primeira instância as mercadorias são intercambiadas ou se repõem umas às outras multilateralmente, mas também que essa reposição é mediada e acompanhada por uma precipitação multilateral de dinheiro. "A substituição de mercadoria por mercadoria deixa, ao mesmo tempo, a mercadoria monetária nas mãos de um terceiro. A circulação exsuda, constantemente, dinheiro" (Livro 1).[I] O mesmo e idêntico fato se expressa, na base da produção capitalista de mercadorias, de tal modo que parte do capital existe constantemente em forma de capital monetário e parte da mais-valia se encontra constantemente também em forma-dinheiro nas mãos de seus possuidores.

Abstraindo isso, o *curso do dinheiro* – ou seja, o *refluxo* do dinheiro a seu ponto de partida –, à medida que constitui um momento da rotação do capital, é um fenômeno completamente diverso, até mesmo antitético à *circulação do dinheiro*,[33] que expressa seu constante *distanciamento* do ponto de partida por uma série de mãos (Livro 1).[II] Mesmo assim, rotação acelerada implica *eo ipso* [por isso mesmo] circulação acelerada.

Primeiro: no que tange ao capital variável: se, por exemplo, um capital monetário de 500 libras esterlinas rota dez vezes ao ano em forma de capital variável, então é claro que essa parte alíquota da massa monetária circulante circula uma soma de valor dez vezes maior = 5000 libras esterlinas. Circula dez vezes ao ano entre capitalista e trabalhador. O trabalhador é pago e paga dez vezes ao ano com a mesma parte alíquota da massa monetária em circulação. Caso esse capital variável, com a mesma escala da produção, rotasse uma vez ao ano, então só ocorreria uma única circulação de 5000 libras esterlinas.

Além disso: se a parte constante do capital circulante = 1000 libras esterlinas; se o capital rota dez vezes, então o capitalista vende sua mercadoria dez vezes ao ano, portanto também a parte circulante constante de seu valor. A mesma parte alíquota da massa monetária circulante (= 1000 libras esterlinas) passa dez vezes ao ano das mãos de seus possuidores para as do capitalista. Essas são dez mudanças de lugar desse dinheiro de uma mão para outra. Segundo: o capitalista compra dez vezes ao ano meios de produção; isso constitui outras dez circulações do dinheiro de uma mão para outra. Com dinheiro na importância de 1000 libras

---

I K. Marx, *O capital*, Livro 1, op. cit., p. 159. [N. E. B.]

II Ibid., p. 160. [N. E. B.]

esterlinas, mercadoria no valor de 10 000 libras esterlinas é vendida e mercadoria por 10 000 libras esterlinas é de novo comprada pelo capitalista industrial. Mediante a circulação das 1 000 libras esterlinas vinte vezes, um estoque de mercadorias de 20 000 libras esterlinas é circulado.

Finalmente, com rotação acelerada, também a parte de dinheiro que realiza a mais-valia circula mais rapidamente.

Por outro lado, circulação mais rápida de dinheiro não implica, inversamente, rotação mais rápida de capital e, portanto, também rotação de dinheiro, ou seja, não implica necessariamente redução e renovação mais rápida do processo de reprodução.

Circulação mais rápida de dinheiro ocorre toda vez que maior massa de transações é realizada com a mesma massa de dinheiro. Esse também pode ser o caso com períodos iguais de reprodução do capital, em decorrência da alteração das instituições técnicas, para a circulação monetária. Além disso, a massa de transações, nas quais circula dinheiro, pode aumentar sem expressar um intercâmbio mercantil real (operações diferenciais na Bolsa etc.). Por outro lado, circulações de dinheiro podem desaparecer completamente. Por exemplo, onde o agricultor é também proprietário fundiário, não ocorre circulação de dinheiro entre o arrendatário e o proprietário fundiário; onde o capitalista industrial é, ele próprio, proprietário do capital, não ocorre circulação entre ele e o fornecedor de crédito.

No que se refere à formação original de um tesouro monetário num país, como também à apropriação do mesmo por alguns poucos, é desnecessário entrar aqui em mais pormenores.

O modo de produção capitalista – como sua base é o trabalho assalariado, também o é o pagamento do trabalhador em dinheiro e, sobretudo, a transformação das prestações *in natura* em prestações monetárias – só pode desenvolver-se num âmbito maior e numa estruturação mais profunda, onde haja, dentro do país, uma massa de dinheiro disponível suficiente para a circulação e para o entesouramento (fundo de reserva etc.) por ele condicionado. Isso é pressuposto histórico, embora a coisa não deva ser entendida no sentido de que primeiro é constituída uma massa de tesouro suficiente e, então, começa a produção capitalista. Pelo contrário, ele se desenvolve simultaneamente com o desenvolvimento de suas condições, e uma dessas condições é a oferta suficiente de metais preciosos. Por isso o aumento da oferta de metais preciosos constitui, desde o século XVI, um momento essencial na história do desenvolvimento da produção capitalista. À medida que, no entanto, se trata da continuidade da oferta necessária de material monetário à base do modo de produção capitalista, lança-se, por um lado, na circulação, mais-valia em produto sem haver o dinheiro necessário para sua conversão em moeda corrente e, por outro, é lançada mais-valia em ouro sem transformação anterior de produto em dinheiro.

As mercadorias adicionais, que têm de transformar-se em dinheiro, encontram a soma de dinheiro necessária porque, por outro lado, não pelo intercâmbio mas pela própria produção, é lançado ouro (e prata) adicional na circulação que tem de transformar-se em mercadorias.

II. ACUMULAÇÃO E REPRODUÇÃO AMPLIADA

Na medida em que a acumulação ocorre em forma de reprodução em escala ampliada, é claro que não oferece nenhum problema novo em relação à circulação de dinheiro.

De início, no que tange ao capital monetário adicional, requerido para o funcionamento do crescente capital produtivo, ele é fornecido pela parte da mais-valia realizada que é lançada como capital monetário, em vez de como forma-dinheiro da *revenue*, na circulação pelos capitalistas. O dinheiro já está nas mãos dos capitalistas. Só sua aplicação é diferente.

Mas agora, em decorrência do capital produtivo adicional, é lançada na circulação, como seu produto, uma massa adicional de mercadorias. Com essa massa adicional de mercadorias foi lançada, ao mesmo tempo, na circulação, parte do dinheiro adicional necessário a sua realização, particularmente à medida que o valor dessa massa de mercadorias é igual ao valor do capital produtivo consumido em sua produção. Essa massa de dinheiro adicional foi adiantada exatamente como capital monetário adicional e, por isso, flui de volta para o capitalista mediante a rotação de seu capital. Aqui ressurge a mesma pergunta anterior. De onde provém o dinheiro adicional para realizar a mais-valia adicional agora disponível em forma-mercadoria?

A resposta geral volta a ser a mesma. A soma de preços da massa de mercadorias em circulação é aumentada não porque subiram os preços de dada massa de mercadorias, mas porque a massa das mercadorias agora em circulação é maior do que a das mercadorias anteriormente em circulação, sem que isso seja compensado por uma queda dos preços. O dinheiro adicional exigido para a circulação dessa massa maior de mercadorias de valor maior tem de ser suprido ou economizando mais a massa monetária circulante – seja mediante compensação dos pagamentos etc., seja mediante recursos que acelerem a circulação das mesmas peças monetárias – ou, então, mediante a transformação de dinheiro de forma de tesouro em forma circulante. Esta última alternativa não implica apenas que capital monetário em alqueive entre em funcionamento como meio de compra ou de pagamento; que capital monetário que já funcione como fundo de reserva, enquanto realiza para seu dono a função de fundo de reserva, para a sociedade circule ativamente (como no caso de depósitos em bancos que são constantemente emprestados), desempenhando, portanto, dupla função – mas também que seja economizado o fundo de reserva estagnado em moeda.

"Para que o dinheiro enquanto moeda flua constantemente, a moeda tem de coagular-se constantemente em dinheiro. A circulação constante da moeda é condicionada por seu constante estancamento em porções maiores ou menores, em fundos de reserva de moedas que surgem em todas as partes dentro da circulação e, ao mesmo tempo, a condicionam, fundos cuja formação, distribuição, dissolução e reconstituição variam sempre, cuja existência constantemente desaparece, cujo desaparecimento se dá constantemente. Adam Smith expressou essa incessante transformação de moeda em dinheiro e de dinheiro em moeda afirmando que todo possuidor de mercadorias, além da mercadoria específica que ele vende, deve ter sempre em reserva certa soma da mercadoria geral com que ele compra. Vimos que, na circulação *M–D–M*, o segundo membro *D–M* se fragmenta constantemente numa série de compras que não se completam de uma só vez, mas sucessivamente no tempo, de modo que uma porção de *D* circula como moeda, enquanto outra descansa como dinheiro. O dinheiro é aqui, de fato, apenas moeda suspensa, e os componentes individuais da massa circulante de moedas aparecem sempre, alternativamente, ora em uma, ora em outra forma. Essa primeira transformação do meio de circulação em dinheiro representa, por isso, um momento apenas técnico da circulação monetária." (Karl Marx, *Zur Kritik der politischen Oekonomie* [Para a crítica da Economia Política], 1859, pp. 105–06. – "Moeda", em oposição a dinheiro, é aqui usado para designar o dinheiro em sua função de mero meio de circulação, em oposição a suas demais funções.)

Na medida em que todos esses meios não são suficientes, precisa ocorrer produção adicional de ouro ou, o que acaba dando no mesmo, parte do produto adicional é, direta ou indiretamente, intercambiada por ouro, o produto dos países produtores de metais preciosos.

A soma total da força de trabalho e dos meios sociais de produção, que é despendida na produção anual de ouro e prata como instrumentos da circulação, constitui uma pesada rubrica dos *faux frais* [falsos custos] do modo de produção capitalista, em geral dos modos baseados na produção de mercadorias. Ela subtrai ao usufruto social uma soma correspondente de meios potencialmente adicionais de produção e de consumo, ou seja, da riqueza real. À medida que – com uma escala dada e constante da produção ou um grau dado de sua expansão – os custos dessa onerosa maquinaria de circulação são reduzidos, na mesma medida a força produtiva do trabalho social é elevada. Portanto, à medida que os expedientes que se desenvolvem com o sistema de crédito surtem esse efeito, eles aumentam diretamente a riqueza capitalista, seja porque graças a eles grande parte do processo social de produção e de trabalho é efetuada sem nenhuma intervenção de dinheiro real, seja porque por seu intermédio se eleva a capacidade funcional da massa monetária realmente em funcionamento.

Com isso liquida-se também a questão absurda de saber se a produção capitalista, em seu volume atual, seria possível sem o sistema de crédito (mesmo o considerando só *desse* ponto de vista), isto é, com circulação meramente metálica. Obviamente não é esse o caso. Ela teria, antes, encontrado barreiras no volume da produção de metais preciosos. Por outro lado, não se devem alimentar concepções místicas sobre a força produtiva do sistema de crédito, à medida que põe capital monetário à disposição ou o mobiliza. O desenvolvimento ulterior disso não cabe aqui.

É preciso considerar agora o caso em que não ocorre acumulação real, ou seja, ampliação imediata da escala de produção, mas parte da mais-valia realizada é acumulada como fundo de reserva monetário por um período maior ou menor, para ser mais tarde transformada em capital produtivo.

Na medida em que o dinheiro que assim se acumula é adicional, a coisa é evidente. Só pode ser parte do ouro excedente importado dos países produtores de ouro. É preciso observar, a propósito, que o produto nacional, em troca do qual se importa esse ouro, já não existe no país. Foi enviado ao exterior em troca de ouro.

Caso se suponha, pelo contrário, que depois como antes existe a mesma massa de dinheiro no país, então o dinheiro acumulado e em acumulação procede da circulação: só sua função se transformou. De dinheiro circulante se transformou em capital monetário latente, em formação paulatina.

O dinheiro que aqui é acumulado é a forma-dinheiro da mercadoria vendida, e precisamente da parte de seu valor que representa mais-valia para seu possuidor. (O sistema de crédito é aqui pressuposto como inexistente.) O capitalista que acumulou esse dinheiro, vendeu *pro tanto* sem comprar.

Caso se conceba esse procedimento de modo parcial, então não há nada a explicar nele. Parte dos capitalistas retém parte do dinheiro recebido pela venda de seu produto, sem retirar por ele produto do mercado. Outra parte, pelo contrário, transforma seu dinheiro, com exceção do capital monetário constantemente recorrente, necessário ao processo de produção, totalmente em produto. Parte do produto lançado no mercado como portador de mais-valia consiste em meios de produção ou em elementos reais do capital variável, ou seja, em meios de subsistência necessários. Pode, portanto, servir de imediato para ampliar a produção. Pois de modo algum se supõe que uma parte dos capitalistas acumula capital monetário, enquanto a outra consome totalmente sua mais-valia, mas somente que uma parte efetua sua acumulação em forma-dinheiro, constitui capital monetário latente, enquanto a outra realmente acumula, isto é, amplia a escala da produção, realmente expande seu capital produtivo. A massa monetária disponível continua suficiente para as necessidades da circulação, mesmo se alternadamente uma parte dos capitalistas acumula dinheiro, enquanto a outra amplia a escala da produção, e vice-versa. A acumulação monetária de um lado também pode transcorrer sem dinheiro sonante, mediante a mera acumulação de títulos de crédito.

Mas a dificuldade surge quando pressupomos a acumulação não parcial mas geral de capital monetário na classe capitalista. Além dessa classe, de acordo com nosso pressuposto – dominação geral e exclusiva da produção capitalista –, não existe ao todo nenhuma outra classe, apenas a classe trabalhadora. Tudo o que a classe trabalhadora compra é igual à soma de seus salários, igual à soma do capital variável adiantado pelo conjunto da classe capitalista. Esse dinheiro flui de volta para a última, mediante a venda de seu produto à classe trabalhadora. Seu capital variável obtém, por meio disso, novamente sua forma-dinheiro. Que a soma do capital variável seja $= x \times 100$ libras esterlinas, isto é, não a soma do capital variável adiantado no ano, mas sim a do aplicado; se, com muito ou pouco dinheiro, conforme a velocidade de rotação, esse valor-capital variável é adiantado durante o ano, em nada altera a questão agora considerada. Com essas $x \times 100$ libras esterlinas de capital, a classe capitalista compra certa massa de força de trabalho ou paga salários a certo número de trabalhadores – primeira transação. Os trabalhadores compram com a mesma soma um *quantum* de mercadorias dos capitalistas e, com isso, a soma de $x \times 100$ libras esterlinas flui de volta às mãos dos capitalistas – segunda transação. E isso se repete constantemente. A soma de $x \times 100$ libras esterlinas nunca pode, portanto, capacitar a classe trabalhadora a comprar a parte do produto na qual o capital constante se apresenta, muito menos em que se apresenta a mais-valia da classe capitalista. Os trabalhadores só podem comprar com as $x \times 100$ libras esterlinas parte do valor do produto social que é igual à parte do valor em que se apresenta o valor do capital variável adiantado.

Abstraindo o caso em que essa acumulação monetária multilateral nada expressa além da distribuição do metal precioso importado adicional, qualquer que seja a proporção, entre os diversos capitalistas individuais – como a classe capitalista inteira poderia, pois, acumular dinheiro?

Eles teriam, todos, de vender parte de seu produto sem comprar de novo. Que todos tenham determinado fundo de dinheiro, o qual eles lançam como meio de circulação para seu consumo na circulação e do qual certa parte reflui da circulação novamente para cada um deles não é nada misterioso. Mas esse fundo de dinheiro existe, então, precisamente como fundo de circulação pela conversão da mais-valia em moeda corrente, mas de nenhum modo como capital monetário latente.

Se se considera a coisa como ela se verifica na realidade, então o capital monetário latente que é acumulado para uso posterior consiste em:

1) Depósitos em bancos: e é uma soma de dinheiro relativamente reduzida da qual o banco realmente dispõe. Aqui, o capital monetário acumulado é apenas nominal. O que realmente está acumulado são créditos monetários, que só são conversíveis em moeda corrente (à medida que chegam a ser convertidos em moeda corrente) porque ocorre um equilíbrio entre o dinheiro sacado e o dinheiro depositado. O que se encontra como dinheiro nas mãos do banco é apenas uma soma relativamente pequena.

2) Títulos públicos. Estes não são capital ao todo, mas meros créditos sobre o produto anual da nação.

3) Ações. À medida que não constituem fraude, são títulos de propriedade sobre um capital real pertencente a uma corporação e de direito sobre a mais-valia que dele flui anualmente.

Em todos esses casos não há acumulação de dinheiro, mas o que aparece como acumulação de capital monetário, por um lado, aparece como dispêndio constante, real, de dinheiro, por outro. Que o dinheiro seja gasto por aquele a quem pertence ou por outros, seus devedores, não muda nada na coisa toda.

Na base da produção capitalista, o entesouramento como tal nunca é finalidade em si, mas resultado de uma paralisação da circulação – em que massas de dinheiro maiores do que as costumeiras assumem a forma de tesouro –, ou de acumulações condicionadas pela rotação, ou, por fim, o tesouro só é formação de capital monetário, provisoriamente em forma latente, cuja determinação é funcionar como capital produtivo.

Se, portanto, de um lado, parte da mais-valia realizada em dinheiro é retirada da circulação e acumulada como tesouro, então, ao mesmo tempo, outra parte da mais-valia é transformada em capital produtivo. Com exceção da distribuição do metal precioso adicional entre a classe capitalista, a acumulação em forma-dinheiro nunca ocorre simultaneamente em todos os pontos.

Para a parte do produto anual que representa mais-valia em forma-mercadoria vale exatamente o mesmo que para a outra parte do produto anual. Para sua circulação certa soma de dinheiro é requerida. Essa soma de dinheiro pertence à classe dos capitalistas tanto quanto a massa de mercadorias anualmente produzida, que representa mais-valia. Ela é originalmente lançada na circulação pela própria classe capitalista. Ela se reparte constantemente de novo entre os capitalistas por meio da própria circulação. Como na circulação da moeda em geral, parte dessa massa estanca em pontos constantemente em mudança, enquanto outra circula constantemente. Se parte dessa acumulação é proposital para formar capital monetário, nada muda na coisa.

Aqui se fez abstração das aventuras da circulação, pelas quais um capitalista captura parte da mais-valia e mesmo do capital de outro, surgindo, portanto, uma acumulação e uma centralização unilaterais tanto de capital monetário quanto de capital produtivo. Assim, por exemplo, parte da mais-valia capturada, que A acumula como capital monetário, pode ser uma fração da mais-valia de B, que não reflui para ele.

SEÇÃO III

A REPRODUÇÃO E A CIRCULAÇÃO DO CAPITAL SOCIAL TOTAL

CAPÍTULO 18[34]

INTRODUÇÃO

I. OBJETO DA INVESTIGAÇÃO

O processo direto de produção do capital é seu processo de trabalho e de valorização, o processo cujo resultado é o produto-mercadoria e cujo motivo determinante é a produção de mais-valia.

O processo de reprodução do capital abrange tanto esse processo direto de produção como ambas as fases do processo de circulação propriamente dito, isto é, o ciclo completo, que, como processo periódico – processo que se repete em períodos determinados sempre de novo –, constitui a rotação do capital.

Quer consideremos o ciclo na forma *D...D'*, quer na forma *P...P*, o processo direto de produção *P* constitui sempre apenas um elo desse ciclo. Em uma dessas formas, ele aparece como mediação do processo de circulação, na outra, é o processo de circulação que aparece como sua mediação. Sua constante renovação, a constante reapresentação do capital como capital produtivo, é em ambos os casos condicionada por suas transformações no processo de circulação. Por outro lado, o processo de produção constantemente renovado é a condição das transformações, pelas quais o capital passa sempre de novo na esfera de circulação, de sua apresentação alternante como capital monetário e como capital-mercadoria.

Cada capital individual constitui, entretanto, apenas uma fração autonomizada do capital social total, dotada, por assim dizer, de vida individual, da mesma maneira que cada capitalista individual constitui apenas um elemento individual da classe capitalista. O movimento do capital social consiste na totalidade dos movimentos de suas frações autonomizadas, das rotações dos capitais individuais. Tal como a metamorfose da mercadoria individual é um elo da série de metamorfoses do mundo das mercadorias – da circulação de mercadorias –, assim a metamorfose do capital individual, sua rotação, é um elo no ciclo do capital social.

Esse processo completo abrange tanto o consumo produtivo (o processo direto de produção), juntamente com as transmutações de forma (materialmente consideradas, intercâmbios) que o medeiam, como o consumo individual com as mudanças de forma ou intercâmbio que o medeiam. Abrange, por um lado, a conversão do capital variável em força de trabalho e, portanto, a incorporação da força de trabalho no processo capitalista de produção. Aqui, o trabalhador aparece como vendedor de sua mercadoria, a força de trabalho, e o capitalista como comprador da mesma. Por outro lado, porém, na venda das mercadorias está implícita a compra das mesmas pela classe trabalhadora, como seu consumo individual. Aí a classe trabalhadora aparece como compradora, e os capitalistas como vendedores de mercadorias aos trabalhadores.

A circulação do capital-mercadoria implica a circulação da mais-valia, portanto as compras e vendas, por meio das quais os capitalistas medeiam seu consumo individual, o consumo da mais-valia.

O ciclo dos capitais individuais, considerados em sua síntese como capital social, portanto, em sua totalidade, abrange não só a circulação do capital, mas também a circulação geral das mercadorias. Esta última, originalmente, só pode compor-se de dois elementos: 1) do próprio ciclo do capital e 2) do ciclo das mercadorias que entram no consumo individual, portanto das mercadorias nas quais o trabalhador despende seu salário e o capitalista sua mais-valia (ou parte dela). Em todo caso, o ciclo do capital abrange também a circulação da mais-valia, à medida que esta constitui parte do capital-mercadoria, e igualmente a transformação do capital variável em força de trabalho, o pagamento de salários. Mas o dispêndio dessa mais-valia e desses salários em mercadorias não constitui elo da circulação do capital, embora pelo menos o dispêndio do salário condicione essa circulação.

No Livro 1 foi analisado o processo de produção capitalista como ato isolado e como processo de reprodução: a produção de mais-valia e a produção do próprio capital. As mudanças de forma e substância, pelas quais o capital passa dentro da esfera da circulação, foram pressupostas, sem nos determos mais nelas. Foi, pois, pressuposto que o capitalista, por um lado, vende o produto por seu valor, por outro lado, encontra na esfera da circulação os meios materiais de produção para recomeçar o processo ou para nele prosseguir ininterruptamente. O único ato dentro da esfera da circulação em que tivemos de nos deter foi a compra e venda da força de trabalho como condição básica da produção capitalista.

Na Seção I deste Livro 2 foram consideradas as diferentes formas que o capital assume em seu ciclo e as diferentes formas desse mesmo ciclo. Ao tempo de trabalho considerado no Livro 1 se acrescenta agora o tempo de circulação.

Na Seção II, o ciclo foi examinado como sendo periódico, isto é, como rotação. Por um lado, mostrou-se como os diferentes componentes do capital (fixo e circulante) efetuam o ciclo das formas em prazos diferentes e de maneira diferente; por outro lado, foram investigadas as circunstâncias que condicionam a duração diversa do período de trabalho e do período de circulação. Mostrou-se a influência do período do ciclo e das diferentes proporções entre suas partes componentes tanto sobre o volume do próprio processo de produção como sobre a taxa anual de mais-valia. De fato, se na Seção I foram consideradas principalmente as formas sucessivas que o capital em seu ciclo continuamente assume e abandona, na Seção II considerou-se como, dentro desse fluxo e sucessão de formas, um capital de determinada grandeza se reparte simultaneamente, embora em proporções variáveis, nas diversas formas de capital produtivo, capital monetário e capital-mercadoria, de modo que não apenas elas se alternam reciprocamente, mas também diversas partes do valor-capital total se encontram e funcionam constantemente, uma ao lado da outra, nesses diferentes estados. O capital monetário, em particular, se apresentou de um modo peculiar que não se mostrou no Livro 1. Foram encontradas determinadas leis, pelas quais componentes de grandezas diferentes de dado capital, conforme as condições da rotação, precisam ser constantemente adiantados e renovados sob a forma de capital monetário, para manter um capital produtivo de dado volume continuamente em funcionamento.

Tanto na Seção I como na II, tratava-se sempre apenas de um capital individual, do movimento de uma parte autonomizada do capital social.

Os ciclos dos capitais individuais, porém, se entrelaçam, se supõem e se condicionam reciprocamente, constituindo, justamente nesse entrelaçamento, o movimento do capital social total. Do mesmo modo que na circulação simples de mercadorias a metamorfose completa de uma mercadoria aparecia como elo da série de metamorfoses do mundo das mercadorias, apresenta-se aqui a metamorfose do capital individual como elo da série de metamorfoses do capital social. Mas, se a circulação simples de mercadorias de modo algum incluía necessariamente a circulação do capital – pois ela pode realizar-se com base em produção não capitalista –, o ciclo do capital social total abrange, como já observamos, também aquela circulação de mercadorias que não cai no ciclo do capital individual, isto é, a circulação de mercadorias que não constituem capital.

Temos de examinar agora o processo de circulação (que em sua totalidade é forma do processo de reprodução) dos capitais individuais como componentes do capital social total, portanto o processo de circulação desse capital social total.

II. O PAPEL DO CAPITAL MONETÁRIO

{Apesar de o assunto que segue pertencer a uma seção posterior desta parte, queremos analisá-lo imediatamente, a saber: o capital monetário considerado como parte componente do capital social total.}

Quando do exame da rotação do capital individual, o capital monetário mostrou-se sob dois aspectos.

Primeiro: Constitui a forma na qual cada capital individual aparece em cena e inaugura seu processo como capital. Aparece, portanto, como *primus motor* [primeiro motor], dando impulso a todo o processo.

Segundo: Conforme a duração diferente do período de rotação e a proporção diferente entre seus dois componentes – período de trabalho e período de circulação –, a parte componente do valor-capital adiantado que tem de ser adiantada e renovada continuamente em forma-dinheiro difere em proporção ao capital produtivo que ela põe em movimento, isto é, em proporção à escala contínua da produção. Qualquer que seja, porém, essa proporção, a parte do valor-capital em processo, que pode funcionar continuamente como capital produtivo, está, sob todas as circunstâncias, limitada pela parte do valor-capital adiantado, que tem de se encontrar continuamente em forma-dinheiro ao lado do capital produtivo. Trata-se aqui apenas da rotação normal, uma média abstrata. Abstrai-se nisso o capital monetário adicional empregado para compensar paralisações da circulação.

Sobre o primeiro ponto. A produção de mercadorias pressupõe a circulação de mercadorias, e a circulação de mercadorias pressupõe a representação da mercadoria como dinheiro, a circulação do dinheiro; a duplicação da mercadoria em mercadoria e dinheiro é uma lei da representação do produto como mercadoria. Do mesmo modo, a produção capitalista de mercadorias pressupõe – considerando-se tanto social como individualmente – o capital em forma-dinheiro ou o capital monetário como *primus motor* para cada novo negócio iniciante e como motor contínuo. O capital circulante, em especial, pressupõe o aparecimento continuamente repetido em curtos períodos de tempo do capital monetário como motor. Todo o valor-capital adiantado, isto é, todos os componentes do capital que consistem em mercadoria, tais como força de trabalho, meios de trabalho e materiais para a produção, precisam ser continuamente comprados e recomprados com dinheiro. O que vale aqui para o capital individual vale para o capital social, que funciona apenas na forma de muitos capitais individuais. Entretanto, como já se demonstrou no Livro 1, não segue daí, de modo algum, que o campo de funcionamento do capital, a escala da produção, dependa – mesmo sobre base capitalista em seus limites *absolutos* – do volume do capital monetário em funcionamento.

Ao capital são incorporados elementos da produção, cuja expansão, dentro de certos limites, é independente da grandeza do capital monetário adiantado. Com o mesmo pagamento da força de trabalho, esta pode ser mais explorada intensiva ou extensivamente. Se o capital monetário, com essa exploração maior, for aumentado (isto é, se o salário sobe), não o será proporcionalmente, portanto não o será *pro tanto* ao todo.

A matéria natural explorada produtivamente – que não constitui elemento do valor do capital –, terra, mar, minerais, florestas etc., é explorada com maior empenho do mesmo número de forças de trabalho mais extensiva ou intensivamente sem multiplicação do adiantamento de capital monetário. Os elementos reais do capital produtivo são assim multiplicados, sem necessidade de um complemento de capital monetário. À medida que este se torna necessário para comprar materiais auxiliares adicionais, o capital monetário em que o valor-capital é adiantado não é multiplicado proporcionalmente ao aumento da eficácia do capital produtivo, portanto não o é *pro tanto* ao todo.

Os mesmos meios de trabalho, portanto o mesmo capital fixo, podem ser utilizados tanto ao prolongar-se seu tempo diário de uso como ao intensificar-se sua aplicação com maior eficácia, sem dispêndio adicional de dinheiro em capital fixo. Ocorre, então, apenas uma rotação mais rápida do capital fixo, mas os elementos de sua reprodução são também fornecidos mais rapidamente.

Abstraindo a matéria natural, forças naturais, que nada custam, podem ser incorporadas como agentes ao processo de produção com maior ou menor eficácia. O grau de sua eficácia depende de métodos e progressos científicos que nada custam ao capitalista.

O mesmo vale para a combinação social da força de trabalho no processo de produção e para as habilidades acumuladas dos trabalhadores individuais. Carey calcula que o proprietário fundiário jamais recebe o suficiente, porque não lhe é pago todo o capital, ou seja, o trabalho, que desde tempos imemoriais foi aplicado ao solo para dar-lhe sua atual capacidade de produção. (Da capacidade de produção que lhe é retirada, naturalmente nada se fala.) De acordo com isso, o trabalhador individual deveria ser pago de acordo com o trabalho que custou a toda a espécie humana fazer de um selvagem um mecânico moderno. Dever-se-ia pensar ao contrário: Se se calcula todo o trabalho não pago, mas convertido em moeda corrente pelos proprietários fundiários e capitalistas, que está aplicado no solo, então todo o capital aplicado no solo foi devolvido muitas e muitas vezes e com juros usurários, portanto a propriedade fundiária já foi comprada de volta pela sociedade muitas e muitas vezes.

O aumento das forças produtivas do trabalho, à medida que não pressupõe dispêndio adicional de valor-capital, aumenta, na verdade, em primeira instância, apenas a massa do produto, não seu valor, exceto na medida em que permite reproduzir mais capital constante com o mesmo trabalho, portanto manter seu valor. Mas esse aumento forma, ao mesmo tempo, nova matéria para o capital, portanto a base para uma acumulação multiplicada do capital.

À medida que a organização do próprio trabalho social, portanto o aumento da força produtiva social do trabalho, exige que se produza em maior escala, e, por conseguinte, capital monetário é adiantado em grandes massas pelo capitalista individual, já foi demonstrado no Livro 1[I] que isso ocorre, em parte, pela centralização dos capitais em poucas mãos, sem que o volume dos valores-capital em funcionamento, e consequentemente também o volume do capital monetário em que aqueles são adiantados, tenha de crescer em termos absolutos. A grandeza dos capitais individuais pode crescer por meio da centralização em poucas mãos, sem que sua soma social cresça. Isso é apenas uma partição modificada dos capitais individuais.

Finalmente, foi demonstrado na seção anterior que a redução do período de rotação permite pôr em movimento, com menos capital monetário, o mesmo capital produtivo, ou com o mesmo capital monetário mais capital produtivo.

Mas tudo isso, evidentemente, não tem nada a ver com a questão propriamente dita do capital monetário. Mostra apenas que o capital adiantado – dada soma de valor que em sua forma livre, em sua forma-valor, consiste em certa soma de dinheiro –, depois de sua transformação em capital produtivo, inclui potências produtivas cujos limites não são dados pelos limites de seu valor, mas que podem atuar, dentro de certa margem de ação, diferentemente em extensão ou intensidade. Os preços dos elementos da produção – dos meios de produção e da força de trabalho – sendo dados, fica determinada a grandeza do capital monetário necessária para comprar determinado *quantum* desses elementos da produção existentes como mercadorias. Ou seja, a grandeza de valor do capital a ser adiantado é determinada. Mas a extensão em que esse capital atua como formador de valor e produto é elástica e variável.

Sobre o segundo ponto. Que a parte do trabalho e dos meios de produção sociais que anualmente tem de ser despendida na produção ou na compra de dinheiro, a fim de substituir as moedas desgastadas, constitui, *pro tanto*, uma dedução do volume da produção social é evidente. Mas, no que tange ao valor monetário que funciona, em parte, como meio de circulação, e, em parte, como tesouro, ele já está presente, adquirido, está presente ao lado da força de trabalho, dos meios de produção produzidos e das fontes naturais da riqueza. Não pode ser considerado como limite

---

I K. Marx, *O capital: Crítica da Economia Política*, Livro 1: *O processo de produção do capital*, coord. Paul Singer, trad. Regis Barbosa e Flávio R. Kothe. São Paulo: Ubu Editora, 2025, pp. 555–59. [N. E. B.]

dos mesmos. Mediante sua transformação em elementos da produção, por intercâmbio com outros povos, a escala de produção poderia ser ampliada. Isso pressupõe, entretanto, que o dinheiro, depois como antes, desempenhe seu papel como dinheiro mundial.

Conforme a grandeza do período de rotação, maior ou menor massa de capital monetário é necessária para pôr em movimento o capital produtivo. Do mesmo modo, vimos que a divisão do período de rotação em tempo de trabalho e tempo de circulação condiciona um aumento do capital latente ou suspenso em forma-dinheiro.

Na medida em que o período de rotação é determinado pela extensão do período de trabalho, ele é determinado, permanecendo as demais circunstâncias constantes, pela natureza material do processo de produção, portanto não pelo caráter social específico desse processo de produção. Sobre a base da produção capitalista, entretanto, operações mais extensas, de duração mais longa, condicionam maiores adiantamentos de capital monetário, por tempo mais longo. A produção em tais esferas depende, portanto, dos limites dentro dos quais o capitalista individual dispõe de capital monetário. Essa barreira é rompida pelo sistema de crédito e pelas associações a ele conectadas, por exemplo as sociedades por ações. Perturbações no mercado de dinheiro paralisam, portanto, tais negócios, enquanto esses mesmos negócios, por sua vez, provocam perturbações no mercado de dinheiro.

Sobre a base da produção social tem-se de determinar a medida em que essas operações – que durante longo tempo retiram força de trabalho e de meios de produção sem fornecer, durante esse tempo, produto como efeito útil – podem ser realizadas sem prejudicar os ramos da produção que, continuamente ou várias vezes durante o ano, não apenas retiram força de trabalho e meios de produção, mas também fornecem meios de subsistência e meios de produção. Na produção social, do mesmo modo que na capitalista, os trabalhadores dos ramos de negócios com períodos curtos de trabalho retirarão, depois como antes, produtos apenas por curto tempo sem dar produtos de volta; enquanto nos ramos de negócios com períodos longos de trabalho retiram continuamente por longo tempo antes de devolver. Essa circunstância decorre, portanto, das condições materiais do processo de trabalho em questão, e não de sua forma social. O capital monetário na produção social é eliminado. A sociedade distribui força de trabalho e meios de produção entre os diferentes ramos de negócios. Os produtores podem receber, por fim, vales de papel com os quais retiram das reservas sociais de consumo um *quantum* correspondente a seu tempo de trabalho. Esses vales não são dinheiro. Eles não circulam.

Vê-se que, na medida em que a necessidade de capital monetário surge da extensão do período de trabalho, isso é condicionado por duas circunstâncias. *Primeira*, o dinheiro é, em geral, a forma na qual todo capital individual (abstraindo o crédito) tem de surgir para se transformar em capital produtivo; isso decorre da essência da produção capitalista, em geral da produção de mercadorias. – *Segunda*, a grandeza do adiantamento necessário de dinheiro se origina da circunstância de que durante longo tempo são constantemente retirados da sociedade forças de trabalho e meios de produção sem que lhe seja devolvido, durante esse tempo, um produto retransformável em dinheiro. A primeira circunstância, de que o capital a ser adiantado tem de ser adiantado em forma-dinheiro, não é suprimida pela forma desse mesmo dinheiro, seja ele dinheiro metálico, dinheiro de crédito, signo de valor etc. A segunda circunstância não é afetada, de modo algum, por qual meio monetário ou por qual forma de produção trabalho, meios de subsistência e meios de produção são retirados sem lançar de volta um equivalente na circulação.

CAPÍTULO 19[35]

APRESENTAÇÕES ANTERIORES DO OBJETO

I. OS FISIOCRATAS

O *Tableau économique*, de Quesnay, mostra, em poucos e grandes traços, como o resultado anual, determinado pelo valor, da produção nacional se distribui por meio da circulação, de modo que, permanecendo constantes as demais circunstâncias, sua reprodução simples possa se efetivar, isto é, reprodução na mesma escala. O ponto de partida do período de produção constitui-se apropriadamente na colheita do ano anterior. Os inumeráveis atos individuais da circulação são imediatamente resumidos em seu movimento característico social de massas – a circulação entre grandes classes econômicas da sociedade, funcionalmente determinadas. O que nos interessa aqui: parte do produto total – como qualquer outra parte do mesmo enquanto objeto de uso, resultado novo do trabalho do ano decorrido – é, ao mesmo tempo, apenas portadora do antigo valor-capital, reaparecendo na mesma forma natural. Não circula, mas permanece nas mãos de seus produtores, a classe dos arrendatários, para de lá recomeçar seu serviço como capital. Nessa parte constante de capital do produto anual, Quesnay inclui também elementos impertinentes, mas acerta no principal, graças aos limites de seu horizonte, dentro dos quais a agricultura é a única esfera de investimento do trabalho humano produtora de mais-valia, portanto, segundo o ponto de vista capitalista, a única realmente produtiva. O processo econômico de reprodução, qualquer que seja seu caráter social específico, entrelaça-se nessa esfera (da agricultura) sempre com um processo natural de reprodução. As condições palpáveis deste último esclarecem as do primeiro e mantêm afastadas as confusões de pensamento, que apenas a miragem da circulação provoca.

A etiqueta de um sistema distingue-se da de outros artigos, entre outras coisas, por enganar não apenas o comprador, mas frequentemente também o vendedor. O próprio Quesnay e seus discípulos mais próximos acreditavam em sua placa de exposição feudal. E assim, até o momento, creem nossos eruditos escolados. De fato, porém, o sistema fisiocrático é a primeira concepção sistemática da produção capitalista. O representante do capital industrial – a classe dos arrendatários – dirige todo o movimento econômico. A agricultura é praticada de maneira capitalista, isto é, como empresa do arrendatário capitalista em grande escala; o cultivador direto do solo é trabalhador assalariado. A produção cria não apenas os artigos de uso, mas também seu valor; seu motivo propulsor é a obtenção da mais-valia, cujo lugar de nascimento é a esfera da produção, e não a da circulação. Entre as três classes que figuram como portadoras do processo social de reprodução, mediado pela circulação, o explorador imediato do trabalho "produtivo", o produtor de mais-valia, o arrendatário capitalista se distingue dos que meramente dela se apropriam.[I]

O caráter capitalista do sistema fisiocrático já provocara, durante seu período de florescimento, a oposição, por um lado, de Linguet e Mably, por outro, dos defensores da pequena propriedade fundiária livre.

O retrocesso de Adam Smith,[36] na análise do processo de reprodução, é tanto mais estranhável quando se considera que ele não apenas prossegue a elaboração de análises corretas de Quesnay, por exemplo, ao generalizar seus *avances primitives* e *avances annuelles* como capital "fixo" e capital "circulante",[37] mas também, por vezes, recai inteiramente nos erros fisiocráticos. Por exemplo, para provar que o arrendatário produz maior valor que qualquer outra espécie de capitalista, ele diz:

> "Nenhum outro capital, de grandeza igual, põe em movimento maior quantidade de trabalho produtivo que o do arrendatário. Não apenas seus servidores, mas também seus animais de trabalho são trabalhadores produtivos". {Um cumprimento bastante agradável para os servidores!} "Na lavoura *trabalha* também a Natureza, ao lado do ser humano; e, embora *seu trabalho não custe nenhuma despesa*, ainda assim seu produto tem seu *valor*, *do mesmo modo que o do trabalhador mais custoso.* As operações mais importantes da lavoura parecem estar dirigidas não tanto para aumentar a fertilidade da Natureza – apesar de que também fazem isso – quanto para orientá-la à produção das plantas mais úteis ao ser humano. Um campo coberto de espinhos e trepadeiras fornece, muitas vezes, quantidade tão grande de vegetais como os vinhedos ou campos de cereais mais bem cultivados. Plantação e cultura servem frequentemente mais para regular do que para revitalizar a fertilidade ativa da Natureza; e, depois que aquelas tenham esgotado seu trabalho, resta ainda para esta grande parte da obra a realizar. Os trabalhadores e os animais de trabalho (!) que são ocupados na lavoura não apenas ocasionam,

---

I Marx trata do *Tableau économique* mais pormenorizadamente em *Teorias da mais*-valia, parte I, cap. 6, e no cap. 10, por ele redigido, da Seção II do *Anti-Dühring*, de Engels. [N. E. A.]

> como os trabalhadores nas manufaturas, a reprodução de um valor igual a seu próprio consumo ou ao capital que os emprega, juntamente com o lucro do capitalista, mas a de um valor muito maior. Além do capital do arrendatário e todo o seu lucro, ocasionam ainda regularmente a reprodução da renda do proprietário fundiário. A renda pode ser considerada como produto das forças da Natureza, cuja utilização o proprietário empresta ao arrendatário. Ela é maior ou menor, conforme o nível suposto dessas forças ou, em outras palavras, segundo a suposta fertilidade natural ou artificial do solo. Ela é obra da Natureza que resta depois de haver sido deduzido ou reposto tudo o que possa ser considerado como obra humana. Ela é raramente menor que um quarto e muitas vezes maior que um terço do produto total. Nenhuma quantidade igual de trabalho empregado na manufatura poderá ocasionar reprodução tão grande. Na manufatura, a Natureza nada faz, o ser humano faz tudo; e a reprodução tem de ser sempre proporcional à força dos agentes que a ocasionam. Portanto, o capital investido na lavoura põe em movimento não apenas uma quantidade maior de trabalho produtivo que qualquer outro capital de grandeza igual empregado na manufatura; mas, em relação à quantidade de trabalho produtivo empregado por ele, adiciona um valor muito maior ao produto anual do solo e do trabalho de um país, à riqueza e à renda reais de seus habitantes." (Livro 2, cap. 5, pp. 242–43)

Adam Smith diz no Livro 2, cap. 1:

> Todo o valor das sementes constitui, em sentido próprio, capital fixo.

Aqui, portanto, capital = valor-capital; ele existe em forma "fixa".

> Embora as sementes vão para lá e para cá, entre o solo e o celeiro, não mudam de dono e, portanto, não circulam efetivamente. O arrendatário obtém seu lucro não por sua venda, mas mediante seu acréscimo. (p. 186)

A estreiteza de visão está em que Smith, ao contrário de Quesnay, não vê no reaparecimento do valor do capital constante em forma renovada um momento importante do processo de reprodução, mas apenas uma ilustração a mais, e além disso falsa, de sua diferenciação entre capital circulante e fixo. Na tradução de Smith de *avances primitives* e *avances annuelles* por *fixed capital* e *circulating capital*, o progresso consiste na palavra "capital", cujo conceito é generalizado e independente da consideração particular da esfera "agrícola" de aplicação pelos fisiocratas; o retrocesso está em conceber e manter "fixo" e "circulante" como diferenças decisivas.

II. ADAM SMITH

1. Pontos de vista gerais de Smith

Adam Smith diz no L[ivro] 1, cap. 6, p. 42:

> "Em cada sociedade, o preço de cada mercadoria dissolve-se finalmente em uma ou outra dessas três partes" (salário, lucro, renda do solo) "ou em todas as três; em toda sociedade adiantada, todas as três entram, mais ou menos, como partes componentes do preço da grande maioria das mercadorias"[38] ou, como ele continua, p. 43: "Salário, lucro e renda do solo são as *três fontes originais* de toda renda, assim como de *todo valor de troca*".

Mais adiante examinaremos mais de perto essa doutrina de Adam Smith sobre as "partes componentes do preço das mercadorias", ou seja, de "todo valor de troca". – Prosseguindo, ele diz:

> Visto que isso vale com relação a toda mercadoria particular, tomada isoladamente, tem de valer também para todas as mercadorias, em sua totalidade, que perfazem *todo o produto anual* do solo e do trabalho de cada país. O *preço total ou valor de troca* desse produto anual tem de dissolver-se nessas mesmas três partes e *ser distribuído* entre os diversos habitantes do país, como *salário* por seu trabalho, ou como *lucro* de seu capital, ou como *renda* de sua propriedade fundiária. (Livro 2, cap. 2, p. 190)

Após Adam Smith haver dissolvido assim o preço de todas as mercadorias, tomadas isoladamente, bem como "o preço total ou valor de troca [...] do produto anual do solo e do trabalho de cada país", em três fontes de *revenue* do trabalhador assalariado, do capitalista e do proprietário de terras, em salário, lucro e renda do solo, tem de contrabandear, mediante um desvio, um quarto elemento, a saber, o elemento do capital. Isso ocorre pela distinção entre renda bruta e renda líquida:

> A renda *bruta* de todos os habitantes de um grande país compreende em si o *produto total anual* de seu solo e de seu trabalho; a renda *líquida* compreende a *parte* que lhes fica à disposição *após a dedução dos custos de manutenção*, primeiro, de seu *capital fixo* e, segundo, de seu *capital fluido*; ou a parte que eles, sem afetar seu capital, podem pôr em seu estoque de consumo ou despender para seu sustento, conforto e prazer. Sua verdadeira riqueza é, assim, proporcional, não a sua renda bruta, mas a sua renda líquida. (Ibid., p. 190)

A esse respeito observamos:

1) Adam Smith trata aqui expressamente apenas da reprodução simples, não da reprodução em escala ampliada ou da acumulação: fala apenas dos dispêndios para a manutenção (*maintaining*) do capital em funcionamento. A *revenue* "líquida" é igual à parte do produto anual, seja da sociedade, seja do capitalista individual, que pode entrar no "fundo de consumo", mas o volume desse fundo não deve afetar o capital em funcionamento (*encroach upon capital*). Parte do valor do produto tanto individual como social não se dissolve, portanto, em salário, nem em lucro ou renda do solo, mas em capital.

2) Adam Smith foge de sua própria teoria por meio de um jogo de palavras, a distinção entre *gross* e *net revenue*, renda bruta e líquida. O capitalista individual, tal como toda a classe capitalista ou a assim chamada nação, recebe, em lugar do capital consumido na produção, um produto-mercadoria, cujo valor – representável em partes proporcionais desse mesmo produto –, por um lado, repõe o valor-capital empregado, constituindo, portanto, renda e, ainda mais literalmente, *revenue* (*revenu*, particípio de *revenir*, retornar), mas, *nota bene*, *revenue* de capital ou renda de capital; por outro lado, as partes componentes do valor que "são distribuídas entre os diversos habitantes do país, como salário por seu trabalho, ou como lucro de seu capital, ou como renda de sua propriedade fundiária" – tudo que em sentido comum pode-se entender por renda. O valor do produto inteiro, seja para o capitalista individual, seja para todo o país, constitui, pois, renda para alguém; mas, por um lado, renda de capital, por outro, *revenue*, distinto desta. O que é eliminado, portanto, na análise do valor da mercadoria em suas partes componentes é introduzido novamente por uma porta traseira – a ambiguidade da palavra "*revenue*". Mas apenas podem ser "renda" os componentes do valor do produto que já existem nele. Se *capital* deve retornar como *revenue*, capital tem antes de ser despendido.

Adam Smith diz mais adiante:

> A taxa de lucro mínima usual precisa ser sempre algo mais que o suficiente para compensar as perdas ocasionais a que se expõe qualquer emprego de capital. E somente esse excedente representa lucro puro ou líquido.

{Que capitalista entende por lucro despesas necessárias de capital?}

> O que se chama lucro bruto compreende frequentemente não apenas esse excedente, mas também o retido para tais perdas extraordinárias. (Livro 1, cap. 9, p. 72)

Mas isso significa apenas que parte da mais-valia, considerada como parte do lucro bruto, deve constituir um fundo de seguro para a produção. Esse fundo de seguro é criado por parte do trabalho excedente, que nessa medida produz diretamente capital, isto é, o fundo destinado à reprodução. No que tange às despesas para a "manutenção" do capital fixo etc. (ver as passagens citadas acima), a reposição do capital fixo consumido por novo não constitui novo investimento de capital, mas simplesmente a renovação do valor-capital antigo em nova forma. Mas, no que tange à reparação do capital fixo, que Adam Smith também inclui nos custos de manutenção, seu custo faz parte do preço do capital adiantado. O fato de que o capitalista, em lugar de investi-lo de uma só vez, investe-o apenas gradativamente, conforme as necessidades, durante o funcionamento do capital, podendo investir lucro já embolsado, não altera em nada a fonte desse lucro. A parte componente do valor, da qual ele se origina, comprova apenas que o trabalhador fornece trabalho excedente tanto para o fundo de seguro como para o fundo de reparação.

Adam Smith conta-nos, agora, que da *revenue* líquida, isto é, da *revenue* em sentido específico, todo o capital fixo deve ser excluído, e também toda a parte do capital circulante que a manutenção e reparação do capital fixo, bem como sua renovação, requerem, de fato todo capital que não se encontra em forma natural destinada ao fundo de consumo.

> "Todo dispêndio para manutenção do capital fixo tem de ser evidentemente excluído da *revenue* líquida da sociedade. Nem as matérias-primas com as quais as máquinas e os instrumentos de trabalho úteis têm de ser mantidos em condições nem o produto do trabalho exigido para transformar essas matérias-primas na forma requerida podem fazer parte dessa *revenue*. O *preço* desse trabalho pode, entretanto, constituir parte dessa *revenue*, pois os trabalhadores assim ocupados podem investir todo o valor de seus salários em seu estoque de consumo imediato. Mas, em outros tipos de trabalho, tanto o preço" {isto é, o salário pago por esse trabalho} "como o *produto*" {em que se incorpora esse trabalho} "entram nesse estoque de consumo; o preço, no dos trabalhadores, o produto, no de outras pessoas, cujos subsistência, conforto e prazer se elevam por meio do trabalho desses trabalhadores." (Livro 2, cap. 2, pp. 190–91)

Adam Smith topa aqui com uma distinção muito importante que existe entre os trabalhadores ocupados na produção de *meios de produção* e os ocupados na produção direta de *meios de consumo*. O valor do produto-mercadoria dos primeiros contém um elemento igual à soma dos salários, isto é, ao valor da parte do capital investida na compra da força de trabalho; essa parte do valor existe corporeamente como certa cota dos meios de produção produzidos por esses trabalhadores. O dinheiro recebido como salário constitui para eles *revenue*, mas esse trabalho não criou para eles mesmos, nem para outros, produtos consumíveis. Esses produtos não constituem, portanto, em si elemento da parte do produto anual destinada a fornecer o fundo de consumo social, o único em que "*revenue* líquida" é realizável. Adam Smith esquece aqui de acrescentar que o que é válido para os salários é igualmente válido para a parte componente do valor dos meios de produção, a qual, na qualidade de mais-valia, constitui, sob as categorias de lucro e renda, a *revenue* (em primeira mão) do capitalista industrial. Também essas partes componentes do valor existem em meios de produção, em artigos não consumíveis; somente depois de sua conversão em moeda corrente é que podem levantar certo *quantum*, proporcional a seu preço, de meios de consumo produzidos pela segunda espécie de trabalhadores e transferi-lo para o fundo de consumo individual de seus possuidores. Mas Adam Smith deveria ter visto, ainda mais, que a parte do valor dos meios de produção anualmente produzidos, que é igual ao valor dos meios de produção funcionando dentro dessa esfera da produção – dos meios de produção com os quais são feitos meios de produção –, portanto uma parte de valor igual ao valor do capital constante empregado aqui, está absolutamente excluída não apenas pela forma natural em que existe, mas também por sua função de capital, de qualquer parte componente de valor que forma a *revenue*.

Em relação à segunda espécie de trabalhadores – que produzem diretamente meios de consumo –, as definições de Adam Smith não são inteiramente exatas. Pois ele diz que nessas espécies de trabalho ambos, o preço do trabalho e o produto, entram (*go to*) no fundo de consumo imediato;

> "o *preço*" (isto é, o dinheiro recebido como salário) "no estoque de consumo dos *trabalhadores* e o *produto* no de outras pessoas (*that of other people*), cujos subsistência, conforto e prazer se elevam por meio do trabalho desses trabalhadores".

Mas o trabalhador não pode viver do "*preço*" de seu trabalho, do dinheiro com que seu salário é pago; ele realiza esse dinheiro ao comprar com ele meios de consumo; estes podem constituir-se, em parte, de espécies de mercadorias que ele mesmo produziu. Por outro lado, seu próprio produto pode ser da espécie que entra apenas no consumo dos exploradores do trabalho.

Após Adam Smith ter assim excluído completamente o capital fixo da "*revenue* líquida" de um país, ele prossegue:

> "Embora todas as despesas para a manutenção do capital fixo sejam necessariamente excluídas da *revenue* líquida da sociedade, não ocorre, entretanto, o mesmo com as despesas para a manutenção do capital circulante. Das quatro partes em que consiste esse capital: dinheiro, meios de subsistência, matérias-primas e produtos acabados, as três últimas, como já foi dito, são regularmente retiradas dele e transferidas para o capital fixo da sociedade ou então para o estoque destinado ao consumo imediato. Aquela parte dos artigos consumíveis que não é empregada para a manutenção do primeiro" {o capital fixo} "entra sempre no último" {o estoque destinado ao consumo imediato} "e constitui parte da *revenue* líquida da sociedade. A manutenção dessas três partes do capital circulante não diminui, portanto, a renda líquida da sociedade em nenhuma outra parte do produto anual, com exceção daquela necessária à manutenção do capital fixo". (Livro 2, cap. 2, pp. 191–92)

Não passa de tautologia dizer que a parte do capital circulante que não serve para a produção de meios de produção entra na de meios de consumo, portanto na parte do produto anual destinada a formar o fundo de consumo da sociedade. Importante, porém, é o que vem logo em seguida:

> O capital circulante de uma sociedade, nesse sentido, é diferente do de um indivíduo. O de um indivíduo está totalmente excluído de sua *revenue* líquida e nunca poderá constituir parte da mesma; ele só pode consistir exclusivamente em seu lucro. Mas, embora o capital circulante de cada indivíduo faça parte do capital circulante da sociedade a que ele pertence, não se exclui obrigatoriamente por causa disso, de modo algum, da *revenue* líquida da sociedade e pode formar parte dela. Embora nenhuma mercadoria do estabelecimento de um varejista deva ser colocada, de forma alguma, no estoque destinado a seu próprio consumo imediato, elas podem, entretanto, pertencer ao fundo de consumo de outras pessoas que, mediante uma *revenue* alcançada por meio de outros fundos, lhe repõem regularmente o valor destas juntamente com seu lucro, sem que daí resulte uma redução de seu capital nem do deles. (Ibid.)

Assim ficamos sabendo o seguinte:

1) Tal como o capital fixo e o capital circulante necessário a sua reprodução (ele esquece da função) e manutenção, assim também o capital circulante de todo capitalista individual, empregado na produção de meios de consumo, está totalmente excluído de sua *revenue* líquida, a qual só pode consistir em seus lucros. Portanto, a parte de seu produto-mercadoria que repõe seu capital não pode ser dissolvida em componentes de valor que constituam para ele *revenue*.

2) O capital circulante de qualquer capitalista individual constitui parte do capital circulante da sociedade, assim como qualquer capital fixo individual.

3) O capital circulante da sociedade, embora seja apenas a soma dos capitais individuais circulantes, possui caráter diferente do capital circulante de cada capitalista individual. Este último não pode jamais constituir parte de sua *revenue*; uma parcela do primeiro (a saber, aquela que consiste em meios de consumo) pode, por outro lado, formar ao mesmo tempo parte da *revenue da sociedade* ou, como ele disse anteriormente, não precisa necessariamente diminuir a *revenue* líquida da sociedade de parte do produto anual. Na realidade, o que Adam Smith chama aqui de capital circulante consiste no capital-mercadoria anualmente produzido que os capitalistas produtores de meios de consumo lançam anualmente na circulação. Todo esse seu produto-mercadoria anual consiste em artigos consumíveis e, portanto, forma o fundo em que se realizam ou se despendem as *revenues* líquidas (inclusive os salários) da sociedade. Em vez de tomar como exemplo as mercadorias do estabelecimento varejista, Adam Smith deveria ter escolhido as massas de bens estocadas nos depósitos dos capitalistas industriais.

Se Adam Smith tivesse reunido os blocos de ideias que se impuseram a ele, anteriormente quando considerou a reprodução do que ele chama de capital fixo e agora do que denomina capital circulante, teria chegado ao seguinte resultado:

I. O produto social anual consiste em dois setores: o primeiro abrange os meios de produção, o segundo os meios de consumo; ambos devem ser tratados separadamente.

II. O valor total da parte do produto anual que consiste em *meios de produção* divide-se do seguinte modo: uma parte de valor é apenas o valor dos meios de produção consumidos na fabricação desses meios de produção, portanto apenas valor-capital que reaparece em forma renovada; uma segunda parte é igual ao valor do capital gasto em força de trabalho ou igual à soma dos salários pagos pelos capitalistas dessa esfera da produção. Uma terceira parte de valor constitui, finalmente, a fonte dos lucros, inclusive das rendas do solo, dos capitalistas industriais dessa categoria.

O primeiro componente, segundo Adam Smith a parte reproduzida do capital fixo de todos os capitais individuais empregados nesse primeiro setor, é "evidentemente excluído e não pode jamais formar parte da *revenue* líquida", seja do capitalista individual, seja da sociedade. Ele funciona sempre como capital, jamais como *revenue*. Nessa medida, o "capital fixo" de qualquer capitalista individual não se distingue em nada do capital fixo da sociedade. Mas as outras partes do valor do produto anual da sociedade constituído de meios de produção – partes de valor que também existem em partes alíquotas dessa massa total de meios de produção – constituem ao mesmo tempo precisamente *revenues para todos os agentes participantes nessa produção*, salários para os trabalhadores, lucros e rendas para os capitalistas. Mas não constituem *revenue*, e sim *capital para a sociedade*, embora o produto anual da sociedade consista apenas na soma dos produtos dos capitalistas individuais que a ela pertencem. A maioria desses produtos, por sua própria natureza, só pode funcionar como meios de produção, e mesmo aqueles que, se necessário, poderiam funcionar como meios de consumo são destinados a servir como matérias-primas ou materiais auxiliares de nova produção. Funcionam como tal – isto é, como capital – não nas mãos de seus produtores, mas nas de seus aplicadores, a saber:

III. dos capitalistas do segundo setor, os produtores diretos dos *meios de consumo*. Repõem a estes o capital consumido na produção dos meios de consumo (na medida em que este não se converte em força de trabalho e consiste, portanto, na soma dos salários dos trabalhadores desse segundo setor), enquanto esse capital consumido, que agora se encontra em forma de meios de consumo nas mãos dos capitalistas que os produzem, *constitui*, por seu lado – portanto do ponto de vista social –, *o fundo de consumo em que os capitalistas e trabalhadores do primeiro setor realizam sua revenue*.

Se Adam Smith tivesse levado a análise até esse ponto, faltaria pouco para a solução de todo o problema. Ele estava quase a ponto de consegui-lo, pois já notara que determinadas partes de valor de *um* tipo (meios de produção) dos capitais-mercadorias, em que consiste o produto total anual da sociedade, constituem de fato *revenue* para os trabalhadores e capitalistas individuais ocupados em sua produção, mas não são componente da *revenue* da sociedade; enquanto parte de valor de *outro* tipo (meios de consumo), constitui de fato valor-capital para seus possuidores individuais, os capitalistas ocupados nessa esfera de investimento, mas apesar disso apenas parte da *revenue* social.

Mas, do que temos até agora, já resulta o seguinte:

Primeiro: embora o capital social seja apenas igual à soma dos capitais individuais e, portanto, também o produto-mercadoria anual (ou capital-mercadoria) da sociedade seja igual à soma dos produtos-mercadorias desses capitais individuais; embora a análise do valor-mercadoria em suas partes componentes, que vale para todo capital-mercadoria individual, também tenha de valer para o de toda a sociedade e, no resultado final, realmente valha, a forma de manifestação em que essas partes componentes se apresentam no processo social de reprodução como um todo é *diferente*.

Segundo: mesmo no terreno da reprodução simples, ocorre não só produção de salários (capital variável) e mais-valia, mas também produção direta de novo valor-capital constante; embora a jornada de trabalho consista apenas em duas partes, uma em que o trabalhador repõe o capital variável, de fato produzindo um equivalente da compra de sua força de trabalho, e a segunda em que ele produz mais-valia (lucro, renda etc.). – É que o trabalho diário despendido na reprodução dos meios de produção – e cujo valor se reparte em salário e mais-valia – se realiza em novos meios de produção que repõem a parte do capital constante despendido na produção dos meios de consumo.

As dificuldades principais, que em sua maior parte já foram solucionadas pelo exposto até agora, aparecem não no exame da acumulação, mas no da reprodução simples. Por isso, tanto Adam Smith (Livro 2) como, anteriormente, Quesnay (*Tableau économique*) partem da reprodução simples, quando se trata do movimento do produto anual da sociedade e de sua reprodução mediada pela circulação.

2. A dissolução do valor de troca por Smith em *v*+*mv*

O dogma de Adam Smith de que o preço ou o valor de troca (*exchangeable value*) de cada mercadoria – e, portanto, conjuntamente também de todas as mercadorias em que consiste o produto anual da sociedade (ele pressupõe, com razão, a produção capitalista por toda parte) – se compõe de três partes componentes (*component parts*) ou se dissolve em (*resolves itself into*) salário, lucro e renda pode ser reduzido ao fato de que o valor-mercadoria $= v + mv$, isto é, igual ao valor do capital variável adiantado somando-se a mais-valia. E certamente podemos fazer essa redução do lucro e da renda a uma unidade comum, que chamamos de *mv*, com a permissão expressa de Adam Smith, conforme mostram as citações seguintes, em que deixamos de lado, por agora, todos os pontos colaterais, ou seja, todos os desvios aparentes ou reais do dogma de que o valor-mercadoria consista exclusivamente nos elementos que designamos como $v + mv$.

Na manufatura:

> "O valor que os trabalhadores adicionam aos materiais se dissolve [...] em duas partes, das quais uma paga seus salários, a outra o lucro de seu empregador sobre todo o capital adiantado por ele em material e salário". (Livro 1, cap. 6, pp. 40–41) "Embora o manufatureiro" {o trabalhador da manufatura} "receba seu salário adiantado por seu mestre, ele, na realidade, nada custa a este, pois, em regra, o valor desse salário, juntamente com um lucro, é retido (*reserved*) no valor aumentado do objeto em que foi empregado seu trabalho." (Livro 2, cap. 3, p. 221)

A parte do capital (*stock*) que é despendida

> "no sustento de trabalho produtivo [...] após ter-lhe servido" {ao empregador} "na função de um capital [...] constitui *revenue* para eles"{os trabalhadores}. (Livro 2, cap. 3, p. 223)

No capítulo que acabou de ser citado, Adam Smith diz expressamente:

> "Todo o produto anual da terra e do trabalho de cada país [...] divide-se por si mesmo (*naturally*) em duas partes. Uma delas, e frequentemente a maior, é destinada em primeiro lugar a repor um capital e a renovar os meios de subsistência, matérias-primas e produtos acabados que foram retirados de um capital; a outra é destinada a constituir uma *revenue*, seja para o proprietário desse capital, como o *lucro de seu capital*, seja para outra pessoa, como renda de *sua propriedade fundiária*". (p. 222)

Apenas parte do capital, conforme ouvimos antes de Adam Smith, constitui ao mesmo tempo *revenue* para alguém, a saber, a parte investida na compra de trabalho produtivo. Esta – o capital variável – realiza, primeiro na mão do empregador e para ele, "a função de um capital" e, depois, "constitui *revenue*" para o próprio trabalhador produtivo. O capitalista transforma parte de seu valor-capital em força de trabalho e, justamente por meio disso, em capital variável; apenas por meio dessa transformação não somente essa parte do capital, mas seu capital total funciona como capital industrial. O trabalhador – o vendedor da força de trabalho – recebe em forma de salário o valor da mesma. Em suas mãos, a força de trabalho é apenas mercadoria vendável, mercadoria de cuja venda ele vive e que, portanto, constitui a única fonte de sua *revenue*; como capital variável, a força de trabalho funciona apenas nas mãos de seu comprador, do capitalista, e o capitalista adianta o próprio preço de compra apenas aparentemente, pois seu valor já lhe foi anteriormente fornecido pelo trabalhador.

Após Adam Smith nos haver mostrado que o valor do produto na manufatura $= v + mv$ (sendo $mv =$ lucro do capitalista), ele nos diz que os trabalhadores na agricultura, além

> "da reprodução de um valor que é igual a seu próprio consumo ou ao capital" {variável} "que os ocupa juntamente com o lucro do capitalista, realizam" ainda "regularmente, acima do capital do arrendatário e de todo o seu lucro, a reprodução da *renda* do proprietário fundiário". (Livro 2, cap. 5, p. 243)

Que a renda vá para as mãos do proprietário fundiário é, para a questão sob exame, inteiramente indiferente. Antes que ela chegue a suas mãos, tem de passar pelas mãos do arrendatário, quer dizer, do capitalista industrial. Tem de constituir componente de valor do produto antes de tornar-se *revenue* para alguém. Renda, assim como lucro, são, portanto, em Adam Smith, apenas partes componentes da mais-valia que o trabalhador produtivo reproduz incessantemente ao mesmo tempo que seu próprio salário, isto é, o valor do capital variável. Renda e lucro são, portanto, parte da mais-valia *mv*, e, com isso, em Adam Smith, o preço de todas as mercadorias se dissolve em $v + mv$.

O dogma de que o preço de todas as mercadorias (e também, portanto, do produto-mercadoria anual) se dissolve em salário mais lucro mais renda do solo assume, na parte esotérica, que percorre intermitentemente a própria obra de Smith, a forma: o valor de cada mercadoria e também, portanto, do produto-mercadoria anual da sociedade $= v + mv$ é = ao valor-capital desembolsado em força de trabalho e sempre reproduzido pelo trabalhador, mais a mais-valia adicionada pelos trabalhadores por meio de seu trabalho.

Esse resultado final em Adam Smith evidencia-nos, ao mesmo tempo – ver abaixo –, a fonte de sua análise unilateral dos componentes em que o valor-mercadoria pode ser decomposto. A determinação da grandeza de cada um desses componentes e o limite da soma de seus valores não têm nada a ver com a circunstância de que eles constituem, ao mesmo tempo, fontes de *revenue* diferentes para diversas classes que funcionam na produção.

Quando Adam Smith diz:

> "Salário, lucro e renda da terra são as três fontes originais de toda renda, bem como de todo valor de troca. Qualquer outra espécie de *revenue* é, em última instância, derivada de uma ou de outra delas" (Livro 1, cap. 6, p. 43),

está aí amontoada toda uma série de quiproquós.

1) Todos os membros da sociedade que não figuram diretamente na reprodução, com ou sem trabalho, somente podem obter sua cota no produto-mercadoria anual – portanto seus meios de consumo – em primeira mão das classes a quem cabe o produto em primeira mão – trabalhadores produtivos, capitalistas industriais e proprietários fundiários. Nessa medida, suas *revenues* são *materialiter* [materialmente] derivadas de salário (dos trabalhadores produtivos), lucro e renda do solo, aparecendo, portanto, em face das *revenues* originais, como derivadas. Por outro lado, entretanto, os destinatários das *revenues* derivadas, nesse sentido considerado, obtêm-nas em virtude de sua função social, como rei, padre, professor, prostituta, soldado etc., e podem, portanto, considerar essas suas funções as fontes originais de sua *revenue*.

2) – e aqui culmina o erro tolo de Adam Smith: depois de haver começado a determinar corretamente as partes componentes de valor da mercadoria e a soma do produto-valor que está incorporado nelas, e depois de ter demonstrado como essas partes componentes constituem outras tantas fontes de *revenue*;[39] depois de haver assim derivado as *revenues* do valor, ele procede, então – e isto se torna para ele a concepção predominante –, em sentido contrário e faz as *revenues* tornarem-se, de "partes componentes" (*component parts*), "fontes originais" de todo valor de troca, e com isso foram amplamente abertas as portas para a Economia vulgar. (Ver nosso Roscher.)

3. A parte constante do capital

Vejamos agora com que feitiço Smith tenta fazer desaparecer do valor-mercadoria a parte de valor constante do capital.

> No preço dos cereais, por exemplo, parte paga a renda do proprietário fundiário.

A origem dessa parte componente do valor não tem nada a ver com a circunstância de ela ser paga ao proprietário da terra e de constituir, para ele, *revenue* sob a forma de renda, assim como a origem das outras partes componentes do valor tampouco tem a ver com o fato de constituírem, como lucro e salário, fontes de *revenue*.

> "Outra parte paga os salários e a manutenção dos trabalhadores" {e dos animais de trabalho, acrescenta ele} "ocupados em sua produção, e a terceira parte paga o lucro do arrendatário. Essas três partes aparentam" {*seem*, de fato, elas *aparentam*} "constituir, diretamente ou em última instância, o preço total dos cereais."[40]

Esse preço todo, isto é, a determinação de sua grandeza, é absolutamente independente de sua repartição entre três espécies de pessoas.

> "Uma quarta parte pode parecer necessária para repor o capital do arrendatário ou a depreciação de seus animais de trabalho e de seus outros instrumentos de lavoura. Mas é preciso levar em consideração que o preço de qualquer instrumento de lavoura, por exemplo, de um cavalo de trabalho, compõe-se, por sua vez, das três partes acima: a renda da terra onde se cria, o trabalho de criação e o lucro do arrendatário, que adianta ambos, a renda dessa terra e o salário desse trabalho. Embora por isso o preço do trigo possa repor tanto o preço como o custo de manutenção do cavalo, o preço total se dissolve sempre,

> diretamente ou em última instância, nas mesmas três partes: renda do solo, trabalho" {ele quer dizer salário} "e lucro." (Livro 1, cap. 6, p. 42)

Literalmente, isso é tudo o que Adam Smith apresenta para fundamentar sua espantosa doutrina. Sua comprovação consiste simplesmente em repetir a mesma afirmação. Ele admite, por exemplo, que o preço dos cereais consiste não apenas em $v+mv$, mas igualmente no preço dos meios de produção consumidos na produção de cereais, portanto, em um valor-capital que o arrendatário não investiu em força de trabalho. Mas, diz ele, os preços de todos esses meios de produção, tal como o preço dos cereais, dissolvem-se também em $v+mv$; esquece apenas de acrescentar: além disso, no preço dos meios de produção consumidos em sua própria produção. Ele se remete de um ramo da produção a outro, e deste outro a um terceiro. A afirmação de que o preço total das mercadorias se dissolve "diretamente" ou "em última instância" (*ultimately*) em $v+mv$ só deixaria de ser um subterfúgio vazio se ficasse comprovado que os produtos-mercadorias, cujo preço se dissolve diretamente em c (preço de meios de produção consumidos) $+v+mv$, são finalmente compensados por produtos-mercadorias que repõem aqueles "meios de produção consumidos" em toda sua extensão e que, por sua vez, são produzidos por simples dispêndio de capital variável, isto é, de capital gasto em força de trabalho. O preço destes últimos seria, então, diretamente $=v+mv$. Por isso, também o preço dos primeiros, $c+v+mv$, em que c figura como parte constante do capital, seria finalmente dissolúvel em $v+mv$. O próprio Adam Smith não acreditava haver fornecido tal demonstração com seu exemplo dos apanhadores de *Scotch pebbles*, que, segundo ele, porém, 1) não fornecem mais-valia de nenhuma espécie, apenas produzem seus próprios salários; 2) não utilizam nenhum meio de produção (embora devam também empregá-los em forma de cestos, sacos e outros recipientes para o transporte das pedrinhas).

Já vimos anteriormente que Adam Smith abandona mais tarde sua própria teoria sem tomar consciência de suas contradições nesse ínterim. Devem-se, entretanto, buscar as fontes destas justamente em seus pontos de partida científicos. O capital convertido em trabalho produz um valor maior que seu próprio. Como? Pelo fato, diz Adam Smith, de que os trabalhadores, durante o processo de produção, imprimem nas coisas que estão elaborando um valor que, além do equivalente a seu próprio preço de compra, constitui mais-valia (lucro e renda) que não cabe a eles, mas a seus empregadores. Mas isso também é tudo o que fazem e podem fazer. O que vale para o trabalho industrial de um dia é válido também para o trabalho posto em movimento por toda a classe capitalista durante um ano. A massa total do produto-valor social anual pode, portanto, apenas ser dissolúvel em $v+mv$, em um equivalente, por meio do qual os trabalhadores repõem o valor-capital despendido em seu próprio preço de compra, e no valor adicional que, além disso, têm de fornecer a seus empregadores. Esses dois elementos do valor das mercadorias constituem, porém, simultaneamente fontes de *revenue* para as diversas classes participantes na reprodução: o primeiro, o salário, a *revenue* dos trabalhadores; o segundo, a mais-valia, da qual o capitalista industrial mantém para si parte em forma de lucro e cede parte como renda, a *revenue* do proprietário fundiário. De onde proviria então outra parte do valor, dado que o produto-valor anual não contém nenhum outro elemento além de $v+mv$? Estamos aqui no terreno da reprodução simples. Como toda a soma de trabalho anual se dissolve em trabalho necessário à reprodução do valor-capital despendido em força de trabalho e em trabalho necessário à criação de mais-valia, de onde proviria ainda ao todo o trabalho para a produção de um valor-capital não despendido em força de trabalho?

A coisa se coloca da seguinte maneira:

1) Adam Smith determina o valor de uma mercadoria pela massa de trabalho que o trabalhador assalariado agrega (*adds*) ao objeto de trabalho. Ele diz literalmente "aos materiais", pois se refere à manufatura, que processa, por sua vez, produtos de trabalho; mas isso em nada altera a coisa. O valor que o trabalhador agrega a uma coisa (e esse *adds* é a expressão de Adam Smith) é inteiramente independente de esse objeto, ao qual valor é agregado, já ter valor ou não *antes* dessa agregação. O trabalhador gera, pois, em forma-mercadoria um produto-valor; parte deste é, segundo Adam Smith, o equivalente a seu salário, sendo essa parte, portanto, determinada pelo volume do valor de seu salário; conforme esse volume seja maior ou menor, ele tem de agregar mais trabalho para produzir ou reproduzir um valor igual a seu salário. Mas, por outro lado, o trabalhador acrescenta ainda mais trabalho ao objeto além do limite assim traçado, que constitui mais-valia para o capitalista que o ocupa. Se toda essa mais-valia permanece nas mãos do capitalista ou se ele deve cedê-la parceladamente a terceiras pessoas, não muda absolutamente em nada a determinação qualitativa (que é ao todo mais-valia) nem a quantitativa (a grandeza) da mais-valia agregada ao objeto pelo trabalhador. É valor como qualquer outra parte de valor do produto, distingue-se, porém, pelo fato de que o trabalhador não recebeu nem receberá depois nenhum equivalente dele, sendo esse valor apropriado pelo capitalista sem dar um equivalente. O valor total da mercadoria é determinado pelo *quantum* de trabalho que o trabalhador despendeu em sua produção; parte desse valor total é determinada por ser igual ao valor do salário, sendo, portanto, equivalente do mesmo. A segunda parte, a mais-valia, fica necessariamente também determinada, sendo, a saber, igual ao valor

total do produto menos a parte de valor do mesmo que é equivalente do salário; é, portanto, igual ao excedente do produto-valor criado na produção da mercadoria, sobre a parte de valor contida nela, que é igual ao equivalente de seu salário.

2) O que vale para a mercadoria produzida numa empresa industrial isolada por um trabalhador individual vale para o produto anual de todos os ramos de negócios conjuntamente. O que vale para o trabalho diário de um trabalhador produtivo individual vale para o trabalho anual realizado por toda a classe de trabalhadores produtivos. Esse trabalho "fixa" (expressão de Smith) no produto anual um valor total determinado pelo *quantum* do trabalho anual despendido, e esse valor total decompõe-se em uma parte, determinada por aquela porção do trabalho anual com a qual a classe trabalhadora cria um equivalente de seu salário anual, na realidade, esse salário mesmo; e em outra parte, determinada pelo trabalho anual adicional, no qual o trabalhador cria mais-valia para a classe capitalista. O produto-valor anual contido no produto anual consiste, portanto, apenas em dois elementos, no equivalente do salário anual recebido pela classe trabalhadora e na mais-valia fornecida anualmente à classe capitalista. O salário anual constitui, porém, a *revenue* da classe trabalhadora, e a soma anual da mais-valia, a *revenue* da classe capitalista; ambos representam, portanto (e este ponto de vista está correto na apresentação da reprodução simples), as participações relativas no fundo de consumo anual e se realizam nele. E assim não resta lugar para o valor-capital constante, para a reprodução do capital funcionando em forma de meios de produção. Mas todas as partes do valor-mercadoria que funcionam como *revenue* coincidem com o produto anual do trabalho, destinado ao fundo de consumo social, isso Adam Smith diz expressamente na introdução de sua obra:

> Esclarecer em que consistiu a *revenue* do povo ou qual foi a natureza do fundo que [...] forneceu (*supplied*) seu consumo anual é o objetivo destes quatro primeiros livros. (p. 12)

E logo a primeira frase da introdução diz que:

> O trabalho anual de toda nação é o fundo que originalmente a provê de todos os meios de subsistência que ela consome no decorrer do ano e que consistem sempre ou no produto direto desse trabalho ou nos objetos comprados de outras nações com esse produto. (p. 11)

O primeiro erro de Adam Smith consiste em que ele iguala o *valor-produto* anual ao *produto-valor* anual. Este último é apenas produto do trabalho do ano anterior; o primeiro inclui, além disso, todos os elementos de valor consumidos na produção do produto anual, mas que *foram produzidos no ano anterior e, parcialmente, em anos há mais tempo decorridos*; meios de produção cujo valor apenas *reaparece* – os quais, quanto a seu valor, não foram produzidos nem reproduzidos pelo trabalho despendido durante o último ano. Por meio dessa confusão, Adam Smith manipula a parte constante do valor fazendo-a desaparecer do produto anual. A própria confusão repousa sobre outro erro em sua concepção fundamental: ele não distingue o caráter conflitante do próprio trabalho: o trabalho enquanto dispêndio de força de trabalho cria valor e, enquanto trabalho útil, concreto, cria objetos de uso (valor de uso). A soma total das mercadorias feitas anualmente, portanto *todo o produto anual*, é produto do trabalho útil efetuado no último ano; e é somente em virtude de trabalho aplicado socialmente ter sido despendido em um sistema multirramificado de espécies de trabalhos úteis que todas essas mercadorias existem; somente por isso é preservado em seu valor total o valor dos meios de produção consumidos em sua produção, que reaparecem em nova forma natural. O *produto anual* total é, portanto, o resultado do trabalho *útil* despendido durante o ano; mas do *valor-produto* anual apenas parte foi criada durante o ano; essa parte é o *produto-valor* anual em que se representa a soma do trabalho realizado durante o ano.

Quando então Adam Smith, na passagem acima citada, diz que:

> "O trabalho anual de toda nação é o fundo que originalmente a provê de todos os meios de subsistência que ela consome no decorrer do ano etc.",

ele se coloca unilateralmente no ponto de vista do trabalho meramente útil, que certamente forneceu todos esses meios de subsistência em sua forma consumível. Ele esquece, porém, que isso seria impossível sem a colaboração dos meios de trabalho e objetos de trabalho legados pelos anos anteriores, e que, por conseguinte, o "trabalho anual", na medida em que criou valor, não criou de modo algum o valor integral do produto feito por ele; esquece que o produto-valor é menor que o valor-produto.

Ainda que não se possa repreender Adam Smith por ter, nessa análise, ido apenas tão longe quanto todos os seus sucessores (embora nos fisiocratas já se encontrasse um começo na direção acertada), ele se perde, entretanto, num caos, principalmente porque sua concepção "esotérica" do valor-mercadoria em geral é entrecruzada constantemente por concepções exotéricas, que em amplitude nele prevalecem, enquanto seu instinto científico, de tempos a tempos, faz reaparecer o ponto de vista esotérico.

4. Capital e *revenue* em Adam Smith

A parte de valor de toda mercadoria (e também, portanto, do produto anual) que constitui apenas equivalente do salário é igual ao capital adiantado pelo capitalista em salários, isto é, igual ao componente variável de seu capital total adiantado. Esse componente do valor-capital adiantado o capitalista recupera mediante um componente de valor produzido de novo na mercadoria fornecida pelos trabalhadores assalariados. Se o capital variável é adiantado no sentido de que o capitalista paga em dinheiro ao trabalhador a parte que lhe cabe no produto que ainda não está pronto para a venda, ou que já está pronto, mas ainda não foi vendido pelo capitalista, ou se lhe paga com dinheiro que já recebeu pela venda da mercadoria fornecida pelo trabalhador, ou se antecipou esse dinheiro por meio de crédito – em todos esses casos, o capitalista despende capital variável, que flui para os trabalhadores como dinheiro e, por outro lado, ele possui o equivalente desse valor-capital na parte de valor de suas mercadorias, por meio da qual o trabalhador produz de novo a cota que cabe a ele mesmo no valor total delas, por meio da qual, em outras palavras, ele produziu o valor de seu próprio salário. Em vez de dar-lhe essa parte de valor na forma natural de seu próprio produto, o capitalista lhe paga em dinheiro. Para o capitalista, a parte variável de seu valor-capital adiantado existe agora em forma-mercadoria, enquanto o trabalhador recebeu o equivalente por sua força de trabalho vendida em forma-dinheiro.

Portanto, enquanto a parte do capital adiantado pelo capitalista, convertida em capital variável pela compra da força de trabalho, funciona dentro do próprio processo de produção como força de trabalho ativa e, por meio do dispêndio dessa força, é novamente produzida, isto é, reproduzida, como novo valor em forma-mercadoria – portanto reprodução, isto é, nova produção de valor-capital adiantado! –, o trabalhador despende o valor, ou preço, de sua força de trabalho vendida em meios de subsistência, em meios de reprodução de sua força de trabalho. Uma soma de dinheiro igual ao capital variável constitui sua receita, portanto sua *revenue*, que só dura enquanto ele puder vender sua força de trabalho ao capitalista.

A mercadoria do trabalhador assalariado – sua própria força de trabalho – funciona como mercadoria apenas na medida em que é incorporada ao capital do capitalista, na medida em que funciona como capital; por outro lado, o capital do capitalista, despendido como capital monetário na compra da força de trabalho, funciona como *revenue* nas mãos do vendedor da força de trabalho, do trabalhador assalariado.

Entrelaçam-se aqui diferentes processos de circulação e produção, que Adam Smith não mantém separados.

Primeiro. Atos pertencentes ao *processo de circulação*: o trabalhador vende sua mercadoria – a força de trabalho – ao capitalista; o dinheiro com o qual o capitalista a compra é, para ele, dinheiro investido para valorização, portanto capital monetário; ele não é despendido, mas adiantado. (Esse é o verdadeiro sentido do "adiantamento" – *avance* dos fisiocratas –, independente do fato de onde o capitalista tira o dinheiro. Adiantado, para o capitalista, é todo valor que paga objetivando o processo de produção, aconteça isso antes ou *post festum*; é adiantado ao próprio processo de produção.) Aqui ocorre apenas o mesmo que em toda venda de mercadoria: o vendedor aliena um valor de uso (aqui a força de trabalho) e recebe o valor deste (realiza seu preço) em dinheiro; o comprador aliena seu dinheiro e recebe, em troca, a própria mercadoria – aqui a força de trabalho.

Segundo: No *processo de produção*, a força de trabalho comprada constitui agora parte do capital em funcionamento, e o próprio trabalhador funciona aqui apenas como forma natural particular desse capital, distinta dos elementos dele existentes em forma de meios de produção. Durante o processo, o trabalhador agrega aos meios de produção que transforma em produto um valor, por meio do dispêndio de sua força de trabalho, que é igual ao valor de sua força de trabalho (abstraída a mais-valia); ele reproduz, portanto, para o capitalista, em forma-mercadoria, a parte do capital que este lhe adiantou ou lhe adiantará em salário; ele produz um equivalente desta última; ele produz, portanto, para o capitalista, o capital que este pode novamente "adiantar" na compra de força de trabalho.

Terceiro: Na venda da mercadoria, parte de seu preço de venda repõe, portanto, ao capitalista, o capital variável por ele adiantado, capacitando, portanto, tanto o capitalista a comprar de novo força de trabalho quanto o trabalhador a vendê-la novamente.

Em todas as compras e vendas de mercadorias – na medida em que apenas essas transações sejam consideradas em si –, é inteiramente indiferente o que ocorrerá, nas mãos do vendedor, com o dinheiro que este recebeu em troca de sua mercadoria e o que ocorrerá nas mãos do comprador com o artigo de uso por ele comprado. Por conseguinte, é também totalmente indiferente, à medida que entra em consideração o mero processo de circulação, que a força de trabalho comprada pelo capitalista reproduza, para ele, valor-capital e que, por outro lado, o dinheiro obtido como preço de compra da força de trabalho constitua para o trabalhador *revenue*. A grandeza de valor do artigo comercial do trabalhador, sua força de trabalho, não é afetada por ela constituir "*revenue*" para ele, nem pelo fato de que o uso de seu artigo comercial pelo comprador reproduz, para este, valor-capital.

Porque o valor da força de trabalho – isto é, o preço de venda adequado dessa mercadoria – é determinado pela quantidade de trabalho necessária a sua reprodução, mas essa mesma quantidade de trabalho, por sua vez, é determinada pela quantidade de trabalho exigida para a produção dos meios de subsistência necessários ao trabalhador, portanto à manutenção de sua vida, o salário se torna *revenue*, do qual o trabalhador tem de viver.

É totalmente falso o que Adam Smith diz (p. 223):

> "A *parte do capital* que é investida no sustento do trabalho produtivo [...] após lhe haver servido" {ao capitalista} "na função de capital [...] constitui *revenue* para eles" {os trabalhadores}.

O *dinheiro* com que o capitalista paga a força de trabalho comprada por ele "lhe serve na função de um capital", à medida que ele, por meio disso, incorpora a força de trabalho aos elementos materiais de seu capital e, por meio disso, coloca seu capital ao todo em condições de funcionar como capital produtivo. Distingamos: A força de trabalho é *mercadoria*, não capital, nas mãos do trabalhador e constitui, para ele, *revenue*, à medida que ele puder repetir constantemente sua venda; ela funciona como capital *após* a venda, nas mãos do capitalista, durante o próprio processo de produção. O que serve aqui duas vezes é a força de trabalho; como mercadoria que é vendida por seu valor, nas mãos do trabalhador; como força produtora de valor e valor de uso, nas mãos do capitalista que a comprou. Mas o dinheiro que o trabalhador recebe do capitalista, só o recebe após haver-lhe dado o uso de sua força de trabalho, após a mesma haver sido realizada no valor do produto do trabalho. O capitalista tem esse valor em suas mãos antes de tê-lo pago. Não é, portanto, o dinheiro que funciona duas vezes: primeiro, como forma-dinheiro do capital variável, depois, como salário. Mas é a força de trabalho que funciona duas vezes: primeiro, como *mercadoria* na venda da força de trabalho (o dinheiro atua, quando da estipulação do salário a ser pago, meramente como medida ideal do valor, ocasião em que nem precisa encontrar-se nas mãos do capitalista); segundo, no processo de produção, em que ela funciona como *capital*, isto é, como valor de uso e elemento criador de valor nas mãos do capitalista. Ela já forneceu, em forma-mercadoria, o equivalente a pagar ao trabalhador, antes de o capitalista o pagar ao trabalhador em forma-dinheiro. O trabalhador cria, portanto, ele mesmo, o fundo de pagamento do qual o capitalista lhe paga. Mas isso não é tudo.

O dinheiro que o trabalhador recebe é despendido por ele para manter sua força de trabalho, portanto – considerando-se a classe capitalista e a classe trabalhadora em sua totalidade – a fim de conservar para o capitalista a única ferramenta que lhe permite continuar sendo capitalista.

A contínua compra e venda da força de trabalho perpetua, portanto, por um lado, a força de trabalho como elemento do capital, por meio do que este aparece como criador de mercadorias, artigos de uso que têm um valor, e por meio do que, além disso, a parte do capital que compra a força de trabalho é produzida continuamente por seu próprio produto, portanto o próprio trabalhador cria continuamente o fundo de capital do qual ele é pago. Por outro lado, a contínua venda da força de trabalho torna-se a fonte, que sempre se renova, de manutenção da vida do trabalhador, e sua força de trabalho aparece, portanto, como o poder do qual ele obtém a *revenue* de que vive. *Revenue* significa aqui apenas apropriação de valores, efetuada pela venda constantemente repetida de uma mercadoria (a força de trabalho), servindo esses valores somente para a reprodução constante da mercadoria a ser vendida. E nessa medida Adam Smith está certo em dizer que a parte de valor do produto criado pelo próprio trabalhador, pela qual o capitalista lhe paga um equivalente em forma de salário, torna-se fonte de *revenue* para o trabalhador. Mas isso altera tão pouco a natureza ou grandeza dessa parte de valor da mercadoria como altera o valor dos meios de produção a circunstância de que funcionam como valores-capital, ou a natureza ou grandeza de uma linha reta o fato de que funciona como base de um triângulo ou como diâmetro de uma elipse. O valor da força de trabalho continua sendo determinado tão independentemente como o daqueles meios de produção. Nem essa parte de valor da mercadoria *consiste em revenue* como fator autônomo que a constitui nem essa parte de valor *se dissolve em revenue*. O fato de esse novo valor constantemente reproduzido pelo trabalhador constituir para ele fonte de *revenue* não quer dizer, inversamente, que sua *revenue* constitua parte componente do novo valor por ele produzido. A grandeza da cota que lhe é paga do novo valor por ele criado determina o volume de valor de sua *revenue*, e não vice-versa. Que essa parte do novo valor constitui para ele *revenue*, mostra apenas o que é feito dela, o caráter de sua aplicação, e tem tão pouco a ver com sua formação como com qualquer outra formação de valor. Se recebo dez táleres a cada semana, a circunstância dessa receita semanal não altera em nada a *natureza* de valor dos dez táleres, nem sua *grandeza* de valor. Como o de qualquer outra mercadoria, o valor da força de trabalho é determinado pela quantidade de trabalho necessária a sua reprodução; o fato de que essa quantidade de trabalho é determinada pelo valor dos meios de subsistência necessários ao trabalhador, sendo, portanto, igual ao trabalho necessário à reprodução de suas próprias condições de vida, é uma peculiaridade dessa mercadoria (a força de trabalho), porém não é mais peculiar do que o fato de que o valor do gado de carga é determinado pelo valor dos meios de subsistência necessários a sua manutenção, portanto pela massa de trabalho humano necessária para a produção destes últimos.

É, porém, a categoria "*revenue*" que aqui causa todo o mal em Adam Smith. As diferentes espécies de *revenues* constituem para ele as "*component parts*", as partes componentes do novo valor das mercadorias produzido anualmente, enquanto, inversamente, as duas partes em que o valor das mercadorias se decompõe *para o capitalista* – o equivalente de seu capital variável, adiantado em forma-dinheiro na compra do trabalho, e a outra parte de valor, que também lhe pertence mas que nada lhe custou, a mais-valia – constituem fontes de *revenue*. O equivalente do capital variável é novamente adiantado em força de trabalho e constitui, nessa medida, *revenue* para o trabalhador em forma de seu salário; como a outra parte – a mais-valia – não tem de repor ao capitalista nenhum adiantamento de capital, pode ser por ele despendida em meios de consumo (necessários e de luxo), ser consumida como *revenue*, em vez de constituir valor-capital de qualquer espécie. O pressuposto dessa *revenue* é o próprio valor-mercadoria, e suas partes componentes apenas se distinguem, para o capitalista, na medida em que são equivalente *do* ou excedente *sobre o* valor-capital por ele adiantado. Ambos consistem apenas em força de trabalho despendida durante a produção de mercadorias, realizada em trabalho. Consistem em dispêndio, não em renda ou *revenue* – em dispêndio de trabalho.

Após esse quiproquó, em que a *revenue* torna-se fonte de valor-mercadoria, em lugar de o valor-mercadoria ser a fonte da *revenue*, aparece então o valor-mercadoria como "composto" das diferentes espécies de *revenues*; elas são determinadas independentemente umas das outras, e pela adição do volume de valor dessas *revenues* é determinado o valor total da mercadoria. Mas agora surge a questão, como é determinado o valor de cada uma dessas *revenues*, das quais deve se originar o valor da mercadoria? Isso ocorre no salário, pois o salário é o valor de sua mercadoria, da força de trabalho, e este é determinável (como o valor de qualquer outra mercadoria) pelo trabalho necessário à reprodução dessa mercadoria. Mas a mais-valia, ou antes, em Smith, suas duas formas, lucro e renda do solo, como são determinadas? Aqui só resta palavrório vazio. Adam Smith ora apresenta o salário e a mais-valia (ou salário e lucro) como elementos dos quais se compõe o valor-mercadoria, ou preço, ora, e frequentemente quase em seguida, como partes em que o preço da mercadoria "se dissolve" (*resolves itself*); mas isso significa inversamente que o valor-mercadoria é primeiramente dado e que diversas partes desse valor dado cabem a várias pessoas participantes no processo de produção, na forma de diversas *revenues*. Isso não é, de modo algum, idêntico à composição do valor por esses três "elementos". Se determino a grandeza de três linhas retas diferentes autonomamente e, então, dessas três linhas como "elementos", formo uma quarta linha que é igual à grandeza de sua soma, esse não é, de modo algum, o mesmo procedimento que se eu, por outro lado, tenho em minha frente dada linha reta e a divido, para qualquer fim, em três partes diferentes, em certo sentido a "dissolvo". A grandeza da linha no primeiro caso varia juntamente com a grandeza das três linhas cuja soma ela constitui; a grandeza das três partes de linha, no último caso, já está de antemão delimitada pelo fato de que elas constituem partes de uma linha de grandeza dada.

Na realidade, porém, se nos atemos ao que é correto na exposição de Adam Smith, a saber, que o *novo valor criado pelo trabalho anual* contido no produto-mercadoria anual da sociedade (do mesmo modo que em cada mercadoria individual ou no produto de um dia, de uma semana etc.) é igual ao valor do capital variável adiantado (portanto à parte de valor destinada à compra de força de trabalho novamente) acrescido da mais-valia que o capitalista pode realizar – com reprodução simples e as demais circunstâncias constantes – em meios de seu consumo individual; se além disso nos atemos ao fato de que Adam Smith confunde o trabalho à medida que cria valor, sendo dispêndio de força de trabalho, e o trabalho à medida que cria valor de uso, quer dizer, é despendido em forma útil, adequada a um fim, então toda a concepção resulta no seguinte: o valor de toda mercadoria é produto do trabalho; portanto também o valor do produto do trabalho anual ou o valor do produto-mercadoria social anual. Como todo trabalho se dissolve em 1) tempo de trabalho necessário, durante o qual o trabalhador reproduz um mero equivalente do capital adiantado na compra de sua força de trabalho, e 2) mais-trabalho, por meio do qual ele fornece ao capitalista um valor pelo qual este não paga nenhum equivalente, portanto mais-valia; todo valor-mercadoria só pode se dissolver nessas duas partes diferentes, constituindo assim, finalmente, como salário, a *revenue* da classe trabalhadora e, como mais-valia, a da classe capitalista. Mas, no que tange ao valor-capital constante, isto é, ao valor dos meios de produção consumidos na produção do produto anual, não se pode, na verdade, dizer como esse valor (além da frase de que o capitalista o põe na conta do comprador quando da venda de sua mercadoria) entra no valor do novo produto, mas finalmente – *ultimately* – essa parte de valor, já que os próprios meios de produção são produtos do trabalho, por sua vez, só pode consistir em equivalente do capital variável e em mais-valia; em produto de trabalho necessário e em mais-trabalho. Se os valores desses meios de produção, nas mãos daqueles que os empregam, funcionam como valores de capital, isso não impede que "originalmente", e quando se vai ao fundo da coisa, em outras mãos – ainda que em período anterior –, tenham sido decomponíveis nas mesmas duas partes de valor, portanto em duas diferentes fontes de *revenue*.

Um ponto correto nisso é que, no movimento do capital social – isto é, da totalidade dos capitais individuais –, a coisa apresenta-se de maneira diferente do que quando se considera cada capital individual por si, isto é, do ponto de vista do capitalista individual. Para este, o valor-mercadoria se dissolve: 1) em um elemento constante (o quarto, como diz Smith) e 2) na soma de salário e mais-valia, ou salário, lucro e renda do solo. Do ponto de vista social, entretanto, desaparece o quarto elemento de Smith, o valor-capital constante.

5. Resumo

A fórmula absurda de que as três *revenues*, salário, lucro e renda, constituem três "partes componentes" do valor-mercadoria se origina, em Adam Smith, da fórmula mais plausível de que o valor-mercadoria *resolves itself*, se dissolve, nessas três partes componentes. Isso também é falso, mesmo pressupondo que o valor-mercadoria seja apenas divisível no equivalente da força de trabalho consumida e na mais-valia criada pela última. Mas o erro repousa aqui de novo em uma base mais profunda, verdadeira. A produção capitalista se baseia no fato de que o trabalhador produtivo vende sua própria força de trabalho, como sua mercadoria, ao capitalista, em cujas mãos ela funciona simplesmente como elemento de seu capital produtivo. Essa transação pertencente à circulação – venda e compra da força de trabalho – não só introduz o processo de produção, mas determina também implicitamente seu caráter específico. A produção de um valor de uso, e mesmo de uma mercadoria (pois esta pode ocorrer também por parte de trabalhadores produtivos independentes), é aqui apenas meio para a produção de mais-valia absoluta e relativa para o capitalista. Vimos, por isso, quando da análise do processo de produção, como a produção de mais-valia absoluta e relativa determina: 1) a duração do processo de trabalho diário; 2) toda a configuração técnica e social do processo capitalista de produção. Dentro desse mesmo processo realiza-se a distinção entre simples conservação de valor (do valor-capital constante), reprodução real de valor adiantado (equivalente da força de trabalho) e produção de mais-valia, isto é, de valor, para o qual o capitalista não adiantou nenhum equivalente anteriormente, nem adianta *post festum*.

A apropriação de mais-valia – um valor que é excedente sobre o equivalente do valor adiantado pelo capitalista –, embora introduzida pela compra e venda da força de trabalho, é um ato que se opera dentro do próprio processo de produção, constituindo um momento essencial do mesmo.

O ato introdutório, que constitui um ato de circulação, a compra e venda da força de trabalho, repousa, por sua vez, em uma distribuição dos *elementos* de produção que precede a distribuição dos *produtos* sociais e é seu pressuposto, a saber, a separação da força de trabalho, como mercadoria do trabalhador, dos meios de produção, como propriedade de não-trabalhadores.

Ao mesmo tempo, porém, essa apropriação de mais-valia ou essa separação da produção de valor em reprodução de valor adiantado e produção de novo valor que não repõe nenhum equivalente (mais-valia) não altera em nada a substância do próprio valor e a natureza da produção de valor. A substância do valor é e continua sendo apenas força de trabalho despendida – trabalho, independentemente do caráter útil particular desse trabalho –, e a produção de valor é apenas o processo desse dispêndio. Assim, o servo despende durante seis dias força de trabalho, trabalha durante seis dias, sem que para o fato desse dispêndio, enquanto tal, faça diferença que ele, por exemplo, execute três dessas jornadas de trabalho para si, sobre seu próprio campo, e três outras para seu senhor, sobre o campo deste. O trabalho voluntário para si e o trabalho forçado para seu senhor são igualmente trabalho; à medida que esse trabalho seja considerado em relação aos valores ou aos produtos úteis que cria, não existe nenhuma diferença em seu trabalho de seis dias. A diferença refere-se apenas às diferentes condições que motivam o dispêndio de sua força de trabalho durante as duas metades de seu tempo de trabalho de seis dias. O mesmo acontece com o trabalho necessário e o mais-trabalho do trabalhador assalariado.

O processo de produção extingue-se na mercadoria. O fato de ter sido despendida força de trabalho em sua feitura aparece agora como propriedade material da mercadoria, a de que ela possui valor; a grandeza desse valor é medida pela grandeza do trabalho despendido; o valor-mercadoria não se dissolve em mais nada e não consiste em mais nada. Se tracei uma linha reta de determinada grandeza, "produzi" (na verdade, apenas simbolicamente, o que sei de antemão), mediante a arte do desenho, que ocorre de acordo com certas regras (leis) independentes de mim, uma linha reta. Se divido essa linha em três segmentos (que, por sua vez, podem corresponder a determinado problema), cada um desses três segmentos continua sendo, depois como antes, linha reta, e toda a linha, da qual eles são partes, não é dissolvida por essa divisão em algo diferente de uma linha reta, por exemplo, uma curva de qualquer espécie. Tampouco posso dividir a linha de dada grandeza de maneira que a soma dessas partes seja maior que a própria linha não dividida; a grandeza da linha não dividida não é, portanto, determinada por grandezas arbitrariamente estabelecidas das linhas parciais. Pelo contrário, as grandezas relativas dessas últimas são, de antemão, limitadas pelos limites da linha de que são partes.

A mercadoria feita pelo capitalista em nada se distingue até aqui da mercadoria feita pelo trabalhador autônomo ou por comunidades de trabalhadores ou por escravos. Entretanto, em nosso caso, todo o produto do trabalho, bem como todo o seu valor, pertence ao capitalista. Como qualquer outro produtor, ele tem primeiramente de transformar a mercadoria em dinheiro, mediante sua venda, para poder seguir manipulando-a; ele tem de convertê-la à forma-equivalente geral.

Observemos o produto-mercadoria antes que seja transformado em dinheiro. Pertence por inteiro ao capitalista. Por outro lado, como produto de trabalho útil – como valor de uso –, é inteiramente produto do processo de trabalho anterior; mas não seu valor. Parte desse valor é apenas valor, que reaparece em nova forma, dos meios de produção despendidos na produção da mercadoria; esse valor não foi produzido durante o processo de produção dessa mercadoria; pois esse valor já era possuído pelos meios de produção antes do processo de produção, independentemente dele; como seus portadores entraram nesse processo, o que se renovou e se transformou foi somente sua forma de manifestação. Essa parte do valor-mercadoria constitui para o capitalista um equivalente pela parte consumida durante a produção de mercadorias, de seu valor-capital constante adiantado. Existia antes em forma de meios de produção; existe agora como parte componente do valor da nova mercadoria produzida. Tão logo esta seja convertida em moeda corrente, esse valor, existente agora em dinheiro, tem de ser transformado de novo em meios de produção, em sua forma original, determinada pelo processo de produção e por sua função no mesmo. No caráter de valor de uma mercadoria nada se altera pela função de capital desse valor.

Uma segunda parte de valor de uma mercadoria é o valor da força de trabalho que o trabalhador assalariado vende ao capitalista. Ele é determinado, como o valor dos meios de produção, independentemente do processo de produção em que a força de trabalho deve entrar; é fixado num ato de circulação, na compra e venda da força de trabalho, antes que esta entre no processo de produção. Mediante sua função – o dispêndio de sua força de trabalho –, o trabalhador assalariado produz um valor-mercadoria igual ao valor que o capitalista tem de pagar-lhe pelo uso de sua força de trabalho. Ele dá ao capitalista esse valor em mercadoria, este lhe paga o mesmo em dinheiro. Que essa parte do valor-mercadoria seja para o capitalista apenas um equivalente de seu capital variável a ser adiantado em salário em nada muda o fato de ela ser valor-mercadoria criado de novo durante o processo de produção, valor que em nada difere do que consiste a mais-valia – a saber, em dispêndio passado de força de trabalho. Esse fato também não é afetado pelo valor da força de trabalho, pago pelo capitalista ao trabalhador em forma de salário, assumir, para o trabalhador, a forma de *revenue* e, por esse meio, não apenas a força de trabalho ser reproduzida continuamente, mas também a classe dos trabalhadores assalariados como tal e, por conseguinte, a base de toda a produção capitalista.

A soma dessas duas partes de valor não perfaz, entretanto, todo o valor-mercadoria. Resta um excedente além dessas duas partes: a mais-valia. Esta é, tal como a parte de valor que repõe o capital variável adiantado em salários, um novo valor criado pelo trabalhador durante o processo de produção – trabalho solidificado. Só que ela nada custa ao possuidor de todo o produto, ao capitalista. Essa última circunstância permite ao capitalista, de fato, consumi-la inteiramente como *revenue*, caso ele não tenha de ceder partes dela a outros participantes – como a renda do solo ao proprietário fundiário, caso em que essas partes constituirão as *revenues* dessas terceiras pessoas. Essa mesma circunstância foi também o motivo que impeliu nosso capitalista a ocupar-se ao todo com a produção de mercadorias. Mas nem sua benevolente intenção original, apoderar-se de mais-valia, nem o dispêndio posterior da mesma como *revenue* por ele e outros afetam a mais-valia como tal. Essas duas circunstâncias não alteram em nada o fato de que ela seja trabalho solidificado não pago, tampouco sua grandeza, que é determinada por condições inteiramente diferentes.

Se Adam Smith queria, entretanto, como ele o faz, ocupar-se já do exame do valor-mercadoria, com o papel que cabe às partes do mesmo no processo de reprodução como um todo, então estava claro que, se certas partes funcionam como *revenue*, outras funcionam com a mesma continuidade como capital – e por isso, segundo sua lógica, teriam de ser designadas também como partes constituintes do valor-mercadoria, ou como partes em que este se dissolve.

Adam Smith identifica a produção de mercadorias em geral com a produção capitalista de mercadorias; os meios de produção de antemão são "capital", e o trabalho é de antemão trabalho assalariado, portanto

> "o número de trabalhadores úteis e produtivos, em toda parte [...], está em proporção à grandeza do capital aplicado para ocupá-los" (*to the quantity of capital stock which is employed in setting them to work*). (Introduction, p. 12)

Em uma palavra, os diferentes fatores do processo de trabalho – objetivos e pessoais – aparecem de antemão nos personagens encarnados do período de produção capitalista. A análise do valor-mercadoria coincide, portanto, diretamente com a preocupação com a medida em que esse valor, por um lado, constitui mero equivalente de capital despendido e com a medida em que, por outro, ele constitui valor "livre", valor que não repõe valor-capital adiantado, ou mais-valia. Comparadas entre si, desse ponto de vista, as partes do valor-mercadoria se transformam, assim, imperceptivelmente em suas "partes componentes" autônomas e finalmente em "fontes de todo valor". Uma consequência ulterior é a composição do valor-mercadoria ou, alternadamente, sua "dissolução" em *revenues* de várias espécies, de modo que não são as *revenues* que consistem em valor-mercadoria, mas o valor-mercadoria em "*revenues*". Mas, do mesmo modo que não altera a natureza de um valor-mercadoria *qua* valor-mercadoria ou do dinheiro *qua* dinheiro o fato de que eles funcionem como valor-capital, tampouco altera a de um valor-mercadoria o fato de que ele funcione mais tarde para este ou aquele como *revenue*. A mercadoria da qual Adam Smith trata é de antemão capital-mercadoria (que inclui, além do valor-capital consumido na produção da mercadoria, a mais-valia), portanto mercadoria produzida de forma capitalista, o resultado do processo capitalista de produção. Este teria, pois, de ser analisado anteriormente, portanto também o processo nele implícito de valorização e formação de valor. Dado que este, por sua vez, tem como pressuposto a circulação de mercadorias, sua apresentação exige também uma análise prévia e independente da mercadoria. Mesmo quando Adam Smith, de modo "esotérico", chega provisoriamente ao que é correto, ele só se preocupa com a produção de valor por ocasião da análise das mercadorias, isto é, da análise do capital-mercadoria.

III. OS POSTERIORES[41]

Ricardo reproduz quase literalmente a teoria de Adam Smith:

> Deve-se concordar em que todos os produtos de um país são consumidos, mas faz a maior diferença se são consumidos pelos que reproduzem outro valor ou pelos que não o fazem. Quando dizemos que *revenue* é economizada e adicionada ao capital, queremos dizer com isso que a parte da *revenue* adicionada ao capital é consumida por trabalhadores produtivos em vez de por improdutivos. (*Principles*, p. 163)

Na realidade, Ricardo aceitou completamente a teoria de Adam Smith sobre a dissolução dos preços das mercadorias em salário e mais-valia (ou capital variável e mais-valia). Os pontos em disputa com ele são: 1) as partes componentes da mais-valia: ele elimina a renda do solo como elemento necessário dela; 2) Ricardo *decompõe* o preço da mercadoria nessas partes componentes. A grandeza do valor é, portanto, o *prius* [primordial]. A soma das partes componentes é pressuposta como grandeza dada e dela se parte, não como Adam Smith procede, muitas vezes inversamente e em contradição com sua própria compreensão mais profunda, produzindo a grandeza de valor da mercadoria *post festum* pela adição das partes componentes.

Ramsay observa contra Ricardo:

> Ricardo esquece que o produto inteiro não se divide apenas entre salário e lucro, mas que também uma parte é necessária para a reposição do capital fixo. (*An Essay on the Distribution of Wealth*. Edinburgh, 1836, p. 174)

Ramsay entende por capital fixo o mesmo que entendo por constante:

> O capital fixo existe em uma forma em que contribui, é verdade, para a feitura da mercadoria em elaboração, mas não para a manutenção dos trabalhadores. (p. 59)

Adam Smith opunha-se à consequência necessária de sua dissolução do valor-mercadoria, portanto também do valor do produto social anual, em salário e mais-valia, portanto em mera *revenue*: a consequência de que todo o produto anual poderia, então, ser consumido. Não são jamais os pensadores originais que chegam às consequências absurdas. Eles deixam isso para os Says e McCullochs.

Say, de fato, facilita bastante as coisas. O que, para um, é adiantamento de capital é, para o outro, *revenue* e produto líquido ou o foi; a diferença entre produto bruto e líquido é puramente subjetiva, e

> "assim o valor total de todos os produtos distribui-se na sociedade como *revenue*". (Say, *Traité d'économie politique*, II. 1817, p. 64) "O valor total de cada produto compõe-se dos lucros dos proprietários fundiários, dos capitalistas e dos *industrieux*"{o salário figura aqui como *profits des industrieux* [lucros dos industriosos]!} "que contribuíram para sua feitura. Isso faz com que a *revenue* da sociedade seja igual ao *valor bruto produzido*, e não, como imaginava a seita dos economistas" {os fisiocratas}, "apenas igual ao produto líquido do solo." (p. 63)

Dessa descoberta se apoderou também, entre outros, Proudhon.

Storch, que do mesmo modo aceita em princípio a doutrina de Adam Smith, acha, entretanto, a aplicação útil que Say faz dela insustentável.

> "Se se admite que a *revenue* de uma nação é igual a seu produto bruto, isto é, não havendo capital a deduzir" {deveria dizer, nenhum capital constante},

> "tem-se também de admitir que essa nação pode consumir improdutivamente todo o valor de seu produto anual, sem causar a menor quebra em sua futura *revenue*. [...] Os produtos que perfazem o capital" {constante} "de uma nação não são consumíveis." (Storch, *Considérations sur la nature du revenu national*. Paris, 1824, pp. 147–50)

Como, porém, a existência dessa parte constante do capital se harmoniza com a análise de preços smithiana, adotada por ele, segundo a qual o valor-mercadoria contém apenas salário e mais-valia, mas nenhuma parte constante do capital, Storch esqueceu de dizer. É apenas por intermédio de Say que percebe que essa análise de preços conduz a resultados absurdos, e suas últimas palavras a esse respeito são:

> que é impossível decompor o preço necessário em seus elementos mais simples. (*Cours d'économie politique*, II. Petersburg, 1815, p. 141)

Sismondi, que se ocupa especialmente da relação entre capital e *revenue* e, na realidade, faz da concepção particular dessa relação a *differentia specifica* de seus *Nouveaux principes*, não disse *uma* palavra científica, não contribuiu com um átomo sequer para o esclarecimento do problema.

Barton, Ramsay e Cherbuliez fazem tentativas de ultrapassar a concepção smithiana. Fracassam, porque desde o princípio colocam o problema unilateralmente, ao não distinguir com clareza a diferença entre valor-capital constante e variável da diferença entre capital fixo e circulante.

Também John Stuart Mill reproduz, com a habitual presunção, a doutrina de Adam Smith legada a seus sucessores.

Resultado: a confusão de pensamento de Smith continua existindo até o momento e seu dogma constitui artigo de fé ortodoxo da Economia Política.

CAPÍTULO 20

REPRODUÇÃO SIMPLES

I. COLOCAÇÃO DA QUESTÃO

Se observarmos[42] o funcionamento anual do capital social – portanto, do capital total, do qual os capitais individuais apenas constituem frações cujo movimento é também seu movimento individual, assim como, simultaneamente, membro integrante do movimento do capital total – quanto a seu resultado, isto é, se observarmos o produto-mercadoria que a sociedade fornece durante o ano, é preciso mostrar como se opera o processo de reprodução do capital social, quais as características que distinguem esse processo de reprodução do processo de reprodução de um capital individual e quais as características comuns a ambos. O produto anual abrange tanto as partes do produto social que repõem capital, a reprodução social, como as partes que entram no fundo de consumo, que são consumidas por trabalhadores e capitalistas, por conseguinte tanto o consumo produtivo como o consumo individual. Ele abrange, ao mesmo tempo, a reprodução (isto é, a manutenção) da classe capitalista e da classe trabalhadora e, portanto, também a reprodução do caráter capitalista do processo de produção total.

É evidentemente a fórmula de circulação

$$M'–\begin{cases} D–M \dots P \dots M' \\ d–m \end{cases}$$

que temos de analisar, e nela o consumo desempenha necessariamente um papel; pois o ponto de partida $M' = M + m$, o capital-mercadoria, compreende tanto o valor-capital constante e o variável como a mais-valia. Seu movimento abrange, por isso, tanto o consumo individual como o produtivo. Nos ciclos *D–M ... P ... M'–D* e *P ... M'–D'–M ... P*, o movimento do *capital* é ponto de partida e ponto final: o que, sem dúvida, compreende também o consumo, pois a mercadoria, o produto, tem de ser vendida. Mas, supondo que isso já tenha se realizado, é indiferente para o movimento do capital individual o que venha a ser, depois, dessa mercadoria. No movimento de *M' ... M'*, ao contrário, as condições da reprodução social são reconhecíveis justamente pelo fato de que se tem de demonstrar o que acontece com cada parte de valor desse produto total *M'*. O processo de reprodução como um todo compreende, nesse caso, tanto o processo de consumo mediado pela circulação, como o próprio processo de reprodução do capital.

Temos de considerar o processo de reprodução para o objetivo proposto do ponto de vista da reposição tanto do valor, como da matéria de cada parte componente de *M'*. Agora já não podemos nos contentar, como na análise do valor-produto do capital individual, com o *pressuposto* de que o capitalista individual pode primeiramente, por meio da venda de seu produto-mercadoria, converter em dinheiro os componentes de seu capital e, então, recomprando no mercado os elementos de produção, retransformá-los em capital produtivo. Aqueles elementos de produção, à medida que sejam de natureza material, constituem tanto parte componente do capital social como o produto individual acabado que é intercambiado e reposto por eles. Por outro lado, o movimento da parte do produto-mercadoria social, que o trabalhador consome ao despender seu salário e o capitalista ao despender a mais-valia, constitui não apenas membro integrante do movimento do produto total, mas também se entrelaça com os movimentos dos capitais individuais e, por isso, o que sucede com ele não pode ser explicado simplesmente o pressupondo.

A questão que se coloca imediatamente é a seguinte: como o *capital* consumido na produção é reposto, quanto ao valor, a partir do produto anual e como se entrelaça o movimento dessa reposição com o consumo da mais-valia pelos capitalistas e do salário pelos trabalhadores? Trata-se, pois, em primeiro lugar, da reprodução em escala simples. Além disso, supõe-se não apenas que os produtos se troquem conforme seu valor, mas também que não se dê nenhuma revolução no valor dos componentes do capital produtivo. Na medida em que os preços se desviam dos valores, essa circunstância não pode influir sobre o movimento do capital social. Intercambiam-se, depois como antes, as mesmas massas de produtos, embora os capitalistas individuais participem de relações de valor que já não seriam proporcionais a seus respectivos adiantamentos e às massas de mais-valia produzidas individualmente por eles. Quanto às revoluções de valor, elas não alteram em nada as proporções entre os componentes de valor do produto anual total, na medida em que se distribuem de um modo geral e uniforme. Por outro lado, na medida em que se distribuem de um modo parcial e não uniforme, representam perturbações, as quais, *primeiro*, só podem ser compreendidas como tais se consideradas como *desvios* de relações constantes de valor; *segundo*, porém, uma vez comprovada a lei de acordo com a qual parte de valor do produto anual repõe capital constante, e outra capital variável, uma revolução, seja no valor do capital constante, seja no do capital variável, nada alteraria nessa lei. Modificaria apenas a grandeza relativa das partes de valor que funcionam em uma ou em outra condição, pois outros valores teriam tomado o lugar dos valores originais.

Enquanto considerávamos a produção de valor e o valor-produto do capital do ponto de vista individual, a forma natural do produto-mercadoria, para a análise, era indiferente, consistisse ela em máquinas, cereais ou espelhos. Tratava-se sempre de exemplos, e qualquer ramo da produção poderia igualmente servir de ilustração. O que nos interessava era o próprio processo direto de produção, que se apresenta, em qualquer ponto, como processo de um capital individual. Na medida em que era considerada a reprodução do capital, bastava supor que, dentro da esfera da circulação, a parte do produto-mercadoria que representa valor-capital encontrava oportunidade de retransformar-se em seus elementos de produção e, portanto, em sua figura de capital produtivo; do mesmo modo que bastava supor que trabalhador e capitalista encontravam no mercado as mercadorias em que despendem salário e mais-valia. Essa maneira puramente formal de exposição já não basta quando se considera o capital social total e seu valor-produto. A retransformação de parte do valor-produto em capital, a entrada de outra parte no consumo individual da classe capitalista, bem como no da classe trabalhadora, constituem um movimento dentro do próprio valor-produto em que resultou o capital total; e esse movimento não é apenas reposição de valor, mas também reposição de matéria, sendo assim condicionado tanto pela proporção recíproca dos componentes de valor do produto social como por seu valor de uso, sua forma material.

A[43] reprodução simples em escala constante aparece como uma abstração, na medida em que, de um lado, é estranho supor, na base do sistema capitalista, a ausência de toda acumulação ou reprodução em escala ampliada e, de outro, as condições em que se produz não permanecem absolutamente iguais em diversos anos. O pressuposto é que um capital social de dado valor volta a fornecer, neste ano como no anterior, a mesma massa de valores-mercadorias e a satisfazer o mesmo *quantum* de necessidades, embora possam mudar as formas das mercadorias no processo de reprodução. Entretanto, à medida que ocorre acumulação, a reprodução simples constitui sempre parte da mesma, podendo, portanto, ser examinada em si mesma e sendo um fator real da acumulação. O valor do produto anual pode diminuir, embora a massa dos valores de uso permaneça constante; o valor pode permanecer o mesmo, embora a massa dos valores de uso diminua; a massa de valor e a massa dos valores de uso reproduzidos podem diminuir simultaneamente. Tudo isso se reduz ao fato de que a reprodução se dá em condições mais favoráveis que antes, ou em condições mais difíceis, as quais podem resultar em reprodução imperfeita, defeituosa. Tudo isso pode tocar apenas o aspecto quantitativo dos diversos elementos da reprodução, mas não o papel que desempenham como capital em reprodução ou como *revenue* reproduzida no processo como um todo.

II. OS DOIS SETORES DA PRODUÇÃO SOCIAL[44]

O produto total, portanto também a produção total da sociedade, decompõe-se em dois grandes setores.

I. *Meios de produção*, mercadorias que possuem uma forma em que têm de entrar ou, pelo menos, podem entrar no consumo produtivo.

II. *Meios de consumo*, mercadorias que possuem uma forma em que entram no consumo individual da classe capitalista e da classe trabalhadora.

Em cada um desses setores, todos os diferentes ramos da produção que lhes pertencem constituem um único grande ramo da produção, uns o dos meios de produção, outros o dos meios de consumo. Todo o capital empregado em cada um desses dois ramos da produção constitui um grande setor particular do capital social.

Em cada setor, o capital se decompõe em dois componentes:

1) *Capital variável*. Este, quanto ao *valor*, é igual ao valor da força de trabalho social empregada nesse ramo da produção, portanto igual à soma dos salários pagos por aquela. Quanto à matéria, consiste na própria força de trabalho em atividade, isto é, no trabalho vivo posto em movimento por esse valor-capital.

2) *Capital constante*. Isto é, o valor de todos os meios de produção empregados para a produção nesse ramo. Estes, por sua vez, se decompõem em capital *fixo*: máquinas, instrumentos de trabalho, construções, gado de trabalho etc., e em capital constante *circulante*: materiais de produção, como matérias-primas e materiais auxiliares, produtos semiacabados etc.

O valor do produto anual total, feito com a ajuda desse capital, em cada um dos dois setores, se decompõe na parte de valor que representa o capital constante c, consumido na produção e apenas transferido ao produto quanto a seu valor, e na parte de valor agregada pelo trabalho anual total. Esta última se decompõe, por sua vez, na reposição do capital variável v adiantado e no excedente sobre ele, que constitui a mais-valia mv. Assim como o valor de cada mercadoria individual, o valor do produto anual total de cada setor decompõe-se em $c+v+mv$.

A parte de valor c, que representa o capital constante *consumido* na produção, não coincide com o valor do capital constante *empregado* na produção. Sem dúvida, os materiais de produção são consumidos por inteiro, e seus valores transferem-se, portanto, totalmente ao produto. Mas apenas parte do capital *fixo* empregado é consumida inteiramente e apenas seu valor é transferido ao produto. Outra parte do capital fixo, máquinas, edifícios etc., continua existindo e funcionando, depois como antes, embora com o valor reduzido pela depreciação anual. Essa parte do capital fixo que segue funcionando não existe para nós, quando observamos o valor-produto. Constitui parte do valor-capital que existe independente e paralelamente ao valor-mercadoria produzido de novo. Isso já se mostrou no exame do valor-produto de um capital individual (Livro 1, cap. 6).[I] Aqui, porém, temos de abstrair, provisoriamente, o procedimento aplicado lá. Ao examinar o valor-produto do capital individual, vimos que o valor retirado do capital fixo pela depreciação se transfere ao produto-mercadoria fabricado durante o tempo de depreciação, não importando se durante esse tempo parte desse capital fixo é reposta *in natura*, a partir desse valor transferido, ou não. Aqui, ao contrário, no exame do produto social total e de seu valor, precisamos abstrair, pelo menos provisoriamente, a parte de valor transferida ao produto anual pela depreciação do capital fixo durante o ano, à medida que esse capital fixo não tenha sido reposto *in natura* durante o ano. Em uma seção ulterior deste capítulo trataremos desse ponto separadamente.

Para nossa investigação da reprodução simples queremos tomar por base o seguinte esquema, em que c = capital constante, v = capital variável, mv = mais-valia, e se admite uma taxa de valorização $\frac{mv}{v} = 100\%$. Os números podem representar milhões de marcos, francos ou libras esterlinas.

I. Produção de meios de produção:
Capital .... $4\,000_c + 1\,000_v = 5\,000$
Produto-mercadoria .... $4\,000_c + 1\,000_v + 1\,000_{mv} = 6\,000$,
existentes em meios de produção.

II. Produção de meios de consumo:
Capital .... $2\,000_c + 500_v = 2\,500$
Produto-mercadoria ... $2\,000_c + 500_v + 500_{mv} = 3\,000$,
existentes em meios de consumo.

I K. Marx, *O capital: Crítica da Economia Política*, Livro 1: *O processo de produção do capital*, coord. Paul Singer, trad. Regis Barbosa e Flávio R. Kothe. São Paulo: Ubu Editora, 2025, pp. 224–32. [N. E. B.]

Recapitulando, produto-mercadoria total por ano:

I. $4\,000_c + 1\,000_v + 1\,000_{mv} = 6\,000$ meios de produção

II. $2\,000_c + 500_v + 500_{mv} = 3\,000$ meios de consumo.

Valor total = 9000, do qual é excluído o capital fixo que continua funcionando em sua forma natural, de acordo com o pressuposto.

Se examinarmos, com base na reprodução simples, onde toda a mais-valia é consumida improdutivamente, as transações necessárias, deixando de lado, por agora, a circulação monetária que as medeia, então se nos oferecem de imediato três grandes pontos de referência.

1) Os 500_v, salários dos trabalhadores, e os 500_{mv}, mais-valia dos capitalistas no Setor II, têm de ser despendidos em meios de consumo. Mas seu valor existe nos meios de consumo no valor de 1000, que, nas mãos dos capitalistas do Setor II, repõem os 500_v adiantados e representam os 500_{mv}. Salário e mais-valia do Setor II são transacionados, portanto, dentro do Setor II, pelo produto de II. Assim, desaparecem do produto total $(500_v + 500_{mv})$ II = 1000 em meios de consumo.

2) Os $1000_v + 1000_{mv}$ do Setor I têm de ser despendidos também em meios de consumo, portanto em produtos do Setor II. Têm de intercambiar-se, portanto, pela parte que ainda resta desse produto, de capital constante, de montante igual, 2000_c. Em troca disso, o Setor II recebe uma importância igual em meios de produção, produtos de I, em que se corporifica o valor dos $1000_v + 1000_{mv}$ de I. Com isso desaparecem da conta 2000 II_c e $(1000_v + 1000_{mv})$ I.

3) Restam ainda 4000 I_c. Estes consistem em meios de produção que apenas podem ser utilizados no Setor I, servem para repor seu capital constante consumido e, por isso, são liquidados mediante o intercâmbio mútuo entre os capitalistas individuais de I, do mesmo modo que se liquidam os $(500_v + 500_{mv})$ II mediante o intercâmbio entre os trabalhadores e os capitalistas, isto é, entre os capitalistas individuais de II.

Isso, por enquanto, apenas para compreender melhor o que segue.

III. A TRANSAÇÃO ENTRE OS DOIS SETORES: $\text{I}_{(v+mv)}$ POR II_c[45]

Comecemos pelo grande intercâmbio entre as duas classes $(1000_v + 1000_{mv})$ I – esses valores que, nas mãos de seus produtores, consistem em meios de produção em sua forma natural, trocam-se por 2000 II_c, por valores que consistem em meios de consumo em sua forma natural. Desse modo, a classe capitalista II converteu seu capital constante = 2000 da forma de meios de consumo à dos meios de produção dos meios de consumo, forma em que pode funcionar novamente como fator do processo de trabalho e, para a valorização, como valor-capital constante. Por outro lado, o equivalente da força de trabalho em I (1000 I_v) e a mais-valia dos capitalistas I (1000 I_{mv}) realizam-se dessa maneira em meios de consumo; ambos são convertidos de sua forma natural de meios de produção a uma forma natural em que podem ser consumidos como *revenue*.

Essa transação recíproca se efetua, porém, por meio de uma circulação de dinheiro que tanto a medeia como dificulta sua compreensão, mas que é de importância decisiva, porque a parte variável do capital tem de apresentar-se sempre de novo em forma-dinheiro, como capital monetário que se converte de forma-dinheiro em força de trabalho. O capital variável tem de ser adiantado em forma-dinheiro em todos os ramos de negócios conduzidos simultânea e paralelamente, pertençam eles à categoria I ou II. O capitalista compra a força de trabalho antes de ela entrar no processo de produção, mas apenas a paga, em prazos ajustados, depois de ela ter sido despendida na produção de valores de uso. Assim como a parte restante de valor do produto, pertence-lhe também a parte do mesmo que é apenas um equivalente do dinheiro despendido no pagamento da força de trabalho, a parte de valor do produto que representa o valor-capital variável. Nessa parte de valor, o trabalhador já lhe forneceu o equivalente de seu salário. Mas é a retransformação da mercadoria em dinheiro, sua venda, que restabelece o capital variável do capitalista como capital monetário, que ele pode adiantar de novo na compra da força de trabalho.

No Setor I, o capitalista coletivo pagou, portanto, 1000 libras esterlinas (digo libras esterlinas simplesmente para indicar que é valor em *forma-dinheiro*) = 1000_v aos trabalhadores pela parte de valor do produto I que já existe como parte *v* do produto I, isto é, dos meios de produção por eles produzidos. Os trabalhadores compram, com essas 1000 libras esterlinas, dos capitalistas II, meios de consumo de mesmo valor e transformam assim metade do capital constante II em dinheiro; os capitalistas II, por seu lado, compram com essas 1000 libras esterlinas meios de produção no valor de 1000 dos capitalistas I; com isso, para estes últimos, o valor-capital variável = 1000_v, que como parte de seu produto existia sob a forma natural de meios de produção, é novamente transformado em dinheiro e pode agora funcionar de novo, nas mãos dos capitalistas I, como capital monetário que é convertido em força de trabalho, portanto no elemento mais essencial do capital produtivo. Desse modo, lhes reflui, em forma-dinheiro, seu capital variável, em consequência da realização de parte de seu capital-mercadoria.

Mas, quanto ao dinheiro que é necessário para a transação da parte *mv* do capital-mercadoria I contra a segunda metade do capital constante II, este pode ser adiantado de diversas maneiras. Na realidade, essa circulação abarca uma massa incalculável de compras e vendas isoladas dos capitalistas individuais de ambas as categorias, em que, sob todas as circunstâncias, porém, o dinheiro tem de provir desses capitalistas, pois já liquidamos a conta da massa de dinheiro lançada na circulação pelos trabalhadores. Ora um capitalista da categoria II, com seu capital monetário disponível além do capital produtivo, pode comprar meios de produção dos capitalistas da categoria I, ora, ao contrário, um capitalista da categoria I, com o fundo de dinheiro destinado a despesas pessoais, não para dispêndio de capital, pode comprar meios de consumo dos capitalistas da categoria II. Tem-se de supor que certas reservas monetárias – seja para adiantamentos de capital, seja para gasto de *revenue* –, conforme já mostramos anteriormente, nas partes I e II, sob todas as circunstâncias, existam ao lado do capital produtivo nas mãos do capitalista. Suponhamos que metade do dinheiro – a proporção nesse caso é totalmente indiferente para nosso propósito – seja adiantada pelos capitalistas II, a fim de repor seu capital constante, na compra de meios de produção, e metade seja despendida pelos capitalistas I para consumo; assim, o Setor II adianta 500 libras esterlinas e compra, com estas, meios de produção do Setor I, tendo assim (incluídas as 1000 libras esterlinas anteriores que provêm dos trabalhadores I) reposto ¾ de seu capital constante *in natura*; o Setor I compra, com as 500 libras esterlinas assim recebidas, meios de consumo de II, tendo assim descrito, para metade da parte de seu capital-mercadoria que consiste em *mv*, a circulação *m–d–m* e realizado esse seu produto em fundo de consumo. Mediante esse segundo processo, as 500 libras esterlinas voltam às mãos de II como capital monetário que ele possui ao lado de seu capital produtivo. Por outro lado, I antecipa para metade da parte *mv* de seu capital-mercadoria que ainda está estocada com ele como produto – antes da venda do mesmo – dispêndio de dinheiro no montante de 500 libras esterlinas na compra de meios de consumo de II. Com as mesmas 500 libras esterlinas, II compra meios de produção de I e, com isso, repõe *in natura* todo seu capital constante (1000 + 500 + 500 = 2000), enquanto I realiza toda a sua mais-valia em meios de consumo. Ao todo, ter-se-ia efetuado uma transação de mercadorias no montante de 4000 libras esterlinas, com uma circulação monetária de 2000 libras esterlinas, sendo atingido esse último montante apenas porque se representa o produto anual total como se fosse transacionado de uma vez, em poucas grandes porções. O que importa aqui é apenas a circunstância de que II não só reconverte em forma de meios de produção seu capital constante, reproduzido em forma de meios de consumo, mas além disso as 500 libras esterlinas que adiantou à circulação na compra de meios de produção retornam a ele; e que, do mesmo modo, I não apenas volta a possuir seu capital variável, que reproduz em forma de meios de produção, em forma-dinheiro, como capital monetário que de novo pode se converter diretamente em força de trabalho, mas que também refluem a ele as 500 libras esterlinas que despendeu, antecipando a venda de parte da mais-valia de seu capital, na compra de meios de consumo. Mas refluem a ele não em virtude do dispêndio efetuado, e sim pela venda consequente de parte de seu produto-mercadoria, que era portadora de metade de sua mais-valia.

Em ambos os casos, não se dá apenas a reconversão do capital constante de II da forma-produto à forma natural de meios de produção, a única em que pode funcionar como capital; e, do mesmo modo, não se dá apenas a conversão da parte variável do capital de I em forma-dinheiro e da parte da mais-valia dos meios de produção I em forma consumível como *revenue*. Mas, além disso, refluem também a II as 500 libras esterlinas de capital monetário que adiantou na compra de meios de produção, antes de ter vendido a parte de valor do capital constante que lhes corresponde e as compensa – existente em forma de meios de consumo; e refluem ainda a I as 500 libras esterlinas que despendeu *antizipando* [antecipadamente] na compra de meios de consumo. Se reflui a II o dinheiro adiantado por conta da parte constante de seu produto-mercadoria e a I o adiantado por conta de parte da mais-valia de seu produto-mercadoria, isso ocorre apenas porque a primeira classe de capitalistas lançou na circulação, além do capital constante existente em forma-mercadoria II, 500 libras esterlinas em dinheiro, e a outra, além da mais-valia existente em forma-mercadoria I, o mesmo montante. Acabaram se pagando mútua e integralmente mediante o intercâmbio de seus respectivos equivalentes de mercadorias. O dinheiro que lançaram na circulação acima dos montantes de valor de suas mercadorias, como meio para essa transação de mercadorias, volta da circulação a cada um deles, *pro rata* à cota que cada um deles lançou na circulação. Eles não se tornaram, com isso, nenhum tostão mais ricos. II possuía um capital constante = 2 000 em forma de meios de consumo + 500 em dinheiro; possui agora 2 000 em meios de produção e 500 em dinheiro, como antes; do mesmo modo, I possui, como antes, uma mais-valia de 1 000 (em mercadorias, meios de produção, agora transformados em fundo de consumo) + 500 em dinheiro, como antes. – Segue, em geral: do dinheiro que os capitalistas industriais lançam na circulação para mediar sua própria circulação de mercadorias, seja por conta da parte constante do valor da mercadoria, seja por conta da mais-valia existente nas mercadorias, à medida que ele é despendido como *revenue*, retorna às mãos dos respectivos capitalistas tanto quanto adiantaram para a circulação monetária.

Quanto à retransformação do capital variável da classe I em forma-dinheiro, ele existe para os capitalistas I, depois de o terem despendido em salários, primeiro em forma-mercadoria em que os trabalhadores o forneceram a eles. Pagaram-no àqueles em forma-dinheiro, como preço de sua força de trabalho. Pagaram, nessa medida, a parte de valor de seu produto-mercadoria que equivale a esse capital variável despendido em dinheiro. Por isso, são proprietários também dessa parte do produto-mercadoria. Mas a parte da classe trabalhadora que empregam não é compradora dos meios de produção que ela mesma produziu; é compradora dos meios de consumo produzidos por II. O capital variável adiantado no pagamento da força de trabalho não retorna, portanto, diretamente aos capitalistas I. Mediante as compras dos trabalhadores, passa às mãos dos produtores capitalistas das mercadorias necessárias e, sobretudo, acessíveis ao círculo dos trabalhadores, portanto às mãos dos capitalistas II, e só ao empregarem estes o dinheiro na compra de meios de produção – só por esse rodeio – o capital variável retorna às mãos dos capitalistas I.

Resulta daí que na reprodução simples a soma de valor $v + mv$ do capital-mercadoria I (e, portanto, uma parte proporcional correspondente do produto-mercadoria total I) tem de ser igual ao capital constante II_c, que se separa também como parte proporcional do produto-mercadoria total da classe II; ou $\text{I}_{(v+mv)} = \text{II}_c$.

IV. A TRANSAÇÃO DENTRO DO SETOR II. MEIOS DE SUBSISTÊNCIA NECESSÁRIOS E ARTIGOS DE LUXO

Do valor do produto-mercadoria do Setor II ainda restam a examinar os componentes $v + mv$. Seu exame não tem nada a ver com a questão mais importante que aqui nos ocupa: em que medida precisamente a decomposição do valor de cada produto-mercadoria capitalista individual em $c + v + mv$, ainda que mediada por diversas formas de manifestação, vale igualmente para o valor do produto anual total. Essa questão encontrará sua solução pela troca de $\text{I}_{(v+mv)}$ por II_c, por um lado, e pela investigação, reservada para mais tarde, da reprodução de I_c no produto-mercadoria anual de I, por outro. Visto que $\text{II}_{(v+mv)}$ existe na forma natural de artigos de consumo, que o capital variável adiantado aos trabalhadores em pagamento da força de trabalho tem de ser despendido por estes, em termos gerais, em meios de consumo e que a parte de valor *mv* das mercadorias, pressuposta a reprodução simples, é despendida de fato em meios de consumo, como *revenue*, é *prima facie* [à primeira vista] claro que os trabalhadores II compram de volta, com os salários recebidos dos capitalistas II, parte de seu próprio produto – de acordo com o montante do valor em dinheiro recebido como salário.

Desse modo, a classe capitalista de II reconverte seu capital monetário adiantado em pagamento da força de trabalho em forma-dinheiro; e isso é o mesmo que se tivessem pagado os trabalhadores com meros signos de valor. Tão logo os trabalhadores realizassem esses signos de valor pela compra de parte do produto-mercadoria produzido por eles e pertencente aos capitalistas, esses signos de valor voltariam às mãos dos capitalistas, só que aqui o signo não apenas representa valor, mas o possui em sua corporalidade de ouro ou prata. Examinaremos essa espécie de refluxo do capital variável adiantado em forma-dinheiro, mediante o processo em que a classe trabalhadora aparece como compradora e a classe capitalista como vendedora, depois mais de perto. Aqui, porém, se trata de outro ponto que, nesse refluxo do capital variável a seu ponto de partida, deve ser esclarecido.

A categoria II da produção anual de mercadorias compõe-se dos mais variados ramos industriais, mas que podem ser divididos – com referência a seus produtos – em dois grandes subsetores:

a) Meios de consumo que entram no consumo da classe trabalhadora e – à medida que são meios de subsistência necessários, embora muitas vezes diferentes em qualidade e valor dos consumidos pelos trabalhadores – constituem também parte do consumo da classe capitalista. Podemos colocar todo esse subsetor, para nosso propósito, sob a rubrica: meios de consumo *necessários*, sendo totalmente indiferente, nesse caso, que determinado produto, o fumo, por exemplo, seja ou não, do ponto de vista fisiológico, um meio de consumo necessário; basta que habitualmente o seja.

b) Meios de consumo de *luxo* que apenas entram no consumo da classe capitalista, portanto só podem ser trocados por mais-valia despendida, a qual nunca cabe ao trabalhador. Na primeira rubrica, é evidente que o capital variável adiantado para produzir as espécies de mercadorias pertencentes a ela tem de retornar diretamente, em forma-dinheiro, à parte da classe dos capitalistas II (portanto, aos capitalistas II*a*), que produz esses meios de subsistência necessários. Eles os vendem a seus próprios trabalhadores pelo montante do capital variável pago a estes em salários. Esse refluxo é *direto* com referência a todo esse subsetor da classe dos capitalistas II, por mais numerosas que sejam as transações entre os capitalistas dos diversos ramos industriais participantes, pelas quais o capital variável em refluxo se distribui *pro rata*. São processos de circulação cujos meios de circulação são diretamente fornecidos pelo dinheiro gasto pelos trabalhadores. As condições no Subsetor II*b*, porém, são diferentes. Toda a parte do produto-valor com a qual lidamos aqui, II$b_{(v+mv)}$, existe em forma natural de artigos de luxo, isto é, artigos que a classe trabalhadora pode comprar tão pouco como o valor-mercadoria I$_v$, existente em forma de meios de produção, ainda que esses artigos de luxo, bem como aqueles meios de produção, sejam produtos desses trabalhadores. O refluxo, pelo qual o capital variável adiantado nesse subsetor retorna em sua forma-dinheiro aos produtores capitalistas, não pode, portanto, ser direto, mas tem de ser mediado, como no caso de I_v.

Suponhamos, por exemplo, como acima, para o conjunto da classe II, que $v = 500$ e $mv = 500$; mas o capital variável e a mais-valia correspondente se distribuem do seguinte modo:

Subsetor *a*: meios de subsistência necessários: $v = 400$, $mv = 400$; portanto uma massa de mercadorias em meios de consumo necessários no valor de $400_v + 400_{mv} = 800$, ou II*a* $(400_v + 400_{mv})$.

Subsetor *b*: artigos de luxo no valor de $100_v + 100_{mv} = 200$, ou II*b* $(100_v + 100_{mv})$.

Os trabalhadores de II*b* receberam em pagamento de sua força de trabalho 100 em dinheiro, digamos 100 libras esterlinas; com estas, compram dos capitalistas II*a* meios de consumo no montante de 100. Essa classe capitalista compra com esse dinheiro, por 100, mercadorias de II*b*, retornando assim aos capitalistas II*b* seu capital variável em forma-dinheiro.

Em II*a*, já existem 400_v novamente em forma-dinheiro, nas mãos dos capitalistas, obtidos pelo intercâmbio com seus próprios trabalhadores; além disso, da parte de seu produto que representa a mais-valia, a quarta parte foi cedida aos trabalhadores II*b* e, em compensação, foram recebidos II*b* (100_v) em artigos de luxo.

Se pressupomos agora que os capitalistas II*a* e II*b* dividem o dispêndio de sua *revenue* na mesma proporção entre meios de subsistência necessários e artigos de luxo, admitindo que ambas as classes gastam de cada vez ⅗ em meios de subsistência necessários e ⅖ em artigos de luxo, então os capitalistas do Subsetor II*a* despenderão, dos 400 de sua *revenue* de mais-valia, ⅗ em seus próprios produtos, em meios de subsistência necessários, portanto 240; e ⅖ = 160 em artigos de luxo. Os capitalistas do Subsetor II*b* repartirão sua mais-valia $= 100_{mv}$ da mesma maneira: ⅗ = 60 em meios de subsistência necessários e ⅖ = 40 em artigos de luxo, sendo estes últimos produzidos e transacionados dentro de seu próprio subsetor.

Os 160 em artigos de luxo que $(\text{II}a)_{mv}$ recebe chegam às mãos dos capitalistas do seguinte modo: dos $(\text{II}a)400_{mv}$ trocaram-se, conforme vimos, 100 em forma de meios de subsistência necessários pelo montante igual de $(\text{II}b)_v$, existente em artigos de luxo, e outros 60 em meios de subsistência necessários por $(\text{II}b)60_{mv}$ em artigos de luxo. A conta é, então, a seguinte:

II*a*: $400_v + 400_{mv}$; II*b*: $100_v + 100_{mv}$.

1) 400_v (a) são comidos pelos trabalhadores IIa, de cujo produto (meios de subsistência necessários) formam uma parte; os trabalhadores os compram dos produtores capitalistas de seu próprio setor. Retornam desse modo a estes 400 libras esterlinas em dinheiro, seu valor-capital variável de 400 pago em salários a seus próprios trabalhadores; com este podem voltar a comprar força de trabalho.

2) Parte dos 400_{mv} (a), igual aos 100_v (b), portanto ¼ da mais-valia (a), é realizada em artigos de luxo, como segue: os trabalhadores (b) receberam dos capitalistas de seu setor (b) 100 libras esterlinas em salários; com estas, compram ¼ de mv (a), isto é, mercadorias que consistem em meios de subsistência necessários; os capitalistas de a compram, com esse dinheiro, pelo mesmo montante de valor, artigos de luxo $= 100_v$ (b), isto é, metade de todos os artigos de luxo produzidos. Assim, retorna aos capitalistas b seu capital variável em forma-dinheiro, e eles podem, por meio da renovação da compra da força de trabalho, iniciar de novo sua reprodução, pois todo o capital constante do conjunto da classe II já está reposto pelo intercâmbio de $\text{I}_{(v+mv)}$ por II_c. A força de trabalho dos trabalhadores de luxo só é, portanto, vendável novamente porque a parte de seu próprio produto, criada como equivalente de seu salário, é levada pelos capitalistas IIa a seu fundo de consumo, sendo usufruída. (O mesmo vale para a venda da força de trabalho em I; uma vez que II_c, pelo qual se troca $\text{I}_{(v+mv)}$, consiste tanto em artigos de luxo como em meios de subsistência necessários, e o que é renovado por meio de $\text{I}_{(v+mv)}$ perfaz os meios de produção tanto dos artigos de luxo como dos meios de subsistência necessários.)

3) Chegamos agora ao intercâmbio entre a e b, na medida em que é apenas intercâmbio entre os capitalistas dos dois subsetores. Pelo que precede, estão liquidados o capital variável (400_v) e parte da mais-valia (100_{mv}) de a e o capital variável (100_v) de b. Admitimos ainda que a proporção média do dispêndio de *revenue* capitalista, em ambas as classes, seja de ⅖ para artigos de luxo e de ⅗ para necessidades vitais de subsistência. Além dos 100 já despendidos em luxo recaem, por isso, sobre toda a subclasse a 60 para luxo e, na mesma proporção, isto é, 40, sobre b.

$(\text{II}a)_{mv}$ se reparte, portanto, em 240 para meios de subsistência e 160 para artigos de luxo $= 240 + 160 = 400_{mv}$ (IIa).

$(\text{II}b)_{mv}$ se reparte em 60 para meios de subsistência e 40 para artigos de luxo: $60 + 40 = 100_{mv}$ (IIb). Os últimos 40 essa classe consome de seu próprio produto (⅖ de sua mais-valia); os 60 para meios de subsistência ela obtém ao intercambiar 60 de seu mais-produto por 60_{mv} (a).

Temos, portanto, para toda a classe capitalista II (consistindo $v + mv$, no Subsetor a, em meios de subsistência necessários e, em b, em artigos de luxo):

$\text{II}a\,(400_v + 400_{mv}) + \text{II}b\,(100_v + 100_{mv}) = 1000$; realizados pelo movimento, assim: $500_v\,(a+b)$ {realizados em $400_v\,(a)$ e $100_{mv}\,(a)$} $+\,500_{mv}\,(a+b)$ {realizados em $300_{mv}\,(a) + 100_v\,(b) + 100_{mv}\,(b)$} $= 1000$.

Para *a* e *b*, cada um considerado por si, obtemos a realização:

$$\text{a)}\ \frac{v}{(400_v\ a)} + \frac{mv}{240_{mv}\,(a) + 100_v\,(b) + 60_{mv}\,(b)} = 800$$

$$\text{b)}\ \frac{v}{100_{mv}\,(a)} + \frac{mv}{60_{mv}\,(a) + 40_{mv}\,(b)} \cdots\cdots = \frac{200}{1000}$$

Se mantivermos, a fim de simplificar, a mesma proporção entre capital variável e constante (o que, de passagem, não é absolutamente necessário), obteremos, para $400_v\,(a)$, um capital constante $= 1600$ e, para $100_v\,(b)$, um capital constante $= 400$. Temos assim para II os seguintes subsetores *a* e *b*:

$$\text{II}a)\ 1600_c + 400_v + 400_{mv} = 2400$$

$$\text{II}b)\ \ 400_c + 100_v + 100_{mv} = 600$$

e, no total:

$$2000_c + 500_v + 500_{mv} = 3000.$$

De acordo com isso, dos 2000 II_c em meios de consumo, que se trocam por 2000 $\text{I}_{(v+mv)}$, 1600 são convertidos em meios de produção de meios de subsistência necessários e 400 em meios de produção de artigos de luxo.

Os 2000 $\text{I}_{(v+mv)}$ se decomporiam, portanto, por sua vez, em $(800_v + 800_{mv})$ I para $a = 1600$ meios de produção de meios de subsistência necessários e $(200_v + 200_{mv})$ I para $b = 400$ meios de produção de artigos de luxo.

Parte considerável não apenas dos meios de trabalho propriamente ditos, mas também das matérias-primas e dos materiais auxiliares é da mesma espécie, para ambos os setores. Mas, no que tange às conversões das diversas partes de valor do produto total $\text{I}_{(v+mv)}$, tal divisão seria totalmente indiferente. Tanto os 800 I_v de cima como os 200 I_v se realizam porque o salário é despendido em meios de consumo 1000 II_c e, portanto, o capital monetário nele adiantado se reparte, ao retornar, uniformemente, entre os produtores capitalistas I, repondo-lhes em dinheiro, *pro rata*, seu capital variável adiantado; por outro lado, no que tange à realização dos 1000 I_{mv}, os capitalistas retirarão também aqui uniformemente (na proporção da grandeza de sua $_{mv}$), de toda a segunda metade de II_c, $= 1000$, 600 II*a* e 400 II*b* em meios de consumo; portanto, aqueles que repõem o capital constante de II*a*:

480 (3/5) de 600_c (IIa) e 320 (2/5) de 400_c (IIb) = 800;
que repõem o capital constante de IIb:
120 (3/5) de 600_c (IIa) e 80 (2/5) de 400_c (IIb) = 200.
Soma = 1 000.

O que é arbitrário aqui, tanto para I como para II, é a proporção entre o capital variável e o capital constante e a identidade dessa proporção para I e II e para seus subsetores. No que tange a essa identidade, ela só foi adotada aqui para simplificar, e a adoção de proporções diferentes não modificaria absolutamente nada nas condições do problema e em sua solução. Mas o que surge como resultado necessário, suposta a reprodução simples, é:

1) Que o novo produto-valor do trabalho anual (decomponível em $v + mv$), criado em forma natural de meios de produção, é igual ao valor-capital constante c do valor-produto criado pela outra parte do trabalho anual, reproduzido em forma de meios de consumo. Se fosse menor do que II_c, II não poderia repor por inteiro seu capital constante; se fosse maior, um excedente ficaria sem ser utilizado. Em ambos os casos, o pressuposto reprodução simples ficaria violado.

2) Que no produto anual, reproduzido em forma de meios de consumo, o capital variável v, adiantado em forma-dinheiro, só é realizável por seus beneficiários, enquanto trabalhadores de luxo, naquela parte dos meios de subsistência necessários que incorpora, *prima facie*, para os produtores capitalistas dos mesmos sua mais-valia: que, portanto, o v, gasto na produção de luxo, é igual a uma parte correspondente a seu volume de valor, de mv, produzida em forma de meios de subsistência necessários e, consequentemente, tem de ser menor que toda essa mv – a saber, $(\text{II}a)_{mv}$ – e que apenas por meio da realização daquele v nessa parte de mv o capital variável adiantado pelos produtores capitalistas de artigos de luxo retorna a estes em forma-dinheiro. Esse é um fenômeno análogo à realização de $\text{I}_{(v+mv)}$ em II_c, só que, no segundo caso, $(\text{II}b)_v$ se realiza em *parte* de $(\text{II}a)_{mv}$ que lhe é igual em volume de valor. Essas proporções permanecem qualitativamente determinantes em toda distribuição do produto total anual, à medida que realmente entra no processo de reprodução anual mediada por circulação. $\text{I}_{(v+mv)}$ apenas pode ser realizado em II_c, assim como II_c, em sua função de componente do capital produtivo, só é renovável mediante essa realização; do mesmo modo, $(\text{II}b)_v$ é apenas realizável em uma parte de $(\text{II}a)_{mv}$, e é só dessa maneira que $(\text{II}b)_v$ pode ser reconvertido em sua forma de capital monetário. Evidentemente, isso só vale na medida em que tudo é realmente um resultado do próprio processo de reprodução, portanto na medida em que os capitalistas IIb, por exemplo, não tomem capital monetário para v, a crédito, em outra

parte. Quantitativamente, porém, as transações das diversas partes do produto anual apenas podem dar-se nas proporções acima expostas, à medida que a escala e as proporções de valor da produção permaneçam estacionárias e à medida que essas condições rígidas não sejam alteradas pelo comércio exterior.

Se se dissesse, à maneira de Adam Smith, que $\text{I}_{(v+mv)}$ se dissolve em II_c e que II_c se dissolve em $\text{I}_{(v+mv)}$ ou, como ele costuma dizer mais frequentemente e de modo ainda mais absurdo, que $\text{I}_{(v+mv)}$ constitui componentes do preço (ou do valor; ele diz *value in exchange* [valor de troca]) de II_c, e II_c constitui todo o componente do valor $\text{I}_{(v+mv)}$, poder-se-ia e dever-se-ia dizer também que $(\text{II}b)_v$ se dissolve em $(\text{II}a)_{mv}$, ou $(\text{II}a)_{mv}$ em $(\text{II}b)_v$, ou $(\text{II}b)_v$ constitui componente da mais-valia II*a*, e vice-versa; desse modo, a mais-valia se dissolveria em salário, ou capital variável, e o capital variável constituiria "componente" da mais-valia. Esse absurdo se encontra, em tal medida e de fato, em Adam Smith, pois para ele o salário é determinado pelo valor dos meios de subsistência necessários, e esses valores-mercadorias, por sua vez, pelo valor do salário (capital variável) e da mais-valia neles contida. Ele fica tão absorvido pelas frações em que é decomponível o produto-valor de uma jornada de trabalho, sobre a base do sistema capitalista – a saber, em $v + mv$ –, que esquece inteiramente que, no intercâmbio simples de mercadorias, é totalmente indiferente se os equivalentes existentes em forma natural diversa consistem em trabalho pago ou não pago, pois em ambos os casos a produção deles custa a mesma quantidade de trabalho; e que é igualmente indiferente se a mercadoria de A é um meio de produção e a de B, um meio de consumo, se, após a venda, uma mercadoria tem de funcionar como elemento de capital, a outra, ao contrário, entra no fundo de consumo e, *secundum* [segundo] Adam Smith, é consumida como *revenue*. O uso que o comprador individual faz de sua mercadoria não entra no intercâmbio de mercadorias, na esfera da circulação, e não afeta o valor da mercadoria. Isso de nenhum modo se altera pelo fato de que, na análise da circulação do produto total anual da sociedade, tem-se de levar em consideração a destinação de uso determinada, o momento do consumo das diversas partes componentes desse produto.

Na transação acima constatada de $(\text{II}b)_v$ por uma parte equivalente de $(\text{II}a)_{mv}$, e nas transações ulteriores entre $(\text{II}a)_{mv}$ e $(\text{II}b)_{mv}$, de modo algum é pressuposto que, sejam os capitalistas individuais de II*a* e II*b*, sejam suas respectivas coletividades, eles dividam na mesma proporção sua mais-valia entre artigos de consumo necessários e artigos de luxo. Um pode gastar mais no consumo destes, outro mais no consumo daqueles. No terreno da reprodução simples, apenas é pressuposto que uma soma de valores, igual a toda a mais-valia, é realizada no fundo de consumo.

Os limites são, portanto, dados. Dentro de cada setor, é possível que um realize mais em *a*, outro mais em *b*; mas isso pode compensar-se mutuamente, de modo que as classes capitalistas *a* e *b*, em sua totalidade, participam cada uma na mesma proporção em ambos. Mas as proporções de valor – a participação proporcional no valor total do produto II das duas espécies de produtores *a* e *b* –, portanto também determinada proporção quantitativa entre os ramos da produção que fornecem aqueles produtos, são necessariamente dadas, em cada caso concreto; só a proporção que figura como exemplo é hipotética; se se adotar uma outra, isso não modificará em nada os momentos qualitativos; só se alterariam as determinações quantitativas. Mas, se por quaisquer circunstâncias houver uma mudança real na grandeza proporcional de *a* e *b*, então também mudariam correspondentemente as condições de reprodução simples.

Da circunstância de que $(\mathrm{II}b)_v$ se realiza em uma parte equivalente de $(\mathrm{II}a)_{mv}$ segue que, na proporção em que aumenta a parte de luxo do produto anual, em que, portanto, um *quotum* [cota] crescente de força de trabalho é absorvido na produção de luxo – e na mesma proporção ocorre a reconversão do capital variável adiantado em $(\mathrm{II}b)_v$ em capital monetário, que funciona de novo como forma-dinheiro do capital variável, e, com isso, a existência e a reprodução da parte da classe trabalhadora ocupada em II*b* –, sua oferta de meios de consumo necessários é condicionada pela prodigalidade da classe capitalista, pela transação de parte considerável de sua mais-valia por artigos de luxo.

Toda crise diminui momentaneamente o consumo de luxo; retarda, adia a reconversão de $(\mathrm{II}b)_v$ em capital monetário, permite-a apenas parcialmente e joga, assim, na rua parte dos trabalhadores de luxo, enquanto, por outro lado, paralisa e diminui, justamente por isso, a venda dos meios de consumo necessários. Não se consideram aí os trabalhadores improdutivos, despedidos ao mesmo tempo, que recebem por seus serviços parte das despesas de luxo dos capitalistas (esses trabalhadores são, *pro tanto*, artigos de luxo) e participam amplamente também do consumo dos meios de subsistência necessários etc. O inverso ocorre no período de prosperidade, e precisamente nas épocas de seu auge de negociatas – em que, já por outras razões, o valor relativo do dinheiro, expresso em mercadorias, cai (sem que haja, além disso, uma verdadeira revolução dos valores), portanto o preço das mercadorias sobe independentemente de seu próprio valor. O aumento do consumo não se limita aos meios de subsistência necessários; a classe trabalhadora (à qual se incorpora agora ativamente todo o seu exército de reserva) participa também momentaneamente do consumo de artigos de luxo que ordinariamente lhe são inacessíveis e, além disso, também da classe dos artigos de consumo necessários que, em outras condições, em sua maior parte, constituem meios de consumo "necessários" apenas para a classe capitalista, o que, por sua vez, provoca um aumento dos preços.

É pura tautologia dizer que as crises provêm da falta de consumo solvente ou de consumidores solventes. Outras espécies de consumo, além do solvente, o sistema capitalista não conhece, exceto o *sub forma pauperis* [sob a forma de pobre] e o do "malandro". Que mercadorias sejam invendáveis significa apenas que não se encontraram compradores solventes, portanto consumidores (já que as mercadorias são compradas, em última instância, para fins de consumo produtivo ou individual). Mas, se se procura dar a essa tautologia a aparência de fundamentação mais profunda, dizendo que a classe trabalhadora recebe parte demasiadamente pequena de seu próprio produto e o mal seria remediado tão logo ela obtivesse maior participação nele, aumentando, em consequência, seus salários, basta observar que as crises são sempre preparadas justamente por um período em que os salários sobem de modo geral e a classe trabalhadora obtém *realiter* [realmente] participação maior na parte do produto anual destinada ao consumo. Tal período deveria – do ponto de vista desses cavaleiros do sadio e "simples" (!) senso comum –, ao contrário, afastar a crise. Parece, portanto, que a produção capitalista contém condições independentes de boa ou má vontade que permitem aquela relativa prosperidade da classe trabalhadora só momentaneamente e apenas como pássaro agoureiro de uma crise.[46]

Viu-se anteriormente como a relação proporcional entre a produção de meios de consumo necessários e a produção de luxo condicionava a repartição de $\text{II}_{(v+mv)}$ entre II*a* e II*b* – portanto também a de II_c entre $(\text{II}a)_c$ e $(\text{II}b)_c$. Ela afeta, pois, o caráter e as relações quantitativas da produção até as raízes e é um momento que determina essencialmente sua configuração geral.

A reprodução simples, por sua própria natureza, tem como finalidade o consumo, embora a obtenção de mais-valia apareça como motivo propulsor dos capitalistas individuais; mas a mais-valia – qualquer que seja sua grandeza proporcional – deve, afinal, servir apenas ao consumo individual do capitalista.

Na medida em que a reprodução simples é parte, e a parte mais significativa de cada reprodução anual em escala ampliada, esse motivo continua acompanhando e se opondo ao motivo do enriquecimento como tal. A coisa apresenta-se na realidade de maneira mais complicada, porque participantes (*partners*) no despojo – a mais-valia do capitalista – aparecem como consumidores independentes dele.

V. A MEDIAÇÃO DAS TRANSAÇÕES PELA CIRCULAÇÃO MONETÁRIA

De acordo com o desenvolvido até agora, a circulação entre as diferentes classes de produtores transcorreu segundo o esquema seguinte:

1. Entre a classe I e a classe II:

$$\begin{array}{ll} \text{I.} & 4\,000c + \underline{1\,000v + 1\,000mv} \\ \text{II.} & \ldots\ldots\ldots\ldots\ 2\,000c\ \ldots\ldots + 500v + 500mv \end{array}$$

Com isso, fica liquidada a circulação de II_c, = 2 000, transacionada por I ($1000_v + 1000_{mv}$).

Resta ainda – pois deixamos de lado, por enquanto, os 4 000 I_c – a circulação de $v+mv$ dentro da classe II. Agora $\text{II}_{(v+mv)}$ se repartem entre os Subsetores II*a* e II*b* como segue:

2. II. $500_v + 500_{mv} = a\,(400_v + 400_{mv}) + b\,(100_v + 100_{mv})$.

Os 400_v (*a*) circulam dentro de sua própria subclasse; os trabalhadores que os recebem como pagamento compram com esse dinheiro meios de subsistência necessários, produzidos por eles mesmos, de seus empregadores, os capitalistas II*a*.

Visto que os capitalistas das duas subclasses despendem ⅗ de sua mais-valia em produtos de II*a* (meios de subsistência necessários) e ⅖ em produtos de II*b* (artigos de luxo), então ⅗ da mais-valia *a*, isto é, 240, são consumidos dentro da própria subclasse II*a*; do mesmo modo, consomem-se ⅖ da mais-valia *b* (produzida e existente em artigos de luxo) dentro da subclasse II*b*.

Restam ainda, portanto, a intercambiar entre II*a* e II*b*:
do lado de II*a*: 160_{mv},
do lado de II*b*: $100_v + 60_{mv}$. Estes se absorvem mutuamente. Os trabalhadores II*b* compram, com seus salários de 100 recebidos em dinheiro de II*a*, meios de subsistência necessários no montante de 100. Os capitalistas II*b* compram, no montante de ⅗ de sua mais-valia = 60, também seus meios de subsistência necessários de II*a*. Os capitalistas II*a* obtêm assim o dinheiro necessário para investir, conforme suposto acima, ⅖ de sua mais-valia = 160_{mv} nas mercadorias de luxo produzidas por II*b* (100_v que estão depositados nas mãos dos capitalistas II*b*, como produto que repõe os salários pagos, e 60_{mv}). O esquema para isso é, portanto:

$$3.\quad \begin{array}{ll} \text{II a.} & (400v) + (240mv)\ \underline{\ +160mv\ } \\ \text{b.} & \ldots\ldots\ldots\ldots\ldots\ 100v + 60mv + (40mv), \end{array}$$

em que as partidas entre parênteses são as que apenas circulam e são consumidas dentro de sua própria subclasse.

O refluxo direto do capital monetário adiantado em capital variável, o qual só se dá no setor dos capitalistas II*a*, que produz meios de subsistência necessários, é apenas uma manifestação, modificada por condições especiais, da lei geral, anteriormente mencionada, de que o dinheiro que os produtores de mercadorias adiantam à circulação retorna a eles no decurso normal da circulação de mercadorias. Segue incidentalmente que, se por trás do produtor de mercadorias há, em geral, um capitalista monetário que, por sua vez, adianta capital monetário (no sentido mais estrito da palavra, valor-capital em forma-dinheiro) ao capitalista industrial, o verdadeiro ponto de refluxo desse dinheiro é o bolso desse capitalista monetário. Desse modo, ainda que o dinheiro circule mais ou menos por todas as mãos, a massa de dinheiro circulante pertence ao setor do capital monetário, organizado e concentrado em forma de bancos etc.; o modo como esse setor adianta seu capital condiciona o refluxo final contínuo em forma-dinheiro, embora isso seja mediado de novo pela retransformação do capital industrial em capital monetário.

Para a circulação de mercadorias duas coisas são sempre necessárias: mercadorias, que são lançadas na circulação, e dinheiro, que é lançado na circulação. "Por isso, o processo de circulação não se extingue, como o intercâmbio direto de produtos, ao mudarem de lugar ou de mãos os valores de uso. O dinheiro não desaparece ao sair, finalmente, da série de metamorfose de uma mercadoria. Ele sempre se deposita em algum ponto de circulação abandonado pelas mercadorias" etc. (Livro 1, cap. 3).[I]

Assim, por exemplo, na circulação entre II_c e $\text{I}_{(v+mv)}$, supusemos que, para essa circulação, 500 libras esterlinas em dinheiro são adiantadas por II. Com o número infindável de processos de circulação, em que a circulação entre grandes grupos sociais de produtores se dissolve, é ora um desse grupo, ora um daquele quem primeiro aparece como comprador – portanto, lança dinheiro na circulação. Isso já é condicionado, abstraindo inteiramente circunstâncias individuais, pela diversidade dos períodos de produção e, portanto, das rotações dos diferentes capitais-mercadorias. Portanto, II compra com 500 libras esterlinas, pelo mesmo montante de valor, meios de produção de I, e este, por sua vez, compra meios de consumo de II por 500 libras esterlinas; o dinheiro, portanto, reflui para II; este de nenhum modo se torna mais rico com esse refluxo. Ele lança primeiro, com 500 libras esterlinas, dinheiro na circulação e retirou, pelo mesmo montante de valor, mercadorias dela; em seguida vende mercadorias por 500 libras esterlinas e retira da circulação o mesmo montante

I K. Marx, *O capital*, Livro 1, op. cit., p. 159. [N. E. B.]

de valor em dinheiro; assim as 500 libras esterlinas refluem. De fato, II lança na circulação, com 500 libras esterlinas, dinheiro e, com 500 libras esterlinas, mercadorias = 1 000 libras esterlinas; retirou da circulação, por 500 libras esterlinas, mercadorias e, por 500 libras esterlinas, dinheiro. A circulação precisa, para a transação, de 500 libras esterlinas em mercadorias (I) e de 500 libras esterlinas em mercadorias (II), apenas 500 libras esterlinas em dinheiro; quem, pois, adiantou o dinheiro na compra de mercadoria alheia recebe-o de volta na venda da própria. Por conseguinte, se I tivesse comprado primeiro mercadorias de II por 500 libras esterlinas e mais tarde tivesse vendido a II mercadorias por 500 libras esterlinas, então as 500 libras esterlinas voltariam a I e não a II.

Na classe I, o dinheiro investido em salários, isto é, o capital variável adiantado em forma-dinheiro, não retorna diretamente nessa forma, mas de modo indireto, por um desvio. Em II, ao contrário, as 500 libras esterlinas em salários retornam diretamente dos trabalhadores aos capitalistas; esse retorno é sempre direto onde compra e venda entre as mesmas pessoas se repetem de tal modo que estas se confrontam alternadamente como compradoras e vendedoras de mercadorias. O capitalista II paga a força de trabalho em dinheiro; incorpora assim a força de trabalho a seu capital e só por meio desse ato de circulação, que para ele é apenas transformação de capital monetário em capital produtivo, confronta, como capitalista industrial, o trabalhador como seu assalariado. Depois, porém, o trabalhador, que em primeira instância era vendedor, comerciante de sua própria força de trabalho, confronta, em segunda instância, como comprador, como possuidor de dinheiro, o capitalista como vendedor de mercadorias; desse modo, retorna a este o dinheiro gasto em salários. Na medida em que a venda dessas mercadorias não implique em logro etc., mas que equivalentes em mercadoria e dinheiro sejam intercambiados, a mesma não é um processo por meio do qual o capitalista se enriqueça. Ele não paga ao trabalhador duas vezes, primeiro em dinheiro e depois em mercadoria; o dinheiro retorna a ele tão logo o trabalhador o troque por mercadorias.

O capital monetário transformado em capital variável – portanto o dinheiro adiantado em salário – desempenha, entretanto, papel fundamental na própria circulação monetária, porque – visto que a classe trabalhadora tem de viver da mão para a boca, portanto não pode dar longos créditos ao capitalista industrial – é mister adiantar capital variável em dinheiro simultaneamente em inúmeros pontos localmente diversos da sociedade, por certos prazos curtos, como uma semana etc. – em intervalos que se repetem com relativa rapidez (quanto mais curtos forem esses intervalos, tanto menor pode ser, em termos relativos, a soma de dinheiro lançada por esse canal de uma vez na circulação) –, quaisquer que sejam os diferentes períodos de rotação dos capitais nos diversos ramos da indústria. Em todo país de produção capitalista, o capital monetário assim adiantado constitui uma parcela proporcionalmente decisiva da circulação total, tanto mais quanto o mesmo dinheiro – antes de seu refluxo ao ponto de partida – percorra os mais variados canais e funcione como meio de circulação para inúmeros outros negócios.

Observemos agora a circulação entre I$_{(v+mv)}$ e II$_c$ de outro ponto de vista.

Os capitalistas I adiantam 1 000 libras esterlinas em pagamento de salários, com as quais os trabalhadores compram meios de subsistência por 1 000 libras esterlinas aos capitalistas II, e estes, por sua vez, compram pelo mesmo dinheiro meios de produção aos capitalistas I. Aos últimos voltou agora seu capital variável em forma-dinheiro, enquanto os capitalistas II retransformaram metade de seu capital constante da forma de capital-mercadoria na de capital produtivo. Os capitalistas II adiantam outras 500 libras esterlinas em dinheiro para levantar meios de produção de I; os capitalistas I despendem o dinheiro em meios de consumo de II; essas 500 libras esterlinas refluem desse modo aos capitalistas II; estes as adiantam novamente para retransformar o último quarto de seu capital constante transformado em mercadoria em sua forma natural produtiva. Esse dinheiro reflui a I e levanta de novo em II meios de consumo no mesmo montante; com isso, as 500 libras esterlinas refluem a II, cujos capitalistas estão agora, como antes, de posse de 500 libras esterlinas em dinheiro e de 2 000 libras esterlinas em capital constante, o qual, porém, foi de novo convertido da forma de capital-mercadoria na de capital produtivo. Com 1 500 libras esterlinas em dinheiro foi circulada uma massa de mercadorias de 5 000 libras esterlinas; a saber: 1) I paga aos trabalhadores 1 000 libras esterlinas por força de trabalho de igual valor; 2) os trabalhadores compram com as mesmas 1 000 libras esterlinas meios de subsistência de II; 3) II compra com o mesmo dinheiro meios de produção de I, refazendo assim 1 000 libras esterlinas do capital variável deste em forma-dinheiro; 4) II compra com 500 libras esterlinas meios de produção de I; 5) I compra com as mesmas 500 libras esterlinas meios de consumo de II; 6) II compra com as mesmas 500 libras esterlinas meios de produção de I; 7) I compra com as mesmas 500 libras esterlinas meios de subsistência de II. Refluíram a II 500 libras esterlinas que ele lançou, além de suas 2 000 libras esterlinas em mercadorias em circulação, pelas quais não retirou da circulação nenhum equivalente em mercadorias.[47]

As transações transcorrem, portanto, do seguinte modo:

1) I paga 1000 libras esterlinas em dinheiro por força de trabalho, portanto, por mercadoria = 1000 libras esterlinas.

2) Os trabalhadores compram com seus salários meios de consumo de II no montante em dinheiro de 1000 libras esterlinas; portanto, mercadoria = 1000 libras esterlinas.

3) II compra pelas 1000 libras esterlinas resgatadas pelos trabalhadores, pelo mesmo valor, meios de produção de I; portanto, mercadoria = 1000 libras esterlinas.

Com isso 1000 libras esterlinas, como forma-dinheiro do capital variável, refluíram a I.

4) II compra por 500 libras esterlinas meios de produção de I; portanto, mercadoria = 500 libras esterlinas.

5) I compra pelas mesmas 500 libras esterlinas meios de consumo de II; portanto, mercadoria = 500 libras esterlinas.

6) II compra pelas mesmas 500 libras esterlinas meios de produção de I; portanto, mercadoria = 500 libras esterlinas.

7) I compra pelas mesmas 500 libras esterlinas meios de consumo de II; portanto, mercadoria = 500 libras esterlinas.

Soma do valor-mercadoria transacionado = 5000 libras esterlinas.

As 500 libras esterlinas que II adiantou na compra retornaram a ele.

O resultado é:

1) I possui capital variável em forma-dinheiro no montante de 1000 libras esterlinas, que originalmente adiantou à circulação; além disso, despendeu, para seu consumo individual, 1000 libras esterlinas em seu próprio produto-mercadoria, isto é, gastou o dinheiro que recebeu pela venda de meios de produção no montante de valor de 1000 libras esterlinas.

Por outro lado, a forma natural em que se deve converter o capital variável existente em forma-dinheiro – isto é, a força de trabalho – está, em virtude do consumo, conservada, reproduzida e de novo disponível como único artigo de comércio de seus possuidores, os quais têm de vendê-la se quiserem viver. Portanto está reproduzida também a relação entre trabalhadores assalariados e capitalistas.

2) O capital constante de II está reposto *in natura*, e as 500 libras esterlinas que o mesmo II adiantou à circulação retornaram a ele.

Para os trabalhadores de I, a circulação é a simples de *M–D–M*.

$\overset{1}{M}$ (força de trabalho) – $\overset{2}{D}$ (1000 libras esterlinas, forma-dinheiro do capital variável I) – $\overset{3}{M}$ (meios de subsistência necessários no montante de 1000 libras esterlinas);

essas 1000 libras esterlinas convertem em moeda corrente até o mesmo montante de valor do capital constante de II, existente em forma-mercadoria, em meios de subsistência.

Para os capitalistas II, o processo é *M–D*, transformação de parte de seu produto-mercadoria em forma-dinheiro, da qual é retransformado em componentes do capital produtivo – a saber, em parte dos meios de produção que lhes são necessários.

No adiantamento de *D* (500 libras esterlinas) que os capitalistas II fazem para a compra das outras partes dos meios de produção, a forma-dinheiro da parte de II_c, existente ainda em forma-mercadoria (meios de consumo), é antecipada; no ato *D–M*, em que II compra com *D* e *M* é vendida por I, o dinheiro (II) se transforma em parte do capital produtivo, enquanto *M* (I) passa pelo ato *M–D*, transforma-se em dinheiro, o qual, porém, não representa, para I, nenhum componente do valor-capital, mas mais-valia convertida em moeda corrente que só será despendida em meios de consumo.

Na circulação *D–M ... P ... M'–D'*, o primeiro ato *D–M* de um capitalista é o último *M'–D'* (ou parte deste) de outro; se essa *M*, pela qual *D* é convertido em capital produtivo, representa para o vendedor de *M* (que, portanto, converte essa *M* em dinheiro) elemento do capital constante, elemento do capital variável ou mais-valia, é totalmente indiferente para a própria circulação de mercadorias.

No que tange à classe I, em relação ao componente $v + mv$ de seu produto-mercadoria, ela retira da circulação mais dinheiro do que nela lançou. Primeiro, retornam-lhe as 1000 libras esterlinas de capital variável; segundo, vende (ver acima, transação 4), por 500 libras esterlinas, meios de produção: assim, converteu-se em moeda corrente metade de sua mais-valia; então (transação 6), vende novamente, por 500 libras esterlinas, meios de produção, a segunda metade de sua mais-valia, e com isso toda a mais-valia é retirada da circulação em forma-dinheiro; portanto, sucessivamente: 1) capital variável retransformado em dinheiro = 1000 libras esterlinas; 2) metade da mais-valia convertida em moeda corrente = 500 libras esterlinas; 3) a outra metade da mais-valia = 500 libras esterlinas; portanto, soma: $1000_v + 1000_{mv}$ convertidos em moeda corrente = 2000 libras esterlinas. Embora I (abstraindo as transações a examinar mais tarde, que medeiam a reprodução de I_c) tenha lançado apenas 1000 libras esterlinas na circulação, retirou dela o dobro. Naturalmente, a *mv* convertida em moeda corrente (transformada em *D*) desaparece imediatamente de novo em outras mãos (II), pelo fato de que esse dinheiro é despendido em meios de consumo. Os capitalistas I retiraram da circulação em *dinheiro* apenas tanto valor quanto lançaram nela em *mercadorias*; que esse valor seja mais-valia, isto é, que nada tenha custado ao capitalista, não altera em absoluto o valor dessas mercadorias; é, portanto, na medida em que se trata de transação de valores na circulação de mercadorias, inteiramente indiferente. A conversão da mais-valia em moeda corrente é naturalmente transitória, como todas as outras formas que o capital adiantado percorre em suas transações. Ela dura exatamente tanto quanto o intervalo entre a conversão da mercadoria I em dinheiro e a subsequente conversão do dinheiro I em mercadoria II.

Se as rotações fossem admitidas como sendo mais curtas – ou, do ponto de vista da circulação simples de mercadorias, o número de circuitos do dinheiro mais rápido –, então ainda menos dinheiro bastaria para circular os valores-mercadorias transacionados; o montante é sempre determinado – se o número das transações sucessivas é dado – pela soma dos preços, ou soma dos valores, das mercadorias em circulação. Que proporção dessa soma de valores consiste em mais-valia, por um lado, e em valor-capital, por outro, nesse caso é completamente indiferente.

Se, em nosso exemplo, o salário em I fosse pago quatro vezes por ano, teríamos 4×250=1000. Bastariam, portanto, 250 libras esterlinas em dinheiro para a circulação I_v–½II_c e para a circulação entre o capital variável I_v e a força de trabalho I. Do mesmo modo, se a circulação entre I_{mv} e II_c se efetuasse em quatro rotações, seriam necessárias apenas 250 libras esterlinas, portanto ao todo uma soma em dinheiro, ou um capital monetário, de 500 libras esterlinas para a circulação de mercadorias no montante de 5000 libras esterlinas. A mais-valia seria então convertida em moeda corrente, em vez de pela metade e duas vezes em seguida, agora em quatro vezes sucessivas, ¼ de cada vez.

Se, na transação 4, em vez de II aparecesse I como comprador, portanto despendendo dinheiro no montante de 500 libras esterlinas em meios de consumo de igual quantidade de valor, então II compraria na transação 5 meios de produção com as mesmas 500 libras esterlinas; na 6, I compraria meios de consumo com as mesmas 500 libras esterlinas; na 7, II compraria, com as mesmas 500 libras esterlinas, meios de produção; as 500 libras esterlinas retornariam, portanto, finalmente a I, como antes a II. A mais-valia aqui é convertida por seus próprios produtores capitalistas em moeda corrente por meio do dinheiro despendido em seu consumo privado, que representa *revenue* antecipada, receita antecipada da mais-valia contida na mercadoria ainda a ser vendida. A conversão da mais-valia em moeda corrente não tem lugar pelo refluxo das 500 libras esterlinas, pois, além das 1000 libras esterlinas em mercadoria I_v, I lançou na circulação, ao fim da transação 4, 500 libras esterlinas em dinheiro, e esse dinheiro era adicional – pelo que sabemos –, não receita de mercadoria vendida. Se esse dinheiro reflui para I, então I com isso apenas recuperou seu dinheiro adicional, não converteu em moeda corrente sua mais-valia. A conversão da mais-valia de I em moeda corrente só tem lugar pela venda das mercadorias I_{mv}, nas quais está contida, e dura de cada vez somente até que o dinheiro obtido pela venda da mercadoria seja novamente despendido em meios de consumo.

I compra de II com dinheiro adicional (500 libras esterlinas) meios de consumo; esse dinheiro é despendido por I, que tem em troca o equivalente em mercadoria II; o dinheiro reflui pela primeira vez pelo fato de que II compra de I mercadoria por 500 libras esterlinas; ele reflui, portanto, como equivalente da mercadoria vendida por I, mas essa mercadoria nada custa a I, constituindo, portanto, mais-valia para I, e *assim o dinheiro que ele mesmo lançou na circulação converte sua própria mais*-valia *em moeda corrente*; do mesmo modo, I recebeu, em sua segunda compra (6), seu equivalente em mercadoria II. Supondo agora que II não compre (7) meios de produção de I, então I teria de fato pagado 1000 libras esterlinas por meios de consumo – consumido toda a sua mais-valia como *revenue* –, a saber, 500 em suas mercadorias I (meios de produção) e 500 em dinheiro; teria, por outro lado, ainda armazenadas 500 libras esterlinas em suas próprias mercadorias (meios de produção) e se teria desfeito de 500 libras esterlinas em dinheiro.

II, ao contrário, teria retransformado três quartos de seu capital constante da forma de capital-mercadoria em capital produtivo; II teria um quarto, porém, em forma de capital monetário (500 libras esterlinas), na realidade, em dinheiro em alqueive ou com sua função interrompida e à espera. Se se prolongasse essa situação, II teria de reduzir em um quarto a escala de reprodução. – As 500 em meios de produção, porém, que I tem às costas, não são mais-valia existente em forma-mercadoria; estão no lugar das 500 libras esterlinas adiantadas em dinheiro, que I possuía ao lado de sua mais-valia de 1000 libras esterlinas em forma-mercadoria. Como dinheiro, se encontram em forma sempre realizável; como mercadoria, são momentaneamente invendáveis. Portanto é claro que reprodução simples – em que cada elemento do capital produtivo, tanto em II como em I, tem de ser reposto – aqui só continua possível se os 500 pássaros áureos retornam a I, que primeiro os deixou voar.

Se um capitalista (temos aqui apenas capitalistas industriais diante de nós, que, ao mesmo tempo, são representantes de todos os outros) gasta dinheiro em meios de consumo, então esse dinheiro, para ele, se foi, seguindo o caminho de toda a carne. Se reflui para ele, isso só pode ocorrer à medida que, por meio de mercadorias – portanto, por meio de seu capital-mercadoria –, ele o repesca da circulação. Assim como o valor de todo o seu produto-mercadoria anual (o que para ele = capital-mercadoria), o de cada elemento do mesmo, isto é, o valor

valor de seu produto em dinheiro. Com essa parte de valor transformada em dinheiro, volta a comprar, em seguida, de outros vendedores de mercadorias, seus meios de produção, ou transforma a parte constante de valor de seu produto em forma natural, em que de novo pode funcionar como capital constante produtivo. Agora, ao contrário, esse pressuposto torna-se impossível. A classe dos capitalistas I abrange a totalidade dos capitalistas que produzem meios de produção. Além disso, o produto-mercadoria de 4000 que ficou em suas mãos é parte do produto social que não é para ser intercambiada por outra, pois não existe mais nenhuma outra parte do produto anual. Excetuados estes 4000, todo o resto já foi disposto; parte foi absorvida pelo fundo de consumo social, e outra parte tem de repor o capital constante do Setor II, o qual já intercambiou tudo de que podia dispor no intercâmbio com o Setor I.

A dificuldade resolve-se simplesmente, se se considera que todo o produto-mercadoria I em sua forma natural consiste em meios de produção, isto é, nos elementos materiais do próprio capital constante. Apresenta-se aqui o mesmo fenômeno que anteriormente em II, mas sob outro aspecto. Em II, todo o produto-mercadoria consiste em meios de consumo; parte do mesmo, medido pelos salários somados à mais-valia contidos nesse produto-mercadoria, podia ser consumida, portanto, por seus próprios produtores. Aqui, em I, todo o produto-mercadoria consiste em meios de produção, construções, maquinaria, recipientes, matérias-primas e materiais auxiliares etc. Parte deles, aquela que repõe o capital constante aplicado nessa esfera, pode, portanto, em sua forma natural, voltar a funcionar imediatamente como parte componente do capital produtivo. Na medida em que entra na circulação, circula dentro da classe I. Em II, parte do produto-mercadoria é consumida individualmente *in natura* por seus próprios produtores, e em I, pelo contrário, parte do produto é consumida produtivamente *in natura* por seus produtores capitalistas.

Na parte do produto-mercadoria I = 4000_c reaparece o valor-capital constante consumido nessa categoria, e em forma natural, em que pode voltar a funcionar imediatamente como capital constante produtiva. Em II, a parte do produto-mercadoria de 3000, cujo valor é igual aos salários somados à mais-valia (= 1000), entra diretamente no consumo individual dos capitalistas e trabalhadores de II, enquanto, pelo contrário, o valor-capital constante desse produto-mercadoria (= 2000) não pode voltar a entrar no consumo produtivo dos capitalistas II, mas tem de ser reposto mediante intercâmbio com I.

Em I, ao contrário, a parte de seu produto-mercadoria de 6000, cujo valor é igual aos salários somados à mais-valia (= 2000), não entra no consumo individual de seus produtores, nem pode fazê-lo em virtude de sua forma natural. Ela precisa, antes, muito mais, ser intercambiada por produtos de II. A parte constante do valor desse produto = 4000 encontra-se, inversamente, em forma natural em que – considerando-se toda a classe capitalista I – pode voltar a funcionar diretamente como seu capital constante. Em outras palavras, todo o produto do Setor I consiste em valores de uso que, em virtude de sua forma natural – no modo de produção capitalista –, só podem servir como elementos do capital constante. Desse produto no valor de 6000, um terço (2000) repõe o capital constante do Setor II e os ⅔ restantes repõem o capital constante do Setor I.

O capital constante I consiste em uma massa de diversos grupos de capital que estão investidos nos diferentes ramos da produção de meios de produção, tanto em usinas siderúrgicas como em minas de carvão etc. Cada um desses grupos de capital, ou cada um desses capitais sociais em grupos, compõe-se, por sua vez, de uma massa maior ou menor de capitais individuais que funcionam autonomamente. Primeiro o capital da sociedade, por exemplo, 7500 (o que pode representar milhões etc.), se decompõe em diversos grupos de capital; o capital social de 7500 decompõe-se em partes específicas, das quais cada uma é investida em um ramo particular da produção; a parte do valor-capital social, investida em cada ramo particular da produção, consiste, conforme sua forma natural, em parte em meios de produção de cada esfera particular da produção, em parte em força de trabalho necessária para sua atividade e correspondentemente qualificada, diversamente modificada pela divisão do trabalho, conforme o tipo específico de trabalho que tem de executar em cada esfera individual da produção. A parte do capital social investida em cada ramo particular da produção consiste, por sua vez, na soma dos capitais individuais nele investidos, que funcionam autonomamente. Isso vale, naturalmente, para ambos os setores, tanto para I como para II.

No que tange agora a I, o valor-capital constante que reaparece na forma de seu produto-mercadoria volta a entrar, em parte, na esfera particular da produção (ou mesmo na empresa individual) da qual saiu como produto, como meio de produção; por exemplo o trigo na produção de cereal, o carvão na produção de carvão, o ferro na forma de máquinas na produção de ferro etc.

Na medida em que, porém, os produtos parciais, em que consiste o valor-capital constante de I, não voltam a entrar diretamente em sua esfera particular ou individual da produção, apenas trocam de lugar. Entram em forma natural em outra esfera da produção do Setor I, enquanto o produto de outras esferas da produção do Setor I os repõe *in natura*. É mera troca de lugar desses produtos. Todos eles voltam a entrar em I como fatores que repõem capital constante em I, mas, em vez de entrar num grupo de I, entram em outro. Na medida em que tem lugar intercâmbio entre os capitalistas individuais de I, é intercâmbio de uma forma natural de capital constante por outra forma natural de capital constante, de uma espécie de meios de produção por outras espécies de meios de produção. É intercâmbio das diversas partes individuais de capital constante de I entre si. Os produtos, à medida que não servem diretamente como meios de produção em seus próprios ramos da produção, são transportados de seu local de produção para outro e repõem-se assim mutuamente. Em outras palavras (analogamente ao que sucede em II com a mais-valia), em I, cada capitalista retira, na proporção em que é coproprietário desse capital constante de 4000, dessa massa de mercadorias os meios de produção que lhe são necessários. Se a produção fosse social, em vez de capitalista, é claro que esses produtos do Setor I se redistribuiriam não menos continuamente como meios de produção para os fins de reprodução entre os ramos da produção desse setor: parte permaneceria diretamente na esfera da produção de que saiu como produto, parte, pelo contrário, seria transportada para outros locais de produção, estabelecendo-se assim um vaivém contínuo entre os diversos locais de produção desse setor.

VII. CAPITAL VARIÁVEL E MAIS-VALIA EM AMBOS OS SETORES

O valor total dos meios de consumo anualmente produzidos é, portanto, igual ao valor-capital variável II reproduzido durante o ano mais a mais-valia II produzida de novo (isto é, igual ao valor produzido em II durante o ano), mais o valor-capital variável I reproduzido durante o ano e a mais-valia I produzida de novo (portanto, mais o valor produzido em I durante o ano).

Sob o pressuposto da reprodução simples, o valor total dos meios de consumo anualmente produzidos é, portanto, igual ao produto-valor anual, isto é, igual a todo o valor produzido pelo trabalho social durante o ano, e tem de sê-lo, pois em reprodução simples todo esse valor é consumido.

A jornada de trabalho social total se decompõe em duas partes: 1) trabalho necessário; ele cria no decurso do ano um valor de 1500_v; 2) mais-trabalho; ele cria um valor adicional ou mais-valia de 1500_{mv}. A soma desses valores = 3000, é igual ao valor dos meios de consumo anualmente produzidos de 3000. O valor total dos meios de consumo produzidos durante o ano é, portanto, igual ao valor total que a jornada de trabalho social total produz durante o ano, igual ao valor do capital social variável acrescido da mais-valia social, igual ao novo produto anual total.

Mas sabemos que, embora essas duas grandezas de valor coincidam, nem por isso o valor total das mercadorias II, dos meios de consumo, foi produzido nesse setor da produção social. Elas coincidem porque o valor-capital constante, que reaparece em II, é igual ao valor em I produzido de novo (valor-capital variável somado a mais-valia); por isso, $\text{I}_{(v+mv)}$ pode comprar a parte do produto de II que representa para seus produtores (no Setor II) valor-capital constante. Revela-se, pois, por que, embora para os capitalistas II o valor de seu produto se decomponha em $c+v+mv$, o valor desse produto, do ponto de vista social, é decomponível em $v+mv$. Isso só é assim porque aqui II_c é igual a $\text{I}_{(v+mv)}$ e esses dois componentes do produto social, mediante seu intercâmbio, trocam entre si suas formas naturais, de modo que, após essa transação, II_c volta a existir sob a forma de meios de produção e $\text{I}_{(v+mv)}$ sob a forma de meios de consumo.

E é essa circunstância que levou Adam Smith a afirmar que o valor do produto anual se dissolveria em $v+mv$. Isso vale 1) apenas para a parte do produto anual que consiste em meios de consumo, e 2) não vale no sentido de que esse valor total seja produzido em II e que seu valor-produto seja, portanto, igual ao valor-capital variável adiantado em II, somado à mais-valia produzida em II. Mas apenas no sentido de que $\text{II}_{(c+v+mv)} = \text{II}_{(v+mv)} + \text{I}_{(v+mv)}$ ou porque $\text{II}_c = \text{I}_{(v+mv)}$.

Segue ainda:

Embora a jornada de trabalho social (isto é, o trabalho despendido durante o ano inteiro por toda a classe trabalhadora), assim como toda jornada de trabalho individual, se decomponha em apenas duas partes, a saber, em trabalho necessário e mais-trabalho, e embora, por conseguinte, o valor produzido por essa jornada de trabalho só se decomponha também em apenas duas partes, a saber, no valor-capital variável, isto é, a parte de valor com que o trabalhador compra seus próprios meios de reprodução, e na mais-valia, que o capitalista pode despender em seu próprio consumo individual – contudo, do ponto de vista social, parte da jornada de trabalho social é gasta exclusivamente na *produção de novo capital constante*, a saber, de produtos destinados exclusivamente a funcionar no processo de trabalho como meios de produção e, por isso, como capital constante no processo de valorização que o acompanha. De acordo com nosso pressuposto, toda a jornada de trabalho social está representada num valor monetário de 3000, dos quais apenas ⅓=1000 é produzido no Setor II, que produz meios de consumo, isto é, as mercadorias em que todo o valor-capital variável e toda a mais-valia da sociedade se realizam finalmente. Segundo esse pressuposto empregam-se, portanto, ⅔ da jornada de trabalho social na produção de novo capital constante. Embora do ponto de vista dos capitalistas e dos trabalhadores individuais do Setor I esses ⅔ da jornada de trabalho social sirvam apenas para produzir valor-capital variável e mais-valia, inteiramente do mesmo modo que o último terço da jornada de trabalho social no Setor II, esses ⅔ da jornada de trabalho social produzem, contudo, do ponto de vista social – e ainda quando se considera o valor de uso do produto –, apenas reposição do capital constante consumido ou que se encontra no processo de consumo produtivo. Também do ponto de vista individual, esses ⅔ da jornada de trabalho produzem, é verdade, um valor total que é apenas igual ao valor-capital variável somado à mais-valia para seus produtores, mas não produzem valores de uso de tal espécie que salário ou mais-valia possam ser gastos neles; seu produto é um meio de produção.

Em primeiro lugar, deve-se observar que nenhuma parte da jornada de trabalho social, seja em I ou em II, serve para produzir o valor do capital constante aplicado e que funciona nessas duas grandes esferas da produção. Elas só produzem valor adicional, $2\,000\ \text{I}_{(v+mv)} + 1\,000\ \text{II}_{(v+mv)}$, adicional ao valor-capital constante $= 4\,000\ \text{I}_c + 2\,000\ \text{II}_c$. O novo valor, que foi produzido em forma de meios de produção, não é ainda capital constante. Ele tem apenas a determinação de funcionar como tal no futuro.

O produto total de II – os meios de consumo – é, do ponto de vista de seu valor de uso, concretamente considerado em sua forma natural, produto do terço da jornada de trabalho social executado por II, é produto dos trabalhos em sua forma concreta como trabalho do tecelão, do padeiro etc., que foram empregados nesse setor, desse trabalho, à medida que funciona como elemento subjetivo do processo de trabalho. No que tange, por outro lado, à parte constante de valor desse produto II, ela só reaparece num novo valor de uso, numa nova forma natural, na forma de meios de consumo, enquanto antes existia na forma de meios de produção. Seu valor foi transferido por meio do processo de trabalho de sua velha forma natural para sua nova forma natural. Mas o *valor* desses ⅔ do valor-produto $= 2\,000$ não foi produzido, no processo de valorização deste ano, por II.

Inteiramente do mesmo modo que do ponto de vista do processo de trabalho, o produto II é resultado de trabalho vivo, em funcionamento atual, e dos meios de produção que lhe são dados e pressupostos e nos quais ele se realiza, como em suas condições objetivas, assim, do ponto de vista do processo de valorização, o valor-produto $\text{II} = 3\,000$ se compõe do novo valor $(500_v + 500_{mv} = 1\,000)$, produzido pelo ⅓ agregado de novo da jornada de trabalho social, e de um valor constante, em que estão objetivados ⅔ de uma jornada de trabalho social passada, decorrida antes do processo de produção II aqui considerado. Essa parte de valor do produto II se representa numa parte do próprio produto. Ela existe num *quantum* de meios de consumo no valor de $2\,000 =$ ⅔ de uma jornada de trabalho social. Essa é a nova forma útil em que ela reaparece. O intercâmbio de uma parte dos meios de consumo $= 2\,000\ \text{II}_c$ por meios de produção $\text{I} = \text{I}\ (1\,000_v + 1\,000_{mv})$ é, portanto, realmente intercâmbio de ⅔ de jornada de trabalho total, os quais não formam parte do trabalho deste ano, mas transcorreram antes deste ano, por ⅔ da deste ano, da jornada de trabalho agregada de novo neste ano. ⅔ da jornada de trabalho social deste ano não poderiam ser empregados na produção de capital constante e, ao mesmo tempo, constituir valor-capital variável e mais-valia para seus próprios produtores se não tivessem de se intercambiar por uma parte de valor dos meios de consumo anualmente consumidos, nos quais estão contidos ⅔ de uma jornada de trabalho despendida e realizada antes deste ano, e não em seu decurso. É intercâmbio de ⅔ da jornada de trabalho deste ano por ⅔ de jornada de trabalho que foi despendida antes deste ano, intercâmbio entre tempo de trabalho deste ano e do ano anterior. Isso, portanto, nos esclarece o enigma de por que o produto-valor de toda a jornada de trabalho social pode se dissolver em valor-capital variável e mais-valia, embora ⅔ dessa jornada de trabalho não tenham sido despendidos na produção de objetos em que se possa realizar capital variável ou mais-valia, mas muito mais na produção de meios de produção para repor o capital consumido durante o ano. Explica-se simplesmente pelo fato de que ⅔ do valor-produto II, em que os capitalistas e os trabalhadores de I realizam o valor-capital variável somado à mais-valia por eles produzidos (e que perfazem 2/9 do valor-produto total anual), são, do ponto de vista do valor, o produto de ⅔ de uma jornada de trabalho social decorrida antes deste ano.

A soma do produto social de I e II, dos meios de produção e dos meios de consumo, do ponto de vista de seu valor de uso, concretamente considerados em sua forma natural, é o produto do trabalho deste ano, mas apenas na medida em que esse trabalho é considerado como trabalho útil, concreto, e não na medida em que é considerado como dispêndio de força de trabalho, como trabalho que cria valor. E o primeiro apenas no sentido de que os meios de produção só se transformaram em novo produto, no produto deste ano, em virtude do trabalho vivo que lhes foi agregado e que os manejou. Por outro lado, o trabalho deste ano também não poderia inversamente ter-se transformado em produto sem meios de produção independentes dele, sem meios de trabalho e materiais de produção.

VIII. O CAPITAL CONSTANTE EM AMBOS OS SETORES

No que tange ao valor-produto total de 9000, e às categorias em que se decompõe, sua análise não oferece dificuldade maior que a do valor-produto de um capital individual; ela é muito mais idêntica a esta.

No produto anual social inteiro estão aqui contidas três jornadas de trabalho sociais de um ano cada uma. A expressão de valor de cada uma dessas jornadas de trabalho é = 3000; por conseguinte, a expressão de valor do produto total é = 3 × 3000 = 9000.

Além disso, desse tempo de trabalho anterior ao processo de produção, cujo produto estamos analisando, transcorreram: no Setor I, 4/3 de jornada de trabalho (com produto-valor = 4000) e, no Setor II, 2/3 de jornada de trabalho (com produto-valor = 2000). Juntas, duas jornadas de trabalho sociais, cujo produto-valor = 6000. Por isso, $4000\ \text{I}_c + 2000\ \text{II}_c = 6000_c$ figuram como o valor dos meios de produção ou valor-capital constante que reaparece no valor-produto total da sociedade.

Além disso, da jornada de trabalho social anual agregada de novo no Setor I, 1/3 é trabalho necessário ou trabalho que repõe o valor do capital variável $1000\ \text{I}_v$ e paga o preço do trabalho empregado em I. Do mesmo modo, em II 1/6 da jornada de trabalho social é trabalho necessário com um montante de valor de 500. Portanto $1000\ \text{I}_v + 500\ \text{II}_v = 1500_v$, a expressão do valor de meia jornada de trabalho social, é a expressão do valor da primeira metade, que consiste em trabalho necessário, da jornada de trabalho total agregada neste ano.

Finalmente, em I, 1/3 da jornada de trabalho total, com produto-valor = 1000, é mais-trabalho; em II, 1/6 da jornada de trabalho, com produto-valor = 500, é mais-trabalho; perfazem juntos a outra metade da jornada de trabalho total agregada. Por conseguinte, a mais-valia total produzida = $1000\ \text{I}_m + 500\ \text{II}_m = 1500_m$.[I]

Portanto:

Parte constante de capital do valor-produto social (c):
2 jornadas de trabalho despendidas antes do processo de produção;
expressão de valor = 6000.
Trabalho necessário despendido durante o ano (v):
meia jornada de trabalho despendida na produção do ano;
expressão de valor = 1500.
Mais-trabalho despendido durante o ano (m):
meia jornada de trabalho despendida na produção do ano;
expressão de valor = 1500.
Produto-valor do trabalho anual .... $(v+m)$ = 3000.
Valor-produto total .... $(c+v+m)$ = 9000.

I Entre as pp. 414–16, Marx usou a abreviatura *m* tanto para *Mehrwert* (mais-valia) como para *Mehrarbeit* (mais-trabalho), decisão mantida aqui. Nas páginas referidas, portanto, não confundir *m* com a abreviatura usada para "mercadoria" no restante da tradução (e que corresponde ao *w* de *Ware*, no original). [N. E. B.]

1 A dificuldade não consiste, portanto, na análise do próprio valor-produto social. Ela surge da comparação dos componentes do *valor* do produto social com seus componentes *materiais*.

A parte constante de valor, que apenas reaparece, é igual ao valor da parte desse produto que consiste em *meios de produção* e está corporificada nessa parte.

7 O novo produto-valor do ano $= v + m$ é igual ao valor da parte desse produto, que consiste em *meios de consumo,* e nela está corporificado.

Mas, com exceções que aqui são irrelevantes, meios de produção e meios de consumo são espécies totalmente diferentes de mercadorias, produtos com forma natural ou útil completamente diferente e, portanto, também produtos de espécies completamente diferentes de trabalho concreto. O trabalho que emprega máquinas para pro-
4 duzir meios de subsistência é completamente diferente do trabalho que faz máquinas. A jornada de trabalho total anual, cuja expressão de valor $= 3000$, parece despendida na produção de meios de consumo $= 3000$, nos quais não reaparece nenhuma parte de valor constante, pois esses $3000 = 1500_v + 1500_m$ se dissolvem apenas em valor-capital variável + mais-valia. Por outro lado, o valor-capital constante $= 6000$ reaparece numa espécie de produtos completamente distinta dos meios de
1 consumo, os meios de produção, enquanto nenhuma parte da jornada de trabalho social parece ter sido gasta na produção desses novos produtos; toda essa jornada de trabalho parece muito mais consistir apenas nos modos de trabalho que não resultam em meios de produção, mas em meios de consumo. O enigma já está solucionado. O produto-valor do trabalho anual é igual ao valor-produto do Setor II, o valor total dos meios de consumo produzidos de novo. Mas esse valor-produto é $\frac{2}{3}$
8 maior que a parte do trabalho anual despendida dentro da produção de meios de consumo (Setor II). Apenas $\frac{1}{3}$ do trabalho anual foi despendido em sua produção. $\frac{2}{3}$ desse trabalho anual se despenderam na produção de meios de produção, portanto no Setor I. O produto-valor feito durante esse tempo em I, igual ao valor-capital variável somado à mais-valia produzidos em I, é igual ao valor-capital constante de II que reaparece em meios de consumo em II. Podem, portanto, intercambiar-
5 -se mutuamente e repor-se *in natura*. O valor total dos meios de consumo II é, por conseguinte, igual à soma do novo produto-valor em I + II, ou $\text{II}_{(c+v+mv)} = \text{I}_{(v+m)} + \text{II}_{(v+m)}$, igual, portanto, à soma do novo valor produzido pelo trabalho anual em forma de $v + m$.

Por outro lado, o valor total dos meios de produção (I) é igual à soma do valor-capital constante que reaparece na forma de meios de produção (I) e do que reaparece na forma de meios de consumo (II), igual,
2 portanto, à soma do valor-capital constante que reaparece no produto

total da sociedade. Esse valor total é igual à expressão de valor de 4⁄3 de jornada de trabalho passada antes do processo de produção em I e de 2⁄3 de jornada de trabalho passada antes do processo de produção em II, portanto, em conjunto, duas jornadas de trabalho totais.

A dificuldade provém, portanto, no produto anual social, de que a parte de valor constante se representa numa espécie de produtos completamente distinta – os meios de produção – da do novo valor $v+m$ agregado a essa parte de valor constante, que se representa em meios de consumo. Isso cria a aparência de que – considerados do ponto de vista de seu valor – 2⁄3 da massa de produtos consumidos voltam a se encontrar numa nova forma, como produto novo, sem que a sociedade tenha despendido qualquer trabalho em sua produção. Isso não ocorre com o capital individual. Cada capitalista individual emprega determinada espécie concreta de trabalho, que transforma os meios de produção que lhe são peculiares em produto. Por exemplo, seja o capitalista construtor de máquinas, o capital constante despendido durante o ano $= 6\,000_c$, o capital variável $= 1\,500_v$, a mais-valia $= 1\,500_m$; o produto $= 9\,000$, digamos um produto de 18 máquinas, das quais cada uma $= 500$. Todo o produto existe aqui na mesma forma, a de máquinas. (Se ele produz vários tipos, cada um será calculado separadamente). Todo o produto-mercadoria é produto do trabalho despendido durante o ano da construção de máquinas, combinação da mesma espécie concreta de trabalho com os mesmos meios de produção. As diferentes partes do valor-produto representam-se na mesma forma natural: em 12 máquinas estão contidos $6\,000_c$, em 3 máquinas $1\,500_v$, em 3 máquinas $1\,500_m$. Aqui é claro que o valor das 12 máquinas $= 6\,000_c$ é esse não porque nessas 12 máquinas se corporifica meramente trabalho passado, anterior à construção de máquinas e que não foi despendido nela. O valor dos meios de produção para 18 máquinas não se transformou por si mesmo em 12 máquinas, mas o valor dessas 12 máquinas (que, por sua vez, consiste em $4\,000_c + 1\,000_v + 1\,000_m$) é igual ao valor total do valor-capital constante contido nas 18 máquinas. O construtor de máquinas tem, portanto, de vender 12 das 18 máquinas para repor seu capital constante despendido, que ele necessita para a reprodução de 18 novas máquinas. Por outro lado, a coisa se tornaria inexplicável se, embora o trabalho aplicado apenas consista na construção de máquinas, ele tivesse por resultado: por um lado, 6 máquinas, $= 1\,500_v + 1\,500_m$ e, por outro, ferro, cobre, parafusos, correias etc., no montante de valor de $6\,000_c$, isto é, os meios de produção das máquinas em sua forma natural, os quais o próprio capitalista construtor de máquinas conhecidamente não produz, mas tem de repor por meio do processo de circulação. E, não obstante, a reprodução do produto social anual parece, à primeira vista, efetuar-se dessa maneira absurda.

O produto do capital individual, isto é, de cada fração do capital social que funciona autonomamente, sendo dotada de vida própria, tem uma forma natural qualquer. A única condição é que tenha realmente uma forma útil, um valor de uso que lhe imprime o selo de membro, capaz de circular, do mundo das mercadorias. É totalmente indiferente e fortuito que possa voltar a entrar, como meio de produção, no mesmo processo de produção de onde saiu como produto, portanto que a parte de seu valor-produto, em que a parte de capital constante se representa, possua uma forma natural em que realmente possa voltar a funcionar como capital constante. Se não, essa parte do valor-produto será transformada por venda e compra novamente na forma de seus elementos materiais de produção e, por meio disso, o capital constante é reproduzido em sua forma natural apta a funcionar.

Outras são as condições com o produto do capital social total. Todos os elementos materiais da reprodução têm de constituir em sua forma natural partes desse mesmo produto. A parte de capital constante consumida só pode ser reposta pela produção total, à medida que toda a parte constante de capital ressurgente no produto ressurge na forma natural de novos meios de produção que realmente podem funcionar como capital constante. Pressuposta a reprodução simples, o valor da parte do produto que consiste em meios de produção tem de ser, portanto, igual à parte de valor constante do capital social.

Além disso: do ponto de vista individual, o capitalista produz em seu valor-produto, mediante o trabalho agregado de novo, apenas seu capital variável somado à mais-valia, enquanto a parte constante de valor é transferida pelo caráter concreto do novo trabalho agregado ao produto.

Do ponto de vista social, a parte da jornada de trabalho social que produz meios de produção, por conseguinte tanto lhes agrega novo valor como lhes transfere o valor dos meios de produção consumidos em sua produção, produz apenas novo *capital constante*, destinado a repor o consumido sob a forma dos antigos meios de produção, tanto o capital constante consumido em I como aquele em II. Ela produz apenas produto destinado ao consumo produtivo. Todo o valor desse produto é, portanto, apenas valor que pode funcionar de novo como capital constante, que pode recomprar apenas capital constante em sua forma natural e que, por conseguinte, do ponto de vista social, não se dissolve em capital variável nem em mais-valia. – Por outro lado, a parte da jornada de trabalho social que produz meios de consumo não produz nenhuma parte do capital social de reposição. Ela produz apenas produtos que, em sua forma natural, se destinam a realizar o valor do capital variável e da mais-valia em I e em II.

Quando se fala do ponto de vista social, portanto se considera o produto social total, o qual inclui tanto a reprodução do capital social como pagar toda essa soma de valor porque é verdade que o valor de cada mercadoria isolada consiste em $c+v+mv$, mas a soma de valor de todas as mercadorias que entram no fundo de consumo, tomadas em conjunto, no máximo só pode ser igual à parte do valor-produto social que se dissolve em $v+mv$, isto é, igual ao valor que o trabalho despendido durante o ano acrescentou aos meios de produção preexistentes – ao valor-capital constante. Mas, no que tange ao valor-capital constante, vimos que é reposto da massa dos produtos da sociedade de dupla maneira. Primeiro, mediante o intercâmbio entre os capitalistas II, que produzem meios de consumo, e os capitalistas I, que produzem os meios de produção para tanto. E aqui se encontra a origem da frase: o que para um é capital para outro é *revenue*. Mas a coisa não ocorre assim. Os 2 000 II_c que existem em meios de consumo no valor de 2 000 constituem, para a classe capitalista II, valor-capital constante. Ela mesma não pode consumi-lo, embora o produto, por sua forma natural, tenha de ser consumido. Por outro lado, 2 000 $\text{I}_{(v+mv)}$ são os salários e a mais-valia produzidos pela classe capitalista e pela classe trabalhadora de I. Eles existem na forma natural de meios de produção, de coisa nas quais seu próprio valor não pode ser consumido. Temos aqui, portanto, uma soma de valor de 4 000, da qual, antes como depois do intercâmbio, metade repõe somente capital constante e metade constitui somente *revenue*. – Segundo, porém, o capital constante do Setor I é reposto *in natura*, em parte mediante intercâmbio entre os capitalistas I, em parte mediante a reposição *in natura* dentro de cada negócio individual.

A frase segundo a qual todo o valor-produto anual tem de ser pago, finalmente, pelos consumidores só seria correta se fossem incluídas na categoria dos consumidores duas espécies totalmente diversas: os consumidores individuais e os consumidores produtivos. Mas dizer que uma parte do produto tem de ser consumida *produtivamente* significa apenas que ela tem de *funcionar como capital* e não pode ser *consumida como revenue*.

Se repartirmos o valor do produto total = 9 000 em $6\,000_c + 1\,500_v + 1\,500_{mv}$ e considerarmos os $3\,000_{(v+mv)}$ somente em sua qualidade de *revenue*, parece, inversamente, desaparecer o capital variável, e o capital, do ponto de vista social, consistir apenas em capital constante. Pois o que originalmente aparecia como $1\,500_v$ dissolveu-se em uma parte da *revenue* social, em salário, *revenue* da classe trabalhadora, e com isso seu caráter de capital desapareceu. Na realidade, essa conclusão foi tirada por Ramsay. Segundo ele, o capital, do ponto de vista social, consiste apenas em capital fixo, mas por capital fixo ele entende capital constante, a massa de valor consiste em meios de produção, sejam esses meios de produção meios de trabalho ou material de trabalho, como matéria-prima, produto semiacabado, material auxiliar etc. Ele chama o capital variável de circulante:

Circulating capital consists only of subsistence and other necessaries advanced to the workmen, previous to the completion of the produce of their labour. [...] *Fixed capital alone, not circulating, is properly speaking a source of national wealth.* [...] *Circulating capital is not an immediate agent in production, nor essential to it at all, but merely a convenience rendered necessary by the deplorable poverty of the mass of the people.* [...] *Fixed capital alone constitutes an element of cost of production in a national point of view.*[I] (Ramsay, [*An Essay on the Distribution of Wealth.* Edinburgh, 1836,] pp. 23–26 *passim*)

Ramsay explica mais detalhadamente o capital fixo, pelo qual entende o constante, como segue:

> "*The length of time during which any portion of the product of that labour*" (*labour bestowed on any commodity*) "*has existed as fixed capital, i.e. in a form in which, though assisting to raise the future commodity, it does not maintain labourers*".[II] (p. 59)

Vê-se aqui novamente o mal que Adam Smith causou ao submergir a diferença entre capital constante e variável na diferença entre capital fixo e circulante. O capital constante de Ramsay consiste em meios de trabalho, o circulante em meios de subsistência; ambos são mercadorias de valor dado; umas podem produzir mais-valia tão pouco quanto as outras.

X. CAPITAL E *REVENUE*: CAPITAL VARIÁVEL E SALÁRIO[49]

A reprodução anual toda, o produto todo deste ano, é produto do trabalho útil deste ano. Mas o valor desse produto total é maior do que a parte de valor do mesmo, em que se corporifica o trabalho anual, como força

---

I "Capital circulante consiste exclusivamente em meios de subsistência e em outros artigos necessários adiantados aos trabalhadores antes de eles terem acabado o produto de seu trabalho. [...] Só o capital fixo, e não o circulante, é em sentido estrito fonte da riqueza nacional. [...] O capital circulante não é agente direto da produção nem de modo algum essencial a ela, mas é apenas uma conveniência que se tornou necessária pela pobreza deplorável da massa do povo. [...] Só o capital fixo constitui, do ponto de vista nacional, um elemento de custo de produção." [N. T.]

II "A duração do tempo durante a qual qualquer porção do produto daquele trabalho" (trabalho aplicado em qualquer mercadoria) "existia como capital fixo, isto é, numa forma em que, embora ajude a produzir a mercadoria futura, não mantém trabalhadores." [N. T.]

para o trabalhador, mas é o mesmo *dinheiro* que existe, primeiro, nas mãos do capitalista como forma-dinheiro de seu capital variável, portanto como capital potencialmente variável, e que, tão logo o capitalista o tenha convertido em força de trabalho, serve nas mãos do trabalhador como equivalente da força de trabalho vendida. Mas o mesmo dinheiro encontrar nas mãos do vendedor uma aplicação útil diferente do que nas mãos do comprador é um fenômeno inerente a toda compra e venda de mercadorias.

Economistas apologéticos apresentam a coisa de maneira errada, o que se evidencia melhor quando fixamos a vista exclusivamente no ato de circulação *D–FT* (= *D–M*), conversão de dinheiro em força de trabalho, por parte do comprador capitalista, *FT–D* (= *M–D*), conversão da mercadoria força de trabalho em dinheiro, por parte do vendedor, do trabalhador, sem nos preocupar por agora com o que segue. Eles dizem: o mesmo dinheiro realiza aqui dois capitais; o comprador – o capitalista – converte seu capital monetário em força de trabalho viva, que incorpora a seu capital produtivo; por outro lado, o vendedor – o trabalhador – converte sua mercadoria – a força de trabalho – em dinheiro, que despende como *revenue*, o que justamente o capacita a vender sempre de novo sua força de trabalho e assim mantê-la; sua força de trabalho é, portanto, ela mesma seu capital em forma-mercadoria, da qual lhe flui continuamente sua *revenue*. De fato, a força de trabalho é seu poder (reprodutivo, que sempre se renova), e não seu capital. É a única mercadoria que ele pode e tem de vender continuamente, para viver, e que atua como capital (variável) apenas nas mãos do comprador, do capitalista. Que um homem esteja continuamente obrigado a vender, sempre de novo, sua força de trabalho, isto é, a vender-se a si mesmo a uma terceira pessoa, demonstra, segundo esses economistas, que ele é um capitalista, porque continuamente tem "mercadoria" (ele mesmo) a vender. Nesse sentido, o escravo seria também capitalista, embora seja vendido por uma terceira pessoa como mercadoria de uma vez por todas; pois a natureza dessa mercadoria – do escravo que trabalha – implica que seu comprador não apenas a faz trabalhar novamente a cada dia, mas também lhe dá os meios de subsistência, pelo poder dos quais pode trabalhar sempre de novo. – (Compare sobre isso Sismondi e Say nas cartas a Malthus.)

2) Na troca de $1000\ \text{I}_v + 1000\ \text{I}_{mv}$ por $2000\ \text{II}_c$, o que para uns é capital constante ($2000\ \text{II}_c$) torna-se para outros capital variável e mais-valia, isto é, em geral, *revenue*; e o que para uns é capital variável e mais-valia ($2000\ \text{I}_{(v+mv)}$), portanto, em geral, *revenue*, torna-se capital constante para outros.

Observemos primeiro a troca de I_v por II_c, inicialmente do ponto de vista do trabalhador.

O trabalhador coletivo de I vendeu sua força de trabalho ao capitalista coletivo de I por 1000; ele recebe esse valor pago em dinheiro na forma de salários. Com esse dinheiro compra de II meios de consumo pelo mesmo montante de valor. O capitalista o defronta apenas como vendedor de mercadorias e nada mais, mesmo quando o trabalhador compra de seu próprio capitalista, como, por exemplo, acima[I] na transação dos 500_v. A forma de circulação que sua mercadoria, a força de trabalho, percorre é a de simples circulação de mercadorias destinada meramente à satisfação de necessidades, ao consumo *M* (força de trabalho)–*D*–*M* (meios de consumo, mercadoria II). Resultado desse processo de circulação é que o trabalhador se manteve como força de trabalho para o capitalista I e, para seguir mantendo-se como tal, tem de repetir sempre de novo o processo *FT*(*M*)–*D*–*M*. Seu salário se realiza em meios de consumo, é gasto como *revenue* e, considerada a classe trabalhadora como um todo, é continuamente gasto sempre de novo como *revenue*.

Observemos agora a mesma troca de I_v por II_c do ponto de vista do capitalista. Todo o produto-mercadoria de II consiste em meios de consumo; portanto em coisas destinadas a entrar no consumo anual, a servir, pois, para a realização da *revenue* de alguém, no caso aqui considerado o do trabalhador coletivo I. Para o capitalista coletivo II, porém, parte de seu produto-mercadoria = 2000 é agora a forma convertida em mercadoria do valor-capital constante de seu capital produtivo, que tem de ser retransformada dessa forma-mercadoria na forma natural em que pode atuar de novo como parte constante do capital produtivo. O que o capitalista II conseguiu até agora é ter retransformado em forma-dinheiro, mediante a venda ao trabalhador de I, metade (= 1000) de seu valor-capital constante reproduzido em forma-mercadoria (meios de consumo). Não é, portanto, tampouco o capital variável I_v que se converteu nessa primeira metade do valor-capital constante II_c, mas o dinheiro que para I funcionou como capital monetário na troca por força de trabalho e que, desse modo, chegou à posse do vendedor da força de trabalho, para quem não representa capital, mas *revenue* em forma-dinheiro, isto é, que se gasta como meio de compra de artigos de consumo. O dinheiro = 1000 que flui dos trabalhadores I para os capitalistas II não pode, por outro lado, funcionar como elemento constante do capital produtivo II. É apenas a forma-dinheiro de seu capital-mercadoria, a ser ainda convertida em componentes fixos ou circulantes do capital constante. II compra, portanto, com o dinheiro obtido dos trabalhadores I, os compradores de sua mercadoria, meios de produção de I por 1000. Com isso o valor-capital constante de II é renovado pela metade do montante de valor na

I Neste volume, pp. 391–92. [N. E. B.]

Mas o trabalhador reproduziu um produto de 3 000; ele conservou a parte constante de valor do produto, isto é, o valor dos meios de produção consumidos nisso = 2 000 ao transformá-los em novo produto; ele adicionou a esse valor dado, além disso, um valor de $1\,000_{(v+mv)}$. (A concepção de que o capitalista se enriquece no sentido de que ganha mais-valia pelo refluxo das 500 em dinheiro é desenvolvida por Destutt de Tracy; mais sobre isso na seção XIII deste capítulo.)

Mediante a compra dos meios de consumo no valor de 500 pelo trabalhador II, retorna ao capitalista II, em dinheiro, o valor de 500 II_v, o qual há pouco possuía em mercadoria, na forma em que originalmente o adiantara. O resultado direto da transação, como em qualquer outra venda de mercadorias, é a conversão de dado valor de forma-mercadoria em forma-dinheiro. Também o refluxo assim mediado do dinheiro a seu ponto de partida não constitui nada de específico. Se o capitalista II tivesse comprado do capitalista I mercadoria por 500 em dinheiro e depois, por sua vez, vendido a I mercadoria no montante de 500, também lhe teriam refluído 500 em dinheiro. Os 500 em dinheiro teriam servido somente para transacionar uma massa de mercadorias de 1 000 e, conforme a lei geral anterior, teriam refluído a quem lançou na circulação o dinheiro necessário para a transação dessa massa de mercadorias.

Mas os 500 em dinheiro que refluíram ao capitalista II são, ao mesmo tempo, capital variável potencial renovado em forma-dinheiro. Por que isso? Dinheiro, e também, portanto, capital monetário, só é capital variável potencial porque e na medida em que é conversível em força de trabalho. O retorno das 500 libras esterlinas em dinheiro ao capitalista II é acompanhado do retorno da força de trabalho II ao mercado. O retorno de ambas em polos opostos – e portanto também o reaparecimento dos 500 em dinheiro não apenas como dinheiro, mas também como capital variável em forma-dinheiro – está condicionado por um mesmo procedimento. O dinheiro = 500 retorna ao capitalista II porque vendeu ao trabalhador II meios de consumo no montante de 500, portanto porque o trabalhador despendeu seu salário, e por meio disso manteve a si e a sua família, e também sua força de trabalho. Para continuar vivendo e poder se apresentar novamente como comprador de mercadorias, ele tem de vender de novo sua força de trabalho. O retorno dos 500 em dinheiro ao capitalista II é, pois, ao mesmo tempo, o retorno, ou a permanência, da força de trabalho como mercadoria comprável pelos 500 em dinheiro e, com isso, retorno dos 500 em dinheiro como capital variável potencial.

Com relação à categoria II*b*, que produz artigos de luxo, dá-se com seu v – $(\text{II}b)_v$ – o mesmo que com I_v. O dinheiro que renova para os capitalistas II*b* seu capital variável em forma-dinheiro lhes flui por um rodeio, pelas mãos dos capitalistas II*a*. Não obstante faz diferença se os trabalhadores compram seus meios de subsistência diretamente dos produtores capitalistas a quem vendem sua força de trabalho ou se compram de outra categoria de capitalistas, por intermédio da qual o dinheiro retorna por um rodeio aos primeiros. Como a classe trabalhadora vive da mão para a boca, ela compra enquanto pode comprar. É outro o caso do capitalista, por exemplo, na troca de 1000 II$_c$ por 1000 I$_v$. O capitalista não vive da mão para a boca. A maior valorização possível de seu capital é seu motivo propulsor. Por isso, se sobrevêm circunstâncias de qualquer espécie que dão ao capitalista II a impressão de ser mais vantajoso, em vez de renovar imediatamente seu capital constante, retê-lo em forma-dinheiro, pelo menos em parte por mais tempo, então retardar-se-á o refluxo dos 1000 II$_c$ (em dinheiro) para I e, portanto, também o restabelecimento de 1000$_v$ em forma-dinheiro. O capitalista I só pode continuar a trabalhar na mesma escala se dispõe de dinheiro de reserva; e capital de reserva em dinheiro é necessário em geral para poder continuar a trabalhar ininterruptamente, sem preocupar-se com o refluxo mais rápido ou mais lento do valor-capital variável em dinheiro.

Se se tem de examinar a conversão dos diversos elementos da reprodução do ano em curso, deve-se fazer o mesmo com o resultado do trabalho do ano anterior, do trabalho do ano já concluído. O processo de produção que resultou nesse produto anual já transcorreu, passou, consumou-se em seu produto, e tanto mais também o processo de circulação que precede o processo de produção ou corre paralelamente a ele, a conversão de capital variável potencial em efetivo, isto é, a compra e venda da força de trabalho. O mercado de trabalho já não faz parte do mercado de mercadorias que temos agora diante de nós. O trabalhador não apenas já vendeu sua força de trabalho, mas forneceu também, além da mais-valia, um equivalente do preço de sua força de trabalho em mercadoria; ele tem, por outro lado, seu salário no bolso e figura durante a conversão apenas como comprador de mercadoria (meios de consumo). Mas, por outro lado, o produto anual tem de conter todos os elementos da reprodução, tem de refazer todos os elementos do capital produtivo, principalmente seu elemento mais importante, o capital variável. E vimos de fato que, com relação ao capital variável, o resultado da conversão se apresenta o seguinte: o trabalhador, como comprador de mercadorias, mediante o gasto de seu salário e o consumo da mercadoria comprada, mantém e reproduz sua força de trabalho, como a única mercadoria que tem para vender; como o dinheiro adiantado na compra dessa força de trabalho pelo capitalista retorna a este, a força de trabalho, como mercadoria conversível nesse dinheiro, retorna também ao mercado de trabalho; como resultado, aqui especialmente com 1000 I$_v$ obtemos: 1000$_v$ em dinheiro do lado dos capitalistas I – em contraposição, força de trabalho variável II_v é reproduzido em meios de consumo, do mesmo modo que o capital constante II_c; tão pouco como este, dissolve-se aquele em *revenue*. O que se dissolve em *revenue* é, em ambos os casos, o salário.

Mas o dispêndio do salário como *revenue*, que faz com que se restabeleça como capital monetário, num caso, $1000\ \text{II}_c$, também pelo mesmo rodeio, $1000\ \text{I}_v$ e, idem, $500\ \text{II}_v$, portanto capital constante e variável (no caso deste, mediante refluxo em parte direto, em parte indireto), é um fato importante na conversão de produto anual.

XI. REPOSIÇÃO DO CAPITAL FIXO

Uma grande dificuldade na representação das transações da reprodução anual é a seguinte. Tomemos a forma mais simples em que a coisa se representa e teremos, então:

$\text{I. } 4000_c + 1000_v + 1000_{mv} +$

$\text{II. } 2000_c + 500_v + 500_{mv} = 9000,$

o que finalmente se dissolve em:

$4000\ \text{I}_c + 2000\ \text{II}_c + 1000\ \text{I}_v + 500\ \text{II}_v + 1000\ \text{I}_{mv} + 500\ \text{II}_{mv} = 6000_c + 1500_v + 1500_{mv} = 9000$. Uma parte de valor do capital constante, à medida que este consiste em meios de trabalho propriamente ditos (como setor diferenciado dos meios de produção), é transferida dos meios de trabalho ao produto do trabalho (a mercadoria); esses meios de trabalho continuam a funcionar como elementos do capital produtivo e precisamente em sua antiga forma natural; é a depreciação, a perda de valor que eles sofrem pouco a pouco durante sua função contínua em determinado período, que reaparece como elemento de valor das mercadorias produzidas por meio dos mesmos e que é transferida do instrumento de trabalho para o produto do trabalho. Com relação à reprodução anual, são aqui, já de princípio, levadas em consideração apenas aquelas partes componentes do capital fixo cuja vida dura mais de um ano. Se elas morrem completamente durante o ano, têm de ser repostas e renovadas por inteiro mediante a reprodução anual, e o ponto em questão desde o princípio não lhes concerne. No caso de máquinas e de outras formas mais duráveis do capital fixo, pode ocorrer – e ocorre frequentemente – que certos órgãos parciais das mesmas tenham de ser repostos de cabo a rabo durante o ano, embora o corpo todo do edifício ou da máquina seja longevo. Esses órgãos parciais entram na mesma categoria dos elementos do capital fixo a serem repostos no decurso do ano.

Esse elemento de valor das mercadorias não deve ser confundido de maneira alguma com os custos de reparação. Se a mercadoria é vendida, esse elemento de valor é convertido em moeda corrente, transformado em dinheiro, como os demais; após sua transformação em dinheiro, porém, aparece sua diferença dos outros elementos de valor. As matérias-primas e os materiais auxiliares consumidos na produção das mercadorias têm de ser repostos *in natura*, para que comece a reprodução das mercadorias (em geral, para que o processo de produção das mercadorias seja contínuo); a força de trabalho despendida nelas, do mesmo modo, tem de ser reposta por nova força de trabalho. O dinheiro obtido pela mercadoria tem, pois, de ser continuamente reconvertido nesses elementos do capital produtivo, de forma-dinheiro em forma-mercadoria. Em nada altera a coisa que, por exemplo, matérias-primas e materiais auxiliares sejam comprados em maiores quantidades em certos prazos – de modo que formem estoques de produção –, que, portanto, não se precise comprar de novo, durante certo período, esses meios de produção, que também, portanto – enquanto os estoques duram –, o dinheiro que provém da venda das mercadorias, na medida em que serve para esse fim, pode se acumular e que, por isso, essa parte do capital constante aparece temporariamente como capital monetário suspenso de sua função ativa. Este não é capital de *revenue*; é capital produtivo que está suspenso em forma-dinheiro. A renovação dos meios de produção tem de realizar-se constantemente, embora a forma dessa renovação – em relação à circulação – possa ser diferente. A nova compra, a operação de circulação pela qual eles são renovados, repostos, pode ocorrer em prazos mais longos: então haverá grande investimento de dinheiro de uma só vez, compensado por estoque correspondente de produção; ou em prazos curtos sucessivos: então doses menores e em rápida sucessão de gasto monetário, com estoques pequenos de produção. Isso não altera em nada a coisa. O mesmo ocorre com a força de trabalho. Onde a produção se efetua o ano todo, continuamente na mesma escala: constante reposição da força de trabalho consumida por nova; onde o trabalho é aplicado sazonalmente ou em diferentes porções de trabalho em diferentes períodos, como na agricultura: compra correspondente de massa de força de trabalho ora menor, ora maior. No entanto, o dinheiro obtido da venda de mercadorias, na medida em que converte em ouro a parte de valor das mercadorias que é igual à depreciação do capital fixo, não é retransformado na parte componente do capital produtivo cuja perda de valor ele repõe. Deposita-se ao lado do capital produtivo e persiste em sua forma-dinheiro. Esse depósito de dinheiro se repete até haver decorrido o período de reprodução, que consiste em maior ou menor número de anos, durante os quais o elemento fixo do capital constante prossegue em sua antiga forma natural, funcionando no processo de produção. Tão logo o elemento fixo, construções, maquinaria etc., tenha esgotado sua vida, não possa mais funcionar no processo de produção, seu valor existe a seu lado, completamente reposto em dinheiro – a soma dos depósitos de dinheiro, dos valores que foram paulatinamente transferidos do capital fixo para as mercadorias em cuja produção ele colaborou e que, mediante a venda dessas mercadorias, passaram à forma-dinheiro. Esse dinheiro serve, então, para repor *in natura* o capital fixo (ou elementos do mesmo, pois os elementos diferentes do mesmo têm duração de vida diversa) e, assim, renovar realmente essa parte componente do capital produtivo. Esse dinheiro é, pois, forma-dinheiro de uma parte do valor-capital constante, da parte fixa do mesmo. Esse entesouramento é, portanto, em si um elemento do processo de reprodução capitalista, reprodução e armazenamento – em forma-dinheiro – do valor do capital fixo ou de seus elementos individuais, até o momento em que o capital fixo esgota sua vida e consequentemente cede todo o seu valor às mercadorias produzidas e agora tem de ser reposto *in natura*. Esse dinheiro, porém, só perde sua forma de tesouro e apresenta-se, portanto, outra vez ativo no processo de reprodução do capital mediado pela circulação tão logo é retransformado em novos elementos de capital fixo que repõem os já mortos.

Tal como a circulação simples de mercadorias não é idêntica ao mero intercâmbio de produtos, tampouco a conversão do produto-mercadoria anual pode se dissolver em mero intercâmbio direto e recíproco de suas diversas partes componentes. O dinheiro desempenha aí papel específico, que se expressa nominalmente também no modo da reprodução do valor-capital fixo. (Mais tarde, deve-se investigar como se representaria a coisa, pressupondo-se que a reprodução seja coletiva e não possua a forma da produção de mercadorias.)

Retornando agora ao esquema básico, tínhamos então para a classe II: $2\,000_c + 500_v + 500_{mv}$. Todos os meios de consumo produzidos no decorrer do ano são aqui iguais ao valor de 3000; e cada um dos diferentes elementos mercantis, em que consiste a soma das mercadorias, decompõe-se, quanto a seu valor, em $\frac{2}{3}_c + \frac{1}{6}_v + \frac{1}{6}_{mv}$, ou percentualmente em $66\frac{2}{3}_c + 16\frac{2}{3}_v + 16\frac{2}{3}_{mv}$. As diferentes espécies de mercadorias da classe II podem conter capital constante em diferentes proporções; do mesmo modo, a parte fixa do capital constante nelas pode ser diferente; do mesmo modo, a duração de vida das partes do capital fixo e, portanto, também a depreciação anual ou parte de valor que elas transferem *pro rata* para as mercadorias em cuja produção participam. Isso é aqui indiferente. Com relação ao processo de reprodução social, trata-se aqui apenas da transação entre as classes II e I. II e I se defrontam aqui apenas em suas relações sociais de massa; a grandeza proporcional da parte de valor *c* do produto-mercadoria II (na questão agora tratada, o único elemento decisivo) é, portanto, a proporção média que obtemos quando são reunidos todos os ramos da produção subsumidos em II.

Cada uma das espécies de mercadorias (e em grande parte são as mesmas espécies de mercadorias) cujo valor total figura sob as rubricas de $2\,000_c + 500_v + 500_{mv}$ é assim, quanto a seu valor, uniformemente igual a $66\frac{2}{3}\%_c + 16\frac{2}{3}\%_v + 16\frac{2}{3}\%_{mv}$. Isso vale para cada 100 das mercadorias que figuram tanto sob *c* quanto sob *v* ou sob *m*.

As mercadorias nas quais $2\,000_c$ estão corporificados são ainda decomponíveis, segundo o valor, em:

1) $1\,333\frac{1}{3}{}_c + 333\frac{1}{3}{}_v + 333\frac{1}{3}{}_{mv} = 2\,000_c$, bem como 500_v em:
2) $333\frac{1}{3}{}_c + 83\frac{1}{3}{}_v + 83\frac{1}{3}{}_{mv} = 500_v$, e finalmente 500_{mv} em:
3) $333\frac{1}{3}{}_c + 83\frac{1}{3}{}_v + 83\frac{1}{3}{}_{mv} = 500_{mv}$.

Se somarmos agora os *c* em 1, 2, 3, teremos $1\,333\frac{1}{3}{}_c + 333\frac{1}{3}{}_c + 333\frac{1}{3}{}_c = 2\,000$. Do mesmo modo, $333\frac{1}{3}{}_v + 83\frac{1}{3}{}_v + 83\frac{1}{3}{}_v = 500$, e o mesmo com *mv*; a adição total dá o montante de valor de 3000, como acima.

Todo o valor-capital constante contido na massa de mercadorias II, no valor de 3000, está assim contido em $2\,000_c$, e nem 500_v nem 500_{mv} contêm um átomo dele. O mesmo é valido para *v* e *mv*, por sua parte.

Em outras palavras: todo o *quotum* da massa de mercadorias II que representa o valor-capital constante e, portanto, é conversível novamente, seja na forma natural deste, seja em sua forma-dinheiro, existe em $2\,000_c$. Tudo o que se relaciona com a conversão do valor constante das mercadorias II é, portanto, limitado ao movimento de $2\,000\ \text{II}_c$, e essa conversão pode efetuar-se apenas com I $(1\,000_v + 1\,000_{mv})$.

Do mesmo modo, para a classe I, tudo o que se relaciona com a conversão do valor-capital constante que lhe pertence deve ser limitado à consideração de $4\,000\ \text{I}_c$.

1. Reposição da parte depreciada de valor em forma-dinheiro

Tomemos, então, em primeiro lugar,

$$\begin{array}{ll} \text{I.} & 4\,000_c + \underbrace{1\,000_v + 1\,000_{mv}} \\ \text{II.} & \qquad\quad 2\,000_c \qquad + 500_v + 500_{mv} \end{array}$$

então, a troca das mercadorias $2\,000\ \text{II}_c$ por mercadorias do mesmo valor I $(1\,000_v + 1\,000_{mv})$ pressuporia que $2\,000\ \text{II}_c$ foram integralmente reconvertidos *in natura* nos elementos naturais do capital constante II, produzidos por I; mas o valor-mercadoria de 2000, em que existe este último, contém um elemento correspondente à perda dc valor do capital fixo e que não é para ser reposto imediatamente *in natura*, mas para ser transformado em dinheiro que progressivamente se acumula como soma total, até que vença o prazo de renovação do capital fixo em sua forma natural. Todo ano é o ano da morte para o capital fixo, a ser reposto neste ou naquele negócio individual ou também neste ou naquele ramo da indústria; no mesmo capital individual, esta ou aquela parte do capital fixo (visto que as partes deste têm duração de vida diversa) deve ser reposta. Ao considerar a reprodução anual – ainda que em escala simples, isto é, abstraindo toda acumulação – não começamos *ab ovo* [do começo]; é um ano no fluxo de muitos, não é o primeiro ano de nascimento da produção capitalista. Os diversos capitais que estão investidos nos variados ramos da produção da classe II são, pois, de diferentes idades, e, do mesmo modo que anualmente morrem pessoas que funcionam nesses ramos, assim anualmente massas de capitais fixos atingem neste ano o fim de sua vida e têm de ser renovadas *in natura* a partir de um fundo monetário acumulado. Nessa medida está incluída na troca de 2 000 II_c por 2 000 $\text{I}_{(v+mv)}$ a conversão de 2 000 II_c de sua forma-mercadoria (como meios de consumo) em elementos naturais, que consistem não apenas em matérias-primas e materiais auxiliares, mas também em elementos naturais do capital fixo, máquinas, ferramentas, construções etc. O desgaste que deve ser reposto em *dinheiro* no valor de 2 000 II_c não corresponde, portanto, absolutamente, ao volume do capital fixo em funcionamento, pois parte do mesmo tem de ser anualmente reposta *in natura*; mas isso pressupõe que, em anos anteriores, o dinheiro necessário para essa conversão tenha-se acumulado nas mãos dos capitalistas da classe II. Precisamente esse pressuposto vale tanto para o ano em curso como é admitido para os anos anteriores.

Na troca entre I ($1000_v + 1000_{mv}$) e 2 000 II_c, deve-se observar primeiramente que a soma de valor $\text{I}_{(v+mv)}$ não contém nenhum elemento constante de valor e, portanto, também, nenhum elemento de valor para o desgaste a ser reposto, isto é, para valor que foi transferido da parte fixa do capital constante para as mercadorias, em cuja forma natural $v + mv$ existem. Esse elemento existe por outro lado em II_c e é precisamente parte desse elemento de valor devida ao capital fixo, a qual não deve ser transformada imediatamente de forma-dinheiro em forma natural, mas tem de inicialmente permanecer em forma-dinheiro. Por isso, impõe-se imediatamente, na troca de I ($1000_v + 1000_{mv}$) por 2 000 II_c, a dificuldade que os meios de produção I, em cuja forma natural os $2000_{(v+mv)}$ existem, têm de ser trocados por seu montante integral de valor de 2 000 por equivalente em meios de consumo II, enquanto, por outro lado, os meios de consumo 2 000 II_c não podem ser convertidos por seu valor total nos meios de produção I ($1000_v + 1000_{mv}$), porque uma parte alíquota de seu valor – igual à depreciação ou à perda de valor do capital fixo a ser reposto – tem de se depositar primeiramente em dinheiro, o qual, durante o período corrente de reprodução anual, único a ser considerado aqui, não volta a funcionar como meio de circulação. O dinheiro, porém, com o qual o elemento da depreciação é convertido em moeda corrente, que está contido no valor-mercadoria 2 000 II_c, esse dinheiro pode provir somente de I, pois II não tem de pagar a si mesmo, mas se paga justamente pela venda de sua mercadoria e porque, segundo o pressuposto, $\text{I}_{(v+mv)}$ compra toda a soma de mercadorias 2 000 II_c; a classe I tem, pois, mediante essa compra, de converter aquela depreciação em moeda corrente, para II. Mas, segundo a lei desenvolvida anteriormente, o dinheiro adiantado à circulação retorna ao produtor capitalista, que mais tarde lança na circulação um *quantum* igual de mercadorias. I, ao comprar II_c, não pode evidentemente dar a II 2 000 em mercadorias e, além disso, uma soma adicional de dinheiro, de uma vez para sempre (sem que a mesma, pela operação da conversão, retorne a ele), senão a massa de mercadorias II_c seria comprada acima de seu valor. Se II troca efetivamente seus $2\,000_c$ por I $(1\,000_v + 1\,000_{mv})$, nada mais tem a exigir de I, e o dinheiro que circula durante essa transação retorna para I ou para II, dependendo de qual dos dois o lançou na circulação, isto é, qual dos dois se apresentou primeiro como comprador. Ao mesmo tempo, nesse caso, II teria retransformado seu capital-mercadoria, em toda a extensão de seu valor, na forma natural de meios de produção, quando o pressuposto é que II não retransforma uma parte alíquota do mesmo, após sua venda, durante o período corrente de reprodução anual, de dinheiro na forma natural de componentes fixos de seu capital constante. Poderia, pois, fluir para II um saldo em dinheiro apenas se II vendesse a I mercadorias, é verdade, por 2 000, mas comprasse de I menos de 2 000, por exemplo 1 800; então I teria de cobrir o saldo com 200 em dinheiro, que não retornaria a ele, pois não teria retirado da circulação esse dinheiro a ela adiantado pelo lançamento de mercadorias = 200. Nesse caso, teríamos um fundo de dinheiro para II por conta de sua depreciação de capital fixo; mas teríamos, de outro lado, de I, uma superprodução de meios de produção no montante de 200 e com isso se fundiria toda a base do esquema, a saber, reprodução em escala constante, em que está pressuposta completa proporcionalidade entre os diferentes sistemas de produção. Uma dificuldade teria sido apenas afastada por outra muito mais desagradável.

Como esse problema oferece dificuldades particulares e até agora não foi tratado de modo algum pelos economistas políticos, queremos considerar, pela ordem, todas as soluções possíveis (pelo menos aparentemente possíveis), ou melhor, os diferentes modos em que se coloca o problema.

o último – de acordo com a hipótese – encontra-se na mesma situação, em face de II, em que se encontravam no começo os produtores capitalistas de I, isto é, eles não podem vender os 200 I_{mv} a II; e a soma para a compra, estando imobilizada, não pode renovar o mesmo processo com I.

Vê-se aqui que, abstraindo propriamente nosso objetivo, considerar o processo de reprodução em sua forma fundamental – em que todos os intermediários que o obscurecem estão eliminados – é absolutamente necessário a fim de nos livrarmos dos falsos subterfúgios, que nos fornecem a aparência de explicação "científica", quando tomamos diretamente o processo social de reprodução na complexidade de sua forma concreta com o objeto de análise.

A lei segundo a qual, quando a reprodução se efetua normalmente (seja em escala simples, seja em ampliada), o dinheiro adiantado à circulação pelos produtores capitalistas tem de retornar a seu ponto de partida (sendo indiferente se o dinheiro pertence a eles ou é emprestado) exclui, portanto, de uma vez por todas, a hipótese de que 200 II_c (*d*) sejam convertidos em moeda corrente mediante o dinheiro adiantado por I.

2. Reposição do capital fixo *in natura*

Após eliminação da hipótese há pouco considerada, restam apenas as possibilidades que, além da reposição em dinheiro da parte da depreciação, incluem ainda efetivação da reposição *in natura* do capital fixo definitivamente morto.

Tínhamos suposto há pouco:

a) que 1000 libras esterlinas pagas por I em salários são despendidas pelos trabalhadores em II_c, no mesmo montante de valor, isto é, que estes compram com elas meios de consumo.

Que aqui 1000 libras esterlinas em dinheiro são adiantadas por I é apenas uma constatação de fato. Os salários devem ser pagos em dinheiro pelos respectivos produtores capitalistas; o dinheiro é então despendido pelos trabalhadores em meios de subsistência e serve de novo aos vendedores dos meios de subsistência, por sua vez, como meio de circulação quando da conversão de seu capital constante de capital-mercadoria em capital produtivo. Em verdade, esse dinheiro passa por muitos canais (merceeiros, proprietários de casas, coletores de impostos, trabalhadores improdutivos, como médicos etc., que são necessitados pelos próprios trabalhadores) e, portanto, apenas em parte flui diretamente das mãos dos trabalhadores I para as da classe capitalista II. O fluxo pode se reduzir mais ou menos, sendo portanto necessárias novas reservas em dinheiro pelo lado dos capitalistas. Mas tudo isso não é considerado nessa forma fundamental.

b) Foi pressuposto que uma vez I adianta outras 400 libras esterlinas em dinheiro para compras de II, que lhe retornam, enquanto da outra vez II adianta 400 libras esterlinas para compras de I, que lhe retornam. Esse pressuposto tem de ser feito, pois do contrário seria arbitrária a hipótese de que a classe capitalista I ou a classe capitalista II adianta unilateralmente à circulação o dinheiro necessário para a conversão das mercadorias. Como, na subseção 1, se mostrou que deve ser rejeitada como absurda a hipótese de que I lançaria na circulação dinheiro adicional para converter 200 II_c (*d*) em moeda corrente, restaria assim, como é óbvio, apenas a hipótese, aparentemente ainda mais absurda, de que o próprio II lança na circulação o dinheiro com que é convertida em moeda corrente a parte do valor das mercadorias, a qual serve para repor a depreciação do capital fixo. Por exemplo, a parcela de valor que a máquina de fiar do Senhor X perde na produção reaparece como parcela de valor do fio; o que sua máquina de fiar, de um lado, perde em valor ou sofre em depreciação deve, de outro, acumular como dinheiro. X poderia, então, por exemplo, comprar algodão por 200 libras esterlinas de Y e assim adiantar à circulação 200 libras esterlinas em dinheiro; Y compra dele fios com as mesmas 200 libras esterlinas, e estas servem então a X como fundo para a reposição do desgaste da máquina de fiar. Isso resultaria apenas em que X, além de sua produção, do produto dela e da venda deste, mantém *in petto* 200 libras esterlinas para pagar a si mesmo pela perda de valor da máquina de fiar, isto é, que ele, além da perda de valor de sua máquina de fiar de 200 libras esterlinas, deveria adicionar anualmente ainda outras 200 libras esterlinas em dinheiro de seu bolso para finalmente estar em condições de comprar nova máquina de fiar.

Mas o absurdo é apenas aparente. A classe II consiste em capitalistas cujo capital fixo se encontra nos mais diversos estágios de sua reprodução. Para uns chegou o momento em que ele tem de ser reposto inteiramente *in natura*. Para outros ele se encontra mais ou menos distante desse estágio; todos os membros desse último setor têm em comum que seu capital fixo não é efetivamente reproduzido, isto é, não é renovado *in natura* ou reposto por novo exemplar da mesma espécie, mas que seu valor é sucessivamente acumulado em dinheiro. O primeiro setor encontra-se totalmente (ou em parte, o que é aqui indiferente) na mesma situação que quando iniciou seus negócios, quando se apresentou no mercado com um capital monetário para transformá-lo, por um lado, em capital constante (fixo e circulante) e, por outro, no entanto, em força de trabalho, em capital variável. Como antes, ele tem agora de adiantar novamente à circulação esse capital monetário, por conseguinte tanto o valor do capital constante fixo como o do capital circulante e o do variável.

Portanto, se se pressupõe que, das 400 libras esterlinas que a classe capitalista II lança na circulação para a transação com I, metade vem daqueles capitalistas de II, que precisam renovar *in natura* não apenas seus meios de produção pertencentes ao capital circulante, por meio de suas mercadorias, mas também seu capital fixo, mediante seu dinheiro, enquanto metade dos capitalistas II, com seu dinheiro, repõe *in natura* apenas a parte circulante de seu capital constante, sem renovar *in natura* seu capital fixo, não é nada contraditório que as 400 libras esterlinas que retornam (que retornam tão logo I compre com elas meios de consumo) dividam-se diferentemente entre esses dois setores de II. Elas retornam à classe II, mas não retornam às mesmas mãos; distribuem-se antes diferentemente no âmbito dessa classe, passam de um setor da mesma para outro.

Um setor de II converteu, além da parte dos meios de produção finalmente cobertos por suas mercadorias, 200 libras esterlinas em dinheiro em elementos novos *in natura* do capital fixo. Seu dinheiro assim despendido – como no começo do negócio – lhe retorna da circulação apenas sucessivamente, numa série de anos, como elemento de depreciação no valor das mercadorias a serem produzidas com esse capital fixo.

O outro setor de II, ao contrário, não adquiriu pelas 200 libras esterlinas nenhuma mercadoria de I, mas este lhe paga com o dinheiro com que o primeiro setor de II comprou elementos do capital fixo. Um setor de II volta a possuir seu valor-capital fixo em forma natural renovada, enquanto o outro ainda está ocupado em acumulá-lo em forma-dinheiro para posterior reposição *in natura* de seu capital fixo.

A situação da qual temos de partir agora, após as transações anteriores, é o restante das mercadorias a serem transacionadas por ambos os lados: em I – 400_{mv}, em II – 400_c.[52] Suponhamos que II adiante 400 em dinheiro para a troca dessas mercadorias no montante de 800. Metade dos 400 (= 200) precisa ser despendida de qualquer modo pelo setor de II_c que acumulou 200 em dinheiro como valor da depreciação e que tem de retransformá-lo agora na forma natural de seu capital fixo.

Do mesmo modo que o valor-capital constante, o valor-capital variável e a mais-valia – nos quais o valor do capital-mercadoria tanto de II como de I é decomponível – podem ser representados por cotas proporcionais específicas das mercadorias de II, ou, se for o caso, de I, assim também, dentro do próprio valor-capital constante, o elemento de valor deste que ainda não deve ser convertido na forma natural do capital fixo, mas por enquanto tem de ser progressivamente entesourado em forma-dinheiro. Determinado *quantum* de mercadorias II (em nosso caso, portanto, metade do resto = 200) é agora apenas portador desse valor da depreciação, o qual, mediante a troca, tem de depositar-se em dinheiro.

(O primeiro setor dos capitalistas II, que renova o capital fixo *in natura*, já pode ter realizado assim – com a parte correspondente à depreciação da massa de mercadorias da qual aqui apenas figura o resto – parte de seu valor da depreciação; mas ainda ficam 200 em dinheiro para ele realizar.)

No que tange agora à segunda metade (= 200) das 400 libras esterlinas lançadas na circulação por II, nessa operação restante, ela compra de I elementos circulantes do capital constante. Parte dessas 200 libras esterlinas pode ser lançada na circulação por ambos os setores de II ou apenas por aquele que não renova *in natura* o elemento de valor fixo.

Com as 400 libras esterlinas são assim extraídas de I: 1) mercadorias no montante de 200 libras esterlinas, que consistem apenas em elementos do capital fixo, e 2) mercadorias no montante de 200 libras esterlinas, que apenas repõem os elementos naturais da parte circulante do capital constante de II. I vendeu então todo o seu produto-mercadoria anual, na medida em que este deve ser vendido a II; o valor de um quinto desse produto, 400 libras esterlinas, existe agora em suas mãos em forma-dinheiro. Esse dinheiro, porém, é mais-valia convertida em moeda corrente, a qual tem de ser despendida como *revenue* em meios de consumo. I compra, portanto, com as 400, todo o valor-mercadoria de II = 400. O dinheiro retorna, pois, a II, ao escoar as mercadorias deste.

Queremos supor agora três casos: neles chamamos o setor dos capitalistas II, que repõe *in natura* o capital fixo, de "setor 1", e aquele que acumula o valor da depreciação do capital fixo em forma-dinheiro, de "setor 2". Os três casos são os seguintes: a) das 400 ainda existentes como resto em mercadorias em II, um *quotum* tem de repor para os setores 1 e 2 (digamos, metade para cada um) certa cota de partes circulantes do capital constante; b) o setor 1 já vendeu toda a sua mercadoria, portanto o setor 2 tem ainda 400 para vender; c) o setor 2 vendeu tudo, com exceção dos 200 que representam o valor da depreciação.

Obtemos assim as seguintes partições:

a) do valor-mercadoria = 400_c que II ainda tem em mãos, o setor 1 possui 100 e o setor 2, 300; desses 300, 200 representam a depreciação. Nesse caso, das 400 libras esterlinas em dinheiro que I devolve agora, para obter as mercadorias de II, o setor 1 gastou originalmente 300, a saber, 200 em dinheiro, pelos quais retirou de I elementos do capital fixo *in natura*, e 100 em dinheiro, para mediar seu intercâmbio de mercadoria com I; o setor 2, por seu lado, adiantou somente ¼ dos 400, portanto 100, igualmente para mediar sua troca de mercadoria com I.

Dos 400 em dinheiro o setor 1 adiantou, portanto, 300, e o setor 2, 100. Mas desses 400 retornam:

Ao setor 1: 100, portanto apenas ⅓ do dinheiro por ele adiantado. Ele possui, porém, no lugar dos outros ⅔, capital fixo renovado no valor de 200.

Por esse elemento do capital fixo no valor de 200, ele deu dinheiro a I, mas nenhuma mercadoria. Com referência a ele, confronta I apenas como comprador, e não como vendedor subsequentemente. Esse dinheiro não pode, portanto, refluir ao setor 1; senão ele teria recebido os elementos fixos de capital de graça de I. – Com relação ao último terço do dinheiro por ele adiantado, o setor 1 apresentou-se primeiro como comprador de elementos circulantes de seu capital constante. Com o mesmo dinheiro, I compra dele o resto de sua mercadoria no valor de 100. O dinheiro reflui, portanto, para ele (setor 1 de II), porque se apresenta como vendedor de mercadorias, imediatamente após se haver apresentado como comprador. Se não refluísse, II (setor 1) teria dado a I, por mercadorias no montante de 100, primeiro, 100 em dinheiro, e então ainda por cima 100 em mercadorias; teria portanto lhe dado sua mercadoria de graça.

Para o setor 2, entretanto, que gastou 100 em dinheiro, refluem 300 em dinheiro; 100 porque, primeiro como comprador, lançou na circulação 100 em dinheiro, recuperando-os como vendedor; 200 porque funciona apenas como vendedor de mercadorias no montante de valor de 200, mas não como comprador. O dinheiro não pode, pois, refluir para I. A depreciação do capital fixo é, portanto, saldada pelo dinheiro que II (setor 1) lançou na circulação na compra de elementos do capital fixo; mas chega às mãos do setor 2 não como dinheiro do setor 1, e sim como dinheiro pertencente à classe I.

b) Sob essa pressuposição, o resto de II_c se distribui de tal modo que o setor 1 possui 200 em dinheiro e o setor 2 possui 400 em mercadorias.

O setor 1 vendeu todas as suas mercadorias, mas 200 em dinheiro são a forma transmutada do componente fixo de seu capital constante, o qual ele tem de renovar *in natura*. Ele se apresenta aqui, portanto, apenas como comprador e recebe, em troca de seu dinheiro, mercadoria I, em elementos naturais do capital fixo, do mesmo montante de valor. O setor 2 tem no máximo (se, para a troca de mercadorias entre I e II, I não adianta dinheiro) somente 200 libras esterlinas para lançar na circulação, pois, para metade de seu valor-mercadoria, ele só é vendedor para I, e não comprador de I.

Retornam-lhe da circulação 400 libras esterlinas; 200 porque as adiantou como comprador e as recupera como vendedor de 200 em mercadoria; 200 porque vende a I mercadoria no valor de 200, sem em troca retirar de novo de I um equivalente em mercadoria.

c) O setor 1 possui 200 em dinheiro e 200_c em mercadoria; o setor 2, 200_c (*d*) em mercadoria.

O setor 2, sob esse pressuposto, nada tem para adiantar em dinheiro, uma vez que, em face de I, ele já não funciona ao todo como comprador, mas apenas como vendedor, portanto tem de esperar até que lhe comprem.

O setor 1 adianta 400 libras esterlinas em dinheiro, 200 para a conversão recíproca de mercadorias com I, 200 como mero comprador de I. Com essas últimas 200 libras esterlinas em dinheiro ele compra os elementos de capital fixos.

Com 200 libras esterlinas em dinheiro, I compra mercadoria no valor de 200 do setor 1, ao qual refluem assim suas 200 libras esterlinas em dinheiro adiantadas para essa transação de mercadorias; e com as outras 200 libras esterlinas – que I também recebeu do setor 1 – ele compra mercadorias por 200 ao setor 2, para o qual se deposita, assim, em dinheiro, sua depreciação do capital fixo.

A coisa não se altera de modo algum se admitirmos que no caso c) a classe I, e não II (setor 1), adianta os 200 em dinheiro para a conversão das mercadorias existentes. Se I então compra primeiro mercadorias por 200 de II, setor 2 – pressupondo-se que este só tenha esse resto de mercadorias para vender –, as 200 libras esterlinas não retornam a I, pois II, setor 2, não volta a se apresentar como comprador; mas II, setor 1, tem então 200 libras esterlinas em dinheiro para comprar e, idem, ainda 200 em mercadorias para converter, portanto ao todo 400 para trocar com I. 200 libras esterlinas em dinheiro retornam então de II, setor 1, a I. Se I novamente as gasta para comprar mercadorias por 200 de II, setor 1, os 200 voltam a ele tão logo II, setor 1, adquira a segunda metade dos 400 em mercadorias de I. O setor 1 (II) desembolsou 200 libras esterlinas em dinheiro como mero comprador de elementos do capital fixo; esse dinheiro, por isso, não retorna a ele, mas serve para converter em moeda corrente o restante de mercadorias 200_c de II, setor 2, enquanto reflui para I o dinheiro gasto para a conversão de mercadorias, 200 libras esterlinas, não via II, setor 2, mas via II, setor 1. Por sua mercadoria no valor de 400 retornou-lhe um equivalente em mercadorias no montante de 400; as 200 libras esterlinas em dinheiro adiantadas para a transação das 800 em mercadorias voltaram, idem, a ele – e assim está tudo em ordem.

A dificuldade que surgiu na transação

$$\begin{array}{ll} \text{I.} & \underbrace{1\,000_v + 1\,000_{mv}} \\ \text{II.} & \quad 2\,000_c \end{array}$$

foi reduzida à dificuldade que aparece na transação dos restantes:

I. 400_{mv}

II. (1) 200 em dinheiro + 200_c em mercadoria + (2) 200_c em mercadoria

ou, para tornar a coisa ainda mais clara,

(setor 2), portanto 180 II_c (2); ficam invendáveis, de um lado, 20 I_{mv} e, do mesmo modo, 20 II_c (2), do outro; mercadorias, no valor de 40, inconversíveis em dinheiro.

De nada serviria fazer o resto $\mathrm{I} = 180$; certamente, não haveria então nenhum excedente em I, mas, depois como antes, um excedente de 20 em II_c (setor 2) ficaria invendável, inconversível em dinheiro.

No primeiro caso, em que II (1) é maior do que II (2), fica pelo lado de II_c (1) um excedente em dinheiro que não pode ser reconvertido em capital fixo, ou, quando se faz $\mathrm{I}_{mv} = \mathrm{II}_c$ (1), aparece o mesmo excedente em dinheiro pelo lado de I_{mv}, não conversível em meios de consumo.

No segundo caso, em que II_c (1) é menor do que II_c (2), fica um déficit em dinheiro pelo lado de 200 I_{mv} e II_c (2) e um excedente igual em mercadorias em ambos os lados ou, quando se faz o resto $\mathrm{I}_{mv} = \mathrm{II}_c$ (1), fica um déficit em dinheiro e um excedente em mercadorias pelo lado de II_c (2).

Se fizermos os restos I_{mv} sempre iguais a II_c (1) – uma vez que as encomendas determinam a produção e em nada altera a reprodução o fato de que, neste ano, I produz mais componentes fixos de capital e, no seguinte, mais componentes circulantes de capital do capital constante II –, então, no primeiro caso, I_{mv} seria retransformável em meios de consumo apenas se I comprasse com ele uma parte da mais-valia de II, se esta, portanto, em vez de ser consumida, fosse acumulada em dinheiro por II; no segundo caso, o único remédio seria I mesmo gastar o dinheiro, portanto a hipótese que rejeitamos.

Se II_c (1) for maior do que II_c (2), será necessário importar mercadorias estrangeiras para que se realize o excedente em dinheiro em I_{mv}. Se II_c (1) for menor do que II_c (2), terá de se fazer o contrário: exportar mercadorias II (meios de consumo) para a realização da parte de depreciação II_c em meios de produção. Em ambos os casos, pois, é necessário o comércio exterior.

Se se supõe que, no estudo da reprodução em escala constante, se deva admitir que a produtividade de todos os ramos industriais e, portanto, que também as relações proporcionais de valor entre seus produtos-mercadorias permaneçam constantes, os dois casos mencionados por último, em que II_c (1) é maior ou menor do que II_c (2), seriam sempre interessantes para a produção em escala ampliada, onde fatalmente podem ocorrer.

3. Resultados

Com relação à reposição do capital fixo, é de se observar em geral:

Se – supostas as demais circunstâncias, isto é, não apenas a escala de produção, mas sobretudo a produtividade do trabalho, constantes – parte do elemento fixo de II_c maior que a do ano anterior morre, portanto também parte maior tem de ser renovada *in natura*, então a parte do capital fixo que ainda está a caminho da morte, e até o prazo de sua morte tem de ser reposta temporariamente em dinheiro, tem de diminuir na mesma proporção, visto que, segundo o pressuposto, a soma (também a soma de valor) da parte fixa do capital que funciona em II permanece constante. Mas isso leva consigo as seguintes circunstâncias. *Primeiro*: se a maior parte do capital-mercadoria I consiste em elementos do capital fixo de II_c, então uma parte proporcionalmente menor consiste em elementos circulantes de II_c, pois a produção total de I para II_c permanece inalterada. Se uma parte da mesma cresce, então a outra diminui, e vice-versa. Por outro lado, porém, a produção total da classe II continua com a mesma grandeza. Mas como é isso possível, com redução de suas matérias-primas, produtos semiacabados, materiais auxiliares (isto é, os elementos circulantes do capital II)? *Segundo*: grande parte do capital fixo II_c, restabelecida sob a forma-dinheiro, flui para I, a fim de ser retransformada de forma-dinheiro em forma natural. Flui, pois, mais dinheiro para I, além do dinheiro que circula entre I e II para a mera conversão das mercadorias; mais dinheiro que não medeia a conversão recíproca de mercadorias, mas que se apresenta apenas unilateralmente na função de meio de compra. Ao mesmo tempo, porém, a massa de mercadorias de II_c, que é portadora da reposição de valor da depreciação, teria proporcionalmente diminuído, portanto a massa de mercadorias II que tem de ser trocada não por mercadorias de I, mas somente por dinheiro de I. Mais dinheiro teria afluído de II para I como mero meio de compra, e haveria menos mercadoria de II, o qual, em face de I, teria de funcionar como mero comprador. Uma parte maior de I_{mv} – pois I_v já foi convertido em mercadoria II – não seria conversível em mercadoria II, mas persistiria em forma-dinheiro.

O caso inverso, no qual em um ano a reprodução dos casos de morte do capital fixo II é menor, sendo maior, portanto, a parte da depreciação, não mais precisa, depois disso, ser percorrido.

E assim haveria crise – crise de produção – apesar da reprodução em escala constante.

Numa palavra: se, com reprodução simples e circunstâncias constantes – portanto, a saber, força produtiva, grandeza total e intensidade do trabalho constantes –, não se pressupõe uma proporção constante entre o capital fixo que morre (a ser renovado) e o que continua a atuar em sua antiga forma natural (que meramente agrega aos produtos valor destinado a repor seu desgaste), então, num caso, a massa dos elementos circulantes a serem reproduzidos permaneceria a mesma, mas a massa dos elementos fixos a serem reproduzidos teria crescido; por conseguinte, a produção total I teria de crescer, ou haveria, mesmo abstraindo as relações monetárias, déficit de reprodução.

No outro caso: se a grandeza proporcional do capital fixo II a ser reproduzido *in natura* diminuir, portanto aumentando na mesma proporção o elemento do capital fixo II que meramente deve ser reposto em dinheiro, a massa dos elementos circulantes do capital constante II, reproduzidos por I, permaneceria inalterada enquanto, ao contrário, a dos elementos fixos a serem reproduzidos diminuiria. Portanto, ou há diminuição da produção total de I, ou então há excedente (como antes havia déficit), e excedente inconversível em moeda corrente.

O mesmo trabalho pode, sem dúvida, no primeiro caso, com aumento da produtividade, extensão ou intensidade, fornecer um produto maior e, assim, o déficit poderia ser coberto; mas tal mudança não se poderia efetuar sem deslocamento de trabalho e capital de um ramo da produção de I para outro, e cada um desses deslocamentos provocaria perturbações momentâneas. Além disso, porém (desde que aumentem a extensão e a intensidade do trabalho), I teria de trocar com II mais valor por menos, ocorrendo, portanto, uma depreciação do produto de I.

O contrário ocorre no segundo caso, em que I tem de contrair sua produção, o que significa crise para os trabalhadores e capitalistas aí ocupados, ou fornecer um excedente, o que também significa crise. Em si e para si, tais excedentes não são um mal, porém uma vantagem; constituem, no entanto, um mal na produção capitalista.

O comércio externo poderia ajudar em ambos os casos, no primeiro caso a converter a mercadoria I, retida em forma-dinheiro, em meios de consumo, no segundo caso a vender o excedente em mercadoria. Mas o comércio exterior, à medida que não repõe meramente elementos (também quanto a seu valor), apenas transfere as contradições a uma esfera mais ampla, abrindo-lhes um campo de ação maior.

Uma vez eliminada a forma capitalista da reprodução, o problema se reduz ao fato de que a grandeza da parte do capital fixo que se extingue e tem de ser reposta *in natura* (aqui, o que funciona na produção dos meios de consumo) muda em vários anos sucessivos. Se num ano é muito grande (acima da mortalidade média, como nos seres humanos), será certamente no seguinte tanto menor. A massa de matérias-primas, produtos semiacabados e materiais auxiliares necessária para a produção anual dos meios de consumo – com as demais circunstâncias constantes – não diminui por isso; a produção total dos meios de produção teria de aumentar, num caso, e de diminuir, no outro. Só se pode remediar isso mediante contínua superprodução relativa; por um lado, certo *quantum* de capital fixo que é produzido além do diretamente necessário; por outro lado, a saber, reserva de matéria-prima etc., que supera as necessidades anuais imediatas (isso vale especialmente para meios de subsistência). Essa espécie de superprodução equivale ao controle da sociedade sobre os meios objetivos de sua própria reprodução. Dentro da sociedade capitalista, porém, ela constitui um elemento de anarquia.

Esse exemplo do capital fixo – com escala constante de reprodução – é contundente. Desproporção na produção do capital fixo e circulante é um dos motivos prediletos dos economistas para explicar as crises. É algo novo para eles que tal desproporção possa e tenha de surgir com mera *conservação* do capital fixo ou que possa e tenha de surgir pressupondo-se uma produção normal ideal, com reprodução simples do capital social já em funcionamento.

XII. A REPRODUÇÃO DO MATERIAL MONETÁRIO

Um momento até agora foi inteiramente deixado de lado, a saber, a produção anual de ouro e prata. Como mero material para artigos de luxo, douramento etc., caberia tão pouco mencioná-los aqui, especialmente, como quaisquer outros produtos. Entretanto, desempenham papel importante como material monetário e, portanto, como dinheiro *potentialiter* [potencial]. Como material monetário, para simplificar, consideramos aqui apenas o ouro.

A produção anual total de ouro importava, segundo dados antigos, em 800 000–900 000 libras = cerca de 1 100 ou 1 250 bilhão de marcos. Segundo Soetbeer,[53] porém, montava apenas a 170 675 quilos no valor de aproximadamente 476 milhões de marcos na média dos anos 1871–75. Forneceram desse montante: Austrália 167 milhões de marcos arredondados, Estados Unidos 166, Rússia 93. O resto se distribui entre diversos países em montantes de menos de 10 milhões de marcos cada um. A produção anual de prata, durante o mesmo período, foi um pouco abaixo de 2 milhões de quilos no valor de 354½ milhões de marcos, dos quais, em números redondos, o México forneceu 108 milhões, os Estados Unidos 102, a América do Sul 67, a Alemanha 26 etc.

Dos países em que predomina a produção capitalista, apenas os Estados Unidos são produtores de ouro e de prata; os países capitalistas europeus recebem quase todo o seu ouro e a maior parte de sua prata da Austrália, dos Estados Unidos, do México, da América do Sul e da Rússia.

Deslocamos, entretanto, as minas de ouro ao país de produção capitalista cuja reprodução anual estamos aqui analisando, e justamente pela seguinte razão:

Não existe produção capitalista sem comércio exterior. Mas, quando se supõe a reprodução anual normal em dada escala, supõe-se também que o comércio exterior apenas substitui artigos locais por artigos diferentes na forma útil ou natural, sem afetar as relações do valor, portanto nem as relações de valor em que as duas categorias, meios de produção e meios de consumo, se convertem mutuamente e tampouco as proporções entre capital constante, capital variável e mais-valia, em que o valor do produto de cada uma dessas categorias é decomponível. A inclusão do comércio exterior na análise do valor-produto anualmente reproduzido só pode, portanto, confundir, sem proporcionar nenhum momento novo, seja do problema, seja de sua solução. Por isso, deve-se abstraí-lo inteiramente; portanto, aqui, também o ouro há de ser tratado como elemento direto da reprodução anual, e não como elemento mercantil introduzido de fora, por meio de intercâmbio.

A produção de ouro, bem como a produção de metais em geral, pertence à classe I, à categoria que abrange a produção de meios de produção. Queremos supor que a produção anual de ouro seja = 30 (por razões de comodidade, pois, na realidade, é muito elevada em relação às outras cifras de nosso esquema); que esse valor seja decomponível em $20_c + 5_v + 5_{mv}$; 20_c têm de ser intercambiados por outros elementos de I_c, o que se deverá considerar mais tarde;[I] mas $5_v + 5_{mv}$ (I) têm de ser trocados por elementos de II_c, isto é, por meios de consumo.

Quanto aos 5_v, toda empresa produtora de ouro começa comprando força de trabalho; não com o ouro que ela mesma produziu, mas com um *quotum* do dinheiro em reserva no país. Os trabalhadores adquirem com esses 5_v meios de consumo de II, que compra, com esse dinheiro, meios de produção de I. Digamos que II compre de I ouro por 2, como material mercantil etc. (componentes de seu capital constante), então 2_v refluem para os produtores de ouro de I em dinheiro, que anteriormente já pertencia à circulação. Caso II não compre de I nenhum outro material, então I compra de II lançando seu ouro como dinheiro na circulação, pois o ouro pode comprar qualquer mercadoria. A diferença é apenas que I não se apresenta aqui como vendedor, mas exclusivamente como comprador. Os mineradores de ouro de I sempre podem escoar sua mercadoria, pois esta se encontra sempre em forma diretamente intercambiável.

Suponhamos que um fiandeiro tenha pago 5_v a seus trabalhadores e estes lhe forneçam em troca – abstraindo a mais-valia – um produto em fios no valor de 5; os trabalhadores compram por 5 de II_c, este compra fio por 5 em dinheiro de I, e assim 5_v reflui em dinheiro ao fiandeiro. No caso suposto acima, ao contrário, I_o (como queremos designar os produtores de ouro) adianta a seus trabalhadores 5_v em dinheiro, que já pertencia anteriormente à circulação; estes gastam o dinheiro em meios de subsistência; mas, dos 5, apenas 2 retornam de II para I_o. Entretanto, I_o pode

---

I Ver, neste volume, p. 454, nota 55 (p. 510). [N. E. B.]

começar de novo o processo de reprodução tão bem quanto o fiandeiro; pois seus trabalhadores lhe forneceram 5 em ouro, dos quais vendeu 2 e tem ainda 3, de modo que ele só precisa amoedá-los[54] ou transformá-los em cédulas bancárias para que diretamente, sem mais mediação de II, todo o seu capital variável volte a encontrar-se em suas mãos em forma-dinheiro.

Mas já nesse primeiro processo da reprodução anual houve uma mudança no volume[I] da massa de dinheiro que pertence real ou virtualmente à circulação. Supusemos que II_c comprou 2_v (I_o) como material e que I_o voltou a despender 3, dentro de II, como forma-dinheiro do capital variável. Assim, da massa de dinheiro fornecida pela nova produção de ouro, 3 ficaram dentro de II e não refluíram para I. Segundo o pressuposto, II satisfez suas necessidades de material de ouro. Os 3 permanecem como tesouro em suas mãos. Visto que não podem constituir elementos de seu capital constante e que, além disso, II já tinha antes capital monetário suficiente para a compra de força de trabalho; que, além disso, com exceção do elemento da depreciação, esses 3*o* adicionais não têm nenhuma função a exercer dentro de II_c, por parte do qual foram trocados (somente poderiam servir para cobrir *pro tanto* o elemento de depreciação se II_c (1) for menor do que II_c (2), o que é casual); e que, por outro lado, justamente com exceção do elemento de depreciação, todo o produto-mercadoria II_c tem de ser trocado por meios de produção $\text{I}_{(v+mv)}$, – então esse dinheiro tem de ser transferido por inteiro de II_c para II_{mv}, quer exista em meios de subsistência necessários, quer em artigos de luxo, e em troca um valor-mercadoria correspondente tem de ser transferido de II_{mv} para II_c. Resultado: parte da mais-valia se acumula como tesouro de dinheiro.

No segundo ano de reprodução, se a mesma proporção do ouro produzido anualmente continua sendo utilizada como material, refluirão novamente 2 para I_o e 3 serão repostos *in natura*, isto é, serão novamente liberados em II como tesouro etc.

Com relação ao capital variável em geral: o capitalista I_o, como qualquer outro, tem de adiantar continuamente esse capital em dinheiro para comprar trabalho. Com relação a esse *v*, não é ele, mas seus trabalhadores que têm de comprar de II; assim, jamais pode suceder o caso em que ele se apresente como comprador, lançando ouro em II sem a iniciativa deste. Mas, na medida em que II compra material dele, precisando converter em ouro seu capital constante II_c, lhe reflui parte de $(\text{I}_o)_v$ de II do mesmo modo que aos outros capitalistas de I; e, se esse não for o caso, ele repõe seu *v* em ouro diretamente a partir de seu produto. Na proporção, porém, em que o *v* que adiantou em dinheiro não reflui para ele, a partir de II, parte

---

I No original: "mudança na massa de dinheiro". Entendemos que a primeira menção de "massa" tem o sentido de "volume". [N. T.]

despender *revenue*, ela retira o mesmo dinheiro da circulação e, portanto, pode iniciar o mesmo processo sempre de novo; que ela, considerada como classe capitalista, continua, depois como antes, na posse dessa soma de dinheiro necessária à conversão da mais-valia em moeda corrente. Por conseguinte, se o capitalista não apenas retira do mercado de mercadorias a mais-valia em forma de mercadoria destinada a seu fundo de consumo, mas ao mesmo tempo reflui para ele o dinheiro com que compra essas mercadorias, é evidente que ele retirou as mercadorias sem equivalente da circulação. Elas nada lhe custam, embora as pague com dinheiro. Se compro mercadorias com uma libra esterlina e o vendedor me devolve a libra em troca do mais-produto que nada me custou, é evidente que recebi as mercadorias gratuitamente. A repetição constante dessa operação em nada altera o fato de que retiro constantemente mercadorias e fico constantemente de posse da libra, embora me desfaça dela temporariamente para adquirir as mercadorias. O capitalista recupera constantemente esse dinheiro como conversão em moeda corrente da mais-valia que nada lhe custou.

Vimos que em Adam Smith o valor-produto social total se dissolve em *revenue*, em $v + mv$, que, portanto, o valor-capital constante é tomado como igual a zero. Segue daí necessariamente que o dinheiro exigido para a circulação da *revenue* anual é também suficiente para a circulação de todo o produto anual; que, portanto, em nosso caso, o dinheiro necessário para a circulação dos meios de consumo no valor de 3000 basta para a circulação de todo o produto anual de 9000. Essa é, de fato, a opinião de Adam Smith, e é repetida por Th. Tooke. Essa falsa concepção da relação entre a massa de dinheiro exigida para a conversão da *revenue* em moeda corrente e a massa de dinheiro que circula todo o produto social é um resultado necessário do modo não compreendido, e irrefletidamente exposto, de como se reproduzem e anualmente repõem os diversos elementos materiais e o valor do produto total anual. Ela já está, portanto, refutada.

Ouçamos os próprios Smith e Tooke.

Smith diz, Livro 2, cap. 2:

> "A circulação de cada país pode ser dividida em duas partes: a circulação entre os comerciantes e a circulação entre comerciantes e consumidores. Embora as mesmas peças monetárias, de papel ou metal, possam ser empregadas ora numa, ora noutra circulação, ambas se efetuam constantemente ao mesmo tempo, uma ao lado da outra, e cada uma delas requer determinada massa de dinheiro desta ou daquela espécie para manter-se em movimento. O valor das mercadorias circuladas entre os diferentes comerciantes jamais pode exceder o valor das mercadorias circuladas entre

> os comerciantes e os consumidores; pois o que quer que os comerciantes comprem tem de ser finalmente vendido aos consumidores. Como a circulação entre os comerciantes se dá por atacado, ela exige geralmente uma soma bastante grande para cada transação particular. A circulação entre comerciantes e consumidores, ao contrário, efetua-se em geral a varejo e frequentemente só exige quantias de dinheiro muito pequenas; um xelim ou mesmo meio pêni às vezes basta. Mas somas pequenas circulam bem mais depressa do que grandes. [...] Embora as compras anuais de todos os consumidores sejam pelo menos" {este "pelo menos" é ótimo!} "iguais em valor às de todos os comerciantes, elas podem ser liquidadas, em regra, com uma massa de dinheiro bem menor" etc.

Sobre essa passagem de Adam observa Th. Tooke (*An Inquiry into the Currency Principle.* London, 1844, pp. 34-36 *passim*):

> Não podem restar dúvidas de que a distinção aí estabelecida é substancialmente correta. [...] O intercâmbio entre comerciantes e consumidores inclui também o pagamento dos salários, que constituem a receita principal (*the principal means*) dos consumidores. [...] Todas as transações entre comerciantes e comerciantes, isto é, todas as vendas, desde o produtor ou importador, passando por todos os estágios de processos intermediários da manufatura etc., até o varejista ou exportador, são dissolúveis em movimentos de transferência de capital. Transferências de capital não supõem, porém, necessariamente, e na realidade também não trazem consigo, na grande massa de transações, uma cessão efetiva de cédulas bancárias ou moedas - refiro-me a uma cessão material, e não fictícia - no momento da transferência. [...] O montante das transações entre comerciantes e comerciantes deve ser determinado e limitado, em última instância, pelo montante das transações entre comerciantes e consumidores.

Se a última frase estivesse isolada, poder-se-ia pensar que Tooke meramente constatou a distância de uma relação entre as transações entre comerciante e comerciante e as entre comerciante e consumidor, em outras palavras, entre o valor da *revenue* total anual e o valor do capital com que é produzida. Mas esse não é o caso. Ele se pronuncia expressamente a favor da concepção de Adam Smith. Uma crítica específica de sua teoria da circulação é, portanto, supérflua.

2) Cada capital industrial lança em seu início dinheiro de uma vez na circulação por todo o seu componente fixo, dinheiro que só recupera gradualmente, numa série de anos, mediante a venda de seu produto anual. Lança, portanto, inicialmente, mais dinheiro na circulação do que dela retira. Isso se repete sempre que se renova *in natura* todo o capital;

No sistema escravagista, o capital monetário despendido na compra da força de trabalho desempenha o papel da forma-dinheiro do capital fixo, que se repõe apenas gradualmente depois de terminar o período de vida ativa do escravo. Os atenienses consideravam o ganho que um senhor de escravos obtinha diretamente, pela utilização industrial de seu escravo, ou indiretamente, alugando-o a outros empregadores industriais (por exemplo, para trabalhar nas minas), apenas como juros (mais amortização) do capital monetário adiantado, do mesmo modo que, na produção capitalista, o capitalista industrial põe uma porção da mais-valia mais a depreciação do capital fixo na conta dos juros e reposição de seu capital fixo, como isso também é regra para os capitalistas que alugam capital fixo (casas, máquinas etc.). Meros escravos domésticos, que prestam serviços necessários ou servem apenas à ostentação de luxo, não entram aqui em consideração, eles correspondem à nossa classe serviçal. Mas também o sistema escravagista – na medida em que é a forma dominante do trabalho produtivo na agricultura, manufatura, navegação etc., como nos Estados desenvolvidos da Grécia e em Roma – mantém um elemento da economia natural. O próprio mercado de escravos recebe constantemente oferta de sua mercadoria força de trabalho por meio de guerras, piratarias etc., e esse roubo, por sua parte, não é mediado por um processo de circulação, mas constitui apropriação *in natura* de força de trabalho alheia por meio da coerção física direta. Mesmo nos Estados Unidos, após a região intermediária entre os estados de trabalho assalariado do Norte e os estados escravocratas do Sul ter sido transformada numa área de criação de escravos para o Sul, onde, portanto, o próprio escravo lançado ao mercado de escravos tornou-se um elemento da reprodução anual, isso não foi suficiente por muito tempo, e o tráfico de escravos africanos continuou pelo maior tempo possível, a fim de manter o mercado abastecido.

b) O fluxo e o refluxo do dinheiro que, sobre a base da produção capitalista, se desenvolvem naturalmente na conversão do produto anual; os adiantamentos de capitais fixos feitos de uma vez, em toda a extensão de seu valor, e a retirada de seu valor da circulação, que se dá sucessivamente, por períodos de anos, portanto sua reconstituição gradual em forma-dinheiro mediante entesouramento anual, um entesouramento que em sua essência é totalmente diferente do que ocorre em paralelo, baseado na nova produção anual de ouro; os diferentes prazos em que, conforme a duração dos períodos de produção das mercadorias, dinheiro tem de ser adiantado e, por conseguinte, devendo também já anteriormente ser entesourado sempre de novo antes de poder ser retirado da circulação mediante a venda das mercadorias; a diferente duração do período de adiantamento, que já resulta do distanciamento diferente entre o local de produção e o mercado de escoamento; do mesmo modo, a diversidade da grandeza e do período do refluxo conforme a situação, ou seja, a grandeza relativa dos estoques de produção nos diferentes negócios e dos diversos capitalistas individuais do mesmo ramo de negócios, portanto os prazos de compra dos elemento do capital constante – tudo isso durante o ano de reprodução: todos esses diversos momentos do movimento naturalmente desenvolvido só precisam ter-se tornado, pela experiência, perceptíveis e ostensivos para impulsionar metodicamente tanto os expedientes mecânicos do sistema de crédito como também a captação efetiva dos capitais existentes suscetíveis de serem emprestados.

Acresce a isso, ainda, a diferença entre os negócios cuja produção, sob condições normais, se dá continuamente na mesma escala e aqueles que, em diferentes períodos do ano, empregam volumes diversos de força de trabalho, como a agricultura.

XIII. A TEORIA DA REPRODUÇÃO DE DESTUTT DE TRACY[56]

Como exemplo da irreflexão confusa e, ao mesmo tempo, presunçosa dos economistas políticos no exame da reprodução social, sirva o grande lógico Destutt de Tracy (cf. Livro 1, nota 30),[I] que mesmo Ricardo levava a sério, chamando-o *a very distinguished writer* [um escritor muito notável] (*Principles*, p. 333).

Esse notável escritor dá as seguintes explicações sobre o processo social de reprodução e de circulação como um todo:

> Perguntar-me-ão como esses empresários industriais conseguem lucros tão grandes e de quem podem tirá-los. Respondo que o fazem ao vender tudo o que produzem mais caro do que lhes custou para o produzir; e que o vendem,
>
> 1) uns aos outros, para toda a parte de seu consumo destinada a satisfazer a suas necessidades, pagando com parte de seus lucros;
>
> 2) aos empregados, tanto aos que eles pagam salários quanto aos que são pagos por capitalistas ociosos; por essa via eles obtêm de volta de tais empregados todo o salário, com exceção talvez das pequenas economias deles;
>
> 3) aos capitalistas ociosos, que lhes pagam com a parte de sua *revenue* que não entregaram aos trabalhadores assalariados que empregam diretamente; desse modo, toda a renda que lhes pagam anualmente reflui para eles por uma ou outra dessas vias. (Destutt de Tracy, *Traité de la volonté et de ses effets*. Paris, 1826, p. 239)

I K. Marx, *O capital*, Livro 1, op. cit., p. 195, nota 30 (pp. 702–03). [N. E. B.]

Portanto, os capitalistas têm de enriquecer-se também em sua transação com os trabalhadores, vendendo aos mesmos caro demais. Magnífico!

> "Eles pagam salários [...] e tudo isso reflui para eles mediante as despesas de todas essas pessoas que lhes pagam" {os produtos} "mais caro do que lhes" {aos capitalistas} "custaram em virtude desses salários." (p. 240)

Portanto, os capitalistas pagam aos trabalhadores 100 libras esterlinas em salários e, depois, vendem aos trabalhadores seu próprio produto por 120 libras esterlinas, de modo que não apenas lhes refluem as 100 libras esterlinas, mas ainda ganham 20 libras esterlinas? Isso é impossível. Os trabalhadores só podem pagar com o dinheiro que receberam em forma de salário. Se recebem dos capitalistas 100 libras esterlinas em salários, só podem comprar mercadorias por 100 libras esterlinas, e não por 120 libras esterlinas. Dessa maneira, a coisa não anda. Mas existe ainda outro caminho. Os trabalhadores compram dos capitalistas mercadorias por 100 libras esterlinas, mas só recebem, de fato, mercadorias no valor de 80 libras esterlinas. Eles são, portanto, certamente logrados em 20 libras esterlinas. E o capitalista certamente se enriqueceu de 20 libras esterlinas, porque efetivamente pagou a força de trabalho 20% abaixo de seu valor, ou seja, fez um desconto, de maneira indireta, no montante de 20% no salário nominal.

A classe capitalista conseguiria o mesmo objetivo se, de antemão, pagasse aos trabalhadores apenas 80 libras esterlinas em salários e depois lhes fornecesse, por essas 80 libras esterlinas em dinheiro, efetivamente, um valor-mercadoria de 80 libras esterlinas. Esse parece ser – considerando-se a classe inteira – o caminho normal, pois segundo o próprio Sr. Destutt a classe trabalhadora tem de receber "salário suficiente" (p. 219), já que esse salário pelo menos tem de bastar para manter sua existência e capacidade de trabalho, "para obter a subsistência mais estrita" (p. 180). Se os trabalhadores não receberem esses salários suficientes, isso seria, segundo o mesmo Destutt, "a morte da indústria" (p. 208), não sendo aparentemente, portanto, meio de enriquecimento para os capitalistas. Mas, qualquer que seja o montante dos salários pagos pela classe capitalista à classe trabalhadora, eles têm valor determinado, por exemplo de 80 libras esterlinas. Se, portanto, a classe capitalista paga aos trabalhadores 80 libras esterlinas, ela tem de fornecer-lhes um valor-mercadoria de 80 libras esterlinas por essas 80 libras esterlinas, e o refluxo das 80 libras esterlinas não a enriquece. Se lhes paga em dinheiro 100 libras esterlinas e lhes vende por 100 libras esterlinas um valor-mercadoria de 80 libras esterlinas, então lhes paga em dinheiro 25% mais que seu salário normal e, em compensação, fornece-lhes 25% menos em mercadorias.

Em outras palavras: o fundo de onde a classe capitalista geralmente retira seu lucro seria constituído, por dedução do salário normal, pelo pagamento da força de trabalho abaixo de seu valor, isto é, abaixo do valor dos meios de subsistência que são necessários a sua reprodução normal como trabalhadores assalariados. Por conseguinte, se for pago o salário normal, o que segundo Destutt deve acontecer, não existiria nenhum fundo de lucro, nem para os capitalistas industriais nem para os ociosos.

O Sr. Destutt deveria, portanto, ter reduzido todo o segredo de como se enriquece a classe capitalista ao seguinte: mediante desconto no salário. Os outros fundos da mais-valia, dos quais fala em 1 e em 3, não existiriam então.

Em todos os países, portanto, em que o salário em dinheiro dos trabalhadores está reduzido ao valor dos meios de consumo necessários a sua subsistência como classe, não existiria fundo de consumo nem fundo de acumulação para os capitalistas, portanto tampouco fundo de existência para a classe capitalista, portanto tampouco classe capitalista. E esse seria precisamente o caso, segundo Destutt, em todos os países ricos e desenvolvidos da civilização antiga, pois aí,

> em nossas sociedades de raízes antigas, o fundo a partir do qual se obtêm os salários [...] é uma grandeza quase constante. (p. 202)

Mesmo havendo dedução do salário, o enriquecimento dos capitalistas não provém da circunstância de que primeiro pagam ao trabalhador 100 libras esterlinas em dinheiro e depois lhe fornecem 80 libras esterlinas em mercadorias por essas 100 libras esterlinas em dinheiro – circulam, pois, de fato, 80 libras esterlinas em mercadorias mediante a soma de dinheiro de 100 libras esterlinas, que é 25% maior –, mas da circunstância de que se apropria não apenas da mais-valia – da parte do produto em que a mais-valia se representa –, mas ainda de 25% da parte do produto a qual o trabalhador deveria receber sob a forma de salário. Pelo modo tolo que Destutt percebe a coisa, a classe capitalista não ganharia absolutamente nada. Paga 100 libras esterlinas em salário e devolve ao trabalhador por essas 100 libras esterlinas, de seu próprio produto, um valor-mercadoria de 80 libras esterlinas. Mas, na operação seguinte, ela tem de adiantar de novo 100 libras esterlinas para o mesmo procedimento. Ela apenas se proporciona, portanto, o prazer inútil de adiantar 100 libras esterlinas em dinheiro e fornecer por elas 80 libras esterlinas em mercadorias, em vez de adiantar 80 libras esterlinas em dinheiro e fornecer por elas 80 libras esterlinas em mercadorias. Quer dizer, ela adianta contínua e inutilmente um capital monetário 25% maior que o

Não obstante, o mesmo Destutt é bastante astucioso para observar:

> De onde vêm as *revenues* dessas pessoas ociosas? Não provêm elas da renda que lhes pagam, a partir de seu lucro, aqueles que fazem trabalhar os capitais dos primeiros, isto é, aqueles que com os fundos dos primeiros assalariam trabalho que produz mais do que custa, em uma palavra: os industriais? É a estes, portanto, a quem há de remontar-se sempre para encontrar a fonte de toda riqueza. São eles que, na realidade, alimentam os assalariados que os primeiros empregam. (p. 246)

Portanto, agora o pagamento dessa renda etc. é corte do lucro dos industriais. Antes era meio de eles se enriquecerem.

Mas resta um consolo a nosso Destutt. Esses bravos industriais fazem com os industriais ociosos[I] como fizeram entre si e contra os trabalhadores. Vendem-lhes todas as mercadorias caro demais, por exemplo em 20%. Agora duas coisas são possíveis. Ou os ociosos possuem outros meios monetários, além das 100 libras esterlinas que anualmente recebem dos industriais, ou não os possuem. No primeiro caso, os industriais lhes vendem mercadorias e valores de 100 libras esterlinas pelo preço, digamos, de 120 libras esterlinas. Refluem para eles, portanto, com a venda de suas mercadorias, não apenas as 100 libras esterlinas que eles pagaram aos ociosos, mas ainda 20 libras esterlinas que constituem efetivamente valor novo. Como fica agora a conta? Deram 100 libras esterlinas em mercadorias gratuitamente, pois as 100 libras esterlinas em dinheiro com que foram parcialmente pagas eram seu próprio dinheiro. Sua própria mercadoria foi paga, portanto, com seu próprio dinheiro. Portanto, perda de 100 libras esterlinas. Mas, além disso, receberam 20 libras esterlinas pelo excedente do preço acima do valor. Portanto, ganho de 20 libras esterlinas. Com a perda de 100 libras esterlinas, resulta uma perda de 80 libras esterlinas, o que nunca há de se tornar um excedente, sempre há de permanecer um déficit. A fraude praticada contra os ociosos diminui a perda dos industriais, mas nem por causa disso transformou a perda de riqueza para eles em meio de enriquecimento. Esse método não pode, porém, prosseguir ao longo do tempo, pois é impossível que os ociosos possam pagar anualmente 120 libras esterlinas em dinheiro, se apenas recebem 100 libras esterlinas em dinheiro.

I Como está no original – industriais ociosos – é uma contradição nos termos, que pode ser um lapso, como pensa Pedro Scaron, responsável pela edição de *O capital* publicada pela Siglo XXI, ou pode ser uma ironia proposital de Marx. Nas traduções ao inglês e ao francês, "industrial" foi simplesmente substituído por "capitalista". [N. T.]

Portanto, o outro método: os industriais vendem mercadorias no valor de 80 libras esterlinas pelas 100 libras esterlinas em dinheiro que pagaram aos ociosos. Nesse caso, cedem, antes como depois, gratuitamente, 80 libras esterlinas, sob a forma de renda, juros etc. Mediante essa fraude diminuíram o tributo pago aos ociosos, mas ele continua a existir, depois como antes, e os ociosos estão em condições, segundo a mesma teoria de que os preços dependem da boa vontade dos vendedores, de exigir futuramente 120 libras esterlinas de renda, juros etc. por sua terra e seu capital, em vez das 100 libras esterlinas como até agora.

Esse brilhante desenvolvimento é perfeitamente digno do pensador profundo que, por um lado, copiando Adam Smith diz que

> "o trabalho é a fonte de toda riqueza" (p. 242)

e que os capitalistas industriais

> "empregam seu capital para pagar trabalho que o reproduz com lucro" (p. 246),

e, por outro lado, conclui que esses capitalistas industriais

> "alimentam todos os outros seres humanos, são os únicos que aumentam a fortuna pública e que criam todos os nossos meios de satisfação" (p. 242),

que não são os capitalistas que são alimentados pelos trabalhadores, mas os trabalhadores pelos capitalistas, e precisamente pela brilhante razão de que o dinheiro com que os trabalhadores são pagos não fica em suas mãos, mas retorna continuamente para os capitalistas em pagamento das mercadorias produzidas pelos trabalhadores.

> Eles apenas recebem com uma mão e devolvem com a outra. Seu consumo deve ser considerado, portanto, como produzido por aqueles que os assalariam. (p. 235)

Após essa exposição exaustiva da reprodução e do consumo sociais e de como são mediados pela circulação monetária, prossegue Destutt:

> "É isso que completa esse *perpetuum mobile* [movimento perpétuo] da riqueza, um movimento que, embora mal compreendido" {*mal connu* – com certeza!} "foi chamado com razão de circulação, pois é realmente um ciclo e retorna sempre a seu ponto de partida. Esse é o ponto em que se efetua a produção". (pp. 239-40)

Destutt, *that very distinguished writer, membre de l'Institut de France*[I] *et de la Société Philosophique de Philadelphie*,[II] e realmente, de certo modo, um luminar entre os economistas vulgares, pede finalmente ao leitor que admire a maravilhosa clareza com que apresentou o curso do processo social, a torrente de luz que espalhou sobre a matéria, e ainda é bastante condescendente para informar o leitor de onde vem tanta luz. Mas isso deve ser citado no original:

> "*On remarquera, j'espère, combien cette manière de considérer la consommation de nos richesses est concordante avec tout ce que nous avons dit à propos de leur production et de leur distribution, et en même temps* quelle clarté elle répand sur toute la marche de la société. *D'où viennent cet accord e cette* lucidité*? De ce que nous avons rencontré la vérité. Cela rappelle l'effet de ces miroirs où les objets se peignent nettement et dans leurs justes proportions, quand on est placé dans leur vrai point-de-vue, et où tout paraît confus et désuni, quand on est trop près ou trop loin*".[III] (pp. 242–43)

Voilà le crétinisme bourgeois dans toute sa béatitude![IV]

I Suprema corporação científica da França, constituída de diversas classes ou academias. Destutt de Tracy era membro da Academia de Ciências Políticas e Morais. [N. E. A.]

II "Destutt, esse escritor muito notável, membro do Instituto da França e da Sociedade Filosófica da Filadélfia." [N. T.]

III "Notar-se-á, espero, quanto essa maneira de considerar o consumo de nossas riquezas concorda com tudo o que dissemos a respeito de sua produção e de sua distribuição e, ao mesmo tempo, *que clareza ela difunde sobre toda a marcha da sociedade.* De onde vêm essa concordância e essa *lucidez*? De que encontramos a verdade. Isso lembra o efeito daqueles espelhos em que os objetos se desenham nitidamente e em suas justas proporções quando a gente se coloca em seu verdadeiro ponto de vista e nos quais tudo parece confuso e desunido quando se está perto ou longe demais." [N. T.]

IV "Eis aí o cretinismo burguês em toda a sua beatitude!" [N. T.]

CAPÍTULO 21[57]

ACUMULAÇÃO E REPRODUÇÃO AMPLIADA

No Livro 1 mostrou-se como a acumulação transcorre no caso do capitalista individual. Mediante a conversão do capital-mercadoria em moeda corrente, converte-se também em moeda corrente o mais-produto em que se representa a mais-valia. Essa mais-valia assim convertida em dinheiro é retransformada pelo capitalista em elementos naturais adicionais de seu capital produtivo. No ciclo seguinte da produção, o capital aumentado fornece um produto acrescido. Mas o que sucede com o capital individual deve aparecer também na reprodução total anual, conforme vimos no exame da reprodução simples, onde – no caso do capital individual – o depósito sucessivo de seus componentes fixos consumidos em dinheiro, que é entesourado, se exprime também na reprodução social anual.

Se um capital individual = $400_c + 100_v$ e a mais-valia anual = 100, o produto-mercadoria é = $400_c + 100_v + 100_{mv}$. Esses 600 são transformados em dinheiro. Desse dinheiro, 400_c são convertidos na forma natural de capital constante, 100_v em força de trabalho e, além disso – caso se acumule toda a mais-valia –, 100_{mv} são transformados em capital constante adicional, por sua conversão em elementos naturais do capital produtivo. Pressupõe-se nesse caso: 1) que essa soma, nas condições técnicas dadas, seja suficiente tanto para expandir o capital constante em funcionamento quanto para estabelecer nova empresa industrial. Mas pode ocorrer também que a transformação da mais-valia em dinheiro e o entesouramento desse dinheiro sejam necessários por um período muito mais longo, antes que possa ter lugar esse processo, portanto possa se iniciar acumulação efetiva, ampliação da produção; 2) pressupõe-se que, na realidade, já haja antes produção em escala ampliada, pois, para que o dinheiro (a mais-valia entesourada em dinheiro) possa ser transformado em elementos do capital produtivo, esses elementos têm de ser compráveis no mercado, como mercadorias; não faz também diferença, nesse caso, se não são comprados como mercadorias prontas, mas aprontados por encomenda. São pagos somente depois que estão aqui, e em todo caso depois de já se ter efetuado, com respeito a eles, reprodução efetiva em escala ampliada, expansão da produção até então normal. Tinham de existir potencialmente, isto é, em seus elementos, já que só se necessita do impulso da encomenda, isto é, de uma compra anterior à existência da mercadoria e sua venda antecipada, para que sua produção realmente ocorra. O dinheiro, de um lado, insufla vida na reprodução ampliada, de outro, porque sua possibilidade *sem* dinheiro já existe; pois o dinheiro, em si mesmo, não é elemento da reprodução real.

Se o capitalista A, por exemplo, vende durante um ano ou um número de anos as quantidades de produto-mercadoria que sucessivamente produziu, então ele converte também a parte do produto-mercadoria que é portadora da mais-valia – o mais-produto –, portanto a mais-valia por ele produzida em forma-mercadoria, sucessivamente em dinheiro, acumula-o pouco a pouco e forma para si, assim, novo capital monetário potencial; potencial em virtude de sua capacidade e determinação de converter-se em elementos do capital produtivo. Na realidade, porém, ele realiza apenas simples entesouramento, que não é elemento da reprodução real. No início, sua atividade se limita a retirar sucessivamente dinheiro circulante da circulação, em que não se exclui a possibilidade de que o dinheiro circulante que ele assim põe sob chaves tenha sido – antes de entrar na circulação – parte de outro tesouro. Esse tesouro de A, que potencialmente é novo capital monetário, não é riqueza social adicional, tão pouco quanto o seria se fosse despendido em meios de consumo. Mas dinheiro retirado da circulação e que, portanto, antes nela existia pode anteriormente ter sido depositado como elemento de um tesouro, ou ter sido forma-dinheiro de salário, ou ter convertido em moeda corrente meios de produção ou outras mercadorias, ou ter circulado as partes constantes de capital ou a *revenue* de um capitalista. É tão pouco nova riqueza quanto dinheiro, considerado do ponto de vista da circulação simples de mercadorias, é portador não só de seu valor efetivo mas do décuplo desse valor, por ter efetuado dez rotações por dia e ter realizado dez valores-mercadorias diferentes. As mercadorias existem sem ele, e ele mesmo permanece o que é (ou ainda diminui pelo desgaste), em uma rotação ou em dez. Só na produção de ouro – na medida em que o produto de ouro contenha mais-produto, portador de mais-valia – cria-se nova riqueza (dinheiro potencial), e só na medida em que todo o novo produto de ouro entra na circulação, ele incrementa o material monetário de novos capitais monetários potenciais.

Embora não seja nova riqueza social adicional, essa mais-valia entesourada em forma-dinheiro representa novo capital monetário potencial, em virtude da função para que é acumulada. (Veremos mais tarde que novo capital monetário também pode surgir por outra via que não pela conversão gradual da mais-valia em ouro.)

Dinheiro é retirado da circulação e acumulado como tesouro mediante a venda da mercadoria sem compra subsequente. Se concebemos essa operação como sendo praticada em geral, parece impossível verificar de onde devem vir os compradores, uma vez que nesse processo – e ele deve ser concebido como geral, em que cada capital individual pode encontrar-se em processo de acumulação – cada um quer vender a fim de entesourar, e ninguém quer comprar.

Se imaginássemos que o processo de circulação entre as diferentes partes da reprodução anual corre em linha reta – o que é falso, pois com raras exceções ele consiste em movimentos reciprocamente opostos –, teríamos de começar com o produtor de ouro (ou de prata), que compra sem vender, e pressupor que os demais vendem a ele. Nesse caso, o mais-produto social total anual (o portador da mais-valia total) passaria a suas mãos, e os demais capitalistas distribuiriam entre si, *pro rata*, o mais-produto dele existente por natureza em dinheiro, a conversão natural de sua mais-valia em ouro, pois a parte do produto do produtor de ouro que tem de repor seu capital em funcionamento já está comprometida e sobre ela já se dispôs. A mais-valia produzida em ouro do produtor de ouro seria, então, o único fundo de onde os demais capitalistas tirariam a matéria para converter em ouro seu mais-produto anual. Teria de ser igual, portanto, quanto a sua grandeza de valor, a toda a mais-valia social anual, que ainda tem de transformar-se em crisálida, na forma de tesouro. Por mais absurdas que essas suposições sejam, elas serviriam apenas para explicar a possibilidade de um entesouramento geral e simultâneo, o que não faria avançar a própria reprodução, exceto para os produtores de ouro, nem um passo.

Antes de resolvermos essa dificuldade aparente, deve-se distinguir: acumulação no Setor I (produção de meios de produção) e no Setor II (produção de meios de consumo). Começamos por I.

I. ACUMULAÇÃO NO SETOR I

1. Entesouramento

É claro que tanto os investimentos de capital nos numerosos ramos industriais em que consiste o Setor I como os diferentes investimentos de capitais individuais dentro de cada um desses ramos industriais, conforme sua idade, isto é, a duração de seu funcionamento já decorrido, abstraindo inteiramente seu volume, condições técnicas, condições de mercado etc., encontram-se em fases diversas do processo da transformação sucessiva da mais-valia em capital monetário potencial, quer esse capital monetário deva servir à expansão de seu capital em funcionamento ou ao estabelecimento de novas empresas industriais – as duas formas de ampliar a produção. Parte dos capitalistas converte, portanto, continuamente, seu capital monetário potencial, logo que tenha atingido a grandeza adequada, em capital produtivo, isto é, compra com o dinheiro entesourado, mediante a conversão da mais-valia em ouro, meios de produção, elementos adicionais do capital constante; enquanto parte ainda está ocupada em entesourar seu capital monetário potencial. Os capitalistas pertencentes a essas duas categorias se confrontam, uns como compradores, outros como vendedores, e cada um exclusivamente em um desses papéis.

Que A, por exemplo, venda 600 ($= 400_c + 100_v + 100_{mv}$) a B (que pode representar mais de um comprador). Ele vendeu 600 em mercadorias por 600 em dinheiro, dos quais 100 representam mais-valia que ele retira da circulação e entesoura como dinheiro; mas esses 100 em dinheiro são apenas a forma-dinheiro do mais-produto que era portador de um valor de 100. O entesouramento não é de nenhum modo produção, portanto, já de antemão, tampouco incremento da produção. A ação do capitalista nisso consiste apenas em retirar da circulação o dinheiro obtido pela venda do mais-produto de 100, retendo-o e embargando-o. Essa operação não é realizada somente por A, mas, em numerosos pontos da periferia da circulação, por outros A', A", A"', capitalistas trabalhando com o mesmo zelo nessa espécie de entesouramento. Esses numerosos pontos em que o dinheiro é retirado da circulação e acumulado em numerosos tesouros individuais, ou capitais monetários potenciais, parecem ser outros tantos obstáculos à circulação, porque imobilizam o dinheiro e privam-no, por mais ou menos tempo, de sua capacidade de circular. Mas se deve ter presente que, na circulação simples de mercadorias, bem antes de esta basear-se na produção capitalista de mercadorias, há entesouramento; o *quantum* de dinheiro existente na sociedade é sempre maior que a parte deste que circula ativamente, ainda que esta aumente ou diminua segundo as circunstâncias. Os mesmos tesouros e o mesmo entesouramento encontramos novamente aqui, mas agora como momento imanente ao processo de produção capitalista.

Compreende-se a alegria causada pelo sistema de crédito quando, dentro dele, todos esses capitais potenciais, ao se concentrarem em mãos de bancos etc., tornam-se capital disponível, *loanable capital* [capital emprestável], capital monetário, e precisamente não mais passivo, como música do futuro, mas ativo, que viceja (vicejar no sentido de crescer).[I]

A realiza esse entesouramento, porém – com respeito a seu mais-produto –, na medida em que se apresenta apenas como vendedor, sem fazê-lo depois como comprador. Sua produção sucessiva de mais-produto – portador de sua mais-valia a ser convertida em ouro – constitui, portanto, o pressuposto de seu entesouramento. No caso dado,

I Jogo de palavras de Marx, intraduzível. Em alemão *wuchern* significa ao mesmo tempo "vicejar" e "praticar usura". [N. T.]

em que se considera a circulação apenas dentro da categoria I, a forma natural do mais-produto, bem como a do produto total de que constitui uma parte, é forma natural de um elemento do capital constante I, isto é, pertence à categoria dos meios de produção de meios de produção. O que vem a ser dele, isto é, para qual função serve nas mãos dos compradores B, B', B" etc., logo veremos.

Mas o que temos de fixar, por agora, é o seguinte: embora A retire dinheiro para sua mais-valia da circulação e o entesoure, ele, por outro lado, lança nela mercadoria sem dela retirar, em troca, outra mercadoria, o que capacita B, B', B" etc., por sua vez, a lançarem dinheiro na circulação e retirarem dela em troca apenas mercadoria. No caso dado, essa mercadoria, conforme sua forma natural e sua destinação, entra como elemento fixo ou fluido no capital constante de B, B' etc. Mais sobre esse último ponto quando nos ocuparmos do comprador do mais-produto, B, B' etc.

Observamos aqui, de passagem: como antes, ao considerar a reprodução simples, verificamos aqui novamente que a conversão dos diversos componentes do produto anual, isto é, sua circulação (que tem de abranger, ao mesmo tempo, a reprodução do capital e, precisamente, seu restabelecimento em suas diversas determinações, como capital constante, variável, fixo, circulante, monetário, capital-mercadoria), não supõe, de modo algum, mera compra de mercadoria completada por venda subsequente, ou mera venda completada por compra subsequente, de modo que, de fato, só haveria troca de mercadoria por mercadoria, como presume a Economia Política, nomeadamente a escola livre-cambista, desde os fisiocratas e Adam Smith. Sabemos que o capital fixo, uma vez efetuado o desembolso correspondente, durante todo o tempo de seu funcionamento, não é renovado mas continua atuando em sua forma antiga, enquanto seu valor se deposita gradualmente em dinheiro. Vimos que a renovação periódica do capital fixo II_c (sendo todo o valor-capital II_c convertido em elementos no valor de $I_{(v+mv)}$) supõe, por um lado, a *mera compra* da parte fixa de II_c, que se retransforma da forma-dinheiro em forma natural, e à qual corresponde a mera venda de I_{mv}; por outro lado, supõe a *mera venda* por parte de II_c, venda da parte fixa (depreciada) de valor do mesmo, a qual se deposita em dinheiro e à qual corresponde a mera compra de I_{mv}. Para efetuar-se aqui normalmente a conversão, é de se supor que a mera compra por parte de II_c seja igual, em extensão de valor, à mera venda por parte de II_c, e do mesmo modo que a mera venda de I_{mv} a II_c, setor 1, seja igual a sua mera compra de II_c, setor 2.

(Ver p. 446.) De outro modo, a reprodução simples será perturbada; a mera compra aqui tem de ser coberta por mera venda lá. Do mesmo modo, é de se supor aqui que a mera venda da parte entesourada A, A', A'' de I_{mv} esteja em equilíbrio com a mera compra da parte B, B', B'' de I_{mv}, que transforma seu tesouro em elementos de capital produtivo adicional.

Na medida em que o equilíbrio se estabelece pelo fato de o comprador se apresentar posteriormente como vendedor de montante de igual valor e vice-versa, tem lugar refluxo de dinheiro para o lado que o adiantou na compra, que vendeu antes de ter comprado novamente. O verdadeiro equilíbrio, com relação à própria conversão das mercadorias, a conversão das diversas partes do produto anual, exige porém igual montante de valor das mercadorias reciprocamente intercambiadas.

Na medida, porém, em que se efetuam conversões meramente unilaterais, uma massa de meras compras, por um lado, e uma massa de meras vendas, por outro – e vimos que a conversão normal do produto anual, sobre base capitalista, exige essas metamorfoses unilaterais –, só existe equilíbrio sob o pressuposto de que o montante de valor das compras unilaterais coincida com o montante de valor das vendas unilaterais. O fato de que a produção de mercadorias é a forma geral da produção capitalista já implica o papel que o dinheiro, não apenas como meio de circulação, mas também como capital monetário, desempenha nela e cria certas condições, peculiares a esse modo de produção, da conversão normal, portanto do curso normal da reprodução, seja em escala simples, seja em ampliada, as quais se convertem em outras tantas condições do curso anormal, em possibilidades de crises, uma vez que o próprio equilíbrio – em face da configuração naturalmente desenvolvida dessa produção – é uma coincidência.

Vimos também que, na troca de I_v pelo montante correspondente de valor de II_c, ocorre precisamente para II_c, ao final, reposição de mercadoria II por mercadoria I de igual montante de valor, que, portanto, por parte do capitalista coletivo II, a venda da própria mercadoria se completa posteriormente pela compra de mercadoria I de igual montante de valor. Essa reposição tem lugar; mas não tem lugar o intercâmbio por parte dos capitalistas I e II nessa conversão de suas mercadorias recíprocas. II_c vende sua mercadoria à classe trabalhadora de I, esta o confronta unilateralmente como compradora de mercadorias, ele a confronta unilateralmente como vendedor de mercadorias; com o dinheiro assim obtido, II_c confronta unilateralmente como comprador de mercadorias o capitalista coletivo I, e este o confronta, até o montante de I_v, unilateralmente como vendedor de mercadorias. Só por meio dessa venda de mercadorias, I reproduz, finalmente, seu capital variável de novo em forma de capital monetário. Se o capital de I confronta o de II unilateralmente como vendedor de mercadorias até o montante de I_v, então ele confronta sua classe trabalhadora como comprador de mercadorias na compra de sua força de trabalho; e, se a classe trabalhadora I confronta o capitalista II unilateralmente como compradora de mercadorias (a saber, de meios de subsistência), ela confronta o capitalista I unilateralmente como vendedora de mercadorias, a saber, como vendedora de sua força de trabalho.

A oferta contínua de força de trabalho por parte da classe trabalhadora em I, a retransformação de parte do capital-mercadoria I em forma-dinheiro do capital variável, a reposição de parte do capital-mercadoria II por elementos naturais do capital constante II_c – todos esses pressupostos necessários se condicionam mutuamente, mas são mediados por um processo muito complicado que abrange três processos de circulação independentes uns dos outros, mas entrelaçados entre si. A complexidade do próprio processo oferece outras tantas possibilidades de um curso anormal.

2. O capital constante adicional

O mais-produto, portador de mais-valia, nada custa a seus apropriadores, os capitalistas. Não têm de adiantar, de modo algum, dinheiro ou mercadorias a fim de obtê-lo. O adiantamento (*avance*) já é para os fisiocratas a forma geral do valor, realizado em elementos do capital produtivo. O que, portanto, os capitalistas adiantam é somente seu capital constante e variável. O trabalhador, com seu trabalho, não apenas lhes conserva seu capital constante; ele não só lhes repõe o valor-capital variável por uma parte de valor correspondente criada de novo em forma de mercadoria; com seu mais-trabalho, fornece-lhes, além disso, uma mais-valia existente sob a forma de mais-produto. Mediante a venda sucessiva desse mais-produto, eles formam o tesouro, capital monetário potencial adicional. No caso que estamos examinando, o mais-produto consiste de antemão em meios de produção de meios de produção. Só nas mãos de B, B', B" etc. (I) funciona esse mais-produto como capital constante adicional; mas ele já o é *virtualiter* [virtualmente] antes de ser vendido, ainda nas mãos dos entesouradores A, A', A" (I). Se consideramos apenas a extensão de valor da reprodução por parte de I, encontramo-nos ainda dentro dos limites da reprodução simples, pois nenhum capital adicional foi posto em movimento para criar esse capital constante *virtualiter* adicional (o mais-produto) nem qualquer mais-trabalho maior do que o despendido na base da reprodução simples. A diferença consiste aqui somente na forma do mais-trabalho aplicado, na natureza concreta de seu caráter útil particular. Foi despendido em meios de produção para I_c em vez de para II$_c$, em meios de produção para meios de produção em vez de em meios de produção para meios de consumo. Na reprodução simples, foi pressuposto que toda a mais-valia I se despende como *revenue*, portanto em mercadorias II; por conseguinte, ela consistia somente em meios de produção destinados a repor o capital constante II$_c$ em sua forma natural. Para que se possa dar a transição da reprodução simples para a ampliada, a produção no Setor I tem de estar em condições de fazer menos elementos de capital constante para II, mas outros tantos mais para I. Essa transição, que nem sempre se efetuará sem dificuldades, é facilitada pelo fato de que certo número de produtos de I pode servir de meios de produção em ambos os setores.

Segue portanto que – considerando-se o assunto apenas quanto à extensão do valor – é dentro da reprodução simples que se produz o substrato material da reprodução ampliada. É simplesmente mais-trabalho da classe trabalhadora I, despendido diretamente na produção de meios de produção, na criação de capital virtual adicional I. A formação de capital monetário virtual adicional por parte de A, A', A" (I) – mediante venda sucessiva de seu mais-produto, que se formou sem nenhum dispêndio capitalista de dinheiro – é aqui, portanto, a mera forma-dinheiro de meios de produção I, adicionalmente produzidos.

Produção de capital virtual adicional exprime, portanto, em nosso caso (pois, como veremos ainda, ele pode formar-se de maneira bem diferente), apenas um fenômeno do próprio processo de produção, produção em determinada forma, de elementos do capital produtivo.

Produção em grande escala de capital monetário virtual adicional – em numerosos pontos da periferia da circulação – é somente, portanto, resultado e expressão de produção multilateral de capital produtivo virtual adicional, cujo próprio surgimento não pressupõe nenhum dispêndio adicional de dinheiro por parte dos capitalistas industriais.

A transformação sucessiva desse capital produtivo virtual adicional em capital monetário virtual (tesouro) por parte de A, A', A" etc. (I), que é condicionada pela venda sucessiva de seu mais-produto – portanto, pela venda repetida e unilateral de mercadorias, sem compra que a complemente –, efetua-se mediante retirada repetida de dinheiro da circulação e seu correspondente entesouramento. Esse entesouramento – excetuado o caso em que o produtor de ouro é o comprador – não supõe de modo algum riqueza adicional em metais preciosos, mas apenas função modificada do dinheiro até então em circulação. Até há pouco funcionava como meio de circulação, agora funciona como tesouro, como novo capital monetário virtual em formação. Formação de capital monetário adicional e massa de metal precioso existente num país não se encontram, pois, em nenhuma relação casual recíproca.

Segue, pois, ainda: quanto maior o capital produtivo que já funciona num país (inclusive a força de trabalho nele incorporada, produtora do mais-produto), quanto mais desenvolvida a força produtiva do trabalho e com ela os meios técnicos para expandir rapidamente a produção de meios de produção – quanto maior, portanto, a massa do mais-produto tanto em valor como em massa de valores de uso em que ele se representa –, tanto maior é

1) o capital produtivo virtual adicional, na forma de mais-produto nas mãos de A, A', A" etc., e

2) a massa desse mais-produto transformado em dinheiro, portanto do capital monetário virtual adicional nas mãos de A, A', A". Se, portanto, Fullarton, por exemplo, não quer saber da superprodução no sentido habitual, mas sim da superprodução de capital, a saber, de capital monetário, isso demonstra mais uma vez quão pouco os melhores economistas burgueses entendem do mecanismo de seu próprio sistema.

Se o mais-produto, diretamente produzido e apropriado pelos capitalistas A, A', A" (I), é a base real da acumulação de capital, isto é, da reprodução ampliada, embora só funcione efetivamente nessa qualidade nas mãos de B, B', B" etc. (I), ele é, ao contrário, em seu estágio de crisálida de dinheiro – como tesouro e capital monetário virtual que pouco a pouco se forma –, absolutamente improdutivo, correndo nessa forma paralelamente ao processo de produção, mas se encontra fora dele. É um peso morto (*dead weight*) da produção capitalista. O afã de tornar utilizável essa mais-valia, que se entesoura como capital monetário virtual para lucro ou *revenue*, encontra no sistema de crédito e nos "papeizinhos" o alvo de seu anseio. O capital monetário adquire por meio disso, sob outra forma, enorme influência sobre o curso e o desenvolvimento vigoroso do sistema de produção capitalista.

O mais-produto convertido em capital monetário virtual, quanto a seu volume, será tanto maior quanto maior a soma total do capital já ativo, de cujo funcionamento ele proveio. Com o aumento absoluto do volume do capital monetário virtual anualmente reproduzido, sua segmentação também é mais fácil, de modo que possa ser investido mais rapidamente num negócio particular, seja nas mãos do mesmo capitalista, seja nas de outros (por exemplo, membros da família, no caso de partilhas de legados etc.). Segmentação de capital monetário significa aqui que este é inteiramente separado do capital tronco, a fim de ser investido como novo capital monetário num novo negócio autônomo.

Se os vendedores do mais-produto, A, A', A" etc. (I), obtiveram o mesmo como resultado direto do processo de produção, o qual, além do adiantamento de capital constante e variável, requerido também na reprodução simples, não pressupõe outros atos de circulação, se além disso eles fornecem a base real da reprodução em escala ampliada, de fato fabricando capital virtual adicional, B, B', B" etc. (I) comportam-se de maneira bem diferente. 1) Só em suas mãos o mais-produto de A, A', A" etc. funcionará efetivamente como capital constante adicional (o outro elemento do capital produtivo, a força de trabalho adicional, portanto o capital variável adicional, deixamos por enquanto de considerar). 2) A fim de que chegue a suas mãos, é necessário um ato de circulação: eles têm de comprar o mais-produto.

Quanto a 1, é de se observar aqui que grande parte do mais-produto (capital constante virtual adicional) é produzido por A, A', A" (I) na verdade neste ano, mas só no ano seguinte ou ainda mais tarde pode funcionar efetivamente, nas mãos de B, B', B" (I), como capital industrial; e, quanto a 2, pergunta-se: de onde vem o dinheiro necessário ao processo de circulação?

Na medida em que os produtos que B, B', B" etc. (I) produzem voltam a incorporar-se *in natura* a seu processo de produção, entende-se por si mesmo que, *pro tanto*, parte de seu próprio mais-produto é transferida diretamente (sem mediação da circulação) a seu capital produtivo, entrando nele como elemento adicional do capital constante. E, *pro tanto*, eles também não convertem em ouro o mais-produto de A, A' etc. (I). Abstraindo isso, de onde vem o dinheiro? Sabemos que formaram seu tesouro do mesmo modo que A, A' etc., mediante a venda de seus respectivos mais-produtos, e agora chegaram ao alvo, em que seu capital monetário apenas virtual, acumulado como tesouro, deve funcionar efetivamente como capital monetário adicional. Mas, com isso, apenas nos movimentamos em círculo. Subsiste ainda a questão: de onde proveio o dinheiro que os Bs (I) retiraram antes da circulação e acumularam?

Entretanto, já sabemos pelo exame da reprodução simples que certa massa de dinheiro deve encontrar-se nas mãos dos capitalistas I e II para converter seu mais-produto. Ali, o dinheiro, que apenas serviu para ser despendido como *revenue* em meios de consumo, retornou aos capitalistas na medida em que o tinham adiantado para a conversão de suas respectivas mercadorias; aqui, o mesmo dinheiro reaparece, mas com função diferente. Os As e os Bs (I) fornecem alternadamente uns aos outros o dinheiro que serve para a transformação do mais-produto em capital monetário virtual adicional e alternadamente para lançar o novo capital monetário formado, como meio de compra, de volta na circulação.

A única coisa que é pressuposta aqui é que a massa de dinheiro existente no país (permanecendo constante a velocidade da circulação etc.) seja suficiente tanto para a circulação ativa como para o entesouramento de reservas – portanto o mesmo pressuposto que, conforme já vimos, tem de ser cumprido na circulação simples de mercadorias. Só a função dos tesouros aqui é diferente. Também a massa de dinheiro existente tem de ser maior 1) porque na produção capitalista todo produto (com exceção do novo metal precioso produzido e dos poucos produtos consumidos pelo próprio produtor) é produzido como mercadoria, tendo de passar pela metamorfose em dinheiro; 2) porque, sobre base capitalista, a massa do capital-mercadoria e sua extensão de valor não apenas são maiores, mas ainda crescem com velocidade incomparavelmente maior; 3) um capital variável cada vez mais extenso tem sempre de se converter em capital monetário; 4) porque a ampliação da produção caminha a par da formação de novos capitais monetários, tendo, portanto, de existir também o material de sua forma de tesouro. – Se isso vale, em todo o caso, para a primeira fase da produção capitalista, na qual também o sistema de crédito é acompanhado por circulação predominantemente metálica, então vale mesmo nessa medida para a fase mais desenvolvida do sistema de crédito, enquanto sua base continua sendo a circulação metálica. Por um lado, a produção adicional de metais preciosos, à medida que é alternadamente abundante ou escassa, pode exercer aqui influências perturbadoras sobre os preços das mercadorias, não apenas em períodos mais longos, mas também dentro de muito curtos; por outro lado, todo o mecanismo de crédito está continuamente ocupado em reduzir a efetiva circulação metálica, mediante uma porção de operações, métodos e dispositivos técnicos, a um mínimo relativamente sempre decrescente – com o que aumenta também, na mesma proporção, a artificialidade de toda a maquinaria e as possibilidades de perturbação de sua marcha normal.

Os diversos B, B', B" etc. (I), cujo novo capital monetário virtual entra em operação como capital ativo, podem ter de vender e comprar reciprocamente seus produtos (partes de seu mais-produto). O dinheiro adiantado para a circulação do mais-produto reflui – com marcha normal – *pro tanto* aos diversos BS, na mesma proporção em que o adiantaram para a circulação de suas respectivas mercadorias. Se o dinheiro circula como meio de pagamento, somente será necessário pagar os saldos, à medida que as compras e vendas recíprocas não se cobrem. Mas é importante, em primeiro lugar, como fizemos aqui, pressupor em todo lugar a circulação metálica em sua forma mais simples, mais primitiva, porque assim fluxo e refluxo, compensação de saldos, em suma, todos os momentos que aparecem no sistema de crédito como processos conscientemente regulados, apresentar-se-ão como independentes do sistema de crédito existente, manifestando-se a coisa em sua forma naturalmente desenvolvida, em vez da posterior, refletida.

3. O capital variável adicional

Visto que até agora tratamos do capital constante adicional, temos de nos voltar ao exame do capital variável adicional.

No Livro 1 foi explicado amplamente como, sobre a base da produção capitalista, a força de trabalho é sempre mantida em reserva e como, quando necessário, sem aumentar o número dos trabalhadores ocupados ou a massa da força de trabalho, mais trabalho pode ser posto em movimento. Por isso, no momento, não precisamos entrar mais nesse assunto, bastando admitir que a parte do capital monetário recém-formada, que é transformável em capital variável, sempre encontra disponível a força de trabalho em que deve se transformar. Foi explicado também no Livro 1 como dado capital, sem acumulação, pode, dentro de certos limites, expandir o volume de sua produção. Mas aqui se trata da acumulação de capital no sentido específico, de modo que a expansão da produção é condicionada pela transformação de mais-valia em capital adicional e, por conseguinte, também pela expansão de capital que forma a base da produção.

O produtor de ouro pode acumular parte de sua mais-valia áurea como capital monetário virtual; tão logo este atinge o volume adequado, ele pode convertê-lo diretamente em novo capital variável, sem ter antes de vender seu mais-produto; do mesmo modo, pode convertê-lo em elementos do capital constante. No último caso, entretanto, precisa encontrar prontos esses elementos materiais de seu capital constante, quer, conforme se admitiu até a exposição presente, cada produtor estoque os frutos de seu trabalho e depois leve sua mercadoria pronta ao mercado, quer trabalhe por encomenda. A expansão real da produção, isto é, o mais-produto, é pressuposta em ambos os casos; no primeiro, como efetivamente existente, no segundo, como virtualmente existente, suscetível de ser fornecido.

II. ACUMULAÇÃO NO SETOR II

Até agora pressupusemos que A, A', A" (I) vendem seu mais-produto a B, B', B" etc., que pertencem ao mesmo Setor I. Mas suponhamos que A (I) converta seu mais-produto em ouro, vendendo-o a um B do Setor II. Isso só pode ocorrer se A (I), depois de vender a B (II) meios de produção, não compra posteriormente meios de consumo; portanto, apenas mediante venda unilateral de sua parte. Na medida em que II_c só pode ser convertido da forma de capital-mercadoria na forma natural de capital constante produtivo porque não apenas I_v, mas também pelo menos parte de I_{mv} se troca por parte de II_c, a qual existe em forma de meios de consumo; mas que agora A converte seu I_{mv} em ouro pelo fato de que essa conversão não é feita, que nosso A antes retira da circulação o dinheiro obtido de II mediante a venda de seu I_{mv}, em vez de convertê-lo na compra de meios de consumo II_c – então haverá, pelo lado de A (I), realmente formação de capital monetário virtual adicional; mas, pelo outro lado, se encontra uma parte de extensão igual de valor do capital constante de B (II), imobilizada na forma de capital-mercadoria, sem poder converter-se na forma natural de capital constante produtivo. Em outras palavras: parte das mercadorias de B (II), e *prima facie* justamente uma parte sem cuja venda ele não pode retransformar inteiramente seu capital constante em forma produtiva, tornou-se invendável; com relação a essa parte há, portanto, superprodução, a qual, igualmente com relação a ela, paralisa a reprodução, mesmo em escala constante.

Nesse caso, o capital monetário virtual adicional de parte de A (I) é, na verdade, a forma convertida em ouro do mais-produto (mais-valia); mas mais-produto (mais-valia) considerado como tal é aqui fenômeno da reprodução simples, não ainda da reprodução em escala ampliada. $\text{I}_{(v+mv)}$, onde isso em todo caso vale para parte de *mv*, tem de se trocar finalmente por II_c, para que a reprodução de II_c em escala constante prossiga. A (I), mediante a venda de seu mais-produto a B (II), forneceu-lhe uma parte correspondente de valor do capital constante, em forma natural, mas, ao mesmo tempo, ao retirar o dinheiro da circulação – por não completar sua venda com compra subsequente –, tornou uma parte das mercadorias de B (II), igual quanto ao valor, invendável. Se consideramos, portanto, a reprodução social como um todo – que inclui igualmente os capitalistas I e II –, então a transformação do mais-produto de A (I) em capital monetário virtual expressa a impossibilidade de retransformar um capital-mercadoria de B (II), igual em extensão de valor, em capital (constante) produtivo; portanto, não há produção virtual em escala ampliada, mas obstrução da reprodução simples e, portanto, déficit na reprodução simples. Como a formação e a venda do mais-produto de A (I) são por si fenômenos da reprodução simples, já temos aqui, sobre a base da reprodução simples, os seguintes fenômenos que se condicionam mutuamente: formação de capital monetário virtual adicional na classe I (portanto, subconsumo do ponto de vista de II); imobilização de estoques de mercadorias na classe II, os quais não são retransformáveis em capital produtivo (portanto, superprodução relativa em II); capital monetário excessivo em I e déficit na reprodução em II.

Sem nos deter mais neste ponto, observamos apenas: na exposição da reprodução simples foi pressuposto que toda a mais-valia I e II é despendida como *revenue*. Na realidade, porém, parte da mais-valia é despendida como *revenue* e parte é transformada em capital. Acumulação real só tem lugar sob esse pressuposto. Que a acumulação se efetue à custa do consumo é – nessa forma geral – uma ilusão que contradiz a essência da produção capitalista, pois pressupõe que sua finalidade e motivo propulsor seja o consumo, e não a obtenção de mais-valia e sua capitalização, isto é, acumulação.

Observemos agora a acumulação no Setor II mais de perto.

A primeira dificuldade com relação a II_c, isto é, sua retransformação de um componente do capital-mercadoria II na forma natural do capital constante II, concerne à reprodução simples. Tomemos o esquema anterior:

$(1\,000_v + 1\,000_{mv})$ I se trocam por
$2\,000\ \text{II}_c$.

Mas se, por exemplo, metade do mais-produto I, ou seja, $\frac{1000}{2}mv$ ou $500\ \text{I}_{mv}$, volta a incorporar-se ao Setor I como capital constante, essa parte do mais-produto retida em I não pode repor parte de II_c. Em vez de ser convertido em meios de consumo (e, nessa seção de circulação entre I e II – em contraste com a reposição de $1000\ \text{II}_c$ por $1000\ \text{I}_v$, mediada pelos trabalhadores I –, há real intercâmbio recíproco, portanto mudança bilateral de lugar das mercadorias), deve servir como meio de produção adicional em I mesmo. Não pode exercer essa função simultaneamente em I e II. O capitalista não pode despender o valor de seu mais-produto em meios de consumo e, ao mesmo tempo, consumir produtivamente o mesmo mais-produto, isto é, incorporá-lo a seu capital produtivo. Em vez de $2\,000\ \text{I}_{(v+mv)}$, há apenas 1500, a saber, $(1000_v + 500_{mv})$ I a serem convertidos em $2\,000\ \text{II}_c$; assim, $500\ \text{II}_c$ não podem ser retransformados de sua forma-mercadoria em capital (constante) produtivo II. Em II haveria, portanto, uma superprodução, cujo volume corresponderia exatamente à expansão da produção realizada em I. A superprodução em II talvez reagisse tanto sobre I que mesmo o refluxo dos 1000 despendidos pelos trabalhadores I em meios de consumo II poderia ocorrer só parcialmente, esses 1000, portanto, poderiam não retornar, na forma de capital monetário variável, às mãos dos capitalistas I. Assim, esses últimos estariam impedidos, mesmo na reprodução em escala constante, e precisamente pela mera tentativa de ampliá-la. E cabe considerar, nesse caso, que em I efetivamente ocorreu apenas reprodução simples e que apenas os elementos, como se encontram no esquema, se agrupam diferentemente, tendo em vista uma ampliação no futuro, digamos, no próximo ano.

Poder-se-ia tentar eludir essa dificuldade – assim: os 500 II_c, que se encontram nos depósitos dos capitalistas e não podem ser diretamente convertidos em capital produtivo, estão tão longe de constituir superprodução que representam, ao contrário, um elemento necessário à reprodução, que até agora negligenciamos. Viu-se que reservas de dinheiro são acumuladas em muitos pontos, tendo, portanto, de ser retiradas da circulação, em parte para possibilitar a formação de novo capital monetário dentro de I, em parte para reter transitoriamente em forma-dinheiro o valor do capital fixo que se consome paulatinamente. Mas como, na constituição do esquema, todo o dinheiro e todas as mercadorias se encontram de antemão exclusivamente nas mãos dos capitalistas I e II, não existindo comerciantes, nem cambistas, nem banqueiros, nem classes meramente consumidoras que não participam diretamente na produção de mercadorias – então a contínua formação de estoques de mercadorias aqui, nas mãos de seus respectivos produtores, é igualmente imprescindível a fim de manter em andamento a maquinaria da reprodução. Os 500 II_c que estão nos depósitos dos capitalistas II representam, portanto, o estoque de meios de consumo que medeia a continuidade do processo de consumo incluído na reprodução, aqui, portanto, a transição de um ano para o outro. O fundo de consumo que aqui ainda está nas mãos de seus vendedores, que são ao mesmo tempo seus produtores, não pode cair a zero neste ano para começar do zero no ano seguinte, do mesmo modo que isso não pode ser o caso na transição do dia de hoje para o seguinte. Já que é preciso ocorrer constante reposição de tais estoques de mercadorias, ainda que em volume variável, nossos produtores capitalistas II precisam dispor então de um capital monetário de reserva que os capacite a prosseguir em seu processo de produção, apesar de parte de seu capital produtivo estar transitoriamente imobilizada em forma-mercadoria. Pois eles combinam, segundo o pressuposto, todo o negócio do comércio com o negócio da produção; têm de dispor, portanto, do capital monetário adicional que, quando as diversas funções do processo de reprodução se autonomizam, entre diferentes espécies de capitalistas, se encontra nas mãos dos comerciantes.

A isso cabe replicar: 1) essa formação de estoques e sua necessidade vale para todos os capitalistas, tanto I como II. Considerados como meros vendedores de mercadorias, só se distinguem por vender mercadorias de espécies diferentes. O estoque de mercadorias II pressupõe um estoque anterior de mercadorias I. Se negligenciamos esse estoque num lado, temos de fazê-lo também no outro. Mas, se o levamos em conta nos dois lados, em nada se altera o problema. – 2) Do mesmo modo que este ano termina, pelo lado de II, com um estoque de mercadorias para o ano seguinte, ele começou com um estoque de mercadorias, pelo mesmo lado, transmitido do ano anterior. Ao analisar a reprodução anual – reduzida a sua expressão mais abstrata –, temos de riscar esse estoque duas vezes. Ao deixarmos este ano com sua produção inteira, portanto também o estoque de mercadorias a transferir para o ano seguinte, retiramos, porém, também dele, por outro lado, o estoque de mercadorias recebido do ano anterior e temos, assim, de fato, o produto total de um ano médio como objeto da análise. – 3) A simples circunstância de que não topamos com essa dificuldade a ser eludida, quando examinamos a reprodução simples, demonstra que se trata de um fenômeno específico, devido somente à agrupação diferente (com relação à reprodução) dos elementos I, uma agrupação modificada, sem a qual não poderia haver ao todo reprodução em escala ampliada.

III. APRESENTAÇÃO ESQUEMÁTICA DA ACUMULAÇÃO

Consideremos agora a reprodução de acordo com o seguinte esquema:

$$\text{Esquema } a) \left.\begin{array}{ll} \text{I.} & 4\,000_c + 1\,000_v + 1\,000_{mv} = 6\,000 \\ \text{II.} & 1\,500_c + 376_v + 376_{mv} = 2\,252 \end{array}\right\} \text{Total} = 8\,252$$

Nota-se primeiramente que a soma total do produto social anual = 8 252 é menor do que a do primeiro esquema, onde ela era = 9 000. Do mesmo modo, poderíamos tomar uma soma bem maior, digamos, multiplicá-la por dez. Escolheu-se uma soma menor do que a do esquema I justamente para evidenciar que a reprodução em escala ampliada (que é concebida aqui como produção somente operada com maior investimento de capital) nada tem a ver com a grandeza absoluta do produto, que para dada massa de mercadorias ela apenas pressupõe um arranjo diferente, ou determinação diferente da função dos vários elementos do produto dado, sendo, portanto, quanto à extensão do valor, de início, apenas reprodução simples. Não é a quantidade, mas a determinação qualitativa dos elementos dados da reprodução simples que se altera, e essa alteração é o pressuposto material da reprodução subsequente, em escala ampliada.[58]

Poderíamos apresentar o esquema de maneira diferente, com proporções diferentes entre capital variável e capital constante; por exemplo:

$$\text{Esquema } b) \left.\begin{array}{ll} \text{I.} & 4\,000_c + 875_v + 875_{mv} = 5\,750 \\ \text{II.} & 1\,750_c + 376_v + 376_{mv} = 2\,502 \end{array}\right\} \text{Total} = 8\,252$$

Assim, ele aparece como arranjado para reprodução em escala simples, de modo que a mais-valia seria inteiramente despendida como *revenue*, e não acumulada. Em ambos os casos, tanto em *a* como em *b*, temos um produto anual com a mesma extensão de valor; só que uma vez, em *b*, com tal agrupação de funções de seus elementos, a reprodução recomeça na mesma escala, enquanto em *a* forma a base material da reprodução em escala ampliada. Em *b*, a saber, trocam-se $(875_v + 875_{mv})$ I $= 1750$ $\text{I}_{(v+mv)}$, sem excedente, por 1750 II_c, enquanto em *a* a troca de $(1000_v + 1000_{mv})$ I $= 2000$ $\text{I}_{(v+mv)}$ por 1500 II_c deixa um excedente de 500 I_{mv} para a acumulação na classe I.

Agora analisemos o esquema *a* mais de perto. Suponhamos que, tanto em I como em II, metade da mais-valia, em vez de ser gasta como *revenue*, é acumulada, isto é, transformada em elemento de capital adicional. Como metade de 1000 $\text{I}_{mv} = 500$ deve ser acumulada, de uma forma ou de outra, investida como capital monetário adicional, isto é, transformada em capital produtivo adicional, então se despendem apenas $(1000_v + 500_{mv})$ I como *revenue*. Como grandeza normal de II, figuram aqui, por isso, apenas 1500. Não precisamos prosseguir examinando a troca entre 1500 $\text{I}_{(v+mv)}$ e 1500 II_c, visto que já foi apresentada como processo da reprodução simples; e tampouco há que examinar 4000 I_c, pois seu arranjo para a reprodução que começa novamente (e que dessa vez se dá em escala ampliada) já foi discutido também como processo da reprodução simples.

Por conseguinte, restam unicamente a serem investigados: 500 I_{mv} e $(376_v + 376_{mv})$ II, à medida que as relações internas tanto de I como de II têm de ser consideradas, por um lado, e o movimento entre ambos, por outro. Como se pressupõe que, em II, também a metade da mais-valia deve ser acumulada, então há que transformar 188 em capital, $\frac{1}{4} = 47$ deles em capital variável, ou digamos 48, para arredondar; restam 140 a transformar em capital constante.

Tropeçamos aqui com um novo problema, cuja mera existência deve parecer esquisita à opinião corrente de que mercadorias de uma espécie costumam trocar-se por mercadorias de outra espécie, ou tais mercadorias por dinheiro, e o mesmo dinheiro de novo por mercadorias de espécie diferente. Os 140 II_{mv} só podem ser transformados em capital produtivo ao serem repostos por uma parte das mercadorias I_{mv}, de igual montante de valor. Entende-se por si mesmo que a parte de I_{mv} a ser trocada por II_{mv} tem de consistir em meios de produção, os quais podem entrar na produção tanto de I como de II, ou exclusivamente na de II. Essa reposição pode apenas se efetuar por compra unilateral por parte de II, pois todo o mais-produto 500 I_{mv}, a ser ainda examinado, deve servir à acumulação dentro de I, não podendo, portanto, ser intercambiado por mercadorias II;

em outras palavras, não pode ser ao mesmo tempo acumulado e comido por I. Assim, II tem de comprar 140 I_{mv} com dinheiro sonante, sem que esse dinheiro reflua a ele mediante uma venda subsequente de sua mercadoria a I. E esse é um processo que se repete constantemente, em cada nova produção anual, à medida que a reprodução seja em escala ampliada. Onde jorra, em II, a fonte do dinheiro para isso?

II parece, ao contrário, um campo absolutamente estéril para a formação de novo capital monetário, a qual acompanha a acumulação real e na produção capitalista a condiciona, apresentando-se de início como simples entesouramento.

Inicialmente, temos 376 II_v; o capital monetário de 376, adiantado em força de trabalho, retorna continuamente, mediante compra de mercadorias II, como capital variável em forma-dinheiro, aos capitalistas II. Esse distanciamento e retorno constantemente repetidos ao ponto de partida – o bolso do capitalista – não aumenta de maneira alguma o dinheiro que se move dentro desse circuito. Isso não constitui, portanto, fonte da acumulação monetária; nem pode esse dinheiro ser retirado dessa circulação para formar novo capital monetário virtual, entesourado.

Mas espere aí! Não é possível fazer aqui um lucrozinho?

Não devemos esquecer que a classe II tem sobre a classe I a vantagem de que os trabalhadores por ela empregados têm de lhe comprar as mercadorias que eles mesmos produziram. A classe II é compradora de força de trabalho e, ao mesmo tempo, vendedora de mercadorias aos possuidores da força de trabalho por ela empregada. A classe II pode, portanto

1) – e isto ela tem em comum com os capitalistas da classe I –, simplesmente comprimir o salário abaixo de seu nível médio normal. Desse modo, parte do dinheiro que funciona como forma-dinheiro do capital variável é liberada, e isso poderia tornar-se, com repetição constante do mesmo processo, uma fonte normal do entesouramento e, portanto, também da formação de capital monetário virtual adicional na classe II. Naturalmente, não temos aqui nada a ver com lucro fraudulento casual, visto que tratamos da formação normal de capital. Entretanto, não se deve esquecer que o salário normal efetivamente pago (o qual *ceteris paribus* determina a grandeza do capital variável) de nenhum modo é pago por bondade do capitalista, mas que, sob dadas condições, tem de ser pago. Com isso fica eliminada essa forma de explicação. Se pressupomos que é de 376_v o capital variável a ser gasto pela classe II, não podemos, para esclarecer um novo problema que surgiu, introduzir de repente a hipótese de que II adianta, digamos, apenas 350_v, e não 376_v.

2) Por outro lado, porém – conforme já dissemos –, a classe II, considerada em conjunto, tem sobre a classe I a vantagem de ser, ao mesmo tempo, compradora da força de trabalho e revendedora de sua

mercadoria a seus próprios trabalhadores. Como essa circunstância pode ser explorada – pagando-se nominalmente o salário normal, mas, de fato, retomando-se, aliás se roubando de volta, parte dele sem a contrapartida de um equivalente correspondente em mercadorias; sobre como isso se pode efetuar, em parte mediante o *trucksystem*,[I] em parte mediante a falsificação do meio circulante (ainda que essa falsificação não possa, talvez, ser legalmente comprovada), todos os países industriais fornecem os dados mais palpáveis. Por exemplo, a Inglaterra e os Estados Unidos. (Quando chegar a oportunidade, desenvolver isto com alguns exemplos jeitosos.) Essa operação é a mesma que em 1, apenas disfarçada e executada por um rodeio. Deve, portanto, ser tão rejeitada aqui como aquela. Trata-se aqui de salário pago efetiva, não nominalmente.

Vemos que, na análise objetiva do mecanismo capitalista, certas máculas que ainda lhe aderem de forma extraordinária não podem servir de subterfúgios para eliminar dificuldades teóricas. Mas, curiosamente, a grande maioria de meus críticos burgueses brada como se eu, ao admitir, por exemplo, no Livro 1 de *O capital*, que o capitalista paga o valor real da força de trabalho, o que ele em grande parte não faz, tivesse cometido uma injustiça contra o mesmo capitalista. (Aqui se pode citar Schäffle[II] com a magnanimidade atribuída a mim.)

Com 376 II_v, para a facilidade mencionada, nada se pode, pois, fazer.

Mas, quanto aos 376 II_{mv}, a situação parece ser ainda mais precária. Aí se confrontam somente capitalistas da mesma classe, que vendem uns aos outros e compram uns dos outros os meios de consumo por eles produzidos. O dinheiro necessário a essa transação funciona apenas como meio de circulação e, no curso normal das coisas, deve refluir aos participantes, na medida em que o adiantaram à circulação, para percorrer sempre de novo o mesmo curso.

A retirada desse dinheiro da circulação para formar capital monetário virtual adicional só parece possível por duas vias. Ou uma parte dos capitalistas II frauda a outra e assim pratica roubo de dinheiro. Para a formação de novo capital monetário não é necessário, como sabemos, que se expanda previamente o meio circulante; somente é necessária a retirada de dinheiro de certos lados da circulação e seu armazenamento

---

I Sistema de pagamento em vales que devem ser resgatados pelo empregado em loja do próprio empregador, a preços maiores que os do mercado; espécie de servidão por dívidas. [N. E. B.]

II Segundo a edição em espanhol de *O capital* da Siglo XXI, A. Schäffle (*Kapitalismus und Sozialismus mit besonderer Rücksicht auf Geschäftsi-und Vermögensformen*. Tübingen, 1870) considerou Marx magnânimo por afirmar que o capitalista paga o valor da força de trabalho. [N. T.]

como tesouro. Que o dinheiro possa ser roubado e que, por isso, a formação de capital monetário adicional por uma parte dos capitalistas II esteja combinada com uma perda positiva de dinheiro de outra parte, não afetaria a coisa. A parte fraudada dos capitalistas II teria de viver um pouco menos despreocupadamente, mas isso também seria tudo.

Ou então uma parte de II_{mv}, representada por meios de subsistência necessários, é transformada diretamente em novo capital variável dentro do Setor II. Como isso acontece será examinado no final deste capítulo (na seção IV).

1. Primeiro exemplo

A) Esquema da reprodução simples

$$\left.\begin{array}{l} \text{I. } 4000_c + 1000_v + 1000_{mv} = 6000 \\ \text{II. } 2000_c + 500_v + 500_{mv} = 3000 \end{array}\right\} \text{Total} = 9000$$

B) Esquema inicial para a reprodução em escala ampliada

$$\left.\begin{array}{l} \text{I. } 4000_c + 1000_v + 1000_{mv} = 6000 \\ \text{II. } 1500_c + 750_v + 750_{mv} = 3000 \end{array}\right\} \text{Total} = 9000$$

Supondo-se que no esquema B se acumule metade da mais-valia de I, portanto 500, teremos inicialmente $(1000_v + 500_{mv})$ I ou 1500 $\text{I}_{(v+mv)}$ a serem repostos por 1500 II_c; restam então, em I, $4000_c + 500_{mv}$, os últimos a serem acumulados. A reposição de $(1000_v + 500_{mv})$ I por 1500 II_c é um processo da reprodução simples, que já foi esclarecido em conexão com esta última.

Suponhamos que, dos 500 I_{mv}, 400 têm de se transformar em capital constante e 100 em variável. A conversão dentro de I dos 400_{mv} que assim devem ser capitalizados já foi discutida; assim, podem ser, sem mais, anexados a I_c, e então obtemos para I:

$4400_c + 1000_v + 100_{mv}$ (a serem convertidos em 100_v).

Por seu lado, II compra, para fins de acumulação, de I, os 100 I_{mv} (existentes em meios de produção), que agora constituem capital constante adicional de II, enquanto os 100 em dinheiro, que paga por aqueles, são transformados em forma-dinheiro do capital variável adicional de I. Temos então, para I, um capital de $4400_c + 1100_v$ (os últimos em dinheiro) = 5500.

II tem agora, como capital constante, 1600_c; para processá-lo tem de acrescentar outros 50_v em dinheiro para a compra de nova força de trabalho, de modo que assim seu capital variável cresce de 750 para 800. Essa expansão do capital constante e do variável de II no total de 150 é custeada a partir de sua mais-valia; dos 750 II_{mv} restam, portanto, apenas 600_{mv} como fundo de consumo dos capitalistas II, cujo produto anual se distribui agora da seguinte maneira:

$$\text{II. } 1\,600_c + 800_v + 600_{mv} \text{ (fundo de consumo)} = 3\,000.$$

Os 150_{mv} produzidos em meios de consumo, aqui convertidos em $(100_c + 50_v)$ II, entram em sua forma natural inteiramente no consumo dos trabalhadores: 100 são consumidos pelos trabalhadores I (100 I_v) e 50 pelos trabalhadores II (50 II_v), conforme exposto acima. De fato, é preciso que em II, onde seu produto total é elaborado numa forma necessária à acumulação, seja reproduzida uma parte da mais-valia acrescida de 100, sob a forma de meios de consumo *necessários*. Se começa realmente a reprodução em escala ampliada, os 100 de capital monetário variável de I refluem, pelas mãos de sua classe trabalhadora, para II, o qual, por sua vez, transfere 100_{mv} em estoque de mercadorias a I e, ao mesmo tempo, 50 em estoque de mercadorias a sua própria classe trabalhadora.

O arranjo modificado para fins de acumulação apresenta-se agora assim:

$$\begin{aligned}
&\text{I. } 4\,400_c + 1\,100_v + 500 \text{ fundo de consumo} = 6\,000\\
&\text{II. } 1\,600_c + 800_v + 600 \text{ fundo de consumo} = 3\,000\\
\hline
&\qquad\qquad\qquad\qquad \text{TOTAL} = 9\,000\text{, como acima.}
\end{aligned}$$

Desses montantes, são capital:

$$\left.\begin{aligned}
&\text{I. } 4\,400_c + 1\,100_v \text{ (dinheiro)} = 5\,500\\
&\text{II. } 1\,600_c + 800_v \text{ (dinheiro)} = 2\,400
\end{aligned}\right\} = 7\,900,$$

enquanto a produção começou com:

$$\left.\begin{aligned}
&\text{I. } 4\,000_c + 1\,000_v = 5\,000\\
&\text{II. } 1\,500_c + 750_v = 2\,250
\end{aligned}\right\} = 7\,250.$$

Se a acumulação efetiva prossegue sobre essa base, isto é, se se produz realmente com esse capital aumentado, obtemos no fim do ano seguinte:

$$\left.\begin{aligned}
&\text{I. } 4\,400_c + 1\,100_v + 1\,100_{mv} = 6\,600\\
&\text{II. } 1\,600_c + 800_v + 800_{mv} = 3\,200
\end{aligned}\right\} = 9\,800$$

Suponhamos agora que I siga acumulando na mesma proporção; portanto despenda 550_{mv} como *revenue* e acumule 550_{mv}. De início, 1100 I_v são repostos por 1100 II_c e, além disso, há 550 I_{mv} a serem realizados num montante igual de mercadorias II; portanto num total de 1650 $\text{I}_{(v+mv)}$. Mas o capital constante de II a repor é apenas = 1600, os 50 restantes têm de ser completados, portanto, a partir de 800 II_{mv}. Se abstraímos, por enquanto, o dinheiro, temos como resultado dessa transação:

I. $4\,400_c + 550_{mv}$ (os quais devem ser capitalizados); além disso, no fundo de consumo dos capitalistas e trabalhadores, $1\,650_{(v+mv)}$ realizados em mercadorias II_c.

II. $1\,650_c$ (a saber, 50 acrescidos conforme acima a partir de II_{mv}) $+ 800_v + 750_{mv}$ (fundo de consumo dos capitalistas).

Mas, se em II permanece a antiga proporção entre v e c, então para 50_c têm de ser despendidos outros 25_v; estes devem ser tirados dos 750_{mv}; obtemos assim:

II. $1\,650_c + 825_v + 725_{mv}$

Em I, há para capitalizar 550_{mv}; destes, se se mantém a proporção anterior, 440 constituem capital constante e 110 capital variável. Esses 110 podem eventualmente ser extraídos de 725 II_{mv}, isto é, meios de consumo no valor de 110 são consumidos pelos trabalhadores I em vez de pelos capitalistas II, sendo os últimos, pois, obrigados a capitalizar esses 110_{mv} que não podem consumir. Isso faz com que sobrem 615 II_{mv} dos 725 II_{mv}. Mas, se II transforma, desse modo, os 110 em capital constante adicional, então ele precisa de outro capital variável adicional de 55; este tem de ser fornecido por parte de sua mais-valia; subtraindo-o de 615 II_{mv}, restam 560 para o consumo dos capitalistas II, e obteremos então, após efetuar todas as transferências efetivas e potenciais, como valor-capital:

$$\text{I.}\quad (4\,400_c + 440_c) + (1\,100_v + 110_v) = 4\,840_c + 1\,210_v = 6\,050$$
$$\text{II.}\quad (1\,600_c + 50_c + 110_c) + (800_v + 25_v + 55_v) = 1\,760_c + 880_v = 2\,640$$
$$8\,690$$

Para que a coisa ande normalmente, a acumulação em II tem de efetuar-se mais rapidamente do que em I, pois de outro modo a parte de $\text{I}_{(v+mv)}$ que tem de converter-se em mercadorias II cresceria mais rapidamente do que II_c, o único elemento pelo qual ela pode trocar-se.

Se a reprodução prossegue sobre essa base, e com as demais circunstâncias constantes, obteremos no fim do ano seguinte:

$$\left.\begin{array}{l} \text{I. } 4840_c + 1210_v + 1210_{mv} = 7260 \\ \text{II. } 1760_c + 880_v + 880_{mv} = 3520 \end{array}\right\} = 10780$$

Permanecendo constante a taxa de repartição da mais-valia, I deverá primeiramente despender como *revenue*: 1210_v e metade de $mv = 605$, no total $= 1815$. Esse fundo de consumo é novamente maior em 55 do que II_c. Os 55 devem ser deduzidos de 880_{mv}; restam 825. Os 55 II_{mv} transformados em II_c supõem outra dedução de II_{mv} para o capital variável correspondente $= 27\frac{1}{2}$; restam para consumir $797\frac{1}{2}$ II_{mv}.

Há que capitalizar agora em I: 605_{mv}; destes, 484 como capital constante e 121 como variável; os últimos devem ser deduzidos de II_m, que agora ainda $= 797\frac{1}{2}$, restando $676\frac{1}{2}$ II_{mv}. II transforma, portanto, outros 121 em capital constante e precisa, para isso, de mais capital variável $= 60\frac{1}{2}$; este é igualmente deduzido de $676\frac{1}{2}$; restam 616 para consumir.

Temos, então, em capital:

I.	constante	4840 + 484		= 5324	
	variável	1210 + 121		= 1331	
II.	constante	1760 + 55	+ 121		= 1936
	variável	880 + $27\frac{1}{2}$	+ $60\frac{1}{2}$		= 968

$$\text{no total: } \left.\begin{array}{l} \text{I. } 5324_c + 1331_v = 6655 \\ \text{II. } 1936_c + 968_v = 2904 \end{array}\right\} = 9559$$

e, no fim do ano, em produto:

$$\left.\begin{array}{l} \text{I. } 5324_c + 1331_v + 1331_{mv} = 7986 \\ \text{II. } 1936_c + 968_v + 968_{mv} = 3872 \end{array}\right\} = 11858$$

Repetindo o mesmo cálculo e arredondando as frações, obteremos no fim do ano seguinte um produto de:

$$\left.\begin{array}{l} \text{I. } 5856_c + 1464_v + 1464_{mv} = 8784 \\ \text{II. } 2129_c + 1065_v + 1065_{mv} = 4259 \end{array}\right\} = 13043$$

E no fim do ano subsequente:

$$\left.\begin{array}{l} \text{I. } 6442_c + 1610_v + 1610_{mv} = 9662 \\ \text{II. } 2342_c + 1172_v + 1172_{mv} = 4686 \end{array}\right\} = 14348$$

No decurso de uma reprodução quinquenal em escala ampliada, o capital total de I e II aumentou de $5500_c + 1750_v = 7250$ para $8784_c + 2782_v = 11566$, portanto na proporção de 100:160. A mais-valia total, que originalmente era de 1750, é agora de 2 782. A mais-valia consumida era inicialmente de 500 para I e de 600 para II, no total = 1100; ela era, no último, 732 para I e 745 para II, no total = 1477. Cresceu, portanto, na proporção de 100:134.

2. Segundo exemplo

Tomemos agora o produto anual de 9000, que se encontra, em sua totalidade, como capital-mercadoria nas mãos da classe dos capitalistas industriais, numa forma em que a proporção média geral entre capital variável e capital constante é de 1:5. Isso pressupõe: desenvolvimento considerável da produção capitalista e, correspondentemente, da força produtiva do trabalho social; considerável ampliação prévia da escala de produção; finalmente, desenvolvimento de todas as circunstâncias que produzem superpopulação relativa na classe trabalhadora. O produto anual distribuir-se-á, então, arredondando-se as frações, do seguinte modo:

$$\left.\begin{array}{l} \text{I. } 5000_c + 1000_v + 1000_{mv} = 7000 \\ \text{II. } 1430_c + 285_v + 285_{mv} = 2000 \end{array}\right\} = 9000$$

Suponhamos agora que a classe capitalista I consuma metade da mais-valia = 500, e acumule metade. Então $(1000_v + 500_{mv})$ I = 1500 teriam de converter-se em 1500 II_c. Como aqui II_c apenas = 1430, ter-se-á de acrescentar 70 da mais-valia; após deduzir esses de 285 II_{mv}, restam 215 II_{mv}. Obtemos, portanto:

I. $5000_c + 500_{mv}$ (a capitalizar) + $1500_{(v+mv)}$ no fundo de consumo dos capitalistas e trabalhadores.

II. $1430_c + 70_{mv}$ (a capitalizar) + $285_v + 215_{mv}$.

Como aqui 70 II_{mv} são anexados diretamente a II_c, precisa-se, para pôr em movimento esse capital constante adicional, de um capital variável de $\frac{70}{5} = 14$; esses 14 são retirados, pois, também de 215 II_{mv}; restam 201 II_{mv}, e temos:

$$\text{II. } (1430_c + 70_c) + (285_v + 14_v) + 201_{mv}.$$

A troca de 1500 $\text{I}_{(v + \frac{1}{2}mv)}$ por 1500 II_c é um processo da reprodução simples e, nessa medida, está esclarecida. Entretanto, cabe aqui observar algumas peculiaridades oriundas da circunstância de que, na reprodução com acumulação, $\text{I}_{(v + \frac{1}{2}mv)}$ não é reposto apenas por II_c, mas por II_c mais uma parte de II_{mv}.

Supondo-se acumulação, que $\text{I}_{(v+mv)}$ seja maior do que II_c, e não igual a II_c como na reprodução simples, entende-se por si mesmo; pois: 1) I incorpora parte de seu mais-produto a seu próprio capital produtivo e transforma $5/6$ dele em capital constante, não podendo, portanto, repor esses $5/6$ ao mesmo tempo, por meios de consumo II; 2) I tem de fornecer, a partir de seu mais-produto, o material para o capital constante necessário à acumulação dentro de II, do mesmo modo que II tem de fornecer a I o material para o capital variável, o qual deve pôr em movimento a parte do mais-produto de I que ele mesmo emprega como mais-capital constante. Sabemos: o capital variável real consiste em força de trabalho e, portanto, também o adicional. Não é o capitalista I quem eventualmente compra de II meios de subsistência necessários para estocá-los ou acumulá-los para a força de trabalho adicional a ser empregada por ele, como o tinha de fazer o escravagista. São os próprios trabalhadores que comerciam com II. Mas isso não impede que, do ponto de vista do capitalista, os meios de consumo da força de trabalho adicional sejam apenas meios de produção e de manutenção de sua força de trabalho adicional eventual, portanto a forma natural de seu capital variável. Sua própria operação imediata, aqui a de I, consiste apenas em acumular o novo capital monetário necessário à compra de força de trabalho adicional. Tão logo ele a incorpora, o dinheiro se torna meio de compra das mercadorias II para essa força de trabalho, que tem de encontrar, portanto, prontos seus meios de consumo.

De passagem. O senhor capitalista, bem como sua imprensa, está muitas vezes insatisfeito com a maneira como a força de trabalho despende seu dinheiro e com as mercadorias II em que realiza o mesmo. Nessas ocasiões, ele filosofa, tagarela sobre cultura e filantropia, como, por exemplo, o Sr. Drummond, secretário da embaixada inglesa em Washington; *The Nation* {um jornal} publicou em outubro de 1879 um artigo interessante, em que, entre outras coisas, se dizia:

> "Os trabalhadores não acompanharam culturalmente o progresso das invenções; tornaram-se-lhes acessíveis massas de objetos que não sabem utilizar e para os quais não criam, portanto, mercado". {Todo capitalista quer, naturalmente, que o trabalhador compre sua mercadoria.} "Não há motivo por que o trabalhador não deva querer tanto conforto quanto o clérigo, o advogado e o médico, que ganham tanto quanto ele." {Essa espécie de advogados, clérigos e médicos tem de fato de se contentar com o desejo de muito conforto!} "Entretanto, ele não o faz. Permanece a questão de como elevar o nível dele, como consumidor, por meio de um procedimento racional e sadio; não é uma questão fácil, pois toda a sua ambição se limita à redução de suas horas de trabalho, e o demagogo o incita muito mais a isso do que à melhora de

> sua situação mediante o aperfeiçoamento de suas capacidades mentais e morais." (*Reports of H. M. Secretaries of Embassy and Legation on the Manufactures, Commerce etc. of the Countries in Which they Reside.* London, 1879, p. 404)

Longas horas de trabalho parecem ser o segredo do procedimento racional e sadio que se destina a elevar a situação do trabalhador mediante aperfeiçoamento de suas capacidades mentais e morais e a fazer dele um consumidor racional. Para tornar-se um consumidor racional da mercadoria dos capitalistas, deve ele começar sobretudo – mas o demagogo o impede! – a permitir que seu próprio capitalista consuma sua própria força de trabalho de maneira irracional e nociva à saúde. O que o capitalista entende por consumo racional evidencia-se ali onde ele condescende a intervir diretamente no comércio que abastece seus trabalhadores de meios de consumo – no *trucksystem*, dentro do qual o fornecimento da moradia aos trabalhadores, de modo que seu capitalista se torna ao mesmo tempo seu senhorio, constitui um ramo entre muitos.

O mesmo Drummond, cuja bela alma delira com as tentativas dos capitalistas de elevar a classe trabalhadora, informa no mesmo relatório, entre outras coisas, sobre as fábricas de algodão modelares de Lowell e Lawrence Mills. As cantinas e os alojamentos para as moças da fábrica pertencem à sociedade anônima que é proprietária da fábrica; as supervisoras dessas casas estão a serviço dessa mesma sociedade, que lhe prescreve as regras de comportamento; nenhuma das moças pode voltar para casa depois das 10 horas da noite. E agora o melhor: uma polícia especial da empresa patrulha os arredores para impedir a transgressão dessa norma. Depois das 10 horas da noite não se permite a nenhuma moça sair ou entrar. Nenhuma das moças pode alojar-se em algum lugar fora dos terrenos pertencentes à sociedade, onde cada casa lhe rende um aluguel semanal de aproximadamente 10 dólares; e agora vemos, em todo o seu esplendor, o consumidor racional:

> Como o onipresente piano é encontrado em muitos dos melhores alojamentos para trabalhadoras, a música, o canto e a dança desempenham papel importante pelo menos para as que, depois de dez horas de trabalho contínuo no tear, após essa monotonia precisam mais de diversão do que de verdadeiro descanso. (p. 412)

Mas o segredo principal de como fazer do trabalhador um consumidor racional ainda vem. O Sr. Drummond visita a fábrica de cutelaria de Turner's Falls (Connecticut River), e o Sr. Oakman, tesoureiro da sociedade anônima, depois de lhe contar que nomeadamente a cutelaria da mesa americana supera a inglesa em qualidade, prossegue:

> Bateremos a Inglaterra também quanto aos preços; quanto à qualidade, já lhe estamos na frente, isso é reconhecido; mas devemos ter preços mais baixos, o que conseguiremos logo que obtenhamos o aço mais barato e baixemos nosso trabalho. (p. 427)

Redução dos salários e longas horas de trabalho – essa é a essência do procedimento racional e sadio que deverá elevar o trabalhador à dignidade de um consumidor racional, a fim de que crie um mercado para a massa dos objetos que a cultura e o progresso das invenções lhe tornaram acessíveis.

Assim como I tem de fornecer o capital constante adicional de II a partir de seu mais-produto, II fornece, nesse sentido, o capital variável adicional de I. II acumula para I e para si mesmo, no que se refere ao capital variável, ao reproduzir uma parte maior de sua produção total, portanto nomeadamente de seu mais-produto, em forma de meios de consumo necessários.

Na produção sobre a base crescente de capital, $\text{I}_{(v+mv)}$ tem de ser $= \text{II}_c$ mais a parte do mais-produto que volta a incorporar-se como capital, mais a parte adicional de capital constante necessária à expansão da produção em II; e o mínimo dessa expansão é aquilo sem o qual não seria realizável a acumulação real, isto é, a expansão real da produção em I.

Retornando ao último caso acima observado, vemos que ele possui a peculiaridade de II_c ser menor do que $\text{I}_{(v+\frac{1}{2}mv)}$, do que a parte do produto de I despendida como *revenue* em meios de consumo, de modo que, ao converter 1500 $\text{I}_{(v+mv)}$, se realiza em consequência, imediatamente, parte do mais-produto II = 70. No que tange a II_c, = 1430, tem de ser reposto, com as demais circunstâncias constantes, por um montante igual de valor, tirado de $\text{I}_{(v+mv)}$, a fim de que possa haver reprodução simples em II, e nessa medida não é preciso continuar a considerá-lo aqui. Mas esse não é o caso com os 70 II_{mv} complementares. O que para I é mera reposição de *revenue* por meios de consumo, intercâmbio de mercadorias dirigido meramente ao consumo, não é para II – como na reprodução simples – mera retransformação de seu capital constante da forma de capital-mercadoria em sua forma natural, mas processo direto de acumulação, transformação de parte de seu mais-produto da forma de meios de consumo na de capital constante. Se I compra com 70 libras esterlinas em dinheiro (reserva em dinheiro para a conversão de mais-valia) os 70 II_{mv}, e se II não compra com esse dinheiro 70 I_{mv}, mas acumula as 70 libras esterlinas como capital monetário, será este último, sem dúvida, sempre expressão de produto adicional (e precisamente do mais-produto de II, do qual constitui parte alíquota), embora não de um produto que volte a entrar na produção; mas, nesse caso, a acumulação monetária por parte de II seria, ao mesmo tempo, expressão de 70 I_{mv} invendáveis em meios de produção. Haveria, portanto, superprodução relativa em I, correspondente à não expansão simultânea da reprodução por parte de II.

Mas, abstraindo isso: durante o tempo em que os 70 em dinheiro, oriundos de I, ainda não retornaram a I, ou apenas parcialmente, mediante a compra de 70 I_{mv} por parte de II, figuram esses 70 em dinheiro inteira ou parcialmente como capital monetário virtual adicional nas mãos de II. Isso se aplica a toda transação entre I e II, antes que a reposição recíproca das mercadorias de ambos os lados faça refluir o dinheiro a seu ponto de partida. Mas o dinheiro, no curso normal das coisas, figura aqui apenas transitoriamente nesse papel. No sistema de crédito, entretanto, em que todo dinheiro adicional momentaneamente liberado deve funcionar imediatamente, de maneira ativa, como capital monetário adicional, tal capital monetário apenas transitoriamente livre pode ser imobilizado para servir, por exemplo, em novos empreendimentos em I, ainda que tivesse de pôr aí mesmo em movimento o produto adicional que ainda está imobilizado em outros empreendimentos. Cabe observar ainda que a anexação de 70 I_{mv} ao capital constante II exige, ao mesmo tempo, ampliação do capital variável II, no montante de 14. Isso pressupõe – analogamente ao que se dá em I quando o mais-produto I_{mv} é incorporado diretamente ao capital I_c – que a reprodução em II já se efetua com a tendência à capitalização ulterior; que ela implica, portanto, a expansão da parte do mais-produto que consiste em meios de subsistência necessários.

O produto de 9 000 no segundo exemplo tem de distribuir-se, conforme vimos, para fins de reprodução, da seguinte maneira, se 500 I_{mv} devem ser capitalizados. Tomamos aqui em consideração apenas as mercadorias e negligenciamos a circulação monetária.

I. $5\,000_c + 500_{mv}$ (a capitalizar) $+ 1\,500_{(v+mv)}$ fundo de consumo $= 7\,000$ em mercadorias.

II. $1\,500_c + 299_v + 201_{mv} = 2\,000$ em mercadorias. Soma total: 9 000 em produto-mercadoria.

A capitalização progride agora como segue:

Em I, os 500_{mv} que são capitalizados se dividem em $\frac{5}{6} = 417_c + \frac{1}{6} = 83_v$. Os 83_v retiram um montante igual de II_{mv}, o qual compra elementos do capital constante, sendo, portanto, juntado a II$_c$. Um aumento de II$_c$ em 83 implica um aumento de II$_v$ em ⅕ de 83 = 17. Temos, portanto, após a conversão:

$$\text{I. } (5\,000_c + 417_{mv})_c + (1\,000_v + 83_{mv})_v = 5\,417_c + 1\,083_v = 6\,500$$
$$\text{II. } (1\,500_c + 83_{mv})_c + (299_v + 17_{mv})_v = 1\,583_c + 316_v = 1\,899$$
$$\text{TOTAL} = 8\,399$$

O capital em I cresceu de 6000 para 6500, isto é, em 1⁄12. Em II, de 1715 para 1899, isto é, em um pouco menos de 1⁄9.

A reprodução nessa base, no segundo ano, resulta ao final do ano em capital:

$$\text{I. } (5\,417_c + 452_{mv})_c + (1\,083_v + 90_{mv})_v = 5\,869_c + 1\,173_v = 7\,042$$
$$\text{II. } (1\,583_c + 42_{mv} + 90_{mv})_c + (316_v + 8_{mv} + 18_{mv})_v = 1\,715_c + 342_v = 2\,057,$$

e, ao final do terceiro ano, em produto:

$$\text{I. } 5\,869_c + 1\,173_v + 1\,173_{mv}.$$
$$\text{II. } 1\,715_c + 342_v + 342_{mv}.$$

Se aqui I acumula, como até agora, metade da mais-valia, então I$(v + \frac{1}{2}mv)$ resulta em $1173_v + 587(\frac{1}{2}mv) = 1760$, sendo, portanto, maior do que o total de 1715 II$_c$, e precisamente em 45. Estes têm de ser compensados novamente mediante tomada de um montante igual de meios de produção por II$_c$. II$_c$ aumenta, por conseguinte, em 45, o que condiciona um acréscimo de ⅕ = 9 em II$_v$. Além disso, os 587 I$_{mv}$ capitalizados se dividem em ⅚ e ⅙, em 489$_c$ e 98$_v$; esses 98 condicionam em II novo acréscimo, de 98, do capital constante, e este, por sua vez, um aumento do capital variável de II em ⅕ = 20. Temos então:

$$\text{I. } (5\,869_c + 489_{mv})_c + (1\,173_v + 98_{mv})_v = 6\,358_c + 1\,271_v = 7\,629$$
$$\text{II. } (1\,715_c + 45_{mv} + 98_{mv})_c + (342_v + 9_{mv} + 20_{mv})_v = 1\,858_c + 371_v = 2\,229$$
$$\text{CAPITAL TOTAL} = 9\,858$$

Em três anos de reprodução crescente, o capital total de I cresceu, portanto, de 6000 para 7629, o de II de 1715 para 2229, o capital social total de 7715 para 9858.

3. Conversão de II_c na acumulação

No intercâmbio entre $\text{I}_{(v+mv)}$ e II_c ocorrem, portanto, casos diferentes.

Na reprodução simples, ambos têm de ser iguais e repor-se mutuamente, pois de outro modo, conforme vimos acima, a reprodução simples não poderia progredir sem perturbações.

Na acumulação, interessa sobretudo a taxa de acumulação. Nos casos até agora considerados, admitimos que a taxa de acumulação era em $\text{I} = \frac{1}{2}mv$ I e, do mesmo modo, que permanecia constante nos diversos anos. Apenas fizemos variar a proporção em que esse capital acumulado se divide em variável e constante. Daí resultaram três casos:

1) $\text{I}_{(v+\frac{1}{2}mv)} = \text{II}_c$, o qual, portanto, é menor do que $\text{I}_{(v+mv)}$. Isso tem de ser sempre assim, pois de outro modo I não acumularia.

2) $\text{I}_{(v+\frac{1}{2}mv)}$ é maior do que II_c. Nesse caso, a reposição é levada a cabo juntando a II_c uma parte correspondente de II_{mv}, de modo que essa soma $= \text{I}_{(v+\frac{1}{2}mv)}$. Aqui a conversão, para II, não é reprodução simples de seu capital constante, mas já é acumulação, aumento do mesmo naquela parte de seu mais-produto que intercambia por meios de produção I; esse aumento implica, ao mesmo tempo, que II aumente, além disso, seu capital variável de forma correspondente, a partir de seu próprio mais-produto.

3) $\text{I}_{(v+\frac{1}{2}mv)}$ é menor do que II_c. Nesse caso, II não reproduziu mediante a conversão inteiramente seu capital constante e tem de repor, portanto, o déficit, mediante compra de I. Mas isso não exige acumulação ulterior de capital variável II, visto que seu capital constante em grandeza só se reproduz inteiramente mediante essa operação. Por outro lado, mediante essa conversão, a parte dos capitalistas I que apenas acumula capital monetário adicional já levou a cabo parte dessa espécie de acumulação.

O pressuposto da reprodução simples, de que $\text{I}_{(v+mv)} = \text{II}_c$, não apenas é incompatível com a produção capitalista, o que de resto não exclui que, no ciclo industrial de 10–11 anos, muitas vezes um ano tenha produção total menor do que a do anterior, de modo que nem reprodução simples ocorre em comparação com o ano anterior. Mas, além disso, com o crescimento natural anual da população, só poderia haver reprodução simples na medida em que, no consumo dos 1500 que representam a mais-valia total, participasse um número proporcionalmente maior de servidores improdutivos. Acumulação de capital, isto é, produção capitalista real, seria nessas condições impossível. A realidade da acumulação capitalista exclui, portanto, que $\text{II}_c = \text{I}_{(v+mv)}$. Não obstante, mesmo na acumulação capitalista, poderia ocorrer o caso de que, em consequência do andamento dos processos de acumulação realizados na série anterior de períodos de produção, II_c se tornasse não apenas igual, mas até maior do que $\text{I}_{(v+mv)}$. Isso seria uma superprodução em II e apenas poderia ser compensada por uma grande crise, em consequência da qual se transferisse capital de II para I. Em nada altera a proporção entre $\text{I}_{(v+mv)}$ e II_c se parte do capital constante de II reproduz a si mesmo, como ocorre, por exemplo, na agricultura, que utiliza as sementes que ela mesma produz. Essa parte de II_c se considera, no que tange à transação entre I e II, tão pouco como se considera I_c. Também não altera a coisa se parte dos produtos de II for capaz, por sua vez, de entrar em I como meios de produção. Eles são compensados por parte dos meios de produção fornecidos por I, e essa parte deve ser deduzida, de ambos os lados, de antemão, se quisermos examinar o intercâmbio entre as duas grandes classes da produção social, a dos produtores de meios de produção e a dos produtores de meios de consumo, em forma pura e sem distorções.

Portanto, na produção capitalista, $\text{I}_{(v+mv)}$ não pode ser igual a II_c, ou seja, ambos não podem se cobrir na troca de um pelo outro. Por outro lado, se $\text{I}\frac{mv}{x}$ é a parte de I_{mv} gasta pelos capitalistas I como *revenue*, $\text{I}(v+\frac{mv}{x})$ pode ser igual, maior ou menor do que II_c; mas $\text{I}(v+\frac{mv}{x})$ sempre tem de ser menor do que $\text{II}_{(c+mv)}$, e a diferença entre eles tem de ser precisamente igual à parte de II_{mv} que a classe capitalista II tem de consumir em qualquer circunstância.

Cabe observar que, nesta exposição da acumulação, o valor do capital constante, na medida em que é parte de valor do capital-mercadoria, em cuja produção colabora, não está representado de maneira exata. A parte fixa do capital constante recém-acumulado só entra gradual e periodicamente, conforme a natureza desses elementos fixos, no capital-mercadoria; este consiste, portanto, ali onde matérias-primas, produtos semiacabados etc. entram em grande massa na produção de mercadorias, em sua maior parte em reposição dos componentes constantes circulantes e em capital variável. (Em virtude da rotação dos componentes circulantes pode-se proceder dessa maneira; admite-se nesse caso que, durante o ano, a parte circulante, juntamente com a parte de valor do capital fixo a ela cedida, rota tantas vezes que a soma total das mercadorias fornecidas é igual ao valor de todo o capital que entra na produção anual.) Mas onde apenas materiais auxiliares entrem na produção mecânica, e não matérias-primas, o elemento trabalho $= v$ tem de reaparecer no capital-mercadoria como componente maior. Enquanto na taxa de lucro a mais-valia é calculada em relação ao capital total, independentemente de os componentes fixos cederem periodicamente muito ou pouco valor ao produto, para o valor de cada capital-mercadoria periodicamente produzido a parte fixa do capital constante só deve ser incluída no cálculo na medida em que ela, mediante seu desgaste, cede em média valor ao próprio produto.

IV. OBSERVAÇÕES SUPLEMENTARES

A fonte original de dinheiro para II é $v + mv$ da produção de ouro I, intercambiada por parte de II_c; só na medida em que o produtor de ouro acumula mais-valia ou a transforma em meios de produção I, expandindo, portanto, sua produção, seu $v + mv$ não se incorpora a II; por outro lado, na medida em que a acumulação de dinheiro, por parte do próprio produtor de ouro, leva finalmente à reprodução ampliada, uma parte da mais-valia da produção de ouro não gasta como *revenue* entra em II, para formar capital variável adicional do produtor de ouro, promovendo aí novo entesouramento ou fornecendo novos meios para comprar de I, sem voltar a lhe vender diretamente. Do dinheiro oriundo desse $\text{I}(v + mv)$ da produção de ouro deduz-se a parte do ouro utilizada por certos ramos da produção de II como matéria-prima etc., em suma, como elemento de reposição de seu capital constante. Elementos para o entesouramento provisório – tendo em vista futura reprodução ampliada – na transação entre I e II são: para I apenas, quando parte de I_{mv} é vendida unilateralmente a II, sem haver compra compensatória, e aqui serve como capital constante adicional II; para II, quando o mesmo é o caso por parte de I, para formar capital variável adicional; além disso, quando parte da mais-valia despendida por I como *revenue* não é coberta por II_c, portanto quando com ela é comprada parte de II_{mv} e assim transformada em dinheiro. Se $\text{I}(v + \frac{mv}{x})$ é maior do que II_c, então II_c não precisa, para sua reprodução simples, repor com mercadorias de I o que I consumiu de II_{mv}. Cabe perguntar em que medida dentro do intercâmbio dos capitalistas II entre si – um intercâmbio que apenas pode consistir no intercâmbio recíproco de II_{mv} – pode ocorrer entesouramento. Sabemos que, dentro de II, acumulação direta ocorre pelo fato de que parte de II_{mv} é transformada diretamente em capital variável (do mesmo modo que em I parte de I_{mv} se transforma diretamente em capital constante). Para as diferentes classes etárias da acumulação dentro dos diversos ramos de negócios de II e, dentro de cada ramo, para os capitalistas individuais, explica-se a coisa, *mutatis mutandis*, inteiramente como em I. Uns se encontram ainda no estágio do entesouramento, vendem sem comprar, outros, no ponto da ampliação efetiva da reprodução, compram sem vender. O capital monetário variável adicional é desembolsado inicialmente, na verdade, em força de trabalho adicional; mas esta compra meios de subsistência dos entesouradores, proprietários dos meios de consumo adicionais que entram no consumo dos trabalhadores. Daqueles proprietários, *pro rata* de seu entesouramento, o dinheiro não retorna a seu ponto de partida; eles o acumulam.

NOTAS DE KARL MARX E FRIEDRICH ENGELS

PREFÁCIO DA PRIMEIRA EDIÇÃO

1 No prefácio de K. Marx, *Das Elend der Philosophie. Antwort auf Proudhons Philosophie des Elends* [A miséria da filosofia: Resposta à Filosofia da Miséria de Proudhon], trad. E. Bernstein e K. Kautsky. Stuttgart, 1885.

2 Roscoe-Schorlemmer, *Ausführliches Lehrbuch der Chemie*. Braunschweig, 1877, I, pp. 13–18.

3 "Assim, pois, se estreita cada vez mais o mercado interno pela concentração das riquezas nas mãos de um pequeno número de proprietários, e a indústria se vê cada vez mais obrigada a procurar seus escoadouros nos mercados externos, onde ainda a esperam revolucionamentos maiores" (ou seja, a crise de 1817, que logo em seguida é descrita). *Nouv. Princ.*, éd. 1819, I, p. 336.

SEÇÃO I [PP. 33–146] AS METAMORFOSES DO CAPITAL E SEU CICLO

1 Do M[anuscrito] II.

2 A partir daqui, M. VII, iniciado a 2 de julho de 1878.

3 Até aqui, Manuscrito VII. Daqui por diante, Manuscrito VI.

4 Até aqui, Manuscrito VI. Daqui por diante, Manuscrito V.

5 Isso vale seja qual for o modo de separarmos valor-capital e mais-valia. Em 10 000 libras de fio há 1 560 = 78 libras esterlinas de mais-valia, mas em 1 libra de fio = 1 xelim há igualmente 2,496 onças = 1,872 pêni de mais-valia.

6 Чупров, "Железнодорожное хозяйство", Москва, 1875, pp. 69–70.

6[a] A expressão "latente" é emprestada da concepção física de calor latente, que agora, com a teoria da transformação da energia, tem sido deixada de lado. Por isso, na Seção III (redigida posteriormente), Marx empregava a expressão emprestada da concepção de energia potencial: "potencial" ou, por analogia às velocidades virtuais de D'Alembert: "capital virtual". – F. E.

7 Até aqui, Manuscrito V. O que segue, até o final do capítulo, é uma nota que se encontrava entre extratos de livros, num caderno de 1877 ou 1878.

8 A partir daqui, Manuscrito IV.

9 Tempo de produção, aqui, em sentido ativo: o tempo de produção dos meios de produção não é, aqui, o tempo em que são produzidos, mas em que participam no processo de produção de um produto-mercadoria. – F. E.

10 O texto entre chaves provém de uma nota ao final do M. VIII. – F. E.

11 "Os custos de comércio, embora necessários, devem ser considerados uma despesa onerosa." (Quesnay, "Analyse du *Tableau économique*", in *Physiocrates*, I, ed. Daire. Paris, 1846, p. 71.) – Segundo Quesnay, o "lucro" acarretado pela concorrência entre os comerciantes, isto é, que os obriga "a reduzir sua remuneração ou seu ganho [...], é, a rigor, apenas uma perda evitada para o vendedor em primeira mão e para o comprador que consome. Ora, uma perda evitada nos custos do comércio não é um produto real nem um acréscimo de riqueza obtido pelo comércio, se se considera o comércio em si mesmo apenas como intercâmbio, independentemente dos custos de transporte, ou juntamente com os custos

de transporte" (pp. 145-46). "Os custos do comércio são sempre suportados pelos vendedores dos produtos, que receberiam o preço integral, pago pelos compradores, caso não existisse nenhum gasto de intermediação" (p. 163). Os *propriétaires* [proprietários] e *producteurs* [produtores] são "*salariants*" [pagadores de salários], os comerciantes são "*salariés*" [assalariados] (Quesnay, "Dialogues sur le commerce et sur les travaux des artisans" [na 1ª e na 2ª edições: "Problèmes économiques" – N. E. A.], in *Physiocrates*, ed. Daire, op. cit., p. 164).

12 Na Idade Média, só encontramos contabilidade agrícola nos monastérios. No entanto, viu-se (Livro 1, p. 345) que já nas antiquíssimas comunidades indianas figura um contador para a agricultura. A contabilidade foi autonomizada, tornando-se função exclusiva de um funcionário comunal. Por essa divisão de trabalho, são poupados tempo, esforços e gastos, mas a produção e a contabilidade da produção continuam sendo coisas tão distintas quanto a carga de um barco e o conhecimento da carga. No contador, parte da força de trabalho da comunidade está subtraída dela, e os custos de sua função não são repostos por seu próprio trabalho, mas por uma dedução do produto da comunidade. O que ocorre com o contador da comunidade indiana também ocorre, *mutatis mutandis*, com o contador do capitalista. (Do Manuscrito II.)

13 "O dinheiro circulante num país é certa porção do capital do país, totalmente subtraída de propósitos produtivos, para facilitar ou incrementar a produtividade do resto; certo montante da riqueza é, por isso, tão necessário para fazer do ouro meio de circulação como é necessário para construir uma máquina que deve facilitar toda produção restante" (*Economist*, v. V, p. 520).

14 Corbet calcula, em 1841, os custos do armazenamento de trigo por uma temporada de 9 meses em ½% de perda em quantidade, 3% para juros sobre o preço do trigo, 2% para aluguel do armazém, 1% para peneiração e frete, ½% pelo trabalho de entrega: ao todo 7%, ou seja, para um preço de trigo a 50 xelins, 3 xelins e 6 pence por *quarter* (Th. Corbet, *An Inquiry into the Causes and Modes of the Wealth of Individuals etc.* London, 1841 [p. 140]). Segundo as declarações dos comerciantes de Liverpool perante a Comissão Ferroviária, os custos (líquidos) do armazenamento de cereais em 1865 montavam mensalmente a 2 pence por *quarter* ou 9–10 pence por tonelada (Royal Commission on Railways, "Evidence", 1867, n. 331, p. 19).

15 Book II, Introduction. [A edição inglesa anota: A. Smith, *An Inquiry into the Nature and the Causes of the Wealth of Nations*, v. II. London, 1843, pp. 249–52. – N. T.]

16 Em vez de, como A. Smith presume, a formação de estoque só surgir da transformação do produto em mercadoria e da transformação do estoque para consumo em estoque de mercadorias, essa mudança formal ocasiona, durante a transição da produção para autoconsumo à produção de mercadorias, as mais violentas crises na economia dos produtores. Na Índia, por exemplo, conservou-se até recentemente "o costume de armazenar maciçamente o cereal pelo qual nos anos de abundância pouco se obtinha" ("Return. Bengal and Orissa Famine. H. of C. 1867", I, pp. 230–31, n. 74). A demanda de algodão, juta etc., subitamente aumentada pela Guerra Civil Americana, provocou em muitas partes da Índia grande redução no cultivo do arroz, aumento em seus preços e venda de antigos estoques dos produtores. A isso ainda se acrescentou, em 1864–1866, a exportação sem precedentes de arroz para Austrália, Madagascar

etc. Daí o caráter agudo da epidemia de fome de 1866, que só no distrito de Orissa exterminou um milhão de pessoas (ibid., pp. 174–75, 213–14; e III: "Papers Relating to the Famine in Behar", pp. 32–33, onde entre as causas da fome é acentuada a *drain of old stock* [drenagem de estoque antigo]. (Do Manuscrito I. – F. E.)

17 Storch chama essa circulação de *circulation factice* [circulação fictícia].

18 Ricardo cita Say, que considera uma bênção do comércio encarecer os produtos ou elevar seu valor por meio dos custos de transporte. "O comércio", escreve Say, "nos permite alcançar uma mercadoria em seu lugar de origem e transportá-la para outro local de consumo; permite-nos, portanto, aumentar o valor da mercadoria de toda a diferença entre seu preço no primeiro desses lugares e no segundo." [Jean-Baptiste Say, *Traité d'économie politique*, v. 2, 3ª ed. Paris, 1817, p. 433 . – N. E. A.] Quanto a isso, observa Ricardo: "Correto, mas como lhe é dado seu valor adicional? Adicionando aos custos de produção, primeiro, as despesas de transporte; segundo, o lucro sobre os adiantamentos de capital, feitos pelo comerciante. A mercadoria só é mais valiosa pela mesma razão pela qual qualquer outra mercadoria pode tornar-se mais valiosa: porque mais trabalho é despendido em sua produção e transporte antes de ela ser comprada pelo consumidor. Isso não se deve designar como uma das vantagens do comércio" (Ricardo, *On the Principles of Political Economy, and Taxation*, 3ª ed. London, 1821, pp. 309–10).

19 Royal Commission on Railways, n. 630, p. 31.

SEÇÃO II [PP. 147–337] A ROTAÇÃO DO CAPITAL

20 Por causa da dificuldade oferecida pela determinação de capital fixo e capital circulante, o Sr. Lorenz Stein acha que essa distinção serve simplesmente para facilitar a exposição.

21 Até aqui, Manuscrito IV. Daqui em diante, Manuscrito II.

22 As citações assinaladas com R. C. foram extraídas de: Royal Commission on Railways. *Minutes of Evidence Taken Before the Commissioners*. Presented to Both Houses of Parliament. London, 1867. – As perguntas e respostas estão numeradas; citamos aqui os números correspondentes.

22[a] "A produção urbana está ligada à alternância dos dias, a rural, por sua vez, à alternância dos anos." (Adam H. Müller, *Die Elemente der Staatskunst*. Berlin, 1809, III, p. 178) Essa é a concepção ingênua que o romantismo tem da indústria e da agricultura.

23 Ver, de Quesnay, "Analyse du *Tableau économique*" (in *Physiocrates*, I, ed. Daire. Paris, 1846). Lê-se aí por exemplo: "Os adiantamentos anuais consistem nas despesas feitas anualmente para os trabalhos de cultura do solo; esses adiantamentos devem ser distinguidos dos adiantamentos originais que representam o fundo de estabelecimento da cultura do solo" (p. 59). – Os fisiocratas posteriores já denominam os *avances*, várias vezes, diretamente capital: "Capital ou *avances*" (Dupont de Nemours, "Maximes du Docteur Quesnay, ou Résumé de ses Principes d'Économie Sociale", [in *Physiocrates*, I, ed.] Daire, p. 391); além disso, Le Trosne: "Em consequência da duração de vida mais ou menos longa dos produtos do trabalho, uma nação possui um fundo considerável de riquezas, independentemente de sua reprodução anual, o qual representa um capital acumulado de longa data e que, originalmente pago com produtos, sempre se conserva e cresce" ([Le Trosne, "De l'interet social", in *Physiocrates*,] II, [ed.] Daire, pp. 928–29). – Turgot já usa com mais regu-

laridade a palavra capital para designar os *avances* e identifica mais ainda os *avances* dos *manufacturiers* com os dos arrendatários (Turgot, *Réflexions sur la formation et la distribution des richesses*, 1766).

24 A frase a seguir, que coloca o trabalho dos trabalhadores, à maneira fisiocrática, no mesmo nível do dos animais de trabalho, demonstra até que ponto Adam Smith fechou a si mesmo o caminho da compreensão do papel da força de trabalho no processo de valorização: "Não apenas seus" (do arrendatário) "servidores que trabalham, mas também seus animais de trabalho são trabalhadores produtivos" (Livro 2, cap. 5, p. 243).

25 "*This difference in the degree of durability of fixed capital, and this variety in the proportions in which the two sorts of capital may be combined.*" [*On the*] *Principles* [*of Political Economy, and Taxation*, op. cit.], p. 25.

26 "*The proportions, too, in which the capital that is to support labour, and the capital that is invested in tools, machinery, and buildings, may be variously combined*"; ibid.

27 "*The food and clothing consumed by the labourer, the buildings in which he works, the implements with which his labour is assisted, are all of a perishable nature. There is, however, a vast difference in the time for which these different capitals will endure: a steam-engine will last longer than a ship, a ship than the clothing of the labourer, and the clothing of the labourer longer than food which he consumes*"; Ricardo etc., p. 26.

28 "*According as capital is rapidly perishable and requires to be frequently reproduced, or is of slow consumption, it is classed under the heads of circulating, or fixed capital.*"

29 "*A division not essential, and in which the line of demarcation can not be accurately drawn.*"

29[a] *Observations on the Circum*stances *which Influence the Condition of the Labouring Classes of Society*. London, 1817. Cita-se uma passagem relevante no Livro 1, p. 561, nota 79 (pp. 802–03).

30 "*It is also to be observed that the circulating capital may circulate, or be returned to its employer, in very unequal times. The wheat bought by a farmer to sow is comparatively a fixed capital to the wheat purchased by a baker to make into loaves. The one leaves it to the ground, and can obtain no return for a year; the other can get it ground into flour, sell it as bread to his customers, and have his capital free, to renew the same, or commence any other employment in a week*"; pp. 26–27.

31 As semanas que caem no segundo ano de rotação estão entre parênteses.

32 No manuscrito aparece aqui intercalada a seguinte nota, para ser ampliada posteriormente: "Contradição no modo de produção capitalista: os trabalhadores como compradores de mercadoria são importantes para o mercado. Mas, como vendedores de sua mercadoria – da força de trabalho –, a sociedade capitalista tem a tendência de reduzi-los ao mínimo do preço. – Contradição adicional: as épocas em que a produção capitalista usa todas as suas potências se revelam regularmente como épocas de superprodução, porque os potenciais de produção nunca podem ser aplicados ao ponto de que, assim, mais valor possa ser não só produzido, mas também realizado; a venda das mercadorias, a realização do capital-mercadoria, portanto também da mais-valia, é, no entanto, limitada não pelas necessidades de consumo da sociedade, em que a grande maioria é sempre pobre e tem de continuar pobre. Isso pertence, contudo, apenas à próxima seção".

33 Mesmo que os fisiocratas ainda confundam ambos os fenômenos, eles são, no entanto, os primeiros a destacar o refluxo do dinheiro a seu ponto de partida

como forma essencial da circulação do capital, como forma da circulação mediadora da reprodução. "Lançai os olhos sobre o *Tableau économique* e vereis que a classe produtiva dá o dinheiro com o qual as outras classes compram produtos dela e lhe devolvem esse dinheiro ao voltar a fazer, no ano seguinte, as mesmas compras dela. [...] Vereis aqui apenas o ciclo do gasto que a reprodução segue e o da reprodução seguida do gasto; círculo que é percorrido pela circulação do dinheiro, que mede o gasto e a reprodução." (Quesnay, "Dialogues sur le commerce et sur les travaux des artisans" [na 1ª e na 2ª edições: "Problèmes économiques" – N. E. A.], in *Physiocrates*, I, ed. Daire, op. cit., pp. 208–09) "Esse avanço e refluxo contínuo dos capitais que constituem o que se deve chamar de circulação do dinheiro, essa circulação útil e fecunda que anima todos os trabalhos da sociedade, que mantém o movimento e a vida no corpo político e que com toda razão se compara à circulação do sangue no corpo animal." (Turgot, "Réflexions" etc., in *Oeuvres*, I, ed. Daire, p. 45)

SEÇÃO III [PP. 339–502] A REPRODUÇÃO E A CIRCULAÇÃO DO CAPITAL SOCIAL TOTAL

34 Do Manuscrito II.

35 Aqui começa o Manuscrito VIII.

36 *O capital*, Livro 1, op. cit., p. 531, nota 32 (p. 792).

37 Também aí alguns fisiocratas lhe prepararam o caminho, sobretudo Turgot. Este já emprega com mais frequência que Quesnay e os demais fisiocratas a palavra *capital* em lugar de *avances* e identifica ainda mais os *avances* ou *capitaux* dos manufatureiros com os dos arrendatários. Por exemplo: "Como estes" (os empresários manufatureiros) "eles" (os arrendatários, isto é, os arrendatários capitalistas) "devem recolher, além dos capitais em refluxo etc." (Turgot, *Oeuvres*, I, ed. Daire. Paris, 1844, p. 40)

38 Para que o leitor não se engane com a frase: "O preço da grande maioria das mercadorias", mostramos a seguir como o próprio Adam Smith explica essa designação: por exemplo, no preço do pescado não entra renda, mas apenas salário e lucro; no preço dos *Scotch pebbles* [pedregulhos escoceses] entra apenas salário, a saber: "Em certas partes da Escócia algumas pessoas pobres se dedicam à atividade de apanhar na praia as pedrinhas coloridas conhecidas pelo nome de pedregulho escocês. O preço que os lapidadores lhes pagam por elas consiste apenas em seu salário, já que nem renda do solo nem lucro fazem parte dele".

39 Reproduzo essa frase literalmente, como está no manuscrito, embora no presente contexto pareça estar em contradição com o anteriormente exposto e o que segue imediatamente. Essa aparente contradição se resolve mais adiante no n. 4: "Capital e *revenue* em Adam Smith". – F. E.

40 Abstraímos aqui totalmente a circunstância de Adam ter sido particularmente infeliz em seu exemplo. O valor dos cereais só se dissolve em salário, lucro e renda pelo fato de que os alimentos consumidos pelos animais de trabalho são apresentados como salários desses animais, e os próprios animais de trabalho como trabalhadores assalariados, portanto, por sua vez, o trabalhador assalariado também como animal de trabalho. (Aditamento ao Manuscrito II.)

41 Daqui até o fim do capítulo, aditamento do Manuscrito II.

42 Do Manuscrito II.

43 Do Manuscrito VIII.

44 No essencial, do Manuscrito II. O esquema, do Manuscrito VIII.

45 Daqui em diante, Manuscrito VIII.

46 *Ad notam* para eventuais adeptos da teoria das crises de Rodbertus. – F. E.

47 Aqui a exposição difere algo da que demos anteriormente (p. 387). Ali I também lançava na circulação uma soma independente de 500. Aqui só II fornece o material monetário adicional para a circulação. Mas isso em nada altera o resultado final. – F. E.

48 Daqui em diante, Manuscrito II.

49 Daqui em diante, Manuscrito VIII.

50. "Quando o selvagem fabrica arcos, exerce uma indústria, mas não pratica a abstinência." (Senior, *Principes fondamentaux de l'économie politique*, trad. Arrivabene. Paris, 1836. pp. 342–43) – "Quanto mais a sociedade progride, tanto mais abstinência ela exige." (Ibid., p. 342) – Cf. *O capital*, Livro 1, op. cit., p. 536.

51 E. B. Tyler, *Forschunger über die Urgeschichte der Menschheit*, trad. H. Müller. Leipzig, s/d, p. 240.

52 As cifras novamente não coincidem com as anteriormente adotadas. Entretanto, isso não importa, pois aqui apenas interessam as proporções. – F. E.

53 Ad. Soetbeer, *Edelmetall-Produktion*. Gotha, 1879 [p. 112].

54 "Uma quantidade considerável de ouro virgem (*gold bullion*) [...] é levada pelos mineradores de ouro diretamente para a Casa da Moeda de São Francisco." – *Reports of H. M. Secretaries of Embassy and Legation*, parte III. 1879, p. 337.

55 A investigação sobre o intercâmbio do ouro produzido de novo dentro do capital constante do Setor I não se encontra no manuscrito. – F. E.

56 Do Manuscrito II.

57 Daqui até o final, Manuscrito VIII.

58 Isso põe termo, de uma vez por todas, à controvérsia sobre a acumulação do capital entre James Mill e S. Bailey, exposta no Livro 1 (p. 545, nota 64 [p. 798]), sob outro aspecto, a saber, a disputa sobre a possibilidade de expandir a ação do capital industrial, com grandeza constante do mesmo. Voltaremos a isso mais tarde.

REFERÊNCIAS BIBLIOGRÁFICAS

As edições aqui fornecidas são as que foram presumivelmente utilizadas por Marx e Engels, na medida em que puderam ser identificadas. Em alguns casos, particularmente nas referências a fontes e obras literárias de caráter mais geral, não é indicada nenhuma edição específica. Leis e documentos só estão registrados aqui no caso de terem sido citados. Algumas fontes não puderam ser identificadas.

I. LIVROS E ARTIGOS (DE AUTORES CONHECIDOS E ANÔNIMOS)

Adams, W[illiam]: *Bridges: Roads and rails and their sequences, physical and moral*. London, 1862.

[Bailey, Samuel]: *A critical dissertation on the nature, measures, and causes of value; chiefly in reference to the writings of Mr. Ricardo and his followers. By the author of essays on the formation and publication of opinions*. London, 1825.

Barton, John: *Observations on the circumstances which influence the condition of the labouring classes of society*. London, 1817.

Chalmers, Thomas: *On political economy in connexion with the moral state and moral prospects of society*, 2ª ed. Glasgow, 1832.

Corbet, Thomas: *An inquiry into the causes and modes of the wealth of individuals; or the principles of trade and speculation explained*. London, 1841.

Courcelle-Seneuil, J[ean]-G[ustave]: *Traitè théorique et pratique des entreprises industrielles, commerciales et agricoles ou manuel des affaires*, 2ª ed. Paris, 1857.

Destutt de Tracy, [Antoine-Louis-Claude]: *Éléments d'idéologie. Traite de la volonte et de ses effets*. Paris, 1826, partes 4-5.

Dupont de Nemours, [Pierre-Samuel]: "Maximes du docteur Quesnay, ou résumé de ses principes d'économie sociale", in *Physiocrates. Quesnay, Dupont de Nemours, Mercier de la Rivière, Baudeau, Le Trosne, avec une introd. sur la doctrine des physiocrates, des commentaires et des notices historiques*. Eugène Daire (org.). Paris, 1846, parte 1.

Good, W[illiam] Walter: *Political, agricultural and commercial fallacies; or, the prospect of the nation after twenty years' "Free-trade"*. London, [1866].

Hodgskin, Thomas: *Popular political economy. Four lectures delivered at the London Mechanics' Institution*. London, 1827.

Holdsworth, W. A.: *The law of landlord and tenant, with a copious collection of useful forms*. London, 1857.

Kirchhof, Friedrich: *Handbuch der landwirtschaftlichen Betriebslehre. Ein Leitfaden für praktische Landwirthe zur zweckmäßigen Einrichtung und Verwaltung der Landgüter*. Dessau, 1852.

Lalor, John: *Money and morals: A book for the times*. London, 1852.

Lardner, Dionysius: *Railway economy: A treatise on the new art of transport, its management, prospects, and relations, commercial, financial, and social. With an exposition of the practical results of the railways in operation in the United Kingdom, on the continent, and in America*. London, 1850.

Laveleye, Émile de: *Essai sur l'économie rurale de la Belgique*. Bruxelles, [1863].

Lavergne, Léonce de: *The rural economy of England, Scotland, and Ireland*. Edinburgh; London, 1855.

Lee, Nathanael: *The dramatick works*, v. 3. *Containing Sophonisba. Nero. Gloriana. Rival Queens. The massacre of Paris*. London, 1734.

Le Trosne, [Guillaume-François]: "De l'intérét social par rapport à la valeur, à la circulation, à l'industrie et au commerce intérieur et extérieur", in *Physiocrates. Quesnay, Dupont de Nemours, Mercier de la Rivière, Baudeau, Le Trosne, avec une introd. sur la doctrine des physiocrates, des commentaires et des notices historiques*. Eugène Daire (org.). Paris, 1846, parte 2.

Macleod, Henry Dunning: *The elements of political economy*. London, 1858.

Manava Dharma Sastra, or the institutes of Manu according to the gloss of Kulluka, comprising the Indian system of duties, religious and civil. Verbally transl. from the original, with a preface by William Jones, and collated with the Sanskrit text, by Graves Chamney Haughton, 3ª ed. P. Percival (org.). Madras, 1863.

Marx, Karl: *Das Elend der Philosophie. Antwort auf Proudhons "Philosophie des Elends"*, trad. E[duard] Bernstein e K[arl] Kautsky. Stuttgart, 1885.

___: *Das Kapital*: *Kritik der politischen Oekonomie*, v. 1: *Der Produktionsprocess des Kapitals*, 2ª ed. Hamburg, 1872.

Marx, Karl: (anônimo) "Lohnarbeit und Kapital", in *Neue Rheinische Zeitung: Organ der Demokratie*, v. 5–8, 11. Köln, abr. 1849.

___: *Misère de la philosophie. Réponse à la Philosophie de la Misère de Proudhon*. Paris; Bruxelles, 1847.

___: *Zur Kritik der politischen Oekonomie*, fascículo 1. Berlin, 1859.

Meyer, R[udolf Hermann]: *Der Emancipationskampf des vierten Standes*, v. I: *Theorie des Socialismus. Der katholische Socialismus. Die Internationale. Deutschland. Schulze. Lassalle. Marx. Die Gewerkvereine. Die Socialconservativen. Die Arbeiterpresse*. Berlin, 1874.

Mill, John Stuart: *Essays on some unsettled questions of political economy*. London, 1844.

Müller, Adam H[einrich]: *Die Elemente der Staatskunst. Oeffentliche Vorlesungen, vor Sr. Durchlaucht dem Prinzen Bernhard von Sachsen-Weimar und einer Versammlung von Staatsmännern und Diplomaten, im Winter von 1808 auf 1809, zu Dresden, gehalten*. Berlin, 1809, parte 3.

Newman, Samuel P[hilips]: *Elements of political economy*. Andover; New York, 1835.

Patterson, R[obert] H[ogard]: *The science of finance. A practical treatise*. Edinburgh, London, 1868.

Potter, [Alonzo]: *Political economy: Its objects, uses, and principles; considered with reference to the condition of the American people*. New York, 1841.

Quesnay, [François]: "Analyse du Tableau Économique", in *Physiocrates. Quesnay, Dupont de Nemours, Mercier de la Rivière, Baudeau, Le Trosne, avec une introd. sur la doctrine des physiocrates, des commentaires et des notices historiques*. Eugène Daire (org.). Paris, 1846, parte 1.

___: *Dialogues sur le commerce et sur les travaux des artisans*. Ebendort, [s. d.].

Ramsay, George: *An essay on the distribution of wealth*. Edinburgh, 1836.

Ravenstone, Pierçy: *Thoughts on the funding system, and its effects*. London, 1824.

Ricardo, David: *On the principles of political economy, and taxation*, 3ª ed. London, 1821.

Rodbertus-Jagetzow, [Johann Karl]: *Briefe und Socialpolitische Aufsätze*, v. 1. Rudolph Meyer (org.). Berlin,1881.

___: *Das Kapital. Vierter socialer Brief an von Kirchmann*. Theophil Kozak (org.). Berlin, 1884.

___: *Sociale Briefe an von Kirchmann. Dritter Brief: Widerlegung der Ricardo'schen Lehre von der Grundrente und Begründung einer neuen Rententheorie*. Berlin, 1851.

___: *Zur Erkenntniß unsrer staatswirthschaftlichen Zustände*, v. 1: *Fünf Theoreme*. Neubrandenburg; Friedland, 1842.

Roscher, Wilhelm: *Die Grundlagen der Nationalökonomie. Ein Hand- und Lesebuch für Geschäftsmänner und Studierende*, 3ª ed. Stuttgart; Augsburg, 1858.

Roscoe, H[enry] E[nfield] e C[arl] Schorlemmer: *Ausführliches Lehrbuch der Chemie*, v. 1. *Nichtmetalle*. Braunschweig, 1877.

Say, Jean-Baptiste: *Lettres à M. Malthus, sur différens sujets d'économie politique, notamment sur les causes le da stagnation genérale du commerce*. Paris, 1820.

___: *Traite d'économie politique; ou simple exposition de la manière dont se forment, se distribuent, et se consomment les richesses*, 3ª ed. Paris, 1817, parte 2.

Scrope: *The principles of political economy* VER Potter A[lonzo]: *Political economy...*

Senior, N[assau]-W[illiam]: *Principes fondamentaux de l'économie politique, tirés de leçons édites et inédites de Mr. Senior par Jean Arrivabene*. Paris, 1836.

Sismondi, J[ean]-C[harles]-L[eonard] Simonde de: *Études sur l'économie politique*. Bruxelles, 1837, parte 1.

___: *Nouveaux principes d'économie politique, ou de la richesse dans ses rapports avec la population*. Paris, 1819, parte 1.

Smith, Adam: *An inquiry into the nature and causes of the wealth of nations. With a memoir of the author's life*. Aberdeen, London, 1848.

Soetbeer, Adolf: *Edelmetall-Produktion und Werthverhältniss zwischen Gold und Silber seit der Entdeckung Amerika's bis zur Gegenwart*. (livreto suplementar n. 57 do *Petermann's Mittheilungen*). Gotha, 1879.

The source and remedy of the national difficulties, deduced from principles of political economy, in a letter to Lord John Russell. London, 1821.

Storch, Henri: *Considérations sur la nature du revenu national*. Paris, 1824.

___: *Cours d'économie politique, ou exposition des principes qui déterminent la prosperité des nations*. St.-Pétersbourg, 1815, parte 2.

[Tchuprov] Чупров, А[лександр Иванович]: *Железнодорожное хозяйство*. Его зкономическиЕ особенности и его отношениУ к интересам страны. Москва, 1875.

Thompson, William: *An inquiry into the principles of the distribution of wealth most conducive to human happiness; applied to the newly proposed system of voluntary equality of wealth*. London, 1824.

___: *An inquiry into the principles of the distribution of wealth most conducive to human happiness*. London, 1850.

Tooke, Thomas: *An inquiry into the currency principle; the connection of the currency with prices, and the expediency of a Separation of issue from banking*, 2ª ed. London, 1844.

Turgot, [Anne-Robert-Jacques, de L'Aulne]: *Réflexions sur la formation et la distribution des richesses*. In: *Oeuvres*, v. 1. Eugène Daire (org.). Paris, 1844.

Tyler [Tylor], E[dward] B[urnett]: *Forschungen über die Urgeschichte der Menschheit und die Entwickelung der Civilisation*, trad. H. Müller. Leipzig, s. d.

Wayland, Francis: *The elements of political economy*. Boston, 1843.

Williams, R[ichard] Price: "On the maintenance and renewal of permanent way", in; *Minutes of proceedings of the Institution of Civil Engineers; with abstracts of the discussions*, James Forrest (org.), v. 25, seção 1865–66. London, 1866.

II. INFORMES PARLAMENTARES E OUTRAS PUBLICAÇÕES OFICIAIS

East India (Bengal and Orissa famine). *Papers and correspondence relative to the famine in Bengal and Orissa, including the report of the Famine Commission and the minutes of the Lieutenant Governor of Bengal and the Governor General of India*. Presented to Parliament by Her Majesty's command. House of Commons, 31 maio 1867.

East India (Bengal and Orissa famine). *Papers relating to the famine in Behar, including Mr. F. R.Cockerell's report*. Presented to Parliament by Her Majesty's command. Part III. House of Commons, 31 maio 1867, parte III.

East India (Madras and Orissa famine). Return to an address of the Honourable the House of Commons, dated 4 July, 1867. House of Commons, 30 jul. 1867.

Report from the select committee on bank acts; together with the proceedings of the committee minutes of evidence, appendix and index, parte I: *Report and evidence*. House of Commons, 30 jul. 1857.

Reports by Her Majesty's secretaries of embassy and legation, on the manufactures, commerce & c., of the countries in which they reside, n. 8. Presented to both Houses of Parliament by command of Her Majesty. 1865. London, [1865].

Reports by Her Majesty's secretaries of embassy and legation on the manufactures, commerce & c., of the countries in which they reside, parte III. Presented to both Houses of Parliament by command of Her Majesty. London, maio 1879.

Royal Commission on Railways. *Report of the commissioners*. Presented to both Houses of Parliament by command of Her Majesty. London, 1867.

III. PERIÓDICOS

The Economist. Weekly Commercial Times, Bankers' Gazette, and Railway Monitor: a political, literary, and general newspaper. [London], 8 maio 1847; 16 jun. 1866; 30 jun. 1866; 7 jul. 1866.

Money Market Review. London, 2 dez. 1867; 25 jan. 1868.

Neue Rheinische Zeitung. Organ der Demokratie. Köln, 24 jun. 1848; 4 jul. 1848.

Neue Rheinische Zeitung, 26 jul. 1848; 10 set. 1848; 12 set. 1848; 9 nov. 1858; 5 abr. 1849; 6 abr. 1849; 7 abr. 1849; 8 abr. 1849; 11 abr. 1849.

Zeitschrift für die gesammte Staatswissenschaft, Fricker, Schaffte und A. Wagner (eds.), v. 35. Tübingen, 1879.

ÍNDICE ONOMÁSTICO

SUMÁRIO DETALHADO

SEÇÃO II
A ROTAÇÃO DO CAPITAL

SEÇÃO III
A REPRODUÇÃO E A CIRCULAÇÃO DO CAPITAL SOCIAL TOTAL

Título original: Karl Marx, *Das Kapital: Kritik der politischen Ökonomie*. Buch II: *Der Zirkulationsprozeß des Kapitals*. Marx-Engels-Werke (MEW), Band 24. Berlin: Dietz Verlag, 1963. De acordo com a segunda edição, editada por Friedrich Engels em Hamburgo, 1893.

© Ubu Editora, 2025
TRADUÇÃO © Flávio R. Kothe & Regis Barbosa

IMAGENS DAS GUARDAS © Cildo Meireles, *Inserções em circuitos ideológicos*, 1970, foto Pat Kilgore.

A editora agradece a valiosa contribuição de Vladimir Safatle para esta edição.

Dados Internacionais de Catalogação na Publicação (CIP)
Elaborado por Eliete Marques da Silva – CRB-8/9380

Marx, Karl [1818–1883]
O capital: Crítica da economia política, Livro 2 –
O processo de circulação do capital / Karl Marx;
edição Friedrich Engels; coordenação e revisão Paul Singer;
tradução Flávio R. Kothe, Regis Barbosa; Nota bibliográfica
Fernando Rugitsky. –
São Paulo: Ubu Editora, 2025. – (O capital; Livro 2)

Título original: *Das Kapital: Kritik der politischen Ökonomie*.
Buch II: *Der Zirkulationsprozeß des Kapitals*
ISBN 978 85 7126 153 2

---

1. Capital (Economia) 2. Economia 3. Economia política
I. Engels, Friedrich, 1820–1895. II. Singer, Paul. III. Kothe, Flávio IV. Barbosa, Regis V. Título VI. Série

---

25-260559 CDD 355.412

Índices para catálogo sistemático:
1. Capital: Conceitos marxistas 335.412
2. Marxismo: Conceitos econômicos 335.412

COORDENAÇÃO EDITORIAL Florencia Ferrari e Isabela Sanches
EDIÇÃO Bibiana Leme
REVISÃO DA TRADUÇÃO Flávio Kothe
TRADUÇÃO COMPLEMENTAR Letícia Mei (russo) e Nélio Schneider (grego)
COTEJO E REVISÃO Karina Okamoto
ASSISTENTE EDITORIAL Maria Fernanda Chaves
REVISÃO [PP. 7–9] Hugo Maciel
PREPARAÇÃO DE ARQUIVO Júlio Haddad
PROJETO GRÁFICO Elaine Ramos e Júlia Paccola
COMPOSIÇÃO Júlia Paccola e Nikolas Suguiyama

EQUIPE UBU

DIREÇÃO Florencia Ferrari
DIREÇÃO DE ARTE Elaine Ramos; Júlia Paccola e Nikolas Suguiyama (assistentes)
COORDENAÇÃO Isabela Sanches
COORDENAÇÃO DE PRODUÇÃO Livia Campos
EDITORIAL Bibiana Leme, Gabriela Ripper Naigeborin e Maria Fernanda Chaves
COMERCIAL Luciana Mazolini e Anna Fournier
COMUNICAÇÃO/CIRCUITO UBU Maria Chiaretti, Walmir Lacerda e Seham Furlan
DESIGN DE COMUNICAÇÃO Marco Christini
GESTÃO CIRCUITO UBU/SITE Cinthya Moreira, Vic Freitas e Vivian T.

UBU EDITORA
Largo do Arouche 161 sobreloja 2
01219 011 São Paulo SP
ubueditora.com.br
professor@ubueditora.com.br
/ubueditora

O CAPITAL

CRÍTICA DA ECONOMIA POLÍTICA

1 O PROCESSO DE PRODUÇÃO DO CAPITAL

2 O PROCESSO DE CIRCULAÇÃO DO CAPITAL

3 O PROCESSO DA PRODUÇÃO CAPITALISTA COMO UM TODO

Os textos deste livro foram compostos em Arnhem (Fred Smeijers) e os títulos em Druk (Commercial Type). A impressão e o acabamento ficaram a cargo da gráfica Ipsis, em São Paulo. Esta edição foi lançada em 5 de maio de 2025, aniversário de Karl Marx.

Coca-Cola
YANKEES GO HOME!
INSERÇÕES EM
CIRCUITOS IDEOLÓGICOS
1 - Projeto Coca-Cola
Gravar nas garrafas
informações e opiniões
críticas e devolvê-las à
circulação.
C.M. 5-70
Coca-Cola
CONTEUDO 290
INSERÇÕES EM
CIRCUITOS IDEOLÓGICOS
1 - Projeto Coca-Cola
Gravar nas garrafas
informações e opiniões
críticas e devolvê-las à
circulação.
C.M. 5-70